*Quem somente observa o vento nunca semeará,*
*e o que olha para as nuvens nunca segará.*
Eclesiastes 11.4

Décio Sena

# Gramática Aplicada

## para concursos

Décio Sena

# Gramática Aplicada

## PARA CONCURSOS

3ª edição

EDITORA IMPETUS

Niterói, RJ
2017

**Editora Impetus Ltda.**
Rua Alexandre Moura, 51 – Gragoatá – Niterói – RJ
CEP: 24210-200 – Telefax: (21) 2621-7007



**PROJETO GRÁFICO:** EDITORA IMPETUS LTDA.
**EDITORAÇÃO ELETRÔNICA:** EDITORA IMPETUS LTDA.
**CAPA:** EDITORA IMPETUS LTDA.
**REVISÃO DE PORTUGUÊS:** MARCOS ROQUE
**IMPRESSÃO E ENCADERNAÇÃO:** EDITORA E GRÁFICA VOZES LTDA

---

S474g
Sena, Décio, 1945-
Gramática aplicada para concursos / Décio Sena. – 3. ed. Niterói, RJ: Impetus, 2017.
608 p.; 16 x 23 cm.

ISBN: 978-85-7626-949-6

1. Serviço público – Brasil – Concursos. 2. Língua portuguesa – Gramática – Problemas, questões, exercícios. I. Título.

CDD- 351.81076

---



**www.impetus.com.br**

# Dedicatória

Para Patrícia.
Antes, tudo era quase nada.

# O Autor

**Décio Sena** é formado em Português/Literaturas pela UERJ. Há 40 anos é professor de Língua Portuguesa e prepara candidatos para concursos públicos para os mais diferentes certames. Já lecionou nos principais colégios e cursos preparatórios do país. Atualmente ministra aulas no Rio de Janeiro.

## Apresentação da Obra

# Primeiras Palavras

Temos o prazer de trazer para aqueles que se preparam para concursos públicos outra obra a eles destinada. Com apoio em tantos anos de magistério, percebemos que lhes é necessária uma sólida base teórica, com a qual poderão enfrentar os desafios que terão pela frente. Esse, então, foi o nosso desafio: preparar um livro em que os assuntos assumidamente privilegiados pelas bancas examinadoras fossem apresentados e explicados de forma minuciosa e o mais completa possível.

Resultou dessa intenção, acreditamos, um trabalho desprovido de tom acadêmico, mas voltado para que o estudante possa entender os processos linguísticos envolvidos em cada ponto do programa. Procuramos escrever o livro como se estivéssemos em uma sala de aula, buscando, assim, a clareza maior que pudéssemos obter.

Por ser uma *Gramática Aplicada para Concursos*, alguns itens muito pouco explorados não foram estudados. Julgamos improdutivo incluir neste trabalho alguns conteúdos que são sabidamente inexplorados. Ficou fora da obra, portanto, todo o capítulo de Fonética. Também não encontrará o estudante informações sobre Figuras Literárias. Não há uma linha sequer sobre Versificação. O estudo de Ortografia está bastante objetivo e direcionado para o que há de relevante. É o caso, também, das informações de Morfologia.

No entanto, aprofundamos o estudo dos assuntos com que o concursando efetivamente se deparará. Cremos apresentar um conjunto de informações teóricas rigorosamente completas acerca do capítulo de Sintaxe. Também nos detivemos com rigor em Pontuação, particularmente no emprego da vírgula.

Para fixar os ensinamentos que decorrerão da leitura dos diversos informes teóricos, apresentamos um conjunto de questões de prova, com todos os gabaritos comentados. Nesse ponto, buscamos apontar modelos de questões e priorizá-las nos nossos comentários. Por conta da necessidade de não produzirmos livro excessivamente volumoso, as questões comentadas não são em número suficiente para que o candidato venha a dominar cada um dos assuntos por elas tocados. Então, entramos com mais um fator diferencial. Hoje, com a convergência das mídias, pudemos disponibilizar ao consumidor deste livro um vasto conjunto de questões devidamente gabaritadas, a serem obtidas no site da Editora Impetus.

É de se imaginar, então, que, de posse do acervo de informações teóricas extremamente detalhistas e devidamente treinadas com os exercícios apresentados, o candidato esteja capacitado a ser aprovado em seu concurso. Alcançado esse objetivo, nosso trabalho terá valido a pena.

Bons estudos!

*O Autor*

# Prefácio

Entre os meus muitos conselhos, dicas e técnicas, os quais sempre foram utilizados por mim para a realização de boas provas e bons concursos (assunto ao qual me dedico há mais de duas décadas), um dos mais relevantes e, certamente, mais frequentes é a atenção à ortografia ou, popularmente, ter cuidado com a língua portuguesa!

O domínio do idioma em sua forma escrita é imprescindível para muitos aspectos da vida, especialmente quando se trata de aprovação em concursos. Escrever bem é importantíssimo para o desenvolvimento de uma boa redação. É indispensável para uma boa interpretação textual e de grande importância para afastar alternativas capciosas ou intencionalmente mal formuladas. Enfim, é o grande diferencial diante da prova. Por tudo isso, assumi com muito prazer a responsabilidade de prefaciar esta obra.

Trata-se de um verdadeiro compêndio das regras que regem a língua portuguesa, porém, diferentemente das gramáticas tradicionais, repletas de textos burocráticos e sem o direcionamento que o estudante para concursos procura, o diferencial desta é o de ser voltada especialmente para o concurseiro, sem perda de tempo com assuntos que não serão cobrados nos certames. Enfim, esta obra é direta, didática e dinâmica.

Para além do conhecimento teórico, tradicionalmente apresentado pelo conceituado Décio Sena, professor de língua portuguesa há mais de 40 anos e especialista em preparação para concursos, este *Gramática Aplicada para Concursos* conta ainda com questões retiradas de provas de concursos, gabaritadas e comentadas. Ou seja, são questões com o mesmo grau de dificuldade e especificidade devidamente comentadas para que você, concurseiro, possa rever os principais conceitos aplicados, regras e usos, afastando qualquer dúvida que possa ter permanecido após o estudo teórico e preparando seus conhecimentos para o dia da prova.

Décio Sena é um dos mais conhecidos e respeitados professores da matéria e, com muito orgulho, é pessoa de cuja amizade tenho o prazer de compartilhar. Minha admiração pelo professor Décio Sena decorre não somente de sua maestria no assunto, mas por ser profissional sério, responsável, preocupado com o integral sucesso de seus alunos e, por isso, exemplo a ser seguido. Possui vasta experiência em sala de aula e é autor de alentada bibliografia.

Finalmente, esta obra é um presente para os que optaram por trilhar o concorrido caminho dos concursos e um excelente início para a concretização de seus sonhos, pois como disse o poeta Fernando Pessoa: "Tudo vale a pena se a alma não é pequena".

***William Douglas***

Juiz Federal e professor universitário. Mestre em Direito pela Universidade Gama Filho (UGF). Presidente e membro de bancas examinadoras. Doutor *honoris causa* da Escola Superior da Advocacia (ESA) – OAB/RJ. Professor-conferencista da Escola da Magistratura do Estado do Rio de Janeiro (Emerj) e da Escola de Pós--Graduação em Economia da Fundação Getulio Vargas (EPGE/FGV). Mais de 1.000.000 de livros vendidos. Já proferiu palestras para mais de 2.000.000 de pessoas.

Experiência em concursos: 1º colocado para Juiz de Direito no Rio de Janeiro; 1º colocado para Defensor Público/RJ; 1º colocado para Delegado de Polícia/RJ; 4º colocado para Professor de Direito na Universidade Federal Fluminense (UFF); 5º colocado para Analista Judiciário/TRF da 2ª Região; 8º colocado para Juiz Federal; 1º colocado no Centro de Preparação de Oficiais da Reserva (CPOR/RJ); e 1º colocado no vestibular para Direito na UFF.

# Lista de Siglas Utilizadas nos Enunciados das Questões

| | | |
|---|---|---|
| ACADEPOL-MG | - | Academia de Polícia do Estado de Minas Gerais |
| ACAPLAM | - | ACAPLAM Consultoria e Assessoria Técnica a Estados e Municípios |
| ACEP | - | Associação Cearense de Estudos e Pesquisas |
| CEPERJ | - | Centro de Estatística, Estudos e Pesquisas do Rio de Janeiro |
| CESGRANRIO | - | Fundação Cesgranrio – Rio de Janeiro |
| CESPE-UNB | - | Centro de Seleção e de Promoção de Eventos da Universidade de Brasília |
| CETAPNET | - | Centro de Extensão, Treinamento e Aperfeiçoamento |
| CETRO | - | Cetro Concursos Públicos |
| CN | - | Colégio Naval |
| COMPERV | - | Comissão Permanente de Vestibular |
| CONATEC | - | Consultoria, Assistência Técnica e Concursos Ltda. |
| ESAF | - | Escola de Administração Fazendária |
| ESAG | - | Escola de Administração e Gerência |
| EsPCEx | - | Escola Preparatória de Cadetes do Exército |
| FAPEC | - | Fundação de Apoio à Pesquisa, ao Ensino e à Cultura |
| FCC | - | Fundação Carlos Chagas |
| FDRH-RS | - | Fundação para o Desenvolvimento de Recursos Humanos (RS) |
| FEC | - | Fundação Euclides da Cunha |
| FEPESE | - | Fundação de Estudos e Pesquisas Socioeconômicos |
| FESAG | - | Fundação Escola de Administração e Gerência |
| FESMIP | - | Fundação Escola Superior do Ministério Público |
| FESP-RJ | - | Fundação Escola de Serviço Público do Estado do Rio de Janeiro |
| FGV | - | Fundação Getulio Vargas |
| FJG | - | Fundação João Goulart |
| FJPF | - | Fundação José Pelúcio Ferreira |
| FUMARC | - | Fundação Mariana Resende Costa |
| FUNRIO | - | Fundação de Apoio à Pesquisa, Ensino e Assistência |
| IPAD | - | Instituto de Pesquisa e Apoio ao Desenvolvimento Tecnológico e Científico |
| Moura Melo | - | Moura Melo Concursos |
| NCE-UFRJ | - | Núcleo de Computação Eletrônica da Universidade Federal do Rio de Janeiro |
| NC-UFPR | - | Núcleo de Computação da Universidade Federal do Paraná |
| UFF-COSEAC | - | Universidade Federal Fluminense – Comissão de Seleção Acadêmica |
| UNEMAT | - | Universidade do Estado do Mato Grosso |
| VUNESP | - | Fundação para o Vestibular da Universidade Estadual Paulista |

# SUMÁRIO

Capítulo 1

# ORTOGRAFIA

Primeira Parte

## Aspectos Teóricos

### 1. REGRAS DE ACENTUAÇÃO GRÁFICA

**(Após acordo ortográfico vigente a partir de janeiro de 2009)**

#### 1.1. Acentuação dos vocábulos monossilábicos

Acentuam-se com acento agudo os monossílabos tônicos terminados nas vogais abertas "a", "e","o" (seguidos ou não de "s"): *pá, fé, só, vás, pés, cós*. Caso as vogais citadas tenham timbre fechado, será empregado o acento circunflexo: *rês, pôs*.

#### 1.2. Acentuação dos vocábulos oxítonos

Acentuam-se com acento agudo os vocábulos oxítonos terminados nas vogais abertas "a", "e", "o" (seguidos ou não de "s"): *cajá, ralé, cipó, estás, galés, retrós*.
Caso as vogais citadas tenham timbre fechado, empregar-se-á acento circunflexo: *gaulês, repôs*.

Obs.: em algumas raras palavras, admite-se emprego do acento agudo ou circunflexo, dada a oscilação de pronúncia, ora aberta, ora fechada: *bebê* ou *bebé*, *bidê* ou *bidé*, *canapê* ou *canapé*, *caratê* ou *caraté*, *crochê* ou *croché*, *guichê* ou *guiché*, *matinê* ou *matiné*, *nenê* ou *nené*, *purê* ou *puré*, *rapê* ou *rapé*.

Acentuam-se com acento agudo os vocábulos oxítonos terminados em "em", "ens": *armazém*, *deténs*.

Acentuam-se com acento agudo as palavras oxítonas terminadas nos ditongos abertos orais "ei", "eu", "oi", seguidos ou não de "s": *chapéu*, *herói*, *fiéis*, *escarcéus*, *sóis*.

### 1.3. Acentuação dos vocábulos paroxítonos

Acentuam-se as palavras que terminam em "l", "n", "r", "x" e "ps", assim como suas formas de plural (com exceção das que terminam em "em"): *móvel*, *cônsul*, *hífen*, *cânon*, *revólver*, *âmbar*, *tórax*, *bíceps*.
Algumas raras palavras do grupo acima apresentam flutuação de pronúncia. Assim, acentuam-se: *sêmen* ou *sémen*, *xênon* ou *xénon*, *fêmur* ou *fémur*, *vômer* ou *vómer* (pequeno osso achatado que forma a parte inferior e posterior do septo nasal), *Fênix* ou *Fénix*, *ônix* ou ónix.

Acentuam-se as palavras paroxítonas que terminam em "ã(s)", "ão(s)", "ei(s)", "i(s)", "um", "uns", "us": *ímã*, *órfãs*, *órgão*, *bênção*, *órfãos*, *jóquei*, *fósseis*, *fôreis*, *dândi*, *táxis*, *álbum*, *fóruns*, *bônus*.
Obs.: algumas raras palavras do grupo acima apresentam flutuação de pronúncia. Assim, acentuam-se: *bônus* ou *bónus*, *gônis* ou *gónis* (crista resultante da união entre as metades da mandíbula de uma ave), *ônus* ou *ónus*, *pênis* ou *pénis*, *pônei* ou *pónei*, *tênis* ou *ténis*, *Vênus* ou *Vénus*.

Acentuam-se facultativamente as formas do pretérito perfeito do indicativo como *cantámos*, *pegámos* para que se estabeleça a distinção de tais formas com as de presente do indicativo *cantamos*, *pegamos*.

Não mais se acentuam as vogais abertas dos ditongos "ei" e "oi" em vocábulos paroxítonos: *ideia*, *heroico*, *alcaloide*, *jiboia*, *apoio* (do verbo "apoiar").

Não mais se acentuam os ditongos "oo": *voo*, *enjoo*, *abençoo*.

Acentua-se obrigatoriamente o pretérito perfeito do indicativo *pôde*.

Não mais se acentuam os vocábulos homógrafos: para (verbo) x para (preposição), pelo (substantivo) x pelo (verbo) x pelo (preposição) e outras.

### 1.4. Acentuação dos vocábulos proparoxítonos

Acentuam-se todos os vocábulos proparoxítonos: *cátedra, pêssego, ótimo.*

### 1.5. Acentuação das vogais "i" e "u" quando em posição de segunda vogal de hiatos

São acentuadas as vogais tônicas "i" e "u" que surgem como segunda vogal dos hiatos: *saída, ruína, baú, balaústre.*

Não se acentuam as vogais ora estudadas, quando formam sílaba com as letras "l", "m", "n", "r", "z", ou, ainda, quando antecedem o dígrafo "nh": *Raul, ruim, ainda, cair, juiz, rainha.*
Também não se acentuam tais vogais quando precedidas de ditongos: *baiuca* (bodega), *cheiinho.*

### 1.6. Acentuação de formas verbais

Acentuam-se as formas verbais monossilábicas de 3ª pessoa do plural, para que se distingam das homógrafas de 3ª pessoa do singular: *têm* (3ª p. do plural) *x tem* (3ª p. do singular), *vêm* (3ª pessoa do plural) *x vem* (3ª pessoa do singular).

Não mais se acentuam as formas de 3ª pessoa do plural em que se observa o encontro "ee": *deem, leem, veem.*

Não se acentua a vogal tônica "u" dos verbos "arguir" e "redarguir": *arguo, arguis, argui, arguem.*

Os verbos "aguar", "apaniguar", "apaziguar", "apropinquar", "averiguar", "desaguar", "enxaguar", "obliquar", "delinquir", etc. por apresentarem dois modelos de conjugação, podem ser grafados:

a) com tonicidade no "u", mas sem acento gráfico: *averiguo, averiguas, averigua, averiguam.*
b) com tonicidade no "i" e com acento gráfico: *averíguo, averíguas, averígua, averígue.*

## 1.7. Quadro prático para verificação de emprego de hífen

| Primeiro elemento | hífen | Segundo elemento | Exemplo |
|---|---|---|---|
| vogal | — | vogal igual | arqui-inimigo |
| vogal | | vogal diferente | autoestrada |
| vogal | | consoante diferente de *r* ou *s* | ultrafabuloso |
| vogal | | consoante *r* ou *s* | ultrassonografia |
| consoante diferente de *m* ou *n* | — | consoante igual | super-requintado |
| consoante diferente de *m* ou *n* | | consoante diferente | hipersensível |
| consoante diferente de *m* ou *n* | | vogal | interamericano |
| circum | — | *Vogal, h, m, n* | circum-adjacência,<br>circum-hospitalar,<br>circum-murar,<br>circum-navegação |
| pan | — | *Vogal, h, m, n, b* | *pan-asiático*<br>*pan-helênico,*<br>*pan-mítico,*<br>*pan-negritude,*<br>*pan-brasileiro* |
| co, pre, pro, re | | qualquer início | coabitar,<br>preencher,<br>proconsul,<br>reescrita |
| pós, pré, pró | — | qualquer início | pós-tônico,<br>pré-escolar,<br>pró-europeu |
| ex, soto, sota, vice, vizo | — | qualquer início | ex-deputado,<br>sota-voga,<br>vice-rei |
| *vogal, r, b* | — | *h* | ante-histórico,<br>hiper-humano,<br>sub-humano |
| *ab, ad, ob, sob, sub* | — | *r* | ab-rupto,<br>ad-renal,<br>sob-roda,<br>sub-reitor |

Segunda Parte

# Questões de Provas

**1. NCE-UFRJ – As palavras <u>responsáveis</u>, <u>também</u>, <u>veículos</u>, <u>intransferível</u>, <u>há</u>, <u>código</u>, <u>publicitária</u> podem ser agrupadas, segundo as regras de acentuação gráfica, em:**

- (A) um só grupo;
- (B) dois grupos;
- (C) três grupos;
- (D) quatro grupos;
- (E) cinco grupos.

**2. FEPESE – Assinale a alternativa em que as palavras seguem as mesmas regras de acentuação tônica de <u>ideológicas</u>, <u>já</u> e <u>saída</u>, respectivamente:**

- (A) disponíveis, pôr, juíza;
- (B) veículos, pó, também;
- (C) política, lá, Chuí;
- (D) orçamentária, é, céu;
- (E) vocábulo, pé, apóio.

**3. FGV – Assinale a alternativa em que o termo tenha sido acentuado seguindo regra distinta dos demais:**

- (A) difíceis;
- (B) próprio;
- (C) concluída;
- (D) consequências;
- (E) solidários.

**4. FGV – Assinale a alternativa em que a palavra tenha sido acentuada seguindo regra <u>distinta</u> das demais:**

- (A) consciência;
- (B) juízos;
- (C) pretório;
- (D) episódios;
- (E) importância.

5. **CESGRANRIO – São acentuadas graficamente pela mesma razão as palavras:**

Ⓐ audácia – prudência – imprescindíveis – equilíbrio;
Ⓑ política – sábia – destrói – ótimo;
Ⓒ catástrofes – histórica – econômica – entretém;
Ⓓ além – ninguém – você – órfão;
Ⓔ três – há – até – só.

6. **FGV – Assinale a alternativa em que a palavra tenha sido acentuada seguindo regra distinta das demais:**

Ⓐ Amazônia;
Ⓑ planetária;
Ⓒ resistência;
Ⓓ níveis;
Ⓔ países.

7. **FJPF – As palavras que não têm seu acento gráfico justificado pela mesma norma são:**

Ⓐ genética – único;
Ⓑ história – abundância;
Ⓒ é – também;
Ⓓ até – chimpanzé;
Ⓔ características – mamíferos.

8. **FGV – Assinale a palavra que foi acentuada seguindo a mesma regra que *três*:**

Ⓐ prevê;
Ⓑ até;
Ⓒ além;
Ⓓ é;
Ⓔ país.

9. **FJPF – A opção em que todos as palavras estão graficamente acentuadas em obediência às mesmas regras que justificam os acentos gráficos das palavras cônjuge, próprios e está é:**

Ⓐ física / tréguas / cipó;
Ⓑ pêssego / amáveis / pára;
Ⓒ fênix / infância / lápis;
Ⓓ perdôo / heróico / país;
Ⓔ álibi / geléia / ímã.

**10. FGV – Assinale a palavra que tenha sido acentuada seguindo a mesma regra que <u>distribuídos</u>:**

Ⓐ sócio;
Ⓑ sofrê-lo;
Ⓒ lúcidos;
Ⓓ constituí;
Ⓔ órfãos.

**11. CESGRANRIO – Todas as palavras estão de acordo com as regras de acentuação gráfica na opção:**

Ⓐ baú – papéis – caqui;
Ⓑ vêz – também – juri;
Ⓒ idéia – itens – jóvem;
Ⓓ anêmia – leêm – trágicamente;
Ⓔ rainha – heroina – egoista.

**12. FEPESE – No fragmento "...ressalta-se, ainda, a importância desta página em face dos Princípios Constitucionais", a palavra <u>importância</u> é acentuada de acordo com a mesma regra que a acentua a palavra:**

Ⓐ baía;
Ⓑ céu;
Ⓒ hispânico;
Ⓓ próprios;
Ⓔ respeitá-los.

**13. FEPESE – "O Sr. Lobo e um grande empresario e esta preocupado com a vida dos animais."**

**Na frase acima quantas palavras deveriam receber acento gráfico?**

Ⓐ Uma.
Ⓑ Duas.
Ⓒ Três.
Ⓓ Cinco.
Ⓔ Seis.

**14. FJPF – Dos pares abaixo, aquele em que, se forem usados os acentos gráficos, se constata que apresenta palavras acentuadas em obediência às mesmas regras que justificam os acentos gráficos nas palavras <u>século</u> e <u>bactéria</u> é:**

Ⓐ rubrica – microbio;
Ⓑ epoca – diaria;
Ⓒ abdomen – influencia;
Ⓓ limpida – brincadeiras;
Ⓔ sotão – respiratorias.

15. FJPF – As palavras óvulo, bebês e vulneráveis acentuam-se pelos mesmos fundamentos gramaticais que justificam os acentos gráficos em, respectivamente:

Ⓐ células, está, indivíduo;
Ⓑ genético, anúncio, saúde;
Ⓒ íamos, já, ataúde;
Ⓓ polêmica, distúrbio, difícil;
Ⓔ técnicas, é, irresponsável.

## GABARITO DAS QUESTÕES DE PROVAS

| | | |
|---|---|---|
| 1. D | 6. E | 11. A |
| 2. C | 7. C | 12. D |
| 3. C | 8. D | 13. C |
| 4. B | 9. A | 14. B |
| 5. A | 10. D | 15. A |

# COMENTÁRIOS DAS QUESTÕES DE PROVAS

**Questão 1**

As palavras "responsáveis", "também", "veículos", "intransferível" e "há" recebem acento gráfico pelas razões que se seguem:

| | |
|---|---|
| "responsáveis" | - Acentuam-se as palavras paroxítonas terminadas em "ã(s)", "ão(s)", "ei(s)", "i(s)", "um", "uns", "us". |
| "também" | - Acentuam-se as palavras oxítonas terminadas em "a(s)", "e(s)", "o(s)", "em" e "ens". |
| "veículos" | - Acentuam-se as vogais tônicas "i" e "u" que surgem como segunda vogal dos hiatos. |
| "intransferível" | - Acentuam-se as palavras paroxítonas que terminam em "l", "n", "r", "x" e "ps". |
| "há" | - Acentuam-se os vocábulos monossílabos tônicos terminados em "a", "e", "o", seguidos ou não de "s". |
| "código" | - Acentuam-se todas as palavras proparoxítonas. |
| "publicitária" | - Acentuam-se as palavras paroxítonas terminadas em ditongos crescentes. |

Rigorosamente, temos quatro regras atendidas pelas palavras acima: a regra da acentuação das paroxítonas ("responsáveis", "intransferível" e "publicitária"), a que prevê o acento nas palavras oxítonas ("também"), a que dá conta das segundas vogais tônicas "i" e "u" dos hiatos e, finalmente, a dos vocábulos proparoxítonos. A resposta da questão está na alternativa "D".

**Questão 2**

As palavras <u>ideológicas</u>, <u>já</u> e <u>saída</u> recebem acentos gráficos por serem, respectivamente:

1. proparoxítona;
2. monossílabo tônico terminado em "a";
3. a vogal tônica "i" é a segunda de um hiato.

Encontramos palavras que recebem acentuação gráfica pelas mesmas razões no item "c", em que estão "política", "lá" e "Chuí".

## Questão 3

Temos uma questão de acentuação gráfica em que o candidato deverá apontar em qual das alternativas existe vocábulo cuja razão de emprego do acento é diferente da que justifica os demais usos.

Podemos observar que em quatro alternativas ("a", "b", "d" e "e") os acentos gráficos foram empregados em atenção ao fato de os vocábulos serem paroxítonos terminados em ditongo.

No item "c", deve-se o acento à norma que recomenda o acento nas vogais "i" e "u", quando tônicas e em segunda posição num hiato. Esta é a resposta da questão.

## Questão 4

Vejamos as razões de emprego dos acentos gráficos nas palavras fornecidas em cada uma das alternativas. Estamos buscando o item em que o vocábulo recebe acento por motivo diferente dos demais.

a) Palavra paroxítona terminada em ditongo.
b) Segunda vogal "i", tônica, de um hiato. Esta é a resposta da questão.
c) Palavra paroxítona terminada em ditongo.
d) Palavra paroxítona terminada em ditongo.
e) Palavra paroxítona terminada em ditongo.

## Questão 5

a) Em "audácia", "prudência", "imprescindíveis" e "equilíbrio", os acentos gráficos justificam-se pela necessidade de acentuarmos vocábulos paroxítonos terminados em ditongos, seguidos ou não de "s". Neste ponto, surge fato importante. O Acordo Ortográfico que vigora a partir de janeiro de 2009 entre nós, referendando orientação já existente, inclui no capítulo de acentuação dos vocábulos proparoxítonos aqueles que, comumente, são denominados "proparoxítonos aparentes". Fundamentalmente são os que terminam por meio dos encontros "ia", "ie", "io", "ua", "ue" e "uo", com pronúncia átona, como, por exemplo, em "secretária", "série", "ordinário", "ambígua", "tênue" e "árduo". Sabemos que tais encontros vocábulos, para efeito de pronúncia, ou seja, foneticamente analisados, podem ser classificados como ditongos crescentes ou como hiatos. Ocorre que suas pronúncias como ditongos crescentes fazem com que surjam vocábulos paroxítonos, ao passo que, sendo pronunciados como hiatos, conterão hiatos. Na divisão silábica – e na translineação, por óbvio – devem ser considerados sempre como hiatos.

## Questão 6

Os vocábulos "Amazônia", "planetária", "resistência" e "níveis" pertencem à mesma regra de acentuação gráfica, que determina emprego de acento gráfico em palavras paroxítonas terminadas em ditongos.

No item “e”, que é a resposta da questão, foi acentuada a vogal tônica tônica “i”, que ocupa a segunda posição de um hiato.

## Questão 7

As palavras dos itens “a” e “e” recebem acento por serem proparoxítonas. No item “b”, as palavras foram acentuadas em atenção ao preceito das paroxítonas terminadas em ditongos. No item “d”, houve aplicação da regra dos vocábulos oxítonos terminados em “e”.

No item “c”, que é a nossa resposta, a acentuação do vocábulo “é” decorre de ser esse vocábulo um monossílabo tônico finalizado em “e”, ao passo que em “também”, temos um vocábulo oxítono terminado em “em”.

## Questão 8

Sabemos que o acento circunflexo posto em “três” deve-se ao fato de estarmos com vocábulo monossilábico tônico, terminado em “e” e seguido de “s”. Como o timbre da vogal tônica é fechado, recorreu-se ao circunflexo. No vocábulo “pés” – exemplo nosso – a mesma regra imporia o acento gráfico, agora agudo para marcar o timbre aberto da vogal tônica.

No item “d”, que é a resposta da questão, a forma monossilábica tônica terminada em “e” recebe acento em atenção à mesma regra que provocou emprego do acento em “três”.

## Questão 9

Os acentos gráficos aplicados nos vocábulos “cônjuge”, “próprios” e “está” decorrem da obrigatoriedade de se acentuarem, pela ordem:

1. vocábulos proparoxítonos;
2. vocábulos paroxítonos terminados em ditongo;
3. vocábulos oxítonos terminados em “a”, “e”, “o”, “em” e “ens”.

Na alternativa “a”, encontramos vocábulos que sofrem acentuação gráfica pela mesma razão, ou seja, “física”, “tréguas” e “cipó”.

Como esta questão foi aplicada anteriormente à vigência do Acordo Ortográfico, utilizou-se acento gráfico na forma verbal “pára”. Lembramos que acentos dessa natureza (empregados para distinguirmos formas homógrafas átonas e tônicas) não têm mais aplicação.

## Questão 10

O acento gráfico que se encontra em “distribuídos” indica a vogal “i”, tônica e segunda de um hiato.

O mesmo fato ocorreu no item “d”, com “constituí”. Esta é a resposta da questão.

### Questão 11

Estão corretas todas as palavras encontradas na alternativa "a", que é a resposta da questão, como apontamos:

baú - Acentuam-se as segundas vogais tônicas "i" e "u", quando em hiatos.

papéis - Acentuam-se as vogais abertas dos encontros "ei", "eu" e "oi", quando em palavras oxítonas.

caqui - Não se acentuam palavras oxítonas terminadas em "i" e "u", mas sim as que terminam em "a(a), "e(s)", "o(s)", "em" e "ens".
Obs.: caso estivéssemos grafando o nome da cor, e não o da fruta, escreveríamos "cáqui".

Nas alternativas da questão, encontramos os equívocos:

b) "vez" (que se corrige em "vez") e "juri" (retificado em "júri");
c) "idéia" (no momento de aplicação dessa questão, havia emprego desse acento) deve ser retificado para "ideia" e "jóvem", palavra paroxítona terminada em "em", não sofre acentuação gráfica;
d) estão errados os três vocábulos. Corretamente grafados, fazem surgir as formas "anemia", "leem" e "tragicamente";
e) em atenção à regra que preconiza o acento gráfico nas vogais "i" e "u", tônicas e em segundo lugar no hiato, retificaremos as grafias de "heroína" e "egoísta".

### Questão 12

A palavra "importância" recebe acento gráfico por ser um paroxítono terminado em ditongo.
Igualmente recebeu acento gráfico o vocábulo contido na alternativa "d": próprios".

### Questão 13

Retificado o texto, teremos: "O Sr. Lobo <u>é</u> um grande <u>empresário</u> e <u>está</u> preocupado com a vida dos animais".
Como vemos, há necessidade de acentuarmos três vocábulos.
A resposta da questão é a alternativa "c".

### Questão 14

Os acentos gráficos empregados em "século" e "bactéria" justificam-se em atenção às regras seguintes:

1. "século" – palavra proparoxítona;
2. "bactéria" – palavra paroxítona terminada em ditongo.

Relativamente aos vocábulos que surgiram nas cinco alternativas da questão, temos:

a) A palavra "rubrica", paroxítona terminada em "a", não sofre acentuação gráfica. O vocábulo "micróbio" deve ser acentuado graficamente por se tratar de paroxítono terminado em ditongo.
b) Os vocábulos "época" e "diária" devem sofrer acentuação gráfica uma vez que são, respectivamente, proparoxítono e paroxítono terminado em ditongo. Esta é a resposta da questão.
c) O vocábulo "abdômen", paroxítono terminado em "n", recebe acento gráfico. O vocábulo "influencia", 3ª pessoa do singular do presente do indicativo do verbo "influenciar", por ser paroxítono terminado em "a" seguido de "r", não sofre acentuação gráfica. Caso estivéssemos nos reportando ao substantivo "influência", o acento seria obrigatoriamente empregado, uma vez que teríamos um paroxítono terminado em ditongo.
d) A palavra "límpida", proparoxítona, é obrigatoriamente portadora de acento gráfico. Não há acento em "brincadeiras", palavra paroxítona terminada em "a(s)".
e) As palavras "sótão" (paroxítona terminada em "ão") e ("respiratórias", paroxítona terminada em ditongo) são necessariamente acentuadas.

## Questão 15

Vejamos as razões para que haja acentuação gráfica nos vocábulos citados no enunciado da questão:
"óvulo" – Vocábulo proparoxítono.
"bebês" – Vocábulo oxítono terminado em "e" seguido de "s".
"vulneráveis" – Vocábulo paroxítono terminado em ditongo.
Considerando-se as palavras contidas nas cinco alternativas da questão, chegamos à conclusão de que a resposta está no item "a", que contém os vocábulos "células", "está" e "indivíduo", exemplificadores das mesmas regras ora apontadas.

# Regras para Emprego do Hífen

## (APÓS ACORDO ORTOGRÁFICO VIGENTE A PARTIR DE JANEIRO DE 2009)

1. Emprega-se o hífen nos compostos sem elemento de ligação quando o primeiro termo, por extenso ou reduzido, está representado por forma substantiva, adjetiva, numeral ou verbal: *arco-íris*, *amor-perfeito*, *boa-fé*, *afro-asiático*, *primeiro-sargento*, *segunda-feira*, *porta-copos*, *quebra-mar*.

Obs.: nas palavras em que o falante contemporâneo perdeu a noção da composição, não se emprega o hífen: *paraquedas*, *mandachuva*. No entanto, mantém-se o hífen em vocábulos nos quais é clara a noção da composição: *para-choque*, *para-lama*.

2. Emprega-se o hífen nos compostos em que se observa o uso do apóstrofo: *cobra-d'água*, *olho-d'água*.

3. Emprega-se o hífen nos compostos sem elemento de ligação, quando o primeiro deles está representado pelas formas *além*, *aquém*, *recém*, *bem* e *sem*: *além-mar*, *além-túmulo*, *aquém-fronteiras*, *aquém-oceano*, *recém-casado*, *recém-promovido*, *sem-cerimônia*, *sem-terra*.

4. Emprega-se o hífen nos compostos formados sem elemento de ligação quando o primeiro deles é *mal* e o segundo começa por *vogal*, *h* ou *l*: *mal-ajeitado*, *mal-afamado*, *mal-humorado*, *mal-limpo*.

5. Emprega-se o hífen nos compostos que indiquem nomes geográficos formados pelas formas *grã*, *grão* ou por formas verbais e, ainda, nos ligados por artigo: *Grã-Bretanha*, *Grão-Pará*, *Passa-Quatro*, *Quebra-Dentes*, *Baía de Todos-os-Santos*, *Trás-os-Montes*.

6. Emprega-se o hífen nos compostos que designam espécies botânicas, zoológicas e áreas afins, ainda que ligadas por preposição ou por qualquer outro elemento: *andorinha-do-mar*, *andorinha-grande*, *bem-me-quer*, *bem--te-vi*, *couve-flor*, *erva-doce*, *erva-do-chá*, *feijão-verde*, *joão-de-barro*.

Obs.: no entanto, grafa-se *malmequer*.

7. Não se emprega hífen nas locuções de qualquer natureza (substantivas, adjetivas, pronominais, adverbiais, prepositivas ou conjuntivas): *cão de guarda*, *fim de semana*, *cor de café com leite*, *cor de vinho*, *cada um*, *ele próprio*, *à vontade*, *depois de amanhã*, *abaixo de*, *a fim de*, *ao passo que*, *à medida que*.

   Obs.: em alguns casos, já consagrados pelo uso, há exceções: *água-de--colônia*, *arco-da-velha*, *cor-de-rosa*, *mais-que-perfeito*, *pé-de-meia*, *ao-deus--dará*, *à queima-roupa*.

**Nas formações com prefixos**

8. Emprega-se o hífen quando o primeiro elemento termina por vogal igual à que inicia o segundo elemento: *contra-almirante*, *anti-ibérico*, *anti-inflamatório*, *auto-observação*, *micro-onda*, *sobre-elevar*, *sobre-estimar*.

9. Emprega-se o hífen quando o primeiro elemento termina por consoante igual à que inicia o segundo elemento: *ad-digital*, *inter-racial*, *inter-resistente*, *sub-base*, *super-revista*.

10. Emprega-se o hífen quando o primeiro elemento (*pós-*, *pré-*, *pró-*) termina acentuado graficamente: *pós-graduação*, *pós-tônico*, *pré-datado*, *pré-escolar*, *pró-ativo*, *pró-britânico*.

11. Emprega-se o hífen com os prefixos "circum" e "pan", obedecendo-se às prescrições:
    11.1. *Circum* – quando o vocábulo seguinte começa por *vogal*, *h*, *m*, *n*: circum-adjacência, circum-hospitalar, circum-murar, circum-navegação
    11.2. *Pan* – quando o vocábulo seguinte começa por *vogal*, *h*, *m*, *n*, *b*: pan--asiático, pan-helênico, pan-mítico, pan-negritude, pan-brasileiro

12. Emprega-se o hífen quando o primeiro elemento é um dos prefixos *ex-*, *sota-*, *soto-*, *vice-*, *vizo-*: *ex-almirante*, *ex-diretor*, *ex-presidente*, *sota--almirante*, *sota-voga*, *soto-almirante*, *soto-capitães*, *vice-presidente*, *vice--reitor*, *vizo-rei*.

13. Emprega-se o hífen quando o primeiro elemento termina por *vogal*, *r* ou *b* e o segundo elemento se inicia por *h*: *alfa-hélice*, *anti-herói*, *anti--hemorrágico*, *extra-hepático*, *inter-hemisférico*, *super-homem*, *sub-hepático*.

14. Não se emprega o hífen com prefixos *des-* e *in-* quando o segundo elemento perde o *h* inicial: *desumano*, *inábil*, *inumano*.

15. Emprega-se o hífen quando o primeiro elemento termina por *b* (*ab-*, *ob-*, *sob-*, *sub-*) ou *d* (*ad-*) e o segundo elemento começa por *r*: *ab-rupto*, *ad--renal*, *ad-referendar*, *ob-rogar*, *sob-roda*, *sub-reitor*, *sub-réptil*, *sub-rogar*.

16. Quando o primeiro elemento termina por *vogal* e o segundo elemento começa por *r* ou *s*, não se usa hífen e essas consoantes devem duplicar-se: *antessala*, *antirreligioso*, *antissocial*, *biorritmo*, *contrarregra*, *contrassenha*, *cosseno*, *infrarregular*.

17. Nas formações com sufixos, emprega-se o hífen apenas nas palavras terminadas por sufixos de origem tupi-guarani que representam formas adjetivas, como *-açu*, *-guaçu*, *-mirim*, quando o primeiro elemento termina por vogal acentuada graficamente ou quando a pronúncia exige a distinção gráfica dos dois elementos: *amoré-guaçu*, *anajá-mirim*, *andá-açu*, *capim-açu*, *Ceará-mirim*.

Obs.: o Acordo recomenda que, por clareza gráfica, na translineação de uma palavra composta ou de combinação de palavra em que há um hífen, ou mais, se a partição coincide com o final de um dos elementos, deve-se repetir o hífen no início da linha seguinte.

| ex.: | bem- | extra- |
|---|---|---|
| | -vindo | -hepático |

# Exercícios para Fixação

Não empregaremos questões de provas por uma razão simples: com o advento do Acordo Ortográfico que estabeleceu um regime de transição entre a antiga sistemática de emprego do hífen e a que vigorará em regime único a partir de janeiro de 2013, as bancas examinadoras deixaram de formular questões nas quais o uso do hífen é requisitado. Essa é uma atitude natural, uma vez que estamos, no momento, sob dois sistemas ortográficos.

Para não deixarmos o assunto sem um mínimo de exercícios, apresentamos os que se seguem, feitos por nós, com o intuito de ajudar os candidatos neste ponto da matéria.

## 2.1. Quadro prático para verificação de emprego de hífen

| Primeiro elemento | hífen | Segundo elemento | Exemplo |
|---|---|---|---|
| vogal | — | vogal igual ou *h* | arqui-inimigo |
| vogal | | vogal diferente | autoestrada |
| vogal | | consoante diferente de *r* ou *s* | ultrafabuloso |
| vogal | | consoante *r* ou *s* | ultrassonografia |
| consoante diferente de *m* ou *n* | — | consoante igual | super-requintado |
| consoante diferente de *m* ou *n* | | consoante diferente | hipersensível |
| consoante diferente de *m* ou *n* | | vogal | interamericano |
| circum | — | Vogal, h, m, n | circum-adjacência, circum-hospitalar, circum-murar, circum-navegação |
| pan | — | Vogal, h, m, n, b | pan-asiático pan-helênico pan-mítico pan-negritude, pan-brasileiro |

| | | | |
|---|---|---|---|
| co, pre, pro, re | | qualquer início | coabitar, preencher, proconsul, reescrita |
| pós, pré, pró | — | qualquer início | pós-tônico, pré-escolar, pró-europeu |
| ex, soto, sota, vice, vizo | — | qualquer início | ex-deputado, sota-voga, vice-rei |
| *vogal*, *r*, *b* | — | *h* | ante-histórico, hiper-humano, sub-humano |
| *ab*, *ad*, *ob*, *sob*, *sub* | — | *r* | ab-rupto, ad-renal, sob-roda, sub-reitor |

Empregue o hífen, quando necessário:

| | | |
|---|---|---|
| intra + celular | vice + gerência | vizo + rei |
| hiper + reativo | poli + melódico | supra + classe |
| seml + heresia | poli + insaturado | super + resfriado |
| vaga + lume | ab + rupto | anti + inflamatório |
| supra + estrutura | não + agressão | micro + ondas |
| má + fé | inter + face | ultra + sonografia |
| para + quedas | pó de arroz | ultra + honesto |
| supra + hepático | pseudo + osteose | sabiá + da + praia |
| arqui + inimigo | super + exaltação | orto + hexagonal |
| auto + educação | extrema + unção | orto + ácido |
| mal + entendido | extra + fino | ante + ontem |
| contra + indicação | extra + alcance | ante + nupcial |
| neo + idealismo | galo + da + campina | proto + revolução |
| afro + descendente | couve + flor | proto + zoário |
| mal + criado | pan + asiático | sub + raça |
| quinta + feira | pan + brasileiro | sub + base |
| circum + polar | tele + foto | ad + digital |
| circum + murar | teiú + açu | amarelo + limão |
| pós + doutorado | tenente + brigadeiro | contra + explosão |
| vice + almirante | mal de Parkinson | extra + estatal |

# GABARITO

intracelular
hiper-reativo
semi-heresia
vaga-lume
supraestrutura
má-fé
paraquedas
supra-hepático
arqui-inimigo
autoeducação
mal-entendido
contraindicação
neoidealismo
afrodescendente
malcriado
quinta-feira
circumpolar
circum-murar
pós-doutorado
vice-almirante

vice-gerência
polimelódico
poli-insaturado
ab-rupto ou abrupto
não agressão
interface
pó de arroz
pseudo-osteose
superexaltação
extrema-unção
extrafino
extra-alcance
galo-da-campina
couve-flor
pan-asiático
pan-brasileiro
telefoto
teiú-açu
tenente-brigadeiro
mal de Parkinson

vizo-rei
supraclasse
super-resfriado
anti-inflamatório
micro-ondas
ultrassonografia
ultra-honesto
sabiá-da-praia
orto-hexagonal
ortoácido
anteontem
antenupcial
protorrevolução
protozoário
sub-raça
sub-base
ad-digital
amarelo-limão
contra-explosão
extraestatal

Capítulo 2

# MORFOLOGIA: Classes Gramaticais

Primeira Parte

## Aspectos Teóricos

O estudo das palavras é matéria do capítulo da gramática denominado morfologia.

Como sabemos, os vocábulos que formam uma língua – o seu léxico – podem dispor-se em grupos que reúnem os que têm as mesmas características, quer quanto à forma, quer quanto às possibilidades sintáticas, na estrutura oracional.

O estudo de tais grupos é o que vamos levar a efeito neste volume.

Há em Português dez grupos de vocábulos. Seis deles reúnem palavras variáveis – podem sofrer flexões –, enquanto os outros quatro englobam palavras invariáveis – não sofrem flexões.

As palavras variáveis são: substantivo, artigo, adjetivo, numeral, pronome e verbo.

As palavras invariáveis são: advérbio, preposição, conjunção e interjeição.

Começaremos nosso estudo pelos substantivos.

## 1. Substantivo

Palavra com que designamos seres em geral – pessoas, animais – ou coisas. Exemplos: Pedro, menino, tubarão, árvore, pedra.

### 1.1. Classificação dos substantivos

Os substantivos podem ser comuns, próprios, concretos, abstratos e coletivos.

Substantivos comuns são os que designam, genericamente, todos os seres de uma espécie. São exemplos de substantivos comuns: menino, país, professor, estrela, dia, tribo.

Substantivos próprios são os que indicam, especificamente, um elemento determinado de uma espécie. São exemplos de substantivos próprios: Luís, Brasil, Marte, Carnaval, Caetés.

Substantivos concretos são os que indicam seres de existência real, independente do homem. São exemplos de substantivos concretos: homem, mulher, casa, rio, floresta, astro.

Substantivos abstratos são os que indicam seres que têm existência dependente do ser humano. Indicam, em geral, ações, estados, qualidades, sentimentos. São exemplos de substantivos abstratos: satisfação, trabalho, tristeza, alegria, bondade, pureza, felicidade.

Substantivos coletivos são os que, em singular, designam um conjunto de seres. São substantivos coletivos, por exemplo: rebanho, esquadrilha, bando, malta, alcateia.

Eis alguns coletivos:

alcateia – *de lobos*
armada – *de navios de guerra*
arquipélago – *de ilhas*
atilho – *de espigas*
banca – *de examinadores*
bando – *de aves, ciganos, malfeitores*
batalhão – *de soldados*
boiada – *de bois*
cacho – *de bananas, de uvas*
cáfila – *de camelos*
cambada – *de caranguejos, de malandros*
cancioneiro – *de canções, poesias líricas*
caravana – *de viajantes, peregrinos*
cardume – *de peixes*
choldra – *de assassinos, malfeitores*
chusma – *de pessoas, gente*
colmeia – *de cortiços de abelhas*
constelação – *de estrelas*
coro – *de cantores*
elenco – *de atores*
esquadra – *de navios de guerra*
exército – *de soldados*
fato – *de cabras*
falange – *de soldados, anjos*
farândula – *de ladrões, desordeiros*
fauna – *de animais*

feixe – *de lenha, capim*
flora – *de plantas*
frota – *de navios mercantes*
girândola – *de fogos de artifício*
horda – *de povos selvagens, bandidos*
hinário – *de hinos*
junta – *de bois, médicos, examinadores*
legião – *de soldados, demônios*
magote – *de pessoas, coisas*
malta – *de desordeiros*
manada – *de bois, búfalos, elefantes*
matilha – *de cães de caça*
matula – *de vadios, desordeiros*
mó – *de pessoas, gente*
molho – *de chaves*
multidão – *de pessoas*
ninhada – *de pintos*
penca – *de bananas, chaves*
plêiade – *de artistas, poetas*
ramalhete – *de flores*
rebanho – *de ovelhas*
récua – *de bestas de carga*
réstia – *de cebolas, alhos*
resma – *500 folhas de papel*
súcia – *de velhacos, desonestos*
tripulação – *de tripulantes de navio*
turma – *de estudantes, trabalhadores*
vara – *de porcos*

Os substantivos ainda podem ser:

Primitivos – são os que não provêm de outras palavras:
livro; terra; pedra; máquina; árvore; folha; ramo.

Derivados – são os que se formam de outra palavra, com acréscimo de sufixos:
livreiro; terreno; pedregulho; maquinaria; arvoredo; folhagem; ramagem.

Simples – são os que apresentam apenas um radical.
livro; guarda; íris; água.

Compostos – são os formados por mais de um radical:
guarda-livro; guarda-civil; arco-íris; aguardente.

## 1.2. Flexões dos substantivos

Os substantivos sofrem três flexões: gênero, número e grau.

### Flexão de gênero

Quanto ao gênero, os substantivos flexionam-se em masculinos e femininos.
São masculinos todos os substantivos aos quais se pode antepor o artigo "o": colégio, aluno, templo, mestre, lírio, amor, pó.
São femininos todos os substantivos aos quais se pode antepor o artigo "a": floresta, cachoeira, amizade, fé, cal.
São masculinos, ainda, os substantivos terminados na vogal "o" átona: aluno, livro, menino, gato.

São femininos, por outro lado, os substantivos terminados na vogal "a" átona: aluna, menina, floresta, gata.

**Formação do feminino**

Há substantivos masculinos cujas formas femininas são de radicais diferentes. Vejamos alguns:

| Masculino | Feminino | Masculino | Feminino |
|---|---|---|---|
| bode | cabra | frade | freira |
| boi (ou touro) | vaca | frei | sóror |
| burro | besta | genro | nora |
| cão | cadela | homem | mulher |
| carneiro | ovelha | marido | mulher |
| cavalo | égua | padrasto | madrasta |
| cavalheiro | dama | padrinho | madrinha |
| cavaleiro | amazona | pai | mãe |
| confrade | confreira | zangão | abelha |

**Nota: para confrade registram-se, ainda, os femininos confrada ou sóror.**

A maioria dos substantivos terminados em "o" átono formam o feminino trocando-se o "o" por "a":

lobo – loba; menino – menina; pombo – pomba; filho – filha.

Os substantivos terminados em "ês" – e muitos terminados em "or" – formam o feminino com o acréscimo da desinência "a":

freguês – freguesa; marquês – marquesa; japonês – japonesa; pastor – pastora; cantor – cantora; embaixador – embaixadora.

Entretanto: ator – atriz; embaixador – embaixatriz; arrumador – arrumadeira; cantador – cantadeira.

Os substantivos terminados em "ão", na sua maior parte, fazem o feminino trocando-se o "ão" por "ã":

aldeão – aldeã; alemão – alemã; anão – anã; ancião – anciã; anfitrião – anfitriã; bretão – bretã; campeão – campeã; castelão – castelã; charlatão – charlatã; cidadão – cidadã; coimbrão – coimbrã; comarcão – comarcã; cristão – cristã; cirurgião – cirurgiã; cidadão – cidadã; cortesão – cortesã; escrivão – escrivã; faisão – faisã; irmão – irmã; órfão – órfã; pagão – pagã; peão – peã; sacristão – sacristã; tabelião – tabeliã (também se admite "tabelioa" cf. *Dicionário Houaiss*, versão eletrônica).

Há substantivos terminados em "ão" que fazem o feminino trocando-se o "ão" por "oa"; não aparecem em grande quantidade:
ermitão – ermitoa; hortelão – horteloa; patrão – patroa; pavão – pavoa; leitão – leitoa; leão – leoa.

Há, ainda, substantivos terminados em "ão" que fazem o feminino trocando-se o "ão" por "ona":
bonachão – bonachona; comilão – comilona; espertalhão – espertalhona; figurão – figurona; folgazão – folgazona; folião – foliona; glutão – glutona; mandrião – mandriona; mocetão – mocetona; moleirão – moleirona; paspalhão – paspalhona; peão – peona ou peã; pobretão – pobretona; resmungão – resmungona; respondão – respondona; sabichão – sabichona; solteirão – solteirona.

Não seguem estas disposições os substantivos terminados em "ão" abaixo:
barão – baronesa; cão – cadela; ladrão – ladra; lebrão – lebre; maganão – magana; perdigão – perdiz; sultão – sultana.

Certos substantivos designativos de títulos de nobreza, dignidades ou profissão formam o feminino com as desinências "esa", "essa", "isa":
abade – abadessa; alcaide – alcaidessa; barão – baronesa; bispo – episcopisa; conde – condessa; cônego – canonisa; cônsul – consulesa; diácono – diaconisa; doge – dogessa (ou dogaressa, e, ainda, dogaresa); druida – druidessa (ou druidisa); duque – duquesa; papa – papisa; píton – pitonisa; poeta – poetisa; príncipe – princesa; prior – prioresa (ou priora); profeta – profetisa; sacerdote – sacerdotisa; visconde – viscondessa.

Alguns substantivos terminados em "e" fazem o feminino trocando-se esta vogal por "a":
alfaiate – alfaiata; elefante – elefanta; governante – governanta; hóspede – hóspeda; infante – infanta; mestre – mestra; monge – monja; parente – parenta; presidente – presidenta.

Há substantivos que apresentam uma única forma para os dois gêneros. Seu enquadramento depende, então, do emprego dos artigos. Dizemos, por exemplo: o pianista – a pianista. São denominados <u>comuns de dois gêneros</u>:
aborígine; agente; anarquista; amálgama; amanuense; artista; cataplasma; camarada; colegial; colega; consorte; cliente; compatriota; crente; dentista; estudante; escrevente; gerente; herege; imigrante; indígena; intérprete;

jornalista; mártir; nigromante; penitente; personagem; pianista; protestante; selvagem; silvícola; servente; suicida; vidente.

Um pequeno grupo de substantivos também apresenta uma única forma para indicar os dois gêneros, mas, diferentemente dos comuns de dois gêneros vistos acima, não apresentam variação quanto ao emprego do artigo. Dizemos, por exemplo, "o cônjuge" para indicar ambos os componentes de um casal: marido ou esposa. São denominados sobrecomuns:
o apóstolo; o algoz; o carrasco; o cônjuge; a criança; a criatura; o ente; o indivíduo; a pessoa; o ser; a testemunha; a vítima; o verdugo.

Há substantivos que só apresentam um gênero e indicam animais e plantas de ambos os sexos. Suas distinções de sexo são indicadas pelos vocábulos macho e fêmea. Dizemos, então, jacaré macho e jacaré fêmea. Denominam-se epicenos:
a águia; o albatroz; a baleia; o besouro; a borboleta; a cobra; o condor; a codorniz; o crocodilo; a formiga; o gavião; o jacaré; o jaguar; o mamoeiro; a mosca; a onça; a palmeira; o polvo; a pulga; o rinoceronte; o rouxinol; a sardinha; o tatu; a tartaruga; o tigre.

Certos substantivos, ao mudarem de gênero, mudam também seus significados:
o cabeça – a cabeça; o caixa – a caixa; o capital – a capital; o cisma – a cisma; o corneta – a corneta; o crisma – a crisma; o cura – a cura; o gênesis – a gênesis; o guarda – a guarda; o guia – a guia; o lente – a lente; o língua – a língua; o lotação – a lotação; o moral – a moral; o rádio – a rádio; o voga – a voga.

Alguns substantivos apresentam frequente vacilação quanto às suas formas femininas. Merecem registro:
São masculinos:
ágape; alvará; anátema; antílope; caudal; champanha; clã; contralto; diabete(s); dó; eclipse; gengibre; hosana; jângal; lança-perfume; milhar; orbe; pampa; pijama; praça (soldado); proclama; sabiá; sanduíche; sósia; suéter; tapa; teiró; telefonema; vau; voga (o remador).

São femininos:
abusão; aguardente; alcíone; alface; alcunha; aluvião; análise; anacruse; apendicite; áspide; bacanal; cal; cólera; cólera-morbo; dinamite; faringe;

fácies; fama; fênix; filoxera; fruta-pão; gesta; jaçanã; juriti; libido; omoplata; ordenança; polé; preá; sentinela; síndrome; sucuri; tíbia; variante.

Merecem registro algumas flexões em gênero de substantivo, por não se enquadrarem em nenhuma das observações precedentes:
ator – atriz; avô – avó; capiau – capioa; czar – czarina; mandarim – mandarina; maestro – maestrina (ou maestra); pierrô – pierrete; raja ou rajá – râni ou rani; felá – felaína; flâmine – flamínica; galo – galinha; grou – grua; herói – heroína; ilhéu – ilhoa; javali – javalina; jogral – jogralesa; juiz – juíza; landgrave – landgravina; marajá – marani; melro – mélroa; oficial – oficiala; pardal – pardoca (pardaloca ou pardaleja); parvo – párvoa; rapaz – rapariga; rei – rainha; réu – ré; sandeu – sandia; silfo – sílfide; sultão – sultana; tabaréu – tabaroa; tzar – tzarina; varão – matrona (ou mulher); zagal – zagala.

**Flexão de número**

Quanto ao número, os substantivos flexionam-se em singular e plural.
A flexão de número plural é marcada pela desinência "s":
livros; alunos; casas; árvores.
A ausência desta desinência caracteriza o número singular:
livro; aluno; casa; árvore.
Desse modo, podemos firmar, como regra geral da formação do plural, o acréscimo da consoante "s" a substantivos que terminem em vogal ou ditongo oral: sabiá – sabiás; tupi – tupis; réu – réus; pai – pais.
Alguns casos específicos merecem atenção.

Substantivos terminados em "ão":
A maior parte deles muda o "ão" para "ões".
adoração – adorações; anão – anões; apreensão – apreensões; botão – botões; balão – balões; caminhão – caminhões; canção – canções; confissão – confissões; comoção – comoções; coração – corações; eleição – eleições; espião – espiões; estação – estações; fração – frações; gavião – gaviões; leão – leões; nação – nações; mamão – mamões; operação – operações; sermão – sermões; questão – questões; razão – razões; roupão – roupões; tubarão – tubarões; opinião – opiniões; visão – visões; vulcão – vulcões; zangão – zangões.

Incluem-se neste grupo todos os aumentativos:
amigalhão – amigalhões; bobalhão – bobalhões; casarão – casarões; facão – facões; figurão – figurões; narigão – narigões; pobretão – pobretões; rapagão – rapagões; vozeirão – vozeirões.

Alguns substantivos terminados em "ão" apenas recebem o acréscimo da desinência "s":
acórdão – acórdãos; bênção – bênçãos; cidadão – cidadãos; corrimão – corrimãos; cortesão – cortesãos; cristão – cristãos; desvão – desvãos; gólfão – gólfãos; grão – grãos; irmão – irmãos; mão – mãos; órfão – órfãos; órgão – órgãos; pagão – pagãos; sótão – sótãos; vão – vãos.
Todos os paroxítonos incluem-se na regra acima.

Alguns substantivos terminados em "ão", ainda, fazem o plural trocando-se "ão" por "ães":
alemão – alemães; bastião – bastiães; caimão – caimães; cão – cães; deão – deães; capelão – capelães; charlatão – charlatães; capitão – capitães; catalão – catalães; escrivão – escrivães; faisão – faisães; guardião – guardiães; maçapão – maçapães; mata-cão – mata-cães; pão – pães; sacristão – sacristães; tabelião – tabeliães.
Certos substantivos terminados em **"ão"** apresentam mais de uma forma de plural válida:

| | | | |
|---|---|---|---|
| aldeão* | aldeãos | aldeães | aldeões |
| alão | alãos | alães | alões |
| alazão | -------- | alazães | alazões |
| anão | anãos | -------- | anões |
| ancião | anciãos | anciães | anciões |
| castelão* | castelãos | castelães | castelões |
| charlatão | -------- | charlatães | charlatões |
| corrimão | corrimãos | -------- | corrimões |
| cortesão | cortesãos | -------- | cortesões |
| deão* | deãos | deães | deões |
| ermitão | ermitãos | ermitães | ermitões |
| fuão | fuãos | -------- | fuões |
| guardião | -------- | guardiães | guardiões |
| hortelão | hortelãos | -------- | hortelões |
| refrão | refrãos | refrães | -------- |
| rufião | -------- | rufiães | rufiões |
| sacristão | sacristãos | sacristães | -------- |
| sultão | sultãos | sultães | sultões |

| truão | -------- | truães | truões |
|---|---|---|---|
| verão | verãos | -------- | verões |
| vilão* | vilãos | vilães | vilões |
| vulcão | vulcãos | -------- | vulcões |

* As formas assinaladas com asterisco são aquelas em que nossas gramáticas apresentam divergências. Resolvemos acatar as distintas orientações, fazendo os necessários esclarecimentos.

1. Os três plurais para o vocábulo *aldeão* são citados em *Português básico*, de Adriano da Gama Kury, Nova Fronteira, Rio de Janeiro, 16ª ed., 1990, p. 108; por Celso Cunha e Lindley Cintra, na *Nova gramática do português contemporâneo*, Nova Fronteira, Rio de Janeiro, 3ª ed., 12ª reimpressão, 2001, p. 183; e por Evanildo Bechara, em *Moderna gramática portuguesa*, Lucerna, Rio de Janeiro, 37ª ed., 1999, p. 121. Rocha Lima, em *Gramática normativa da língua portuguesa*, José Olympio, Rio de Janeiro, 33ª ed., 1972, p. 81, cita apenas as formas *aldeãos* e *aldeões*.
2. Os três plurais para o vocábulo *castelão* são citados em *Português básico*, de Adriano da Gama Kury, Nova Fronteira, Rio de Janeiro, 16ª ed., 1990, p. 108. Rocha Lima, *Gramática normativa da língua portuguesa*, José Olympio, Rio de Janeiro, 33ª ed., 1972, p. 81, cita apenas as formas *castelãos* e *castelões*. Igualmente o fazem Celso Cunha e Lindley Cintra, na *Nova gramática do português contemporâneo*, Nova Fronteira, Rio de Janeiro, 3ª ed., 12ª reimpressão, 2001, p. 183. Evanildo Bechara, em sua *Moderna gramática portuguesa*, Lucerna, Rio de Janeiro, 37ª ed., 1999, não menciona esse vocábulo.
3. As três formas de plural para *deão* estão citadas por Evanildo Bechara, na obra acima citada, e por Rocha Lima, também na obra acima citada. Celso Cunha e Lindley Cintra, na obra citada, aludem apenas às formas *deães*, *deões*. Adriano da Gama Kury, em seu trabalho acima citado, não menciona essa palavra.
4. As três formas de plural para *vilão* estão citadas por Evanildo Bechara. Adriano da Gama Kury menciona apenas *vilões* e *vilãos*. Igualmente o fazem Celso Cunha e Lindley Cintra e Rocha Lima.

## Plural de substantivos terminados em consoantes

Os substantivos que terminam em "r", "s" (oxítonos), "z" e "n" formam o plural acrescentando-se "es" às suas grafias:
açúcar – açúcares; colher – colheres; mar – mares; mártir – mártires; país – países; mês – meses; ás – ases; freguês – fregueses; raiz – raízes; voz – vozes; luz – luzes; giz – gizes; abdômen – abdômenes; cânon – cânones; dólmen – dólmenes; gérmen – gérmenes.

## Têm duplo plural os vocábulos abaixo:

abdômen – abdômenes ou abdomens; certâmen – certâmenes ou certamens; dólmen – dólmenes ou dolmenses; espécimen – especímenes ou especimens; gérmen – gérmenes ou germens; hífen – hífenes ou hifens; pólen – pólenes ou pólens; regímen – regímenes ou regimens.

As palavras *dólmen* e *pólen* apresentam as variantes gráficas dolmem e *polem*. Os plurais destas formas variantes são *dolmens* e *polens*.

O substantivo *cós* tem dois plurais: *coses* e *cós*.

Os substantivos paroxítonos terminados em "s" e "x" (com som de *cs*) são invariáveis:
atlas; lápis; cútis; ônus; oásis; pires; ônix; tórax.

Os substantivos terminados em "x" (com som de *ce*) fazem plural, normalmente, com acréscimo de "es":
cálix – cálices; apêndix – apêndices.

Os substantivos terminados em "al", "el", "ol", "ul" fazem o plural trocando-se o "l" por "is":
carnaval – carnavais; canal – canais; móvel – móveis; papel – papéis; álcool – álcoois; anzol – anzóis; paul – pauis.

Há casos particulares:
cônsul – cônsules; mal – males; cal – cales (ou cais); real – réis (moeda antiga) e reais (moeda nova).

Os substantivos terminados em "il" fazem plural trocando-se o "l" por "is" – quando oxítonos – e por "eis" – quando paroxítonos:
funil – funis; reptil – reptis; projetil – projetis; fóssil – fósseis; réptil – répteis; projétil – projéteis.

**Substantivos com plurais metafônicos**

Certos substantivos, ao serem flexionados em plural, apresentam variação no timbre da vogal tônica "o" de fechada para aberta:
abrolho; antolho; aposto; caroço; choco; corcovo; coro; despojo; destroço; escolho; corvo; esforço; estorvo; fogo; forno; foro; fosso; imposto; jogo; miolo; mirolho; olho; osso; ovo; poço; porco; porto; posto; povo; reforço; renovo; rogo; sobrolho; socorro; tijolo; toco; tojo; tordo; torto; tremoço; troco; troço.

Não apresentam metafonia:
acordo; adorno; algoz; almoço; alvoroço; arroto; boda; bojo; bolso; cachorro; caolho; coco; esboço; esposo; estojo; engodo; ferrolho; fofo;

forro; gafanhoto; globo; golfo; gorro; gosto; gozo; horto; jorro; lobo; logro; moço; molho; morro; mosto; namoro; pescoço; piloto; piolho; poldro; polvo; potro; reboco; rebojo; repolho; restolho; rolo; rosto; sogro; sopro; soro, suborno, toldo; topo; torno; transtorno.

**Nota**

---

O vocábulo "contorno" é citado por Evanildo Bechara, em *Moderna gramática portuguesa*, Lucerna, Rio de Janeiro, 37ª ed., 1999, p. 124, como palavra que não sofre metafonia ao ser conduzida para o plural.

Celso Cunha e Lindley Cintra, no entanto, em *Nova gramática do português contemporâneo*, Nova Fronteira, Rio de Janeiro, 3ª ed., 12ª reimpressão, p. 184, relacionam tal palavra entre as que sofrem metafonia ao serem flexionadas em número plural.

Adriano da Gama Kury, em trabalho já citado, ressalva que *"contorno, toco, torno e troco hoje em dia se pluralizam sem mudança de timbre"*, o que indica que tais vocábulos já foram metafônicos.

O *Dicionário eletrônico Houaiss da língua portuguesa*, Objetiva, versão 1.0, confirma a ressalva feita com respeito aos três últimos vocábulos acima. O mesmo trabalho não cita o plural de *contorno*.

No *Novo dicionário Aurélio da língua portuguesa*, versão eletrônica, encontramos as formas "contornos" (ô, bras.; ô ou ó, lus.).

O VOLP (*Vocabulário ortográfico da língua portuguesa*) não faz menção ao plural desses quatro vocábulos.

---

Há substantivos que, ao sofrerem flexão de plural, apresentam deslocamento na posição da sílaba tônica:
caráter – caracteres; espécimen – especímenes; júnior – juniores; Júpiter – Jupíteres; Lúcifer – Lucíferes; sênior – seniores.

## Plural de substantivos diminutivos

Os substantivos em grau diminutivo, ao sofrerem flexão de número plural, apresentam os dois elementos do vocábulo (radical e sufixo) em plural. Apenas a desinência de plural do sufixo, entretanto, será grafada:
animal – animaizinhos (animai[s] + zinhos);
balão – balõezinhos (balõe[s] + zinhos);
barril – barrizinhos (barri[s] + zinhos);
botão – botõezinhos (botõe[s] + zinhos);
cão – cãezinhos (cãe[s] + zinhos);
colar – colarezinhos (colare[s] + zinhos);
coração – coraçõezinhos (coraçõe[s] + zinhos);

flor – florezinhas (flore[s] + zinhas);
funil – funizinhos (funi[s] + zinhos);
pá – pazinhas (pá[s] + zinhas);
paz – pazezinhas (paze[s] + zinhas);
pai – paizinhos (pai[s] + zinhos);
país – paisezinhos (paíse[s] + zinhos);
pão – pãezinhos (pãe[s] + zinhos);
papel – papeizinhos (papéi[s] + zinhos).

Há substantivos que só são empregados no plural:

ademanes; afazeres; alvíssaras; anais; arredores; avós (antepassados); belas-artes; belas-letras; bodas; cãs; calendas; condolências; confins; esponsais; endoenças; exéquias; fastos; férias (descanso); fezes; manes; matinas; nomes dos naipes (ouros, copas, paus, espadas); núpcias; óculos; olheiras; pêsames; primícias; víveres.

**Plural dos substantivos compostos**

Em compostos nos quais não se emprega o hífen, o plural é feito normalmente, como se fosse um substantivo simples:
aguardente – aguardentes; pernilongo – pernilongos; planalto – planaltos; pontapé – pontapés; malmequer – malmequeres; lobisomem – lobisomens.

Em compostos nos quais o hífen aparece, algumas situações devem ser conhecidas.

1. O primeiro elemento do composto é verbo ou palavra invariável e o segundo é um vocábulo variável – só o segundo vai para o plural:

| | |
|---|---|
| abaixo-assinado – abaixo-assinados | furta-cor – furta-cores |
| alto-falante – alto-falantes | grã-cruz – grã-cruzes |
| arranha-céu – arranha-céus | grão-duque – grão-duques |
| ave-maria – ave-marias | guarda-roupa – guarda-roupas |
| bate-boca – bate-bocas | para-lama – para-lamas |
| beija-flor – beija-flores | quebra-mar – quebra-mares |
| bel-prazer – bel-prazeres | sempre-viva – sempre-vivas |
| ex-diretor – ex-diretores | vice-presidente – vice-presidentes |

2. Substantivos compostos onomatopaicos, formados com repetição integral ou parcial do vocábulo – apenas o segundo elemento vai para o plural:
reco-reco – reco-recos;
tique-taque – tique-taques;
tico-tico – tico-ticos.

3. Substantivos compostos formados por três ou mais elementos, dos quais nenhum deles é preposição – só o último elemento vai para o plural:
bem-te-vi – bem-te-vis;
bem-me-quer – bem-me-queres.

4. O composto tem seus elementos componentes ligados por preposição, clara ou oculta – só o primeiro recebe flexão de plural:

| | |
|---|---|
| beijo-de-moça – beijos-de-moça | pão-de-leite – pães-de-leite |
| cavalo-vapor – cavalos-vapor * | pé-de-cabra – pés-de-cabra |
| chapéu-de-sol – chapéus-de-sol | peroba-do-campo – perobas-do-campo |
| joão-de-barro – joões-de-barro | pitanga-da-praia – pitangas-da-praia |
| monte-de-ouro – montes-de-ouros | |

* Em "cavalo-vapor", ocorre emprego de preposição implícita, como se mostra em *cavalo de* ou *a vapor.*

5. Compostos de dois substantivos nos quais o segundo limita a significação geral do primeiro – só o primeiro elemento recebe flexão:

| | |
|---|---|
| banana-maçã – bananas-maçã | palavra-chave – palavras-chave |
| café-concerto – cafés-concerto | peixe-boi – peixes-boi |
| caneta-tinteiro – canetas-tinteiro | saia-balão – saias-balão |
| carta-bilhete – cartas-bilhete | salário-família – salários-família |

**Nota**

Modernamente, a tendência é de pluralizarem-se os dois vocábulos do composto assim formado. Aurélio Buarque de Holanda, no *Novo dicionário Aurélio da língua portuguesa*, Nova Fronteira, já apresenta as duas formas. Igualmente o faz o *Dicionário Houaiss da língua portuguesa*, Objetiva, edição eletrônica, versão 1.0:
banana-maçã – bananas-maçã ou bananas-maçãs;
café-concerto – cafés-concerto ou cafés-concertos;
caneta-tinteiro – canetas-tinteiro ou canetas-tinteiros;
carta-bilhete – cartas-bilhete ou cartas-bilhetes;

palavra-chave – palavras-chave ou palavras-chaves (só no *Aurélio*);
peixe-boi – peixes-boi ou peixes-bois (só no *Aurélio*);
saia-balão – saias-balão ou saias-balões.

6. Se o composto é formado por substantivos, por adjetivos, por substantivo e adjetivo ou por duas formas verbais idênticas – em geral, vão os dois elementos para o plural.

| | |
|---|---|
| água-marinha – águas-marinhas | mestre-sala – mestres-salas |
| amor-perfeito – amores-perfeitos | pega-pega – pegas-pegas |
| bole-bole – boles-boles | ruge-ruge – ruges-ruges |
| cabra-cega – cabras-cegas | surdo-mudo – surdos-mudos |
| cartão-postal – cartões-postais | salário-mínimo – salários-mínimos |
| corre-corre – corres-corres | segunda-feira – segundas-feiras |
| couve-flor – couves-flores | treme-treme – tremes-tremes |
| gentil-homem – gentis-homens | vitória-régia – vitórias-régias |
| guarda-civil – guardas-civis | |

7. Os substantivos compostos cujo segundo elemento já está no plural ficam invariáveis:
o espirra-canivetes;
o salta-pocinhas;
o troca-tintas.

8. Os substantivos compostos formados por verbos de significados opostos ficam invariáveis:
os leva e traz;
os vai-volta.

9. Os substantivos compostos formados por verbo e palavra invariável ficam invariáveis:

| | |
|---|---|
| os bota-fora | os ganha-pouco |
| os bota-abaixo | os pisa-mansinho |
| os cola-tudo | |

10. As frases substantivadas ficam invariáveis:
os bumba meu boi;
as estou-fraca.

11. Alguns poucos compostos admitem mais de um plural:
fruta-pão – frutas-pão ou fruta-pães;
guarda-marinha – guardas-marinhas ou guardas-marinha;
padre-nosso – padres-nossos ou padre-nossos;
ruge-ruge – ruges-ruges ou ruge-ruges;
salvo-conduto – salvos-condutos ou salvo-condutos.

**Nota**

Evanildo Bechara, em seu trabalho já citado, indaga por que não seria admitida a forma de plural "guarda-marinhas". O *Dicionário Houaiss da língua portuguesa*, também já citado, admite o plural para "guarda-marinha" feito na forma "guarda--marinhas". No mesmo dicionário encontramos a possibilidade alternativa para o plural de "corre-corre", feita com a flexão dos dois elementos do composto: "corres-corres".

## Flexão de grau

São três os graus dos substantivos: normal, aumentativo e diminutivo.

No grau normal, os substantivos apresentam-se em seus significados normais, sem aumento ou diminuição:
homem; casa; faca; nariz; chapéu; rato.

Os substantivos podem apresentar-se aumentados ou diminuídos. Dizemos, então, que estão no grau aumentativo ou diminutivo. Tais aumentos e diminuições podem ser feitos com empregos de adjetivos ou de sufixos. Quando a alteração semântica é feita com emprego de adjetivos, dizemos que os substantivos estão no grau aumentativo (ou diminutivo) analítico. Quando ocorre emprego de sufixos, dizemos que os substantivos estão no aumentativo (ou diminutivo) sintético.

Vejamos alguns exemplos, considerando-se os substantivos acima empregados no grau normal.

Aumentativo e diminutivo analítico:
homem grande; homem pequeno; casa grande; casa pequena; faca grande; faca pequena; rapaz grande; rapaz pequeno; chapéu grande; chapéu pequeno; rato grande; rato pequeno.

Aumentativo e diminutivo sintético:
homenzarrão; homenzinho; casarão; casinha; facão; faquinha; rapagão; rapazinho; chapelão; chapeuzinho; ratão; ratinho.

As formas sintéticas de aumentativo e diminutivo, frequentemente, indicam valor semântico pejorativo:
beiçorra; casebre; livreco; mulherzinha; narigão; sabichão.

As formas sintéticas de diminuição costumam traduzir valor semântico afetivo, de carinho:
amiguinho; amorzinho; filhinho; mãezinha; paizinho.

Certos empregos de aumentativo e diminutivo sintético já não mais sugerem a ideia de grau aumentado ou diminuído e passam a indicar coisas distintas do expresso no substantivo normal:
calção; caixão; cartaz; cartilha; cavalete; corpinho (peça de vestuário); corpete; dentuça; ferrão; flautim; folhinha (calendário); florão; joguete; lingueta; papelão; papelote; pastilha; película; portão; vidrilho.

Sufixos mais comumente empregados para formação dos substantivos aumentativos e diminutivos:

**Aumentativos**
*alha* – fornalha;
*alhão* – dramalhão;
*arrão* – santarrão;
*zarrão* – homenzarrão;
*eirão* – vozeirão;
*aço* – morenaço;
*aça* – barcaça;
*agão* – espadagão;
*az* – canaz;
*arraz* – pratarraz;
*ázio* – copázio;
*orra* – cabeçorra;
*aréu* – fogaréu;
*anzil* – corpanzil;
*la* – beiçola;
*ança* – festança;
*uça* – dentuça.

**Diminutivos**
*inho* – gatinho;
*zinho* – cafezinho;
*ito* – cabrito;
*eto, ete* – poemeto, saleta;
*el, ela* – cordel, ruela;
*im* – flautim;
*inhola* – portinhola;
*ola* – bandeirola;
*ote, ota* – saiote; aldeota;
*ebre* – casebre;
*eco* – livreco;
*ejo* – lugarejo;
*oca* – beijoca;
*iço* – burrico;
*isco* – chuvisco;
*oila* – moçoila;
*acho, ucho* – riacho, gorducho;
*ilho, ilha* – pecadilho, esquadrilha.

Alguns aumentativos merecem registro por serem exóticos:
alegria – alegrão; cara – caraça; fatia – fatacaz; ladrão – ladravaz; mão – manzorra; médico – medicastro (valor pejorativo); rato – ratazana; rocha – rochedo; vara – varejão; vilão – vilanaço ou vilanaz.

Também oferecem dificuldade os diminutivos abaixo:
abano – abanico; árvore – arvorezinha, arvoreta ou arbusto; arpão – arpãozinho ou arpéu; casa – casinha, casinhola, casebre ou casucha; cão – cãozinho, canito ou canicho; farol – farolzinho ou farolete; ilha – ilhazinha, ilhota ou ilhéu; laje – lajota; mastro – mastrinho ou mastaréu; pequeno – pequeninho, pequenino, pequenote, pequerrucho ou pequenininho; raiz – raizinha, radícula ou radicela; ramo – raminho, ramalhete, ramilhete, ramilho ou ramúsculo; rapaz – rapazinho, rapazola, rapazote, rapazelho ou rapagote; rei – reizinho, reizete ou régulo; sino – sininho ou sinete; verão – verãozinho ou veranico; verso – versinho ou versículo; vila – vilazinha ou vilarejo.

Utilizam-se os sufixos "ulo" e "culo" para formarem-se os diminutivos eruditos, usados em linguagem escrita por pessoas cultas, ou na linguagem científica:
raiz – radícula; globo – glóbulo; corpo – corpúsculo; verme – vermículo; monte – montículo; nó – nódulo; homem – homúnculo; questão – questiúncula; animal – animálculo; gota – gotícula; febre – febrícula; verso – versículo; pele – película.

## 2. Artigo

### 2.1. Classificação do artigo

Artigos são os vocábulos "o", "a", "os", "as", "um", "uma", "uns" e "umas" empregados antes dos substantivos para definir ou indefinir seus sentidos.

Os artigos definidos são: "o", "a", "os" e "as".

Os artigos indefinidos são: "um", "uma", "uns" e "umas".

Os artigos definidos podem surgir em formas combinadas ou contraídas com as preposições "a", "de", "em" e "por":
ao; à; aos; às; do; da; dos; das; no; na; nos; nas; pelo; pela; pelos; pelas.

Os artigos indefinidos podem surgir em formas combinadas com as preposições "de" e "em":
dum; duma; duns; dumas; num; numa; nuns; numas.

### 2.2. Flexões dos artigos

Os artigos flexionam-se em gênero (masculino e feminino) e número (singular e plural):
o, um – masculino singular;
a, uma – feminino singular;
os, uns – masculino plural;
as, umas – feminino plural.

### 2.3. Emprego dos artigos

O emprego do artigo promove a substantivação de qualquer vocábulo:
Terrível palavra é um não. (advérbio tornou-se substantivo)
O correr da criança era alegre. (verbo transformou-se em substantivo)
Tudo no mundo começou com um sim. (advérbio transformou-se em substantivo)
O impermeável ficou totalmente molhado. (adjetivo tornou-se substantivo)

O artigo determina as flexões de gênero e número do substantivo:
o pires (masculino singular);
os pires (masculino plural);
a libido (feminino singular);
as clientes (feminino plural).

Empregado após o pronome indefinido "todo", o artigo introduz ideia de totalidade da parte:
Todo o bairro será visitado pelos agentes de saúde.

Empregado antes de numerais indica um valor aproximado:
A fazenda teria uns 500 hectares.

O artigo definido pode indicar a espécie inteira:
O homem desconhece as causas de suas angústias. (o substantivo "homem", posto após o artigo, indica a totalidade da espécie humana)

O artigo definido pode ter valor distributivo:
As maçãs custam R$ 5,00 o quilo. (= cada quilo)

O emprego dos artigos é facultado diante dos pronomes adjetivos possessivos:
"O meu pai era paulista,
Meu avô, pernambucano,
O meu bisavô, mineiro,
Meu tataravô, baiano."

Empregado antecedendo nomes próprios personativos, os artigos sugerem intimidade, familiaridade:
O Fernando disse que viria à aula.

O artigo pode ser empregado antes do vocábulo "outro" ("outros"), quando esse tem sentido determinado.
Amei duas coisas na vida: livro e filme. O primeiro acompanhou-me até meus últimos dias; o outro ficou esquecido com o tempo.

"Ambos" e "todos" são vocábulos na língua portuguesa que podem anteceder os artigos:
Ambos os rapazes permaneceram mudos.
Todo o Rio de Janeiro preparava-se para o carnaval.
Repete-se o emprego do artigo definido antes de adjetivos ligados pelas conjunções "e" e "ou", quando tais adjetivos indicam ideias opostas de um mesmo substantivo:
O feio e o bonito se alternam durante a viagem.

Quando, entretanto, os adjetivos ligados pelas conjunções "e", "ou" e "mas" formam um conceito único com o substantivo a que se ligam, não se repetem os artigos:
O antigo e sempre querido amigo livro não lhe saía das mãos.

## 3. Adjetivo

### 3.1. Locução adjetiva

Adjetivos são vocábulos que se referem aos substantivos, indicando-lhes qualidades, estados, modo de ser ou de aparência.
O límpido azul tranquilo do céu não prenunciava as fortes mudanças climáticas.
As pessoas inteligentes nem sempre são pessoas simples.

As expressões formadas por preposição + adjetivo (ou equivalente) são denominadas locuções adjetivas:
relógio de sol; homem sem braço; brinquedo com defeito.

## 3.2. Flexões dos adjetivos

Os adjetivos flexionam-se em gênero, número e grau.

### Flexão de gênero

Em geral os adjetivos são biformes, isto é, apresentam duas formas: uma para o masculino, outra para o feminino.
As flexões do adjetivo em gênero seguem as mesmas orientações dos substantivos. Vejamo-las:

1. Os adjetivos terminados em "o" (átono) flexionam-se em feminino trocando-se o "o" por "a":
branco – branca; belo – bela; calmo – calma; gordo – gorda.

2. Os adjetivos terminados em "u", "ês" e "or", em geral, são flexionados em feminino acrescentando-se-lhes "a":
cru – crua; nu – nua; inglês – inglesa; francês – francesa; encantador – encantadora; morador – moradora.
Permanecem invariáveis, entretanto:

| | | | |
|---|---|---|---|
| anterior | incolor | montês | superior |
| bicolor | inferior | multicor | tricolor |
| cortês | interior | pedrês | ulterior |
| descortês | maior | pior | zulu |
| exterior | melhor | posterior | |
| hindu | menor | sensabor | |

**Nota**

Usa-se o feminino *superiora* com respeito à freira que dirige o convento.
O adjetivo *mau* faz feminino em *má*.
Os adjetivos *gerador* e *motor* fazem o feminino em *geratriz* e *motriz*.
Um pequeno grupo de adjetivos terminados em "or" faz feminino em "eira": trabalhador – trabalhadeira; cantador – cantadeira.

Os adjetivos terminados em "ão" fazem o feminino em "ã", em "ona" e, em casos raros, em "oa":

alemão – alemã; cristão – cristã; são – sã; chorão – chorona; comilão – comilona; mandrião – mandriona; beirão – beiroa.

Os adjetivos terminados em "eu" (com "e" fechado) fazem o feminino trocando-se esta terminação por "eia":
ateu – ateia; europeu – europeia; hebreu – hebreia; plebeu – plebeia.

**Nota**

Excetuam-se *judeu* e *sandeu*, que fazem *judia* e *sandia*.

Os adjetivos terminados em "eu" (com "e" aberto) fazem o feminino trocando-se esta terminação por "oa":
ilhéu – ilhoa; tabaréu – tabaroa.

Certos adjetivos, ao sofrerem a flexão de gênero marcada pela desinência "a", têm alterado o timbre da vogal tônica:
brioso – briosa; bondoso – bondosa; cuidadoso – cuidadosa; disposto – disposta; formoso – formosa; grosso – grossa; laborioso – laboriosa; morno – morna.

Outros adjetivos não apresentam a modificação de timbre acima descrita:
chocho – chocha; fofo – fofa; fosco – fosca; oco – oca.

Os adjetivos que apresentam uma única forma para os dois gêneros são denominados <u>uniformes</u>. Em geral, terminam em "a", "e", "l","m", "r" e "z". Eis alguns adjetivos uniformes:
ágil; agrícola; amável; asteca; atroz; árabe; azul; breve; cafre; carioca; celta; comum; cordial; cosmopolita; doce; esmoler; exemplar; êxul; exemplar; feliz; feroz; hipócrita; homicida; humilde; ímpar; indígena; infiel; israelita; maia; maior; persa; prudente; pueril; reinol; reles; ruim; silvícola; simples; superior; terrestre; torpe; triste; todos os que apresentam os sufixos "ense", "ante", "ente" e "inte": fluminense; constante; crescente; ouvinte; veloz; virgem.

### Formação do feminino em adjetivos compostos

Nos adjetivos compostos, apenas o último elemento sofre a flexão de gênero:
a clínica médico-odontológica; a literatura luso-brasileira; a produção anglo-franco-brasileira.

**Nota**

O adjetivo composto *surdo-mudo* faz flexão de gênero em *surda-muda*. É a única exceção.

### Flexão de número

Os adjetivos seguem as mesmas regras indicadas nas flexões de número dos substantivos.

### Plural de adjetivos compostos

Nos adjetivos compostos, apenas o último elemento do composto vai para o plural:
cabelo castanho-claro – cabelos castanho-claros; clínica médico-hospitalar – clínicas médico-hospitalares; consultório médico-cirúrgico – consultórios médico-cirúrgicos; guerra franco-germânica – guerras franco-germânicas; literatura luso-brasileira – literaturas luso-brasileiras; produções luso-franco-anglo-brasileiras; reunião lítero-musical – reuniões lítero-musicais.

Permanecem invariáveis os adjetivos compostos que indicam cores, sendo o último elemento um substantivo:
blusa vermelho-sangue – blusas vermelho-sangue; casa amarelo-canário – casas amarelo-canário; parede verde-garrafa – paredes verde-garrafa; saia verde-oliva – saias verde-oliva; toldo azul-petróleo – toldos azul-petróleo; tecido cinza-chumbo – tecidos cinza-chumbo.

**Nota**

Evanildo Bechara, em *Moderna gramática portuguesa* – trabalho citado anteriormente –, menciona: "Se o 2º elemento [do adjetivo composto] é um substantivo (verde-abacate, verde-água), o composto admite dois plurais: verdes-abacates e verdes-abacate; verdes-águas e verdes-água".

O adjetivo *surdo-mudo* faz plural em *surdos-mudos*.
São invariáveis os compostos *azul-marinho*, *infravermelho* e *ultravioleta*.

### Flexão de grau

Quanto ao grau, os adjetivos flexionam-se em normal, comparativo e superlativo.

O grau comparativo dos adjetivos pode apresentar as formas: comparativo de igualdade; comparativo de superioridade; e comparativo de inferioridade.

O grau superlativo dos adjetivos subdivide-se em absoluto e relativo. No grau superlativo absoluto, podemos encontrar adjetivos em formação sintética ou analítica. O grau superlativo relativo dispõe das formas de superioridade e de inferioridade.

Podemos colocar os diversos graus acima citados em um quadro, no qual se flexionará o adjetivo *triste*.

| | | | |
|---|---|---|---|
| Grau normal | | | triste |
| Grau comparativo | de igualdade: | | tão triste quanto |
| | de superioridade: | | mais triste (do) que |
| | de inferioridade: | | menos triste (do) que |
| Grau superlativo | absoluto | analítico: | muito triste |
| | | sintético: | tristíssimo |
| | relativo | de superioridade: | o mais triste |
| | | de inferioridade: | o menos triste |

Como vimos, o grau normal indica o adjetivo com seu valor semântico natural.

No grau comparativo, comparam-se adjetivações iguais entre mais de um ser. Empregamos as formas comparativas de igualdade formadas pelo advérbio "tão" antecedendo o adjetivo e a conjunção "quanto" (ou "como"). Nos comparativos de superioridade e de igualdade, empregamos as formas comparativas formadas pelos advérbios "mais" e "menos" antes do adjetivo, e a conjunção "que", antecedida ou não pelo vocábulo "do".

No superlativo absoluto sintético, empregamos os sufixos "íssimo", "ílimo" ou "érrimo" (*tristíssimo*, *humílimo*, *macérrimo*).

No superlativo absoluto analítico, empregamos advérbios intensificadores (*muito*, *grandemente*, *excessivamente*, *imensamente*).

No superlativo relativo de superioridade e de inferioridade, empregamos o artigo definido antes dos vocábulos comparativos de superioridade (*mais*) e de inferioridade (*menos*).

**Alguns fatos importantes acerca da flexão de grau dos adjetivos**

Também atingimos o superlativo com a repetição do adjetivo:
Aquela jogada foi linda, linda.

Podemos formar o superlativo com certas expressões da língua:
A sala estava escura como breu. (= muito escura)
Fulano está podre de rico. (= muito rico)

Podemos, ainda, expressar ideia superlativa com emprego do sufixo nominal "inho":
A criança estava magrinha. (= muito magra)
Que parede branquinha! (= muito branca)

Formamos, também, superlativos com o emprego de prefixos:
Fulano está arquimilionário.
O menino é supersensível.

Quando comparamos a qualidade atribuída a dois seres, não podemos empregar "mais bom", "mais mau" e "mais grande". No entanto, ao pormos em confronto duas qualidades distintas de um mesmo ser, tais expressões estarão corretamente empregadas:
Fulano é mais bom do que ingênuo.
Beltrana é mais grande do que gorda.
Sicrano é mais mau do que traumatizado.

Os comparativos "superior", "inferior", "posterior" e "ulterior" têm as devidas formas de superlativo assim formadas, respectivamente: "supremo" (ou "sumo"), "ínfimo", "póstumo" e "último". O comparativo "anterior" não tem forma superlativa correspondente.

O adjetivo "menor", comparativo de superioridade de "pequeno" – vide quadro a seguir –, pode ser substituído por "mais pequeno", forma mais usada em Portugal do que entre nós.

Algumas formas de superlativo são consideradas de **uso erudito**:
acre – acérrimo; agudo – acutíssimo; amargo – amaríssimo; amigo – amicíssimo; antigo – antiquíssimo; áspero – aspérrimo; benéfico – beneficentíssimo; benévolo – benevolentíssimo; célebre – celebérrimo; comum – comuníssimo; cristão – cristianíssimo; crível – credibilíssimo; cruel – crudelíssimo; difícil – dificílimo; doce – dulcíssimo; dócil – docílimo; fácil – facílimo; fiel – fidelíssimo; frio – frigidíssimo; geral – generalíssimo; humilde – humílimo; incrível – incredibilíssimo; inimigo

– inimicíssimo; íntegro – interrégimo; livre – libérrimo; magnífico – magnificentíssimo; magro – macérrimo; maledico – maledicentíssimo; maléfico – maleficentíssimo; mísero – misérrimo; miúdo – minutíssimo; módico – modicíssimo; negro – nigérrimo; nobre – nobilíssimo; parco – parcíssimo; pessoal – personalíssimo; pio – piíssimo e pientíssimo; pobre – paupérrimo; pródigo – prodigalíssimo; próspero – prospérrimo; provável – probabilíssimo; pudico – pudicíssimo; público – publicíssimo; pulcro – pulquérrimo; sábio – sapientíssimo; sagrado – sacratíssimo; salubre – salubérrimo; são – saníssimo; simples – simplicíssimo; soberbo – superbíssimo; tétrico – tetérrimo; úbere – ubérrimo.

Alguns adjetivos apresentam formas específicas para a formação de comparativos e superlativos:

| Normal | Comparativo de superioridade | Superlativo | |
|---|---|---|---|
| | | relativo | absoluto |
| bom | melhor | o melhor | ótimo |
| mau | pior | o pior | péssimo |
| grande | maior | o maior | máximo |
| pequeno | menor | o menor | mínimo |

**Nota**

Coexistem com os superlativos "ótimo", "péssimo", "máximo" e "mínimo" as formas regulares de superlativo absoluto sintético "boníssimo", "malíssimo", "grandíssimo" e "pequeníssimo".

Existem, ainda, as formas de superlativo absoluto analítico "muito bom", "muito mau", muito grande" e "muito pequeno".

## 4. Numeral

### 4.1. Classificação do numeral

Os numerais indicam um número tomado em seu valor absoluto ou em relação a um ser.

*Quatro* vezes eu cheguei cedo. Em todas elas você não estava. Agora, não mais serei o *primeiro* a chegar.

Os numerais podem ser:

Cardinais – apenas nomeiam o número de seres:

um; dois; três; quatro; quarenta; quarenta e sete; cinquenta.

Ordinais – determinam a ordem que o ser ocupa numa série:
primeiro; segundo; terceiro; quarto; quadragésimo; quadragésimo sétimo; quinquagésimo.

Multiplicativos – indicam que o número é múltiplo de outro:
dobro; triplo; quádruplo; quíntuplo.

Fracionários – indicam frações. Rigorosamente, existem dois numerais fracionários: meio e terço. Os numerais fracionários – com exceção de *meio* – vêm antecedidos pelo cardinal indicador do número de partes da unidade. Para indicar a fração de unidade, quando dividida em mais de dez partes iguais, emprega-se o vocábulo *avos*:
um meio; dois terços; um quarto; seis terços; doze avos; quinze avos.

Coletivos – indicam número exato de determinados seres:
casal; cento; dúzia; década; grosa; lustro; milhar; milheiro; novena; par; quarentena; quinzena; vintena.

## 4.2. Flexões do numeral

### Flexão de gênero

São poucas as flexões de gênero dos numerais.

Entre os cardinais, sofrem flexão de gênero:
um – uma; dois – duas; as centenas a partir de duzentos (duzentas; trezentas; quinhentas; seiscentas; setecentas; oitocentas e novecentas).

Os ordinais a seguir sofrem flexão de gênero:
primeiro(a); segundo(a); terceiro(a); quarto(a); centésimo(a); milésimo(a).

O numeral cardinal dual *ambos* sofre flexão de gênero:
ambas.

O fracionário *meio* sofre flexão de gênero, concordando com o substantivo a que se refere:
É meio-dia e meia.

### Flexão de número

Os cardinais milhão, bilhão, trilhão ... apresentam flexão de número:
milhões; bilhões; trilhões...

**Nota**

Os numerais bilhão, trilhão, quatrilhão, quintilhão, sextilhão, setilhão e octilhão acima citados apresentam formas variantes gráficas: bilião, trilião, quatrilião, sextilião, setilião e octilião.

Todos os ordinais apresentam flexão de número:
primeiros; segundos; terceiros; quartos; centésimos; centésimos quadragésimos sétimos.

As formas multiplicativas *dúplice* e *tríplice* apresentam flexão de número: dúplices; tríplices.

Os numerais fracionários sofrem a flexão de número concordando com o numeral cardinal que os compõe:
um terço; dois terços; sete oitavos.

Todos os numerais coletivos sofrem flexão de número:
centos; dúzias; décadas; grosas; lustros; milhares; milheiros; novenas; pares; quarentenas; quinzenas.

### 4.3. Emprego do numeral

O numeral multiplicativo duodécuplo (ou dodécuplo) indica o que contém doze vezes a mesma quantidade.

Nas indicações de papas, reis, volumes, livros, séculos usam-se os ordinais até dez e os cardinais daí em diante:
Volume I (primeiro); Pio IX (nono); Pedro II (segundo); século VI (sexto); Luís XV (quinze); século XXI (vinte e um); João XXIII (vinte e três).

**Nota**

Estando o numeral antes do substantivo, emprega-se o ordinal:
segundo volume; décimo segundo volume; décimo quinto século.

Em se tratando de artigos de leis, decretos e portarias, usa-se o ordinal até nove, e daí em diante o cardinal:
Ato II (segundo); Artigo II (segundo); item X (décimo); artigo XVI (dezesseis); item XI (onze); artigo 10 (dez).

Para o primeiro dia do mês usa-se, em geral, o ordinal, para os demais dias emprega-se o cardinal:
primeiro de maio; primeiro de janeiro; oito de maio; dezoito de junho.

## Quadro de numerais

### Numerais cardinais e ordinais

| Algarismos Romanos | Algarismos Arábicos | Cardinais | Ordinais |
|---|---|---|---|
| I | 1 | um | primeiro |
| II | 2 | dois | segundo |
| III | 3 | três | terceiro |
| IV | 4 | quatro | quarto |
| V | 5 | cinco | quinto |
| VI | 6 | seis | sexto |
| VII | 7 | sete | sétimo |
| VIII | 8 | oito | oitavo |
| IX | 9 | nove | nono |
| X | 10 | dez | décimo |
| XI | 11 | onze | décimo primeiro |
| XII | 12 | doze | décimo segundo |
| XIII | 13 | treze | décimo terceiro |
| XIV | 14 | quatorze | décimo quarto |
| XV | 15 | quinze | décimo quinto |
| XVI | 16 | dezesseis | décimo sexto |
| XVII | 17 | dezessete | décimo sétimo |
| XVIII | 18 | dezoito | décimo oitavo |
| XIX | 19 | dezenove | décimo nono |
| XX | 20 | vinte | vigésimo |
| XXI | 21 | vinte e um | vigésimo primeiro |
| XXX | 30 | trinta | trigésimo |
| XL | 40 | quarenta | quadragésimo |
| L | 50 | cinquenta | quinquagésimo |
| LX | 60 | sessenta | sexagésimo |
| LXX | 70 | setenta | septuagésimo |
| LXXX | 80 | oitenta | octogésimo |
| XC | 90 | noventa | nonagésimo |
| C | 100 | cem | centésimo |
| CC | 200 | duzentos | ducentésimo |
| CCC | 300 | trezentos | tricentésimo |
| CD | 400 | quatrocentos | quadringentésimo |
| D | 500 | quinhentos | quingentésimo |

| Algarismos | | Cardinais | Ordinais |
|---|---|---|---|
| Romanos | Arábicos | | |
| DC | 600 | seiscentos | seiscentésimo * |
| DCC | 700 | setecentos | septingentésimo |
| DCCC | 800 | oitocentos | octingentésimo |
| CM | 900 | novecentos | nongentésimo |
| M | 1.000 | mil | milésimo |
| $\overline{X}$ | 10.000 | dez mil | dez milésimos |
| $\overline{C}$ | 100.000 | cem mil | cem milésimos |
| $\overline{M}$ | 1.000.000 | um milhão | milionésimo |
| $\overline{\overline{M}}$ | 1.000.000.000 | um bilhão | bilionésimo |

*O ordinal correspondente ao cardinal seiscentos pode, ainda, ser representado por sexcentésimo.

### Numerais multiplicativos e fracionários

| Multiplicativos | Fracionários |
|---|---|
| duplo, dobro, dúplice | meio ou metade |
| triplo, tríplice | terço |
| quádruplo | quarto |
| quíntuplo | quinto |
| sêxtuplo | sexto |
| séptuplo | sétimo |
| óctuplo | oitavo |
| nônuplo | nono |
| décuplo | décimo |
| undécuplo | undécimo ou onze avos |
| duodécuplo | duodécimo ou doze avos |
| cêntuplo | centésimo |

**Nota**

Os numerais multiplicativos costumam ser empregados até sêxtuplo. Daí em diante, costuma-se empregar o numeral cardinal seguido da palavra vezes: sete *vezes*; oito vezes; nove vezes.

## 5. Pronome

Pronomes são palavras que se referem aos nomes, indicando-os como pessoas do discurso.

### 5.1. Pronomes substantivos

São os que se empregam em lugar de um substantivo.

Isto pertence ao João.

Aquilo magoou o mestre.

Observemos que os pronomes demonstrativos "Isto" e "Aquilo" ocupam, na verdade, lugar que seria destinado a substantivos.

## 5.2. Pronomes adjetivos

São os que se empregam como adjetivos, ou seja, acompanhando substantivos:
Este caderno é de João.
Meu livro ficou em casa.

Os pronomes "Este" (demonstrativo") e "Meu" (possessivo), postos ao lado dos substantivos com que se relacionam, exercem nítido papel restritivo, peculiar aos adjetivos, com respeito aos substantivos "caderno" e "livro", respectivamente.

## 5.3. Pronomes pessoais

Os pronomes pessoais representam, de modo direto, as pessoas gramaticais.

Podem ser retos ou oblíquos. Os oblíquos, por sua vez, dividem-se em átonos e tônicos.

São pronomes pessoais do caso reto: eu, tu, ele (ela), nós, vós, eles (elas).

São pronomes pessoais oblíquos átonos: me, te, o, a, lhe, se, nos, vos, os, as, lhes, se.

São pronomes pessoais oblíquos tônicos: mim, comigo, ti, contigo, si, consigo, ele (ela), nós, conosco, vós, convosco, si, consigo, eles (elas).

Para estudo de emprego e colocação de pronomes pessoais oblíquos átonos, o estudante deve observar o capítulo de sintaxe.

## 5.4. Formas pronominais de tratamento

Assemelham-se a pronomes pessoais.

As formas de tratamento designam a 2ª pessoa do discurso (aquela a quem se fala), mas conduzem toda a concordância da frase (nominal e verbal) para as terceiras pessoas do singular ou do plural.
Vossa Excelência e seus auxiliares são justos, senhor ministro.

Importante conhecermos as formas de tratamento, bem como suas abreviaturas:

| Tratamento | Abreviatura | Emprego |
|---|---|---|
| Vossa Alteza | V. A. | Príncipes, arquiduques, duques |
| Vossa Eminência | V. Em.ª | Cardeais |
| Vossa Excelência | V. Ex.ª | Altas autoridades do governo e oficiais generais das forças armadas |
| Vossa Magnificência | V. Mag.ª | Reitores de universidades |
| Vossa Majestade | V. M. | Reis, imperadores |
| Vossa Excelência Reverendíssima | V. Ex.ª Rev.ma | Bispos e arcebispos |
| Vossa Paternidade | V. P. | Abades, superiores de conventos |
| Vossa Reverência ou Vossa Reverendíssima | V. Rev.ª<br>V. Rev.ma | Sacerdotes em geral |
| Vossa Santidade | V. S. | Papa |
| Vossa Senhoria | V. S.ª | Funcionários públicos graduados, oficiais até coronel |

## 5.5. Combinações e contrações de pronomes átonos

Existindo, numa única oração, dois pronomes átonos complementares ao verbo (um direto; outro indireto), tais pronomes podem se combinar, surgindo as formas abaixo:

| | | |
|---|---|---|
| me + o = mo | lhe + o = lho | vos + o = vo-lo |
| me + a = ma | lhe + a = lha | vos + a = vo-la |
| me + os = mos | lhe + os = lhos | vos + os = vo-los |
| me + as = mas | lhe + as = lhas | vos + as = vo-las |
| te + o = to | nos + o = no-lo | lhes + o = lho |
| te + a = ta | nos + a = no-la | lhes + a = lha |
| te + os = tos | nos + os = no-los | lhes + os = lhos |
| te + as = tas | nos + as = no-las | lhes + as = lhas |

## 5.6. Pronomes possessivos

São aqueles que indicam uma posse em relação às pessoas do discurso. São pronomes possessivos:

1ª pessoa do singular: meu, meus, minha, minhas;

2ª pessoa do singular: teu, teus, tua, tuas;

3ª pessoa do singular: seu, seus, sua, suas;

1ª pessoa do plural: nosso, nossos, nossa, nossas;
2ª pessoa do plural: vosso, vossos, vossa, vossas;
3ª pessoa do plural: seu, seus, sua, suas.

Como visto, os pronomes possessivos flexionam-se em gênero e número.

### 5.7. Pronomes demonstrativos

Os pronomes demonstrativos indicam a posição do ser ou da coisa em relação às pessoas do discurso:
1ª pessoa: este, estes, esta, estas, isto;
2ª pessoa: esse, esses, essa, essas, isso;
3ª pessoa: aquele, aqueles, aquela, aquelas, aquilo.

Os pronomes demonstrativos, igualmente, flexionam-se em gênero e número.

### 5.8. Emprego dos pronomes demonstrativos

Os pronomes demonstrativos com sua capacidade de dar nome a um objeto sem o mostrar são, por excelência, dêiticos.
Em outra circunstância, tais pronomes são vocábulos que promovem a coesão textual, ao se referirem a elementos anteriormente citados, ou que ainda virão a sê-lo.
Têm emprego anafórico quando fazem menção a elementos textuais anteriormente citados. Denominam-se catafóricos quando se referem a elementos textuais que ainda serão lançados.
Veja-se o exemplo:
João e Pedro são muito estudiosos, mas este alia o estudo com a diversão.

O pronome demonstrativo "este", referido a Pedro, exemplifica emprego anafórico.

Não podemos recusar isto: os dias de infortúnio terão de ser vividos.

O pronome demonstrativo "isto", que faz menção ao que ainda será expresso – "os dias de infortúnio terão de ser vividos" –, exemplifica emprego catafórico.

Empregam-se os pronomes de 1ª pessoa (este, estes, esta, estas, isto) para designar o que está próximo da pessoa que fala:
Este relógio que tu vês em meu pulso pertenceu a meu pai.
Estas árvores a cuja sombra descansamos agora foram plantadas há trinta anos.
Isto que disseste me atingiu. Não repitas a palavra, por favor.

Também designam o momento presente com respeito à pessoa que fala:
Este dia, eu nunca o esquecerei.

Empregam-se os pronomes de 2ª pessoa (esse, esses, essa, essas, isso) para designar-se o que está próximo da pessoa com quem se fala:
Não me venha pedir desculpas, com essa cara de santinho.
Esses vocábulos que usas não são adequados para a situação que vivemos.
Isso não te é válido, meu amigo!

Indicam, também, o momento passado ou futuro observado do ponto de vista da pessoa que fala:
Para mim, poucos anos foram tão felizes como esse a que me referi.
Nesse ano, quando ele chegar, espero estar gozando minha aposentadoria.

Empregam-se os pronomes de 3ª pessoa (aquele, aqueles, aquela, aquelas, aquilo) para designar o que está afastado tanto da pessoa que fala como, também, a quem se fala.
"Soldados, do alto daquelas pirâmides, quarenta séculos vos contemplam."
Olhem aquilo, crianças, e não façam igual!

Indicam afastamento temporal feito de modo impreciso, bem como épocas longínquas:
Aquela época deve ter exigido muito dos alunos.
Naquele tempo havia poucos automóveis circulando pelas ruas.

Empregamos o demonstrativo "este" para designar o termo precedente citado em último lugar; para designar o termo precedente usado como primeiro de uma sequência, empregamos "aquele". Vejamos:
Pedro, Antônio e Paulo são ótimos alunos. Este não falta a uma aula, aquele só tem notas acima da média da turma.

O demonstrativo "este" é alusivo a Paulo, enquanto "aquele" tem como referente Pedro.

**Pronomes demonstrativos o, a, os, as**

Significam aquele, aquela, aqueles, aquelas, aquilo.
Surgem frequentemente antecedendo os vocábulos "que" e "de":
Não conheço a aluna nova. A que chegou agora certamente não é ela.

O demonstrativo "A" tem equivalência com "Aquela".
Quero uma caneta nova. *A* de Pedro é muito boa.

O demonstrativo "o" tem equivalência com "Aquele".
Empregado no masculino singular, pode ter equivalência com isto, isso, aquilo. Nesse caso, substituirá um substantivo, um adjetivo ou mesmo toda a frase precedente:
O esforço para ser aprovado, conhecia-o ele.
Não pense que ele não era alegre, era-o.
Havia peixes bastantes naquele riacho, bastava pescá-los, o que não fazíamos.

Os vocábulos "tal", "mesmo", "próprio" e "semelhante" podem fazer as vezes de pronomes demonstrativos:
Tal situação deixava-o apreensivo.
Deixou-me no mesmo estado de angústia.
A própria aluna replicou que não iria à festa.
Nunca o víramos em semelhante agonia.

## 5.9. Pronomes relativos

São vocábulos que se referem, em geral, a termos antecedentes.
Os pronomes relativos são seis: "que", "o qual" (e flexões), "quem", "cujo" (e flexões), "quanto" (e flexões) e "onde".

Dos seis pronomes, cinco fazem sempre menção a termo precedente. São pronomes substantivos relativos:
A casa que compraste ruiu.
O aluno ao qual entregaste o livro é estudioso.
Não conheço a pessoa a quem te referes.
Temos tudo quanto queremos.
A cidade onde morei sempre estará em minhas lembranças.

O pronome relativo "cujo" (e flexões) sempre estará empregado relativamente a substantivo que lhe vem após. É o único pronome adjetivo relativo:
O prédio cujos apartamentos comprei não é muito alto.

### 5.10. Pronomes indefinidos

Indicam o ser ou a coisa de modo vago, impreciso, indeterminado. Eventualmente surgem representados por locuções pronominais: cada qual, cada um etc.

Há pronomes indefinidos variáveis:
algum; nenhum; todo; outro; muito; pouco; certo; vário; tanto; quanto; qualquer; qual.

Existem pronomes indefinidos invariáveis:
que; quem; alguém; ninguém; tudo; outrem; nada; cada; algo.

### 5.11. Pronomes interrogativos

São os pronomes indefinidos "que", "qual", "quem" e "quanto" empregados em interrogações diretas ou indiretas:
Que pretendes com esta afirmativa?
Gostaria de saber que pretendes com esta afirmativa.

## 6. Verbo

Verbo é palavra variável que exprime ação, fenômenos da natureza ou, ainda, que liga predicativos a sujeitos, objeto direto ou objeto indireto.
Exemplos:
Os artesãos trabalham diariamente na praça pública.
Chove muito nesta época do ano.
As alunas pareciam felizes.

### 6.1. Conjugações verbais

Os verbos reúnem-se em três conjugações:
1ª conjugação: verbos que apresentam a vogal temática "A" no infinitivo: amAr;
2ª conjugação: verbos que apresentam a vogal temática "E" no infinitivo: vendEr;
3ª conjugação: verbos que apresentam a vogal temática "I" no infinitivo: partIr.

Os verbos "pôr" e derivados são considerados como de segunda conjugação, levando-se em conta seu passado histórico. A vogal temática "E" ainda surge em algumas formas, como "põE", "pusEste", "pusÉssemos".

## 6.2. Classificação dos verbos

Os verbos classificam-se em:

Regulares: são os verbos que não sofrem alterações em seus radicais e que se declinam inteiramente pelo modelo de sua conjugação.
Exemplos:
Pelo verbo "amar", tomado como modelo da 1ª conjugação, declinam-se "comprar", "cantar", "saltar" ...
Pelo verbo "vender", tomado como modelo da 2ª conjugação, declinam-se "beber", "comer", "varrer" ...
Pelo verbo "partir", tomado como modelo da 3ª conjugação, declinam-se "imprimir", "atrair", "reunir" ...

Irregulares: são os verbos que apresentam alterações em seus radicais e que não se declinam inteiramente pelo modelo de sua conjugação.
Exemplos:
Os verbos "estar", "sentir" e "sorrir" são irregulares de 1ª, 2ª e 3ª conjugações, como podemos observar comparando-os, no presente do indicativo, com os seus paradigmas acima citados:

| **Estar** | **Amar** |
|---|---|
| Eu estou | Eu amo |
| Tu estás | Tu amas |
| Ele está | Ele ama |
| Nós estamos | Nós amamos |
| Vós estais | Vós amais |
| Eles estão | Eles amam |

Como podemos perceber, as três primeiras pessoas do singular do presente do indicativo do verbo "estar" não seguem a conjugação do verbo paradigmático "amar".

| **Caber** | **Vender** |
|---|---|
| Eu caibo | Eu vendo |
| Tu cabes | Tu vendes |
| Ele cabe | Ele vende |
| Nós cabemos | Nós vendemos |
| Vós cabeis | Vós vendeis |
| Eles cabem | Eles vendem |

Como podemos comprovar, o radical da 1ª pessoa do singular "caibo" apresenta-se modificado em relação ao radical do infinitivo "vender".

| **Sorrir** | **Partir** |
|---|---|
| Eu sorrio | Eu parto |
| Tu sorris | Tu partes |
| Ele sorri | Ele parte |
| Nós sorrimos | Nós partimos |
| Vós sorris | Vós partis |
| Eles sorriem | Eles partem |

Como podemos comprovar, as 1ª, 2ª e 3ª pessoas do singular de "sorrir" não seguem o modelo sugerido pelas respectivas formas do verbo "partir".

Dentre os verbos irregulares, denominam-se irregulares fortes os verbos que apresentam irregularidade no pretérito perfeito do indicativo, como, por exemplo, o verbo "caber", cuja 1ª pessoa do singular desse tempo já aponta a forma irregular "coube".

Irregulares fracos, por outro lado, são os verbos irregulares que não apresentam irregularidade no pretérito perfeito do indicativo. Citemos, como exemplo, o verbo "sentir", cujo pretérito perfeito, abaixo conjugado, não contém nenhuma forma irregular:
Eu senti
Tu sentiste
Ele sentiu
Nós sentimos
Vós sentistes
Eles sentiram

Convém, ainda, lembrarmos que as modificações gráficas sofridas pelo radical de um verbo para conservar os mesmos fonemas que o radical do infinitivo apresenta não constituem irregularidade. Não existem os irregulares gráficos. Assim, formas verbais como "embarque" (presente do subjuntivo de "embarcar"), "finjo" (presente do indicativo do verbo "fingir"), apesar de graficamente divorciadas dos respectivos radicais, não são formas irregulares.

Anômalos – são verbos que apresentam formas provenientes de radicais distintos. Costuma-se apontar apenas dois verbos anômalos em português: "ser" e "ir", que apresentam formas como "ser", "era", "fui" e "vou", "irei", "for", respectivamente. Como se observa, tais formas são absolutamente diferentes, o que se justifica pelo fato de serem provenientes de radicais distintos. Alguns autores ainda incluem entre os verbos anômalos os que apresentam formas nas quais o radical não se enquadra em nenhuma classificação, como os verbos "dar", "ver", "ler", "pôr", "saber", "caber", entre outros.

Defectivos – são verbos não conjugados inteiramente, ou seja, notam-se lacunas em suas conjugações. Exemplificam tais verbos, entre outros, os seguintes: "adequar", "reaver", "precaver", "falir", "demolir".

Como a defectividade verbal justifica-se por razões eufônicas, costuma-se observar grande divergência em gramáticas diversas acerca da defectividade de alguns verbos. Assim, o verbo "explodir", para uns defectivo no presente do indicativo e assim conjugado:

1ª p. sing. – XX   1ª p. pl. – explodimos
2ª p. sing. – XX   2ª p. pl. – explodis
3ª p. sing. – XX   3ª p. pl. – XX

Para outros, tem conjugação normal, assim estabelecida:

1ª p. sing. – Eu explodo
1ª p. pl. – Nós explodimos

2ª p. sing. – Tu explodes
2ª p. pl. – Vós explodis

3ª p. sing. – Ele explode
3ª p. pl. – Eles explodem

Abundantes – são verbos que apresentam, em alguma passagem de sua conjugação, mais de uma forma válida para a mesma flexão de número, pessoa, tempo e modo. São exemplos de verbos abundantes:

| **Haver**<br>presente do indicativo | **Construir**<br>presente do indicativo |
|---|---|
| Eu hei | Eu construo |
| Tu hás | Tu constróis (ou construís) |
| Ele há | Ele constrói (ou construí) |
| Nós havemos (ou hemos) | Nós construímos |
| Vós haveis (ou heis) | Vós construís |
| Eles hão | Eles constroem (ou construem) |

Em sua grande maioria, os verbos abundantes apresentam a seguinte peculiaridade no particípio. Veja apenas alguns exemplos:

| | |
|---|---|
| Aceitar – aceitado e aceito | Nascer – nascido, nato e nado |
| Expulsar – expulsado e expulso | Pegar – pegado e pego |
| Gastar – gastado e gasto | Pagar – pagado e pago |
| Limpar – limpado e limpo | Salvar – salvado e salvo |
| Matar – matado e morto | Tingir – tingido e tinto |

**Observação**

O particípio irregular "pego" vem sofrendo forte oscilação na pronúncia de sua vogal tônica, ora proferida com timbre fechado (pêgo), ora com timbre aberto (pégo). O VOLP (*Vocabulário ortográfico da língua portuguesa*) registra sua pronúncia com timbre da vogal tônica fechada (pêgo). Com respeito a essa forma verbal, procedamos à leitura que nos chega de Antônio Houaiss: "Ressalte-se que a forma 'pego' não tem plena aceitação dos gramáticos, mesmo para uso com a voz passiva: foi citada apenas por três dos estudiosos consultados. Apesar disso, na sondagem feita, mostrou-se a mais empregada na voz passiva. E é, certamente, em função desse fenômeno que a forma 'pagado' está caindo em desuso – Já não figura na listagem dos cinco autores consultados – substituída por 'pago'" (*Dicionário Houaiss de verbos*, Objetiva, Rio de Janeiro, 2003, p. 17).

## 6.3. Flexões verbais

Verbos são os vocábulos que maior número de flexões apresentam. São cinco as flexões do verbo:

Número: singular e plural.

Pessoa: 1ª, 2ª e 3ª.

Tempo: presente, pretérito e futuro.

Modo: indicativo, subjuntivo e imperativo.

Voz: ativa, passiva e reflexiva.

Como sabemos, o pretérito, no modo indicativo, subdivide-se em pretérito perfeito, pretérito imperfeito e pretérito mais-que-perfeito. No subjuntivo, encontramos o pretérito imperfeito. Por outro lado, o futuro, no modo indicativo, subdivide-se em futuro do presente e futuro do pretérito.

Teremos, então, os seguintes tempos e modos:

| | |
|---|---|
| Indicativo: | presente, pretérito perfeito, pretérito imperfeito, pretérito mais-que-perfeito, futuro do presente, futuro do pretérito. |
| Subjuntivo: | presente, pretérito imperfeito, futuro. |
| Imperativo: | afirmativo, negativo. |

## 6.4. Vozes verbais

As vozes verbais caracterizam-se pela intervenção do sujeito da oração no que diz respeito à prática da ação verbal. Desse modo, assim dizemos:

Voz ativa: o sujeito é o autor da ação verbal.

**Exemplo:** O trabalhador pintou o muro.

Voz passiva: o sujeito é o paciente da ação verbal.

**Exemplo:** O muro foi pintado pelo trabalhador.

Voz reflexiva: o sujeito é, igualmente, o autor e o paciente da ação verbal.

**Exemplo:** O trabalhador feriu-se.

Há correspondência entre funções sintáticas encontradas nas vozes ativa e passiva: o sujeito da voz ativa converte-se em agente da passiva; o objeto direto da voz ativa, em sujeito passivo da voz passiva.

A voz passiva, por sua vez, pode surgir na forma analítica (com verbo auxiliar) ou na pronominal (também chamada "sintética").

Na voz passiva analítica, emprega-se locução verbal em que o verbo auxiliar ("ser", "estar" ou "ficar") associa-se ao verbo principal, empregado no particípio. O exemplo acima fornecido é de voz passiva analítica.

Na voz passiva pronominal, o verbo será empregado em 3ª pessoa do singular ou em 3ª pessoa do plural, concordando com o sujeito. A este verbo será acrescido o pronome "se", neste caso identificado como pronome apassivador. Temos voz passiva pronominal em "Pintou-se o muro.".

Toda voz passiva pronominal tem uma correspondente voz passiva analítica. No exemplo acima formulado, teremos a correspondente passiva analítica em "O muro foi pintado.".

## 6.5. Formas nominais

São as de infinitivo, gerúndio e particípio. Denominam-se "nominais" em face de terem grande aproximação com nomes, como podemos observar:
O infinitivo exerce, muitas vezes, papel de substantivo: "Viver é muito perigoso." equivale a "A vida é muito perigosa.".
O particípio, muitas vezes, confunde-se com o adjetivo: "aluno instruído".
O gerúndio, por vezes, aproxima-se do advérbio: "Amanhecendo, partiremos."; ou mesmo a adjetivo "água fervendo".

Apenas o infinitivo pessoal pode traduzir as pessoas do discurso. O infinitivo impessoal, o gerúndio e o particípio não o fazem.

## 6.6. Formação dos tempos compostos

Os tempos verbais compostos são formados com os verbos auxiliares "ter" ou "haver" associados aos particípios dos verbos que serão conjugados. Usaremos os verbos auxiliares nos seguintes tempos, para obtermos as formas verbais compostas:

**Modo indicativo**

| | |
|---|---|
| Pretérito perfeito composto | verbo auxiliar no presente do indicativo e verbo principal no particípio |
| Pretérito mais-que-perfeito composto | verbo auxiliar no pretérito imperfeito do indicativo e verbo principal no particípio |
| Futuro do presente composto | verbo auxiliar no futuro do presente do indicativo e verbo principal no particípio |
| Futuro do pretérito composto | verbo auxiliar no futuro do pretérito do indicativo e verbo principal no particípio |

**Modo subjuntivo**

| | |
|---|---|
| Pretérito perfeito composto | verbo auxiliar no presente do subjuntivo e verbo principal no particípio |
| Pretérito mais-que-perfeito composto | verbo auxiliar no pretérito imperfeito do subjuntivo e verbo principal no particípio |
| Futuro composto | verbo auxiliar no futuro do subjuntivo e verbo principal no particípio |

**Formas nominais compostas**

| | |
|---|---|
| Infinitivo composto | verbo auxiliar no infinitivo e verbo principal no particípio |
| Gerúndio composto | verbo auxiliar no gerúndio e verbo principal no particípio |

Usemos o verbo "amar" como modelo para formação dos tempos compostos ora estudados.

**Modo indicativo**

| Pretérito perfeito composto | Pretérito mais-que-perfeito composto |
|---|---|
| Eu tenho amado | Eu tinha amado |
| Tu tens amado | Tu tinhas amado |
| Ele tem amado | Ele tinha amado |
| Nós temos amado | Nós tínhamos amado |
| Vós tendes amado | Vós tínheis amado |
| Eles têm amado | Eles tinham amado |

| Futuro do presente composto | Futuro do pretérito composto |
|---|---|
| Eu terei amado | Eu teria amado |
| Tu terás amado | Tu terias amado |
| Ele terá amado | Ele teria amado |
| Nós teremos amado | Nós teríamos amado |
| Vós tereis amado | Vós teríeis amado |
| Eles terão amado | Eles teriam amado |

**Modo subjuntivo**

| Pretérito perfeito composto | Pretérito mais-que-perfeito composto |
|---|---|
| Eu tenha amado | Eu tivesse amado |
| Tu tenhas amado | Tu tivesses amado |
| Ele tenha amado | Ele tivesse amado |
| Nós tenhamos amado | Nós tivéssemos amado |
| Vós tenhais amado | Vós tivésseis amado |
| Eles tenham amado | Eles tivessem amado |

| Futuro composto | Formas nominais compostas |
|---|---|
| Eu tiver amado | Infinitivo composto |
| Tu tiveres amado | Ter amado |
| Ele tiver amado | |
| Nós tivermos amado | Gerúndio composto |
| Vós tiverdes amado | Tendo amado |
| Eles tiverem amado | |

**ATENÇÃO!**

Frequentemente omite-se o vocábulo "composto" no pretérito perfeito composto e no pretérito mais-que-perfeito composto do subjuntivo, uma vez que tais tempos, nesse modo, só existem na forma composta.

## 6.7. Formação do imperativo

Os imperativos afirmativo e negativo formam-se basicamente dos presentes do indicativo e subjuntivo. Seus processos de formação não são iguais. Vejamo-los:

**Imperativo afirmativo**

| | |
|---|---|
| 2ª pessoa do singular: | 2ª pessoa do singular do presente do indicativo, com a supressão da consoante "s" existente em seu final. |
| 3ª pessoa do singular: | 3ª pessoa do singular do presente do subjuntivo. |
| 1ª pessoa do plural: | 1ª pessoa do plural do presente do subjuntivo. |
| 2ª pessoa do plural: | 2ª pessoa do plural do presente do indicativo, com a supressão da consoante "s" existente em seu final. |
| 3ª pessoa do plural: | 3ª pessoa do plural do presente do subjuntivo. |

**Imperativo negativo**

| | |
|---|---|
| 2ª pessoa do singular: | 2ª pessoa do singular do presente do subjuntivo, com acréscimo do advérbio "não". |
| 3ª pessoa do singular: | 3ª pessoa do singular do presente do subjuntivo, com acréscimo do advérbio "não". |
| 1ª pessoa do plural: | 1ª pessoa do plural do presente do subjuntivo, com acréscimo do advérbio "não". |

| | |
|---|---|
| 2ª pessoa do plural: | 2ª pessoa do plural do presente do subjuntivo, com acréscimo do advérbio "não". |
| 3ª pessoa do plural: | 3ª pessoa do plural do presente do subjuntivo, com acréscimo do advérbio "não". |

Exemplificamos a formação dos imperativos afirmativo e negativo com o verbo "amar":

| **Imperativo afirmativo** | **Imperativo negativo** |
|---|---|
| Ama tu | Não ames tu |
| Ame você | Não ame você |
| Amemos nós | Não amemos nós |
| Amai vós | Não ameis vós |
| Amem vocês | Não amem vocês |

**CUIDADO!**

Os verbos que terminam em "zer" ou "zir" no infinitivo, estando a consoante "z" precedida de vogal, podem fazer a 2ª pessoa do singular do imperativo afirmativo de dois modos: Exemplificaremos com os verbos "fazer" e "traduzir":
"fazes" = "faze tu" ou "faz tu".
"traduzes"= "traduze tu" ou "traduz tu".
Como vimos, pode-se apenas suprimir a consoante "s", tal como se observa na formação dos imperativos afirmativos de 2ª pessoa do singular de qualquer verbo. Outra possibilidade consiste em se suprimir, também, a vogal "e", antecessora da consoante "z".

## 6.8. Tempos primitivos e derivados

Ajuda-nos enormemente, na tarefa de conjugar um verbo, o conhecimento de que há tempos derivados de outros. Citamos, abaixo, os tempos primitivos e os que deles derivam:

1. Do radical da 1ª pessoa do singular do presente do indicativo forma-se o presente do subjuntivo.
   Observemos o verbo "caber" na 1ª pessoa do singular do presente do subjuntivo: eu caibo. Deste radical irregular ("caib") será formado todo o presente do subjuntivo, com o acréscimo apenas das desinências modo-temporais e número-pessoais: caiba, caibas, caiba, caibamos, caibais, caibam. As desinências modo-temporais e número-pessoais serão estudadas na continuidade destas notas.

2. Do tema (segmento formado pela soma do radical com a vogal temática) do pretérito perfeito do indicativo formam-se o pretérito mais-que-perfeito do indicativo, o pretérito imperfeito do subjuntivo e o futuro do subjuntivo. Observemos o pretérito perfeito do indicativo do verbo "caber": eu coube. Dessa forma sairão os tempos anteriormente citados, como mostramos:

| **Pretérito mais-que-perfeito do indicativo** | **Pretérito imperfeito do subjuntivo** | **Futuro do subjuntivo** |
|---|---|---|
| Eu coubera | Eu coubesse | Eu couber |
| Tu couberas | Tu coubesses | Tu couberes |
| Ele coubera | Ele coubesse | Ele couber |
| Nós coubéramos | Nós coubéssemos | Nós coubermos |
| Vós coubéreis | Vós coubésseis | Vós couberdes |
| Eles couberam | Eles coubessem | Eles couberem |

3. Do radical do infinitivo impessoal formam-se o pretérito imperfeito do indicativo, o futuro do presente do indicativo e o futuro do pretérito do indicativo.
Observemos o infinitivo impessoal do verbo "caber": cab. Deste radical obteremos os tempos já citados, como exemplificamos abaixo:

| **Pretérito imperfeito do indicativo** | **Futuro do presente do indicativo** | **Futuro do pretérito do indicativo** |
|---|---|---|
| Eu cabia | Eu caberei | Eu caberia |
| Tu cabias | Tu caberás | Tu caberias |
| Ele cabia | Ele caberá | Ele caberia |
| Nós cabíamos | Nós caberemos | Nós caberíamos |
| Vós cabíeis | Vós cabereis | Vós caberíeis |
| Eles cabiam | Eles caberão | Eles caberiam |

Os imperativos, como já vimos, são formas que derivam ora das segundas pessoas (singular e plural) do presente do indicativo, ora do presente do subjuntivo. As exemplificações podem ser encontradas no item anterior deste estudo.

## 6.9. Formas rizotônicas e arrizotônicas

Denominamos formas rizotônicas aquelas que apresentam a vogal tônica no interior do radical. Inversamente, denominamos formas arrizotônicas aquelas cujas vogais tônicas estão fora do radical.
Tomando-se o radical do verbo "vender", por exemplo, teremos: "vend".

A forma "vendo", 1ª pessoa do singular do presente do indicativo, é rizotônica, como podemos verificar pela posição no interior do radical de sua vogal tônica sublinhada.

Por outro lado, a forma "vendemos", 1ª pessoa do plural do presente do indicativo, é arrizotônica, como o atesta a presença da vogal tônica destacada e fora do radical.

## 6.10. Emprego de modos e tempos verbais: aspectos semânticos

O emprego dos modos e tempos é tradutor de certos matizes semânticos, como veremos a seguir:

### Emprego dos modos

O **modo indicativo** é associado a ações presentes, pretéritas ou futuras que damos como certas de acontecerem. É o modo da certeza.

O **modo subjuntivo** é associado a ações presentes, pretéritas ou futuras que damos como incertas, duvidosas, que ainda consideramos como hipóteses. O modo subjuntivo é o modo da dúvida.

O **modo imperativo** é associado a ordens, pedidos ou súplicas que desejamos que aconteçam.

Por outro lado, nas formas nominais, o **infinitivo** indica a ação verbal em si mesma, o **gerúndio** indica a ação em processo e o **particípio** pode indicar ao mesmo tempo uma ação em curso ou um adjunto de um substantivo.

### Emprego dos tempos

### Modo indicativo

Presente: entre outras cargas semânticas, o presente do indicativo costuma indicar:

1. Fato que se realiza no momento em que se fala.
   O aluno reclama comigo agora.

2. Fato permanente.
   A terra gira em torno do sol.

3 Fato habitual.
   Acordo cedo, barbeio-me, tomo café, leio o jornal, vou para o trabalho.

4. No lugar do pretérito (presente histórico), torna mais viva a descrição do fato.
   Então, Napoleão, do alto de seu cavalo, diz aos soldados: "Do alto daquelas pirâmides quarenta séculos vos contemplam".

5. Em lugar do futuro do presente ou do subjuntivo, indica a certeza do fato a que nos referimos.
   O jogador disse que amanhã faz gol.
   Se desejas a paz, cultiva a amizade dos teus detratores.

**Pretérito perfeito**

1. Indica fato iniciado e concluído no passado.
   O mestre dialogou inutilmente com os alunos faltosos.

**Pretérito imperfeito**

1. Indica um fato que no passado ocorria com habitualidade.
   Aquele aluno fazia todas as provas que lhe apresentavam.

2. Traduz cortesia ao ser usado no lugar do presente.
   Eu queria o direito de falar.

3. Indica um fato passado simultâneo a outro também passado.
   Nós estudávamos, quando ele propôs o teste.

4. Indica um fato que é consequência de um outro que não aconteceu; surge, nesses casos, em lugar do futuro do pretérito.
   Houvesse mais recursos, chegava em primeiro lugar.

**Pretérito mais-que-perfeito**

1. Indica um fato passado e anterior a outro que também é passado.
   Quando cheguei ao Maracanã, o jogo já começara.

2. Surge em algumas frases optativas:
   "Quem me dera ser a hera ..."

**Futuro do presente**

1. Indica um fato que ainda vai acontecer em relação ao momento presente.
   No próximo mês, iremos à Bahia.

2. Indica imperativo.
   Não adorarás deuses de barro.

**Futuro do pretérito**

1. Indica ação futura no passado.
   Tomei a decisão de não comparecer à reunião. Ficaria em casa, lendo.

2. Expressa incerteza sobre fatos pretéritos.
   Eu teria, nessa época, uns 20 anos.

3. Toma o lugar do presente para exprimir polidez.
   Desejaria uma palavra de conforto, de incentivo.

4. Traduz fato que depende de certa condição que não será realizada.
   Caso estivéssemos doentes, ficaríamos em casa.

**Modo subjuntivo**

**Presente**

1. Indica fato presente colocado em caráter de dúvida.
   Desejo que façam boas provas.

2. Surge nas frases optativas.
   Deus o acompanhe!

**Pretérito imperfeito**

1. Expressa um futuro dado como incerto.
   Aconselhei-lhe que praticasse esportes.

2. Indica fato pretérito considerado como uma probabilidade.
   Caíssem canivetes, eu não deixaria de comparecer.

3. Traduz a condição para que outra ação verbal ocorra.
   Caso estivéssemos doentes, ficaríamos em casa.

**Futuro**

1. Indica futuro hipotético.
   Se estudares, farás boas provas.

### 6.11. Verbos auxiliares

1. Formadores de tempos compostos: "ter" e "haver".

2. Formadores da voz passiva analítica: "ser", "estar", "ficar".

Além destes verbos, encontramos verbos auxiliares que têm por fim trazer um matiz significativo à ação expressa pelo verbo principal das locuções verbais. Tais verbos distribuem-se, basicamente, em dois grupos:

3. Auxiliares acurativos: combinam-se com o infinitivo ou com o gerúndio que representam os verbos principais das locuções verbais, para indicar-lhes determinadas nuanças temporais que não conseguimos expressar com as formas verbais simples. Apontamos alguns exemplos:
   a) denotando início de ação: "começar" (começar a escrever);
   b) denotando duração de ação: "estar", "andar" (está escrevendo, anda lendo);
   c) continuidade de ação: "continuar" (continua lendo);
   d) repetição de ação: "tornar" (tornou a tocar a campainha);
   e) término de ação: "acabar" (acabou de escrever o texto);
   f) ação gradual: "ir", "vir" (vou escrevendo, venho escrevendo).

4. Auxiliares modais: reúnem-se a verbos principais (em infinitivo ou gerúndio) de locuções verbais, para expressar com mais precisão o modo como as ações indicadas por aqueles verbos se realizam. Vejamos alguns exemplos:
   a) expressando vontade, desejo de que a ação verbal se realize: "querer", "desejar" (quero dizer-lhe a verdade, desejo falar-lhe a verdade);
   b) expressando necessidade de que a ação verbal ocorra: "dever", "ter de" (devemos estudar, teremos de fazer);
   c) expressando capacidade, possibilidade de que a ação verbal ocorra: "poder" (pode jogar a pedra);
   d) expressando resultado final: "chegar" (ele chegou a chorar);
   e) expressando aparência, dúvida: "parecer" (parecem existir dúvidas);
   f) expressando certeza de uma intenção futura: "ir" (ele irá obter o que quer).

### 6.12. Alguns verbos importantes e suas conjugações

Há verbos que servem de suporte para a conjugação de inúmeros outros. Outros verbos detalhados a seguir são usualmente solicitados em prova. Vamos às suas conjugações.

## Verbo Estar

### Modo indicativo

| Presente | Pretérito perfeito | Pretérito imperfeito |
|---|---|---|
| Eu estou | Eu estive | Eu estava |
| Tu estás | Tu estiveste | Tu estavas |
| Ele está | Ele esteve | Ele estava |
| Nós estamos | Nós estivemos | Nós estávamos |
| Vós estais | Vós estivestes | Vós estáveis |
| Eles estão | Eles estiveram | Eles estavam |

| Pretérito mais-que-perfeito | Futuro do presente | Futuro do pretérito |
|---|---|---|
| Eu estivera | Eu estarei | Eu estaria |
| Tu estiveras | Tu estarás | Tu estarias |
| Ele estivera | Ele estará | Ele estaria |
| Nós estivéramos | Nós estaremos | Nós estaríamos |
| Vós estivéreis | Vós estareis | Vós estaríeis |
| Eles estiveram | Eles estarão | Eles estariam |

### Modo subjuntivo

| Presente | Pretérito imperfeito | Futuro |
|---|---|---|
| Eu esteja | Eu estivesse | Eu estiver |
| Tu estejas | Tu estivesses | Tu estiveres |
| Ele esteja | Ele estivesse | Ele estiver |
| Nós estejamos | Nós estivéssemos | Nós estivermos |
| Vós estejais | Vós estivésseis | Vós estiverdes |
| Eles estejam | Eles estivessem | Eles estiverem |

### Imperativo

| Afirmativo | Negativo |
|---|---|
| Está tu | Não estejas tu |
| Esteja você | Não esteja você |
| Estejamos nós | Não estejamos nós |
| Estai vós | Não estejais vós |
| Estejam vocês | Não estejam vocês |

### Formas nominais

| Infinitivo impessoal | Infinitivo pessoal |
|---|---|
| Estar | Eu estar |
| | Tu estares |
| | Ele estar |
| | Nós estarmos |
| | Vós estardes |
| | Eles estarem |

| Gerúndio | Particípio |
|---|---|
| Estando | Estado |

## Verbo Ficar

### Modo indicativo

| Presente | Pretérito perfeito | Pretérito imperfeito |
|---|---|---|
| Eu fico | Eu fiquei | Eu ficava |
| Tu ficas | Tu ficaste | Tu ficavas |
| Ele fica | Ele ficou | Ele ficava |
| Nós ficamos | Nós ficamos | Nós ficávamos |
| Vós ficais | Vós ficastes | Vós ficáveis |
| Eles ficam | Eles ficaram | Eles ficavam |

| Pretérito mais-que-perfeito | Futuro do presente | Futuro do pretérito |
|---|---|---|
| Eu ficara | Eu ficarei | Eu ficaria |
| Tu ficaras | Tu ficarás | Tu ficarias |
| Ele ficara | Ele ficará | Ele ficaria |
| Nós ficáramos | Nós ficaremos | Nós ficaríamos |
| Vós ficáreis | Vós ficareis | Vós ficaríeis |
| Eles ficaram | Eles ficarão | Eles ficariam |

### Modo subjuntivo

| Presente | Pretérito imperfeito | Futuro |
|---|---|---|
| Eu fique | Eu ficasse | Eu ficar |
| Tu fiques | Tu ficasses | Tu ficares |
| Ele fique | Ele ficasse | Ele ficar |
| Nós fiquemos | Nós ficássemos | Nós ficarmos |
| Vós fiqueis | Vós ficásseis | Vós ficardes |
| Eles fiquem | Eles ficassem | Eles ficarem |

| Imperativo | | Formas nominais | |
|---|---|---|---|
| **Afirmativo** | **Negativo** | **Infinitivo impessoal** | **Infinitivo pessoal** |
| Fica tu | Não fiques tu | Ficar | Eu ficar |
| Fique você | Não fique você | | Tu ficares |
| Fiquemos nós | Não fiquemos nós | | Ele ficar |
| Ficai vós | Não fiqueis vós | | Nós ficarmos |
| Fiquem vocês | Não fiquem vocês | | Vós ficardes |
| | | | Eles ficarem |

| Gerúndio | Particípio |
|---|---|
| Ficando | Ficado |

## Verbo Ser

**Modo indicativo**

| Presente | Pretérito perfeito | Pretérito imperfeito |
|---|---|---|
| Eu sou | Eu fui | Eu era |
| Tu és | Tu foste | Tu eras |
| Ele é | Ele foi | Ele era |
| Nós somos | Nós fomos | Nós éramos |
| Vós sois | Vós fostes | Vós éreis |
| Eles são | Eles foram | Eles eram |

| Pretérito mais-que-perfeito | Futuro do presente | Futuro do pretérito |
|---|---|---|
| Eu fora | Eu serei | Eu seria |
| Tu foras | Tu serás | Tu serias |
| Ele fora | Ele será | Ele seria |
| Nós fôramos | Nós seremos | Nós seríamos |
| Vós fôreis | Vós sereis | Vós seríeis |
| Eles foram | Eles serão | Eles seriam |

**Modo subjuntivo**

| Presente | Pretérito imperfeito | Futuro |
|---|---|---|
| Eu seja | Eu fosse | Eu for |
| Tu sejas | Tu fosses | Tu fores |
| Ele seja | Ele fosse | Ele for |
| Nós sejamos | Nós fôssemos | Nós formos |
| Vós sejais | Vós fôsseis | Vós fordes |
| Eles sejam | Eles fossem | Eles forem |

| Imperativo | | Formas nominais | |
|---|---|---|---|
| **Afirmativo** | **Negativo** | **Infinitivo impessoal** | **Infinitivo pessoal** |
| Sê tu | Não sejas tu | Ser | Eu ser |
| Seja você | Não seja você | | Tu seres |
| Sejamos nós | Não sejamos nós | | Ele ser |
| Sede vós | Não sejais vós | | Nós sermos |
| Sejam vocês | Não sejam vocês | | Vós serdes |
| | | | Eles serem |

| Gerúndio | Particípio |
|---|---|
| Sendo | Sido |

## Verbo Ter

**Modo indicativo**

| Presente | Pretérito perfeito | Pretérito imperfeito |
|---|---|---|
| Eu tenho | Eu tive | Eu tinha |
| Tu tens | Tu tiveste | Tu tinhas |
| Ele tem | Ele teve | Ele tinha |
| Nós temos | Nós tivemos | Nós tínhamos |
| Vós tendes | Vós tivestes | Vós tínheis |
| Eles têm | Eles tiveram | Eles tinham |

| Pretérito mais-que-perfeito | Futuro do presente | Futuro do pretérito |
|---|---|---|
| Eu tivera | Eu terei | Eu teria |
| Tu tiveras | Tu terás | Tu terias |
| Ele tivera | Ele terá | Ele teria |
| Nós tivéramos | Nós teremos | Nós teríamos |
| Vós tivéreis | Vós tereis | Vós teríeis |
| Eles tiveram | Eles terão | Eles teriam |

**Modo subjuntivo**

| Presente | Pretérito imperfeito | Futuro |
|---|---|---|
| Eu tenha | Eu tivesse | Eu tiver |
| Tu tenhas | Tu tivesses | Tu tiveres |
| Ele tenha | Ele tivesse | Ele tiver |
| Nós tenhamos | Nós tivéssemos | Nós tivermos |
| Vós tenhais | Vós tivésseis | Vós tiverdes |
| Eles tenham | Eles tivessem | Eles tiverem |

| Imperativo | | Formas nominais | |
|---|---|---|---|
| **Afirmativo** | **Negativo** | **Infinitivo impessoal** | **Infinitivo pessoal** |
| Tem tu | Não tenhas tu | Ter | Eu ter |
| Tenha você | Não tenha você | | Tu teres |
| Tenhamos nós | Não tenhamos nós | | Ele ter |
| Tende vós | Não tenhais vós | | Nós termos |
| Tenham vocês | Não tenham vocês | | Vós terdes |
| | | | Eles terem |

| Gerúndio | Particípio |
|---|---|
| Tendo | Tido |

## Verbo Haver

### Modo indicativo

| Presente | Pretérito perfeito | Pretérito imperfeito |
|---|---|---|
| Eu hei | Eu houve | Eu havia |
| Tu hás | Tu houveste | Tu havias |
| Ele há | Ele houve | Ele havia |
| Nós havemos | Nós houvemos | Nós havíamos |
| Vós haveis | Vós houvestes | Vós havíeis |
| Eles hão | Eles houveram | Eles haviam |

| Pretérito mais-que-perfeito | Futuro do presente | Futuro do pretérito |
|---|---|---|
| Eu houvera | Eu haverei | Eu haveria |
| Tu houveras | Tu haverás | Tu haverias |
| Ele houvera | Ele haverá | Ele haveria |
| Nós houvéramos | Nós haveremos | Nós haveríamos |
| Vós houvéreis | Vós havereis | Vós haveríeis |
| Eles houveram | Eles haverão | Eles haveriam |

### Modo subjuntivo

| Presente | Pretérito imperfeito | Futuro |
|---|---|---|
| Eu haja | Eu houvesse | Eu houver |
| Tu hajas | Tu houvesses | Tu houveres |
| Ele haja | Ele houvesse | Ele houver |
| Nós hajamos | Nós houvéssemos | Nós houvermos |
| Vós hajais | Vós houvésseis | Vós houverdes |
| Eles hajam | Eles houvessem | Eles houverem |

| Imperativo | | Formas nominais | |
|---|---|---|---|
| **Afirmativo** | **Negativo** | **Infinitivo impessoal** | **Infinitivo pessoal** |
| Há tu | Não hajas tu | Haver | Eu haver |
| Haja você | Não haja você | | Tu haveres |
| Hajamos nós | Não hajamos nós | | Ele haver |
| Havei vós | Não hajais vós | | Nós havermos |
| Hajam vocês | Não hajam vocês | | Vós haverdes |
| | | | Eles haverem |

| Gerúndio | Particípio |
|---|---|
| Havendo | Havido |

## Verbo Ver

### Modo indicativo

| Presente | Pretérito perfeito | Pretérito imperfeito |
|---|---|---|
| Eu vejo | Eu vi | Eu via |
| Tu vês | Tu viste | Tu vias |
| Ele vê | Ele viu | Ele via |
| Nós vemos | Nós vimos | Nós víamos |
| Vós vedes | Vós vistes | Vós víeis |
| Eles veem | Eles viram | Eles viam |

| Pretérito mais-que-perfeito | Futuro do presente | Futuro do pretérito |
|---|---|---|
| Eu vira | Eu verei | Eu veria |
| Tu viras | Tu verás | Tu verias |
| Ele vira | Ele verá | Ele veria |
| Nós víramos | Nós veremos | Nós veríamos |
| Vós víreis | Vós vereis | Vós veríeis |
| Eles viram | Eles verão | Eles veriam |

### Modo subjuntivo

| Presente | Pretérito imperfeito | Futuro |
|---|---|---|
| Eu veja | Eu visse | Eu vir |
| Tu vejas | Tu visses | Tu vires |
| Ele veja | Ele visse | Ele vir |
| Nós vejamos | Nós víssemos | Nós virmos |
| Vós vejais | Vós vísseis | Vós virdes |
| Eles vejam | Eles vissem | Eles virem |

| Imperativo | | Formas nominais | |
|---|---|---|---|
| **Afirmativo** | **Negativo** | **Infinitivo impessoal** | **Infinitivo pessoal** |
| Vê tu | Não vejas tu | Ver | Eu ver |
| Veja você | Não veja você | | Tu veres |
| Vejamos nós | Não vejamos nós | | Ele ver |
| Vede vós | Não vejais vós | | Nós vermos |
| Vejam vocês | Não vejam vocês | | Vós verdes |
| | | | Eles verem |

| Gerúndio | Particípio |
|---|---|
| Vendo | Visto |

## Verbo Vir

**Modo indicativo**

| Presente | Pretérito perfeito | Pretérito imperfeito |
|---|---|---|
| Eu venho | Eu vim | Eu vinha |
| Tu vens | Tu vieste | Tu vinhas |
| Ele vem | Ele veio | Ele vinha |
| Nós vimos | Nós viemos | Nós vínhamos |
| Vós vindes | Vós viestes | Vós vínheis |
| Eles vêm | Eles vieram | Eles vinham |

| Pretérito mais-que-perfeito | Futuro do presente | Futuro do pretérito |
|---|---|---|
| Eu viera | Eu virei | Eu viria |
| Tu vieras | Tu virás | Tu virias |
| Ele viera | Ele virá | Ele viria |
| Nós viéramos | Nós viremos | Nós viríamos |
| Vós viéreis | Vós vireis | Vós viríeis |
| Eles vieram | Eles virão | Eles viriam |

**Modo subjuntivo**

| Presente | Pretérito imperfeito | Futuro |
|---|---|---|
| Eu venha | Eu viesse | Eu vier |
| Tu venhas | Tu viesses | Tu vieres |
| Ele venha | Ele viesse | Ele vier |
| Nós venhamos | Nós viéssemos | Nós viermos |
| Vós venhais | Vós viésseis | Vós vierdes |
| Eles venham | Eles viessem | Eles vierem |

| Imperativo | | Formas nominais | |
|---|---|---|---|
| **Afirmativo** | **Negativo** | **Infinitivo impessoal** | **Infinitivo pessoal** |
| Vem tu | Não venhas tu | Vir | Eu vir |
| Venha você | Não venha você | | Tu vires |
| Venhamos nós | Não venhamos nós | | Ele vir |
| Vinde vós | Não venhais vós | | Nós virmos |
| Venham vocês | Não venham vocês | | Vós virdes |
| | | | Eles virem |

| Gerúndio | Particípio |
|---|---|
| Vindo | Vindo |

## Verbo Pôr

**Modo indicativo**

| Presente | Pretérito perfeito | Pretérito imperfeito |
|---|---|---|
| Eu ponho | Eu pus | Eu punha |
| Tu pões | Tu puseste | Tu punhas |
| Ele põe | Ele pôs | Ele punha |
| Nós pomos | Nós pusemos | Nós púnhamos |
| Vós pondes | Vós pusestes | Vós púnheis |
| Eles põem | Eles puseram | Eles punham |

| Pretérito mais-que-perfeito | Futuro do presente | Futuro do pretérito |
|---|---|---|
| Eu pusera | Eu porei | Eu poria |
| Tu puseras | Tu porás | Tu porias |
| Ele pusera | Ele porá | Ele poria |
| Nós puséramos | Nós poremos | Nós poríamos |
| Vós puséreis | Vós poreis | Vós poríeis |
| Eles puseram | Eles porão | Eles poriam |

**Modo subjuntivo**

| Presente | Pretérito imperfeito | Futuro |
|---|---|---|
| Eu ponha | Eu pusesse | Eu puser |
| Tu ponhas | Tu pusesses | Tu puseres |
| Ele ponha | Ele pusesse | Ele puser |
| Nós ponhamos | Nós puséssemos | Nós pusermos |
| Vós ponhais | Vós pusésseis | Vós puserdes |
| Eles ponham | Eles pusessem | Eles puserem |

| Imperativo | | Formas nominais | |
|---|---|---|---|
| **Afirmativo** | **Negativo** | **Infinitivo impessoal** | **Infinitivo pessoal** |
| Põe tu | Não ponhas tu | Pôr | Eu pôr |
| Ponha você | Não ponha você | | Tu pores |
| Ponhamos nós | Não ponhamos nós | | Ele pôr |
| Ponde vós | Não ponhais vós | | Nós pormos |
| Ponham vocês | Não ponham vocês | | Vós pordes |
| | | | Eles porem |

| Gerúndio | Particípio |
|---|---|
| Pondo | Posto |

### Verbo Reaver

É verbo defectivo, derivado de "haver". Só é conjugado nas formas em que o verbo "haver" tem a letra "v". Assim fica sua conjugação completa.

**Modo indicativo**

| Presente | Pretérito perfeito | Pretérito imperfeito |
|---|---|---|
| ---------- | Eu reouve | Eu reavia |
| ---------- | Tu reouveste | Tu reavias |
| ---------- | Ele reouve | Ele reavia |
| Nós reavemos | Nós reouvemos | Nós reavíamos |
| Vós reaveis | Vós reouvestes | Vós reavíeis |
| ---------- | Eles reouveram | Eles reaviam |

| Pretérito mais-que-perfeito | Futuro do presente | Futuro do pretérito |
|---|---|---|
| Eu reouvera | Eu reaverei | Eu reaveria |
| Tu reouveras | Tu reaverás | Tu reaverias |
| Ele reouvera | Ele reaverá | Ele reaveria |
| Nós reouvéramos | Nós reaveremos | Nós reaveríamos |
| Vós reouvéreis | Vós reavereis | Vós reaveríeis |
| Eles reouveram | Eles reaverão | Eles reaveriam |

**Modo subjuntivo**

| Presente | Pretérito imperfeito | Futuro |
|---|---|---|
| ---------- | Eu reouvesse | Eu reouver |
| ---------- | Tu reouvesses | Tu reouveres |
| ---------- | Ele reouvesse | Ele reouver |
| ---------- | Nós reouvéssemos | Nós reouvermos |
| ---------- | Vós reouvésseis | Vós reouverdes |
| ---------- | Eles reouvessem | Eles reouverem |

| Imperativo | | Formas nominais | |
|---|---|---|---|
| **Afirmativo** | **Negativo** | **Infinitivo impessoal** | **Infinitivo pessoal** |
| | ---------- | Reaver | Eu reaver |
| ---------- | ---------- | | Tu reaveres |
| ---------- | ---------- | | Ele reaver |
| ---------- | ---------- | | Nós reavermos |
| Reavei vós | ---------- | | Vós reaverdes |
| ---------- | ---------- | | Eles reaverem |

| Gerúndio | Particípio |
|---|---|
| Reavendo | Reavido |

### Verbo Prover

É verbo derivado de "ver", do qual se afasta em cinco tempos: pretérito perfeito do indicativo, pretérito mais-que-perfeito do indicativo, pretérito imperfeito do subjuntivo, futuro do subjuntivo e particípio. Vejamos sua conjugação completa.

**Modo indicativo**

| Presente | Pretérito perfeito | Pretérito imperfeito |
|---|---|---|
| Eu provejo | Eu provi | Eu provia |
| Tu provês | Tu proveste | Tu provias |
| Ele provê | Ele proveu | Ele provia |
| Nós provemos | Nós provemos | Nós províamos |
| Vós proveis | Vós provestes | Vós províeis |
| Eles proveem | Eles proveram | Eles proviam |

| Pretérito mais-que-perfeito | Futuro do presente | Futuro do pretérito |
|---|---|---|
| Eu provera | Eu proverei | Eu proveria |
| Tu proveras | Tu proverás | Tu proverias |
| Ele provera | Ele proverá | Ele proveria |
| Nós provêramos | Nós proveremos | Nós proveríamos |
| Vós provêreis | Vós provereis | Vós proveríeis |
| Eles proveram | Eles proverão | Eles proveriam |

**Modo subjuntivo**

| Presente | Pretérito imperfeito | Futuro |
|---|---|---|
| Eu proveja | Eu provesse | Eu prover |
| Tu provejas | Tu provesses | Tu proveres |
| Ele proveja | Ele provesse | Ele prover |
| Nós provejamos | Nós provêssemos | Nós provermos |
| Vós provejais | Vós provêsseis | Vós proverdes |
| Eles provejam | Eles provessem | Eles proverem |

| Imperativo | | Formas nominais | |
|---|---|---|---|
| Afirmativo | Negativo | Infinitivo impessoal | Infinitivo pessoal |
| Provê tu | Não provejas tu | Prover | Eu prover |
| Proveja você | Não proveja você | | Tu proveres |
| Provejamos nós | Não provejamos nós | | Ele prover |
| Provede vós | Não provejais vós | | Nós provermos |
| Provejam vocês | Não provejam vocês | | Vós proverdes |
| | | | Eles proverem |

| Gerúndio | Particípio |
|---|---|
| Provendo | Provido |

**Verbo Intervir**

É verbo derivado de "vir". Observemos sua conjugação completa.

**Modo indicativo**

| **Presente** | **Pretérito perfeito** | **Pretérito imperfeito** |
|---|---|---|
| Eu intervenho | Eu intervim | Eu intervinha |
| Tu intervéns | Tu interviestes | Tu intervinhas |
| Ele intervém | Ele interveio | Ele intervinha |
| Nós intervimos | Nós interviemos | Nós intervínhamos |
| Vós intervindes | Vós interviestes | Vós intervínheis |
| Eles intervêm | Eles intervieram | Eles intervinham |
| **Pretérito mais-que-perfeito** | **Futuro do presente** | **Futuro do pretérito** |
| Eu interviera | Eu intervirei | Eu interviria |
| Tu intervieras | Tu intervirás | Tu intervirias |
| Ele interviera | Ele intervirá | Ele interviria |
| Nós interviéramos | Nós interviremos | Nós interviríamos |
| Vós interviéreis | Vós intervireis | Vós interviríeis |
| Eles intervieram | Eles intervirão | Eles interviriam |

**Modo subjuntivo**

| **Presente** | **Pretérito imperfeito** | **Futuro** |
|---|---|---|
| Eu intervenha | Eu interviesse | Eu intervier |
| Tu intervenhas | Tu interviesses | Tu intervieres |
| Ele intervenha | Ele interviesse | Ele intervier |
| Nós intervenhamos | Nós interviéssemos | Nós interviermos |
| Vós intervenhais | Vós interviésseis | Vós intervierdes |
| Eles intervenham | Eles interviessem | Eles intervierem |

**Imperativo**

| **Afirmativo** | **Negativo** |
|---|---|
| Intervém tu | Não intervenhas tu |
| Intervenha você | Não intervenha você |
| Intervenhamos nós | Não intervenhamos nós |
| Intervinde vós | Não intervenhais vós |
| Intervenham vocês | Não intervenham vocês |

**Formas nominais**

| **Infinitivo impessoal** | **Infinitivo pessoal** |
|---|---|
| Intervir | Eu intervir |
| | Tu intervires |
| | Ele intervir |
| | Nós intervirmos |
| | Vós intervirdes |
| | Eles intervirem |

| **Gerúndio** | **Particípio** |
|---|---|
| Intervindo | Intervindo |

**Verbo Precaver**

É verbo defectivo nas três pessoas do singular e na 3ª pessoa do plural do presente do indicativo. Esse fato implica a ausência do presente do subjuntivo, do imperativo negativo e de quase todas as pessoas do imperativo afirmativo. Nas demais formas, tem conjugação normal. Eis sua conjugação completa.

**Modo indicativo**

| **Presente** | **Pretérito perfeito** | **Pretérito imperfeito** |
|---|---|---|
| ---------- | Eu precavi | Eu precavia |
| ---------- | Tu precaveste | Tu precavias |
| ---------- | Ele precaveu | Ele precavia |
| Nós precavemos | Nós precavemos | Nós precavíamos |
| Vós precaveis | Vós precavestes | Vós precavíeis |
| ---------- | Eles precaveram | Eles precaviam |

| **Pretérito mais-que-perfeito** | **Futuro do presente** | **Futuro do pretérito** |
|---|---|---|
| Eu precavera | Eu precaverei | Eu precaveria |
| Tu precaveras | Tu precaverás | Tu precaverias |
| Ele precavera | Ele precaverá | Ele precaveria |
| Nós precavêramos | Nós precaveremos | Nós precaveríamos |
| Vós precavêreis | Vós precavereis | Vós precaveríeis |
| Eles precaveram | Eles precaverão | Eles precaveriam |

**Modo subjuntivo**

| **Presente** | **Pretérito imperfeito** | **Futuro** |
|---|---|---|
| ---------- | Eu precavesse | Eu precaver |
| ---------- | Tu precavesses | Tu precaveres |
| ---------- | Ele precavesse | Ele precaver |
| ---------- | Nós precavêssemos | Nós precavermos |
| ---------- | Vós precavêsseis | Vós precaverdes |
| ---------- | Eles precavessem | Eles precaverem |

| **Imperativo** | | **Formas nominais** | |
|---|---|---|---|
| **Afirmativo** | **Negativo** | **Infinitivo impessoal** | **Infinitivo pessoal** |
| | | Precaver | Eu precaver |
| ---------- | ---------- | | Tu precaveres |
| ---------- | ---------- | | Ele precaver |
| ---------- | ---------- | | Nós precavermos |
| Precavei vós | ---------- | | Vós precaverdes |
| ---------- | ---------- | | Eles precaverem |

| **Gerúndio** | **Particípio** |
|---|---|
| Precavendo | Precavido |

**Verbo Requerer**

Tem conjugação própria, não se conjugando por “querer”. É abundante na 3ª pessoa do singular do presente do indicativo, com as duas formas “requer” e “requere” (mais usada em Portugal).

**Modo indicativo**

| Presente | Pretérito perfeito | Pretérito imperfeito |
|---|---|---|
| Eu requeiro | Eu requeri | Eu requeria |
| Tu requeres | Tu requereste | Tu requerias |
| Ele requer (requere) | Ele requereu | Ele requeria |
| Nós requeremos | Nós requeremos | Nós requeríamos |
| Vós requereis | Vós requerestes | Vós requeríeis |
| Eles requerem | Eles requereram | Eles requeriam |

| Pretérito mais-que-perfeito | Futuro do presente | Futuro do pretérito |
|---|---|---|
| Eu requerera | Eu requererei | Eu requereria |
| Tu requereras | Tu requererás | Tu requererias |
| Ele requerera | Ele requererá | Ele requereria |
| Nós requerêramos | Nós requereremos | Nós requereríamos |
| Vós requerêreis | Vós requerereis | Vós requereríeis |
| Eles requereram | Eles requererão | Eles requereriam |

**Modo subjuntivo**

| Presente | Pretérito imperfeito | Futuro |
|---|---|---|
| Eu requeira | Eu requeresse | Eu requerer |
| Tu requeiras | Tu requeresses | Tu requeres |
| Ele requeira | Ele requeresse | Ele requerer |
| Nós requeiramos | Nós requerêssemos | Nós requerermos |
| Vós requeirais | Vós requerêsseis | Vós requererdes |
| Eles requeiram | Eles requeressem | Eles requererem |

| Imperativo | | Formas nominais | |
|---|---|---|---|
| **Afirmativo** | **Negativo** | **Infinitivo impessoal** | **Infinitivo pessoal** |
| Requere tu | Não requeiras tu | Requerer | Eu requerer |
| Requeira você | Não requeira você | | Tu requereres |
| Requeiramos nós | Não requeiramos nós | | Ele requerer |
| Requerei vós | Não requeirais vós | | Nós requerermos |
| Requeiram vocês | Não requeiram vocês | | Vós requererdes |
| | | | Eles requererem |

| Gerúndio | Particípio |
|---|---|
| Requerendo | Requerido |

### Verbo Falir

É verbo defectivo que só se conjuga nas formas em que após o radical surge a vogal "i". Está em um grupo de verbos defectivos da 3ª conjugação que apresentam a mesma defectividade: "adir", "aguerrir", "combalir", "emolir", "empedernir", "esbaforir", "exinanir", "florir", "fornir", "garrir", "inanir", "remir", "renhir", "ressarcir", "ressequir", "revelir", "transir", "vagir". Vamos à conjugação.

**Modo indicativo**

| **Presente** | **Pretérito perfeito** | **Pretérito imperfeito** |
|---|---|---|
| ---------- | Eu fali | Eu falia |
| ---------- | Tu faliste | Tu falias |
| ---------- | Ele faliu | Ele falia |
| Nós falimos | Nós falimos | Nós falíamos |
| Vós falis | Vós falistes | Vós falíeis |
| ---------- | Eles faliram | Eles faliam |

| **Pretérito mais-que-perfeito** | **Futuro do presente** | **Futuro do pretérito** |
|---|---|---|
| Eu falira | Eu falirei | Eu faliria |
| Tu faliras | Tu falirás | Tu falirias |
| Ele falira | Ele falirá | Ele faliria |
| Nós falíramos | Nós faliremos | Nós faliríamos |
| Vós falíreis | Vós falireis | Vós faliríeis |
| Eles faliram | Eles falirão | Eles faliriam |

**Modo subjuntivo**

| **Presente** | **Pretérito imperfeito** | **Futuro** |
|---|---|---|
| ---------- | Eu falisse | Eu falir |
| ---------- | Tu falisses | Tu falires |
| ---------- | Ele falisse | Ele falir |
| ---------- | Nós falíssemos | Nós falirmos |
| ---------- | Vós falísseis | Vós falirdes |
| ---------- | Eles falissem | Eles falirem |

**Imperativo** / **Formas nominais**

| **Afirmativo** | **Negativo** | **Infinitivo impessoal** | **Infinitivo pessoal** |
|---|---|---|---|
| | | Falir | Eu falir |
| ---------- | ---------- | | Tu falires |
| ---------- | ---------- | | Ele falir |
| ---------- | ---------- | | Nós falirmos |
| Fali vós | ---------- | | Vós falirdes |
| ---------- | ---------- | | Eles falirem |

| **Gerúndio** | **Particípio** |
|---|---|
| Falindo | Falido |

### Verbo Abolir

É verbo defectivo que não se conjuga nas formas nas quais depois do radical aparecem as letras "a" ou "o". Pertence a um grupo de verbos defectivos de 3ª conjugação que apresentam a mesma defectividade: "aturdir", "bramir", "brandir", "banir", "carpir", "colorir", "delinquir, "delir", "demolir", "esculpir", "espargir", "exaurir", "explodir", "extorquir", "feder", "fremer" (ou "fremir"), "fulgir", "haurir", "impingir", "jungir", "puir", "retorquir", "ruir".
Passemos à conjugação de "abolir".

**Modo indicativo**

| Presente | Pretérito perfeito | Pretérito imperfeito |
|---|---|---|
| ---------- | Eu aboli | Eu abolia |
| Tu aboles | Tu aboliste | Tu abolias |
| Ele abole | Ele aboliu | Ele abolia |
| Nós abolimos | Nós abolimos | Nós abolíamos |
| Vós abolis | Vós abolistes | Vós abolíeis |
| Eles abolem | Eles aboliram | Eles aboliam |

| Pretérito mais-que-perfeito | Futuro do presente | Futuro do pretérito |
|---|---|---|
| Eu abolira | Eu abolirei | Eu aboliria |
| Tu aboliras | Tu abolirás | Tu abolirias |
| Ele abolira | Ele abolirá | Ele aboliria |
| Nós abolíramos | Nós aboliremos | Nós aboliríamos |
| Vós abolíreis | Vós abolireis | Vós aboliríeis |
| Eles aboliram | Eles abolirão | Eles aboliriam |

**Modo subjuntivo**

| Presente | Pretérito imperfeito | Futuro |
|---|---|---|
| ---------- | Eu abolisse | Eu abolir |
| ---------- | Tu abolisses | Tu abolires |
| ---------- | Ele abolisse | Ele abolir |
| ---------- | Nós abolíssemos | Nós abolirmos |
| ---------- | Vós abolísseis | Vós abolirdes |
| ---------- | Eles abolissem | Eles abolirem |

**Imperativo** / **Formas nominais**

| Afirmativo | Negativo | Infinitivo impessoal | Infinitivo pessoal |
|---|---|---|---|
| | | Abolir | Eu abolir |
| Abole tu | ---------- | | Tu abolires |
| ---------- | ---------- | | Ele abolir |
| ---------- | ---------- | | Nós abolirmos |
| Aboli vós | ---------- | | Vós abolirdes |
| ---------- | ---------- | | Eles abolirem |

| Gerúndio | Particípio |
|---|---|
| Abolindo | Abolido |

### Verbos terminados em "ear"

Os verbos terminados em "ear" trocam o "e" do radical por "ei" nas formas rizotônicas. Vamos à conjugação do verbo "passear".

**Modo indicativo**

| Presente | Pretérito perfeito | Pretérito imperfeito |
|---|---|---|
| Eu passeio | Eu passeei | Eu passeava |
| Tu passeias | Tu passeaste | Tu passeavas |
| Ele passeia | Ele passeou | Ele passeava |
| Nós passeamos | Nós passeamos | Nós passeávamos |
| Vós passeais | Vós passeastes | Vós passeáveis |
| Eles passeiam | Eles passearam | Eles passeavam |

| Pretérito mais-que-perfeito | Futuro do presente | Futuro do pretérito |
|---|---|---|
| Eu passeara | Eu passearei | Eu passearia |
| Tu passearas | Tu passearás | Tu passearias |
| Ele passeara | Ele passeará | Ele passearia |
| Nós passeáramos | Nós passearemos | Nós passearíamos |
| Vós passeáreis | Vós passeareis | Vós passearíeis |
| Eles passearam | Eles passearão | Eles passeariam |

**Modo subjuntivo**

| Presente | Pretérito imperfeito | Futuro |
|---|---|---|
| Eu passeie | Eu passeasse | Eu passear |
| Tu passeies | Tu passeasses | Tu passeares |
| Ele passeie | Ele passeasse | Ele passear |
| Nós passeemos | Nós passeássemos | Nós passearmos |
| Vós passeeis | Vós passeásseis | Vós passeardes |
| Eles passeiem | Eles passeassem | Eles passearem |

| Imperativo | | Formas nominais | |
|---|---|---|---|
| **Afirmativo** | **Negativo** | **Infinitivo impessoal** | **Infinitivo pessoal** |
| Passeia tu | Não passeies tu | Passear | Eu passear |
| Passeie você | Não passeie você | | Tu passeares |
| Passeemos nós | Não passeemos nós | | Ele passear |
| Passeai vós | Não passeeis vós | | Nós passearmos |
| Passeiem vocês | Não passeiem vocês | | Vós passeardes |
| | | | Eles passearem |

| Gerúndio | Particípio |
|---|---|
| Passeando | Passeado |

### Verbos terminados em "iar"

Em geral têm conjugação regular. Alguns verbos terminados em "iar" trocam o "i" do radical por "ei" nas formas rizotônicas: "mediar", "ansiar", "remediar", "incendiar", "odiar" e "intermediar". Passemos à conjugação de "mediar".

**Modo indicativo**

| Presente | Pretérito perfeito | Pretérito imperfeito |
|---|---|---|
| Eu medeio | Eu mediei | Eu mediava |
| Tu medeias | Tu mediaste | Tu mediavas |
| Ele medeia | Ele mediou | Ele mediava |
| Nós mediamos | Nós mediamos | Nós mediávamos |
| Vós mediais | Vós mediastes | Vós mediáveis |
| Eles medeiam | Eles mediaram | Eles mediavam |

| Pretérito mais-que-perfeito | Futuro do presente | Futuro do pretérito |
|---|---|---|
| Eu mediara | Eu mediarei | Eu mediaria |
| Tu mediaras | Tu mediarás | Tu mediarias |
| Ele mediara | Ele mediará | Ele mediaria |
| Nós mediáramos | Nós mediaremos | Nós mediaríamos |
| Vós mediáreis | Vós mediareis | Vós mediaríeis |
| Eles mediaram | Eles mediarão | Eles mediariam |

**Modo subjuntivo**

| Presente | Pretérito imperfeito | Futuro |
|---|---|---|
| Eu medeie | Eu mediasse | Eu mediar |
| Tu medeies | Tu mediasses | Tu mediares |
| Ele medeie | Ele mediasse | Ele mediar |
| Nós mediemos | Nós mediássemos | Nós mediarmos |
| Vós medieis | Vós mediásseis | Vós mediardes |
| Eles medeiem | Eles mediassem | Eles mediarem |

| Imperativo | | Formas nominais | |
|---|---|---|---|
| **Afirmativo** | **Negativo** | **Infinitivo impessoal** | **Infinitivo pessoal** |
| Medeia tu | Não medeies tu | Mediar | Eu mediar |
| Medeie você | Não medeie você | | Tu mediares |
| Mediemos nós | Não mediemos nós | | Ele mediar |
| Mediai vós | Não medieis vós | | Nós mediarmos |
| Medeiem vocês | Não medeiem vocês | | Vós mediardes |
| | | | Eles mediarem |

| Gerúndio | Particípio |
|---|---|
| Mediando | Mediado |

**Verbo Enxaguar**

O Acordo Ortográfico de 1991, que entrou em vigor em regime de transição com o que atualmente nos rege no mês de janeiro de 2009, como sabemos, suprimiu o acento do trema. Esse verbo e outros que citaremos a seguir, exigem cuidado quanto ao emprego dos acentos agudos. Por enxaguar, conjugaremos "aguar", "apaniguar", "apaziguar", "apropinquar", "averiguar" "desaguar", "enxaguar", "minguar", "obliquar" e "delinquir".

Tais verbos podem ser conjugados de duas maneiras, nas formas rizotônicas, ou seja, nas passagens em que a vogal tônica está contida no radical. São eles:

1. portadores de acento agudo nas vogais "a" ou "i" em suas formas rizotônicas;
2. pronunciados como se fossem paroxítonos, com a vogal tônica incidindo sobre o "u", mas não portando acento.

Vejamos, inicialmente, as conjugações possíveis para o presente do indicativo e o presente do subjuntivo do verbo "enxaguar":

**Presente do indicativo**
Eu enxáguo
Tu enxáguas
Ele enxágua
Nos enxaguamos
Vós enxaguais
Eles enxáguam

Eu enxaguo (pronuncia-se "enxagúo", embora não sofra acentuação gráfica)
Tu enxaguas (pronuncia-se "enxagúas", embora não sofra acentuação gráfica)
Ele enxagua (pronuncia-se "enxagúa", embora não sofra acentuação gráfica)
Nós enxaguamos (não há diferença entre essa pronúncia e a da conjugação anterior)
Vós enxaguais (não há diferença entre essa pronúncia e a da conjugação anterior)
Eles enxaguam (pronuncia-se "enxagúam", embora não sofra acentuação gráfica)

**Presente do subjuntivo**
Eu enxágue (sem trema, sinal abolido)
Tu enxágues (sem trema, sinal abolido)
Ele enxágue (sem trema, sinal abolido)
Nós enxaguemos (sem trema, sinal abolido)
Vós enxagueis (sem trema, sinal abolido)
Eles enxáguem (sem trema, sinal abolido)

Eu enxague (pronuncia-se "enxagúe", embora não sofra acentuação gráfica)
Tu enxagues (pronuncia-se "enxagúes", embora não sofra acentuação gráfica)
Ele enxague (pronuncia-se "enxagúe", embora não sofra acentuação gráfica)
Nós enxaguemos (sem trema, sinal abolido)
Vós enxagueis (sem trema, sinal abolido)
Eles enxaguem (pronuncia-se "enxagúem", embora não sofra acentuação gráfica)

Nos demais tempos, encontramos as conjugações a seguir.

**Modo indicativo**

| **Pretérito perfeito** | **Pretérito imperfeito** | **Pretérito mais-que-perfeito** |
|---|---|---|
| Eu enxaguei | Eu enxaguava | Eu enxaguara |
| Tu enxaguaste | Tu enxaguavas | Tu enxaguaras |
| Ele enxaguou | Ele enxaguava | Ele enxaguara |
| Nós enxaguamos | Nós enxaguávamos | Nós enxaguáramos |
| Vós enxaguastes | Vós enxaguáveis | Vós enxaguáreis |
| Eles enxaguaram | Eles enxaguaram | Eles enxaguaram |

| **Futuro do presente** | **Futuro do pretérito** |
|---|---|
| Eu enxaguarei | Eu enxaguaria |
| Tu enxaguarás | Tu enxaguarias |
| Ele enxaguará | Ele enxaguaria |
| Nós enxaguaremos | Nós enxaguaríamos |
| Vós enxaguareis | Vós enxaguaríeis |
| Eles enxaguarão | Eles enxaguariam |

**Modo subjuntivo**

| **Pretérito imperfeito** | **Futuro** |
|---|---|
| Eu enxaguasse | Eu enxaguar |
| Tu enxaguasses | Tu enxaguares |
| Ele enxaguasse | Ele enxaguar |
| Nós enxaguássemos | Nós enxaguarmos |
| Vós enxaguásseis | Vós enxaguardes |
| Eles enxaguassem | Eles enxaguarem |

**Imperativo**

| **Afirmativo** | **Negativo** |
|---|---|
| Enxáguas (ou Enxaguas tu) | Não enxágues tu (ou Não enxagues tu) |
| Enxágue (ou Enxague você) | Não enxágue você (ou Não enxague você) |
| Enxaguemos nós | Não enxaguemos nós |
| Enxagueis vós | Não enxagueis vós |
| Enxáguem vocês (ou Enxaguem vocês) | Não enxaguem vocês |

**Formas nominais**

| Infinitivo impessoal | Infinitivo pessoal | Gerúndio | Particípio |
|---|---|---|---|
| Enxaguar | Eu enxaguar<br>Tu enxaguares<br>Ele enxaguar<br>Nós enxaguarmos<br>Vós enxaguardes<br>Eles enxaguarem | Enxaguando | Enxaguado |

## Verbos Consumar e Consumir

Como são verbos que têm o mesmo radical ("consum"), exigem atenção na hora de serem conjugados. Vamos conjugar os dois, pondo-os em confronto tempo a tempo.

**Modo indicativo**

| Consumar | Consumir | Consumar | Consumir |
|---|---|---|---|
| **Presente** | **Presente** | **Pretérito perfeito** | **Pretérito perfeito** |
| Eu consumo | Eu consumo | Eu consumei | Eu consumi |
| Tu consumas | Tu consomes | Tu consumaste | Tu consumiste |
| Ele consuma | Ele consome | Ele consumou | Ele consumiu |
| Nós consumamos | Nós consumimos | Nós consumamos | Nós consumimos |
| Vós consumais | Vós consumis | Vós consumastes | Vós consumistes |
| Eles consumam | Eles consomem | Eles consumaram | Eles consumiram |
| **Pretérito imperfeito** | **Pretérito imperfeito** | **Pretérito mais-que-perfeito** | **Pretérito mais-que-perfeito** |
| Eu consumava | Eu consumia | Eu consumara | Eu consumira |
| Tu consumavas | Tu consumias | Tu consumaras | Tu consumiras |
| Ele consumava | Ele consumia | Ele consumara | Ele consumira |
| Nós consumávamos | Nós consumíamos | Nós consumáramos | Nós consumíramos |
| Vós consumáveis | Vós consumíeis | Vós consumáreis | Vós consumíreis |
| Eles consumavam | Eles consumiam | Eles consumaram | Eles consumiram |
| **Futuro do presente** | **Futuro do presente** | **Futuro do pretérito** | **Futuro do pretérito** |
| Eu consumarei | Eu consumirei | Eu consumaria | Eu consumiria |
| Tu consumarás | Tu consumirás | Tu consumarias | Tu consumirias |
| Ele consumará | Ele consumirá | Ele consumaria | Ele consumiria |
| Nós consumaremos | Nós consumiremos | Nós consumaríamos | Nós consumiríamos |
| Vós consumareis | Vós consumireis | Vós consumaríeis | Vós consumiríeis |
| Eles consumarão | Eles consumirão | Eles consumariam | Eles consumiriam |

## Modo subjuntivo

| Consumar | Consumir | Consumar | Consumir |
|---|---|---|---|
| **Presente** | **Presente** | **Pretérito imperfeito** | **Pretérito imperfeito** |
| Eu consume | Eu consuma | Eu consumasse | Eu consumisse |
| Tu consumes | Tu consumas | Tu consumasses | Tu consumisses |
| Ele consume | Ele consuma | Ele consumasse | Ele consumisse |
| Nós consumemos | Nós consumamos | Nós consumássemos | Nós consumíssemos |
| Vós consumeis | Vós consumais | Vós consumásseis | Vós consumísseis |
| Eles consumem | Eles consumam | Eles consumassem | Eles consumissem |

## Modo subjuntivo

| Consumar | Consumir |
|---|---|
| **Futuro** | **Futuro** |
| Eu consumar | Eu consumir |
| Tu consumares | Tu consumires |
| Ele consumar | Ele consumir |
| Nós consumarmos | Nós consumirmos |
| Vós consumardes | Vós consumirdes |
| Eles consumarem | Eles consumirem |

| **Imperativo** | | **Imperativo** | |
|---|---|---|---|
| **Afirmativo** | **Afirmativo** | **Negativo** | **Negativo** |
| Consumar | Consumir | Consumar | Consumir |
| Consuma tu | Consome tu | Não consumes tu | Não consumas tu |
| Consume você | Consuma você | Não consume você | Não consuma você |
| Consumemos nós | Consumamos nós | Não consumemos nós | Não consumamos nós |
| Consumai vós | Consumi vós | Não consumeis vós | Não consumais vós |
| Consumem vocês | Consumam vocês | Não consumem vocês | Não consumam vocês |

## Formas nominais

| **Infinitivo impessoal** | **Infinitivo impessoal** | **Infinitivo pessoal** | **Infinitivo pessoal** |
|---|---|---|---|
| Consumar | Consumir | Eu consumar | Eu consumir |
| | | Tu consumares | Tu consumires |
| | | Ele consumar | Ele consumir |
| | | Nós consumarmos | Nós consumirmos |
| | | Vós consumardes | Vós consumirdes |
| | | Eles consumarem | Eles consumirem |

| **Gerúndio** | | **Particípio** | |
|---|---|---|---|
| Consumando | Consumindo | Consumado | Consumido |

## 7. Advérbio

Advérbios são vocábulos que acrescentam a verbos, adjetivos, outros advérbios, ou mesmo a orações inteiras. Introduzem no texto informações circunstanciais, acessórias.
Vejamos alguns exemplos:

O aluno escrevia bem.
Como notamos, o advérbio "bem" acresce ao sentido da forma verbal "escrevia" informação indicativa do modo como a ação verbal se realizava.

As meninas estavam muito cansadas.
O advérbio "muito" soma ao adjetivo "cansadas" a informação intensificadora do estado indicada pelo adjetivo.

O adolescente dirigia muito bem.
O advérbio "muito" adiciona valor semântico intensificador para a ideia de modo indicada pelo advérbio "bem" – reportada à forma verbal "dirigia".

Certamente ela fará boa prova.
Como podemos observar, o advérbio "Certamente" acrescenta à oração inteira "ela fará boa prova" valor semântico circunstancial de afirmação.

### 7.1. Locuções adverbiais

São grupos vocabulares que desempenham papel de advérbio. São, em geral, formadas por preposição (ou locução prepositiva) e substantivo:

O rapaz sofria <u>de tristeza</u>.
O grupo "de tristeza" (preposição "de" + substantivo) traduz ideia de causa para a forma verbal "sofria".

Falamos <u>acerca de futebol</u>.
A locução "acerca de futebol" (locução prepositiva "acerca de" + substantivo) indica o assunto que foi abordado.

Vejamos as principais noções introduzidas por advérbios ou por locuções adverbiais:

1. Causa: Morreu de frio.
2. Tempo: Sairemos agora.
3. Modo: Eles escrevem bem.

4. Lugar: Morei em Recife.
5. Concessão: Foi à praia, apesar da chuva.
6. Instrumento: Cavou com a pá.
7. Afirmação: Com certeza haverá aula.
8. Dúvida: Talvez haja aula.
9. Intensidade: Gosto muito deste livro.
10. Negação: Não farei este trabalho.
11. Finalidade: Faz tudo pelos filhos.

Certos advérbios admitem gradações. Observemos:

O professor chegou mais cedo (do) que eu.
O advérbio "cedo" surgiu em grau comparativo de superioridade.

O professor chegou tão cedo quanto eu.
O advérbio surgiu em grau comparativo de igualdade.

O professor chegou menos cedo (do) que eu.
O advérbio surgiu em grau comparativo de inferioridade.

O professor estava muitíssimo ocupado.
O advérbio "muito" surgiu em grau superlativo absoluto sintético.

O professor fez muito bem em modificar seu programa.
O advérbio "bem" surgiu em grau superlativo absoluto analítico.

Como vimos a partir dos exemplos acima, as eventuais flexões de grau comparativo e superlativo a que os advérbios poderão estar submetidos são estabelecidas do mesmo modo que os já estudados para os adjetivos.

Os vocábulos "melhor" e "pior" – já vistos como os comparativos dos adjetivos "bom" e "mau" – são, também, formas comparativas de superioridade dos advérbios "bem" e "mal".
José escreve melhor do que eu.
O aluno ficava pior a cada aula.

Junto a adjetivos (ou a particípios), havendo comparação, empregam-se as formas "mais bem" e "mais mal".
Ele é mais bem relacionado do que eu.
As alunas eram mais bem educadas que os alunos.

Em linguagem afetiva, certos advérbios podem apresentar-se em formas diminutivas (quando passam a ter valor superlativo):
Ele saiu agorinha mesmo.
Faça isto rapidinho.

Havendo sequência de advérbios terminados em "mente", pode-se utilizar o sufixo apenas no último advérbio, ou em todos eles:
Calma e silenciosamente, a aluna repassava os ensinamentos.
Calmamente e silenciosamente, a aluna repassava os ensinamentos.

### 7.2. Emprego adverbial de adjetivos

Diversos adjetivos assumem papel de advérbios, ficando, inclusive, invariáveis:
Por favor, não falem alto!
As apostilas custam muito caro.

### 7.3. Palavras denotativas

Certos vocábulos, de difícil enquadramento morfológico, são classificados pela Nomenclatura Gramatical Brasileira como palavras denotativas.
São invariáveis, como os advérbios, mas não se relacionam com os vocábulos aos quais os advérbios trazem informações circunstanciais: verbos, adjetivos ou outros advérbios. Em geral, aludem a substantivos.
Tais palavras denotativas dividem-se entre os grupos:

1. Palavra denotativa de inclusão: até, inclusive, mesmo, também.
2. Palavra denotativa de exclusão: afora, apenas, exceto, fora, menos, salvo, senão, só, somente, tirante.
3. Palavra denotativa de designação: eis.
4. Palavra denotativa de realce: ainda, cá, embora, é que, lá, que, só.
5. Palavra denotativa de explicação: a saber, isto é, por exemplo, como.
6. Palavra denotativa de retificação: aliás, antes, ou antes, ou melhor, perdão.
7. Palavra denotativa de situação: afinal, agora, então, mas, pois não é que.

## 8. Preposição

É palavra relacional, uma vez que promove a ligação entre vocábulos de uma mesma oração ou entre orações de um período.
A preposição, ao ligar estruturas, cria entre elas um vínculo de subordinação.

O livro <u>de matemática</u> estava encapado.
A preposição "de" estabeleceu o vínculo entre "livro" e "de matemática", vocábulos constitutivos de uma oração única, absoluta.

O medo de ser feliz deixava-o ensimesmado.
A preposição "de" estabeleceu o vínculo entre "medo" – sujeito de "O medo deixava-o ensimesmado." e "de ser feliz" – que é outra oração. Nesse caso, a preposição "de" promoveu o vínculo entre um substantivo – "medo" – e seu complemento oracional – "de ser feliz").

## 8.1. Preposições essenciais e acidentais

As preposições essenciais – palavras que sempre são empregadas como preposição – são: a, ante, após, até, com, contra, de, desde, em, entre, para, perante, por, sem, sob, sobre, trás.

As preposições acidentais – assim denominadas por serem vocábulos de outra classe – que, circunstancialmente, funcionam como preposições, são: como, conforme, consoante, durante, mediante, não obstante, segundo, visto.

## 8.2. Locução prepositiva

Grupo vocabular, em geral formado por advérbio (ou locução adverbial) e preposição ("de", "a" ou "com"). Vejamos algumas locuções prepositivas: abaixo de, acerca de, acima de, a despeito de, adiante de, a fim de, além de, antes de, a par de, ao invés de, ao lado de, ao redor de, apesar de, a respeito de, atrás de, através de, de acordo com, debaixo de, de cima de, de acordo com, defronte de, diante de, depois de, embaixo de, em cima de, em face de, em frente a, em frente de, em lugar de, em redor de, em torno de, em vez de, depois de, devido a, fora de, junto a, junto de, no caso de, para com, perto de, por causa de, por detrás de, por entre, por trás de.

Sendo vocábulos incumbidos de estabelecer vínculos entre componentes da estrutura oracional ou mesmo do período, as preposições usualmente surgem desprovidas de valor semântico. No entanto, há situações em que as preposições impregnam o texto de valores significativos. Sem querer esgotar o assunto, veremos adiante alguns dos valores semânticos

mais comumente assumidos pelas preposições. Reportamo-nos, nessas observações, às *Lições de português*, Sousa da Silveira, Coleção Linguagem 23, Presença/Pró-Leitura, Instituto Nacional do Livro, Rio de Janeiro, 10ª edição, p. 223-240. Acerca desse assunto, diga-se de passagem que constitui-se em objeto frequente de questões de provas.
Neste trabalho, apontaremos alguns valores significativos que podem surgir para as preposições "a" e "de".

## 8.3. Valor significativo da preposição "A"

1. Indica o fim de um movimento, de uma extensão ou de um transcurso de tempo:
   Nas férias irei a Pernambuco e a Alagoas.
   A praia de Copacabana vai do Leme ao Arpoador.
   Estamos a três dias do Natal.

2. Indica o tempo em que uma coisa acontece:
   Aquela criança, aos dois anos, já apresentava desenvolvimento físico invejável.

3. Indica tempo habitual, ocasião periódica:
   Às noites, jogava gamão.
   Era sempre a alma da festa, à entrada e à saída.

4. Indica fim ou destino:
   Resolveu colocar à venda a residência que fora dos pais.

5. Indica conformidade ou semelhança:
   O neto saíra a ele.

6. Indica proximidade, contiguidade:
   Sentei-me à mesa para almoçar.
   Estava à porta, mas não entrava.

7. Indica agente físico a que alguém ou alguma coisa está exposta:
   Sem o cuidado necessário, os banhistas expunham-se ao sol.

8. Indica distribuição:
   Dei os bombons aos meninos, um a um.

9. Indica instrumento, meio, modo:
Mantinha o coração fechado a sete chaves.
Hei de tirá-lo daqui a pauladas!

10. Indica alimentação, num regime a que alguém está sujeito ou se submete:
Tenho passado a peixe e legumes.

11. Indica lugar, com ideia de direção ou distância:
Viu, ao canto da sala, o livro perdido.
O avô trazia-a ao colo.

### 8.4. Valor significativo da preposição "DE"

1. Indica lugar donde, ponto de início de um movimento ou extensão (no espaço e/ou no tempo); proveniência, origem, a pessoa ou coisa de que outra procede, provém ou depende; a matéria de que uma coisa é feita; a qualidade ou estado primitivos, numa alteração ou transformação:
Veio de casa.
De Petrópolis até Teresópolis vai-se em pouco tempo.
Não nega que é filho de Tomás.
O bolo era todo de chocolate.
Fez de limão limonada.

2. Indica pessoa, coisa, grupo ou série a que pertence ou de que faz parte uma coisa; a coleção donde se distingue ou salienta um ou mais indivíduos, a espécie de que se consideram, tomem ou medem porções:
Havia sobre a mesa alguns vasos de vinho.
Dentre (De + entre) meus alunos, José é o mais brilhante.
Dê-me apenas um pouco de leite.

3. Indica a causa, o motivo ou o agente da passiva:
Morreu de frio.
Estávamos tomados de pavor.
O bom rei é amado de todos.

4. Indica assunto, matéria, objeto de que se trata:
Do (De + o) público e do (de + o) privado.
De coisas supérfluas.

5. Indica tempo em que uma coisa acontece:
De tarde, sempre chove.

6. Indica o objeto da ação ou sentimento expresso por um substantivo ou adjetivo:
   A louvação dos (de + os) operários era apenas o reconhecimento de seus esforços.
   Mostrou-se desejoso de conhecer-te.

7. Indica a coisa a que se refere uma qualidade ou estado significado por um adjetivo:
   Sempre, nas suas aulas, ficávamos cheios de apreensão.

8. Indica fim, em certas expressões formadas com infinitivo:
   Estavam armados com instrumentos de ferir.

9. Ligando um substantivo (ou equivalente) a outro, quer imediatamente, quer mediante certos verbos (ser, estar, parecer etc.), serve para caracterizar e definir uma pessoa ou coisa:
   Tinha modos que pareciam de criança.
   A rua dos (de + os) Inválidos fica no centro da cidade.

## 9. Conjunção

A conjunção é palavra invariável que promove a vinculação entre vocábulos de uma mesma oração ou de orações entre si.

Diferentemente da preposição – que ao unir palavras de uma mesma oração cria um vínculo de subordinação –, a conjunção, ao unir palavras de uma mesma oração, estabelece entre tais palavras um vínculo de coordenação:

João e Paulo chegaram juntos ao colégio.

Ao ligarem orações, as conjunções podem estabelecer os processos de coordenação e de subordinação. As conjunções, portanto, podem ser coordenativas e subordinativas.

José estuda e Paulo trabalha.

A conjunção "e" estabelece vínculo de coordenação entre as duas orações.

José estuda quando tem vontade.

A conjunção "quando" estabelece vínculo de subordinação entre as duas orações.

### 9.1. Conjunção coordenativa

A conjunção coordenativa pode ser:

1. aditiva: e, nem, não só ... mas também, não somente ... mas ainda;
2. adversativa: mas, porém, contudo, entretanto, no entanto, todavia;
3. alternativa: ou, ou ... ou, ora ... ora, quer ... quer, seja ... seja, já ... já;
4. conclusiva: logo, pois, portanto, por conseguinte, por isso, assim, então, de modo que;
5. explicativa: que, porque, pois, porquanto.

### 9.2. Conjunção subordinativa

A conjunção subordinativa pode ser:

1. integrante: que, se;
2. causal: que, porque, como, porquanto, pois que, uma vez que, visto que, visto como, por isso que, já que;
3. comparativa: como, assim como, tal como, tanto como, tanto quanto, tal, qual, tal qual, que (depois de mais, menos, maior, menor, melhor e pior), bem como;
4. concessiva: que, embora, ainda que, mesmo que, posto que, conquanto, se bem que, por mais que, por menos que, por muito que, por pouco que, apesar de que, nem que;
5. condicional: se, salvo, salvo se, caso, contanto que, sem que, dado que, desde que, a menos que, a não ser que;
6. conformativa: como, conforme, segundo, consoante;
7. consecutiva: que (vindo após *tão, tal, tanto, tamanho*), de forma que, de maneira que, de modo que, de sorte que;
8. final: que, porque, para que, a fim de que;
9. proporcional: enquanto, à medida que, à proporção que, ao passo que, quanto mais ... mais, quanto menos ... mais, quanto mais ... menos, quanto menos ... menos, quanto maior ... tanto maior, quanto menor ... tanto menor;
10. temporal: antes que, depois que, quanto, até que, logo que, sempre que, assim que, desde que, todas as vezes que, cada vez que, apenas, mal, que (= desde que), cada vez que, primeiro que, toda vez que.

Como vimos, há vocábulos ("que", por exemplo) que podem pertencer a distintos grupos de conjunções. Seus reconhecimentos só podem ocorrer no texto em que surgem. Melhor do que memorizar as conjunções será, sem dúvida, observá-las em seus contextos e, a partir dessa observação, enquadrá-las em um dado grupo.

### 9.3. Locuções conjuntivas

São grupos vocabulares que funcionam como conjunções. Como vimos, existem em grande quantidade: antes que, à medida que, para que, de modo que, uma vez que...

## 10. Interjeição

São palavras ou locuções invariáveis, com as quais ora buscamos exprimir sentimento, ora se procura imitar ruídos.

Podem ser de:

1. Alegria: oh!, ah!, oba!, viva!, opa!
2. Dor: ai!, ui!
3. Espanto e Surpresa: oh!, ah!, ih!, opa!, caramba!, upa!, céus!, puxa!, ué!, chi!, gentes!, safa!, hein!, hem, uai!
4. Chamamento: ó!, ô!, olá!, alô!, hei!, psiu!, psit!
5. Saudade: ah!, oh!
6. Reprovação: oh!, pois sim!, ora!, Ora essa!, ora bolas!, que nada! Francamente!
7. Impaciência: arre!, diabo!, hum!, diacho!, ora vejam!, vejam só!, raios!, raios o partam!
8. Saudação: salve!, olá!, ave!, viva!, ora viva!
9. Aprovação: muito bem!, boa!, apoiado!, bravo!, hip!, hurra!, viva!, isso!, bis!
10. Silêncio: psiu!, pchiu!, chiu!, silêncio!
11. Estímulo: vamos!, ânimo!, avante!, eia!, adiante!, força!
12. Indignação: fora!, basta!, abaixo!
13. Concordância: tá!, pois bem!, claro!, pois não!, pois sim!, pronto!, pois então!
14. Desejo: tomara!, oxalá!, queira Deus!, quem me dera!
15. Suspensão: alto lá!, alto!

# Questões de Provas

1. **CESGRANRIO – Na passagem "Os empresários que não se adequarem à lei em noventa dias poderão ser multados em até 3,2 milhões de reais", o termo que apresenta a mesma classe gramatical que em:**

   Ⓐ "A lei é tão rigorosa que mesmo ambientes com teto alto e sem paredes,..."
   Ⓑ "Ficou tão difícil fumar que até decidi parar,..."
   Ⓒ "Quem considera a lei exagerada deve saber que São Paulo apenas se alinha a uma tendência mundial."
   Ⓓ "Os fumantes americanos têm outro problema com que se preocupar..."
   Ⓔ "E a maioria não fumante não quer deixar que ela seja reavivada."

2. **CESGRANRIO – A forma verbal destacada não está conjugada corretamente em:**

   Ⓐ A natureza premia com felicidade ou infelicidade.
   Ⓑ É importante que nomeiem logo o diretor.
   Ⓒ Chegue cedo para que principiemos a reunião na hora.
   Ⓓ O ser humano anseia por uma felicidade perene.
   Ⓔ O professor incendia o debate com perguntas polêmicas.

3. **CESGRANRIO – Morfologicamente o que tem uma classificação diferente da dos demais apenas em:**

   Ⓐ "...embora componente de nossa psique, que nos identifica e nos singulariza, a emoção parece ter uma certa independência..."
   Ⓑ "Por isso é comum dizer que 'o coração tem razões que a própria razão desconhece'."
   Ⓒ "Por isso é comum dizer que, 'o coração tem razões que a própria razão desconhece'."
   Ⓓ "Segundo Darwin, existiriam seis emoções que são comuns a toda a humanidade..."
   Ⓔ "A variedade de matizes que enxergamos seria uma mistura entre as cores de base."

4. **CESGRANRIO – Segundo a norma culta, em "supostos", a pronúncia da vogal tônica da palavra é aberta. A palavra que, no plural, <u>não</u> apresenta esse mesmo fenômeno é:**

Ⓐ poços;
Ⓑ socorros;
Ⓒ mornos;
Ⓓ esforços;
Ⓔ contornos.

5. **FGV – "Ora, as mazelas da imigração só podem ser resolvidas com a integração dos estrangeiros às sociedades, associada a uma enfática cooperação internacional, a fim de extrair da miséria e da desesperança a larga franja demográfica em que nascerá o futuro ser humano a expulsar."**

**No trecho acima há:**

Ⓐ 7 artigos definidos e 3 ocorrências da preposição <u>a</u>;
Ⓑ 8 artigos definidos e 4 ocorrências da preposição <u>a</u>;
Ⓒ 9 artigos definidos e 4 ocorrências da preposição <u>a</u>;
Ⓓ 9 artigos definidos e 3 ocorrências da preposição <u>a</u>;
Ⓔ 8 artigos definidos e 2 ocorrências da preposição <u>a</u>.

6. **FGV – A forma verbal <u>dispôs</u> foi grafada corretamente. Assinale a alternativa em que se tenha indicado <u>incorretamente</u> uma forma do verbo <u>dispor</u>:**

Ⓐ dispordes;
Ⓑ disporão;
Ⓒ disponde;
Ⓓ dispuserdes;
Ⓔ dispôreis.

7. **FGV – "Então despes a luva para eu ler-te a mão."**

**Assinale a alternativa em que, passando-se o primeiro verbo do verso acima para o imperativo e alterando-se a pessoa do discurso, manteve-se adequação à norma culta.**

Ⓐ Então dispais a luva para eu ler-vos a mão.
Ⓑ Então despe a luva para eu ler-vos a mão.
Ⓒ Então despi a luva para eu ler-vos a mão.
Ⓓ Então despis a luva para eu ler-vos a mão.
Ⓔ Então dispai a luva para eu ler-vos a mão.

8. **FGV – Assinale a alternativa em que o termo destacado <u>não</u> exerça papel adjetivo. Os fragmentos textuais foram colhidos em canção de Chico Buarque de Holanda.**

Ⓐ "Aliso <u>teus</u> seios e toco / Exaltado coração."
Ⓑ "<u>Qual</u> esquina dobrei às cegas / E caí no Cairo, ou Lima, ou Calcutá."
Ⓒ "Aeromoça <u>nervosa</u> pede calma."
Ⓓ "Julgam todos que avisto <u>alguma salvação</u>."
Ⓔ "Aeromoça nervosa pede <u>calma</u>."

9. **FGV – "Mas não, é a ti <u>que</u> vejo na colina".**

**Assinale a alternativa em que esteja corretamente classificada a palavra destacada nos versos acima.**

Ⓐ Conjunção integrante.
Ⓑ Parte de expressão expletiva.
Ⓒ Pronome relativo.
Ⓓ Conjunção subordinativa.
Ⓔ Pronome indefinido.

10. **FGV – "Outro aspecto <u>que</u> configura alguns desafios ainda não resolvidos na atual Constituição é a existência de muitos dispositivos a reclamar leis <u>que</u> lhes deem eficácia plena. A propósito, convém recordar <u>que</u>, promulgado o diploma constitucional, o Ministério da Justiça realizou levantamento de <u>que</u> resultou a publicação do livro *Leis a elaborar*."**

**Em relação às ocorrências da palavra <u>que</u> no trecho acima, é correto afirmar que há:**

Ⓐ duas conjunções subordinativas, um pronome relativo e uma conjunção integrante;
Ⓑ três conjunções subordinativas e um pronome relativo;
Ⓒ três conjunções integrantes e uma conjunção subordinativa;
Ⓓ dois pronomes relativos e duas conjunções integrantes;
Ⓔ três pronomes relativos e uma conjunção integrante.

11. **FGV – Observe as duas formas verbais do verbo "intervir": <u>interviesse</u> e <u>interveio</u>, corretamente flexionadas. Assinale a alternativa em que <u>não</u> haja correspondência entre as formas verbais:**

Ⓐ ver – vir;
Ⓑ remediar – remedeie;
Ⓒ adequar – adéquo;
Ⓓ reaver – reavejo;
Ⓔ maquiar – maquio.

12. **FGV – "É exatamente isso o <u>que</u> tem ocorrido, nos últimos tempos, no <u>que</u> diz respeito ao direito de maior importância em uma democracia, <u>que</u> é o direito de defesa, inexistente nos Estados totalitários."**

**A respeito das ocorrências da palavra <u>que</u> no trecho acima, assinale a alternativa que apresente, respectivamente, sua correta classificação:**

- **A** conjunção subordinativa – conjunção integrante – conjunção integrante;
- **B** pronome relativo – pronome relativo – pronome relativo;
- **C** conjunção integrante – conjunção integrante – conjunção subordinativa;
- **D** pronome relativo – preposição – pronome relativo;
- **E** conjunção integrante – preposição – conjunção subordinativa.

13. **VUNESP – O grau do adjetivo maior em – ...situação de fragilidade ainda maior – repete-se em:**

- **A** A floresta tropical da Amazônia será substituída por uma vegetação menos rica que a savana.
- **B** As populações da África são as mais vulneráveis do planeta.
- **C** Os novos projetos de desenvolvimento sustentável são os melhores até agora apresentados.
- **D** O cenário para o meio ambiente é o mais sombrio já projetado.
- **E** O relatório científico deste ano teve um tom mais ameno que o do ano passado.

14. **VUNESP – Assinale a alternativa que altera a voz verbal e mantém a relação agente/paciente da frase: ...os maiores desastres humanos foram gestados pela ambição sem limites.**

- **A** Foram gestados pela ambição sem limites os maiores desastres humanos.
- **B** Pela ambição sem limites foram gestados os maiores desastres humanos.
- **C** Os maiores desastres humanos gestaram a ambição sem limites.
- **D** A ambição sem limites gestou os maiores desastres humanos.
- **E** A ambição sem limites é gestada pelos maiores desastres humanos.

15. **VUNESP – Assinale a alternativa correta quanto à mudança para a terceira pessoa do trecho – "Vizinho, são três horas da manhã e ouvi música em tua casa. Aqui estou." E o outro respondesse: "Entra, vizinho, e come de meu pão e bebe de meu vinho."**

- **A** "Vizinho, são três horas da manhã e ouvi música em tua casa. Aqui estou." E o outro respondesse: "Entra, vizinho, e coma de meu pão e beba de meu vinho."
- **B** "Vizinho, são três horas da manhã e ouvi música em sua casa. Aqui estou." E o outro respondesse: "Entre, vizinho, e come de meu pão e bebe de meu vinho."

Ⓒ "Vizinho, são três horas da manhã e ouvi música em sua casa. Aqui estou." E o outro respondesse: "Entra, vizinho, e coma de meu pão e bebe de meu vinho."

Ⓓ "Vizinho, são três horas da manhã e ouvi música em tua casa. Aqui estou." E o outro respondesse: "Entre, vizinho, e come de meu pão e beba de meu vinho."

Ⓔ "Vizinho, são três horas da manhã e ouvi música em sua casa. Aqui estou." E o outro respondesse: "Entre, vizinho, e coma de meu pão e beba de meu vinho."

**16. NCE-UFRJ – No texto há uma série de numerais de diferentes tipos; a frase abaixo que apresenta um numeral ordinal é:**

Ⓐ O investidor Warren Buffett tem 75 anos bem vividos.
Ⓑ Warren decidiu doar 85% de seus bens.
Ⓒ Para os americanos, fazer filantropia é prioridade a.
Ⓓ Gates é dono de várias obras-primas.
Ⓔ Cerca de três quartos da fortuna foram doados.

**17. NCE-UFRJ – A alternativa em que a palavra MAIS tem valor distinto do das demais frases é:**

Ⓐ "...o segundo homem mais rico do mundo."
Ⓑ "...em sua forma mais avançada."
Ⓒ "...mais pessoas doam a projetos sociais."
Ⓓ "...o coração dos brasileiros seria bem mais generoso."
Ⓔ "...o cérebro dos governantes fosse mais ventilado."

**18. NCE-UFRJ – transformações é a forma plural de transformação; o plural abaixo que está errado é:**

Ⓐ corações;
Ⓑ cidadões;
Ⓒ vilões;
Ⓓ vulcões;
Ⓔ certidões.

**19. NCE-UFRJ – Os advérbios como "ilegalmente" são formados pela forma feminina do adjetivo mais o sufixo "–mente". A alternativa em que se nota claramente a forma feminina do adjetivo primitivo é:**

Ⓐ elegantemente;
Ⓑ cortesmente;
Ⓒ conscientemente;
Ⓓ certamente;
Ⓔ tenazmente.

**20.** **NCE-UFRJ – A alternativa abaixo em que o termo destacado não é classificado como conjunção é:**

(A) O aluno contou a piada, mas a professora não riu.
(B) O aluno contou um caso para a professora rir.
(C) A professora ensinou corretamente as conjunções e as preposições.
(D) A professora não queria que ninguém risse.
(E) Juquinha não sabia se sua piada iria agradar.

**21.** **NCE-UFRJ – "...pôr nas mãos do moleque um belo quebra-cabeça...". O substantivo "quebra-cabeça" forma o plural de modo idêntico a um dos substantivos abaixo:**

(A) guarda-chuva;
(B) tenente-coronel;
(C) terça-feira;
(D) ponto-de-vista;
(E) caneta-tinteiro.

**22.** **VUNESP – Assinale a alternativa que apresenta todas as palavras com o plural correto.**

(A) Animalzinhos – caridades – cartãos – amores-perfeito – cristães.
(B) Questões – salários-família – pastéis – limões – reais.
(C) Feijãos – arranhas-céus – ticos-ticos – pés de moleques – açúcares.
(D) Corres-corres – abaixos-assinados – cidadões – quarta-feiras – padres-nossos.
(E) Degrais – ancestrais – cordãos – decretos-lei – tiques-taques.

**23.** **FJG – Veja a situação / Vê que tudo está difícil.**

**Substituindo-se as formas verbais sublinhadas pelas correspondentes no futuro do subjuntivo, obtém-se, respectivamente:**

(A) ver / vede;
(B) vir / veres;
(C) vir / virdes;
(D) ver / veres;
(E) vir / vires.

**24.** **CESGRANRIO – "Portanto, fujamos dessa pressa incentivadora maior da ansiedade que penaliza a nossa capacidade de contemplar."**

**De acordo com a norma padrão, os termos em destaque podem ser corretamente substituídos por:**

(A) foge / sua;
(B) foge / tua;
(C) fuja / tua;
(D) fujas / tua;
(E) fujam / vossas.

**25. CESGRANRIO – Muitas vezes ___________ experiências inovadoras.**

**Dificuldades jamais ___________ o avanço tecnológico.**

**Preenchem corretamente as lacunas as formas verbais:**

Ⓐ bloqueiam-se e detiveram;
Ⓑ bloqueia-se e detiveram;
Ⓒ bloquea-se e deterão;
Ⓓ bloqueam-se e detêm;
Ⓔ bloqueam-se e deteve.

**26. CESGRANRIO – Há três substantivos em:**

Ⓐ "...com sérias dificuldades financeiras."
Ⓑ "...não conseguiu prever nem a crise econômica atual."
Ⓒ "...vai tornar inúteis arquivos e bibliotecas."
Ⓓ "...precisa da confirmação e do endosso do 'impresso'."
Ⓔ "Muitos dos *blogs* e *sites* mais influentes..."

**27. CESGRANRIO – Transpondo-se os verbos destacados na passagem "<u>Faça</u> muitas perguntas, <u>pense</u> como cliente, <u>observe</u> o processo total..." da 3ª para a 2ª pessoa do singular, teremos:**

Ⓐ Faze – pensa – observa;
Ⓑ Faz – pensa – observa;
Ⓒ Fazei – pensai – observai;
Ⓓ Fazes – penses – observes;
Ⓔ Faças – pensas – observas.

**28. CESGRANRIO – A classe da palavra destacada difere da classe das destacadas nas demais opções em:**

Ⓐ "Ainda pior que a convicção do <u>não</u>..."
Ⓑ "...é a desilusão de um <u>quase</u>."
Ⓒ "...por essa <u>maldita</u> mania de viver no outono."
Ⓓ "O <u>nada</u> não ilumina."
Ⓔ "Um romance cujo <u>fim</u> é instantâneo..."

**29. CESGRANRIO – O verbo destacado está flexionado <u>incorretamente</u> em:**

Ⓐ Ele, finalmente, <u>reouve</u> a fé perdida.
Ⓑ Assim que os <u>vir</u>, dê-lhes um forte abraço.
Ⓒ <u>Propus</u>, na verdade, maior reflexão.
Ⓓ Ninguém a <u>deteu</u>, embora sua escolha fosse arriscada.
Ⓔ Durante muito tempo, <u>cri</u> em ideias não plausíveis.

**30. FGV – "Trata-se da construção de uma alternativa à lógica dominante, ao ajustamento de todas as sociedades..."**

**No trecho acima há:**

- (A) quatro adjetivos;
- (B) três adjetivos;
- (C) dois adjetivos;
- (D) um adjetivo;
- (E) nenhum adjetivo.

**31. FGV – a forma verbal observara é equivalente de:**

- (A) tivera observado;
- (B) houvesse observado;
- (C) tinha observado;
- (D) tem observado;
- (E) estava observando.

**32. FGV – Assinale a alternativa em que o termo indicado seja classificado como advérbio.**

- (A) A prática do planejamento fiscal não poderá, em certos casos, resultar em ofensa aos princípios constitucionais da igualdade, solidariedade e justiça, favorecendo os que dispõem de mais recursos e mais informações?
- (B) A despeito de sua natureza relativamente controversa, a ética tributária, ao menos conforme admite o senso comum.
- (C) Não causa estranheza o empresário afirmar, sem nenhum sentimento de culpa, que deixou de pagar os impostos porque a "crise" o obrigou.
- (D) Nada diferente do que ocorre em relação à acepção da ética em outros domínios da política e da economia.
- (E) A mais conhecida é o propósito ilícito de auferir vantagens em relação aos demais contribuintes.

**33. FGV – "Percebe-se que os dois temas [a correlação entre metas e riscos fiscais e o impacto dos déficits públicos sobre as futuras gerações] se vinculam à função prospectiva da noção de responsabilidade fiscal. Enquanto o primeiro, normalmente, se adstringe a situações futuras próximas, o segundo vincula-se a situações futuras a longo prazo."**

**As ocorrências da palavra se grifadas no trecho acima classificam-se, respectivamente, como:**

- (A) indeterminador do sujeito – pronome reflexivo – parte integrante do verbo;
- (B) indeterminador do sujeito – parte integrante do verbo – pronome reflexivo;
- (C) partícula apassivadora – pronome reflexivo – pronome reflexivo;
- (D) partícula apassivadora – parte integrante do verbo – parte integrante do verbo;
- (E) parte integrante do verbo – partícula apassivadora – partícula apassivadora.

**34. FGV – Assinale a alternativa em que a alteração da estrutura da segunda oração do trecho "colocando-se a possibilidade de as gerações presentes virem a exauri-los" provocou correta mudança da forma do verbo *vir*.**

Ⓐ "colocando-se a possibilidade de que as gerações presentes vissem a exauri-los..."
Ⓑ "colocando-se a possibilidade de que as gerações presentes venham a exauri-los..."
Ⓒ "colocando-se a possibilidade de que as gerações presentes vierem a exauri-los..."
Ⓓ "colocando-se a possibilidade de que as gerações presentes viriam a exauri-los..."
Ⓔ "colocando-se a possibilidade de que as gerações presentes vinham a exauri-los..."

**35. FGV – "A sociedade não tem lado de fora. O que está fora da sociedade seria desumano, pois ela nada mais é que a relação entre os humanos."**

**A respeito do uso do vocábulo pois no fragmento acima, pode-se afirmar que se trata de:**

Ⓐ uma conjunção subordinativa que estabelece conexão entre as orações introduzindo valor de explicação;
Ⓑ uma preposição que estabelece conexão entre períodos coordenativos introduzindo valor de consequência;
Ⓒ uma conjunção coordenativa que estabelece conexão entre as orações introduzindo valor de alternância;
Ⓓ um pronome relativo que introduz a oração relativa explicativa, retomando a expressão sociedade;
Ⓔ uma conjunção coordenativa que estabelece conexão entre as orações introduzindo valor de explicação.

**36. FGV – "O que está fora da sociedade seria desumano."**

**O tempo verbal destacado constitui, no texto II, recurso expressivo adequado para indicar:**

Ⓐ mudança ocorrida no momento em que se fala;
Ⓑ ação conduzida no passado não concluído;
Ⓒ situação tomada como hipotética;
Ⓓ advertência sobre um fato futuro;
Ⓔ fato passado de curso prolongado.

**37. FGV – "Ouço as justificativas dos que o consideram uma ameaça à vida na Terra e fico com a impressão de que estão certos."**

**É correto afirmar que, no trecho acima, há:**

Ⓐ quatro artigos;
Ⓑ seis artigos;
Ⓒ cinco artigos;
Ⓓ sete artigos;
Ⓔ três artigos.

**38. FGV – "Aliás, o melhor para a democracia seria separar os fundos partidários dos destinados às campanhas eleitorais."**

**A respeito do período acima, analise as afirmativas a seguir:**

**I. Há três preposições.**

**II. Há quatro artigos.**

**III. Há um pronome demonstrativo.**

**Assinale:**

Ⓐ se todas as afirmativas estiverem corretas;
Ⓑ se apenas as afirmativas II e III estiverem corretas;
Ⓒ se nenhuma afirmativa estiver correta;
Ⓓ se apenas as afirmativas I e II estiverem corretas;
Ⓔ se apenas as afirmativas I e III estiverem corretas.

**39. NCE-UFRJ – Assinale a opção que contém afirmações verdadeiras a respeito das particularidades do verbo reaver:**

Ⓐ Trata-se de um verbo anômalo que é suprido por "recuperar" nas formas rizotônicas.
Ⓑ Trata-se de um verbo defectivo que no presente do indicativo só se conjuga nas duas primeiras pessoas do plural. Faltam-lhe a 2ª pessoa do singular do imperativo afirmativo, o imperativo negativo e o presente do subjuntivo. No restante conjuga-se normalmente.
Ⓒ Trata-se de um verbo defectivo que só se conjuga nas duas primeiras pessoas do plural.
Ⓓ Trata-se de um verbo defectivo que só apresenta a forma de particípio passado e, por esse motivo, só ocorre acompanhado de auxiliar.
Ⓔ Trata-se de um verbo anômalo que no presente do indicativo só se conjuga nas duas primeiras pessoas do plural. Faltam-lhe o imperativo afirmativo, o imperativo negativo e o presente do subjuntivo. No restante conjuga-se normalmente.

**40. VUNESP – "A menos que a maioria dos britânicos tenha se tornado tipos completamente repulsivos ou desagradáveis, o thatcherismo falhou em seus objetivos."**

**Sobre as formas verbais grifadas acima é correto afirmar:**

Ⓐ a forma verbal composta indica um fato sobre o qual se tem dúvida, associada a uma ação passada concebida como contínua;
Ⓑ "tenha se tornado" indica uma ação que ocorreu antes da outra ação, já passada, referida na oração principal: "falhou";
Ⓒ ambas indicam fatos encarados como incertos: a primeira, uma hipótese; a segunda, uma interpretação considerada duvidosa;

**D** a primeira forma verbal foi exigida por uma locução conjuntiva de valor condicional, utilizada para indicar que o fato é considerado irreal; a segunda refere um fato encarado como certo e completamente concluído;

**E** A forma indicada pelo modo subjuntivo, no presente, expressa um fato cuja existência é dada como eventual, subordinado ao referido na outra oração, que apresenta um fato concebido como simultâneo ao anterior.

## GABARITO DAS QUESTÕES DE PROVAS

| | | | |
|---|---|---|---|
| 1. D | 11. D | 21. A | 31. C |
| 2. E | 12. B | 22. B | 32. D |
| 3. B | 13. E | 23. C | 33. C |
| 4. E | 14. D | 24. B | 34. B |
| 5. C | 15. E | 25. A | 35. E |
| 6. E | 16. C | 26. D | 36. C |
| 7. C | 17. C | 27. A | 37. C |
| 8. E | 18. B | 28. C | 38. A |
| 9. B | 19. D | 29. D | 39. B |
| 10. E | 20. B | 30. D | 40. D |

# COMENTÁRIOS DAS QUESTÕES DE PROVAS

## Questão 1

No fragmento que origina a questão, o vocábulo "que" é pronome relativo, incumbido de introduzir oração subordinada adjetiva restritiva, representante semântico de "empresários".

d) Apontamos as orações que estruturam o período presente no item estudado: ["Os fumantes americanos têm outro problema] [com que se preocupar".] Como vemos, a segunda oração do período estudado, relaciona-se com o substantivo "problema", exercendo em relação a ele valor semântico restritivo. É oração subordinada adjetiva restritiva e o vocábulo "que", representante semântico do substantivo "problema", classifica-se, portanto, como pronome relativo.

## Questão 2

e) Não se respeitou a peculiaridade relativa ao verbo "incendiar", mais um do restrito grupo de verbos terminados em "iar" que sofrem alteração de radical nas formas rizotônicas, fazendo com que a vogal "i" nele contida se transforme em "ei" nas formas rizotônicas. A forma correta a ser empregada no texto deste item é "incendeia".

## Questão 3

b) No período "Por isso é comum dizer que 'o coração tem razões que a própria razão desconhece'.", cujas orações são apontadas em ["Por isso é comum] [dizer] [que "o coração tem razões] [que a própria razão desconhece."], observamos que a oração que ["o coração tem razões] funciona como objeto direto da forma verbal "dizer". É assim, classificada como oração subordinada substantiva objetiva direta. Como sabemos, o conectivo responsável pela introdução das orações subordinadas substantivas é a conjunção subordinativa integrante. Em todas as demais alternativas, o vocábulo "que" é classificado como pronome relativo.

## Questão 4

Estamos com questão que aborda conteúdo raramente requisitado em provas. Trata-se do conhecimento dos plurais metafônicos, vale dizer, vocábulos cujas vogais tônicas sofrem alteração fônica (de fechadas para abertas) ao serem pluralizadas. À guisa de recordação, vejamos passagem neste trabalho, em que tecemos considerações acerca dessa matéria:

**Substantivos com plurais metafônicos**

Certos substantivos, ao serem flexionados em plural, apresentam variação no timbre da vogal tônica "o" de fechada para aberta. Por exemplo:

abrolho; antolho; aposto; caroço; choco; corcovo; coro; despojo; destroço; escolho; corvo; esforço; estorvo; fogo; forno; foro; fosso; imposto; jogo; miolo; mirolho; olho; osso; ovo; poço; porco; porto; posto; povo; reforço; renovo; rogo; sobrolho; socorro; tijolo; toco; tojo; tordo; torto; tremoço; troco; troço.

**Não apresentam metafonia:**

acordo; adorno; algoz; almoço; alvoroço; arroto; boda; bojo; bolso; cachorro; caolho; coco; esboço; esposo; estojo; engodo; ferrolho; fofo; forro; gafanhoto; globo; golfo; gorro; gosto; gozo; horto; jorro; lobo; logro; moço; molho; morro; mosto; namoro; pescoço; piloto; piolho; poldro; polvo; potro; reboco; rebojo; repolho; restolho; rolo; rosto; sogro; sopro; soro, suborno, toldo; topo; torno; transtorno.

Passemos, agora, às alternativas da questão. Estamos em busca do item que apresenta vocábulo cujo plural se faz sem metafonia.

a) Plural metafônico. O vocábulo consta na lista apresentada.
b) Plural metafônico. O vocábulo consta na lista apresentada.
c) Plural metafônico. O vocábulo não consta na lista apresentada. Ao flexionarmos o adjetivo "morno", cuja vogal tônica é pronunciada com o timbre fechado (ô), enunciaremos a referida vogal com timbre aberto (ó).
d) Plural metafônico. O vocábulo consta na lista apresentada.
e) Plural sem metafonia. Esta é a resposta da questão.

A eminente banca examinadora apresentou vocábulo – "contorno", no caso – passível de questionamento quanto a ser metafônico ou não. Com isso, colocou-se em posição que possibilitou recursos. Para o candidato inteirar-se, transcrevemos passagem do mesmo trabalho nosso já citado.

**Nota:** o vocábulo "contorno" está citado por Evanildo Bechara em *Moderna gramática portuguesa*, Lucerna, Rio de Janeiro, 37ª edição, 1999, p. 124 como palavra que não sofre metafonia, ao ser conduzida para o plural.

Celso Cunha e Lindley Cintra, no entanto, em *Nova gramática do português contemporâneo*, Nova Fronteira, Rio de Janeiro, 3ª edição, 12ª reimpressão, p. 184, relacionam tal palavra entre as que sofrem metafonia, ao serem flexionadas em número plural.

Adriano da Gama Kury, em trabalho já citado, ressalva que *"contorno, toco, torno e troco hoje em dia se pluralizam sem mudança de timbre"*, o que indica que tais vocábulos já foram metafônicos.

O *Dicionário eletrônico Houaiss da língua portuguesa*, Objetiva, versão 1.0 confirma a ressalva feita com respeito aos três últimos vocábulos acima. O mesmo trabalho não cita o plural de *contorno*.

No *Novo dicionário Aurélio da língua portuguesa*, versão eletrônica, encontramos as formas "contornos" (ô, bras.; ô ou ó, lus.).
O VOLP (*Vocabulário ortográfico da língua portuguesa*) não faz menção ao plural desses quatro vocábulos.

## Questão 5

Com base no texto "Ora, as mazelas da imigração só podem ser resolvidas com a integração dos estrangeiros às sociedades, associada a uma enfática cooperação internacional, a fim de extrair da miséria e da desesperança a larga franja demográfica em que nascerá o futuro ser humano a expulsar", a eminente banca examinadora solicitou que o candidato apontasse o número de ocorrências de artigos definidos e de preposições.
Assim, passamos a indicar os artigos, extraindo-os do fragmento citado:

1. "...as mazelas...";
2. "...da imigração..." (contração da preposição "de" com o artigo definido "a");
3. "...com a integração...";
4. "...dos estrangeiros..." (contração da preposição "de" com o artigo definido "os");
5. "...às sociedades..." (contração da preposição "a" com o artigo definido "as");
6. "...extrair da miséria..." (contração da preposição "de" com o artigo definido "a");
7. "...da desesperança..." (contração da preposição "de" com o artigo definido "a");
8. "...a larga franja...";
9. "...o futuro ser...".

Passemos, agora, às preposições:

1. "...às sociedades..." (contração da preposição "a" com o artigo definido "as");
2. "...associada a uma enfática cooperação...";
3. "...a fim de extrair da miséria...";
4. "...a expulsar...".

Encontramos, então, nove artigos definidos e quatro preposições. A resposta está na alternativa "c".

## Questão 6

e) Não há a forma indicada – "pôreis" – na presente alternativa em nenhuma passagem da conjugação do verbo "pôr", o que invalida a forma "dispôreis", já que este é conjugado com modelo naquele.

## Questão 7

c) Como sabemos, para a formação do imperativo afirmativo em suas segundas pessoas recorremos ao presente do indicativo, com a supressão da consoante "s", do que decorre a forma "despi", na segunda pessoa do plural. Está correto o emprego do pronome oblíquo "vos".

## Questão 8

e) O vocábulo "calma", em Aeromoça nervosa pede calma, não tem valor adjetivo. Não se pode observar vínculo existente entre essa palavra e qualquer substantivo do fragmento. Por outro lado, consideradas as funções sintáticas dos vocábulos do fragmento, percebemos que "calma" funciona como objeto direto da forma verbal "pede". A função complementar dos verbos – objeto direto ou objeto indireto – tem natureza substantiva. O vocábulo "calma", nesta passagem, é um substantivo.

## Questão 9

Em "Mas não, é a ti que vejo na colina" observamos a existência de expressão de realce (*expletivo*, para uns), que se caracteriza por é ... que.

Observemos como o texto, após a supressão da expressão indicada, mantém-se íntegro estruturalmente, além de portar a mesma mensagem, da qual se terá apenas suprimido algo inerente à sua ênfase: "Mas não, a ti vejo na colina".

Assim, o vocábulo que, alvo de nossa análise, é um integrante da expressão de realce (ou *expletiva*) e a resposta está na afirmativa "b": parte de expressão expletiva.

## Questão 10

Temos de verificar as classes gramaticais de vocábulos assinalados no texto que reproduzimos – formado por dois períodos –, já com suas orações constituintes apontadas e classificadas:

[Outro [1]aspecto] [que configura alguns desafios [2]ainda não resolvidos na atual Constituição] é a [1]existência de muitos dispositivos] [a reclamar [3]leis] [que lhes deem [4]eficácia plena.] [A [1]propósito, convém] [[2]recordar] [que,[3]] [promulgado[4] o diploma constitucional,] o Ministério da Justiça [3]realizou levantamento] [de [5]que resultou a publicação do livro *Leis a elaborar*.]

Primeiro período:

1. "Outro aspecto" é a existência de muitos dispositivos – oração principal em relação à de números 2 e 3;
2. "que configura alguns desafios ainda não resolvidos na atual Constituição" – oração subordinada adjetiva restritiva em relação à de número 1;
3. "a reclamar leis" – oração reduzida de infinitivo, subordinada adjetiva restritiva em relação à de número 1 e oração principal da de número 4;
4. "que lhes deem eficácia plena" – oração subordinada adjetiva restritiva em relação à de número 3.

Segundo período:

1. "A propósito, convém" – oração principal em relação à de número 2;
2. "recordar" – oração reduzida de infinitivo, subordinada substantiva subjetiva em relação à de número 1 e oração principal em relação à de número 3;
3. "que o Ministério da Justiça realizou levantamento" – oração subordinada substantiva objetiva direta em relação à de número 2 e oração principal em relação à de número 4;

4. "promulgado o diploma constitucional" – oração reduzida de particípio, subordinada adverbial temporal em relação à de número 3;
5. "de que resultou a publicação do livro *Leis a elaborar.*" – oração subordinada adjetiva restritiva em relação à de número 3.

   Como sabemos que os conectivos das orações subordinadas substantivas e subordinadas adjetivas são, respectivamente, as conjunções subordinativas integrantes e os pronomes relativos, não teremos dificuldade em classificar cada um dos vocábulos, pela ordem, em:

   pronome relativo – pronome relativo – conjunção subordinativa integrante – pronome relativo.

   A resposta, então, está na alternativa "e", em que se lê três pronomes relativos e uma conjunção integrante.

**Questão 11**

---

d) O verbo "reaver" é uma exigência bastante recorrente em concursos públicos. É verbo defectivo – vale dizer, não é conjugado em todas as formas –, cujo modelo de conjugação é "haver", entretanto, apenas nas formas em que esse verbo possui a letra "v". Exemplifiquemos com seu presente do indicativo. Sendo derivado de "haver", devemo-nos reportar, de início, a esse verbo, que no presente do indicativo tem a conjugação que se segue: "hei, hás, há, havemos, haveis, hão". Como o verbo "reaver", embora tendo por modelo "haver", só se conjuga nas formas que nesse verbo ocorra a letra "v", chegaremos à sua conjugação para o mesmo tempo e modo: "reavemos, reaveis". Essa defectividade vai-se refletir de modo acentuado no presente do subjuntivo, que é tempo derivado do radical da 1ª pessoa do singular do presente do indicativo. Inexistindo essa forma – como no caso do verbo "reaver" –, o presente do subjuntivo, totalmente, também inexistirá. Do mesmo modo, as formações dos imperativos afirmativo e negativo sofrerão transtornos, uma vez que para formarmos o imperativo afirmativo recorremos, nas segundas pessoas do singular e do plural, ao presente do indicativo, procedendo-se à supressão da consoante "s" em seu final; nas demais pessoas do imperativo afirmativo, recorremos ao presente do subjuntivo. Quanto ao imperativo negativo, recorremos para formá-lo apenas ao presente do subjuntivo. Do exposto, chegamos à conclusão de que o verbo "reaver" apresenta-se, no imperativo afirmativo, apenas com a forma de 2ª pessoa do plural: "reavei". O imperativo negativo, como podemos deduzir das informações ora prestadas, não existe, no verbo "reaver". Nas demais formas, o verbo tem sua conjugação, como já esclarecemos, feita à semelhança do verbo "haver". Na presente alternativa, sugeriu-se a primeira pessoa do singular, em forma absolutamente inexistente.

**Questão 12**

---

Devemos apontar as classes gramaticais a que pertence cada um dos vocábulos "que", constantes no fragmento "É exatamente isso o que tem ocorrido, nos últimos tempos, no que diz respeito ao direito de maior importância em uma democracia, que é o direito de defesa, inexistente nos Estados totalitários".

Passemos às suas análises, portanto:

1. Pronome relativo.

   Temos, na passagem deste item, um pronome relativo, representante semântico do demonstrativo "o", seu antecessor. Sintaticamente, o pronome relativo ora apontado funciona como sujeito da forma verbal composta "tem ocorrido".

2. Pronome relativo.

   Outro pronome relativo foi apontado, na passagem discutida. Observemos que o vocábulo "no", seu antecessor, representa a contração da preposição "em" com o pronome demonstrativo "o", o que implica a aceitação de sua troca pela contração "naquilo". Feita a substituição sugerida, o texto resultaria "naquilo *que* diz respeito ao direito de maior importância em uma democracia". Terá ficado mais fácil, agora, a verificação de que o pronome relativo sublinhado é representante do demonstrativo "aquilo", funcionando como sujeito de "diz respeito".

3. Pronome relativo.

   Mais um pronome relativo foi apontado, desta vez substituto de "direito de maior importância em uma democracia" e funcionando, ainda, como sujeito, agora para a forma verbal "é".

   Como vimos, apresentaram-se três pronomes relativos, o que faz a resposta recair sobre a alternativa "b".

## Questão 13

O vocábulo "maior" representa a forma de comparativo de superioridade do adjetivo "grande".

Como podemos observar, em "mais ameno do que" empregou-se o adjetivo "ameno" em grau comparativo de superioridade. A resposta está na alternativa "e".

## Questão 14

Observemos que a oração "os maiores desastres humanos foram gestados pela ambição sem limites" exemplifica voz passiva analítica. Nela, o sujeito, indicado pela expressão "os maiores desastres humanos", semanticamente indica o sofredor da ação verbal, ou seja, apresenta valor passivo. Por outro lado, temos em "pela ambição sem limites", do ponto de vista significativo, a indicação do autor da ação verbal de gestar, sendo, por isso mesmo, analisado sintaticamente como agente da passiva.

A alteração da oração ora estudada para a voz ativa fará surgir como sujeito ativo o termo que, na voz passiva, indicava o autor da ação verbal, ou seja, "ambição sem limites". Por outro lado, o termo "os maiores desastres humanos", que já vimos em sua informação semântica tradutora de passividade, se converterá em objeto direto da voz ativa.

Quando analisamos a alternativa "d", que é a resposta da questão, notamos que a oração "A ambição sem limites gestou os maiores desastres humanos" representa a correta transposição para a voz ativa da oração de voz passiva "os maiores desastres humanos foram gestados pela ambição sem limites". Com isso, os valores significativos dos termos sintáticos que a compõem mantiveram-se inalterados.

**Questão 15**

Todas as alterações necessárias foram efetuadas no texto da alternativa "e", como apontamos: em lugar de "tua", empregou-se "sua"; as formas verbais "Entra", "come" e "bebe", que exemplificam a 2ª pessoa do singular do imperativo afirmativo, foram devidamente substituídas por "Entre", "coma" e "beba", para que se indiquem as formas corretas do imperativo afirmativo, mas na 3ª pessoa do singular.

**Questão 16**

Ao se dizer que "Para os americanos, fazer filantropia é prioridade 1ª", está-se afirmando que a filantropia é a primeira prioridade, ou seja, aquela que, pela ordem, se coloca antes de todas as outras. A resposta da questão é a alternativa "c".

**Questão 17**

Diferentemente de todos os demais itens da questão, nos quais o vocábulo "mais", por se relacionar com adjetivos, é classificado como advérbio, em "...mais pessoas doam a projetos sociais", na alternativa "c", que é a resposta da questão, o mesmo vocábulo relaciona-se com o substantivo "pessoas", transmitindo-lhe um valor quantitativo rigorosamente indefinido. Trata-se, então, de um pronome indefinido.

**Questão 18**

O plural de "cidadão" é "cidadãos". A resposta da questão é a alternativa "b".

**Questão 19**

Em "certamente" temos um advérbio formado pelo acréscimo do sufixo "-mente" à forma feminina do adjetivo "certo", ou seja, "certa". Esse fato inexiste em todas as demais alternativas. A resposta da questão é a alternativa "d".

**Questão 20**

e) Em "O aluno contou um caso para a professora rir", texto contido na alternativa "b", o vocábulo assinalado é preposição, incumbida de promover a ligação entre duas orações, sendo a segunda delas subordinada à primeira. Esta é a resposta da questão.

## Questão 21

O composto "quebra-cabeça", contido no enunciado da questão e formado por verbo e substantivo sofre flexão de plural apenas no substantivo: "quebra-cabeças". Igualmente sofrerá flexão no segundo elemento o composto "guarda-chuva", também formado por forma verbal e substantivo: guarda-chuvas. A resposta da questão é a alternativa "a".

## Questão 22

Todos os plurais feitos na alternativa "b" estão corretos.

Nas demais, há equívocos nas palavras que já apresentamos corrigidas:

a) animaizinhos, cartões, amores-perfeitos e cristãos.
c) feijões, arranha-céus, tico-ticos, pés de moleque.
d) abaixo-assinados, cidadãos, quartas-feiras.
e) degraus, cordões, tique-taques.

## Questão 23

O enunciado da questão traz-nos duas formas do verbo "ver": "Veja", no imperativo afirmativo, 3ª pessoa do singular, e "vê", no imperativo afirmativo, 2ª pessoa do singular. Tal enunciado solicita que empreguemos essas formas verbais no futuro do subjuntivo. Vejamos, então, a conjugação do futuro do subjuntivo do verbo "ver": Eu vir; Tu vires; Ele vir; Nós virmos; Vós virdes; Eles virem.

A resposta da questão está na alternativa "c": "vir / virdes".

## Questão 24

Em "fujamos" vemos emprego do verbo "fugir", em imperativo afirmativo, na 1ª pessoa do plural. Convenientemente, o pronome pessoal "nossa", de 1ª pessoa do plural, foi empregado, de forma a que se respeite a devida correlação entre as pessoas indicadas.

Solicita-se que o candidato aponte o item em que os vocábulos apontados substituem de forma correta "fujamos" e "nossa". Há que se respeitar, assim, a necessidade de verbo e pronome surgirem harmonicamente dispostos.

Acatados os princípios expostos, chegaremos à conclusão de que a resposta está na alternativa "b", em que se lê: "foge / tua". A forma verbal "foge", resultante da supressão da consoante final de "foges", exemplifica a 2ª pessoa do singular do imperativo afirmativo. Convenientemente, empregou-se o pronome possessivo "tua", também da 2ª pessoa do singular.

## Questão 25

A questão ora comentada explora o correto emprego dos verbos "bloquear" e "deter". Acerca deles, podemos recordar:

Verbo “bloquear”.
Apresenta como característica fundamental o fato de sofrer alteração no radical, nas formas rizotônicas. Relembremos, inicialmente, que formas rizotônicas são aquelas em que a vogal tônica da palavra está contida no seu radical. O radical de um verbo é o fragmento que tem fim na sua vogal temática. Assim, no verbo “bloquear”, de segunda conjugação, o radical forma-se em “bloque”. Todas as vezes, então, que a vogal tônica verbal incide sobre o “e”, o radical será modificado para “bloquei”. É o que ocorre, por exemplo, em “bloqueio”, “bloqueias”, “bloqueia” e “bloqueiam”, no presente do indicativo. Observemos que em “bloqueamos” e “bloqueais”, considerada a presença da vogal tônica no “a”, fora dc radical, o que caracteriza as duas formas verbais como arrizotônicas, o radical mantém-se sem alteração. Todos os verbos de nossa língua que terminam em “ear” apresentam essa irregularidade. Desse modo, a forma devida para preenchimento da primeira lacuna é “bloqueiam”.

Verbo “deter”.
Temos no verbo “deter” um derivado de “ter”. Assim, ao inserirmos o verbo ora estudado na sentença a que pertence, e na qual deverá concordar com o sujeito indicado por “Dificuldades”, adotaremos a terceira pessoa do plural. Combinando o preenchimento da lacuna relativa ao verbo “deter” com a informação que nos chegou do estudo do verbo “bloquear”, teremos, então, como correto preenchimento da presente lacuna a forma “detiveram”.
As lacunas deverão, assim, ser preenchidas com “bloqueiam”e “detiveram”. A resposta da questão é a alternativa “a”.

**Questão 26**

Devemos apontar o item em que se observa a existência de três substantivos no fragmento de texto destacado.
Relembramos que substantivos são vocábulos que dão nome às coisas. Designam tudo o que existe, seja de natureza concreta ou abstrata.

d) “...precisa da confirmação e do endosso do ‘impresso’.”
São substantivos os vocábulos “confirmação”, “endosso” e “impresso”, o que faz a presente alternativa ser a resposta da questão. Além deles, encontramos, ainda, a forma verbal “precisa”, as contrações de preposição com artigos definidos “da” e “do”, e a conjunção aditiva “e”.

**Questão 27**

A questão apresenta duas respostas.
Inicialmente, apontamos a formação do imperativo afirmativo do verbo “fazer”:

| Presente do indicativo | Presente do subjuntivo | Imperativo afirmativo |
|---|---|---|
| Tu **faze(s)** | Tu faças | **Faze** tu |
| Ele faz | Ele **faça** | **Faça** você |
| Nós fazemos | Nós **façamos** | **Façamos** nós |
| Vós **fazei(s)** | Vós façais | **Fazei** vós |
| Eles fazem | Eles **façam** | **Façam** vocês |

**ATENÇÃO!**

**Ocorre, entretanto, que, no caso particular dos verbos terminados em "zer" e "zir", duas são as formas admitidas para a formação da segunda pessoa do singular do imperativo afirmativo: a que apontamos, com a supressão única da consoante "s", e uma outra que suprime, igualmente, a vogal temática "e", fazendo surgir a forma "faz", em "Faz tu esse trabalho", por exemplo. Do mesmo modo, com o verbo "traduzir" – terminado em "zir" – temos as formas corretas "traduze" e "traduz". Há que se frisar que, evidentemente, a segunda forma apontada só existirá nos verbos em que, antecedendo o "z" do radical, existe uma vogal. Em verbos como "cerzir", por óbvio, só será possível a forma "cerze", uma vez que não há suporte na língua portuguesa para a forma "cerz".**

Assim, considerando que as conversões efetuadas com respeito aos verbos "pensar" e "observar", pela mesma razão, apontarão os imperativos "pensa" e "observa", vemos que as alternativas "a" e "b" atendem às exigências contidas no enunciado da questão.

A eminente banca examinadora apontou como gabarito oficial o item "a", que referendamos, sem, contudo, deixar de apontar a propriedade do item "b".

**Questão 28**

c) "... por essa **maldita** mania de viver no outono."
Como podemos observar, o vocábulo "maldita" funciona, no texto lido, como qualificador para o substantivo "mania". É, então, um adjetivo, o que faz com que a presente alternativa seja a resposta da questão, uma vez que todos os demais vocábulos assinalados são substantivos.

**Questão 29**

d) Inexiste a forma apresentada, uma vez que o verbo "deter", em relação ao qual se tentou escreveu a terceira pessoa do singular do pretérito perfeito do indicativo, deriva do verbo "ter". Assim, a forma de que se originaria é "deteve", o que motivaria a grafia "deteve".

## Questão 30

Adjetivos são vocábulos que, em associação a substantivos, qualificam ou restringem seus sentidos. Desse modo, devemos procurar verificar quais são os substantivos do texto e, em seguida, indagar se os mesmos estão sofrendo qualquer qualificação ou restrição semântica.

Assim, vemos no fragmento oferecido os substantivos "construção", "alternativa", "lógica", "ajustamento" e "sociedades". Apenas o substantivo "lógica" surge acompanhado de adjetivo, no caso, "dominante". Destaque-se que os substantivos "construção" e "ajustamento" surgem com seus sentidos complementados, e não qualificados ou restritos, ou seja, as expressões "de uma alternativa à lógica dominante" e "de todas as sociedades" exercem papel sintático de complemento nominal, o que é incompatível com a categoria morfológica dos adjetivos. Lembramos que adjetivos exercem papel sintático de adjunto adnominal ou predicativo.

Assim, a resposta será a alternativa "d", em que se lê "um adjetivo".

## Questão 31

A forma observara exemplifica o pretérito mais-que-perfeito do indicativo do verbo "observar".

Seu correspondente composto (pretérito mais-que-perfeito composto do indicativo) é formado por meio do emprego do pretérito imperfeito do indicativo do verbo auxiliar ("ter" ou "haver") somado ao particípio "observado", o que fará resultar "tinha observado", presente na alternativa "c", que, é, então, a resposta para este teste.

## Questão 32

Sabemos que os advérbios são vocábulos que, reportados a verbos, adjetivos ou outros advérbios, fazem com que se somem a eles informações circunstanciais tradutoras dos mais diversos matizes semânticos. Desse modo, o movimento inicial a fazer-se na presente questão diz respeito à verificação acerca de com qual vocábulo vincula-se o que se está analisando.

Observemos, no item "d", o fragmento textual em que surgiu o vocábulo "Nada", posto em destaque nesta afirmativa: "No amplo debate sobre as questões tributárias fala-se com frequência de ética ou moralidade tributária, ainda que não se tenha absoluta clareza quanto à real extensão desse conceito. Nada diferente do que ocorre em relação à acepção da ética em outros domínios da política e da economia". Vemos, então, que o vocábulo "Nada" – em geral, pronome indefinido – está vinculando-se, na passagem transcrita, ao adjetivo "diferente", para o qual faz somar valor semântico de negação. Empregou-se, assim, o vocábulo "Nada" como advérbio. Esta é a resposta da questão.

## Questão 33

Vejamos cada dos vocábulos a serem analisados:

1. "Percebe-se que os dois temas [...] se vinculam à função prospectiva da noção de responsabilidade fiscal". – A oração "que os dois temas se vinculam à função prospectiva da noção de responsabilidade fiscal" funciona como sujeito da forma verbal "Percebe", que se encontra, por sua vez, em voz passiva pronominal. Temos, no vocábulo apontado, assim, um pronome apassivador (ou partícula apassivadora).
2. "Percebe-se que os dois temas [...] se vinculam à função prospectiva da noção de responsabilida-de fiscal". – O pronome se, que surge em relação com a forma verbal "vinculam", para a qual funciona como objeto direto, exerce valor semântico indicativo de reflexividade. Diz-se, na verdade, que os dois temas vinculam a si próprios à função prospectiva da noção de responsabilidade fiscal. Trata-se de pronome reflexivo.
3. "Enquanto o primeiro, normalmente, se adstringe a situações futuras próximas, o segundo vincula-se a situações futuras a longo prazo." – Mais uma vez vemos pronome vinculado a verbo e, semanticamente, conduzindo à ideia de reflexividade. Sintaticamente, o vocábulo *se* ora analisado funciona como objeto direto da forma verbal *adstringe*. Semanticamente, traduz a ideia de reflexividade, contida em "o primeiro adstringe a si próprio". Mais um pronome reflexivo, portanto.

Pela ordem temos, então, pronome apassivador (ou partícula apassivadora), pronome reflexivo, pronome reflexivo. A resposta está na alternativa "c".

## Questão 34

b) Empregou-se neste item o presente do subjuntivo no verbo auxiliar da locução verbal "venham a exauri-los", o que referenda a afirmativa que abre a mensagem, de tom semântico indicativo de ação hipotética. Esta é a resposta da questão.

## Questão 35

Classifica-se o conectivo "pois", introdutor da oração coordenada sindética explicativa "pois ela nada mais é", como conjunção coordenativa explicativa.
A resposta está na alternativa "e".

## Questão 36

Um dos empregos mais frequentemente dados ao futuro do pretérito do indicativo é o de indicar-se ação que se situa, ainda, no terreno da possibilidade, ou seja, de um fato que, caso ocorra, virá a ser no futuro. Notamos esse emprego na presente passagem ora estudada.

Na argumentação desenvolvida pelo articulista, a partir das afirmativas categóricas "Acontece que a sociedade não é um trem que corre pela Baixada. A sociedade é o trem e as pessoas que vemos pela janela do trem. A sociedade não tem lado de

fora.", verificamos menção ao fato de que, se assim não fosse, ou seja, na hipótese de não serem verdadeiras as afirmativas transcritas, "O que está fora da sociedade seria desumano.".
A resposta está na alternativa "c".

## Questão 37

A partir do fragmento textual "Ouço as justificativas dos que o consideram uma ameaça à vida na Terra e fico com a impressão de que estão certos", solicita a eminente banca examinadora que o candidato se pronuncie com respeito à quantidade de artigos nele existentes.
Salientamos que não há menção a serem exclusivamente artigos definidos ou artigos indefinidos.
Reproduzimos o texto, agora com os artigos definidos e indefinidos apontados: "Ouço as (*definido*) justificativas dos que o consideram uma (*indefinido*) ameaça à (*definido contraído com preposição "a"*) vida na (*contraído com a preposição "em"*) Terra e fico com a (*definido*) impressão de que estão certos".
Lembramos que o vocábulo "os", empregado antes do pronome relativo "que", em "dos que o consideravam", é o pronome demonstrativo "os", que se contraiu com a preposição "de".
Como pudemos comprovar, ocorreram cinco artigos no fragmento textual estudado e a resposta está na alternativa "c".

## Questão 38

Estamos com uma questão em que devemos analisar as alternativas contidas em itens numerados de I a III.
Vejamos cada uma delas.

I. Afirmativa correta.
Transcrevemos o período que orientou a questão, pondo em destaque as preposições nele encontradas: "Aliás, o melhor *para* a democracia seria separar os fundos partidários *d*os (*de* + os) destinados *à*s (a + as) campanhas eleitorais".
Como vimos, ocorreram as preposições "para", "de" (contraída com o pronome demonstrativo "os") e "a" (contraída com o artigo definido "as").

II. Afirmativa correta.
Faremos, novamente, a transcrição do período, desta vez colocando em relevo os artigos: "Aliás, *o* melhor para *a* democracia seria separar *os* fundos partidários dos destinados *às* (a + *as*) campanhas eleitorais". Os artigos que se encontram no texto são "o", "a", "os" e "as" (contraída com a preposição "a").

III. Afirmativa correta.
Mais uma vez apresentamos o fragmento textual em que se fundamentou a questão, desta vez com o único pronome demonstrativo nele encontrado: "Aliás, o melhor para a democracia seria separar os fundos partidários d*os* destinados às campanhas

eleitorais". Como vemos, o demonstrativo "os" (similar a "aqueles") surgiu contraído com a preposição "de".
Estão corretas as três afirmativas e a resposta está na alternativa "a".

**Questão 39**

O verbo "reaver" é uma constante nas questões de verbos.
Trata-se de verbo defectivo, de 2ª conjugação. Conjuga-se pelo verbo "haver", mas só nas formas em que haja neste verbo a letra "v". Desse fato resulta a inexistência das três pessoas do singular do presente do indicativo, o que implica ausência de todo o presente do subjuntivo, tempo derivado do radical do verbo em 1ª pessoa do singular do presente do indicativo. Por extensão, os imperativos também sofrem ausências: o afirmativo só terá a 2ª pessoa do plural; o negativo será inexistente.
Nas demais formas conjuga-se como o verbo "haver", do qual se suprime a letra "h".

b) As afirmativas contidas neste item, como comprovamos por meio das informações iniciais, estão corretas. Esta é a resposta da questão.

**Questão 40**

As formas verbais sublinhadas são "tenha tornado" e "falhou".
A primeira delas exemplifica o pretérito perfeito composto do modo subjuntivo, formado pelo presente do subjuntivo do verbo auxiliar – no caso, o verbo "ter" – somado ao particípio do verbo principal, o que carrega a informação semântica preponderante – neste caso, o verbo "tornar".
A segunda forma verbal – "falhou" – é de pretérito perfeito do indicativo.
Com respeito ao valor semântico externado pelo pretérito perfeito composto do subjuntivo no fragmento dado, observamos que sugere um fato dado como supostamente concluído. Tal suposição decorre do emprego da locução conjuntiva subordinativa condicional "a menos que", que corresponde a "salvo se", "a não ser que". O emprego do subjuntivo em orações subordinadas adverbiais condicionais – como a oração com que trabalhamos "A menos que a maioria dos britânicos tenha se tornado tipos completamente repulsivos ou desagradáveis" – salienta condições hipotéticas ou mesmo irrealizáveis.
Quanto ao pretérito perfeito do indicativo encontrado em "falhou", notamos seu valor semântico mais recorrente, qual seja o de indicar um fato que se produziu em certo momento do passado, um fato acerca do qual não se tem dúvida de que sucedeu e finalizou no passado.
A resposta da questão está na alternativa "d".

# CAPÍTULO 3

# MORFOLOGIA: Formação da Palavra e Estrutura do Vocábulo

PRIMEIRA PARTE

## Aspectos Teóricos

É conveniente, antes de passarmos ao estudo dos processos de formação de palavras, revisarmos alguns conceitos relacionados com as formas como as palavras podem surgir.

Vejamos, então.

### 1. Palavras Primitivas e Derivadas

Palavras primitivas são aquelas que não surgem, ou seja, não derivam, de nenhuma outra e que, pelo contrário, servem de base para o aparecimento de outras.

Observem-se, por exemplo, os vocábulos "mar", "pedra" e "ferro".

Como podemos verificar facilmente, são palavras que não procedem de qualquer outra e que oportunizam o surgimento de outros vocábulos, como, por exemplo, "marujo", "apedrejar" e "ferreiro". Dizemos, então, que "mar", "pedra" e "ferro" são palavras primitivas.

Palavras derivadas, por sua vez, são aquelas que se formam a partir do radical de outra palavra, mediante o acréscimo de prefixos e/ou sufixos. As palavras "marujo", "apedrejar" e "ferreiro", já citadas, são exemplos de palavras derivadas.

## 2. Palavras simples e compostas

Palavras simples são aquelas que possuem um único radical. Assim, palavras simples podem ser primitivas ou derivadas. "Mar", "marujo", "pedra", "apedrejar", "ferro" e "enferrujar" são palavras simples, uma vez que em cada uma delas nota-se unicamente um radical, a saber: "mar", "pedr" e "ferr".

Palavras compostas são aquelas em que se nota a presença de mais de um radical. São palavras compostas, por exemplo, "couve-flor", "girassol", "planalto" e "aguardente", que contêm, pela ordem, os radicais "couve", "flor", "gira", "sol", plan(o)" e "alt(o)".

Como pudemos observar, as palavras que se unem para formar um composto podem ser ligadas por hífen ou não.

## 3. Palavras Cognatas

Denominam-se cognatos os vocábulos surgidos a partir de um radical que lhes é comum. São cognatos, por exemplo, os vocábulos "mar", "maré", "marujo", "marítimo", "maremoto", "maresia".

## 4. Processos de Formação de Palavras

Observam-se na língua portuguesa dois processos básicos de formação de palavras: composição e derivação.

Composição: forma-se um novo vocábulo a partir da junção de duas ou mais palavras que já existam na língua. Observem-se "arco-íris", "pés de moleque", "pernilongo" e "aguardente". Como resultam da união de palavras que são preexistentes na língua ("arco" + "íris", "pé" + "de" + "moleque", "pern(a)" + "long(o)", "água" + "ardente"), dizemos que são formadas por composição.

O processo de composição pode-se dar por dois meios:

na composição por justaposição, os vocábulos que se unem mantêm todos os seus fonemas, além de conservarem as suas sílabas tônicas originais. É o que acontece, por exemplo, com "cirurgião-dentista" e "catavento". Como pudemos observar, a junção das palavras pode ser intermediada por hífen ou não.

Na composição por aglutinação há perda de elementos de uma ou mais palavra, após a união dos vocábulos formadores. Igualmente, a nova palavra formada não mantém todas as sílabas tônicas originalmente encontradas. Verifiquemos como exemplos os vocábulos "pernalta" e "aguardente". Na primeira palavra, formada pela junção de "pern(a)" + "alta", verificamos a perda da vogal final da primeira palavra. Por outro lado, o vocábulo "perna", contemplado isoladamente, apresenta-se como paroxítono, uma vez que sua sílaba tônica é a penúltima, ou seja, "per". Ao formarmos o composto por aglutinação, verificamos que a sílaba tônica de "perna" foi suprimida. O mesmo fato se dá em "aguardente", com a supressão da vogal final de "água" e da sua sílaba tônica.

A derivação poderá ocorrer por:

a) Prefixação (derivação prefixal): forma-se um novo vocábulo a partir do emprego de prefixo. É o que ocorre, por exemplo, com "desleal". Como vemos, ao radical "leal" acrescentou-se o prefixo "des".
b) Sufixação (derivação sufixal): forma-se um novo vocábulo a partir do emprego de sufixo. Nota-se esse processo em "lealdade". Agora, vemos que ao radical "leal" somou-se o sufixo "dade".
c) Derivação parassintética: forma-se um novo vocábulo a partir do emprego simultâneo de prefixo e sufixo. Não ocorre, na parassíntese, a simples adição de prefixo e sufixo a um radical primitivo. O acréscimo dos dois afixos dá-se ao mesmo tempo. Observemos os vocábulos "enferrujar" e "repatriado". Surgem a partir dos vocábulos primitivos "ferro" e "pátria". Notemos, no entanto, que não existem vocábulos, formados a partir desses radicais, que se formem só a partir do acréscimo de prefixo, como seriam os inexistentes "enferro" ou "repátria". Também não há vocábulos que, a partir dos radicais iniciais já citados, se formem a partir apenas do acréscimo de sufixos, o que faria surgir "ferrujar" e "patriar". Assim, somos forçados a entender que, a partir de "ferro" e "pátria", pelo acréscimo simultâneo de prefixos e sufixos, formamos os vocábulos "enferrujar" e "repatriar".

## 5. Outros processos de formação de palavras

Derivação regressiva (regressão): forma-se um novo vocábulo por meio da subtração de elementos mórficos. Esse processo faz surgir, fundamentalmente, substantivos provenientes de verbos, que são denominados substantivos deverbais. São exemplos de deverbais: "canto", "janta", "corte", "embarque", "pesca", "choro".

**Nem sempre é fácil fazer-se a distinção entre vocábulos deverbais, ou seja, substantivos que procedem da regressão de verbos, e vocábulos verbais que se formam de substantivo, como, por exemplo, "ancorar", que deriva de "âncora". O filólogo Mário Barreto vislumbrou um processo prático para a verificação desse fenômeno: "se o substantivo denota ação, será palavra derivada, e o verbo a palavra primitiva; mas se o nome denota algum objeto ou substância, se verificará o contrário". Notemos que em "canto", "janta", "corte", "embarque", "pesca" e "choro" os substantivos reportam ações verbais. Já em "âncora", "azeite", "escudo", por exemplo, não se observa ação verbal. Desse modo, dizemos que estes três últimos vocábulos são primitivos e propiciam o surgimento, por derivação sufixal, dos verbos "ancorar", "azeitar" e "escudar".**

Derivação imprópria (conversão): consiste no uso de um vocábulo fora de sua classe gramatical característica. Sabemos, por exemplo, que o vocábulo "feio" é um adjetivo. Pois bem: na frase "Quem ama o feio bonito lhe parece", o vocábulo "feio" surgiu substantivado, uma vez que antecedido pelo artigo definido "o". Esse emprego do vocábulo fora de sua classe gramatical caracteriza a derivação imprópria ou conversão.
Verifiquemos outros exemplos de derivação imprópria nos vocábulos sublinhados em: Por causa da chuva, preocupava-se com o impermeável. Devemos examinar os prós e os contras da questão. Terrível palavra é um não.

Reduplicação (redobro): uso repetido de palavra, com ou sem alternância vocálica. Ocorrem reduplicações em "reco-reco" e "tique-taque", inexistindo, no primeiro exemplo, a alternância vocálica que ocorreu em "tique-taque". O processo ora estudado é responsável pelo surgimento de onomatopeias (palavras que buscam imitar um som característico).

Abreviação é o uso vocabular abreviado, como encontramos em "pneu", "moto", "cine", "foto", "metrô".
Obs.: não se deve confundir esse processo com o que costumamos chamar de "siglas", na verdade apenas a adoção das palavras que compõem o nome de uma instituição. É o que se nota, por exemplo, em PMDB, UFRJ, PT.

Obs.: a partir das siglas alguns vocábulos podem ser formados por meio do processo de derivação sufixal, como, por exemplo, "petista".

Hibridismo: denominam-se dessa forma os vocábulos formados por meio da junção de radicais provenientes de radicais diversos. É o que se nota, por exemplo, em "televisão", vocábulo formado a partir da junção do radical de origem grega "tele" ao radical português "visão".

## 6. Estrutura do Vocábulo

Ao observarmos palavras como "sol", "brilhante" e "cantávamos", notamos que o primeiro vocábulo não pode sofrer reduções como os demais, que são formados por um segmento que traz informação não pertencente à área gramatical, mas do léxico (do significado) – "brilh" e "cant". Assim, dizemos que o vocábulo "sol" e os segmentos "brilh" e "cant" são elementos vocabulares que encerram sua significação, ou seja, são os radicais dos vocábulos em que surgem. Nos vocábulos "brilhante" e "cantávamos", além dos radicais encontramos outros elementos que reportam fatos gramaticais ("nte" indica ser adjetivo o vocábulo "brilhante"; "a", "va" e "mos" trazem para a forma verbal sinais de que pertencem à primeira conjugação e de que estão flexionados em pretérito imperfeito do indicativo e na primeira pessoa do plural.

Vejamos, agora, cada um dos elementos formadores do vocábulo:

1. Radical – núcleo do vocábulo, que contém sua significação externa (também é denominado "semantema", "lexema" ou "morfema lexical". Assinalamos os radicais em "embarcação", "soleira", fumante", "brilhoso".
2. Vogal temática – vogal que se acrescenta ao radical, deixando-o preparado para receber as desinências.

   Nas formas verbais, a vogal temática indica a conjugação, sendo, então, "a" (1ª conjugação), "e" (2ª conjugação) e "i" (3ª conjugação), como notamos em "amar", "vender" e "partir".

   Nos nomes, as vogais temáticas são "a", "e" e "o", quando átonas e em final de vocábulo: "mesa", "dente", "livro".

   Os nomes terminados em consoantes ou em vogal tônica são denominados formas atemáticas, ou seja, formas sem vogal temática.

**NÃO CHEGUE À PROVA SEM SABER!**

Há, também, formas verbais que não têm vogal temática: a primeira pessoa do singular do presente do indicativo e todo o presente do subjuntivo.

O verbo "pôr" e seus derivados têm "e" como vogal temática, que não aparece em todas as suas formas verbais, mas que pode ser notada em algumas delas, como, por exemplo, em "põe", "pusemos".

Em algumas circunstâncias as vogais temáticas verbais surgem modificadas:

- na primeira conjugação, a vogal temática "a" passa a "e" e "o" no pretérito perfeito do indicativo, respectivamente na 1ª e na 3ª pessoa do singular: "amei", "amou";
- na segunda conjugação, a vogal temática "e" passa a "i" no pretérito imperfeito do indicativo e no particípio: "vendia", "vendias", "vendia", "vendíamos", "vendíeis", "vendiam", "vendido";
- na terceira conjugação, a vogal temática "i" passa a "e" nas 2ª e 3ª pessoas do presente do indicativo e, ainda no mesmo tempo e modo, na 3ª pessoa do plural: "partes", "parte", "partem".

**Os elementos mórficos que surgem modificados são denominados alomórficos. Assim, em "amei", por exemplo, dizemos ser a vogal que se encontra após o radical "am" uma vogal temática alomórfica.**

3. Tema – segmento formado pela soma do radical com a vogal temática. Observe em "cantávamos" o segmento sublinhado como o tema. Observemos, ainda, o tema nominal encontrado em "brilhante" e "coroação" "livro".

4. Desinências – elementos mórficos que trazem para o vocábulo informações gramaticais. As desinências podem ser nominais e verbais.
   Quando nominais, as desinências podem ser de número e de gênero.

   A desinência nominal de número plural é "s" e a de singular é "∅" (ausência do "s"), como podemos observar em "meninos" e "menino".

   As desinências nominais de gênero são "o" para masculino e "a" para feminino, como em "menino" e "menina".

   Observemos que o "o" e "a" átonos e em final de vocábulo serão considerados como desinências nominais de gênero quando efetivamente promoverem a oposição masculino e feminino. Quando não há essa oposição, dizemos – como já visto anteriormente – que a vogal átona final é a vogal temática do nome: "casa", "pente" e "livro", por exemplo.

   As desinências verbais podem ser:
   Desinências modo-temporais: indicam o tempo e modo verbal.

| | Modo indicativo | |
|---|---|---|
| Presente: | Ø | |
| Pretérito perfeito: | Ø | (serão indicadas por um processo de acúmulo de funções por parte das desinências número-pessoais) |
| Pretérito imperfeito: | va/ve<br>a/e | (para verbos de 1ª conjugação)<br>(para verbos de 2ª e 3ª conjugações) |
| Pretérito mais-que-perfeito: | ra/re | (átonos) |
| Futuro do presente: | ra/re | (tônicos) |
| Futuro do pretérito: | ria/rie | |
| | **Modo subjuntivo** | |
| Presente: | e<br>a | (para verbos de 1ª conjugação)<br>(para verbos de 2ª e 3ª conjugação) |
| Pretérito imperfeito: | sse | |
| Futuro: | r | |
| | **Formas nominais** | |
| Infinitivo: | r | |
| Gerúndio: | ndo | |
| Particípio: | d(o) | |

As desinências número-pessoais informam-nos o número e pessoa do verbo. São:

| | |
|---|---|
| 1ª p. singular | "-o" (no presente do indicativo), "-i" (no pretérito perfeito do indicativo e no futuro do presente do indicativo), Ø (nos demais tempos) |
| 2ª p. singular | "-s" (em todos os tempos, exceto o pretérito perfeito do indicativo e no imperativo afirmativo), "-ste" (no pretérito perfeito do indicativo), Ø (no imperativo afirmativo) |
| 3ª p. singular | Ø (em todos os tempos, exceto no pretérito perfeito do indicativo), "-u" (no pretérito perfeito do indicativo) |
| 1ª p. plural | "-mos" |
| 2ª p. plural | "-is", "-des" (no futuro do subjuntivo e no infinitivo pessoal), "-stes" (no pretérito perfeito do indicativo), "-i" (no imperativo afirmativo) |
| 3ª p. plural | "m" (marcando a nasalidade da vogal precedente), "em" (no futuro do subjuntivo e no infinitivo pessoal), ~o (no futuro do presente do indicativo) e "-ram" (no pretérito perfeito do indicativo) |

5. Afixos – denominação genérica que engloba os prefixos e sufixos. Principais prefixos gregos e latinos:

## Prefixos gregos

| Prefixo | Significação | Exemplo |
|---|---|---|
| a-, an- | falta, privação, ausência | acéfalo, anarquia |
| aná- | ação contrária | anacrônico |
| anfi- | de um e outro lado, em torno | anfíbio, anfiteatro |
| anti- | oposição, ação contrária | antiaéreo, antiácido |
| apo- | afastamento, separação | apogeu, apóstata |
| arqui- (arc-) | superioridade | arquiduque, arcanjo |
| catá- | movimento de cima para baixo, | catarata |
| dia- | através de | diagnóstico |
| dis- | dificuldade | dispnéia |
| ec-, ex- | movimento para fora | êxodo |
| em-, en- | movimento para dentro, interior | emergir, encéfalo |
| endo- | dentro, posição interior | endovenosa |
| epi- | posição superior | epígrafe |
| eu- , ev- | bom, excelência, perfeição | eufonia, evangelho |
| hiper- | posição superior, excesso | hipermercado |
| hipo- | posição inferior, deficiência | hipoderme |
| meta- | mudança, além | metamorfose |
| para- | ao lado de, semelhança | parágrafo |
| peri- | em torno de | perímetro |
| pró- | antes de, para frente | prognóstico |
| sim-, sin, -si | reunião, simultaneidade | sinfonia |

## Prefixos latinos

| Prefixo | Significação | Exemplo |
|---|---|---|
| ab-, abs- | separação, afastamento | abjurar, abstrair |
| ad- | movimento para, aproximação, junto de | adjunto |
| ambi- | duplicidade | ambidestro |
| ante- | anterioridade | antepor |
| bis-, bi- | duas vezes | biênio, bicampeão |
| circum- | ao redor | circumpolar |
| com-, con- | junto com, concomitância | compatriota |
| contra- | oposição | contradizer |
| de- | movimento para baixo, separação | decair, decrescer |
| des- | negação | desdizer |
| dis-, -di- | separação, negação | distender, dilacerar |
| ex-, es-, e- | movimento para fora | expatriar |
| extra- | movimento para fora, excesso | extraordinário |
| inter- | posição intermediária | interpor |
| intra- | posição interior | intramuscular |

| Prefixo | Significação | Exemplo |
|---|---|---|
| justa- | ao lado de | justaposição |
| ob- | em frente, oposição | obstáculo, óbice |
| per- | através de | perfurar |
| pre- | anterioridade, precedência | predizer |
| pro- | para frente | progresso |
| re- | para trás, repetição | regredir, refazer |
| retro- | para trás | retroceder |
| semi- | metade | semicírculo |
| sub-, sus- | em baixo de | subgerente, suspender |
| super- | posição superior | supercílio |
| trans-, tra | além de | transatlântico |
| ultra- | além de, excesso | ultramar |
| vice-, vis- | em lugar de, substituição | vice-rei, visconde |

## Sufixos formadores de verbos

Formam verbos causativos (verbos que indicam ação que deve ser praticada ou transmitem certa qualidade a uma coisa):
ant(ar): quebrantar;
it(ar): debilitar;
iz(ar): civilizar.

Formam verbos frequentativos (verbos que indicam ação repetida):
aç(ar): espicaçar, adelgaçar;
ej(ar): mercadejar, voejar.

Formam verbos diminutivos (verbos que indicam ação pouco intensa):
it(ar): saltitar;
inh(ar): cuspinhar.

Formam verbos incoativos (verbos que indicam início de ação ou passagem para um novo estado ou qualidade):
ec(er): anoitecer, alvorecer;
esc(er): florescer.

6. Vogal e consoante de ligação – são elementos desprovidos de significação e com a atribuição de apenas promoverem a junção eufônica de dois elementos. Observem-se vogal e consoante de ligação em "gasômetro" e "lanígero".

7. Principais radicais gregos e latinos presentes em palavras da língua portuguesa.

## Radicais gregos

| Radical | Significado | Exemplo | Radical | Significado | Exemplo |
|---|---|---|---|---|---|
| ago- | conduzir | *demagogo* | hemato- | sangue | hematócrito |
| acros- | alto | *acrópole* | hieros- | sagrado | hierarquia |
| alg- | dor | *nostalgia* | hipo- | cavalo | hipódromo |
| anemo- | vento | *anemômetro* | ictio- | peixe | ictiófago |
| antropo- | homem | *antropologia* | lito- | pedra | litogravura |
| arc- | governo | *monarca* | micro- | pequeno | micróbio |
| auto- | si mesmo | *autógrafo* | macro- | grande | macroeconomia |
| biblio- | livro | *biblioteca* | morfe- | forma | morfologia |
| bio- | vida | *biologia* | necro- | morte | necrópole |
| cali- | belo | *caligrafia* | neo- | novo | neologismo |
| caco | mau | *cacografia* | nefre | rim | nefrite |
| cardia- | coração | *cardíaco* | neuro- | nervo | neurologia |
| cosmo- | mundo | *cosmologia* | odon- | dente | odontologia |
| crono- | tempo | *cronógrafo* | oftalmo- | olho | oftalmologia |
| cefale- | cabeça | *cefaleia* | osteon- | osso | osteologia |
| dactilo- | dedo | *datilógrafo* | paleo- | antigo | paleografia |
| demo- | povo | *demografia* | potamo- | rio | hipopótamo |
| dromo- | corrida | *hipódromo* | pole- | cidade | Petrópolis |
| entera- | entranhas | *disenteria* | pseudo- | falso | pseudônimo |
| etno- | raça | *etnografia* | rino- | nariz | rinoceronte |
| gamo- | casamento | *polígamo* | taqui- | rápido | taquigrafia |
| gaster- | estômago | *gastrite* | xeno- | estrangeiro | xenofobia |
| hemo- | sangue | *hemoglobina* | zoo- | animal | zoológico |

## Radicais latinos

| Radical | Significado | Exemplo |
|---|---|---|
| ager-, agri- | campo | agrário, agricultura |
| ango-, angis- | apertar | ângulo, angina |
| cida-, cidio- | matar | fratricida,homicida |
| caput- | cabeça | capital, decapitar |

| Radical | Significado | Exemplo |
|---|---|---|
| colo-, colis- | habitar | colono, agrícola |
| cor-, cordis- | coração | cordial, cordado |
| duco, ducis- | levar | educação, viaduto |
| gero-, geris- | gerar | beligerância, registro |
| jacio-, jactum- | lançar | injeção, sujeito |
| lac-, lactis- | leite | leiteria, lactante |
| opus-, operi- | trabalho | operário, opúsculo |
| rumpo-, ruptum | romper | corrupção, ruptura |
| sto-, stas- | estar | estado, substância |
| tango-, tangere- | tocar | contato, atingir |
| video-, vides- | ver | evidência, vidente |

## ATENÇÃO!

Os radicais apresentados, tanto gregos quanto latinos, são apenas os mais observados em provas, ou seja, não esgotam o assunto. Devem ser utilizados como pesquisa. Em nenhuma hipótese, quando se estuda para fazer-se um concurso público, recomendamos sua memorização.

# Questões de Provas

1. **CESGRANRIO – Assinale a opção em que não há correspondência de significado entre os elementos destacados.**

   Ⓐ Antiaéreo — anteposto.
   Ⓑ Semicerrado — hemisfério.
   Ⓒ Impossível — desassossegado.
   Ⓓ Indiferente — imóvel.
   Ⓔ Subterrâneo — hipoglicemia.

2. **FGV – Assinale a alternativa que <u>não</u> apresente a classificação correta de um dos elementos mórficos do vocábulo <u>deixasse</u>.**

   Ⓐ deix- = radical.
   Ⓑ -e = desinência número-pessoal.
   Ⓒ -a = vogal temática verbal.
   Ⓓ deixa = tema.
   Ⓔ -sse = desinência modo-temporal.

3. **FJPF – Leia atentamente as seguintes formas verbais:**

   **I. digas;**
   **II. escolhia;**
   **III. defendereis;**
   **IV. falardes.**

   **No tocante à análise morfológica, é cabível afirmar que há morfema zero em:**

   Ⓐ I e III;
   Ⓑ I e II;
   Ⓒ II e IV;
   Ⓓ III e IV;
   Ⓔ III e II.

**4. FJPF – Assinale a opção em que há erro na identificação do elemento mórfico grifado:**

(A) alunas: desinência de feminino;
(B) comprar: radical;
(C) aluguei: vogal temática;
(D) pareceram: vogal temática;
(E) influência: desinência de feminino.

**5. CN – Em "uma descrição do falar", houve a substantivação do verbo "falar", exemplo de um processo de formação de palavras conhecido como derivação imprópria.**

**Assinale a alternativa em que se encontre outro caso de derivação imprópria.**

(A) A mãe já havia servido a janta.
(B) Estávamos prontos para o ataque.
(C) Esse porquê não nos satisfaz.
(D) Toda manhã ouvíamos o canto dos pássaros.
(E) O metrô é uma boa opção de transporte.

**6. FGV – Em xenofobia, há a seguinte combinação de sentidos: estrangeiro + aversão.**

**Assinale a alternativa em que a explicação do sentido do elemento que antecede -fobia não tenha sido feita corretamente:**

(A) pantofobia (pantera);
(B) estasiofobia (permanecer de pé);
(C) fotofobia (luz);
(D) ictiofobia (peixe);
(E) gamofobia (casamento).

**7. FGV – Assinale a alternativa em que a palavra indicada não seja formada pelo mesmo processo que as demais:**

(A) ilegais;
(B) desacompanhado;
(C) incompatíveis;
(D) demográfica;
(E) interregionais.

**8. FGV – Assinale a alternativa em que o prefixo tenha valor semântico distinto dos demais:**

(A) anormal;
(B) apatia;
(C) apneia;
(D) afasia;
(E) abotoar.

9. **FGV – Assinale a alternativa em que a palavra indicada <u>não</u> tenha sido formada pelo mesmo processo que <u>internacional</u>:**

A) desrespeito;
B) inequívoca;
C) democracia;
D) imediato;
E) inexistente.

10. **FGV – Assinale a alternativa em que a palavra tenha sido formada por processo <u>distinto</u> das demais:**

A) autoconhecimento;
B) supersalários;
C) geométrica;
D) insatisfação;
E) imprecisas.

11. **FGV – Assinale a alternativa em que a palavra indicada <u>não</u> seja formada pelo mesmo processo que <u>injustiça</u>:**

A) tecnologias;
B) auto-organização;
C) antielisão;
D) ilícito;
E) internacional.

12. **FGV – Com relação aos processos de formação de palavras, analise as afirmativas a seguir:**

**I. "estruturador", "civilizacional" e "renováveis" são adjetivos formados por derivação sufixal;**

**II. "hominização", "dilapidação" e "autodestruição" são substantivos formados por composição e derivação;**

**III. "autodestruição", "contrapartida" e "responsabilidade" são substantivos formados por composição.**

**Assinale:**

A) se somente a afirmativa I estiver correta;
B) se somente a afirmativa II estiver correta;
C) se somente a afirmativa III estiver correta;
D) se somente as afirmativas I e II estiverem corretas;
E) se todas as afirmativas estiverem corretas.

13. **FGV – Assinale a palavra que apresente, em relação a afixos, a mesma estrutura que "desigualdade":**

A) distribuição;
B) universidade;
C) desenvolvimento;
D) principalmente;
E) harmoniosas.

**14. FGV – Quanto à estrutura e à formação do vocábulo "meta-ética", é correto afirmar que:**

- Ⓐ forma-se pelo processo de composição por aglutinação;
- Ⓑ tem agregada ao radical "étic-" uma desinência nominal de gênero feminino;
- Ⓒ contém um prefixo de origem grega também presente na palavra "metafísica";
- Ⓓ apresenta uma vogal de ligação "–a", necessária em razão do hífen;
- Ⓔ constitui-se por meio da justaposição de dois substantivos.

**15. CN – Levando em conta os elementos constituintes imediatos do termo grifado na passagem "...do nosso <u>novo-riquismo</u> arquitetônico", podemos dizer que o mesmo apresenta o seguinte processo de formação:**

- Ⓐ composição por justaposição;
- Ⓑ composição por aglutinação;
- Ⓒ derivação sufixal;
- Ⓓ derivação prefixal e sufixal;
- Ⓔ conversão ou derivação imprópria.

**16. NCE-UFRJ – "Sarampo" é:**

- Ⓐ forma primitiva;
- Ⓑ formado por derivação parassintética;
- Ⓒ formado por derivação regressiva;
- Ⓓ formado por derivação imprópria;
- Ⓔ formado por onomatopeia.

**17. CN – Qual a alternativa em que a significação do elemento mórfico destacado está <u>incorreta</u>?**

- Ⓐ Garot<u>ada</u> = coleção.
- Ⓑ <u>Des</u>comunais = excesso.
- Ⓒ <u>Re</u>torcendo-se = repetição.
- Ⓓ Pesca<u>dor</u> = agente.
- Ⓔ <u>Su</u>posição = posição abaixo de.

**18. CESPE-UNB – Assim como "petróleo" foi formado:**

- Ⓐ jardineiro;
- Ⓑ planalto;
- Ⓒ pré-histórico;
- Ⓓ antissemita;
- Ⓔ brasiliense.

**19. EsPCEx – Aponte o item em que se faz afirmativa correta.**

- Ⓐ Na justaposição, as palavras, unidas mais frequentemente por hífen, sofrem todas as modificações possíveis, não mantendo jamais a sua integridade fonética.
- Ⓑ A palavra "fidalgo" é formada por prefixação.
- Ⓒ A palavra "passatempo" é formada por aglutinação.

**D** A palavra "hipertensão" é constituída por elementos procedentes do latim e do francês.

**E** Radical é o elemento principal e significativo da palavra, que não sofre variação, sendo comum às palavras da mesma família etimológica.

**20. EsPCEx – Assinale o item com afirmativa correta.**

**A** A vogal de ligação é fonema de acomodação, desprovido de significação, porém, quando destinada a ligar certos elementos da palavra, adquire significado próprio.

**B** Consoante de ligação é fonema de acomodação provido de significação.

**C** Raiz é o elemento fundamental e irredutível, que contém o núcleo insignificativo comum às palavras de um grupo linguístico.

**D** Radical é o elemento principal e significativo da palavra, que não sofre variação, sendo comum às palavras da mesma família etimológica.

**E** Radical é o elemento principal e eventualmente significativo da palavra, no qual em muito raras circunstâncias observam-se modificações.

**21. NCE-UFRJ – "...com o passar dos anos." Nesse segmento do texto, o verbo <u>passar</u> está substantivado (derivação imprópria). A frase abaixo em que aparece outro vocábulo substantivado é:**

**A** "VEJA traz uma reportagem sobre um aspecto fascinante do capitalismo americano."

**B** "...o segundo homem mais rico do mundo..."

**C** "...mais pessoas doam a projetos sociais do que votam em eleições..."

**D** "Calcula-se que 89% dos americanos façam algum tipo de contribuição."

**E** "...restrições legais quase intransponíveis dificultam a doação individual..."

**22. CN – Na forma verbal "<u>Vês</u>", o "<u>s</u>" é, quanto à estrutura verbal:**

**A** parte integrante do radical;

**B** sufixo ou desinência modo-temporal;

**C** sufixo ou desinência número-pessoal;

**D** parte integrante do tema;

**E** sinal de irregularidade verbal.

**23. CN – A palavra <u>emudecendo</u> foi formada pelo processo de:**

**A** composição por aglutinação;

**B** derivação prefixal;

**C** derivação parassintética;

**D** derivação sufixal;

**E** derivação imprópria.

**24. FJPF – Nos itens abaixo, a primeira palavra, formada por derivação prefixal, compõe um par com outra formada pelo mesmo processo. Possuem significação essencialmente distinta os prefixos das palavras pertencentes ao par:**

- (A) contramão – antitóxico;
- (B) predisposição – antevisão;
- (C) irrelevante – desconfortável;
- (D) extraconjugais – hipotensão;
- (E) imposição – intrometer.

**25. FGV – Assinale a alternativa em que um dos elementos mórficos da palavra "contribuiu" não esteja corretamente analisado.**

- (A) <u>Con</u>tribuiu = prefixo.
- (B) Con<u>trib</u>uiu = raiz.
- (C) Contrib<u>uiu</u> = desinência modo-temporal.
- (D) <u>Contribui</u>u = tema.
- (E) Contribu<u>i</u>u = vogal temática.

**26. EsPCEx – Assinale a série em que não se encontra nenhum erro, no que diz respeito ao significado dos radicais de origem grega relacionados:**

- (A) "algia" = dor (nevralgia) – "taqui" = rápido (taquicardia) – "hetero" = difícil (heterônimo);
- (B) "anto" = escolha (antologia) – "crono" = tempo (anacronismo) – "isso" = igual (isossilábico);
- (C) "antropo" = homem (misantropo) – "dermato" = pele (dermatológico) – "oligo" = detestável (oligarquia);
- (D) "acro" = cume; extremidade (acrópole) – "filo" = amigo (bibliófilo) – "caco" = mau (cacografia);
- (E) "auto" = próprio (autógrafo) – "mio" = músculo (miocárdio) – "stico" = título (dístico).

**27. CESGRANRIO – Marque o único vocábulo formado de dois radicais gregos:**

- (A) anacrônico;
- (B) parâmetros;
- (C) alvissareira;
- (D) demógrafos;
- (E) transformação.

**28. FGV – Na palavra "fotografia", há dois radicais: "luz" + "escrever". Assinale a alternativa em que tenha havido <u>erro</u> na indicação do sentido do primeiro radical:**

- (A) antropografia – corpo humano;
- (B) bibliografia – livro;
- (C) braquicardia – redução;
- (D) cinegrafia – movimento;
- (E) datilografia – mão.

**29.** **FGV – Observe a palavra antropologia. Essa palavra é formada, respectivamente, por "antropos", cujo significado é "homem", e "logia", estudo.**

**Dessa forma, conclui-se que antropologia significa estudo do homem.**

**A palavra que corresponde ao significado que lhe foi atribuído é:**

- **A** estudo da forma – formatologia;
- **B** estudo de coisas antigas – arqueologia;
- **C** estudo da origem – biologia;
- **D** estudo da alma – cardiologia;
- **E** estudo do som – sonologia.

**30.** **CN – "Que outros mais capazes tomem a tua freguesia ..." Assinale a alternativa onde se errou na classificação do elemento mórfico indicado ao lado:**

- **A** tom = radical;
- **B** e = desinência modo-temporal;
- **C** m = desinência número-pessoal da 3ª pessoa do plural;
- **D** É uma forma atemática;
- **E** e = vogal temática.

## GABARITO DAS QUESTÕES DE PROVAS

| | | |
|---|---|---|
| 1. A | 11. A | 21. A |
| 2. B | 12. A | 22. C |
| 3. B | 13. C | 23. C |
| 4. E | 14. C | 24. D |
| 5. C | 15. C | 25. C |
| 6. A | 16. C | 26. D |
| 7. D | 17. B | 27. D |
| 8. E | 18. B | 28. E |
| 9. C | 19. E | 29. B |
| 10. C | 20. D | 30. E |

# COMENTÁRIOS DAS QUESTÕES DE PROVAS

**Questão 1**

Não há correspondência semântica entre os prefixos "anti" e "ante", a despeito das semelhanças gráfica e fonética existentes entre eles.
"Anti" é prefixo de natureza grega que significa "oposição", "ação contrária". Por sua vez, "ante" é prefixo de origem latina e significa "antecedência", "anterioridade".
A resposta da questão é a alternativa "a".

**Questão 2**

Ao procedermos à análise mórfica da forma verbal "deixasse", encontraremos: Radical: "deix"; Vogal temática: "a"; Tema: "deixa"; Desinência modo-temporal: "sse"; Desinência número pessoal: Ø.
A resposta da questão é a alternativa "b", consequentemente.

**Questão 3**

Procedamos à análise morfológica dos verbos presentes na questão:

| | |
|---|---|
| digas | Radical alomórfico: "dig"; vogal temática: Ø; tema: Ø; desinência modo-temporal: "a"; desinência número-pessoal: "s". |
| escolhia | Radical: "escolh"; vogal temática alomórfica: "i"; tema: "escolhi"; desinência modo-temporal: "a"; desinência número-pessoal: Ø. |
| defendereis | Radical: "defend"; vogal temática: "e"; tema: defende; desinência modo-temporal: "re" (tônico); desinência número-pessoal: "is". |
| falardes | Radical: "fal"; vogal temática: "a"; tema: "fala"; desinência modo-temporal: "r"; desinência número-pessoal: "des". |

A resposta da questão é a alternativa "b", em que se lê "I e II".

**Questão 4**

No substantivo "influência", a vogal que o termina não é caracterizadora de sua flexão de gênero, uma vez que não se encontra a oposição entre essa palavra e uma suposta masculina "influêncio". Na verdade, o gênero feminino de "influência" faz-se caracterizar pelo emprego do artigo definido "a" que antecede o substantivo: "a influência".
A vogal que encerra a palavra ora estudada é analisada como vogal temática nominal.
A resposta da questão está, consequentemente, na alternativa "e".

## Questão 5

A substantivação do vocábulo "porquê", na oração "Esse porquê não nos satisfaz", aponta a resposta desta questão no item "c".

Nos itens "a", "b" e "d" temos exemplos de derivação regressiva em "janta", "ataque" e "canto", respectivamente.

No item "e", temos exemplo de abreviação em "metrô".

## Questão 6

a) O elemento "pan", antecessor de "fobia", introduz ideia de "todos". O vocábulo "pantofobia", segundo o *Dicionário Aurélio* também grafado "panfobia" ou "panofobia", significa: "Estado de ansiedade que induz o indivíduo a ter medo de tudo".

## Questão 7

d) Uniram-se os radicais de origem grega "dem" (povo) e "graf" (escrita), o que caracteriza composição por justaposição.

## Questão 8

e) Temos o prefixo latino "a-" (pode ocorrer com a forma variante "ad-"), que faz introduzir ideias de movimento para aproximação, adicionamento, passagem para outro estado. Nada há no significado de "abotoar" que permita a sua significação com os demais vocábulos apontados na presente questão, os quais sempre introduzem algum valor significativo associado à ideia de negação.

## Questão 9

c) Em "democracia" temos o processo de composição por justaposição. Uniram-se dois radicais de origem grega: "demo" – que porta valor de "povo" – e "cracia" – alusivo a "governo".

Todas as demais alternativas exemplificam derivação prefixal.

## Questão 10

c) Em "geométrica", que deriva do vocábulo "geometria", por meio de acréscimo do sufixo "-ic(a)", formou-se a palavra "geométrica". Trata-se de derivação sufixal. Em todas as demais palavras observa-se derivação prefixal.

## Questão 11

a) A partir de "teknos" – radical de origem grega –, por meio ainda do radical também grego "log", e do acréscimo do sufixo nominal "-ia", forma-se "tecnologias". Em nenhuma outra alternativa observa-se vocábulo com dois radicais e prefixo, apesar de existirem processos de derivação prefixal nelas.

## Questão 12

Observemos cada uma das afirmativas numeradas de I a III, com respeito à correção de suas afirmativas.

I. Afirmativa correta.
Temos efetivamente três vocábulos formados por derivação sufixal, ou sufixação, como se mostra.
   1. A partir da forma "estrutura" – radical primário –, por acréscimo do sufixo "-dor", forma-se o vocábulo "estruturador".
   2. Com base no substantivo "civilizacion" – radical de procedência francesa e do qual surge a palavra portuguesa "civilização" – e mediante o emprego do sufixo "-al", chegamos a "civilizacional".
   3. Tendo como vocábulo primitivo a forma verbal "renovar" – sem dúvida provinda por derivação prefixal de "re-" + "novo" –, e levando-se em conta o princípio dos constituintes imediatos, atingimos o vocábulo "renovável", com acréscimo do sufixo "-vel". A forma "renováveis" consiste no emprego flexionado em plural do adjetivo "renovável".

II. Afirmativa incorreta.
Não há um único vocábulo formado por composição entre os três citados. Sabemos que composição é processo de formação por meio do qual reúnem-se vocábulos com vida própria na língua, para que uma nova palavra seja formada. No presente caso, temos dois vocábulos formados por derivação sufixal, ou seja, "hominização", (de "hominizar" + "-ção") e "dilapidação" (de "dilapidar" + "-ção") e um exemplo de derivação prefixal, representado por "autodestruição" (de "auto-" + "destruição".

III. Afirmativa incorreta.
Não há palavra formada por composição nesse grupo. Temos, na verdade, dois exemplos de derivação prefixal em "autodestruição" – comentado no item anterior – e "contrapartida" (de "contra-" + "partida") e um derivado sufixal: "responsabilidade", provindo de "responsável" + "-dade". O surgimento da forma originariamente latina "bil(i)" em formações sufixais que têm por origem adjetivos terminados no sufixo "-vel" é frequente, em nossa língua. Vejam-se, por exemplo, os exemplos de "amabilidade", "afabilidade", "possibilidade" ...
Está correta apenas a alternativa contida em I e a resposta é "a".

## Questão 13

A denominação genérica "afixo" engloba os prefixos e sufixos.
No caso desta questão, devemos apontar a alternativa em que se percebe a mesma estrutura observada em "desigualdade", vocábulo formado pelo acréscimo ao radical "igualdade" do prefixo "des-".

c) O prefixo "des-" foi acrescentado ao vocábulo "envolvimento". Em todas as demais alternativas acrescentaram-se sufixos.

## Questão 14

Antes de passarmos à análise de todas as alternativas da questão, convém estarmos cientes de que a grafia do composto com hífen, como foi efetuada no texto, caracteriza equívoco. Na verdade, sua grafia correta é "metaética", como se pode comprovar no *Vocabulário ortográfico da língua portuguesa*, Academia Brasileira de Letras, Global Editora, Rio de Janeiro, 5ª edição, 2009, p. 544. Sabemos que na composição de vocábulos feitos por meio de prefixos (ou falsos prefixos) o hífen será empregado nas situações em que a vogal que finaliza esses elementos é igual à do vocábulo que o segue.

c) Temos em "meta-" prefixo de origem grega, revelador nas palavras "metaética" (grafia retificada) e "metafísica", de valor semântico de "mudança de lugar ou de condição".

## Questão 15

Levando-se em conta os constituintes imediatos, temos:
novo + rico = novo-rico = novo-riquismo.
Isso implica dizer que para formarmos o vocábulo "novorriquismo", partimos da palavra formada por composição por justaposição "novo-rico". Então, tomando por base a palavra "novo-rico" e, agora, por derivação sufixal (acréscimo do sufixo "-ismo"), obtemos o vocábulo "novo-riquismo".
A resposta da questão é a alternativa "c".

## Questão 16

Exemplo clássico do processo de derivação regressiva, "sarampo" procede de "sarampão".
A resposta está na alternativa "c".

## Questão 17

No vocábulo "descomunais", o prefixo "des-", de origem latina, porta o significado de negação.
As demais alternativas trazem significados corretos para os elementos mórficos assinalados.
A resposta desta questão é a alternativa "b".

## Questão 18

A palavra "petróleo" resulta da composição de dois radicais de origens distintas. São eles "petr" e "óleo". O primeiro, na verdade, é a raiz que origina os vocábulos cognatos de "pedra", em nossa língua. Trata-se, então, de uma composição por justaposição.
A resposta da questão está na alternativa "b", em que se lê "planalto", palavra também formada por composição.

## Questão 19

A resposta é a alternativa "e".
Temos questão com resposta que merece alguma estranheza. É fato que as demais alternativas estão claramente incorretas, mas, com respeito ao conceito de "radical", a afirmativa de que ele não sofre variação é bastante perigosa. Lembremo-nos, por exemplo, dos radicais dos verbos irregulares, que assim se classificam exatamente pelo fato de apresentarem-se com radicais modificados ou alomórficos.

## Questão 20

A resposta é a alternativa "d", que repetiu a afirmativa feita na questão antecedente.

## Questão 21

No item "a", observa-se no vocábulo "VEJA", que sabemos ser uma forma de presente do subjuntivo do verbo "ver", um processo de substantivação. Ao passar a nomear a revista, a palavra "VEJA" converteu-se em substantivo próprio.
Esta é a resposta da questão.

## Questão 22

Sabemos que a desinência número-pessoal indicativa de 2ª pessoa do singular, comum a praticamente todas as formas verbais (excetuam-se apenas o pretérito perfeito do indicativo e o imperativo afirmativo) é exatamente este "s".
A resposta da questão está na alternativa "c".

## Questão 23

O vocábulo "emudecendo", na verdade o gerúndio do verbo "emudecer", tem como radical o fragmento "mud". Para que se forme o verbo "emudecer", é necessário que sejam simultaneamente acrescidos ao radical mencionado o prefixo "e-" e o sufixo verbal "-ec" (formador de verbos incoativos), além da vogal temática "e" e a desinência modo-temporal "r".
Em "emudecendo", temos exatamente o mesmo processo, com a única diferença estabelecida na substituição da desinência modo-temporal "r" (de infinitivo) por "nd(o)", indicativa de gerúndio.
A resposta da questão está na alternativa "c".

## Questão 24

Os vocábulos "<u>extra</u>conjugais" e "<u>hipo</u>tensão" (já com seus prefixos assinalados), presentes na alternativa "d", que é a resposta da questão, apresentam-se com prefixos rigorosamente em oposição semântica. Enquanto "extra" é prefixo latino que introduz ideia de "além de", "superioridade", "excesso", o prefixo de origem grega "hipo" porta significado de "posição inferior", "escassez".

### Questão 25

Ao analisarmos os segmentos que estruturam a palavra "contribuiu", forma de 3ª pessoa do singular do pretérito perfeito do indicativo do verbo "contribuir", encontramos:

| | | |
|---|---|---|
| Radical primário (raiz) | = | trib |
| Prefixo | = | con |
| Vogal temática | = | i |
| Tema | = | contribui |
| Desinência número-pessoal (em processo de acúmulo de funções valendo, também, por desinência modo-temporal). | = | u |

A resposta da questão, consequentemente, está na alternativa "c".

### Questão 26

Estão corretamente apontados todos os radicais contidos na alternativa "d", que é, assim, a resposta da questão.
Nos demais itens ocorreram os erros de indicação dos seguintes radicais, que já apresentamos com seus significados corretos:
a) "hetero" = diferente (heterônimo);
b) "anto" = flor (antologia);
c) "oligo" = pouco (oligarquia);
e) "stico" = verso (dístico).

### Questão 27

Em "demógrafos", vocábulo que aparece na alternativa "d", encontramos dois radicais, ambos gregos: "demo" (significa "povo") e "grafo" (significa "grafar").

### Questão 28

O primeiro radical que se observa em "datilografia" (alternativa "e") é "datil", forma variante de "dactilos", que significa "dedo". Esta é a resposta da questão.
Teria sido melhor que a eminente banca examinadora houvesse apontado "homem" como significado para "antropo".

### Questão 29

Está correta a indicação contida na alternativa "b": "arqueo", radical de origem grega, significa realmente "antigo" e "log", também de origem grega, significa "ciência". Esta é, então, a resposta da questão.
Nas demais alternativas, apontamos os equívocos:

a) estudo da forma = morfologia;
c) estudo da origem = genealogia;
d) estudo da alma = psicologia;
e) estudo do som = acústica.

## Questão 30

A forma verbal "tomem" representa a 3ª pessoa do plural do presente do subjuntivo do verbo "tomar".
Sabemos que o presente do subjuntivo é forma verbal em que não se observa vogal temática, o que, consequentemente, implica inexistência de tema.
Também somos sabedores de que a desinência modo-temporal para esse tempo, em verbos de 1ª conjugação, é "e", que surge imediatamente após o radical. Por fim, não desconhecemos que a desinência número-pessoal de 3ª pessoa do plural é "m".
Com tais informações, apontamos como resposta a alternativa "e", na qual se estabelece a existência de vogal temática para a forma verbal estudada.

# Capítulo 4

# SINTAXE

Primeira Parte

## Aspectos Teóricos

### 1. Regência

O que se denomina regência é o processo por meio do qual vocábulos entram em relação com outros, estabelecendo vínculos de subordinação. Lembremo-nos de que o substantivo "regência" é cognato do verbo "reger", que significa, entre outras acepções, "Ter como dependente; subordinar" (cf. *Dicionário eletrônico Aurélio*).

Encontramos relações que estabelecem entre si os vocábulos denominados genericamente de "nomes". Nesse caso, notamos que substantivos e adjetivos (eventualmente advérbios de base nominal) regem expressões que a eles se ligam por meio de preposições:

*Amor à mãe, admiração por esse professor, adjacente ao quarto, ajustável ao meio, contrariamente ao processo, relativamente a esse encargo.*

Também exercem relação de regência os verbos e vocábulos que lhes servem de complementos:

*Assistiu ao filme, aludiu ao incidente, aspira ar puro, almeja melhor cargo.*

Temos, então, processos de regência nominal e de regência verbal.

## 2. Regência Nominal

A enorme quantidade de substantivos, adjetivos e advérbios de base nominal impede-nos de estudar com detalhamento esse assunto. Há que se frisar, também, que tais vocábulos, no mais das vezes, têm seus termos regidos por diversas preposições.

Assim, nosso intuito neste trabalho é tão somente apresentar uma lista de palavras que já foram requisitadas diretamente em concursos públicos ou que constaram de questões de provas que analisamos não só neste trabalho, mas também em outras obras, com as preposições que regem seus termos subordinados.

São elas:

absorto – *ante, diante de, em*
absolvição – *de*
acesso – *a, para, por*
acostumado – *a, para*
adepto – *de*
adstrito – *a*
afronta – *a, de, para*
ameaça – *a, de, contra*, para
amizade – *a, (para) com, entre, por*
amor – *a, de, para (com), por*
anterior – *a*
apto – *a, para, em*
assegurado – *a, de*
associado – *a, com, em*
atentado – *a, contra*
atento – *a, em, para*
aversão – *a, em, por*
auspicioso – *para*
capaz – *de, para*
combate – *a, com, contra, de, entre, por*
comovido – *a, com, de*
compatível – *com*
compelido – *a, de*, por
comum – *a, com, de, em, entre*
concernente – *a*
condenado – *a, como, de, por*
conflito – *com, entre*
conhecimento – *de, em, com, sobre*
consciência – *de, sobre*
contaminação – *com, de, entre*
contraposição – *a, entre*
controle – *de, sobre*
convicção – *de, sobre*
convite – *a, para*
crença – *de, em*
desafio – *a, para*
desconfiança – *contra, de, em, para com, sobre*
desconhecido – *a, de, para, por*
descaso – *a, com, para, por*
desconsideração – *a, com, para com*
direito – *a, de, em, contra, para, sobre*
dúvida – *de, em, sobre*
equivalente – *a, em*
esquecido – *a, de, por*
essencial – *a, em, para*
exigência – *a, de*
expectativa – *a, de, entre, por, sobre*
farto – de, *em*
favor – *a, para*
favorável – *a, para*
fiel – *a, para com*
fobia – *a, de*
frente – *a, de*
garantia – *a, contra, para*

graças – *a*
hostilidade – *a, contra*
ideia – *a favor, contra, de, sobre, acerca de, a respeito de*
implícito – *em*
impulso – *a, de, para*
incompatível – *com*
independência – *de*
inerente – *a, em*
inferior – *a*
interesse – *de, em, para, por*
intérprete – *de, entre*
isento – *a, de, para com*
ligado – *a, com, em, entre*
medo – *a, de*
ofensivo –
opção – *a, de, entre, por*
oposição – *a, entre*
origem – *em*
pertencente – *a*
possibilidade
preferível – *a*
prejudicial – *a*
preso – *a, de, em, entre, por*
pressão – *em, contra, para, por, sobre*
prestado – *a*
prevenido – *contra, para*
previsão – *de*
principal – *em*
previsto – *de, para, por*
primado – *de ... sobre, em ... sobre*
propenso – *a, para*
provimento – *a, em, de*
necessário – *a, para*
proveito – *a, para*
próximo – *a, de*
razão – *de, em , para*
receio – *de, em*
receoso – *de, em, por*
receptivo – *a*
recomendável – *a, para*
recurso – *a, de, contra, para*
redução – *de, de...a, de...para, em*
referência – *a, a...sobre, com*
referente – *a*
relação – *a, de...para,* entre, *para... com*
reparação – *a, de*
reparo – *a, em, quanto a, sobre*
repúdio – *a, de, por*
reserva – *a, contra, de, para com, sobre*
residente – *em*
resistência – *a, em*
respaldo – *a, para*
respeito – *a, de, com, para com, por*
repreensão – *a,* de
restrição – *a, de, em*
restrito – *a*
semelhante – *a, em*
sito – *em*
submetidos – *a*
submisso – *a*
subsídio – *a, para*
sucessão – *a,* de
sugestão – a, para, sobre
superior – a, *em*
suplementar – *a*
suspeição – *de, contra, sobre*
suspensão – *de*
tomado – *a, de, por, como*

A utilização de uma ou outra das preposições indicadas estará sujeita ao entorno semântico no qual surgem os nomes que as exigem.

Esta lista é apenas uma relação muito pálida do que se pode encontrar neste estudo e tem por meta, apenas, servir de eventual consulta para o estudante. Não se recomenda, em qualquer hipótese, sua memorização.

## 3. Predicação verbal

### Predicação verbal

Para o estudo da regência verbal se efetuar é indispensável tomarmos contato com elementos de predicação verbal, fundamento imprescindível para sua compreensão. Assim, passemos, inicialmente a observar tais princípios.

Predicação verbal trata de um conjunto de fatos relativos aos relacionamentos que os verbos podem estabelecer com outros vocábulos no interior de um segmento oracional denominado *predicado.*

Para tanto, vejamos o que se entende, inicialmente, por *oração.*

Oração é um conjunto de palavras, com sentido e com verbo. Temos dois exemplos de orações em:

*A luz da manhã era diferente, naquela época.*

*A criança brincava nos parques da cidade.*

Efetivamente há duas orações nos exemplos acima. Afinal, são dois conjuntos de vocábulos, com sentidos e com verbos. Em nossa língua, o modelo mais presente de oração é o que se lê nos dois exemplos fornecidos: uma estrutura formada por dois termos sintáticos que, mais à frente, veremos que são chamados de *termos essenciais* da oração: *sujeito* e *predicado.*

Aprendemos que o *sujeito* é o ser e/ou a coisa acerca dos quais se faz uma declaração.

Por sua vez, *predicado* é a declaração feita acerca do sujeito.

Desse modo, podemos indicar os sujeitos das duas orações mencionadas: *"A luz da manhã"* e *"A criança"*, respectivamente. Imediatamente localizamos os predicados *"era diferente, naquela época"* e *"brincava nos parques da cidade"*.

Fixemo-nos, agora, nos predicados. Vejamos suas constituições.

No primeiro caso, temos um predicado formado por quatro vocábulos: um verbo ("*era*"), um adjetivo ("*diferente*"), uma contração de preposição "em" com o pronome demonstrativo "aquela" ("*naquela*") e um substantivo ("*época*").

No segundo caso, encontraremos um predicado constituído por cinco vocábulos: um verbo ("*brincava*"), uma contração de preposição "em" com o artigo definido "os" ("*nos*"), um substantivo ("*parque*"), outra contração, agora formada pela preposição "de" com o artigo definido "a" ("*da*"), e outro substantivo ("*cidade*").

Quando nos detemos para observar quais são os vocábulos mais importantes em cada predicado, vemos que, no primeiro caso, nossa atenção recai no adjetivo "*diferente*". O verbo, nessa primeira oração, tem pouca importância para a composição do predicado. Do ponto de vista semântico – observado, então, seu valor significativo –, não se nota relevância nesse verbo. Sua significação é tão esvaziada que tende a ser nenhuma. Com efeito, a afirmativa tradicional de que verbo é palavra que indica ação, nesse caso, não se sustenta: nenhuma ação pode ser depreendida da palavra "*era*".

No entanto, quando fazemos o mesmo trabalho na segunda oração, notamos que, sem dúvida alguma, o mais importante vocábulo é a forma verbal "*brincava*". Vemos que o grupo vocabular "*nos parques da cidade*", rigorosamente, é dispensável para a composição estrutural desse predicado. Sua mensagem já estaria inteiramente veiculada com a simples palavra verbal "*brincava*".

Desse modo, vimos, então, que há verbos que têm relevo estrutural na composição do predicado e verbos que não têm importância maior nesse segmento da oração.

O estudo do comportamento dos verbos no interior de um predicado, como já visto, é denominado predicação verbal.

## TIPOS DE VERBOS QUANTO À PREDICAÇÃO

Passemos a ver as diversas naturezas do verbo, quanto à predicação.

### Verbos de ligação (verbos relacionais)

Inicialmente, vejamos algumas considerações acerca dos verbos que não têm destaque na composição do predicado, aos quais denominamos *verbos de ligação*.

Mais três exemplos:

*O aluno é estudioso.*
*O aluno estava alegre.*
*O aluno ficou cansado.*

Nas três exemplificações – muito simples, como convém a quem está começando um estudo – temos o mesmo sujeito, que se indicou pela expressão "*O aluno*".

Desse modo, podemos observar os predicados de cada oração:

*é estudioso;*
*estava alegre;*
*ficou cansado.*

Mais uma vez, podemos constatar que os verbos empregados não são os vocábulos mais importantes de cada predicado. Os vocábulos que realmente importam, vocábulos cuja ausência inviabilizaria qualquer possibilidade de transmissão de mensagem são *"estudioso"*, *"alegre"* e *"cansado"*.

Quanto às classes gramaticais, tais vocábulos são adjetivos. Semanticamente, traduzem atributos imputados, no caso, ao sujeito. Sintaticamente, serão denominados predicativos do sujeito.

Assim, vemos que os verbos surgiram apenas para promover o vínculo entre os predicativos e o sujeito. São meros vocábulos relacionais, praticamente destituídos de valor semântico, que cumprem a missão de *ligar* elementos na estrutura oracional. Não à toa são chamados, então, de *verbos de ligação*.

Poderemos chamá-los, também, de *verbos não-nocionais*, ou *verbos de conteúdo semântico Ø*.

Tais verbos existem em quantidade bastante diminuta. Podemos citar alguns mais frequentes: *ser*, *estar*, *ficar*, *permanecer*, *continuar*, *tornar-se*.

Devemos estar atentos à possibilidade de verbos que não são, tradicionalmente, incluídos entre os *verbos de ligação* poderem, eventualmente, surgir revestidos dessa característica. Observemos, por exemplo:

*O rapaz caiu doente.*

*Aquele torcedor virou rubro-negro.*

*O professor anda preocupado.*

Nas três exemplificações acima, os verbos *"cair"*, *"virar"* e *"andar"*, em geral tradutores de ação praticada ou sofrida pelo sujeito, apresentam-se como verbos de ligação.

Do mesmo modo, verbos que, frequentemente, são de ligação podem apresentar-se fora dessa característica. Vejamos os exemplos que se seguem:

*Ele ficou na rua.*

*O rapaz estava na esquina.*

Nos dois exemplos, os verbos *ficar* e *estar*, costumeiramente vistos como verbos de ligação, não estão assim empregados. Podemos comprovar essa afirmativa pela inobservância de predicativos nas frases dadas. Não há, realmente, atributos concedidos aos sujeitos. Veem-se, isto sim, referências de natureza adverbial, tradutoras de circunstância de lugar, indicadas por *na rua* e *na esquina*.

## Verbos de ação (verbos nocionais)

Passemos, agora, aos verbos nocionais, ou seja, aos verbos que se apresentam com carga semântica, verbos, portanto, tradutores de mensagens, que, diga-se de passagem, surgem em quantidade muito maior do que a dos *verbos de ligação* (ou *relacionais*).

## Verbos intransitivos

Observemos, inicialmente, o exemplo abaixo:
*A criança adormeceu.*

Já sabemos que em uma oração, excluído o sujeito, restará o predicado. Desse modo, após a supressão do sujeito *A criança*, ficaremos com *adormeceu*, que é o predicado dessa oração.
É forçoso reconhecer-se que o verbo estruturador desse predicado é nocional, ou seja, indica uma ação, no caso praticada pelo sujeito. É também forçoso aceitarmos a ideia de que o verbo citado, e apenas ele, é o responsável pelo entendimento da mensagem que está externando. Nesse caso, este entendimento é facilitado pelo fato de o verbo ter surgido isolado no predicado. Não há qualquer outro vocábulo integrando tal predicado. Trata-se, então, de verbo que esgotou por si próprio a mensagem que pretendia veicular. Não há complementos para a informação que estabeleceu. Dizemos, então, que estamos com verbo *intransitivo*, ou seja, verbo nocional cujo significado não necessita de complementos.
Evidentemente, os verbos intransitivos não têm de surgir isolados em predicados formados apenas por eles. Vejamos o exemplo abaixo:
*A criança adormeceu rapidamente.*

No exemplo, bastante parecido com o anterior, temos o predicado *adormeceu rapidamente*.
Tal predicado está constituído pela forma verbal *adormeceu* e pelo advérbio *rapidamente*. Como sabemos, o advérbio pode relacionar-se com verbos. No entanto, tal relação faz acrescentar, apenas, informação, pelo advérbio trazida, de natureza acessória, subsidiária, que não é imprescindível para o entendimento do ato verbal. No caso de nosso exemplo, a informação acessória é pertinente à área semântica de modo como a ação verbal se realizou. Não há obrigatoriedade do emprego do advérbio, como o prova a exemplificação anterior, vista como completa. Dessa forma, observamos que os advérbios – e locuções adverbiais – por reportarem informações acessórias, dispensáveis, não serão, em nenhuma hipótese, complementos

verbais, estruturas sintáticas que têm presença obrigatória na oração, quando os verbos a exigem. A forma verbal *adormeceu*, assim, continua intransitiva.

Poderemos verificar outro exemplo:

*A criança adormeceu rapidamente, ontem.*

Mais uma vez, acrescemos um vocábulo ao predicado. Dessa vez, adicionamos o advérbio *ontem*, revelador da circunstância de tempo no qual a ação verbal ocorreu. Trata-se, igualmente, de uma informação acessória, prescindível ao sentido do verbo, que, por isso mesmo, continua intransitivo.

Vejamos mais um exemplo:

*A criança adormeceu rapidamente, ontem, nos braços do pai.*

Dessa vez, acrescentamos à forma verbal *adormeceu* uma expressão formada por *nos* – contração da preposição *em* com o artigo definido *os* –, *braços* e *pai* – substantivos – e outra contração, agora formada por preposição *de* com o artigo definido *o*. É importante notarmos que todo este grupamento vocabular "*nos braços do pai* faz menção ao lugar onde a criança adormeceu. É uma expressão que se relaciona com o verbo, trazendo-lhe uma informação secundária contida na área semântica de lugar. Trata-se, então, de uma locução adverbial de lugar. Repetindo o que afirmamos acima, advérbios e locuções adverbiais, por mencionarem informações que se põem de acréscimo, como acessórios, não podem ser, em nenhum momento, complementos verbais. A forma verbal *adormeceu* continua exemplificando verbo intransitivo.

## VERBOS TRANSITIVOS

### Verbos transitivos diretos

Passemos, agora, a outro exemplo:

*A criança perdeu o brinquedo.*

Excluído o sujeito *A criança*, estaremos com o predicado *perdeu o brinquedo*, que está formado pelo verbo nocional *perdeu* – traduz uma informação –, pelo artigo definido *o* e pelo substantivo *brinquedo*.

Percebemos, agora, que a expressão *o brinquedo* é imprescindível para a realização *sintática* da forma verbal *perdeu*. Caso a suprimíssemos, a oração teria sua estrutura sensivelmente prejudicada. Temos, então, neste exemplo, um verbo que está sendo complementado em seu significado por um segmento vocabular. É verbo que não se bastou para o estabelecimento da informação que pretendia veicular.

Talvez seja mais importante fazermos a seguinte associação morfossintática: já vimos que advérbios e locuções adverbiais não podem ser complementos verbais – por motivos já explicados. Desse modo, qualquer vocábulo (ou expressão) que esteja no interior do predicado, relacionando-se com o verbo, se não for advérbio ou locução adverbial, será complemento verbal. Fazemos a menção *relacionando-se com o verbo* porque em diversas circunstâncias observamos presença de adjetivos no interior do predicado. Por óbvio, dada a impossibilidade de tais vocábulos se relacionarem com verbos, não podem ser complementos verbais.

Assim, a expressão *o brinquedo*, por estar contida no predicado, por relacionar-se com o verbo – considerando-se que não é de natureza adjetiva –, e, ainda, por não ser advérbio nem locução adverbial, é complemento verbal, cujo núcleo se faz presente no vocábulo *brinquedo*. Verbos que surgem complementados são denominados transitivos. Como não há preposição – que é o vocábulo por excelência voltado para promover ligações vocabulares no interior das orações – entre o núcleo do complemento e o verbo, temos em *perdeu* uma forma verbal transitiva direta.

**Verbos transitivos indiretos**

Observemos, agora, o exemplo que se segue:

*A criança precisa do brinquedo.*

Mais uma vez procederemos à exclusão do sujeito em busca do predicado, que se mostra em *precisa do brinquedo*.

É predicado formado por verbo nocional. Agora temos a forma verbal *precisa* – verbo que tem significado. Nota-se, também, a presença da expressão *do brinquedo*, formada pela contração da preposição *de* com o artigo definido *o*, e pelo substantivo *brinquedo*.

Vimos anteriormente que quaisquer vocábulos ou expressões que estejam no interior do predicado, relacionando-se com o verbo e que não sejam advérbios ou locuções adverbiais serão complementos verbais. A expressão *do brinquedo*, então, é complemento verbal. O verbo é, por isso, transitivo. Dessa vez, o núcleo do complemento – indicado pelo substantivo *brinquedo* – está ligado ao verbo pela preposição *de*. Não é mais uma ligação feita diretamente, vale dizer, sem intermediário. Trata-se de uma ligação intermediada pela preposição citada. Diremos, então, que *precisa* é forma verbal transitiva indireta.

## Verbos transitivos diretos e indiretos

Mais um exemplo completará nossas observações:

*A criança entregou o brinquedo ao colega.*

O predicado desta oração, levando-se em conta a exclusão do sujeito *A criança*, é *entregou o brinquedo ao colega.*

É predicado formado por verbo (*entregou*) ao qual se acrescentam duas expressões: *o brinquedo* e *ao colega*. As duas expressões citadas estão no interior do predicado, relacionando-se com o verbo e não são advérbios, nem locuções adverbiais. São, então, duas expressões complementares ao verbo, que é, então, percebido como verbo transitivo. Verificamos que a primeira expressão – *o brinquedo* – não está ligada ao verbo por preposição. É complemento diretamente ligado ao verbo. A segunda expressão, no entanto, está ligada ao verbo por meio da preposição *a*. É complemento indiretamente ligado ao verbo. A forma verbal *entregou* é, neste exemplo, transitiva direta e indireta.

Poderemos resumir, agora, o quadro geral dos verbos quanto à predicação:

1. Verbo de ligação

2. Verbo nocional (de ação)
   - Intransitivo
   - Transitivo
     - Direto
     - Indireto
     - Direto e indireto

### NÃO FAÇA PROVA SEM SABER

Em uma estrutura oracional, as palavras relacionam-se entre si. Por sua vez, no interior do predicado, advérbios e locuções adverbiais, por acrescentarem informações semânticas prescindíveis, embora possam relacionar-se com o verbo, não podem ser complementos verbais, termos imprescindíveis na composição estrutural da oração: serão identificados sintaticamente como adjuntos adverbiais. Assim, qualquer outro vocábulo que esteja no interior do predicado, relacionando-se com o verbo, será complemento verbal (objeto direto ou objeto indireto). Há de se lembrar de que os adjetivos não estabelecem contato com verbos.

## 4. Regência verbal

A regência verbal pretende estabelecer os diversos regimes com que um verbo pode ser empregado.

A enorme quantidade de verbos contidos no léxico da língua portuguesa impede que seja estudada em sua inteireza: não há como conhecermos todos os verbos da língua, com seus diversos matizes significativos e, a partir de tais matizes, suas regências diferentes.

Fiquemos, então, no estudo da regência de um grupo de verbos frequentemente cobrados. Não podemos desconhecê-los. Vamos a eles:

### 4.1. Regência de alguns verbos importantes

Entre os inúmeros verbos existentes no léxico de nossa língua, alguns deles vêm merecendo atenção especial daqueles que se preparam para concursos públicos, uma vez que seu emprego é constantemente requisitado nas questões propostas pelas mais diversas bancas. Não convém desconhecê-los. Colocaremos em destaque os complementos verbais que justificam seus enquadramentos quanto à regência verbal.

1. ADVERTIR

a) Transitivo direto com sentido de *refletir*, *considerar*, *concluir*, *deduzir*:
*Adverti que valeria a pena...*

Como podemos observar, a oração sublinhada é o complemento do verbo ADVERTIR, ao qual se liga sem preposição, daí sua classificação como transitivo direto.

b) Transitivo indireto ou transitivo direto (menos comumente usado) com sentido de *reparar*, *atentar*, *observar*, *notar*:
*É preciso advertir nos inconvenientes do paternalismo.*
*Não adverti num pormenor.*
*Se advertirmos todas as palavras de Cristo.*
Nos dois primeiros exemplos, temos complementos preposicionados, a saber: *nos inconvenientes do paternalismo* e *num pormenor.* No terceiro exemplo, funciona como complemento verbal a expressão *todas as palavras de Cristo.*

c) Transitivo direto e indireto com sentido de *admoestar*, *repreender*, *arguir*, *avisar*, *prevenir*, *acautelar*:

*Adverti-o de que se enganara.*
*Adverti o aluno da dificuldade da prova.*
*Devemos advertir os turistas de que não portem joias, durante o carnaval.*

Observamos os complementos diretos, em cada uma das orações, *o aluno* e *os turistas*. Por sua vez, as orações *de que se enganara*, *de que não portem joias, durante o carnaval* e o termo *da dificuldade da prova* são os complementos diretos.

### UM POUCO DE ANÁLISE SINTÁTICA

O complemento do verbo transitivo direto é denominado objeto direto, enquanto o complemento do verbo transitivo indireto é chamado de objeto indireto. Quando o objeto direto e/ou o objeto indireto estão representados por uma oração, temos uma oração subordinada substantiva objetiva direta ou subordinada substantiva objetiva indireta.

2. AGRADAR

a) Transitivo direto com sentido de *afagar*, *acariciar*:
*A mãe agradava o filho, pacientemente.*

Sublinhamos o complemento diretamente ligado ao verbo *o filho*, ao qual denominaremos objeto direto. Observe que o vocábulo *pacientemente*, contido no interior do predicado, por ser advérbio, embora se relacione com o verbo, não tem natureza complementar, tratando-se de adjunto adverbial.

b) Transitivo indireto com sentido de *satisfazer*:
*A resposta do aluno agradou ao mestre.*

Agora temos um complemento regido por preposição, ou seja, um objeto indireto. O verbo recebeu emprego transitivo indireto.

### RELEMBRE

Os pronomes pessoais oblíquos átonos – que nunca surgem regidos por preposições – funcionam frequentemente como complementos verbais. Há prescrições de emprego que não devem ser esquecidas:

a) os pronomes ***o***, ***a***, ***os***, e ***as*** só podem complementar verbos de regência transitiva direta;
b) os pronomes ***lhe*** e ***lhes*** só podem funcionar como complementos para verbos transitivos indiretos.

Obs. 2.1: os dois pronomes especificamente voltados para a complementação dos verbos transitivos indiretos não podem, entretanto, ser empregados para complementação dos verbos "aspirar" e "assistir", sendo, assim, substituídos pela forma pronominal oblíqua tônica correspondente:
Assisti ao filme. = Assisti a ele.
Aspirei ao emprego. = Aspirei a ele.

Obs. 2.2: vem-se disseminando afirmativa equivocada segundo a qual os pronomes "lhe" e "lhes" só podem substituir complementos verbais alusivos a pessoas. Não procede essa afirmativa, como se pode observar em passagens que apontamos a seguir:

2.1: Vejamos uma questão de prova elaborada pela ESAF. Trata-se da questão 17 do 2º concurso aplicado para o cargo de Auditor Fiscal do Tesouro Nacional no ano de 1994. Não convém perdemos de vista que o texto em que se fundamentou a questão foi escrito pelo notável mestre M. Said Ali:

*Nas questões 16 a 18, identifique o item sublinhado que contém erro de natureza ortográfica ou gramatical ou impropriedade vocabular, e marque a letra correspondente.*

**Questão 17**

*Hoje que a ciência da linguagem investiga os fatos sem deixar-se pear por antigos preconceitos, já não podemos levar as chamadas partículas de realce à conta de superfluidades (A) nem ainda atribuir-lhes papel decorativo, o que seria contra-senso (B), uma vez que rareiam no discurso eloquente e retórico e se usam (C) a cada instante justamente no falar desataviado de todos os dias.*

*Uma coisa é dirigirmo-nos à coletividade, a pessoas desconhecidas, de condições diversas, e que nos ouvem caladas; outra cousa é tratar alguém de perto, falar e ouvir, e ajeitar a cada momento a linguagem em atenção a essa pessoa que está diante de nós, para que fique sempre bem impressionada com as nossas palavras.*

*É esta situação, ou melhor, são as várias cambiantes de situação existentes no diálogo, na conversação, no trato familiar, que determinam o uso dessas expressões concisas, alheias, talvez, à parte informativa, mas capaz (D) de conseguir intuitos que palavras formais não conseguiram. Chamemos-lhes (E) expressões de situação.*

(Manuel Said Ali, com adaptações)

a) A;
b) B;
c) C;
d) D;
e) E.

A resposta da questão foi a alternativa (D), que contém um deslize de concordância nominal (dever-se-ia ter empregado "capazes"). Desse modo, podemos observar que o pronome "lhes", alusivo a "expressões concisas" foi considerado correto – como se deve – pela eminente banca examinadora da ESAF.

2.2: São comuns, igualmente, na Fundação Carlos Chagas, questões em que o mesmo fato ocorre.

Vejamos uma delas, apenas:

*"O e-mail veio para ficar, ainda que alguns considerem o e-mail uma invasão de privacidade, ou mesmo atribuam ao e-mail os desleixos linguísticos que costumam caracterizar o e-mail."*

Evitam-se as viciosas repetições do trecho acima substituindo-se os elementos sublinhados, na ordem dada, por:

A resposta para esta questão (Prova para Administrador do Dnocs, questão 16, 2010) foi a alternativa "b", que continha as seguintes pronominalizações:

*(B) o considerem – lhe atribuam – caracterizá-lo.*

Como vemos, o complemento verbal "ao e-mail", objeto indireto da forma verbal "atribuam", está indicado pelo pronome "lhe", apesar de o complemento indireto citado não ser pessoa.

2.3: Fizemos rápida leitura de fragmentos de textos produzidos por autores insuspeitos e detetamos, em pouquíssimo tempo, inúmeras passagens que atestam esse emprego.

Vejamos alguns exemplos:

*"Caracterizam-se eles [fonemas] por um pequeno número de movimentos articulatórios, imprimindo-lhes traços acústicos bem determinados, que nos permitem identificá-los."* (Grifos nossos)

*"Desses três tipos de defeitos articulatórios, o mais relevante, e também mais relativamente fácil de ser eliminado por um esforço pessoal, é o que determina confusões de fonemas. Segue-se-lhe em importância, num conjunto que é verso e reverso, o hiperurbanismo e o vulgarismo ..."* (Grifos nossos)

(Exemplos colhidos em *Manual de expressão oral e escrita*, Mattoso Câmara Jr., Editora Vozes, 6ª edição, 1981, p. 28)

*"Essas quatro partes representam as principais características da obra. O desenvolvimento que lhes demos tem, ao que parece, inteira razão de ser ..."*

*"Mas a simples gramaticalidade, o simples fato de algumas palavras se entrosarem segundo a sintaxe de uma língua para tentar comunicação não é suficiente para lhes garantir inteligibilidade."*

(Exemplos colhidos em *Comunicação em prosa moderna*, Othon M. Garcia, FGV Editora, 13ª edição, 1986, p. XI e 8)

*"Em alguns pontos é tão fofa e movediça que os animais das tropas viageiras arquejam de cansaço ao vencerem aquele terreno incerto, que lhes foge de sob os cascos ..."*

(Texto de Taunay, Alfredo D'Escragnole, colhido em *Antologia nacional*, Fausto Barreto e Carlos de Laet, Civilização Brasileira, 24ª edição, 1943, p. 105)

São abundantes os exemplos com esse emprego. Não os citamos para que não se torne muito extensa essa rememoração.

2.4: Reportemo-nos, agora, ao *Dicionário eletrônico Houaiss*, transcrevendo o que nos é ensinado no verbete "lhe":
pronome pessoal
*da 3ª p.s., ele/ela ou quaisquer formas cerimoniais ou convencionais de tratamento como vossa mercê, vossa senhoria, vosmecê, você, o senhor, vossa senhoria, vossa alteza etc. ou quaisquer substantivos, animados ou inanimados, tomados como agentes ou pacientes de ação* [grifo nosso], *isto é, "a pessoa ou a coisa de quem se fala" [É a forma oblíqua objetiva indireta correspondente a ele, ela.]* (Grifos nossos)

(C) Os demais pronomes (***me***, ***te***, ***se*** (3ª pessoa do singular), ***nos***, ***vos*** e ***se*** (3ª pessoa do plural) atendem indistintamente às duas regências.

(D) Os pronomes oblíquos átonos **"*o*"**, **"*a*"**, **"*os*"**, **"*as*"**, ao se ligaram a verbos que terminam em **"*r*"**, **"*s*" *ou* "*z*"** provocam a queda dessas consoantes e, por sua vez, se transformam em **"*-lo*"**, **"*-la*"**, **"*-los*"**, **"*-las*"**.

(E) Os mesmos pronomes átonos vistos no item anterior, ao se ligarem a verbos terminados em nasalidade (representada por **"*m*"** ou **"~"**, transformam-se em **"*-no*"**, **"*-na*"**, **"*-nos*"**, **"*-nas*"**.

---

Desse modo, procedendo-se à pronominalização dos complementos verbais das sentenças vistas como exemplos neste verbo, teremos, pela ordem:

1. A mãe agradava-o, pacientemente.
2. A resposta do aluno agradava-lhe.

3. AGRADECER

a) Transitivo direto e indireto:
*Agradeci ao mestre a explicação.*

Vemos duas expressões de natureza substantiva (seus núcleos são substantivos) vinculadas ao verbo: *ao mestre* e *a explicação*. Já sabemos que palavras ou expressões de natureza substantiva contidas no interior do predicado e relacionadas com o verbo funcionam como complementos verbais. Assim, *ao mestre* é objeto indireto e *a explicação*, objeto direto.

b) Transitivo indireto:
*Vendo o bem que me fez, agradeci a ele.*

Observamos que a oração "agradeci" está formada pelo verbo e pelo pronome pessoal oblíquo tônico. Evidentemente, nesse caso, o pronome funciona como objeto indireto.

c) É frequente o emprego desse verbo com regência transitiva indireta e acompanhado de adjunto adverbial (revelador de circunstância de causa), que se introduz por meio das preposições "por" ou "pelo":
*Agradeci-lhe por tudo que me fez.*
*O aluno agradeceu ao mestre pela explicação dedicada.*

Como podemos notar nos dois exemplos, a regência transitiva indireta se faz caracterizar pelos objetos indiretos *lhe* e *ao mestre*. As expressões *por tudo* e *pela explicação dedicada* funcionam como adjuntos adverbiais.

4. ASPIRAR
a) Transitivo direto com sentido de *respirar*, *absorver*, *inspirar*:
*A moça aspirava <u>o perfume da flor</u>.*

A expressão *o perfume da flor* está no interior do predicado e em clara relação com a forma verbal *aspirava*. Por não ter natureza adverbial, é um complemento verbal. Um objeto direto, no caso. Observe que a expressão *da flor* liga-se por meio da preposição *de*, que surgiu contraída com o artigo definido *a*, ao substantivo *perfume*. Não há relação de *da flor* com a forma verbal *aspirava*. Note, ainda, que o núcleo do complemento verbal está indicado pelo substantivo *perfume*, em torno do qual surgiram o artigo definido *o* e a locução adjetiva *da flor*.

**AMPLIE SEU CONHECIMENTO**

Comumente, as expressões sintáticas são denominadas *sintagmas*. Podemos, *grosso modo*, afirmar que *sintagmas* são elementos oracionais portadores de função na estrutura da oração. Assim, em *A moça aspirava o perfume da flor*, temos o sintagma sujeito (*A moça*) e o sintagma predicado (*aspirava o perfume da flor*). Diz-se que o sujeito é um sintagma nominal, já que não apresenta forma verbal em seu interior, vale dizer, seu núcleo será um *nome*. Por sua vez, o predicado é denominado sintagma verbal. Essa conceituação vai-se reduzindo, de modo que, no interior do sintagma verbal (ou predicado), encontramos o sintagma *o perfume da flor*, objeto direto. No interior do objeto direto, ainda identificamos os sintagmas *o* e *da flor*, denominados adjuntos adnominais. Mas isso já é outra história.

b) Transitivo indireto com sentido de *almejar*:
*O professor aspirava a melhores condições de trabalho*.

Todo o fragmento textual *a melhores condições de trabalho* vincula-se, por meio da preposição *a*, ao verbo em pretérito imperfeito do indicativo *aspirava*. É um objeto indireto, portanto. Observe que tal fragmento tem como núcleo o substantivo *condições*. Os termos sintáticos (ou sintagmas) *melhores* e *de trabalho* relacionam-se, por sua vez, com o núcleo do objeto indireto.

5. ASSISTIR
a) Transitivo indireto com sentido de *ver*, *observar*:
*Assistimos ao espetáculo circense*.

A expressão *ao espetáculo circense* está no interior do predicado, relacionando-se com o verbo e não é advérbio ou locução adverbial. Trata-se, assim, de um complemento verbal.

b) Transitivo direto ou transitivo indireto com sentido de *dar assistência*, *socorrer*:
*O coroinha assistiu a missa.*

ou, de forma igualmente correta:

*O coroinha assistiu à missa.*

Na primeira exemplificação, temos o complemento diretamente ligado ao verbo, vale dizer, sem intermédio de preposição, *a missa*, daí dizermos que o verbo recebeu emprego transitivo direto. Na segunda, o mesmo complemento surgiu regido pela preposição *a*, o que faz caracterizar o aludido verbo como transitivo indireto.

**ENRIQUEÇA SEU ESTUDO**

Diz-se que um termo da oração está regido por preposição quando se observa a intermediação em seu contato com outro vocábulo feita por preposição. Desse modo, ao dizermos que o complemento ao *acidentado* surgiu *regido*, fizemos menção ao fato de o mesmo vincular-se ao verbo por meio da preposição *a*.

c) Intransitivo com sentido de *morar*, *residir*:
*Durante anos assistiu em Petrópolis.*

Não há o que sublinhar no presente exemplo. A expressão *em Petrópolis* traz para a forma verbal *assistiu* uma informação acessória, tradutora do valor semântico de lugar. Trata-se de uma locução adverbial cumprindo papel sintático de adjunto adverbial. Também traz informação acessória, agora de tempo, para o verbo o sintagma *Durante anos*. Como já vimos antecedentemente, advérbios ou locuções adverbiais não podem ser complementos verbais. O verbo tem, nesse exemplo, emprego intransitivo, portanto.

d) Transitivo indireto com sentido de *caber*, *competir*:
*O direito à reclamação assistia ao contribuinte.*

O exemplo merece um registro inicial: o sujeito da oração está indicado pela expressão (ou sintagma) *O direito à reclamação*. Note que seu núcleo é o substantivo *direito*. Constate que a expressão *à reclamação*, regida pela preposição *a*, que se contraiu com o artigo definido *a*, liga-se ao núcleo mencionado. No interior do predicado, que é *assistia ao contribuinte*, verifica-se a presença do sintagma (ou expressão sintática) *ao contribuinte*, claramente vinculado à forma verbal *assistia* pela preposição *a*. É um objeto indireto e o verbo tem emprego transitivo indireto.

6. CHAMAR

a) Transitivo direto com sentido de *convocar*, *fazer vir*:
*O técnico chamou os melhores atletas.*

Temos em *os melhores atletas* um sintagma de base substantiva, vale dizer, com núcleo representado por substantivo. Está no interior do predicado e relaciona-se com o verbo. Trata-se, então, de um objeto direto. A regência transitiva direta está confirmada.

b) Transitivo direto ou transitivo indireto com sentido de *apelidar*, *denominar*:
*Chamei-o de inteligente.*
*Chamei-o inteligente.*
*Chamei-lhe de inteligente.*
*Chamei-lhe inteligente.*

Observemos, inicialmente, que o sujeito (*eu*, no caso) de cada uma das frases está implícito e denunciado pela forma verbal. Assim, cada uma das frases representa o seu próprio predicado. Sublinhamos os complementos verbais em cada um dos exemplos. Como já vimos, os pronomes *o* e *lhe* têm emprego exclusivo para formas verbais transitiva direta e transitiva indireta, respectivamente. Assim, não é difícil percebermos que nas duas primeiras sentenças o verbo sofreu emprego transitivo direto, enquanto nas duas últimas o registro foi de regência transitiva indireta.

Convém recordamos um dado essencial para o entendimento do que afirmamos: o vocábulo *inteligente*, que surge nos quatro predicados acima, é morfologicamente – quanto à classe gramatical a que pertence, entenda-se – um adjetivo. Sendo adjetivo, não há qualquer possibilidade de o vincularmos ao verbo. Na verdade, representa um atributo que se faz aos complementos verbais. Ora é predicativo do objeto direto (nas duas primeiras orações), ora é predicativo do objetivo indireto (nas duas orações restantes). A preposição *de* que o rege tem emprego rigorosamente facultativo, daí a existência de quatro orações corretas.

7. CONSTITUIR

a) Empregado com sentido de "compor", "formar", "ser ou ter como a parte principal", tem regência transitiva direta:

*Os jovens constituem o futuro do país.*

Obs. 1: a partir desse fato, a construção em voz passiva será legítima:

*O futuro do país é constituído pelos jovens.*

b) Empregado de modo pronominal, quando significa "organizar-se", "formar-se", tem regência transitiva indireta, com complemento regido pela preposição "em" ou "de":

*Seu organismo constitui-se de milhares de células.*

*Nos Estados Unidos, as 13 colônias do norte constituíram-se em uma nação.*

c) Ao significar "nomear", "eleger", "dar poderes", tem regência transitiva direta:

*Constituí seu procurador um advogado trabalhista.*

*O contribuinte constituíra o advogado seu procurador.*

Obs. 2: observemos os predicativos do objeto direto "seu procurador", nas sentenças vistas.

8. CUSTAR

a) Intransitivo com sentido de *valer*:

*O livro custou caro.*

Observe que o predicado está formado por dois vocábulos: *custou* e *caro*. O primeiro é verbo e o segundo é um adjetivo de emprego adverbial. Tendo emprego adverbial, não pode ser considerado complemento verbal. Como sabemos, os advérbios são vocábulos que se relacionam com verbos no sentido de trazer-lhes informações acessórias, o que não é o caso dos complementos verbais, que são imprescindíveis à estrutura oracional. O verbo não tem complemento, nesse exemplo, estando caracterizada, assim, sua regência intransitiva.

**TIRE SUA DÚVIDA**

Inúmeros vocábulos têm a mesma forma gráfica quer se trate de adjetivo, quer se trate de advérbio. É o caso, por exemplo, do vocábulo <u>alto</u>. Na oração "Ele é um rapaz alto", o vocábulo alto, por relacionar-se com o substantivo rapaz, para o qual traz uma qualificação, é um adjetivo. No entanto, na sentença "O rádio continuava a tocar alto aquela música insistente", o mesmo vocábulo não se relaciona com substantivo, mas com a locução verbal "continuava a tocar", para a qual traz valor semântico acessório de modo, sendo, então, um advérbio. Um detalhe poderá ajudar-nos no ato de distinguirmos adjetivos e advérbios que se apresentem com a mesma forma gráfica: sendo os adjetivos palavras variáveis, caso flexionemos os termos da oração em plural, haverá a inevitável concordância de plural também para o adjetivo. Caso estejamos com um advérbio, o vocábulo estudado permanecerá invariável, como qualquer outro advérbio.
Vejamos, então, duas sentenças:

1. O livro custou caro. / Os livros custaram caro. (caro é advérbio)
2. O livro é caro. / Os livros são caros. (caro é adjetivo)

b) Transitivo direto e indireto com sentido de *exigir*:
*A aprovação custou-<u>me</u> <u>noites de estudo</u>.*

Temos o objeto indireto *me* e o objeto indireto direto *noites de estudo*. Como o pronome *me* funciona para as duas regências (transitiva direta e transitiva indireta, indistintamente), a verificação de que o sintagma *noites de estudo* não está regido por preposição indica-nos ser o mesmo um objeto direto. Desse modo, o pronome citado é deduzido como objeto indireto. O verbo tem regência transitiva direta e indireta.

c) Transitivo indireto com sentido de *ser difícil*, *ser custoso*, *ser demorado*:
*Custou-<u>me</u> chegar aqui.*
*Custar-<u>nos</u>-á atravessar a rua.*

Obs. 1: nesse caso, as orações reduzidas de infinitivo *chegar aqui* e *atravessar a rua* funcionam como sujeito do verbo *custar*. Apesar disso, podem surgir regidas pela preposição "a":
*Custou-me a chegar aqui.*
*Custar-nos-á a atravessar a rua.*

**IMPORTANTE**

Talvez seja este um dos verbos em que mais se note o afastamento entre os preceitos da norma culta e o uso natural que dão os falantes brasileiros da língua portuguesa. Os dois exemplos que abonam a indicação transitiva indireta para o verbo representam elaborações que se afastam demasiadamente do nosso falar espontâneo, que faria surgir as sentenças "Eu custei a chegar aqui" e "Nós custaremos a atravessar a rua", estruturas não referendadas pela norma culta da língua, embora de uso intenso entre nós.

É importante relembrarmos que, sendo o sujeito o termo sintático que, semanticamente, aponta para o ser ou a coisa sobre os quais recai a declaração feita na sentença, nos dois exemplos temos como sujeitos as orações "chegar aqui" e "atravessar a rua". Por outro lado, os dois pronomes átonos ("me" e "nos", respectivamente) traduzem os objetos das ações de chegar e atravessar, ainda pela ordem. São objetos indiretos. Em outro exemplo, no qual o objeto indireto fosse representado por substantivo, ficaria mais clara a natureza indireta da complementação verbal: *Custou ao aluno resolver a questão.*

Para simplificar, lembremo-nos sempre de que, ao empregarmos o verbo custar com sentido de ser difícil, ser custoso, ser demorado, deveremos atribuir-lhe como sujeito aquilo que representa a dificuldade, o que é custoso ou demorado, bem como dar-lhe como complemento indireto (objeto indireto) a indicação do que (ou, mais geralmente, de quem) está sofrendo a dificuldade.

Vale ainda a informação de que gramáticos de vulto apontam a possibilidade de a preposição a surgir antecedendo o sujeito, nessas passagens, o que faria surgir, por exemplo, a frase correta "Custou-me a chegar aqui". Não é, entretanto, comum essa elaboração.

9. ESQUECER / ESQUECER-SE / LEMBRAR / LEMBRAR-SE

a) Não pronominalmente conjugados são transitivos diretos:
*Esqueci <u>os óculos</u> sobre a mesa.*
*Lembrava, sempre, <u>a obrigação desagradável</u>.*

Os complementos verbais sublinhados (*os óculos* e *a obrigação desagradável*) atestam a natureza transitiva direta dos dois ora estudados. No primeiro exemplo, o fragmento textual *sobre a mesa*, que tem natureza acessória, é analisado morfologicamente como locução adverbial e sintaticamente como adjunto adverbial.

b) Pronominalmente conjugados são transitivos indiretos:
*Esqueci-me de você.*
*Lembrei-me de tudo.*

c) Existe também emprego transitivo direto e indireto do verbo "lembrar", como podemos comprovar em *Lembrei ao aluno o trabalho final*, sentença em que *ao aluno* funciona como objeto indireto e *o trabalho final* como objeto direto. No item 17 deste capítulo, voltaremos a estudar esse verbo com essa regência, dada a existência de dupla construção da sentença em que surge.

**NÃO FAÇA PROVA SEM SABER**

Existe, ainda, a possibilidade de se empregarem os verbos *esquecer* e *lembrar* (não pronominais) com regência transitiva indireta. É construção hoje em desuso. Percebe-se a intenção de, fazendo-se do esquecimento ou da lembrança o sujeito da oração, retirar-se da pessoa que os sofreu a intenção do gesto. Tal como se algo nos saísse da memória ou a ela tivesse chegado sem nossa participação efetiva. É construção de cunho literário, que sempre esteve muito mais presente no texto que na oralidade.
Vejamos os exemplos que se seguem:
Quis variar, e lembrou-<u>me</u> escrever um livro.
Lembrou-<u>me</u> o fato da véspera.
Não <u>lhe</u> lembra nunca a possibilidade de um tabefe.
Esqueceu-<u>me</u> o cajueiro da infância.
Assim empregados, os verbos passam a ter como sujeito aquilo que é lembrado ou esquecido. Nos exemplos acima, os sujeitos são, pela ordem: "escrever um livro", "o fato da véspera", "a possibilidade de um tabefe" e "o cajueiro da infância". Os pronomes oblíquos átonos sublinhados funcionam como objetos indiretos dos verbos com que se relacionam.

10. GOSTAR

a) Significando "apreciar", "amar", tem regência transitiva indireta:
*Os bons alunos gostam de livros.*

Na sentença, o sujeito está indicado pela expressão "Os bons alunos". Então, o predicado é "gostam de livros". No interior do predicado observa-se a presença da forma verbal "gostar", empregada com o significado ora estudado. Temos, ainda, no interior do predicado a expressão "de livros", que se vincula ao verbo por meio da preposição "de". Não é possível admitirmos para tal expressão valor morfológico adverbial. Temos, então, expressão contida no predicado, relacionando-se com o verbo e não possuindo valor adverbial. Trata-se, evidentemente, de um complemento verbal. A presença da preposição ("de", no caso) faz-nos classificar o verbo como transitivo indireto.

b) Quando tem sentido de "provar", "degustar", "experimentar" apresenta regência transitiva direta:
*O garçom solicitou que o rapaz gostasse o vinho, antes de servi-lo.*

Notamos que na segunda oração do período ora estudado ("que o rapaz gostasse o vinho"), o verbo "gostar" apresenta significado de "experimentar". Ao analisarmos a oração de que faz parte, vemos que seu sujeito está indicado por "o rapaz". O predicado, então, será "gostasse o vinho". Nesse predicado, além do verbo, notamos a presença da expressão de natureza substantiva "o vinho", que se liga ao verbo sem auxílio de preposição, o que nos leva a classificar a regência verbal em transitiva direta.

11. IMPLICAR
a) Transitivo indireto com sentido de *perturbar*, *molestar*:
*Irmãos mais velhos implicam com os mais novos.*

Observe-se o complemento indireto – regido pela preposição *com* – que caracteriza a regência transitiva indireta.
b) Transitivo direto com sentido de "*acarretar*", "*provocar*", "*causar*":
*Suas faltas às aulas implicaram reprovação.*

Como vemos, o complemento *reprovação* surgiu sem preposição a regê-lo, o que indica o emprego verbal transitivo direto. Tal emprego é o que se indica para o verbo *implicar*, empregado com o sentido acima descrito, acatando-se prescrição da norma culta da língua.

**ATENÇÃO!**

Vem sendo admitida a regência transitiva indireta – com complemento regido pela preposição "em" – para esse verbo, nesta última acepção de "acarretar", "provocar", "causar". Assim, frase como "Suas faltas às aulas implicaram em reprovação." pode ser considerada, dependentemente do contexto de questão em que surge, correta.
Apresentamos fragmento da questão de número 2, alternativa "b", da prova para o então cargo de Auditor Fiscal da Receita Federal, aplicada em 2001. A questão,

em seu enunciado, solicitava "Marque a opção em que ambos os períodos estão gramaticalmente corretos" e teve como resposta o item já citado, em que se encontravam os textos:
"A prática do racismo é definida como crime na Lei nº 7.716/89, isto é, nessa lei estão definidas várias condutas que implicam tratamento discriminatório, motivado pelo preconceito racial. / A prática do racismo é definida como crime na Lei nº 7.716/89, isto é, nessa lei estão definidas várias condutas que implicam em tratamento discriminatório, motivado pelo preconceito racial."
Como podemos observar, a única diferença entre os dois textos apresentados neste item está na regência com que se trabalhou a forma verbal "implicam": na primeira sentença, empregou-se tal verbo com regime transitivo direto, como recomendado pela norma culta da língua. Na segunda, a preposição "em", regendo o complemento "em tratamento discriminatório", faz caracterizar regência transitiva indireta, o que exemplifica emprego verbal transitivo indireto. Tal diferença, entretanto, não foi considerada incorreta, uma vez que o gabarito da questão é exatamente o que reproduzimos, ou seja, "b".

12. INDUZIR

a) Transitivo direto e indireto com sentido de *levar a*, *persuadir*, *instigar*:
*Os conspiradores induziram o povo a levantar-se contra a Coroa.*

Observem-se os complementos *o povo* e *a levantar-se contra a Coroa*, respectivamente direto e indireto.

b) Transitivo direto com sentido de *fazer surgir no espírito*, *inspirar*, *levar*, *arrastar*:
*No julgamento, os advogados dramatizavam o mais possível suas falas, para induzir o júri.*

O complemento não preposicionado "o júri" (destacado, inclusive), ou seja, o objeto direto do verbo "induzir", referenda o emprego transitivo direto, com esse sentido.

c) Intransitivo no sentido de *praticar a indução*:
*Para chegarmos a um bom entendimento textual teremos que induzir, deduzir e raciocinar.*

Como se nota, não há complemento para o verbo *induzir*, presente na oração *teremos que induzir*.

13. IR / CHEGAR

Intransitivos.

São verbos que, na linguagem espontânea, surgem invariavelmente mal empregados. Tornam-se, portanto, perigosos, já que a frequência com que o falante os ouve usados de maneira não referendada pela norma culta faz com que também tenda a usá-los indevidamente.

Fato é que surgem na grande maioria das oportunidades acrescidos por informações circunstanciais, entre elas ressaltando a de lugar. Pois bem: o adjunto adverbial de lugar que se liga a tais verbos é intermediado por preposições que diferem um pouco de caso para caso.

Assim, para o verbo *ir*, empregamos as preposições *a* ou *para*. Com o verbo *chegar*, usamos as preposições *a* ou *de*.

*Foi ao colégio.* *Irá para Recife.*

*Chegou a casa.* *Chegou do trabalho.*

Como vimos, construções como *Fui no trabalho*, *Irei na sua casa*, *Chegava sempre tarde em casa* ou *Cheguei na cidade de manhã*, por exemplo, por empregarem a preposição *em* intermediando o vínculo entre o adjunto adverbial de lugar e as formas verbais são incorretas, segundo o uso culto formal da linguagem.

Não se deve, entretanto, esquecer que a interdição do emprego da preposição *em* diz respeito à regência do adjunto adverbial de lugar. Desse modo, frases como *Fui no carro* e *Ele chegará no voo noturno* são perfeitamente legítimas, desde que se expresse o fato de terem sido *no carro* e *no voo noturno* os adjuntos adverbiais de meio e não de lugar.

14. MORAR / RESIDIR

Intransitivos.

*Moro em Botafogo.*

*Resido na rua Bambina.*

Observe que os adjuntos adverbiais que se ligam a tais verbos sempre o fazem por meio da preposição *em*, que pode surgir contraída com artigos, como na segunda exemplificação acima.

Regência idêntica constata-se para o verbo SITUAR, cujos particípios *situado* e *sito* – este último irregular – também são acrescidos de informação relativa a lugar regida pela preposição comentada:

*O terreno sito na rua Chile foi vendido com ágio.*

*A fazenda estava situada na parte mais aprazível da região.*

15. OBEDECER / DESOBEDECER

Têm regência transitiva indireta:

*Obedeci aos regulamentos.*

*Jamais desobedeço às normas.*

Os complementos indicados estão igualmente regidos pela preposição *a*. Esta é a recomendação culta formal.

Como sabemos, verbos de regência transitiva indireta ou intransitiva não admitem conversão de vozes verbais. No entanto, os dois verbos ora estudados, apesar da regência transitiva indireta, possibilitam a elaboração de orações de voz passiva.

*Os sinais de trânsito costumam ser obedecidos pelos pedestres.*

*A sintaxe de colocação pronominal não deve ser desobedecida pelos que querem um texto aprimorado.*

**IMPORTANTE**

Encontramos em *Dicionário prático de regência verbal*, de Celso Pedro Luft, Ática, São Paulo, 7ª edição, 1999, p. 380, a seguinte referência ao emprego transitivo direto desse verbo.

Certamente, a possibilidade da construção em voz passiva que mostramos decorre disso:

"Obs. 1: entre os clássicos antigos aparece como TD: "Nem a Deus se podem perguntar os porquês: obedecê-los sim, muda e cegamente" (Vieira: Fernandes). Em autores modernos: "Não havia obedecê-los" (Euclides da Cunha: Nascentes). Em modernistas: "...ele não teria porque obedecê-la" (Clarice Lispector: Barbadinho).

(...)

Obs. 2: vigora também a construção TD, obedecer algo. "A mesa parece obedecer a ordem" (Menotti del Picchia: Barbadinho). "Se obedecesse (...) os seus impulsos" (Plínio Salgado: id.). "...obedecendo o anátema" (Oswald de Andrade: id.).

16. PAGAR / PERDOAR

a) Transitivo direto para *coisas*:

*Paguei o pão.*

*Perdoei o crime.*

Os complementos diretamente ligados aos verbos (*o pão* e *o crime*) são indicativos de coisas e, desse modo, ligaram-se diretamente a cada uma das formas verbais.

b) Transitivo indireto para *pessoas*:
*Paguei ao padeiro.*
*Perdoei ao criminoso.*

Obs.: Francisco Fernandes, em *Dicionário de verbos e regimes*, 35ª edição, Editora Globo, Rio de Janeiro, p. 457-458, orienta-nos quanto à possibilidade de o verbo "perdoar" (não o faz com "pagar"), mesmo tendo como complemento pessoas, ou seja, com regência transitiva indireta, possibilitar construção em voz passiva:
*Mais de uma vez chegou a sair com o propósito de visitar Sofia e pedir-lhe perdão. De quê? Não sabia; mas queria ser perdoado.* (M. Assis, *Quincas Borba*)

c) Os dois verbos estudados no presente item podem receber emprego transitivo direto e indireto, ressalvando-se a necessidade de os complementos diretos e indiretos manterem a disposição citada:
*Paguei a encomenda ao portador.*
*Perdoaram-lhe o crime.*

**ATENÇÃO!**

No *Dicionário prático de regência verbal*, Celso Pedro Luft, Ática, 7ª edição, 1999, p. 388 e 399, lê-se que o emprego dos dois verbos deste item com regência transitiva direta, ainda que com complementos representativos de pessoas, é válido.
*Não pagaram a costureira.* (Rachel de Queiroz)
*Pagaram o carregador.* (Oswald de Andrade)
*Levemente o perdoa.* (Camões)
*Perdoei-o.* (Machado de Assis)

17. PEDIR
a) É comumente empregado com regência transitiva direta e indireta:
*Pediu clemência ao seu algoz.*
*Pedir-me-ás socorro.*
*Pede que o ajudem.*

Obs.: desaconselha-se o emprego da preposição *para*, que muito frequentemente é empregada, regendo seu complemento direto representado por oração, como em *Pediu ao doente para que permanecesse no leito.* A alegação é a de que, estando a oração em função de objeto direto, não há procedência para emprego da preposição. Assim, a construção, no exemplo citado, seria *Pediu ao doente que permanecesse no leito*. Aqueles que seguem essa orientação argumentam que só será correto o emprego de *pedir para* quando houver implícito o vocábulo *permissão* (ou *licença*). Assim, aceitaríamos *Pediu ao doente para ficar no quarto*, situação que poderia ser entendida como *Pediu ao doente* [permissão] *para ficar no quarto*. Nesse caso, a expressão *ao doente* é analisada como objeto indireto e a oração *para ficar no quarto* classifica-se em subordinada adverbial final, reduzida de infinitivo. A matéria é controversa, na medida em que não há unanimidade entre os estudiosos. Recomenda-se, então, cautela ao empregar-se esse verbo.

18. PREFERIR

Transitivo direto e indireto:
*Prefiro praia a piscina.*
*Prefiro o cinema ao teatro.*

O ato de *preferir* não admite gradações. A preposição incumbida de reger o complemento indireto desse verbo é, necessariamente, *a*. Dessa forma, são inconvenientes construções tais como:

1. *Prefiro mais cinema a teatro.*
2. *Prefiro muito mais cinema que teatro.*
3. *Prefiro mil vezes cinema do que teatro.*
4. *Prefiro antes cinema a teatro.*
5. *Prefiro cinema que teatro.*
6. *Prefiro cinema do que teatro.*

Em 1. errou-se no emprego do advérbio de intensidade *mais*. Em 2. e 3. cometeu-se deslize no emprego das intensificações *muito mais* e *mil vezes*, bem como na substituição da preposição *a* pelas expressões comparativas *muito mais ... que* e *mil vezes ... do que*. Em 4. está incorreto o emprego do advérbio *antes*, rigorosamente redundante com respeito ao significado denotado por *preferir*. Em 5. e 6. a ausência da preposição *a*, substituída respectivamente por *que* e *do que*, faz caracterizar o equívoco.

19. PRESCINDIR

É verbo de regência transitiva indireta, com objeto indireto regido pela preposição "de":
*Não poderei prescindir de sua ajuda.*
*A explicação foi tão clara que prescindiu de qualquer pergunta.*

Observemos que, nos dois exemplos, os complementos verbais, a saber, "de sua ajuda" e "de qualquer pergunta", surgiram regidos pela preposição "de".

20. PRESIDIR / SATISFAZER / ATENDER / AJUDAR

São transitivos diretos ou transitivos indiretos indiferentemente:

| | | |
|---|---|---|
| *Presidi o congresso* | ou | *Presidi ao congresso.* |
| *Satisfarei teu desejo.* | ou | *Satisfarei a teu desejo.* |
| *Atendi o chamado.* | ou | *Atendi ao chamado.* |
| *Ajudei meu amigo.* | ou | *Ajudei a meu amigo.* |

Obs. $_1$: adotaremos emprego transitivo direto para o verbo *ajudar* preferencialmente. Podemos encontrar referência a seu emprego transitivo indireto em *Dicionário prático de regência verbal*, Celso Pedro Luft, Ática, 7ª edição, São Paulo, 1999, p. 45, e em *Dicionário de verbos e regimes*, Francisco Fernandes, Editora Globo, 35ª edição, Rio de Janeiro, 1987, p. 62.
*Ajudei meu amigo.* ou *Ajudei a meu amigo.*

Obs. $_2$: caso o complemento do verbo atender seja indicativo de pessoa, ao ser representado por pronome pessoal oblíquo átono, deverá ser sempre indicativo de objeto direto. Assim, podemos escrever *Atendi o contribuinte* ou *Atendi ao contribuinte*. No entanto, caso representemos o complemento verbal por pronome átono, só grafaremos *Atendi-o.*

21. PROCEDER

a) Intransitivo com os sentidos de *agir*, *provir*, *caber*:
*A criança procedeu bem.*
*O avião procedia de Manaus.*
*Sua reclamação não procede.*

Os advérbios *bem* e *não*, bem como a locução adverbial *de Manaus,* funcionam sintaticamente como adjuntos adverbiais, inexistindo, assim, complementos para cada um dos verbos dos exemplos.

b) Transitivo indireto com o sentido de *dar início*:
*A secretária procedeu aos preparativos da reunião.*

22. PREVENIR / PARTICIPAR / CIENTIFICAR / CERTIFICAR / NOTIFICAR / AVISAR / LEMBRAR / PROIBIR / INFORMAR / IMPEDIR / INCUMBIR e outros:

Transitivos diretos e indiretos, com possibilidade de alternância no uso dos complementos:

| | | |
|---|---|---|
| *Avisei-o de que não haveria aula.* | ou | *Avisei-lhe que não haveria aula.* |
| *Notifiquei-o do fato.* | ou | *Notifiquei-lhe o fato.* |
| *Lembramo-lo do prometido.* | ou | *Lembramos-lhe o prometido.* |
| *Informei-o de tudo.* | ou | *Informei-lhe tudo.* |

Apontamos a obrigatoriedade de restarem no período dois complementos de naturezas distintas: um, direto; outro, indireto.

Assim, nas primeiras exemplificações, salientamos os complementos *o* (direto e representando pessoa) e *de que não haveria aula*, *do fato*, *do prometido* e *de tudo* (indireto e alusivo a coisa), respectivamente. Nas frases ao lado houve a inversão dos complementos: o que representa pessoa mudou para *lhe*, vale dizer, objeto indireto, enquanto o alusivo a coisa transformou-se em *que não haveria aula*, *o fato*, *o prometido* e *tudo*, sintaticamente objetos diretos.

É necessário cuidado para não se cometer o equívoco de deixar o texto com dois complementos iguais.

23. QUERER

a) Transitivo direto com sentido de *querer a posse*, *desejar*:

*Quero o livro novo.*

Ao se expressar a intenção de desejo, de posse em relação ao objeto, construiu-se uma estrutura transitiva direta para o verbo.

b) Transitivo indireto com sentido de *amar*, *querer bem*:

*Quero aos meus alunos.*

Agora, manifesta-se a informação de que se quer bem a alguém, daí o emprego do complemento regido por preposição, o que caracteriza a regência transitiva indireta.

24. USUFRUIR

Tem emprego transitivo direto ou transitivo indireto, indiferentemente.

*Pode agora, na velhice, usufruir os esforços da juventude.*
*Pode agora, na velhice, usufruir dos esforços da juventude.*

Sublinhou-se na primeira exemplificação o objeto direto (complemento verbal ligado ao verbo diretamente, vale dizer, sem intermédio da preposição). No segundo exemplo, apontou-se o mesmo complemento, no entanto regido pela preposição *de*, o que caracteriza a regência transitiva indireta do verbo.

25. VISAR
a) Transitivo direto com sentido de *mirar* ou *dar visto*:
*Visei o alvo.*
*Visei o caderno do aluno.*

Os sintagmas *o alvo* e *o caderno do aluno* são os complementos diretamente ligados aos verbos.

b) Transitivo indireto com sentido de *almejar*:
*Visei a melhor emprego.*

**ATENÇÃO**

Já se admite o emprego do verbo visar, significando almejar, com regência transitiva direta.
Visei seu melhor aproveitamento.
Este fato ocorre mais frequentemente quando o complemento do verbo está representado por oração com verbo no infinitivo.
Visei aprimorar as relações existentes entre os dois órgãos do sistema financeiro.

**MUITO IMPORTANTE**

**SINTAXE DOS PRONOMES RELATIVOS**

Assunto que surge em recorrentes questões de provas de concursos públicos, a sintaxe dos pronomes relativos não deve ser descuidada por todos que desejam garantir a pontuação em questões de regência verbal.
Trata-se da preocupação que se deve ter acerca da necessidade de pronomes relativos serem (ou não) regidos por preposição. É imprescindível, então, que o candidato conheça as exigências feitas por verbos ou nomes para verificar esse fato. Vejamos os procedimentos que serão postos em prática.
É preciso recordarmos, inicialmente, que o pronome relativo é marco de início de uma oração subordinada adjetiva, ora explicativa, ora restritiva. Assim, ele se insere na estrutura sintática de uma oração por ele iniciada. Mais ainda:

sendo pronome substantivo relativo, ele é, na realidade, um representante de algum substantivo que se grafou na oração a ele antecedente. Fica evidente, então, que a necessidade de surgir regido por preposição decorrerá de fatos de regência nominal ou verbal existentes em sua própria oração, e não na oração que o antecede. Desse modo, para termos segurança nesta matéria, é forçoso que estejamos conhecedores da estrutura do período em que surgiu o pronome relativo e, mais particularmente, da oração que é por ele iniciada.

Vejamos dois exemplos; um correto e outro incorreto.

**1. *A piscina em que mergulhei não era muito funda.***

A divisão do período apontará o seguinte:

*[A piscina [em que mergulhei] não era muito funda.]*, ou seja,

1ª oração: *A piscina não era muito funda*

2ª oração: *em que mergulhei*

Observamos que o pronome relativo "que" representa, na segunda oração, o substantivo *piscina*, núcleo do sujeito da forma verbal *era*, da primeira oração. Então, o que temos escrito na segunda oração, feita a substituição do pronome relativo pelo que ele realmente significa é: *em* piscina *mergulhei*, ou, ordenando os termos da oração, *mergulhei em piscina.*

Nesse ponto, vale a lembrança de que, excetuando-se passagens em que o pronome relativo funciona como sujeito, a frase deverá ser reordenada, para que possamos melhor entender a validade ou não do emprego da preposição.

Sabemos que o verbo "mergulhar", ao sofrer informação acessória que traduz ideia de lugar, tem tal informação – adjunto adverbial, no caso – regida pela preposição "em". Sendo assim, o emprego da preposição *em* neste período é correto e imprescindível para que o pronome relativo esteja sintaticamente bem empregado.

Se redigíssemos *A piscina que mergulhei não era muito funda*, teríamos construído uma segunda oração sob a forma *piscina mergulhei*, o que é a mesma coisa que *mergulhei piscina*, oração com visível equívoco de regência.

**2. *No rádio, tocava frequentemente a música que gostavas.***

Feita a divisão do período, teremos:

1ª oração: *No rádio, tocava frequentemente a música*

2ª oração: *que gostavas*

O pronome relativo é, agora, representante semântico do substantivo *música*, que na primeira oração desempenha o papel sintático de núcleo do objeto direto da forma verbal *tocava*. Ao procedermos à substituição do pronome relativo pelo vocábulo que efetivamente significa, teremos uma segunda oração assim escrita: *música gostavas*. Ocorre que o verbo *gostar* tem regência transitiva indireta, sendo seu complemento regido pela preposição *de*. Com efeito, dizemos *gosto de música*. Assim, é forçoso reconhecermos que a oração estruturada sob a forma *gostavas música* (não esqueçamos que ela foi originalmente redigida sob a forma "que gostavas") contém deslize de regência verbal, por falta de emprego da preposição *de*. Retificado o período, teremos *No rádio, tocava frequentemente a música de que gostavas*.

**AVISO**

Os 45 verbos citados – numerados de 1 a 25 – não pretendem esgotar o assunto "Regência verbal", que, como salientado no início de nosso estudo, é extremamente amplo.

Representam, entretanto, o que de mais importante existe no assunto. É certo que, conhecendo-os bem, o candidato deverá obter os pontos das questões relativas a essa matéria em seus concursos.

Assim, não vá para a prova sem sabê-los convenientemente, o que só se efetivará com a resolução de um grande número de exercícios.

# Questões de Provas

1. **FUNRIO – Em "propor-lhe uma troca de ideias..." , o verbo empregado no fragmento destacado classifica-se como:**

   Ⓐ de ligação;
   Ⓑ intransitivo;
   Ⓒ transitivo direto, apenas;
   Ⓓ transitivo direto e indireto;
   Ⓔ transitivo indireto, apenas.

2. **FESP-RJ – Observe os fragmentos textuais:**

   1. ***O observador (...) não vê mais o perfil da capela...***
   2. ***Descreve-a o romancista...***
   3. ***Entretanto a igrejinha tem tanto caráter na sua simplicidade...***

   **Os verbos destes fragmentos, quanto à predicação verbal, são, respectivamente:**

   Ⓐ transitivo direto / transitivo direto / transitivo direto e indireto;
   Ⓑ transitivo direto e indireto / transitivo direto / transitivo indireto;
   Ⓒ transitivo direto / transitivo direto e indireto / intransitivo;
   Ⓓ transitivo direto / transitivo direto / transitivo direto;
   Ⓔ transitivo direto e indireto / transitivo direto / transitivo.

3. **UNEMAT – Assinale a alternativa em que a regência verbal está de acordo com a gramática normativa.**

   Ⓐ Bernardinho assiste o *Globo Esporte* todos os dias para saber notícias sobre seu time favorito.
   Ⓑ O *Globo Esporte* informa o telespectador o equívoco cometido.
   Ⓒ Com o objetivo de obedecer à legislação em vigor, a Rede Globo mudou o horário das programações do estado.
   Ⓓ Todo esportista aspira uma entrevista no *Globo Esporte*.
   Ⓔ Prefiro ler do que ver televisão.

4. **NCE-UFRJ – "Eu me lembro de outro cajueiro"; a frase <u>errada</u> no que diz respeito à regência do verbo "lembrar" é:**

Ⓐ Lembro-me de um pé de fruta-pão.
Ⓑ Lembro um pé de fruta-pão.
Ⓒ Lembra-me um pé de fruta-pão.
Ⓓ Lembro-me um pé de fruta-pão.
Ⓔ Isso me lembra um pé de fruta-pão.

5. **CETAPNET – Assinale a estrutura em que houve <u>falha</u> de regência:**

Ⓐ Pai e filha mudaram o caminho para casa em que assistiam.
Ⓑ O pai, sem saber, assistiu a filha na hora do perigo.
Ⓒ O narrador, por assistir a televisão, diariamente, teve medo de se tornar uma vítima.
Ⓓ Katherine deve ter agradecido ao pai o socorro.
Ⓔ Obedecendo à consciência, o homem salvou a filha.

6. **FGV – "Infelizmente, ainda hoje assistimos no Brasil a fenômenos..."**

**No trecho acima, foi empregada a regência do verbo em completo acordo com a norma culta. Assinale a alternativa em que isso <u>não</u> tenha ocorrido.**

Ⓐ O povo aspira a governos menos corruptos.
Ⓑ Ele assiste em Belém.
Ⓒ O combate à corrupção implica em medidas éticas por parte das empresas.
Ⓓ As empresas pagaram aos funcionários na data correta.
Ⓔ Muitas vezes o povo esquece o passado dos políticos.

7. **IPAD – No que se refere à regência verbal, assinale a alternativa em que as exigências da Gramática Normativa foram atendidas.**

Ⓐ Cristovam Buarque decidiu escrever textos para defender as ideias de que cria.
Ⓑ Em seus textos, fica claro que Buarque não abdica em nenhuma de suas convicções.
Ⓒ O autor prefere expor suas ideias por meio de textos a ter que expô-las oralmente.
Ⓓ O autor não consentiu com a modificação de suas principais ideias sobre a educação.
Ⓔ Ler os textos não implica necessariamente em aceitar as ideias neles expostas.

8. **FJPF – Entre as frases abaixo, a que apresenta <u>incorreção</u> quanto à regência verbal é:**

Ⓐ A reportagem de que lhe falei não toca a questão da qualidade de vida após os 50 anos.

Ⓑ A reportagem em que tenho ciência não toca a questão da qualidade de vida após os 50 anos.

Ⓒ A reportagem por que tanto procurei não toca a questão da qualidade de vida após os 50 anos.

Ⓓ A reportagem a que fiz referência não toca a questão da qualidade de vida após os 50 anos.

Ⓔ A reportagem de cuja redação participei não toca a questão da qualidade de vida após os 50 anos.

9. **CEPERJ – A regência nominal determina o emprego da expressão sublinhada no segmento:**

Ⓐ "Assistimos a um fenômeno fantástico no mundo, <u>das revoluções sem líder</u>", diz ele."

Ⓑ "Os três participaram do seminário Liberdade em Debate, (...) ao lado do jornalista Ricardo Gandour, diretor de conteúdo do Grupo Estado, que destacou, nessa virada de paradigma, <u>a necessidade</u> de fortalecer as instituições..."

Ⓒ "...a Internet, segundo Barros, tornaria obsoletas <u>as tradicionais alegações éticas e morais</u> para a intervenção do Estado na sociedade por meio de veículos públicos de comunicação."

Ⓓ "Precisamos fortalecer nossa democracia, resgatando e restaurando, com força máxima, <u>esses cânones básicos</u>: equilíbrio e representatividade dos poderes; o poder mediador das instituições, diz Gandour."

Ⓔ "Para Troyojo, passo importante para deixar o modelo de Estado Babá é a sociedade recusar <u>a tutela</u>..."

10. **FCC – A expressão <u>de que</u> preenche corretamente a lacuna da seguinte frase:**

Ⓐ Nenhuma paixão _____ se pode imaginar é, para ele, comparável à que lhe desperta uma Copa do Mundo.

Ⓑ A expectativa _____ nós alimentávamos em relação a esta Copa resultou em franca decepção.

Ⓒ As paixões _____ trata o texto talvez pareçam incompreensíveis para outros povos.

Ⓓ A expressão "família brasileira padrão", _____ se refere o autor, nem mesmo para ele parece fazer muito sentido.

Ⓔ As emoções _____ os torcedores se deixam arrastar, numa Copa do Mundo são exacerbadas e incontroláveis.

**11. FGV – Assinale a alternativa em que não se tenha caso de regência verbal de acordo com a norma culta.**

Ⓐ Ele preferia divertir-se a estudar.
Ⓑ Assistimos nosso irmão no acidente.
Ⓒ Eles esqueceram do livro.
Ⓓ Visarei às metas traçadas pela equipe.
Ⓔ No fim do mês, o patrão pagou ao empregado.

**12. FGV – "...<u>aspirava-se</u>, antes de tudo, à restauração plena das liberdades e garantias individuais e à edificação de uma democracia sem adjetivos." Assinale a alternativa em que a substituição da forma verbal no trecho acima <u>não</u> tenha provocado inadequação à norma culta. Despreze as alterações de sentido.**

Ⓐ ...implicava-se, antes de tudo, na restauração plena das liberdades e garantias individuais e na edificação de uma democracia sem adjetivos.
Ⓑ ...visava-se, antes de tudo, à restauração plena das liberdades e garantias individuais e à edificação de uma democracia sem adjetivos.
Ⓒ ...almejava-se, antes de tudo, a restauração plena das liberdades e garantias individuais e à edificação de uma democracia sem adjetivos.
Ⓓ ...procedia-se, antes de tudo, a restauração plena das liberdades e garantias individuais e a edificação de uma democracia sem adjetivos.
Ⓔ ...buscava-se, antes de tudo, à restauração plena das liberdades e garantias individuais e à edificação de uma democracia sem adjetivos.

**13. CESGRANRIO – Assinale a opção em que a preposição destacada <u>não</u> está de acordo com a norma culta da língua portuguesa.**

Ⓐ Para mim, procurar a felicidade não é o essencial.
Ⓑ Para alguns, ser feliz constitui-se em ter fartura somente.
Ⓒ O homem moderno está compelido a buscar bens materiais.
Ⓓ O texto alude sobre o aumento de felicidade, de modo geral.
Ⓔ Há pessoas que se confrontam com a escolha entre o material e o espiritual.

**14. CESGRANRIO – Foram inúmeros os problemas ________ nos defrontamos e inúmeras as experiências ________ passamos.**

**De acordo com a norma culta da língua, completam a frase, respectivamente,**

Ⓐ que – em que;
Ⓑ que – de que;
Ⓒ de que – por que;
Ⓓ com que – por que;
Ⓔ com que – em que.

**15. VUNESP – A substituição das expressões em destaque por um pronome pessoal está correta, nas duas frases, de acordo com a norma culta, em:**

(A) I. A concorrência promove *o interesse da sociedade.* / A concorrência promove-o. II. Aqueles que defenderão *clientes.* / Aqueles que *lhes* defenderão.

(B) I. O governo fundou *escolas de direito e de medicina.* / O governo fundou elas. II. Os graduados apenas ocasionalmente exercem *a profissão.* / Os graduados apenas ocasionalmente exercem-*la*.

(C) I. Torna *os graduados* mais cultos. / Toma-os mais cultos. II. É preciso mencionar *os cursos de administração.* / É preciso mencionar-*lhes*.

(D) I. Os advogados devem demonstrar *muitos conhecimentos.* / Os advogados devem demonstrá-los. II. As associações mostram *à sociedade* o seu papel. / As associações mostram-*lhe* o seu papel.

(E) I. As leis protegem *os monopólios espúrios.* / As leis protegem-os. II. As corporações deviam fiscalizar *a prática profissional.* / As corporações deviam fiscalizá-*la*.

**16. VUNESP – Assinale a alternativa em que não há alteração no sentido dos enunciados, apesar da diferença quanto ao uso da regência verbal, conforme norma culta.**

(A) O presidente informou ao plenário a decisão da Câmara.
O presidente foi encarregado de informar o plenário da decisão da Câmara.

(B) A juíza lembrou-se, com carinho, da funcionária.
A juíza lembrava uma funcionária.

(C) A informação dada pelo assessor refere a decisão do vereador.
A informação dada pelo assessor refere-se à decisão do vereador.

(D) Não me cumpre tarefa tão árdua.
Não se cumpre tarefa tão árdua.

(E) Quando se apresentou a oportunidade, socorreu-se do amigo.
Quando se apresentou a oportunidade, socorreu o amigo.

**17. FCC – Está correto o emprego de ambos os elementos sublinhados na frase:**

(A) Os sonhos de cujos nos queremos alimentar não satisfazem os desejos com que a eles nos moveram.

(B) A expressão de Elio Gaspari, a qual se refere o autor do texto, é "cidadãos descartáveis", e alude às criaturas desesperadas cujo o rumo é inteiramente incerto.

(C) Os objetivos de que se propõem os neoliberais não coincidem com as necessidades por cujas se movem os "cidadãos descartáveis".

(D) As miragens a que nos prendemos, ao longo da vida, são projeções de anseios cujo destino não é a satisfação conclusiva.

(E) A força do nosso trabalho, de que não relutamos em vender, dificilmente será paga pelo valor em que nos satisfaremos.

**18.** **FCC – As expressões de que e com que preenchem corretamente, nessa ordem, as lacunas da frase:**

A) O prestígio _____ o texto de Maquiavel desfruta até hoje é merecido, pois é um tratado político _____ muitos têm muito a aprender.

B) As qualidades morais _____ muitos estavam habituados a considerar como tais foram substituídas pelas políticas, no tratado _____ Maquiavel tornou uma obra basilar.

C) Os valores abstratos _____ muita gente costuma cultuar não tinham, para Maquiavel, qualquer aplicação _____ pudesse se valer na análise da política.

D) O adjetivo *maquiavélico,* _____ muitos utilizam para denegrir o caráter de alguém, ganhou uma acepção _____ costumam discordar os cientistas políticos.

E) A leitura de *O Príncipe,* _____ muita gente até hoje se entrega, interessa a todos _____ se sintam envolvidos na lógica da política.

**19.** **ESAF – Nas questões 19 e 20, marque o item em que a regência empregada atende ao que prescreve a norma culta da língua escrita.**

A) Trata-se o interrogatório de uma prática regulamentada, que obedece a procedimento bem definido.

B) A prisão, local de execução da pena, é, ao mesmo tempo, local de observação dos indivíduos punidos, o que implica dois dispositivos essenciais: manter o prisioneiro sob olhar permanente e contabilizar todas as anotações a respeito dele.

C) Para analisar o investimento político do corpo e a microfísica do poder, é preciso renunciar – no que se refere o poder – a oposição violência-ideologia, ao modelo do contrato ou da conquista.

D) Foi feito um longo trabalho para impor a percepção que se tinha dos delinquentes contornos bem determinados, apresentá-los como bem próximos, presentes em toda parte e, em toda parte, temíveis.

E) Os fatores que acarretaram na maior credibilidade ao sistema de punição da sociedade ainda encontram resistência e incitam a lutas.

**20.**

A) A causa por que lutou ao longo de uma década poderia tornar-se prioridade de programas sociais de seu estado.

B) Seria implementado o plano no qual muitos funcionários falaram a respeito durante a assembleia anual.

C) A equipe que a instituição mantinha parceria a longo tempo manifestou total discordância da linha de pesquisa escolhida.

D) Todos concordavam que as empresas que a licença de funcionamento não estivesse atualizada deveriam ser afastadas do projeto.

E) Alheio aos assuntos sociais, o diretor não se afinava com a nova política que devia adequar-se para desenvolver os projetos.

**21. CESPE-UnB – Assinale a opção em que a regência está correta.**

Ⓐ Fernando Sabino custou em expressar, com adequação, sua revolta.
Ⓑ Não há necessidade de pedirmos para que as pessoas sejam mais honestas.
Ⓒ Ninguém cientificou o pároco do falecimento daquele cristão.
Ⓓ As pessoas que residem à Rua do Ouvidor não têm esse tipo de conduta.

**22. FGV – "Ao contrário do que muitos pensam, exercemos a liderança todos os dias, em maior ou menor escala, dependendo do perfil de cada indivíduo <u>e da situação em que nos encontramos</u>."**

**Assinale a alternativa em que a re-escritura [*sic*] do trecho destacado no fragmento acima mantém o padrão escrito culto e o sentido original.**

Ⓐ "...e da situação a qual nos encontramos."
Ⓑ "...e da situação na qual nos encontramos."
Ⓒ "...e da situação onde nos encontramos."
Ⓓ "...e da situação que nos encontramos."
Ⓔ "...e da situação por que nos encontramos."

**23. CESGRANRIO – Assinale a opção em que a regência do verbo destacado difere da dos demais.**

Ⓐ "...<u>exige</u> de nós a capacidade de atuarmos em áreas..."
Ⓑ "O sentir <u>faz</u> a ponte entre o pensar e o agir."
Ⓒ "... e consequentemente nos <u>leva</u> ao aprendizado."
Ⓓ "alguém <u>perguntou</u> a um velho se ele tinha crescido naquela cidade."
Ⓔ "...que nos <u>ensina</u> a resposta do velho sábio."

**24. FCC – O editorial <u>é um desrespeito à soberania de Cuba.</u>**

**A frase acima permanecerá formalmente correta caso se substitua o segmento sublinhado por:**

Ⓐ constitui uma afronta da soberania de Cuba;
Ⓑ representa um atentado contra a soberania de Cuba;
Ⓒ estabelece uma restrição com a soberania de Cuba;
Ⓓ é uma desconsideração em meio à soberania de Cuba;
Ⓔ trata com descaso pela soberania de Cuba.

**25. FCC – A expressão <u>com que</u> preenche corretamente a lacuna da frase:**

Ⓐ Foi dura, mas justa, a réplica _____ Sergio Pastrana se valeu, em desagravo à dignidade do país.
Ⓑ Foi grande a repercussão _____ obteve o editorial da revista entre pesquisadores latino-americanos.
Ⓒ A muitos cubanos ofenderam os termos _____ o editorial se referiu ao futuro do país.

**D** As grandes potências costumam ser presunçosas quando analisam o tipo de sociedade _____ os pequenos países escolheram construir.

**E** A revista britânica esqueceu-se de que os cubanos notabilizaram-se pelo sentimento de solidariedade _____ já demonstraram nas últimas décadas.

**26. FCC – A expressão de que preenche corretamente a lacuna da frase:**

**A** Muita gente ignora _____ ficam refletindo os velhinhos às janelas.

**B** As imagens virtuais _____ nos entregamos costumam ter força de realidade.

**C** Muitos jovens ficam imaginando _____ têm o mundo sob seu controle, na Internet.

**D** Queria adivinhar os pensamentos _____ se povoam as cabeças desses velhinhos.

**E** É visível a ansiedade _____ as crianças manifestam, quando diante de um monitor.

**27. ESAF – Assinale o trecho do texto adaptado da matéria jornalística que apresenta erro de regência.**

**A** Depois de um longo período em que apresentou taxas de crescimento econômico que não iam além dos 3%, o Brasil fecha o ano de 2007 com uma expansão de 5,3%, certamente a maior taxa registrada na última década.

**B** Os dados ainda não são definitivos, mas tudo sugere que serão confirmados. A entidade responsável pelo estudo foi a conhecida Comissão Econômica para a América Latina (Cepal).

**C** Não há dúvida de que os números são bons, num momento em que atingimos um bom superávit em conta-corrente, em que se revela queda no desemprego e até se anuncia a ampliação de nossas reservas monetárias, além da descoberta de novas fontes de petróleo.

**D** Mesmo assim, olhando-se para os vizinhos de continente, percebe-se que nossa performance é inferior a que foi atribuída à Argentina (8,6%) e a alguns outros países com participação menor no conjunto dos bens produzidos pela América Latina.

**E** Nem é preciso olhar os exemplos da China, Índia e Rússia, com crescimento acima desses patamares. Ao conjunto inteiro da América Latina, o organismo internacional está atribuindo um crescimento médio, em 2007, de 5,6%, um pouco maior do que o do Brasil.

**28. FCC – A frase em que a regência está totalmente de acordo com o padrão culto é:**

**A** Esperavam encontrar todos os documentos que os estudiosos se apoiaram para descrever a viagem de Colombo.

**B** Estavam cientes de que teriam muito a fazer para conseguir os registros de que dependiam.

**C** Encontraram-se referências à coerção que marinheiros mais experientes faziam contra os mais novos que trabalhassem mais arduamente.

**D** Foram informados que esboços da inóspita região circundada com imensas pedras podiam ser consultados.

**E** Havia registro de uma insatisfação em que os insurretos às atitudes arbitrárias de um navegante foram impedidos de lhe inquirir.

**29. FJG – "A questão agrária custa ao país sangue e lágrimas."**

**A regência do verbo "custar" é idêntica à do trecho acima em:**

**A** Custa-me crer em tais arbitrariedades.

**B** O sonho de justiça não deveria custar tanto.

**C** A dignidade, por vezes, custa caro.

**D** A terra custou aos lavradores a vida.

**E** A luta pela terra muito nos custou.

**30. NCE-UFRJ – "...para as quais o futuro já faltava." A frase abaixo em que <u>não</u> se respeitou a regência verbal (emprego de uma preposição antes do pronome relativo) é:**

**A** Essa é uma vida de que todos gostam muito.

**B** Maior tempo de vida é algo por que todos anseiam.

**C** Saúde boa é algo de que todos precisam.

**D** Doenças são males contra que todos lutam.

**E** Uma mente saudável é um bem de que todos procuram.

**31. CEPERJ – No segmento "...teria a pretensão de lembrar todas elas", o verbo "lembrar" apresenta registro formal. Entre as frases apresentadas a seguir, a que apresenta registro <u>informal</u> é:**

**A** Eu lembrei todas as razões.

**B** Eu me lembrei de todas as razões.

**C** Todas as razões foram lembradas por mim.

**D** Eu lembrei de todas as razões.

**E** Lembram-me todas as razões.

**32. NCE-UFRJ – A frase em que a regência do verbo empregado está correta, segundo a norma culta da língua, é:**

**A** O autor respondeu o diretor do programa.

**B** O diretor não assistiu ao programa.

**C** A TV obedece regulamentos.

**D** O diretor comunicou ao autor de que o texto estava ruim.

**E** Ele empregou de vários meios para convencer o autor.

**33.** **FGV – "Por mais que as autoridades se esforcem em minimizar a gravidade do momento, o certo é que nos encontramos diante de um sismo econômico de magnitude inédita, <u>cujos efeitos sociais, que mal começaram a se fazer sentir, explodirão nos próximos meses com toda a brutalidade</u>."**

**Assinale a alternativa em que, alterando-se o trecho destacado acima, não se obedeceu à norma culta. Desconsidere alterações de sentido.**

Ⓐ ...de cujos efeitos sociais, que mal começaram a se fazer sentir, nos lembraremos nos próximos anos...

Ⓑ ...a cujos efeitos sociais, que mal começaram a se fazer sentir, nos referiremos nos próximos meses...

Ⓒ ...em cujos efeitos sociais, que mal começaram a se fazer sentir, implicam as ações desordenadas...

Ⓓ ...cujos efeitos sociais, que mal começaram a se fazer sentir, não preferiremos à intranquilidade...

Ⓔ ...com cujos efeitos sociais, que mal começaram a se fazer sentir, haveremos de conviver nos próximos anos...

**34.** **FGV – "A crise imobiliária nos Estados Unidos revela o papel <u>que o superendividamento exerce</u>..." Assinale a alternativa em que, alterando-se o trecho destacado acima, <u>não</u> se manteve adequação à norma culta. Ignore as alterações de sentido.**

Ⓐ ...a que o superendividamento se refere...

Ⓑ ...de que o superendividamento lembra...

Ⓒ ...a que o superendividamento procede...

Ⓓ ...a que o superendividamento prefere...

Ⓔ ...de que o superendividamento se queixa...

**35.** **CESGRANRIO – Assinale a opção em que a regência do verbo destacado está correta, segundo o registro culto e formal da língua.**

Ⓐ <u>Informei</u>-a que o período turbulento havia terminado.

Ⓑ <u>Assistia</u> a derrota daqueles que não acreditaram na oportunidade.

Ⓒ Diante de tamanha pressão, <u>chegou</u> no seu limite.

Ⓓ Neste momento, diante do ocorrido, todos <u>reivindicam</u> por tranquilidade de vida.

Ⓔ A constatação de que aquilo era verdadeiro <u>custou</u>-lhe dias difíceis.

**36.** **CESGRANRIO – O período escrito de acordo com a norma padrão é:**

Ⓐ O formigueiro, sobre cuja a destruição foi atribuída às crianças, era muito antigo.

Ⓑ O astrônomo de cuja teoria lhe falei vem ao Brasil no próximo semestre.

Ⓒ O planeta que moramos tem condições para abrigar várias formas de vida.

(D) A constelação cuja a estrela principal se chama Alpha Centauri fica no Hemisfério Sul.
(E) O planeta Marte, cujo é vizinho próximo da Terra, não parece ter água em sua superfície.

**37. FCC – A expressão com que preenche corretamente a lacuna da frase:**

(A) Não foi discriminada, na notícia, a bebida alcoólica _____ o pai serviu ao filho.
(B) O espírito da lei, _____ os juristas invocam para legitimar os códigos, nem sempre resulta preservado.
(C) Os assuntos da poesia, _____ Mário Quintana diz ter insegurança para comentar, na verdade lhe são bem familiares.
(D) A despeito da abrangência _____ se pretende emprestar a uma lei, ela pode acabar tendo um alcance restrito.
(E) O bom humor _____ o cronista resolveu conduzir seu texto encontra-se também em grande parte de seus poemas.

**38. FCC – "Nessa compulsória liberdade, de que fala o filósofo..."**

**Numa nova redação da frase acima, mantém-se corretamente a expressão sublinhada caso se substitua "fala o filósofo" por:**

(A) se refere o filósofo;
(B) cuida o filósofo;
(C) investiga o filósofo;
(D) aflige o filósofo;
(E) disserta o filósofo.

**39. FCC – Não decorrem, aliás, apenas de iniciativas reconhecidas simplesmente como humanas...**

**O elemento sublinhado na frase acima poderá permanecer o mesmo, caso substituamos Não decorrem por:**

(A) Não advêm;
(B) Não implicam;
(C) Não têm origem;
(D) Não se devem;
(E) Não se atribuem.

**40. FCC – Está correto o uso do segmento sublinhado na frase:**

(A) Trata-se de um texto em cuja tese poucos devem mostrar-se contrários.
(B) A natureza também tem seus princípios de violência, a cujos os homens precisam superar.
(C) Nos ditames da lei mosaica, cujo o rigor é indiscutível, prevalece o princípio da interdição.

**D** As normas da ética, <u>de cujas</u> ninguém devia se afastar, não são exatamente as mesmas ao longo do tempo.

**E** Os braços da justiça, <u>a cujo</u> alcance deveriam estar todos, tornam-se inócuos quando desprestigiados.

**41. FEC – Das alterações feitas abaixo na redação da oração adjetiva do período "É uma realidade perante a qual todos os agentes econômicos terão de encontrar uma maneira de conviver", aquela em que o pronome relativo está em <u>desacordo</u> com as normas de regência prescritas na língua culta é:**

**A** É uma realidade para a qual devem convergir todos os esforços dos agentes econômicos.

**B** É uma realidade de cuja aspereza todos os agentes econômicos terão de encontrar uma maneira de lutar.

**C** É uma realidade acerca da qual foram feitos duros prognósticos por todos os agentes econômicos.

**D** É uma realidade com cuja dureza todos os agentes econômicos terão de conviver.

**E** É uma realidade em cuja essência reside a preocupação de todos os agentes econômicos.

**42. FGV – Assinale a alternativa em que, alterando-se o trecho "a fim de que o Estado realize as funções a que constitucionalmente está vinculado", não se obedeceu à norma culta. Despreze as alterações de sentido.**

**A** ...a fim de que o Estado realize as funções às quais constantemente se refere...

**B** ...a fim de que o Estado realize as funções às quais prefere à instabilidade...

**C** ...a fim de que o Estado realize as funções de cujos objetivos constantemente nos lembramos...

**D** ...a fim de que o Estado realize as funções cujas implicações quase sempre esquecemos...

**E** ...a fim de que o Estado realize as funções as quais se dispôs a efetivar...

**43. FGV – "O leitor já viu onde quero chegar."**

**Assinale a alternativa cuja estrutura seja equivalente semanticamente à apresentada acima, mas que dela se diferencie quanto à adequação da linguagem ao padrão normativo.**

**A** Já observou o leitor onde quero chegar.

**B** O leitor já viu aonde quero chegar.

**C** Quero chegar onde o leitor já viu.

**D** Em que ponto quero chegar o leitor já viu.

**E** O leitor já viu em cujo local quero chegar.

**44. FCC – Está correto o emprego do elemento sublinhado na frase:**

Ⓐ A expressão *menino diante da merenda* atesta de que há um prazer algo ingênuo e infantil no passageiro de primeiro voo.

Ⓑ Diante do avião, em cujo avulta a gigantesca estrutura de aço, o passageiro demonstra sua preocupação e incredulidade.

Ⓒ Ao se valer da expressão *Tudo consumado,* em cujo grave sentido se manifesta na Bíblia, o autor reveste de solenidade o final do voo.

Ⓓ O passageiro novato, na aterrissagem, assumiu a mesma posição defensiva a que recorrera na decolagem.

Ⓔ O homem é um bicho de quem a natureza imprimiu uma obsessiva necessidade de sonhar alto.

**45. FCC – Está correto o emprego do elemento sublinhado na frase:**

Ⓐ Há, nas velhas fotos dos álbuns amarelados, personagens que a identidade permanece misteriosa.

Ⓑ Antigamente tratava-se com reverência as fotos de que se costumava organizar em belos álbuns.

Ⓒ Fotografar é hoje uma brincadeira, pela qual se entretêm milhões de pessoas, em todos os lugares.

Ⓓ Quase todo mundo tira fotos, mas a arte da fotografia ainda se circunscreve aos que de fato são talentosos.

Ⓔ A produção e difusão de imagens constituem operações em que hoje todos têm fácil acesso.

**46. FEC – Com a substituição do verbo em destaque no enunciado: "o banimento das conclusões das pesquisas a que aludo", ocorre erro de regência verbal na seguinte alternativa:**

Ⓐ por que tanto me interesso;

Ⓑ com as quais me defendo do despotismo feminino;

Ⓒ sobre que costumo às vezes escrever;

Ⓓ que me baseio, como machista incorrigível;

Ⓔ a cujos resultados me refiro.

**47. CEPERJ – No segmento "...é um evento que atrai mais atenção do que as Olimpíadas?", podem-se promover alterações, como substituir o verbo, mas mantendo-se a correção gramatical, do seguinte modo:**

Ⓐ "...é um evento a que os povos não prescindem?

Ⓑ "...é um evento em que os povos não prescindem?

Ⓒ "...é um evento com que os povos não prescindem?

Ⓓ "...é um evento que os povos não prescidem?

Ⓔ "...é um evento de que os povos não prescindem?

**48. FUNRIO – Marque a alternativa em que o uso da preposição atende às exigências da norma padrão da língua escrita brasileira.**

- **A** O estagiário aspirava uma efetivação no cargo em que se exercitava.
- **B** Em geral, o trabalhador jamais esquece do seu primeiro patrão.
- **C** A família sentou-se na mesa para festejar as festas de fim de ano.
- **D** O grupo de trabalho visava ao sucesso da empreitada, pois muito se esforçara para isso.
- **E** O sucesso individual implica na total dedicação ao que se pretende atingir.

**49. FJPF – No trecho "mas favorece também o proprietário da área, na medida em que, além de oferecer-lhe meios de defesa", o pronome "lhe" está empregado de acordo com as normas da língua culta. Das frases abaixo, aquela em que o correto será empregar o pronome "o", e não o pronome "lhe", é:**

- **A** Ao abraçar-lhe, o procurador desejou que o cliente fosse grato pelo favor que lhe fez.
- **B** O procurador não lhe perdoava a falsa informação que o cliente lhe passara.
- **C** Os legisladores procuravam assegurar-lhe o direito de propriedade, sem o que o homem e sua família perderiam a casa onde moravam.
- **D** O juiz acenou-lhe com a possibilidade de entregar-lhe a casa em poucos dias.
- **E** A surpresa que lhe aconteceu, ao receber do juiz a propriedade da casa, deixou o homem muito feliz.

**50. IPAD – Assinale a alternativa na qual as regras da regência nominal foram obedecidas.**

- **A** Hoje, sabe-se o quanto as drogas são prejudiciais com a saúde.
- **B** Usar drogas não é uma condição inerente do ser humano.
- **C** O uso de drogas é incompatível com uma boa condição física.
- **D** Os jovens não se sentem capazes em sair do mundo das drogas sozinhos.
- **E** Para livrar-se das drogas, é necessário ter aversão delas.

**51. VUNESP – Assinale a alternativa correta, no que se refere à regência verbal, conforme a norma culta.**

- **A** Prefiro almoçar no restaurante do que ficar com azia.
- **B** Prefiro mais almoçar no restaurante que ficar com azia.
- **C** Prefiro almoçar no restaurante ao ficar com azia.
- **D** Prefiro almoçar no restaurante a ficar com azia.
- **E** Prefiro almoçar no restaurante em ficar com azia.

**52. VUNESP – Considere as frases:**

**1. "A taxa atual de fertilidade no Japão é de 1,3 filhos por mulher, ou seja, abaixo do nível necessário para manter <u>a população</u>."**

2. **“Em vez de cada robô substituir <u>uma pessoa</u>...”**

3. **“As pessoas precisam ter o desejo de usar <u>os robôs</u>...”**

**De acordo com as regras de regência verbal, os trechos destacados estão corretamente reescritos com o uso de pronomes em:**

Ⓐ mantê-la; substituí-la; usá-los;
Ⓑ manter-lhe; substituí-la; usá-los;
Ⓒ mantê-la; substituir-lhe; usá-los;
Ⓓ mantê-la; substituí-la; usar-lhes;
Ⓔ manter-lhe; substituir-lhe; usar-lhes.

**53. VUNESP – Assinale a frase cuja regência está correta, segundo a gramática normativa.**

Ⓐ O amor nos animais impedia ações de mau trato.
Ⓑ O homem insiste nos mesmos erros cometidos por seus antepassados.
Ⓒ O júri mostrou-se favorável de absolvição ao réu.
Ⓓ O ator que mais gosto é brasileiro.
Ⓔ As pessoas têm expectativas sob o trabalho.

**54. FJPF – A tradição gramatical condena certas estruturas de regência verbal que a norma escrita contemporânea vem paulatinamente acolhendo. Um desses casos está na seguinte alternativa:**

Ⓐ Dentre os fatos da infância, os de que mais me recordo estão ligados a meu pai.
Ⓑ Aos elogios que recebi dos inimigos preferi as críticas dos amigos.
Ⓒ Pedi-lhe que evitasse escândalos dentro das dependências do clube.
Ⓓ Realmente, custou-me aceitar tanta imposição em tão pouco tempo.
Ⓔ Seus pedidos implicariam em total reformulação do projeto original do curso.

**55. NC-UFPR – Assinale a alternativa em que as sentenças obedecem às regras de regência.**

Ⓐ O placar só não teve mais gols graças os acertos dos goleiros das duas equipes, as traves e os erros de alguns finalizadores. E o Palmeiras mereceu a melhor sorte.
Ⓑ O placar só não teve mais gols graças a acertos dos goleiros das duas equipes, a traves e os erros de alguns finalizadores. E ao Palmeiras mereceu melhor sorte.
Ⓒ O placar só não teve mais gols graças a acertos de goleiros das duas equipes, às traves e os erros de alguns finalizadores. E o Palmeiras mereceu à melhor sorte.

**D** O placar só não teve mais gols graças aos acertos dos goleiros das duas equipes, as traves e os erros de alguns finalizadores. E o Palmeiras mereceu a melhor sorte.

**E** O placar só não teve mais gols graças aos acertos dos goleiros das duas equipes, às traves e aos erros de alguns finalizadores. E o Palmeiras mereceu a melhor sorte.

**56. FEPESE – Assinale a alternativa em que a regência verbal <u>não</u> esteja de acordo com a norma culta:**

**A** Custa ao homem o trabalho.

**B** Sua argumentação não procede.

**C** Eu quero aos meus amigos.

**D** Este direito não assiste o aluno.

**E** O gerente visou o cheque.

**57. FJPF – A frase "Alguns doentes manifestam receio das lâmpadas do teto, pois nelas veem olhos ou aparelhos que emitem raios elétricos" foi reescrita em cada alternativa abaixo mediante inclusão de um pronome relativo. A nova redação <u>não</u> é bem-sucedida do ponto de vista gramatical em:**

**A** Alguns doentes manifestam receio das lâmpadas do teto, a que se referem como olhos ou aparelhos que emitem raios elétricos.

**B** Alguns doentes manifestam receio das lâmpadas do teto, com que confundem olhos ou aparelhos que emitem raios elétricos.

**C** Alguns doentes manifestam receio das lâmpadas do teto, cujo formato confundem com olhos ou aparelhos que emitem raios elétricos.

**D** Alguns doentes manifestam receio das lâmpadas do teto, de que imaginam olhos ou aparelhos que emitem raios elétricos.

**E** Alguns doentes manifestam receio das lâmpadas do teto, em que encontram olhos ou aparelhos que emitem raios elétricos.

**58. FJPF – Ao se reescrever a oração destacada no período: "Faz pelo menos dois anos que o mundo aguarda uma pandemia do calibre da gripe espanhola, <u>que matou mais de 20 milhões de pessoas entre 1918 e 1920</u>", houve erro quanto à regência do verbo na redação:**

**A** ...por que foram vitimadas mais de 20 milhões de pessoas entre 1918 e 1920.

**B** ...com que foram contaminadas mais de 20 milhões de pessoas entre 1918 e 1920.

**C** ...em que foram acometidas mais de 20 milhões de pessoas entre 1918 e 1920.

**D** ...a que não resistiram mais de 20 milhões de pessoas entre 1918 e 1920.

**E** ...de que morreram mais de 20 milhões de pessoas entre 1918 e 1920.

**59. ACAPLAM – Indique a alternativa onde há erro de regência verbal.**

- Ⓐ Os cidadãos aspiram a um país mais seguro, sem violência.
- Ⓑ Natália preferia musse de chocolate a torta de limão.
- Ⓒ Assiste aos pais a obrigação de impor limites aos filhos.
- Ⓓ Ele precisou o lugar do encontro.
- Ⓔ O jovem advogado visa uma promoção na empresa.

**60. VUNESP – Assinale a frase correta quanto à regência nominal.**

- Ⓐ O público europeu sempre foi *acostumado em* comprar DVDs.
- Ⓑ O brasileiro tem se mostrado *receptivo a* filmes estrangeiros.
- Ⓒ A tecnologia "blu-ray" somente é *compatível a "TV full HD"*.
- Ⓓ As Lojas Americanas mantiveram-se *atentas do* público para DVD.
- Ⓔ Com a Copa, o consumidor estará mais *propenso de* comprar uma nova TV.

## GABARITO DAS QUESTÕES DE PROVAS

| | | | | | |
|---|---|---|---|---|---|
| 1. D | 11. C | 21. C | 31. D | 41. B | 51. D |
| 2. D | 12. B | 22. B | 32. A | 42. B | 52. A |
| 3. C | 13. D | 23. B | 33. C | 43. B | 53. B |
| 4. D | 14. D | 24. B | 34. B | 44. D | 54. E |
| 5. C | 15. D | 25. C | 35. E | 45. D | 55. E |
| 6. C | 16. A | 26. D | 36. B | 46. D | 56. D |
| 7. C | 17. D | 27. D | 37. E | 47. E | 57. D |
| 8. B | 18. A | 28. B | 38. B | 48. D | 58. C |
| 9. A | 19. B | 29. D | 39. A | 49. A | 59. E |
| 10. C | 20. A | 30. E | 40. E | 50. C | 60. B |

# COMENTÁRIOS DAS QUESTÕES DE PROVAS

**Questão 1**

No fragmento apresentado no enunciado da questão, que podemos afirmar ser uma oração, encontramos a forma verbal "propor", o pronome pessoal oblíquo átono "lhe" (que surgiu ligado ao verbo mencionado) e o sintagma "uma troca de ideias", cujo núcleo está no substantivo "troca".
Não há, então, advérbios no texto. Como vimos, tudo que em um texto liga-se ao verbo e não é advérbio é complemento verbal.
Assim, temos no pronome "lhe" um objeto indireto – esta é, inclusive, sua função mais recorrente. Por outro lado, a expressão "uma troca de ideias", vinculada ao verbo sem intermédio de preposição é objeto direto.
O verbo tem regime, então, transitivo direto e indireto.
A resposta da questão está na alternativa "d".

**Questão 2**

Ao analisarmos sintaticamente os três fragmentos apresentados no enunciado da questão, temos:

1. O observador (...) não vê mais o perfil da capela...
sujeito: O observador;
núcleo do sujeito: observador;
adjunto adnominal: O
predicado verbal: não vê mais o perfil da capela;
núcleo do predicado verbal: vê;
adjuntos adverbiais: não / mais;
objeto direto: o perfil da capela;
núcleo do objeto direto: perfil;
adjuntos adnominais: o / da capela.

2. Descreve-a o romancista
sujeito: o romancista;
núcleo do sujeito: romancista;
adjunto adnominal: o;
predicado verbal: Descreve-a;
núcleo do predicado verbal: Descreve;
objeto direto: a;

3. Entretanto a igrejinha tem tanto caráter na sua simplicidade
sujeito: a igrejinha
núcleo do sujeito: igrejinha;
adjunto adnominal: a;
predicado verbal: tem tanto caráter na sua simplicidade;
núcleo do predicado verbal: tem;
objeto direto: tanto caráter;
núcleo do objeto direto: caráter;
adjunto adnominal: tanto;
adjunto adverbial: na sua simplicidade;
núcleo do adjunto adverbial: simplicidade;
adjuntos adnominais: a / sua;
a palavra "Entretanto", conjunção, não tem análise sintática.

Feitas as análises, chegamos à conclusão de que todas as formas verbais encontradas nas sentenças são de regime transitivo direto.
A resposta da questão é a alternativa "d".

**Questão 3**

c) Empregou-se devidamente o verbo "obedecer", que tem regência transitiva indireta, como atesta o emprego da preposição "a" em "obedecer à legislação em vigor". O verbo "mudar", empregado na segunda oração, está corretamente empregado de forma transitiva direta e não oferece dificuldades.

**Questão 4**

d) Em "Lembro-me um pé de fruta-pão" observa-se, pela flexão do verbo em 1ª pessoa do singular, que o sujeito "eu" está implícito. Não se empregou, então, o verbo com o mesmo significado que apresentou no item anterior a este, mas sim o verbo "lembrar-se", pronominal e de regência transitiva indireta. Desse modo, vemos ausência da preposição "de" necessária para reger o objeto indireto, indicado por "de um pé de fruta-pão" (já retificado). Relembramos ser o pronome "me" parte integrante do verbo, sem função sintática, uma vez que o verbo utilizado foi, como já vimos, "lembrar-se".

**Questão 5**

c) Ao ser empregado com sentido de "ver", "presenciar", o verbo "assistir" tem emprego transitivo indireto. Desse modo, seu complemento (objeto indireto) será obrigatoriamente regido pela preposição "a", o que não ocorreu no texto que estamos analisando, em que se nota em "a filha" apenas artigo definido antecedendo o substantivo "filha". A preposição, ao ser empregada nessa passagem, faria surgir o fenômeno da crase. O texto, devidamente retificado, restará "O narrador, por assistir à televisão, diariamente, teve medo de se tornar uma vítima".

**Questão 6**

c) A eminente banca examinadora, fundamentada na enunciação desse teste, em que se vê a menção a "completo acordo com a norma culta", considerou como válida apenas a regência transitiva direta para o verbo "implicar", aqui empregado com sentido de "acarretar", "causar", "provocar". Essa é, de fato, a utilização prescrita pelo uso clássico da língua, embora estudiosos ilustres já se tenham pronunciado, fundamentados em textos provindos de autores festejados, acerca da validade do emprego transitivo indireto desse verbo, mesmo com esse significado. É o que se observa, por exemplo, no *Dicionário prático de regência verbal*, de Celso Pedro Luft, p. 326, em passagem na qual o eminente autor cita a *Gramática normativa da língua portuguesa*, de Rocha Lima:

***OBS.:*** *implicar em algo é inovação em relação a implicar algo por influência de sinônimos como "redundar", "reverter", "resultar", "importar". Aparentemente um brasileirismo. Plenamente consagrado, admitido até pela gramática normativa; "Está ganhando foros de cidade na língua culta a sintaxe implicar em: "Tal procedimento implica desdouro* (ou *em desdouro) para você" (Rocha Lima: 401).* Como se vê, trata-se de passagem controversa no estudo de regência verbal, o que faz desta questão importante referência a ser empregada em outras questões nas quais a eminente banca examinadora venha a empregar o verbo ora estudado.

**Questão 7**

c) O verbo "preferir", de amplo emprego, tem regência transitiva direta e indireta, com complemento indireto (objeto indireto) obrigatoriamente regido pela preposição "a". Não admite qualquer tipo de intensificação, como "preferir mais", "preferir mil vezes mais" e outras. No texto deste item, o objeto direto do verbo está indicado pela oração "expor suas ideias por meio de textos", ao passo que o objeto indireto, devidamente regido pela preposição mencionada, é "a ter que expô-las oralmente".

**Questão 8**

b) Alternativa adequada.
Eis o período presente neste item, já com suas orações divididas: [A reportagem [que tenho ciência] não toca a questão da qualidade de vida após os 50 anos.] Vemos o pronome relativo "que" representando o substantivo "reportagem". Adotado este substantivo em lugar do pronome, teremos a segunda oração assim elaborada: "reportagem tenho ciência". Podemos reescrever esta oração na forma "tenho ciência reportagem", que nos facilitará a percepção de que está ocorrendo falta

da preposição "de", exigida pelo substantivo "ciência". Na verdade, o texto estará retificado sob a forma "tenho ciência de reportagem", o que seria a ordenação de "de reportagem tenho ciência". Do que vimos, chegamos à conclusão de que o texto deverá escrever-se sob a forma "A reportagem de que tenho ciência não toca a questão da qualidade de vida após os 50 anos". Ocorreu, na verdade, equívoco de regência nominal, e não verbal, como indicado no enunciado da questão.

## Questão 9

Temos agora uma questão que explora regência nominal. Para resolvê-la foi necessário que o candidato percebesse que a expressão "das revoluções sem líder" está vinculada ao substantivo "fenômeno", em passagem na qual se afirma "Assistimos a um fenômeno das revoluções sem líder no mundo". A resposta está na alternativa "a".

De qualquer modo, a análise das demais opções, como mostraremos, deve ter facilitado enormemente a resolução da questão, uma vez que há claras expressões complementares a formas verbais em todas elas, como mostramos.

b) A expressão "a necessidade" exerce papel sintático de objeto direto para a forma verbal "destacou".
c) Temos em "as tradicionais alegações éticas e morais" um objeto direto do verbo "tornar", empregado com sentido de "fazer vir a ser". Com esse sentido, o verbo "tornar" tem regência transitiva direta e faz surgir predicado verbo-nominal. Podemos verificar que, no texto ora estudado, o adjetivo "obsoletas" funciona como predicativo do objeto direto.
d) Os verbos "resgatar" e "restaurar" estão sendo complementados pela expressão "esses cânones básicos", que exerce papel de objeto direto.
e) No texto deste item, ficou muito clara a função de objeto direto exercida por "a tutela", relativamente à forma verbal "recusar".

A constatação de que todas as expressões sublinhadas nos itens de "b" a "e" foram requisitadas por formas verbais, ou seja, atenderam às exigências das regências verbais, tornou muito fácil a marcação da alternativa "a", embora neste item a vinculação entre a expressão sublinhada e o substantivo "fenômeno" não esteja muito visível.

## Questão 10

c) As paixões de que trata o texto talvez pareçam incompreensíveis para outros povos. Desta vez, obrigatoriamente o pronome relativo "que", representante semântico de "paixões", estará antecedido pela preposição "de", já que funciona como objeto indireto da forma verbal "tratar", empregado com a acepção de "tratar de algo". Procedendo-se à substituição do pronome relativo pelo vocábulo que representa na oração de que faz parte e dispondo-a em ordem direta, encontraremos: "o texto trata de paixões".

## Questão 11

c) Na presente oração, foi empregado o verbo "esquecer" – não pronominal. Sua regência é transitiva direta. Assim, a presença da preposição "de", que surgiu contraída com o artigo definido "o", regendo seu complemento, está incorreta. A frase será retificada para "Eles esqueceram o livro". Relembremos, por oportuno, que o verbo "esquecer-se" – pronominalmente empregado – tem regência transitiva indireta, o que faria acontecer a frase corretamente redigida deste modo: "Eles esqueceram-se do livro".

## Questão 12

b) Empregou-se o verbo "visar" em atendimento ao rigor da norma culta: com regência transitiva indireta, como o atestam seus complementos "à restauração plena das liberdades e garantias individuais" e "à edificação de uma democracia sem adjetivos".

## Questão 13

d) O verbo "aludir", de regência transitiva indireta, tem complemento regido, obrigatoriamente, pela preposição "a". A sentença corretamente redigida será "O texto alude ao aumento de felicidade, de modo geral". Esta é a resposta da questão.

## Questão 14

Devemos preencher as lacunas da sentença que nos foi oferecida com preposições que atendam às exigências formuladas pelas formas verbal "nos defrontamos" (chamamos a atenção para o emprego pronominal, em primeira pessoa do plural do verbo "defrontar-se") e "passar", além do pronome relativo "que".

No primeiro caso, a lacuna será preenchida com a preposição "com", exigida pelo regime do verbo "confrontar-se", e que regerá o objeto indireto "com que", no qual o pronome relativo recupera, semanticamente, o substantivo "problemas".

Na segunda passagem, empregaremos a preposição "por" com o propósito de reger o adjunto adverbial "por que", no qual o pronome relativo retoma o sentido de "experiências". Caso se empregasse o pronome relativo "as quais" substituindo o substantivo "experiências", teríamos o surgimento de "pelas quais".

O texto, após o devido preenchimento, resultará "Foram inúmeros os problemas com que nos defrontamos e inúmeras as experiências por que passamos".

A resposta da questão está na alternativa "d".

## Questão 15

d) Foram efetuadas corretamente as substituições dos objetos direto e indireto – indicados por "muitos conhecimentos" e por "à sociedade", respectivamente – pelos pronomes "os" e "lhes". No primeiro caso, observou-se a necessidade da supressão da consoante final em "demonstrar" e da alteração gráfica de "os" em "-los".

## Questão 16

a) Alternativa correta.
O verbo "informar", embora tenha sido empregado com a mesma regência transitiva direta nas duas sentenças, apresentou-se com elaborações distintas. Observemos que, na primeira oração, ele rege complemento direto designativo de coisa ("a decisão da Câmara", no caso) e complemento indireto que indica pessoas, ou seja, "ao plenário". Na segunda oração do mesmo item, o verbo passa a reger complemento direto que traduz pessoas – ainda em expressão que deve ser entendida com aspecto conotativo –, ou seja, "o plenário" e complemento indireto que traduz coisas – "da decisão da Câmara". Do ponto de vista dos conteúdos semânticos contidos nas duas exemplificações, observamos que em seu cerne, não houve modificação.

## Questão 17

d) A preposição que surge regendo o pronome substantivo relativo "que" está sendo exigida pelo regime da forma verbal "prendemos". Está perfeito o emprego do pronome adjetivo relativo "cujo", que funciona como adjunto adnominal para o substantivo" destino", núcleo do sujeito da forma verbal "é".

## Questão 18

a) *de – com que*
Preenchemos a primeira lacuna com o pronome relativo "que" antecedido pela preposição "de", exigida em função da regência transitiva indireta do verbo "desfrutar", verbo que, semelhantemente ao seu sinônimo "usufruir", tem regência facultativamente transitiva direta ou transitiva indireta. Sendo assim, também estaria correto o preenchimento da primeira lacuna apenas com o pronome relativo "que", não precedido de preposição. Na segunda lacuna, empregaremos o pronome relativo "que" precedido da preposição "com", demanda do verbo principal da locução verbal "têm a aprender". Observados os valores semânticos que estão sendo indicados pelos pronomes relativos e apenas as orações em que estes surgiram postas em ordem direta, obtemos: "o texto de Maquiavel desfruta até hoje de prestígio" e "muitos têm muito a aprender com tratado".

## Questão 19

b) Há, no presente texto, particularidade que envolve o emprego do verbo "implicar", quando empregado com sentido de "acarretar", "provocar", "causar". Seu emprego, com tal sentido, oscila entre o que é recomendado pela norma culta da língua, ou seja, transitivo direto, e outro que vem sendo usualmente aceito, constando de obras de referência no estudo de regência verbal, como, por exemplo, o *Dicionário prático de regência verbal*, de Celso Pedro Luft, Ática, São Paulo, 4ª edição, 8ª reimpressão, p. 326, que consiste em apresentar-se com regência transitiva indireta, regendo complemento introduzido pela preposição "em". Tal assentimento é, também, observado na *Gramática normativa da língua portuguesa*, Rocha Lima, José Olympio Editora, Rio de Janeiro, 33ª edição, 1996, p. 433. Assim, em conformidade com o que dispusemos, a passagem "implica dois dispositivos essenciais" exemplifica o rigor da norma culta, no tocante ao emprego da regência do verbo "implicar". Também estaria correto, embora não exemplificando a norma culta da língua, o texto "implica em dois dispositivos essenciais". Prova para o cargo de Auditor-Fiscal da Receita Federal aplicada em 2002.1, apresenta na sua questão 2, item "b", passagem que abona as duas elaborações. Esta é a resposta da questão.

## Questão 20

Vejamos, novamente, todos os itens da questão.

a) Texto correto.
Salientamos, neste item, o emprego correto da preposição "por" regendo o pronome relativo "que", em "A causa por que lutou ao longo de uma década". Tal preposição surgiu no texto para que se introduzisse corretamente o adjunto adverbial de causa para a forma verbal "lutou". Esta é a resposta da questão.

## Questão 21

c) O verbo "cientificar", de transitividade direta e indireta, situa-se em um grupo de verbos – "notificar", "informar", "avisar", "lembrar", "impedir", "proibir", "certificar", "avisar", "cientificar" e outros – igualmente portadores desta transitividade, que possibilitam a inversão da ordem em que seus complementos foram apresentados. Na presente oração, observemos que o complemento direto do verbo, seu objeto direto, está indicado pela expressão "o pároco", enquanto o complemento indireto, objeto indireto, portanto, está representado por "do falecimento daquele cristão". A frase poderia ser reescrita, preservando-se a correção gramatical, sob a forma "Ninguém cientificou ao pároco o falecimento daquele cristão", em que o objeto direto passaria a ser "o falecimento daquele cristão" e o objeto indireto, agora, seria "ao pároco".

## Questão 22

b) Na verdade, o confronto entre a estrutura oracional que motivou a presente questão – "em que nos encontramos" – pela que se lê na presente alternativa apenas faz ressaltar a substituição do pronome relativo "que" pelo também pronome relativo "a qual" – empregado em singular dado o entendimento de que é alusivo ao substantivo feminino "situação". O emprego da preposição "em" – que foi mantido corretamente, por motivos já expostos no comentário da alternativa precedente – anteposta à forma de pronome relativo "a qual" resultou na presença de "na qual", o que é, repetimos, correto.

## Questão 23

Ao analisarmos cada uma das regências das formas verbais indicadas nas alternativas abaixo, encontramos:

a) *exige*
Regência transitiva direta e indireta. Seus complementos direto e indireto são, respectivamente, "a capacidade" e "nos".

b) *faz*
Regência transitiva direta, com complemento direto indicado por "a ponte entre o pensar e o agir".

c) *leva*
Regência transitiva direta e indireta, com complemento direto indicado por "nos" e indireto, por "ao aprendizado".

d) *perguntou*
Regência transitiva direta e indireta, com complemento direto e indireto indicados, respectivamente, por "se ele tinha crescido naquela cidade"e "a um velho".

e) *ensina*
Regência transitiva direta e indireta. Temos em "a resposta do velho sábio" seu complemento direto, enquanto "nos" é o complemento indireto.
Do que vimos, a resposta da questão, ou seja, o item em que a regência verbal difere das demais é "b".

## Questão 24

b) Alternativa correta.
A preposição "contra" está sendo requisitada pelo substantivo "atentado". Nada existe para ser retificado na presente alternativa, que é a resposta da questão.

## Questão 25

c) O pronome relativo deste texto classifica-se sintaticamente como adjunto adverbial de meio. Na oração em que surge, o sujeito de "se referiu" está sendo indicado por "o editorial". A forma verbal "se referiu" – com o pronome em próclise – tem regência transitiva indireta, o que faz surgir o objeto indireto "ao futuro do país". Observe-se que a oração ora analisada está-nos dizendo que o editorial se referiu ao futuro do país com termos (considerando-se que o pronome relativo empregado é representante semântico do substantivo que o antecede "termos"). A preposição "com" surgiu, então, para reger o adjunto adverbial "com que" (semanticamente equiparada a "com termos"). Esta é a resposta da questão.

**Questão 26**

d) A presença da preposição "de", regendo o pronome relativo "que" neste período, decorre do entendimento de que a forma verbal "povoar-se" (pronominal) demanda tal preposição regendo seu complemento. Afinal, a cabeça dos velhinhos povoa-se de pensamentos.

**Questão 27**

d) A ausência de acento grave indicativo de crase em "nossa performance é inferior a que foi atribuída a Argentina" indica que não se atentou para a exigência do emprego da preposição "a", necessária para que se regesse o complemento nominal pertinente ao adjetivo "inferior". Igual deslize verifica-se em "a Argentina". O texto se retificará com o emprego do mencionado acento: "nossa performance é inferior à que foi atribuída à Argentina". Esta é a resposta da questão.

**Questão 28**

b) Atentou-se para a exigência de os dois pronomes relativos serem igualmente regidos pela preposição "de", exigida, respectivamente, pelo adjetivo "cientes" e pela forma verbal "dependiam". Esta é a resposta da questão.

**Questão 29**

d) Alternativa adequada.
Ao analisarmos a sentença "A terra custou aos lavradores a vida", identificamos seu sujeito, indicado por "A terra", o que nos autoriza afirmar que o predicado é "custou aos lavradores a vida". No interior deste predicado, além do verbo, temos duas expressões de natureza substantiva a ele ligadas: uma ("aos lavradores") está regida por preposição e funciona como seu objeto indireto; outra, não preposicionada ("a vida"), funciona como seu objeto direto. Deu-se ao verbo exatamente o tratamento dispensado na sentença presente no enunciado do teste.

**Questão 30**

e) Não há motivo para emprego da preposição "de" antes do pronome relativo. Observemos que o verbo "procurar", estruturador da oração introduzida pela preposição mencionada, tem regência transitiva direta, como comprovamos em "todos procuram um bem". O pronome relativo "que" funciona sintaticamente como objeto direto de "procuram". O texto está incorreto e será retificado com a simples supressão da preposição, restando "Uma mente saudável é um bem que todos procuram".

### Questão 31

d) Temos agora um emprego não referendado pela norma culta da língua e muito frequente no falar espontâneo. Empregou-se o verbo "lembrar" (não pronominal) com complemento regido pela preposição "de". Já recordamos que esse verbo, ao receber emprego não pronominal, tem regência transitiva direta, o que nos faz retificar a oração para "Eu lembrei todas as razões", como visto no item "a". Esta é a resposta da questão.

### Questão 32

a) Regência verbal incorreta.
O verbo "responder" tem regência transitiva indireta, ao ser empregado em situações como "responder a alguém", "responder a alguma coisa". Retificado o texto, teremos "O autor respondeu ao diretor do programa".

### Questão 33

**c)** Alternativa incorreta.
A eminente banca examinadora de língua portuguesa da Fundação Getulio Vargas desconsidera a possibilidade de emprego transitivo indireto – com complemento regido pela preposição "em" – do verbo "implicar", empregado com sentido de "causar", "acarretar", que já é admitido, conforme orientação de eméritos estudiosos da língua, em conformidade com o uso assim registrado por também notáveis escritores e ensaístas modernos e contemporâneos. Exige a banca o emprego, relativamente a este emprego, da norma culta formal. Vejamos algumas considerações feitas acerca do emprego transitivo indireto deste verbo, inicialmente valendo-nos de nossas gramáticas de referência:

1. Rocha Lima (*Gramática normativa da língua portuguesa*, José Olympio Editora, 33ª edição, Rio de Janeiro, 1996, p. 433:
IMPLICAR
"(...)
3. *Trazer como consequência, acarretar*. É transitivo direto.
Exemplos:
(...) um dever que *implica desdouro* para o meu amigo, se eu me esquivar a cumpri-lo."
(CAMILO CASTELO BRANCO)

"(...) sem que a investida do novo chefe *implicasse a menor quebra* no movimento político e social." (LATINO COELHO)

Está ganhando foros de cidade na língua culta a sintaxe *implicar em*:
Tal procedimento *implica desdouro* (ou *em desdouro*) para você.

2. Evanildo Bechara, *Moderna gramática portuguesa*, Lucerna, 37ª edição, Rio de Janeiro, 1999, p. 576:
I
(...)
implicar com[1]
(...)
No significado de *resultar* é transitivo direto: *Isto implica erro.*

3. Celso Cunha/Lindley Cintra, *Nova gramática do português contemporâneo*, Nova Fronteira, 3ª edição, 12ª reimpressão, Rio de Janeiro, 2001.
O verbo IMPLICAR não é citado.

4. Adriano da Gama Kury/Ubaldo Luiz de Oliveira, *Gramática objetiva*, vol. II, Atlas, São Paulo, 1985, p. 131-132:
IMPLICAR
(...)
c) trazer como consequência, acarretar.
É transitivo direto:
"... um ver que implica desdouro para meu amigo, se eu me esquivar a cumpri-lo." (Camilo)
Modernamente se usa como transitivo indireto com prep. *em*:
"O auxílio federal ... implica na cessação de qualquer discriminação racial." (J. Fernando Carneiro)
"A flexão de pessoa gramatical *implica*, automaticamente, *na* indicação do número." (Mattoso Câmara Jr., *Estr. da L.P.*, 76)
"A boa conversa *implica* sempre *em* deixar o A. falar." (F. Sabino)

Consultando o *Dicionário prático de regência verbal*, Celso Pedro Luft, Ática, São Paulo, 1999, p. 326, encontramos:

IMPLICAR
(...)
OBS.: *implicar em algo* é inovação em relação a *implicar algo* por influência de sinônimos como "redundar", "reverter", "resultar", "importar". Aparentemente um brasileirismo. Plenamente consagrado, admitido até pela gramática normativa: "Está ganhando foros de cidade na língua culta a sintaxe *implicar em*: *Tal procedimento implica desdouro* (ou *em desdouro) para você*". (Rocha Lima: 401)

Do que se leu, percebe-se claramente que a regência transitiva direta para o verbo "implicar", quando portador do significado de "causar", "acarretar", "provocar" é pacificamente aceita por todos. Existe, por outro lado, a possibilidade de o emprego transitivo indireto ser admitido.

Desse modo, descartada a possibilidade do emprego do verbo "implicar" com regência transitiva indireta, torna-se esta a resposta da questão.

**Questão 34**

b) Alternativa incorreta.

Esta alternativa traz à nossa lembrança as exigências levadas a efeito, quanto à regência, pelos verbos "lembrar" e "lembrar-se". "Lembrar" é verbo transitivo direto. "Lembrar-se", transitivo indireto. Ora, o verbo empregado na alternativa foi "lembrar", não pronominal. Isso significa dizer que a estrutura da oração que se realiza com tal verbo não poderá apresentar complemento indireto, vale dizer, não poderá apresentar objeto indireto. Assim, a preposição "de" está incorretamente empregada. A fragmento retificado apontará "que o superendividamento lembra", texto em que o pronome relativo funciona como objeto direto do verbo "lembrar" e, por isso, não é antecedido por preposição. Caso empregássemos o verbo "lembrar-se", seria obrigatório o uso da preposição "de" e redigiríamos "de que o superendividamento se lembra".

**Questão 35**

e) O verbo "custar", ao ser empregado com sentido de "exigir", tem regência transitiva direta e indireta. No texto que estudamos neste item, deu-se ao verbo, como sujeito, a expressão "A constatação". Os complementos verbais são "dias difíceis", desempenhando papel de objeto direto, e "lhe", no papel de objeto indireto. Observemos a presença da oração subordinada adjetiva restritiva "de que aquilo era verdadeiro", que surgiu intercalada na principal, formada pelos termos que analisamos. Esta é a resposta da questão.

**Questão 36**

b) Não há qualquer deslize no texto que se encontra no item ora estudado, no qual se vê o correto emprego da preposição "de" a reger o adjunto adverbial "de cuja teoria", relacionado com a forma verbal transitiva indireta "falei". Observemos que o objeto indireto de tal verbo está indicado pelo pronome oblíquo átono "lhe". É também conveniente observarmos que a regência promovida pelo emprego da preposição "a" em "ao Brasil" justifica-se para que se indique o adjunto adverbial da forma "vem".

**Questão 37**

e) Agora, vemos pronome relativo que funciona sintaticamente como núcleo de um adjunto adverbial de modo. É representante semântico de "humor". A presença da preposição deve-se à necessidade de reger-se o adjunto adverbial. Para melhor entendimento, a oração a que pertence o pronome relativo citado é "com que o cronista resolveu conduzir seu texto". Efetuando-se a substituição do pronome relativo empregado pelo substantivo que ele representa e ordenando-se os termos da oração, teremos "o cronista resolveu conduzir seu texto com humor".

**Questão 38**

b) Alternativa correta.
A regência do verbo "cuidar", transitiva indireta, exigiria igualmente a preposição "de" para que seu complemento a ele se ligasse. O texto ficaria: "Nessa compulsória liberdade, de que cuida o filósofo...".

**Questão 39**

a) O verbo "advir" pode ter regência transitiva indireta. Quando essa regência ocorre, seu complemento surge a ele ligado pela preposição "de". Nesta passagem, teríamos a frase corretamente escrita deste modo: "Não advém, aliás, apenas <u>de iniciativas</u> reconhecidas simplesmente como humanas...".

**Questão 40**

e) Alternativa correta.
Inicialmente, observemos que o pronome "cujo" reporta-se ao substantivo "alcance", que lhe vem após, ou seja, é um pronome adjetivo relativo. Por outro lado, a preposição "a" surge da compreensão de que todos deveriam estar ao alcance do braço da justiça, sendo imprescindível, assim, o seu emprego.

**Questão 41**

b) Idêntico estudo feito no texto deste item apontará "todos os agentes econômicos terão de encontrar uma maneira de lutar de cuja aspereza", o que revela texto com deslize de regência verbal, por se ter empregado incorretamente a preposição "de". O verbo "lutar" foi empregado com sentido análogo ao que se observa em "lutar contra algo". Assim, após a devida retificação, o texto resultará "todos os agentes econômicos terão de encontrar uma maneira de lutar contra cuja aspereza". É fundamental que se perceba ser o sintagma "cuja aspereza" alusivo à aspereza da "realidade".

## Questão 42

b) Temos o emprego da forma verbal *prefere*, pertencente ao verbo de regime transitivo direto e indireto *preferir*. O erro cometido consistiu em terem-se atribuído a esse verbo dois complementos regidos por preposição, a saber: *às quais* e *à instabilidade*. Como sabemos que o verbo tem regência transitiva direta e indireta e, mais ainda, que seu complemento indireto será obrigatoriamente regido pela preposição *a*, temos de, em função do que pretendemos veicular, promover o equilíbrio da complementação verbal, que será traduzida em *as quais prefere à instabilidade* ou *às quais prefere a instabilidade*. Por meio da primeira construção, informaríamos que *as quais* (semanticamente valendo por *as funções*) seria o objeto direto e, por isso mesmo, o termo que, semanticamente, indicaria sobre o que repousaria a preferência. Inversamente, ao escrevermos o texto como se configurou na segunda passagem, comunicaríamos que *às quais* (semanticamente valendo por *às funções*) seria o objeto indireto e, como tal, indicativo do termo que, semanticamente, seria o preterido.

## Questão 43

b) Agora atendeu-se à exigência feita pelo verbo "chegar" quanto ao surgimento obrigatório da preposição *a* regendo o adjunto adverbial "onde". Esta é a resposta da questão.

## Questão 44

d) Em "O passageiro novato, na aterrissagem, assumiu a mesma posição defensiva a que recorrera na decolagem", justifica-se a presença da preposição "a", regendo o pronome relativo "que", em função da regência transitiva indireta da forma verbal "recorrera".

## Questão 45

d) O verbo "circunscrever", empregado com sentido de "limitar", "restringir", tem emprego transitivo direto e indireto, sendo seu complemento indireto regido pelas preposições "a" ou "em". Desse modo, o período "Quase todo mundo tira fotos, mas a arte da fotografia ainda se circunscreve aos que de fato são talentosos" nenhum equívoco apresenta. Apontamos, nele, a existência de três orações, a saber: "Quase todo mundo tira fotos, mas a arte da fotografia ainda se circunscreve aos e que de fato são talentosos". O fato que ensejou o presente comentário está ocorrendo na segunda oração, na qual se nota para a forma verbal "circunscrever" objeto direto, indicado pelo pronome oblíquo "se", e objeto indireto, indicado pelo vocábulo "aos", resultante da combinação da preposição *a* com o pronome demonstrativo *os*.

## Questão 46

d) Regência incorreta.

Não se observou, neste item, a exigência feita pelo verbo "basear-se" (pronominal), empregado em construção análoga à que se lê em "baseio-me em algo", sendo o sintagma "em algo" um objeto indireto. Então, ao se produzir o texto "que me baseio, como machista incorrigível", em que não se observa emprego de preposição regendo o pronome relativo, entende-se que se escreveu "baseio-me pesquisas, como machista incorrigível", sentença claramente equivocada. A forma correta seria "baseio-me em pesquisas, como machista incorrigível". Para que o texto esteja correto é necessário que surja sob a forma "em que me baseio, como machista incorrigível".

## Questão 47

Esta questão, que explora conhecimentos da sintaxe dos pronomes relativos, foi toda estruturada em torno do verbo "prescindir", que tem regência transitiva indireta, com objeto indireto regido pela preposição "de".

O simples conhecimento dessa particularidade foi suficiente para chegar-se à conclusão de que a resposta está na alternativa "e", em que se lê "...é um evento de que os povos não prescindem?", passagem equivalente, na sua oração subordinada adjetiva, a "os povos não prescindem de evento?", considerando-se que o pronome relativo "que" recupera semanticamente o substantivo "evento", seu antecessor.

A resposta da questão é a alternativa "e".

## Questão 48

d) Regência correta.

Não há qualquer equívoco no período apresentado neste item. Duas orações o compõem: a primeira, "O grupo de trabalho visava ao sucesso da empreitada", apresenta o verbo "visar" usado com sentido de "almejar", passagem em que deve ser empregado, conforme recomendado pela norma culta, com regência transitiva indireta, o que se pode comprovar com a observação do emprego de preposição "a" em "ao sucesso da empreitada"; na segunda, "pois muito se esforçara para isso", observamos emprego transitivo indireto para o verbo "esforçar-se", estando o seu objeto indireto ("para isso") devidamente introduzido por preposição. Nesse ponto, convém recordarmos que o verbo "visar" pode ser empregado com regência transitiva direta, ao se apresentar com o significado visto neste item.

## Questão 49

a) Emprego incorreto.

O verbo "abraçar" desenvolve regência transitiva direta. Desse modo, está incorreta a construção "Ao abraçar-lhe", que deve ser retificada para "Ao abraçá-lo".

Na continuidade do período, o pronome "lhe" está corretamente empregado como objeto indireto da forma verbal "fez", cuja regência transitiva direta e indireta revela como objeto direto o pronome relativo "que". Após a devida retificação, o texto assumirá a forma "Ao abraçá-lo, o procurador desejou que o cliente fosse grato pelo favor que lhe fez".

**Questão 50**

c) Emprego correto.
O adjetivo "incompatível" rege a preposição "com". Assim, a sentença "O uso de drogas é incompatível com uma boa condição física" está perfeito. Esta é a resposta da questão.

**Questão 51**

O verbo "preferir" é dos mais requisitados em concursos. Não se pode chegar à prova sem conhecer suas peculiaridades.

Recordemos, então, que sua regência é transitiva direta e indireta e que seu complemento indireto (objeto indireto) é sempre regido pela preposição "a".

O uso de "que" ou "do que" regendo o complemento indireto é absolutamente indevido.

Além disso, dada a significação que tem, não admite sofrer qualquer espécie de intensificação, como "preferir mais", "preferir menos", "preferir muito mais", "preferir muito menos", "preferir mil vezes mais" e outras.

Nesta questão, o verbo "preferir" tem como objeto direto a oração "almoçar no restaurante" e como objeto indireto outra oração: "ficar com azia". A correta construção do período fará resultar "Prefiro almoçar no restaurante a ficar com azia", como se vê no item "d", que é a resposta.

**Questão 52**

Eventualmente, questões de regência verbal podem ser muito simples. A que agora comentaremos é uma delas.

Ao observarmos os fragmentos textuais que sofrerão o processo de pronominalização, ou seja, que serão substituídos por pronomes oblíquos átonos, encontramos três objetos diretos. Realmente, "a população", "uma pessoa" e "os robôs" funcionam como complementos para as formas verbais "manter", "substitui" e "usar", respectivamente, que são verbos de regência transitiva direta. A ausência de preposições regendo cada um desses complementos atesta o que afirmamos.

Sabemos, por outro lado, que os pronomes pessoais oblíquos átonos "o" (e suas flexões "a", "os", "as") e "lhe" (e sua flexão "lhes") têm emprego condicionado às regências verbais. Os primeiros ligam-se unicamente a formas verbais de regência transitiva direta, ao passo que os dois últimos ligam-se, exclusivamente, a formas verbais de regência transitiva indireta.

Assim, podemos excluir todas as alternativas em que se note a presença de "lhe" ou "lhes", tendo em vista a inicial percepção de que todos os complementos a serem pronominalizados funcionam como objetos diretos. Essa compreensão faz-nos eliminar as alternativas "b" ("manter-lhe"), "c" ("substituir-lhe"), "d" ("usar-lhes") e "e" ("substituir-lhe" e "usar-lhes").

A resposta da questão, evidentemente, está na alternativa "a", em que se promoveu:

I. a substituição de "a população" pelo pronome oblíquo átono "a", o qual, considerando-se o fato de o verbo "manter" terminar em "r", teve a consoante final suprimida, além de se alterar graficamente o pronome "a" para "-la";
II. a substituição de "uma pessoa" pelo pronome oblíquo átono "a", o qual sofreu a mesma modificação gráfica apontada no caso anterior;
III. a substituição de "os robôs" pelo pronome oblíquo átono "os", modificado graficamente em "-los" pela mesma razão vista nos dois itens antecedentes.

## Questão 53

b) Regência correta.

Não há qualquer erro no texto deste item. O verbo "insistir", de regência transitiva indireta, tem seu complemento "nos mesmos erros" devidamente introduzido pela preposição "em". Também está correto o emprego da preposição "por", em atenção à demanda do adjetivo "cometidos". Esta é a resposta da questão.

## Questão 54

e) O período simples "Seus pedidos implicariam em total reformulação do projeto original do curso" exemplifica passagem de regência verbal muito conhecida e relativa ao verbo "implicar", que surgiu empregado com sentido de "acarretar", "provocar". A tradição gramatical recomenda que seja empregado com regência transitiva direta, o que faria surgir o texto simples "Seus pedidos implicariam total reformulação do projeto original do curso". Ocorre, como já vimos em diversas questões precedentes, que esse verbo, ao ser empregado com tal significado, vem, paulatinamente, sendo construído com regime verbal transitivo indireto, sendo seu complemento indireto (objeto indireto) regido pela preposição "em", como vemos no texto originalmente grafado neste item. É conveniente esclarecermos que esse emprego ainda não é referendado pela norma culta da língua. Esta é a resposta da questão.

## Questão 55

e) Regência correta.

Não há qualquer equívoco de regência no texto desta alternativa.

## Questão 56

d) O verbo "assistir", quando empregado com sentido de "caber", "competir", tem regência transitiva indireta. A oração deve, assim, ser corrigida para "Este direito não assiste ao aluno", em que se nota a função de objeto indireto sendo exercida pela expressão preposicionada "ao aluno".

## Questão 57

d) Regência incorreta.
Assim ficará o período desta alternativa, após dividido em suas orações constitutivas: ["Alguns doentes manifestam receio das lâmpadas do teto], [de que imaginam olhos ou aparelhos] [que emitem raios elétricos"]. Os sujeitos de cada oração são, novamente, apontados pela ordem: "Alguns doentes", "alguns doentes" (implícito) e "que" (representante semântico de "aparelhos"). O verbo que estruturou a oração em que o pronome relativo está regido pela preposição "de" é "imaginar", de regência transitiva direta. Seu objeto direto está indicado pelo pronome relativo "que", o que impede o emprego da preposição. Observemos o predicativo do objeto "olhos ou aparelhos". Na verdade, o verbo está empregado em construção análogo à que existiria, por exemplo, em "Imaginei seus olhos faróis salvadores", em que "seus olhos" funciona como objeto direto e "faróis salvadores", predicativo do objeto direto. O texto se retificará com a supressão da preposição que antecede o pronome relativo, restando "Alguns doentes manifestam receio das lâmpadas do teto, que imaginam olhos ou aparelhos que emitem raios elétricos".

## Questão 58

c) Em "Faz pelo menos dois anos que o mundo aguarda uma pandemia do calibre da gripe espanhola, em que foram acometidas mais de 20 milhões de pessoas entre 1918 e 1920", observa-se equívoco de regência verbal, caracterizado por uso indevido da preposição "em". Observemos a existência de oração de voz passiva analítica em "em que foram acometidas mais de 20 milhões de pessoas entre 1918 e 1920". Nessa oração, o sujeito passivo está indicado por "mais de 20 milhões de pessoas", enquanto o agente da passiva tem seu núcleo no pronome relativo "que", representante semântico de "gripe". Agentes da passiva não são introduzidos pela preposição "em", mas sim, em geral, por "pelo" ou "por". Está-se a informar que "mais de vinte milhões de pessoas foram acometidas pela gripe (*ou* por gripe) entre 1918 e 1920". Após a devida correção, o texto assumirá a forma "Faz pelo menos dois anos que o mundo aguarda uma pandemia do calibre da gripe espanhola, por que foram acometidas mais de 20 milhões de pessoas entre 1918 e 1920".

**Questão 59**

e) O verbo "visar", ao ser usado com sentido de "almejar", "desejar", deve ser empregado, em conformidade com o uso clássico da língua, com regência transitiva indireta. Na presente sentença, a expressão "uma promoção na empresa", complementar à forma verbal "visa", não está preposicionada, o que faz caracterizar o verbo como de regência transitiva direta, o que não é a construção recomendada. Com esse verbo, empregado com regime transitivo direto, recomendamos que se faça um estudo apurado das alternativas da questão, até que se venha a classificá-lo como correta ou incorretamente empregado. Podemos verificar na questão 47 deste trabalho sua aceitação, embora com regime transitivo direto.

**Questão 60**

b) O adjetivo "receptivo" rege a preposição "a". Não há equívoco no texto deste item, em que se observa o emprego da referida preposição em "receptivo a".

# CAPÍTULO 5

# EMPREGO DO ACENTO GRAVE INDICATIVO DA CRASE

PRIMEIRA PARTE

## Aspectos Teóricos

Em sentido amplo, crase é um fenômeno fonético que consiste na pronúncia de vogais iguais e contíguas em uma só sílaba.

Observemos como as vogais abaixo destacadas fundem-se em uma só, na fala natural:

*"Teu pensamento é como o Sol que morre*
*Há de cismando mergulhar-se em mágoas*
*Durante a noite quando o orvalho desce."*
(Casimiro de Abreu)

Ocorre, entretanto, que apesar de serem pronunciadas como uma única vogal, ou seja, apesar de constituírem crase, as vogais que formam o fenômeno fonético continuam escritas no texto.

Para o objetivo deste estudo, entretanto, serão observadas apenas as crases de vogal a, as quais apresentam a representação gráfica específica indicada pelo acento grave: à.

Observemos, então, a estrutura da oração que abaixo apresentamos em caráter de exemplificação:
*Irei a a festa de formatura de meu aluno.*

Vemos no texto a presença da preposição a, regendo o adjunto adverbial de lugar concernente ao verbo ir (já estudado em regência verbal), como também a presença do artigo definido a antecessor do substantivo festa. Do encontro dessas duas palavras resulta uma crase análoga à que vimos nos exemplos colhidos em Casimiro de Abreu, mas que será grafada particularmente, na forma à. A frase, então, terá a forma
*Irei à festa de formatura de meu aluno.*

Cumpre observar-se que o fenômeno da crase não deve ser confundido com o acento grave, sinal gráfico que apenas o representa no texto.
Em nossas aulas, procuramos sempre mostrar aos alunos a lógica do emprego desse acento gráfico, sabendo, entretanto, que seu estudo vem-se constituindo, sem dúvida alguma, no mais amplo emprego de macetes, fórmulas mágicas e recursos outros que não proporcionam ao estudante a compreensão de sua utilização. Entendemos ser extremamente nociva a prática abusiva de tais recursos, o que se comprova com a dificuldade que, em geral, o estudante demonstra em empregá-lo, apesar de sua simplicidade pelo menos nas situações exigidas em provas de concursos públicos.
Assim, em nosso trabalho também não nos valeremos de tais utilizações. Já é hora de entendermos, de uma vez, a lógica da utilização do acento grave indicativo de crase.

## 1. Casos de emprego obrigatório de acento grave

Preferimos assim denominar nosso campo de estudo a chamá-lo de "casos de crase obrigatória", uma vez que, em certas situações como veremos em nosso estudo, o acento grave, apesar de obrigatório, não indica o fenômeno da crase.

### 1.1. No encontro da preposição *a* com o artigo definido *a(s)*

***Este ano não faltarei à missa comemorativa de nossa formatura.***
***Escreveremos uma carta às nossas clientes, explicando o porquê da decisão.***

Na primeira oração, o verbo "faltar" tem regência transitiva indireta e, por isso, impõe a presença da preposição "a". Por outro lado, diante do substantivo "missa" vê-se emprego de artigo definido. Do encontro desses dois vocábulos resulta a crase sinalizada com o acento grave.

Na segunda oração, a regência transitiva direta e indireta do verbo "escrever", empregado com sentido de "escrever algo a alguém", torna obrigatória a presença de uma preposição "a", regendo o termo "nossas clientes". O uso do vocábulo "as", antecessor do pronome possessivo "nossas", em plural é clara indicação de que não existe ali apenas a preposição demandada pelo verbo, mas também o artigo definido, concordante com o substantivo "clientes". Afinal, as preposições, como são palavras invariáveis, não sofrem flexão em número. Mais uma vez temos, então, o encontro de duas vogais "a", o que provoca a crase também marcada com o acento grave.

### 1.2. No encontro da preposição *a* com o pronome demonstrativo *a(s)*

***Entreguei a encomenda à que chegara primeiro.***
***Referia-me às que chegaram cedo para a aula.***

Notemos que nos dois textos, exemplificadores de períodos compostos, surgiram orações subordinadas adjetivas, iniciadas pelo pronome relativo "que". Nas duas orações iniciais de cada um dos períodos (na verdade, suas orações principais), há necessária presença de preposição "a", em virtude das regências transitiva direta e indireta do verbo "entregar" e transitiva indireta do verbo "referir-se". Assim, é forçoso admitirmos que as estruturas das orações "Entreguei a encomenda à" e "Referia-me às" contêm a preposição "a". Por outro lado, localizamos a presença do vocábulo "a" (pronome demonstrativo semelhante a "aquela" e "aquelas", respectivamente) também diante dos mesmos pronomes relativos. Estamos lendo que alguém entregou a encomenda "a aquela" que chegara primeiro e que alguém referia-se "a aquelas" que chegaram cedo para a aula. Recordemos que os vocábulos "o", "a", "os" e "as", quando grafados diante de pronomes relativos costumam ser pronomes demonstrativos. Para confirmação de que efetivamente o são, podemos perceber sua clara troca por "aquele", "aquela", "aqueles" e "aquelas".

Assim, a crase ocorreu agora envolvendo a preposição "a" e os pronomes demonstrativos "a" e "as". O emprego do acento grave é obrigatório, portanto.

### 1.3. No encontro da preposição *a* com o *a* inicial dos pronomes demonstrativos *aquele* (e flexões), *aquilo*

*Àquele rapaz nada era impossível.*
*A alusão feita àquilo tornou pesado o ambiente.*

No primeiro exemplo acima, notemos que o adjetivo "impossível" demanda o emprego de complemento regido pela preposição "a". A oração, cujos termos estão postos em ordem inversa, reordenada e com todos os vocábulos que a compõem tornados explícitos teria a seguinte configuração: "Nada era impossível a + aquele rapaz". Podemos, então, observar que o primeiro vocábulo "a" é a preposição incumbida de ligar a expressão "aquele rapaz" ao adjetivo "impossível". A inversão da ordem dos vocábulos em nada altera essa necessidade de emprego da preposição. Por outro lado, notamos que na continuidade do texto, e logo após a preposição "a", surge o pronome demonstrativo "aquele", que se inicia, obviamente, pela vogal "a". Da fusão desses dois elementos surge a crase, sinalizada com o devido acento grave.
No segundo exemplo, a fusão da preposição requerida por "feita" com o "a" inicial do pronome demonstrativo "aquilo". Novamente, empregou-se o acento grave, dessa vez em "àquilo", para indicar-se a crase.
Observemos que, no primeiro exemplo, o pronome demonstrativo "aquele" é masculino. Mais à frente, veremos que o emprego do acento grave indicativo de crase é proibido diante de palavras masculinas. Não há, entretanto, quebra dessa lógica na oração que analisamos. Na verdade, a crase não ocorreu antes da palavra masculina, mas sim em seu interior, considerando que tal palavra iniciou-se pela vogal "a".

### 1.4 No encontro da preposição *a* com o *a* dos pronomes relativos *a qual, as quais*

***A professora à qual devo minha formação básica nunca me sairá da lembrança.***
***As árvores às quais se prestam reverências são lindíssimas.***

Quando dividimos em orações o primeiro período fornecido como exemplificação, encontramos:
["A professora [à qual devo minha formação básica] nunca me sairá da lembrança."]
As orações são, desse modo:

1ª oração: "A professora nunca me sairá da lembrança." – principal;
2ª oração: "à qual devo minha formação básica" – subordinada adjetiva restritiva.

Vamos, agora, deter-nos na análise da 2ª oração. A forma verbal "devo", empregada em 1ª pessoa do singular, indica estar implícito o sujeito ("eu") da oração. Dessa forma, temos o predicado constituído pela oração em toda sua extensão: "à qual devo minha formação básica". Vemos, ainda, que no interior do predicado, além do verbo e ligando-se a ele, existem dois sintagmas, a saber: "minha formação básica" e "à qual". Ambos têm natureza substantiva, uma vez que estão representados em seus núcleos por um substantivo ("formação") e por um pronome substantivo relativo ("a qual"). Sendo assim, estamos com dois complementos verbais, exigidos pela regência verbal transitiva direta e indireta do verbo "dever", empregado em construção análoga à de "devo alguma coisa a alguém". Entendemos que "minha formação básica" é objeto direto e "à qual" é objeto indireto, devidamente regido pela preposição "a", introdutor, como vimos na construção "devo alguma coisa a alguém". Convém notarmos que o pronome substantivo relativo "a qual" é representante semântico de "professora". Ocorreu, então, uma crase entre a preposição "a" e o vocábulo "a" que faz parte do pronome relativo "a qual".
Adotando-se o mesmo raciocínio para a segunda exemplificação, teremos:
["As árvores [às quais se prestam reverências] são lindíssimas."]
1ª oração: "As árvores são lindíssimas."
2ª oração: "às quais se prestam reverências"

Devemos deter nosso olhar, novamente, na estrutura da 2ª oração acima. Nela, observa-se o verbo "prestar" estruturando oração de voz passiva pronominal. A voz passiva analítica correspondente seria "Reverências são prestadas às quais". Vejamos que o pronome relativo "as quais" recupera semanticamente o substantivo "árvores". Então, na sentença de voz passiva pronominal com que trabalhamos, ocorre verbo que demanda objeto indireto, representado exatamente por "às quais", no qual a preposição tem a incumbência de estabelecer seu vínculo com a forma verbal "prestam". A crase decorreu, assim, da contração dessa preposição com o vocábulo "as", que faz parte do pronome relativo "as quais".

### 1.5. Nas locuções adverbiais formadas por palavras femininas

*Saiu da sala às pressas.*
*Costumava agir às claras.*

Chegamos, enfim, ao item que justificará nossa opção por intitularmos essa passagem de nosso estudo como "Casos de emprego obrigatório de acento grave", e não "Casos de crase obrigatório".
Vejamos, inicialmente, os dois exemplos acima. Não haverá dificuldade em percebermos nas expressões "às pressas" e "às claras" a função de adjunto adverbial. Referem as duas circunstância de modo, inclusive. Adjuntos adverbiais são representados morfologicamente por advérbios ou por locuções adverbiais. As locuções adverbiais são introduzidas, em sua grande maioria, por preposições. Podemos afirmar, então, que em "às pressas" e "às claras" ocorre presença da preposição "a". Por outro lado, o fato de o vocábulo introdutor do adjunto adverbial ter surgido em plural é clara sinalização de que há, em seu interior, também um artigo definido. Isso porque, como sabemos, preposições não sofrem flexão de número, como, aliás, já havíamos recordado no item 1.1. Estamos, então, com uma crase de preposição com artigo definido, nesses dois exemplos.
Pode ocorrer, entretanto, fato diverso do que vimos nesses dois exemplos iniciais. Observemos, então, as duas sentenças a seguir:
*Não costuma chegar à noite.*
*O professor fechou a escrivaninha à chave.*

As duas sentenças contêm, igualmente, adjuntos adverbiais, respectivamente "à noite" e "à chave", reveladores de circunstâncias de tempo e de instrumento, respectivamente. Quando nos detemos a investigar a composição de tais adjuntos adverbiais, ou mais especificamente das locuções verbais que os formam, verificamos estarem formados, unicamente, pela preposição "a" e pelos substantivos "noite" e "chave", pela ordem. Não há artigos, em suas formações. Essa afirmativa pode ser comprovada por meio de dois artifícios. Primeiramente, tentemos empregar preposições diferentes da preposição "a", que foi empregada inicialmente. Na primeira sentença, teremos "Não costuma chegar de noite" (observemos a impropriedade de se dizer "Não costuma chegar da noite"). Na segunda oração, escreveremos "O professor fechou a escrivaninha com chave" (a grafia "O professor fechou a escrivaninha com a chave" revelaria um valor semântico definido para o substantivo "chave", inexistente no texto original). Assim, comprovamos a inexistência de artigos nos dois adjuntos adverbiais. Ocorre, apenas, a presença da preposição "a".

Por outro caminho, poderemos tentar substituir os vocábulos "noite" e "chave", que são do gênero feminino por outras da mesma área semântica, mas que sejam masculinas. Diremos, no primeiro caso: "Não costuma chegar de dia". Como vemos, a substituição do substantivo "noite" por "dia" não provocou surgimento do artigo definido "o" diante do substantivo. Da mesma forma, ao trocarmos o substantivo "chave" por "ferrolho", por exemplo, teremos a sentença "O professor fechou a escrivaninha com ferrolho", em que não se observa, também, presença de artigo definido.

Entendemos então que a presença do acento grave nas locuções adverbiais *nem sempre* revelará caso de crase. Na verdade, na enunciação deste item, diferentemente do que ocorreu nos quatro que o antecederam, não se dispôs que palavras formariam a crase, mas tão somente que haverá emprego de acento grave "Nas locuções adverbiais formadas por palavras femininas".

Esse emprego decorre da necessidade de, em certas passagens, o acento grave ser fundamental para a correta apreensão do que o redator decidiu expor. Atentemos para a relevância do acento grave nas sentenças "Chegou a noite" *x* "Chegou à noite". Então, como medida que uniformiza o emprego do acento grave, toma-se a decisão de pôr-se esse acento em todas as locuções adverbiais formadas por palavras femininas, quer contenham crase ou não.

Exatamente por esse motivo, adotamos a nomenclatura "Casos de emprego obrigatório de acento grave" em lugar de "Casos de crase obrigatória", uma vez que, como vimos, há situações em que, ainda que não haja crase, o acento grave será obrigatório.

Obs. 1: alguns autores vêm revelando disposição em não utilizar acento grave em locuções adverbiais de instrumento e na locução adverbial de modo "à vista", utilizada em oposição a "a prazo". Recomendamos, entretanto, que o candidato ao deparar-se com questão em que esse fato ocorra, examine atentamente todas as suas alternativas, com vistas a saber como a banca examinadora posicionou-se frente a essa matéria.

A utilização do acento grave em tais situações parece-nos ser lógica. Até porque encontramos abonação em eminentes estudiosos contemporâneos, como:

**ARGUMENTOS PARA EMPREGO DE ACENTO GRAVE EM LOCUÇÕES ADVERBIAIS FORMADAS POR PALAVRAS FEMININAS!**

EVANILDO BECHARA: *Moderna gramática portuguesa*, Editora Nacional, 33ª edição, 1989, p. 285, e *Moderna gramática portuguesa*, Lucerna, 37ª edição, 1999, p. 308:

"Emprego do à acentuado. – Emprega-se o acento grave no a para indicar que soa como vogal aberta nos seguintes dois casos:

[...]

2º) quando representa *a pura preposição* que rege um substantivo feminino singular, formando uma locução adverbial: *à força, à míngua, à bala, à faca, à espada, à fome, à sede, à pressa, à noite, à tarde* etc."

ROCHA LIMA: *Gramática normativa da língua portuguesa*, José Olympio Editora, 33ª edição, 1996, p. 382:

"[...]

Nem sempre – e aí é que bate o ponto – o a acentuado é resultante de crase. Assim, por motivos de clareza como para atender às tendências históricas do idioma, recebem acento no a, independentemente da existência de crase, muitas expressões formadas com palavras femininas:

*apanhar à mão, cortar à espada, enxotar à pedrada, fazer a barba à navalha, fechar à chave, ir à vela, matar o inimigo à fome, pescar à linha, à força, à imitação de, à maneira de, à medida que, à míngua de, à noite, à pressa, à proporção que, à semelhança de, à toa, à ventura, à vista, à vista de.*"

Obs. 2: convém não se confundir a locução adverbial "às vezes" com o emprego dessas duas palavras em contextos do tipo "fazer as vezes de", que significa "imitar", "agir como", ou mesmo em situações nas quais empregam-se o artigo "a" e o também substantivo "vezes" (plural de "vez"), que significa, entre outras coisas, "ensejo, ocasião, oportunidade" (cf. *Dicionário eletrônico Aurélio*).

Vejamos os exemplos a seguir:

*Quando criança, já demonstrava vocação para a medicina, fazendo as vezes de médico nas brincadeiras com os irmãos.*

*Não tenho mais paciência para contar as vezes que você perdeu por preguiça.*

## 1.6. Nas locuções prepositivas formadas por palavras femininas:

*Sobreviveu ao perigo à custa de heroicos esforços.*

*Saímos à procura de abrigo.*

*Estávamos à mercê dos seus desejos.*

*Andou à roda de colegas estudiosos, querendo absorver-lhes os hábitos.*

Trata-se de mais uma situação em que não se faz menção a qualquer contração, mas apenas à identificação morfológica: locução prepositiva. Nesse caso, a repetição da estrutura das locuções prepositivas que são portadoras do acento grave facilita enormemente sua aplicação. Observemos que em sua constituição surgem, em sequência, os vocábulos "à + substantivo feminino + de".
Evidentemente, as locuções prepositivas não se apresentam sempre com essa forma. No entanto, aquelas sobre as quais recai o acento grave terão sempre esse modelo.

### 1.7. Nas locuções conjuntivas formadas por palavras femininas

*Ficou cansado à medida que correu.*
*À proporção que estudava, aproximava-se do objetivo traçado.*

Esta é a mais simples de todas as situações de emprego de acento grave. Só existem duas locuções conjuntivas que sofrem essa acentuação. E mais: são sinônimas. São elas "à medida que" e "à proporção que", ambas introdutoras de matiz semântico de proporcionalidade.

## 2. Casos de emprego facultativo de acento grave

### 2.1. Antes de nomes próprios personativos femininos

*Falarei à Helena tudo o que vi na viagem. ou Falarei a Helena tudo o que vi na viagem.*

Notamos que os dois períodos apresentam em sua oração principal ("Falarei à Helena tudo o" ou "Falarei a Helena tudo o") a forma verbal "Falarei", com sujeito implícito "eu", denunciado pela flexão verbal. O verbo "falar" está sendo empregado com regência transitiva direta e indireta, em construção análoga à de "falar alguma coisa a alguém". Assim, temos em "Helena" o núcleo de seu objeto indireto. Obviamente, a preposição "a" está presente nas duas construções, uma vez que é palavra de emprego obrigatório, exigida pela regência verbal.
Ocorre, entretanto, que, diante de nomes próprios personativos (antropônimos), sejam masculinos ou femininos, o emprego do artigo definido é rigorosamente facultativo, na maioria dos casos. Seu emprego denotará, apenas, mais ou menos intimidade, convivência, familiaridade com a pessoa por ele designada. Assim, vejamos a validade das elaborações:

"Helena chegou à aula um pouco cedo".
"A Helena chegou à aula um pouco cedo."
Sendo a preposição de emprego obrigatório e o artigo definido facultativo, evidentemente a crase poderá ocorrer ou não. Daí o emprego facultativo do acento grave.
Mais à frente, ao estudarmos os casos de emprego proibido de acento grave, veremos circunstância interessante, ligada à interdição de uso diante de nome próprio, pela impropriedade de se evidenciar intimidade com o possuidor do nome.

### 2.2. Antes de pronomes possessivos femininos que antecedam substantivos claramente expressos

*Ele referiu-se elogiosamente à minha aluna. ou Ele referiu-se elogiosamente a minha aluna.*

Vamos procurar entender qual a razão que faz ser facultativo o emprego do acento grave indicativo de crase nesta passagem.
De início, o óbvio avulta: sendo a crase a fusão de dois vocábulos (nesse caso, preposição e artigo definido, uma vez que não se nota a existência do pronome demonstrativo "a", nem dos pronomes demonstrativos "aquele" e flexões e, ainda, dos pronomes relativos "a qual" e "as quais"), a facultatividade do emprego do acento grave decorrerá do uso também facultativo de um dos dois vocábulos: a preposição ou o artigo definido.
Ao lermos os dois exemplos, verificamos que o verbo "referir-se", comum aos dois, é de regência transitiva indireta, com complemento regido pela preposição "a". Assim sendo, a presença da preposição é inegociável. Ela tem de estar nas duas sentenças, uma vez que a regência verbal assim o determina. Concluímos, então, que o vocábulo de emprego facultativo é o artigo definido. Mas por que será esse vocábulo facultativo nas estruturas oracionais acima?
Para entendermos a razão desse emprego opcional, relembremos três razões fundamentais para o uso de tais vocábulos. Como sabemos, os artigos:

1. Definem (ou não) o sentido do substantivo a que se reportam. Quando empregamos artigos definidos diante de substantivos, damos-lhes sentido restrito, preciso. Por outro lado, ao empregarmos artigos indefinidos (ou não empregarmos artigo algum) diante dos substantivos trazemos para eles sentido vago, amplo, indefinido. Observemos as variações de

informação sugeridas pelos empregos dos artigos (e pela ausência deles) nas sentenças: "Ele é o médico do hospital", "Ele é um médico do hospital" e "Ele é médico do hospital".

2. Determinam as flexões de gênero e número dos substantivos. Quando lemos "os pires", entendemos que o substantivo "pires" é do gênero masculino e do número plural, uma vez que está antecedido do artigo definido masculino plural "os". Quando lemos "a cal", tomamos conhecimento de que o substantivo "cal" exemplifica feminino singular pelo emprego, também, do artigo "a".
3. Os artigos, na medida em que se relacionam apenas com substantivos, são vocábulos que sinalizam a existência desses últimos. São como um índice da presença de substantivos.

Agora, ao voltarmos às orações apresentadas neste item, verificaremos que a regência transitiva indireta do verbo "referir-se", cujo complemento é regido pela preposição "a", não abre mão, na estrutura oracional, da preposição mencionada. No entanto, o uso do artigo é rigorosamente dispensável, na medida em que, atentando-se para o que acrescenta ao substantivo, vemos que o pronome possessivo "minha" não só define o sentido do substantivo, como também, pelas suas flexões de gênero feminino e de número singular, enquadra o substantivo nas categorias feminino e plural. Estão cobertas, então, as duas primeiras utilizações vistas para o artigo. Por outro lado, a presença no texto do substantivo "aluna", claramente colocado, faz-nos também abrir mão do substantivo em seu 3º emprego.

Entendemos, agora, a razão da facultatividade do acento grave indicador da crase nesta situação e chegamos à conclusão de que o fenômeno da contração pode ocorrer (quando se empregam os dois vocábulos) ou não (quando se utiliza, apenas, a preposição).

Ficamos, por consequência, aptos para entender a situação a ser estudada no item seguinte.

2.2.1. Referiu-se elogiosamente à minha aluna e não à sua. ou Referiu-se elogiosamente a minha aluna e não à sua

Como se constata, a facultatividade do emprego do acento ocorre quando o vocábulo a surge antes de pronome possessivo feminino que antecede substantivo claramente expresso; quando tal vogal antecede pronome possessivo feminino antecessor de substantivo implícito no texto, o acento passa a ser obrigatório.

E de que resulta essa obrigatoriedade? Ora, como já vimos, ao surgir claramente disposto no texto, sua estrutura dispensa o emprego do artigo. Mas, estando implícito, como ocorreu no fim dos dois períodos agora citados, torna-se compulsório o emprego do artigo, para que, do ponto de vista da estrutura da oração, haja um indício da existência de substantivo. Um sinal de que ele está latente. Esse papel sinalizador, como já vimos, é desempenhado pelo artigo.

2.2.2. Verifiquem-se as situações

*Ele referiu-se elogiosamente à minha aluna. ou Ele referiu-se elogiosamente a minha aluna.*

Como já vimos, emprego do acento é facultativo; pode ocorrer – ou não – contração da preposição de emprego obrigatório "a", decorrente da regência do verbo "referir-se", com artigo definido de emprego facultativo nesta situação.

No entanto:

*Ele referiu-se elogiosamente a minhas alunas.*

O emprego do acento é proibido. Nesta oração, a existência de um vocábulo "a" (no singular) diante de "minhas alunas" (no plural) indica ser esse "a" apenas preposição, de emprego obrigatório, como vimos acima, por conta da regência do verbo "referir-se". Caso fosse artigo definido, surgiria obrigatoriamente flexionado em plural.

E, ainda:

*Ele referiu-se elogiosamente às minhas alunas.*

O emprego do acento é obrigatório. A preposição "a" continua existindo obrigatoriamente, em face da regência do verbo "referir-se" e o vocábulo "as" – em plural – indica a existência de artigo, uma vez que preposições são invariáveis, ou seja, não podem surgir no plural.

### 2.3 Após a preposição *até*

*Dirigiu-se até à porta.* ou *Dirigiu-se até a porta.*

A enunciação "Após a preposição *até*", embora seja da tradição didática, não indica o fato gramatical realmente ocorrido. A utilização do acento grave nessa situação decorre da contração da preposição "a", contida na locução prepositiva "até a" (formada por duas preposições), com o artigo definido que antecede o substantivo "porta". Melhor seria se disséssemos "Após a locução prepositiva *até* A".

Equivocadamente, vem-se atribuindo a essa circunstância regime de excepcionalidade com respeito a uma das situações em que o emprego de acento é proibido. Essa má interpretação decorre da não observação de que em "Dirigiu-se até à porta", por exemplo, o encontro não se faz após a preposição "até", mas com a preposição "a" que integra a locução prepositiva.

**IMPORTANTE!**

Note-se o emprego do vocábulo *até* como palavra denotativa de inclusão, em passagens como:

*A chuva inundou até a sala, tal sua intensidade.*

O emprego do acento grave nesta oração é rigorosamente proibido. Na verdade, temos no vocábulo "até", aqui empregado com valor semântico de "inclusive", uma palavra denotativa de inclusão. Como não há vocábulo no texto que demande o emprego da preposição "a" (o verbo "inundar" tem regência transitiva direta), não há possibilidade de haver o fenômeno da crase. Entretanto, vejamos o texto que segue:

*"João era tão carola que assistia até à missa das seis, aos domingos".*

Temos, novamente, emprego da palavra denotativa de inclusão "até". Ocorre que, desta vez, o verbo estruturador da oração é "assistir", empregado com sentido de "ver", "presenciar", ou seja, de regência transitiva indireta e com complemento introduzido pela preposição "a". Assim, há nítida contração da preposição "a" exigida pelo verbo com o artigo definido "a", antecessor do substantivo "missa". Essa crase tem de ser, então, sinalizada com o acento grave, como fizemos.

Temos, agora, o quarto e último caso de emprego facultativo de acento grave indicativo de crase. A respeito deste item, vale o registro de que, por se tratar de fato que não encontra mais amparo na lógica do falar espontâneo da língua portuguesa no Brasil, não se vem notando sua aplicação, em provas, há muitos anos.

### 2.4. Antes de certos nomes locativos: França, Europa, Inglaterra, África, Escócia, Holanda, Espanha, Ásia

*Irei à França. ou Irei a França.*

## 3. Casos de emprego proibido de acento grave

### 3.1. Antes de palavras masculinas

*Fez citação a menino muito aplicado.*

Antes de palavras masculinas não se empregam os artigos definidos "a" ou "as", indicadores de gênero feminino. Assim, por óbvio, não poderá haver emprego de acento grave nessa situação.

Obs.: em circunstâncias em que se subentende a locução "à moda de", o uso do acento grave será indispensável, ainda que ocorra vocábulo masculino: "Vestir-se à Luís XV". (= Vestir-se à moda de Luís XV.); "Escrever à Machado de Assis". (= Escrever à moda de Machado de Assis.) Vemos que não se trata de uma exceção, mas apenas o cumprimento do que lemos no item 1.6, considerando-se que a expressão "à moda de" é uma locução prepositiva formada por palavra feminina. Desse modo, ao lermos "Vestir-se à Luís XV", compreendemos que dois dos vocábulos que formam a locução estão implícitos: "Vestir-se à [*moda de*] Luís XV".

### 3.2. Antes de verbos

*A criança ficou a chorar.*

Verbos, por não serem antecedidos por artigos definidos (se o forem serão pelo artigo "o" e se converterão em substantivos, como, por exemplo, em "O correr da moça era assustado"), não podem estar antecedidos por contrações vocabulares. A palavra "a" antecessora de verbos é preposição, apenas.

### 3.3. Antes de pronomes pessoais e de tratamento

*Disse a ela e não a Vossa Senhoria o que lhe passou pela cabeça.*

Pronomes pessoais e de tratamento não são antecedidos por artigos definidos, o que impossibilita a existência de contração vocabular diante deles. O vocábulo "a" que os antecede é preposição.

**ATENÇÃO!**

Há pronomes de tratamento que, por admitirem a antecedência do artigo, exigem o emprego do "à", desde que precedidos de preposição. São eles: Senhora, Senhorita, Madame e Dona (este último quando adjetivado). Assim:

*Todas as homenagens prestadas à Senhora nunca serão suficientes.*
*Nunca fiz qualquer alusão à senhorita, respondeu o mestre.*
*Era quase impossível resistir à Madame Veiga, com seus doces e afagos.*
*À bondosa Dona Clarissa nunca faltarão os recursos.*

Com respeito ao último pronome de tratamento – Dona – não antecedido de adjetivação, verificamos fato interessante: o uso de artigo definido antecedendo-o, embora se quebre a cerimônia trazida pela forma de tratamento, é facultativo. Vejamos duas frases que atestam essa facultatividade:
*Dona Clarissa não media sacrifícios para ajudar os pobres.*
*A Dona Clarissa não media sacrifícios para ajudar os pobres.*

### 3.4. Antes dos pronomes demonstrativos "esta" e "essa"

*Falarei a esta plateia.*
*Referiu-se a essa estudante.*

Esta é mais uma situação em que não se pode empregar acento grave devido a não existir contração. Não é possível empregar-se artigo definido antes de pronomes demonstrativos. O vocábulo "a" que vier a anteceder tais vocábulos será apenas a preposição "a".

### 3.5. Antes de pronomes indefinidos

*Fez menção a certa pessoa que o incomodava.*

Pronomes indefinidos são vocábulos que provocam indefinição semântica do substantivo a que se referem. Evidentemente, não poderá haver emprego simultâneo de pronome indefinido e artigo definido diante de um substantivo. Novamente temos apenas a preposição "a" nessas passagens.

**CUIDADO!**

Cumpre lembrar que certos pronomes indefinidos podem surgir após os substantivos, sem deixar de tornar seus sentidos indefinidos: *Não irás a festa alguma.*

### 3.6. Em um a (no singular) antecedente de palavra feminina no plural

*Doou o prêmio recebido a crianças carentes.*

Quando observamos um vocábulo "a" grafado no singular diante de um substantivo no plural, deduzimos que não há artigo na passagem, uma vez que, se ele existisse, teria de surgir necessariamente no plural, concordando com o substantivo.

### 3.7. No a (apenas preposição) que promove a ligação de palavras femininas repetidas

*Ficou face a face com tudo que havia negado.*

Já dispusemos na enunciação deste item que o vocábulo empregado em expressões formadas por palavras repetidas é apenas a preposição "a". Isso pode ser comprovado pela ausência de artigo definido diante do primeiro vocábulo da expressão. Como há um paralelismo, a ausência desse artigo provoca a necessária ausência diante do segundo vocábulo.

### 3.8. Antes de nomes de vultos históricos ou de entidades religiosas

*A ressalva feita a Joana D'Arc deixou satisfeitos os franceses.*
*A devoção a Nossa Senhora da Conceição o fortalecia, dia a dia.*

O emprego de artigos definidos diante de nomes próprios personativos – sejam eles históricos, religiosos ou de qualquer outro tipo – indica ter-se intimidade, convivência com o possuidor do nome. Em se tratando, então, de nomes de vultos históricos ou de entidades religiosas, esse matiz semântico é rigorosamente descabido. Então, quando virmos emprego de "a" diante de nomes dessa natureza, estaremos certos de que se trata da preposição.

### 3.9. Antes dos pronomes relativos *quem* e *cuja*

*Não conheço a aluna a quem elogiastes.*
*A professora a cuja dedicação devo este trabalho ainda não chegou.*

A impossibilidade de emprego de artigo definido diante dos pronomes relativos impede que se pense no emprego de acento grave indicativo de crase diante deles. O vocábulo "a" que existir em passagens desse tipo será apenas a preposição.

**ATENÇÃO!**

Com o pronome relativo "que" é necessário cuidado.
Às vezes, tal pronome está precedido de um pronome demonstrativo "a(s)" ou de uma contração de preposição "a" com pronome demonstrativo "a(s)":

*Esta situação não é interessante para mim. Analisarei a que me será oferecida, alternativamente.*
*Esta situação não é interessante para mim. Estarei atento à que me será oferecida, alternativamente."*

Cumpre notar que, nas duas exemplificações, os vocábulos "a" ou "à" (respectivamente pronome demonstrativo e contração de preposição com pronome demonstrativo) estão em oração distinta da oração do pronome relativo que, tal como se demonstra:

*[Esta situação não é interessante para mim.] [Analisarei a] [que me será oferecida, alternativamente.]*

*[Esta situação não é interessante para mim.] [Estarei atento à] [que me será oferecida, alternativamente.]*

Em outras situações, o pronome relativo está precedido de um vocábulo *a* (preposição) que está contido na mesma oração do pronome relativo. Ocorrendo esse fato, o emprego do acento grave indicativo de crase será sempre vedado.

*A situação a que me referi não era interessante para mim.*

Ou seja,

[A situação [a que me referi] [não era interessante para mim.]

## 3.10. Em expressões nas quais o substantivo tem sentido indefinido

*Faz tempo que não assisto a fita nacional.*
*O réu não fazia jus a pena tão terrível.*
*O paciente foi submetido a operação delicadíssima.*

Assumindo o substantivo, contextualmente, valor semântico indefinido, forçoso será entender-se que não haverá emprego de artigo definido antes dele. Em tais situações, o vocábulo "a" que o antecede é preposição.

## 3.11. Após qualquer preposição, que não seja *até*

*Estamos aqui desde as dez horas.*

Sendo a crase uma contração de vocábulos em que a preposição tem presença obrigatória, após o emprego explícito de preposição distinta de "a" não poderá haver outro emprego dessa preposição. A ressalva feita acerca da preposição "até" visa a lembrar a existência da locução prepositiva "até a", que, como já estudamos nos casos de emprego facultativo do acento grave, faculta o uso desse acento.

### 3.12. Antes da palavra "casa" utilizada sem qualquer especificação

*Chegou a casa cedo e não a encontrou.*

O vocábulo "casa" tem regime específico para emprego de artigos definidos. Tais palavras não são empregadas a não ser que se determine sobre que casa estamos a falar. Esse fato se comprova em frases do nosso dia a dia, como:
*Todo trabalhador deveria ter casa.*
*Estou em casa.*

Entretanto, ao se determinar o substantivo, o acento passa a submeter-se às regras naturais do emprego de acento grave :
*Chegou à casa da irmã cedo e não a encontrou.*

### 3.13. Antes da palavra "terra" usada sem qualquer especificação

*Após meses embarcados, os marujos foram a terra.*

Tanto quanto vimos no item anterior, em que estudamos a palavra "casa", ao se determinar o substantivo "terra", aplicam-se os dispositivos normais de emprego de acento grave:
*Após meses embarcados, os marujos foram à terra natal.*

### 3.14. Antes da palavra "distância" usada sem qualquer especificação

*Por estar tão aborrecido com o grupo, ficou a distância.*

Quando a distância é especificada, o acento passa a existir naturalmente:
*Por estar tão aborrecido com o grupo, ficou à distância de dez metros.*

Obs.: com respeito ao emprego do acento grave antecessor do vocábulo "distância", notam-se discordâncias provindas de grandes mestres contemporâneos. Assim, Adriano da Gama Khury, discordando da afirmativa anterior, estabelece, em *Ortografia, pontuação, crase*, Nova Fronteira, 3ª edição, Rio de Janeiro, 1999, p. 111:

---

"Muitos gramáticos, sem levar em conta o uso bastante generalizado, querem que a locução *a distância*, quando indeterminada, se escreva sem acento; este só caberia, a seu ver, quando a locução viesse determinada, p. ex.: "à distância de um metro", ou, como escreveu Machado de Assis, *"à distância de um fio de cambraia"* (Brás Cubas, cap. CIII).

Não tem fundamento essa distinção: esquecem esses gramáticos que *à distância* equivale a NA *distância* (onde aparecem preposição e artigo):
"Um relógio, NA *distância*, bateu dez horas." (Afonso Schmidt, *Aventuras de um Indalécio*, São Paulo, Clube do Livro, 1951, p. 141.)
Uma torre branca e aguda apontou NA *distância*, furando o céu." (Id., *Bom Tempo*, São Paulo, Clube do Livro, 1956, p. 73.)
[...]

Vejam-se alguns exemplos, em bons escritores, de à distância:

De RUI BARBOSA:
"Desses cimos, ... o Colégio Anchieta nos estende *À distância os braços*." (*Discurso no Colégio Anchieta*, 1953, p. 7.)
"Achava-se ali *À distância*, um amigo, que me aguardava." (*Queda do Império*, vol. I, Rio de Janeiro, 1921, p. LXX.)
[...]

De MÁRIO BARRETO:
A metátese ... é em geral provocada por uma atração *À distância*." (*Novíssimos estudos da língua portuguesa*, 2ª edição, Rio de Janeiro, Francisco Alves, p. 47.)

De RAUL POMPÉIA:
"*À distância*, viam-se as janelas de uma parte da casa." (*O Ateneu*, 4ª edição, Rio de Janeiro, Francisco Alves, p. 49.)
[...]

---

Do exposto, resta, então, alertar o estudante para a situação controversa que se estabelece quanto ao que se afirma no item 3.14.

Diga-se de passagem que são raríssimas questões que explorem os três vocábulos ("casa", "terra" e "distância") que fecharam o nosso estudo teórico, como poderemos constatar pela resolução das questões de prova deste assunto.

## 4. O emprego do acento grave diante de nomes geográficos

Tradicionalmente, o emprego do acento grave diante de nomes de lugares (cidades, estados, países) vem sofrendo tratamento à parte no estudo do emprego do acento grave indicativo da crase.
Excetuando-se os regimes diferentes quanto ao emprego de artigos definidos antecedendo-os, não vemos razão para essa passagem do estudo merecer atenção especial. Afinal, aplicamos diante de tais nomes o mesmo raciocínio desenvolvido em qualquer outra situação.

É preciso, apenas, estarmos atentos à existência ou não de artigos definidos diante do nome locativo.

Entre diversos outros, os substantivos Acre, Alemanha, Antilhas, Argentina, Bahia, Canárias, China, Filipinas, Gávea, Japão, Leblon, Pará, Penha, Peru, por exemplo, sempre se antecedem por artigos definidos.

No entanto, empregamos sem artigo os que se seguem, entre tantos outros: Atenas, Brasília, Copacabana, Cuba, Curitiba, Fortaleza, Honduras, Ipanema, Mônaco, Natal, Paris, Portugal, Roma, São Paulo, Sergipe.

Então, ao nos depararmos com sentença como "Irei à Gávea", percebemos que o acento grave é decorrente do emprego da contração da preposição "a", que rege o adjunto adverbial de lugar relacionado com a forma verbal "Irei", com o artigo definido feminino singular "a", antecessor do substantivo feminino singular "a", que, obrigatoriamente, antecede o substantivo "Gávea".

Por outro lado, em frase como "Irei a Copacabana", a ausência do artigo definido "a" diante do substantivo feminino singular "Copacabana", impede a existência do acento grave indicativo de crase. A palavra "a" empregada na frase é a preposição que continua a reger o adjunto adverbial de lugar que se liga ao verbo "ir".

Como vimos, trata-se de dar seguimento às indicações de emprego de acento grave que já estudamos, com a particularidade de não se empregarem artigos, diante de certos nomes de lugar.

Necessitamos estar atentos a frases nas quais os nomes de lugares que não admitem antecedência de artigos definidos, na medida em que aparecem determinados, passam a exigi-los. Observemos as sentenças:

*Roma é uma bela cidade.*

*A Roma dos Césares é uma bela cidade.*

Como observamos, o substantivo "Roma", em geral não antecedido por artigo definido, ao sofrer, na segunda exemplificação, a adjetivação "dos Césares", passou a ser obrigatoriamente antecedido por essa palavra.

Esse fato implicará sentenças como:

*Irei a Roma.*

*Irei à Roma dos Césares.*

SEGUNDA PARTE

# Questões de Provas

1. **FGV – Em "Qual esquina dobrei às cegas / E caí no Cairo, ou Lima, ou Calcutá", "às cegas" recebe acento indicativo de crase por se tratar de expressão adverbial feminina.**

   **Assinale a alternativa em que ocorra <u>inadequação</u> à norma culta no tocante à presença ou à falta do acento grave.**

   (A) A prova será aplicada das 9h às 11h.
   (B) Sempre me refiro à Ipanema da minha infância.
   (C) Quando os tripulantes do navio chegaram a terra, todos ficaram aliviados.
   (D) A secretaria funcionará de segunda à sexta.
   (E) Ele vive à custa da esposa.

2. **CESGRANRIO – A gramática da língua portuguesa prevê que o emprego do acento grave para indicar a ocorrência de crase pode ser facultativo em alguns casos.**

   **Em qual das passagens transcritas do texto há a ocorrência da crase e o emprego do acento grave é facultativo?**

   (A) "Estava terminada a traqueostomia."
   (B) "A respiração voltava lentamente, a princípio superficial, depois mais funda e visível."
   (C) "Começou a cantarolar baixinho uma canção antiga que julgava esquecida."
   (D) "– Por que será – perguntou ele a Olívia."
   (E) " ... a gente tem a impressão de que acabou de nascer... "

3. **VUNESP – Assinale a alternativa que preenche, correta e respectivamente, as lacunas das frases, quanto ao sinal indicativo da crase.**

   **Para fazer vatapá, tutu ___ mineira e todas as comidas favoritas dos brasileiros.**

   **O papa quer interagir com a multidão, mas o risco será analisado caso ___ caso.**

   **Ajudar empresas ___ transformar seu ambiente de trabalho.**

   (A) a – a – a.
   (B) à – à – a.
   (C) à – a – a.
   (D) a – à – à.
   (E) à – à – à.

4. **FCC – Todos conhecem pessoas dispostas _____ um bom bate-papo, _____ mesa de um bar, tratando de temas que vão da previsão do tempo _____ sérias discussões filosóficas.**

**As lacunas da frase acima estão corretamente preenchidas, respectivamente, por**

Ⓐ a – à – à.
Ⓑ à – à – a.
Ⓒ a – à – a.
Ⓓ a – a – à.
Ⓔ à – a – a.

5. **CESPE-UnB – Assinale a opção correta quanto ao emprego do sinal indicativo de crase.**

Ⓐ No tocante às notícias publicadas, ele não se posicionou.
Ⓑ Devido à suas obrigações com a família, ele chegou atrasado.
Ⓒ O gestor se posicionou contrário aquelas tarefas diárias.
Ⓓ Respeito à uma autoridade profissional é indispensável.

6. **FEPESE – Em "chegou à ilha" e "dedicavam-se à pesca" o acento indicador de crase se justifica pela regência dos verbos chegar e dedicar-(se).**

**Assinale a alternativa errada quanto ao emprego do acento indicador de crase.**

Ⓐ Os pioneiros viviam à espera de outros navios.
Ⓑ Pagamos ao pescador e à feirante por seus produtos.
Ⓒ Os bandeirantes obedeciam às leis.
Ⓓ Na enseada de Canavieiras, piratas ingleses viram-se cara à cara com carijós.
Ⓔ Os pioneiros dirigiam-se à capela, para rezar.

7. **FJPF – Na passagem "a tendência sempre se traduz energeticamente como impulso irresistível à excitação", o sinal indicador da crase tem emprego obrigatório. Diferentemente, é opcional o emprego desse sinal gráfico em:**

Ⓐ Procurava ler textos que dessem luz às indagações sobre o conceito de tendência.
Ⓑ Sempre expunha às claras suas ideias sobre o conceito de tendência.
Ⓒ Optou por pedir à sua auxiliar que o ajudasse na classificação das tendências.
Ⓓ A banca conferiu grau máximo à tese defendida sobre a manifestação das tendências.
Ⓔ Preso às velhas concepções sobre a tendência, faltou-lhe conhecimento para entender tal fenômeno.

8. **FUMARC – Observe as sentenças que se seguem:**

   I. **Os alunos <u>acolheram</u> as sugestões do professor. (aderiram)**

   II. **O médico receava que o paciente não <u>suportasse</u> as queimaduras. (resistisse)**

   III. **<u>Vimos</u> apenas a sua apresentação e fomos embora. (assistimos)**

   **Considerando-se as frases acima, ao se substituir o verbo sublinhado pelo dos parênteses, o acento indicador de crase será obrigatoriamente empregado em:**

   Ⓐ I, II e III;
   Ⓑ I e II, apenas;
   Ⓒ I e III, apenas;
   Ⓓ nenhum dos casos.

9. **FEC – No período "A valorização das moedas é um fenômeno comum às economias emergentes que seguem uma trajetória semelhante à brasileira", os dois acentos indicativos de crase foram corretamente empregados. Das alterações feitas abaixo na redação desse período, aquela em que o acento indicativo da crase foi empregado de forma incorreta, em pelo menos um dos casos, é:**

   Ⓐ A valorização das moedas é um fenômeno comum àquelas economias emergentes que seguem uma trajetória semelhante à nossa, brasileira.
   Ⓑ A valorização das moedas é um fenômeno comum à algumas poucas economias emergentes as quais seguem uma trajetória semelhante àquela que praticamos no Brasil.
   Ⓒ A valorização das moedas é um fenômeno comum às nações de economia emergente que seguem uma trajetória semelhante à que aqui praticamos.
   Ⓓ A valorização das moedas é um fenômeno comum não só à nossa economia emergente, mas também àquelas que seguem uma trajetória semelhante à do Brasil.
   Ⓔ A valorização das moedas é um fenômeno comum àquele bloco de economias emergentes que seguem uma trajetória semelhante às dos países industrializados.

10. **FEC – Das alterações feitas na redação do trecho "Um faraó que dê atenção às profecias da comunidade científica mundial", a única em que constituirá erro empregar o acento da crase é:**

    Ⓐ Um faraó que dê atenção às pessoas simples e pobres.
    Ⓑ Um faraó que dê atenção à agenda de providências para superar os problemas ecológicos.
    Ⓒ Um faraó que dê atenção à quem tem competência para resolver o problema.
    Ⓓ Um faraó que dê atenção às muitas comunidades científicas que vêm alertando para o problema.
    Ⓔ Um faraó que dê atenção às pesquisas sobre o aquecimento global.

**11. FGV – Assinale a alternativa em que está correto o uso do acento indicativo de crase:**

Ⓐ O autor se comparou à alguém que tem boa memória.
Ⓑ Ele se referiu às pessoas de boa memória.
Ⓒ As pessoas aludem à uma causa específica.
Ⓓ Ele passou a ser entendido à partir de suas reflexões sobre a memória.
Ⓔ Os livros foram entregues à ele.

**12. CESGRANRIO – Em "existiriam seis emoções que são comuns <u>a toda a humanidade</u>", substituindo a expressão destacada por outra, o <u>a</u> tem acento indicativo de crase facultativo na expressão:**

Ⓐ a ela;
Ⓑ a qualquer ser humano;
Ⓒ a algumas pessoas;
Ⓓ a nossa humanidade;
Ⓔ a esta entidade.

**13. CESGRANRIO – Em qual das seguintes frases falta o sinal indicativo da crase?**

Ⓐ Vou ser mais tolerante no trabalho a partir de agora.
Ⓑ Passei a prestar mais atenção nas tarefas.
Ⓒ Na reunião, alguém me interrompia a todo instante.
Ⓓ O evento vai acontecer de 2 a 4 de março.
Ⓔ Entreguei a equipe de vendas os novos formulários.

**14. FCC – Quanto à necessidade do uso do sinal da crase, a frase inteiramente correta é:**

Ⓐ Não se sabe à partir de quando as janelas perderam a sua condição de posto de observação do mundo.
Ⓑ Já não interessa à muita gente ficar olhando a vida a partir da janela de uma casa.
Ⓒ Os velhinhos ficavam assistindo à tudo das janelas, para onde levavam almofadas.
Ⓓ Das janelas assistia-se à vontade à movimentação das pessoas na rua.
Ⓔ Antigamente, à despeito de não haver muito o que fazer, as pessoas pareciam mais dispostas à observar os detalhes do mundo.

**15. ESAF – Ocorre crase da preposição "a" e do artigo "a(s)" , que deveria ter sido assinalada, nos seguintes períodos do texto:**

**I. O reconhecimento da imunidade de que trata o inciso III é subordinado a efetiva observância dos seguintes requisitos pelas entidades nele referidas.**

II. **Não distribuírem qualquer parcela de seu patrimônio ou de suas rendas, a título de lucro ou participação no seu resultado.**

III. **Aplicarem, integralmente, no País, os seus recursos visando a manutenção dos seus objetivos institucionais.**

IV. **O disposto neste artigo não exclui a atribuição, as entidades nele referidas, da condição de responsáveis pelos tributos que lhes caiba reter.**

V. **O disposto neste artigo não as dispensa da prática de atos previsto neste Código.**

Ⓐ Em I, III e IV.
Ⓑ Em II, III e V.
Ⓒ Em I.
Ⓓ Em I, II e IV.
Ⓔ Em III e IV.

**16. CESPE-UnB – Assinale a opção em que o emprego do sinal indicativo de crase está correto.**

Ⓐ Ninguém se prestou à acompanhar o homem ao Instituto Médico-Legal.
Ⓑ Os humanitários preferem a misericórdia pelo próximo à indiferença alheia.
Ⓒ Enviaram-se ofícios à autoridades competentes a respeito do fato.
Ⓓ Trouxemos estas questões à Vossa Senhoria, pedindo providências.

**17. FJPF – No trecho "que voltava como eu à casa paterna", é obrigatório o emprego do acento da crase. Das alterações feitas abaixo, é facultativo o emprego do acento da crase em:**

Ⓐ que voltava como eu a casa para reencontrar os pais;
Ⓑ que voltava como eu a sua casa;
Ⓒ que voltava como eu a uma casa povoada de lembranças;
Ⓓ que voltava como eu a essa casa agora vazia;
Ⓔ que voltava como eu a casa, depois de tantos anos.

**18. FJPF – Dadas as sentenças:**

I. **Ele se dedicou à pesquisa sobre gripes e resfriados.**

II. **De ponta à ponta, o autor discorre sobre problemas respiratórios.**

III. **À alguns anos, já se conheciam as verdadeiras causas dessas doenças.**

IV. **O autor começou à escrever o seu artigo naquele momento.**

V. **Nossas avós referiam-se àquela enfermidade.**

**Deduz-se que estão gramaticalmente corretas apenas as de número:**

Ⓐ I e V;
Ⓑ I e III;
Ⓒ II e V;
Ⓓ III e IV;
Ⓔ I e IV.

**19. FJPF – Numa possível resposta à pergunta "A busca por variação de parceiros está diretamente ligada à preservação da espécie?", a frase em que será facultativo o emprego do acento para marcar a crase é:**

Ⓐ Claro, tudo indica que está ligada a ela.
Ⓑ Sim, está ligada a sua preservação.
Ⓒ É evidente que está ligada a uma efetiva preservação dela.
Ⓓ Não há dúvida de que está ligada a essa preservação.
Ⓔ Não, penso que não está ligada a isso.

**20. FEC – No trecho "Fabiano voltou à cidade...", o acento indicativo da crase foi devidamente empregado, o mesmo, porém, <u>não</u> se verifica em um dos itens a seguir. Indique-o.**

Ⓐ Refiro-me a isto e não àquilo.
Ⓑ Sempre chego cedo à casa.
Ⓒ Os marinheiros retornaram à terra natal.
Ⓓ O jogo agradou às alunas.
Ⓔ A pessoa à qual aludi já chegou.

**21. FGV – Na frase "é ingênuo creditar a postura brasileira apenas à ausência de educação adequada" foi corretamente empregado o acento indicativo de crase.**

**Assinale a alternativa em que o acento indicativo de crase está corretamente empregado.**

Ⓐ O memorando refere-se à documentos enviados na semana passada.
Ⓑ Dirijo-me à Vossa Senhoria para solicitar uma audiência urgente.
Ⓒ Prefiro montar uma equipe de novatos à trabalhar com pessoas já desestimuladas.
Ⓓ O antropólogo falará apenas àquele aluno cujo nome consta na lista.
Ⓔ Quanto à meus funcionários, afirmo que têm horário flexível e são responsáveis.

**22. FGV – Dos trechos transcritos do texto, assinale aquele em que se poderia empregar opcionalmente o acento indicativo de crase.**

Ⓐ Preferência a respeito das ações humanas.
Ⓑ Diante da multiplicidade de caminhos a nossa disposição.
Ⓒ Na verdade, somos obrigados a escolher.
Ⓓ Podem ser predicados a todos os atos humanos.
Ⓔ Não se reduzem a fenômenos meramente subjetivos.

**23. CESGRANRIO – Leia as frases abaixo.**

**I. Os homens devem se prevenir ante ___ crises do desemprego.**

**II. Com o excesso de prudência, pode-se chegar ___ imobilidade das grandes massas.**

**III. São necessárias algumas virtudes para se reagir ___ crises econômicas.**

**IV. Os dirigentes de países ricos não atendem ___ nenhuma necessidade dos mais pobres.**

**V. O homem pode se isolar muito, atingindo, assim, ___ solidão.**

**Indique a opção que, na sequência, preenche as lacunas acima corretamente:**

Ⓐ as – à – as – à – a;

Ⓑ as – à – às – a – a;

Ⓒ as – a – as – à – à;

Ⓓ às – a – as – à – à;

Ⓔ às – à – às – a – a.

**24. FCC – Justificam-se ambos os usos do sinal de crase em:**

Ⓐ Muitos ficam à vontade diante da televisão, à despeito de por ela serem manipulados.

Ⓑ Deve-se poupar à criança do risco que representa assistir à televisão durante horas seguidas.

Ⓒ Os recursos tecnológicos, à princípio, não têm valor em si mesmos; alcançam-no à medida que sejam utilizados.

Ⓓ Não é caso de mandar a tecnologia às favas, pelo contrário: trata-se de bem aproveitá-la à cada vez que se faz necessária.

Ⓔ O fato de estarmos sempre às voltas com as leis do mercado não significa que devamos nos submeter às suas determinações.

**25. ESAF – Assinale a opção que preenche corretamente as lacunas.**

**Os defensores de sistemas de iniciativa privada apontam _____ ineficiência e _____ rigidez geralmente associadas _____ burocracias governamentais (economias estatais) e sugerem que _____ competição, longe de ser perdulária, age como um incentivo _____ eficiência e ao espírito empreendedor, conduzindo _____ queda de preços e _____ produtos e serviços de melhor qualidade.**

Ⓐ à – a – as – a – à – à – a.

Ⓑ à – à – às – a – a – a – a.

Ⓒ a – à – as – à – a – a – à.

Ⓓ a – a – às – a – à – à – a.

Ⓔ a – a – as – à – à – à – à.

26. **FGV – Em "Merece, por exemplo, sentar-se naquela praça de Siena <u>à tarde</u>...", "está pronta para ir <u>à Grécia</u>." e "A mulher madura é um ser luminoso e repousante <u>às quatro horas da tarde</u>,...", utilizou-se corretamente o acento indicativo da crase. Assinale a alternativa em que isso <u>não</u> tenha ocorrido.**

Ⓐ Dirigimo-nos a Fortaleza dos nossos antepassados.
Ⓑ Eles se referiram às horas que passamos juntos.
Ⓒ Sempre nos falamos à noite.
Ⓓ Eles se encontraram à uma hora da manhã.
Ⓔ A ida à Itália fez bem aos noivos.

27. **FCC – Não se justificam as ocorrências do sinal de crase em:**

Ⓐ Não me reporto à impunidade de um caso particular, mas àquela que se generaliza e dissemina a descrença na justiça dos homens.
Ⓑ É difícil admitir que vivem à solta tantos delinquentes, sobretudo quando se sabe que pessoas inocentes são levadas à barra dos tribunais.
Ⓒ O autor do texto faz menção à uma série de princípios de interdição, à qual teria proveniência na vontade divina.
Ⓓ Assiste-se hoje à multiplicação de casos de impunidade, à descabida proliferação de maus exemplos de conduta social.
Ⓔ Quem dá crédito à ação da justiça não pode deixar de trabalhar para que não se furtem às sanções os mais poderosos.

28. **ESAF – Os trechos abaixo compõem, sequencialmente, um texto adaptado do editorial do jornal *Zero Hora* (RS).**

**Assinale a opção que está gramaticalmente correta quanto à ausência ou à presença do acento grave indicativo de crase.**

Ⓐ O novo estímulo aos usineiros, também com pesado suporte de subsídios, levou à indústria automobilística a investir na produção não mais de carros movidos a álcool, mas de veículos flex, que permitem o uso dos dois combustíveis. No ano passado, as vendas de carros flex cresceram 14% em relação a 2008.
Ⓑ Apresentado nos anos 70 como opção à crise do petróleo, sob forte apoio governamental, o álcool perdeu relevância nas décadas de 80 e 90. A produção foi retomada e intensificada nos últimos anos, com a explosão nos preços internacionais dos derivados da energia fóssil.
Ⓒ As montadoras aplicaram recursos no desenvolvimento de tecnologias, e o consumidor se dispôs a pagar mais por veículos mais modernos. Ambos apostaram nas vantagens de um combustível que, além de reduzir à dependência da gasolina e do diesel, apresentava ainda as virtudes do ecologicamente correto, por ser menos poluente e renovável.
Ⓓ A partir do ano passado, com a queda nos preços do petróleo, outros fatores de mercado conspiraram contra o álcool, como a quebra na produção da cana e

o aumento dos preços do açúcar. Mesmo que o álcool se submeta à oscilações de cotações, como qualquer outro produto, o que não se pode admitir é que essas variações façam com que a oferta do produto seja imprevisível e instável.

Ⓔ A sazonalidade e outras questões envolvidas não são suficientes para explicar a ausência de uma política que assegure, à fabricantes e consumidores, a certeza de que investiram em uma opção de combustível tratada com a seriedade que merece.

**29. CESGRANRIO – Na passagem "...como combate à angústia.", substituindo-se o termo destacado por outro, a crase persiste em:**

Ⓐ a momentos importantes;
Ⓑ a religiões diversas;
Ⓒ a algo mencionado;
Ⓓ a um certo pessimismo;
Ⓔ a cura da angústia.

**30. ESAF – Assinale a opção que preenche corretamente as lacunas do texto abaixo.**

**Na próxima reunião de cúpula do Mercosul, no fim do ano, os diplomatas esperam sacramentar _1_ regulamentação para acabar com a burocracia nas aduanas, para a passagem de produtos hoje sujeitos _2_ alíquota zero na tarifa de importação comum. É o primeiro passo para estender progressivamente a liberalização do trânsito de produtos _3_ outros importados, esses sujeitos a pagamento de tarifas. A maior resistência _4_ liberalização vem do Paraguai, pela dependência do país em relação _5_ receitas das alfândegas – 40% do total arrecadado pelo Tesouro local. Os europeus já ofereceram a sua experiência aos países do Cone Sul, para tentar remover as resistências e obstáculos _6_ integração das alfândegas.**

| | 1 | 2 | 3 | 4 | 5 | 6 |
|---|---|---|---|---|---|---|
| Ⓐ | a | a | a | a | as | a |
| Ⓑ | à | à | a | à | às | a |
| Ⓒ | a | a | à | a | as | a |
| Ⓓ | à | à | à | a | as | a |
| Ⓔ | a | a | a | à | às | à |

**31. CESGRANRIO – Só não deve receber acento grave o/a(s) da opção:**

Ⓐ Devido as notícias de que o jornalismo estaria terminando, houve preocupação.
Ⓑ A medida que o tempo passa, vemos que muitas previsões estavam erradas.
Ⓒ Refere-se a informações retiradas da Internet.
Ⓓ O mundo fica sempre a espera de novas tecnologias.
Ⓔ As vezes, há previsões meramente especulativas.

**32. CESGRANRIO – Substituindo-se o termo destacado em "a tolerância à incerteza,", o uso do acento grave indicativo de crase torna-se facultativo em:**

- **A** a nossa relutância;
- **B** a diferentes formas de pensar;
- **C** a alguma retaliação;
- **D** a cada indivíduo;
- **E** as situações de impasse.

**33. ESAF – Julgue os a/as destacados no texto abaixo e assinale a opção correta em relação à existência de crase.**

**"A sociedade brasileira, cada vez mais, quer conhecer e debater as políticas, planos e programas de desenvolvimento, previamente a (1) tomada de decisão pelo Poder Público e a (2) luz dos objetivos da sustentabilidade e da melhoria dos processos de negociação e de controle social. Essa discussão é orientada pela busca do melhor juízo sobre a (3) defesa ambiental com vistas a (4) adoção de um processo de natureza negocial, baseado numa abordagem de gestão pública compartilhada, que não deve estar restrita as (5) agências ambientais. Visa, também, à definição de espaços adequados e permanentes para o diálogo de forma a (6) se antecipar aos potenciais conflitos socioambientais associados as (7) propostas de desenvolvimento e a (8) redução de ações de intervenção que remetam as (9) decisões a (10) esfera do Judiciário."**

**Devem ser acentuados com acento grave os a/as destacados com os números:**

- **A** 1, 2, 3, 4, 5, 7, 8, 9.
- **B** 2, 3, 4, 5, 6, 7, 8, 10.
- **C** 3, 6, 9, 10.
- **D** 1, 2, 4, 5, 7, 8, 10.
- **E** 1, 2, 5, 6, 10.

**34. ESAF – "A preocupação com a herança que deixaremos as (1) gerações futuras está cada vez mais em voga. Ao longo da nossa história, crescemos em número e modificamos quase todo o planeta. Graças aos avanços científicos, tomamos consciência de que nossa sobrevivência na Terra está fortemente ligada a(2) sobrevivência das outras espécies e que nossos atos, relacionados a(3) alterações no planeta, podem colocar em risco nossa própria sobrevivência. Contudo, aliado ao desenvolvimento científico, temos o crescimento econômico que nem sempre esteve preocupado com questões ambientais. O que se almeja é o desenvolvimento sustentável, que é aquele viável economicamente, justo socialmente e correto ambientalmente, levando em consideração não só as(4) nossas necessidades atuais, mas também as(5) das gerações futuras, tanto nas comunidades em que vivemos quanto no planeta como um todo."**

**Para que o texto supra respeite as regras gramaticais do padrão culto da língua portuguesa, é obrigatória a inserção do sinal indicativo de crase em:**

Ⓐ 1, 2 e 3;

Ⓑ 1 e 2;

Ⓒ 1, 3 e 5;

Ⓓ 2 e 4;

Ⓔ 3, 4 e 5.

**35. NCE-UFRJ – "Quanto ao aquecimento da Terra e à elevação do nível do mar"; nesse segmento de texto, a presença das formas "ao" e "à" traz algumas informações sobre o acento grave indicativo da crase. A única informação que <u>não</u> pode ser deduzida dessas formas empregadas é:**

Ⓐ Só se emprega o acento grave antes de palavras femininas.

Ⓑ O acento grave é resultante da união de "a" preposição e "a" artigo definido feminino.

Ⓒ O acento grave mostra a união de duas vogais.

Ⓓ Não se emprega o acento grave antes de palavras desacompanhadas de artigos.

Ⓔ Só se emprega o acento grave antes de palavras masculinas se estas vierem sem o artigo correspondente.

**36. FJPF – A expressão "educação a distância" escreve-se sem uso do sinal indicador da crase sobre o <u>a</u> tendo em vista o seguinte fato:**

Ⓐ Nota-se uma impossibilidade de emprego do sinal da crase pelo fato de o substantivo "distância" estar no singular.

Ⓑ Verifica-se que o sinal da crase é dispensável em face da mera possibilidade de regência indireta.

Ⓒ Trata-se de emprego do substantivo "distância" sem determinação do artigo definido.

Ⓓ Cuida-se de uma regência nominal direta no substantivo "educação".

**37. FEPESE – Assinale a alternativa que preencha corretamente os espaços:**

**O progresso chegou inesperadamente _____ subúrbio.**

**Daqui _____ poucos anos nenhuma dos seus moradores se lembrará mais das casinhas que, _____ tão pouco tempo, marcavam a paisagem familiar.**

Ⓐ aquele – a – a.

Ⓑ aquele – à – à.

Ⓒ àquele – à – há.

Ⓓ àquele – a – há.

Ⓔ aquele – à – há.

**38. FGV – Em "Quero referir-me à linguagem propriamente dita...", usou-se corretamente o acento grave que indica o fenômeno da crase. Assinale a alternativa em que tenha ocorrido equívoco no seu emprego, por acréscimo ou omissão.**

- **A** O curso vai de 7h a 11h.
- **B** Sempre que nos falamos face a face, melhor nos entendemos.
- **C** Vamos à Santa Catarina dos nossos antepassados.
- **D** Gostamos de bife a cavalo.
- **E** A mãe do aluno à qual encontramos ontem nos entregou os documentos.

**39. CESGRANRIO – Solicito ____ secretária do departamento, ____ quem antecipadamente agradeço, o envio do relatório final ____ pessoa assinalada. Lembro que daqui ____ poucos meses repetiremos o procedimento, como vem sendo feito ____ muito tempo.**

**Os vocábulos que preenchem as lacunas, na ordem de sua ocorrência, de acordo com a norma culta da língua, são:**

- **A** à, a, à, a, há;
- **B** à, à, a, à, há;
- **C** a, há, a, a, à;
- **D** a, a, à, há, a;
- **E** há, a, a, à, à.

**40. ESAF – Para que o fragmento de texto abaixo respeite as regras de regência da norma culta, assinale a opção que preenche corretamente as lacunas na ordem indicada.**

**"Desde julho de 2000, a revista *Banco Hoje* vem estimulando debate em torno das transformações que envolvem _____ implementação do SPD. O esforço empreendido é muito inferior _____ vantagens no que diz respeito _____ evolução do sistema financeiro nacional e _____ oportunidades de integração com o mercado global."**

- **A** à – as – à – às.
- **B** a – às – a – às.
- **C** à – às – à – as.
- **D** a – às – à – às.
- **E** a – às – a – as.

**41. CESGRANRIO – Assinale a frase em que está <u>incorreto</u> o uso do acento grave.**

- **A** Ele vive às custas do pai.
- **B** O professor age sempre às claras.
- **C** Não têm conta às vezes que viajou.
- **D** Examinou o doente às pressas.
- **E** Sairei às três horas.

**42.** **FEPESE – Analise as frases a seguir:**

**I.** **O progresso chegou inesperadamente àquele bairro carente de infraestrutura.**

**II.** **À noite, todos os operários voltaram à fábrica para terminar os trabalhos.**

**III.** **Transmita esta informação à Sua Excelência.**

**Assinale a alternativa <u>correta</u> quanto ao emprego da crase.**

Ⓐ Apenas a frase I está correta.
Ⓑ Apenas a frase II está correta.
Ⓒ Estão corretas as frases I e II.
Ⓓ Estão corretas as frases I e III.
Ⓔ Estão corretas as frases II e III.

**43.** **NCE-UFRJ – A frase a seguir em que o acento grave indicativo da crase está mal colocado é:**

Ⓐ O papagaio estava à distância de 10 metros da gaiola.
Ⓑ O bicho não tinha direito à água, nem a alimento.
Ⓒ Deve-se à conscientização a diminuição do número de animais em cativeiro.
Ⓓ Entregou-se à polícia o caçador clandestino.
Ⓔ Os animais se entregaram à sua sina.

**44.** **ESAF – Assinale a opção que preenche de forma correta as lacunas do texto.**

**"Está em exame na Casa Civil anteprojeto de lei que instituirá um sistema de incentivo __1__ redução dos acidentes e de punição das empresas que submete seus trabalhadores __2__ risco. __3__ intenção é reduzir pela metade ou dobrar __4__ alíquotas de contribuição para cobertura de acidentes trabalhistas, dependendo do caso. Uma empresa que esteja abaixo da média nacional de acidentes, por exemplo, pode vir __5__ pagar menos. O contrário acontecerá __6__ empresa que tiver registrado número de acidentes muito acima da média do seu setor. Ela poderá ter __7__ alíquota duplicada."**

Ⓐ a – à – À – às – à – a – à.
Ⓑ à – a – A – às – à – a – a.
Ⓒ a – à – A – as – a – a – à.
Ⓓ à – a – A – as – a – à – a.
Ⓔ a – à – À – às – à – à – à.

**45.** **FEC – É facultativo o uso do acento grave no "a" destacado em:**

Ⓐ Pescávamos enchovas na bela Ilha da Vitória, <u>a</u> cerca de 15 milhas (ou 28 quilômetros) da costa.
Ⓑ Divertimo-nos [...] naquele fim de tarde, reservando alguns exemplares para nosso consumo e devolvendo a grande maioria <u>à</u> água.

**C** O que são trinta exemplares em meio <u>às</u> centenas que talvez passassem pelo local?

**D** Nos dias que se passaram <u>à</u> nossa pescaria, soubemos que aquela costeira foi varrida por dezenas de outras embarcações.

**E** Sua eficiência [...] só aumenta <u>a</u> cada geração de modelos lançados no mercado.

**46. FEC – Das modificações feitas na redação da frase "Especialmente em relação à geração de empregos", aquela em que a utilização do acento grave constitui erro é:**

**A** Especialmente em relação à mudança na legislação.

**B** Especialmente em relação à toda indústria náutica.

**C** Especialmente em relação à promessa de novos valores.

**D** Especialmente em relação à forte taxação do setor.

**E** Especialmente em relação à sua qualificação em cursos de aperfeiçoamento.

**47. FEC – A opção abaixo que apresenta o acento indicativo da crase <u>mal</u> colocado é:**

**A** Referiu-se àqueles incidentes.

**B** Suas propostas eram idênticas às dos outros políticos.

**C** Não é esta a consagração à qual aspiro.

**D** Dirigiu-se à fazenda do tio e depois à do avô.

**E** Vivia à expensas da família.

**48. Assinale a opção que corresponde a erro gramatical na transcrição do texto abaixo.**

**A pequena reação da indústria em junho (crescimento de 0,2% em relação a maio) não foi suficiente para compensar a (1) queda da produção no primeiro semestre, da ordem de 3,8%, quando comparada à (2) produção do mesmo período de 2011. Segundo o IBGE, responsável por essa estatística, a indústria brasileira hoje produz o mesmo que há (3) três anos. Mesmo que o setor tenha passado por um ponto de inflexão, como acredita o ministro da Fazenda, Guido Mantega, é pouco provável que a (4) produção chegue à (5) registrar crescimento em 2012.**

**Os especialistas projetam uma queda de até 2%, o que contribuirá para o fraco desempenho do Produto Interno Bruto (PIB) este ano.**

**(Editorial, O Globo)**

**A** (1) a

**B** (2) à

**C** (3) há

**D** (4) a

**E** (5) à

**49. FEC – Está <u>incorreto</u>, quanto ao emprego do acento indicativo da crase, o período:**

Ⓐ Hoje imagino como agiria o guarda-noturno, às voltas com os perigos da noite.
Ⓑ O guarda-noturno costumava trabalhar das vinte e duas às seis horas da manhã.
Ⓒ À semelhança do guarda-noturno, outros profissionais desapareceram na sociedade atual.
Ⓓ As crônicas do passado costumam fazer referência à figura do guarda-noturno.
Ⓔ O guarda-noturno não descuidava à atenção em sua longa jornada pela noite.

**50. NCE-UFRJ – "Se o acesso à escola melhorou muito...". O emprego do acento grave indicativo da crase, neste exemplo, é fruto da junção da preposição "A" + artigo definido feminino singular "a". O caso abaixo em que se trata de uma junção diferente é:**

Ⓐ O analfabeto está entregue à própria sorte.
Ⓑ Ir à escola supõe progresso intelectual.
Ⓒ Tomou consciência da situação, dirigindo-se à região Nordeste.
Ⓓ Saiu à francesa, logo após o jantar.
Ⓔ Viajar à França ajudou muito a compreender o problema.

## GABARITO DAS QUESTÕES DE PROVAS

| | | | | |
|---|---|---|---|---|
| 1. D | 11. B | 21. D | 31. C | 41. C |
| 2. D | 12. D | 22. B | 32. A | 42. C |
| 3. C | 13. E | 23. B | 33. D | 43. B |
| 4. C | 14. D | 24. E | 34. B | 44. D |
| 5. A | 15. A | 25. D | 35. E | 45. D |
| 6. D | 16. B | 26. A | 36. C | 46. B |
| 7. C | 17. B | 27. C | 37. D | 47. E |
| 8. B | 18. A | 28. B | 38. E | 48. E |
| 9. B | 19. B | 29. E | 39. A | 49. E |
| 10. C | 20. B | 30. E | 40. D | 50. D |

# COMENTÁRIOS DAS QUESTÕES DE PROVAS

## Questão 1

d) Alternativa incorreta.
Da mesma forma que no item "a", o paralelismo encontrado em "das 9h às 11h" justificou o emprego do acento grave. Na presente frase o paralelismo que se observa iniciado em "de segunda" fará surgir o fragmento "de segunda a sexta-feira". Esta é a resposta da questão.

## Questão 2

d) Em "perguntou ela a Olívia", a regência do verbo "perguntar" é transitiva direta e indireta. Observemos, inclusive, que o objeto direto, ou seja, a pergunta feita, está expresso na oração antecedente, expressa em discurso direto, "Por que será". Assim, a expressão "a ela" desempenha papel de objeto indireto, o que significa dizer que o vocábulo "a", nele presente, é preposição. Ocorre, entretanto, que o emprego de artigos definidos diante de antropônimos é facultativo, como podemos ver nas duas sentenças a seguir, ambas corretas: "Olívia é médica desse hospital" e "A Olívia é médica desse hospital". Assim, o emprego do acento grave na passagem ora estudada é facultativa.

## Questão 3

Vejamos cada uma das três situações estabelecidas pela questão, com respeito aos empregos de acento grave indicativo do fenômeno da crase.

1. Acento grave de emprego obrigatório.
   Em "tutu à mineira" temos locução equivalente a "à moda", formada por palavra feminina. Como sabemos, o acento grave é obrigatoriamente usado nessas circunstâncias.
2. Acento grave de emprego proibido.
   Não se emprega acento grave no vocábulo "a" que liga palavras repetidas. No presente caso, há, ainda, outro fator impeditivo: os vocábulos que surgem ligados pela preposição "a" são masculinos.
3. Acento grave de emprego proibido.
   Não se emprega acento grave indicativo de crase antes de verbos, uma vez que, diante de tais palavras, inexiste uso de artigos definidos.
   A sequência, então, será "à – a – a" e a resposta está na alternativa "c".

## Questão 4

Preencheremos a primeira lacuna apenas com a preposição "a", exigida pelo adjetivo "dispostas". Não há artigo definido "a", uma vez que após a lacuna surge a expressão masculina "um bom bate-papo" na qual ocorre, inclusive, o artigo indefinido "um". A segunda lacuna será preenchida com a contração da preposição "a" com o artigo definido "a". Tal artigo surge da presença da locução adverbial de lugar "à mesa de um bar", que tem como núcleo o vocábulo feminino "mesa". Como sabemos, os adjuntos adverbiais formados por palavras femininas, quando introduzidos pela preposição "a", recebem acento grave.

A terceira lacuna será preenchida, finalmente, com a preposição "a", apenas. Registremos que, em virtude das alternativas, temos de empregar apenas a preposição "a" em texto no qual ficaria mais adequado, por força de paralelismo, o uso da contração da preposição "a" com o artigo definido "as". Assim grafado, o texto preservaria o paralelismo formado por "... vão <u>da</u> previsão do tempo <u>às</u> sérias discussões filosóficas". Como não nos foi oferecida esta alternativa, ficamos, então, apenas com o uso da preposição.

A ordem está colocada, então, em: a – à – na

A resposta da questão é a alternativa "c".

## Questão 5

a) Certo.
Está corretamente empregado o acento grave indicativo de crase para que se indique a contração da preposição "a", decorrente do emprego da locução prepositiva "No tocante a", com o artigo definido "as", antecessor do substantivo "notícias". Esta é a resposta da questão.

## Questão 6

d) Já estudamos que em expressões formadas por palavras femininas repetidas, como "face a face", "gota a gota", "página a página" e outras, a palavra "a" que surge entre elas é apenas preposição. Não há, então, emprego de acento grave em "cara a cara". Esta é a resposta da questão.

## Questão 7

c) Em "Optou por pedir à sua auxiliar que o ajudasse na classificação das tendências" o verbo "pedir" tem regência transitiva direta e tem como objeto direto a oração substantiva objetiva direta iniciada pela conjunção subordinativa integrante "que". Seu objeto indireto, obrigatoriamente regido pela preposição "a", é "à sua auxiliar". Ocorre que temos o substantivo "auxiliar" precedido pelo pronome adjetivo possessivo "sua". Nesse caso, o emprego do artigo definido é facultativo, como podemos ver por meio das sentenças "Vi sua auxiliar na porta do colégio" ou "Vi a sua auxiliar na porta do colégio". Temos, então, uma situação de emprego obrigatório de preposição e de emprego facultativo de artigo definido, ou seja, um caso de emprego facultativo de acento grave.

### Questão 8

Vejamos cada uma das novas sentenças, formadas pela substituição dos verbos originalmente empregados pelos sugeridos entre parênteses, com respeito à obrigatoriedade do acento grave indicador de crase.

I. Emprego obrigatório do acento grave.
Em "Os alunos aderiram às sugestões do professor", a regência transitiva indireta do verbo "aderir", cujo complemento (às sugestões do professor") é regido pela preposição "a", considerando-se a existência do artigo definido "as", torna obrigatório o emprego do acento grave para que se indique a contração dos dois vocábulos. A presença do artigo definido "as" foi denunciada pela flexão em número plural do vocábulo mencionado.

II. Emprego obrigatório do acento grave.
No período "O médico receava que o paciente não resistisse às queimaduras", o verbo "resistir", empregado com sentido de "resistir a alguma coisa", tem regência transitiva indireta, com complemento regido pela preposição "a". Desse modo, torna-se compulsório o emprego do acento grave para que se indique a contração dessa preposição com o artigo definido "as" que antecede o substantivo "queimaduras", como o comprova a flexão em número plural observada em "às".

III. Emprego facultativo do acento grave.
Em "Assistimos apenas à sua apresentação e fomos embora", o verbo "assistir", que foi empregado com sentido de "ver", "estar presente", tem regência transitiva indireta e complemento introduzido pela preposição "a". Ocorre, entretanto, que o emprego de artigo definido diante do substantivo "apresentação" é, neste caso, opcional, dada a presença do pronome adjetivo possessivo "sua", em "sua apresentação". Essa é uma das situações de emprego de acento facultativo.
Atendem à solicitação do enunciado da questão os itens I e II.
A resposta da questão é a alternativa "b".

### Questão 9

b) A passagem "é um fenômeno comum à algumas poucas economias emergentes" contém flagrante erro de emprego do acento grave indicativo de crase. Observemos, inicialmente, que o vocábulo "à" não está flexionado no plural, apesar de o substantivo "economias" assim ter surgido. Esse fato indica a não existência de artigo definido no primeiro vocábulo, o que nos leva à compreensão de que não ocorreu o fenômeno da crase, sendo essa palavra apenas preposição. Além disso, "algumas" é pronome indefinido, o que impede o emprego do acento grave, uma vez que confere ao substantivo valor semântico indefinido. Sabemos que não pode haver emprego do acento grave indicativo do fenômeno da crase diante de pronomes indefinidos. Está correto o acento grave posto na passagem "semelhante àquela que praticamos no Brasil", que sinaliza a contração da preposição "a", exigida pela regência do adjetivo "semelhante", com a vogal inicial do pronome demonstrativo "aquela". O texto se retificaria com a simples supressão do acento empregado na primeira ocorrência, o que faria o texto restar "A valorização das moedas é um fenômeno comum a algumas poucas economias emergentes as quais seguem uma trajetória semelhante àquela que praticamos no Brasil".

**Questão 10**

c) Não podemos empregar acento grave diante do pronome "quem", o que decorre da impossibilidade de utilização do artigo definido "a" diante dele. A palavra "a", que o antecede, é apenas a preposição requisitada pela regência transitiva direta e indireta da forma verbal "dê".

**Questão 11**

b) Temos exemplo de contração vocabular no texto desta alternativa. A regência transitiva indireta da forma verbal "referir-se" impõe emprego da preposição "a". Por sua vez, tal preposição contraiu-se com o artigo definido "as", antecessor do substantivo feminino plural "pessoas". A flexão de plural que se observa em "às" indica, claramente, a presença de artigo definido, uma vez que, como sabemos, preposições são palavras que não sofrem flexões.

**Questão 12**

d) Na passagem "nossa humanidade" encontra-se um pronome possessivo feminino antecedendo substantivo claramente expresso, a saber, "nossa" e "humanidade", respectivamente. Analisando a sentença, encontraremos a necessidade do emprego da preposição "a", por demanda da regência do adjetivo "comuns". Diante do sintagma "nossa humanidade" o emprego do artigo definido é facultativo. Podemos comprovar essa facultatividade ao criarmos, para teste, duas sentenças que se iniciem exatamente por "nossa humanidade". Assim, veremos que "A nossa humanidade deve ser, sempre, cultivada." e "Nossa humanidade deve ser, sempre, cultivada." são frases rigorosamente corretas, nas quais o artigo definido fez-se presente na primeira e ausente na segunda. Assim, na sentença relativa a este item, poderemos redigir com correção "existiriam seis emoções que são comuns à nossa humanidade." ou "existiriam seis emoções que são comuns a nossa humanidade.".

**Questão 13**

e) Em "Entreguei à equipe de vendas os novos formulários", como podemos observar, a expressão "à equipe de vendas" é o complemento indireto – objeto indireto, portanto – da forma verbal "Entreguei", que tem regência transitiva direta e indireta. Desse modo, tal objeto é introduzido pela preposição "a", em atendimento à demanda do verbo citado, a qual vai contrair-se com o artigo definido que antecede o substantivo "equipe". Apenas para completar nosso estudo, observamos que a expressão "os novos formulários" funciona como objeto direto da mesma forma verbal.

**Questão 14**

d) Empregou-se corretamente o acento grave na locução adverbial formada por palavra feminina "à vontade", bem como para que se sinalizasse a contração de preposição "a", exigida pelo verbo "assistir" – empregado com sentido de "ver", "presenciar" –, com o artigo definido "a", antecessor do substantivo "movimentação".

**Questão 15**

Observam-se, item a item, as seguintes ocorrências, nas passagens sublinhadas:

I. O reconhecimento da imunidade de que trata o inciso III é subordinada *à* efetiva observância dos seguintes requisitos pelas entidades nele referidas – crase da preposição "a", exigida pela regência de "subordinada", com artigo definido "a", antecessor do substantivo "observância".
II. Não distribuírem qualquer parcela de seu patrimônio ou de suas rendas, *a* título de lucro ou participação no seu resultado – preposição.
III. Aplicarem, integralmente, no País, os seus recursos visando *à* manutenção dos seus objetivos institucionais – crase de preposição exigida pela regência de "visando" com o artigo definido "as", antecessor do substantivo "manutenção".
IV. O disposto neste artigo não exclui a atribuição, *às* entidades nele referidas, da condição de responsáveis pelos tributos que lhes caiba reter – crase de preposição exigida pela regência do verbo transitivo direto e indireto "excluir" com o artigo definido "as", antecessor do substantivo "entidades".
V. O disposto neste artigo não *as* dispensa da prática de atos previstos neste Código – pronome pessoal oblíquo átono.

Como vimos, há ocorrências de crase nos itens I, III e IV.

A resposta da questão é a alternativa "a".

**Questão 16**

b) A transitividade direta e indireta do verbo "preferir" caracteriza-se pela exigência da preposição "a", regendo seu complemento indireto. Desse modo, na presente oração, o verbo "preferir" apresenta-se com dois complementos: o primeiro deles, direto, está indicado pela expressão "a misericórdia"; o segundo, indireto, por "à indiferença alheia". O acento grave é, desse modo, obrigatório, já que ocorre a contração da preposição "a", que já comentamos, com o artigo definido "a", antecessor do substantivo "indiferença".

## Questão 17

b) Sabemos que em casos de substantivos precedidos de pronome adjetivo possessivo, o acento grave, desde que exista preposição no texto, será de emprego facultativo. No texto deste item, a forma verbal "voltava" demanda a preposição "a" para reger seu adjunto adverbial.

## Questão 18

Vamos observar os empregos de acento grave nas orações numeradas de I a V. Ao término de nossa observação, apontaremos em que item se fez afirmativa adequada no tocante ao acerto de seu emprego.

I. Emprego correto.
Em "Ele se dedicou à pesquisa sobre gripes e resfriados", o acento grave indica a crase existente entre a preposição "a", exigida pela regência transitiva indireta da forma verbal "se dedicou" (de emprego pronominal), com o artigo definido antecessor do substantivo "pesquisa".

II. Emprego incorreto.
Sabemos que não é legítimo o emprego de acento grave indicativo de crase em expressões formadas por palavras femininas repetidas. O vocábulo "a" que as liga é preposição, apenas. Não havendo artigo definido, não há contração.

III. Emprego incorreto.
Incorreu-se em duplo equívoco nesta frase. Primeiramente, utilizou-se acento grave indicativo de crase diante de substantivo precedido por pronome indefinido. Em segundo lugar, o substantivo "anos" é masculino. A passagem deve ser corrigida para "Há alguns anos, já se conheciam as verdadeiras causas dessas doenças". Quando nos referimos a tempo passado, empregamos o verbo "haver". Inversamente, quando fazemos menção a tempo vindouro, empregamos a preposição "a", desacompanhada de artigo definido.

IV. Emprego incorreto.
Não pode haver emprego de acento grave diante de formas verbais, dada a impossibilidade de emprego de artigos definidos antes deles. O vocábulo a ser empregado no texto é a preposição "a", que, nesse caso, promoverá a ligação entre os dois verbos que formam a locução verbal "começou a escrever".

V. Emprego correto.
Em "Nossas avós referiam-se àquela enfermidade" ocorreu o fenômeno da crase resultante da contração da preposição "a", exigida pela forma verbal transitiva indireta "referiam-se" e o "a" inicial do pronome demonstrativo "aquela". O acento tem emprego obrigatório, portanto.

Estão corretos os empregados observados nos item I e V.

A resposta da questão é a alternativa "a".

### Questão 19

b) A preposição "a", que surgiu no texto atendendo à mesma exigência observada no item anterior, agora antecede um pronome adjetivo possessivo feminino. Sabemos que essa é uma situação na qual o emprego do artigo definido é facultativo, o que possibilita a existência do fenômeno da crase e, assim, o emprego do acento grave.

### Questão 20

b) Já sabemos que, diante do substantivo "casa", o acento grave só é empregado quando esse substantivo está determinado, o que não ocorreu no texto deste item. Retificado o texto, teremos "Sempre chego cedo a casa". Esta é a resposta da questão.

### Questão 21

d) Temos, no texto deste item, uso de forma verbal transitiva indireta – verbo "falar", no caso empregado com sentido de "falar a alguém" –, o que faz com surja preposição "a", regendo seu objeto indireto, indicado por "aquele aluno". A contração da preposição citada com o "a" inicial do pronome demonstrativo "aquele" faz resultar a grafia "àquele". Salientamos que, nesse caso, a crase não se fez antes de palavra masculina, mas com a vogal inicial de um pronome demonstrativo.

### Questão 22

b) Crase facultativa.
Estamos com situação citada no item 2. das informações iniciais relativas à facultatividade do acento grave indicativo de crase.

### Questão 23

Vejamos todos os itens numerados de I a V:

I. Acento proibido.
O vocábulo "ante", que precede a lacuna, é preposição. Como sabemos, não pode haver emprego de acento grave indicativo de crase antes de preposições. O vocábulo a ser empregado para preenchimento da lacuna é artigo definido, unicamente.

II. Acento obrigatório.
Temos, nessa lacuna, emprego de preposição que é demanda da regência do adjunto adverbial de lugar do verbo "chegar", e de artigo definido – que antecede o substantivo "imobilidade". Os dois vocábulos provocam a crase que é indicada com o acento grave.

III. Acento obrigatório.
A forma verbal "reagir" tem emprego transitivo indireto, o que provoca a presença de preposição "a" na lacuna. Por outro lado, o substantivo "crises" faz-se preceder

de artigo definido "as". A crase resultante da contração desses dois vocábulos é, assim, indicada com o acento grave.

IV. Acento proibido.

A lacuna da sentença antecede o vocábulo "nenhuma", que, como sabemos, classifica-se como pronome indefinido. Não pode haver emprego de acento grave diante de pronomes indefinidos, pela impossibilidade de artigos definidos antecederem-nos. O vocábulo a preencher a lacuna será, então, preposição, apenas.

V. Acento facultativo.

O verbo "atingir", ao ser empregado com sentido de "alcançar", "aproximar-se", "chegar (a)" – cf. *Dicionário prático de regência verbal*, Celso Pedro Luft, Ática, São Paulo, 7ª edição, 1999, p. 83 – tem emprego transitivo direto ou transitivo indireto. Assim, estão corretas as sentenças "O homem pode se isolar muito, atingindo, assim, a solidão", na qual dá-se emprego transitivo direto para o verbo, e "O homem pode se isolar muito, atingindo, assim, à solidão", em que se opta pelo emprego transitivo indireto para a mesma forma verbal. No primeiro caso, vemos apenas o artigo definido "a", antecedendo o substantivo "solidão", enquanto no segundo, observamos a contração da preposição "a" com o artigo definido "a".

As sequências corretas serão "a – à – às – a – a" ou "a – à – às – a – à". A análise das alternativas indica-nos que a resposta é a alternativa "b".

**Questão 24**

e) Os dois acentos graves estão perfeitamente empregados no texto deste item. Inicialmente, empregou-se o acento na locução adverbial "às voltas", formada por palavra feminina. Na segunda passagem, o acento grave deve-se à contração da preposição "a", exigida pela regência do verbo "submeter", com o artigo definido "as" que antecede o substantivo feminino plural "determinações". Convém recordarmos que, por estar o vocábulo "às" no plural, mesmo havendo a presença de pronome possessivo feminino claramente expresso, o acento grave é indispensável, uma vez que a simples indicação de plural já é o suficiente para que percebamos haver a presença de artigo definido, ao mesmo tempo que a preposição é, igualmente, compulsória e requisitada pela regência verbal. Essa menção é importante uma vez que a presença de pronome possessivo feminino diante de substantivo claramente expresso e em singular faculta o emprego do pronome, tal qual ocorreria, por exemplo, em "O fato de estarmos sempre às voltas com as leis do mercado não significa que devamos nos submeter à (ou *a*) sua determinação".

**Questão 25**

A questão se esgota nas três primeiras lacunas.

Observe-se que a forma verbal transitiva direta "apontam" surge complementada pelo objeto direto "a ineficiência e a rigidez", no qual os dois artigos definidos apenas antecedem cada um dos substantivos. Não há preposição na fragmento transcrito, o que invalida o emprego do acento grave indicativo de crase. Na terceira lacuna, note-se que o adjetivo "associadas" exige complementação que esteja sendo regida pela preposição "a". Antes do substantivo "burocracias" surge o artigo definido "as", do que resulta a crase marcada pelo emprego do acento grave. Considerando-se as opções fornecidas chega-se à resposta desejada, presente na alternativa "d". Apenas para comprovação do gabarito, verifica-se que a lacuna antecessora de "competição" é preenchida com o artigo definido "a", uma vez que "a competição" é o sujeito da forma verbal "age". Na continuidade, o substantivo "incentivo" e a forma verbal "conduzindo" exigem termos sintáticos preposicionados, o que faz com que surjam crases na antepenúltima e penúltima lacunas. Na última lacuna observa-se apenas a presença da preposição "a", dada a impossibilidade de haver artigo definido feminino "a" diante do substantivo masculino "produtos".

### Questão 26

a) Frase incorreta.
A adjetivação feita ao topônimo "Fortaleza" por meio de "dos nossos antepassados" provocou o obrigatório uso de artigo definido antecedendo-o. Caso não houvesse tal adjetivação, não haveria emprego de artigo definido antes de "Fortaleza" e, portanto, não haveria emprego de acento grave. Vejam-se as diferentes situações: "Fortaleza é uma bela cidade" e "A Fortaleza dos nossos antepassados é uma bela cidade". Considerando-se a obrigatória presença da preposição "a", necessária para que se reja o adjunto adverbial, a frase se retifica em "Dirigimo-nos à Fortaleza dos nossos antepassados". Esta é a resposta da questão.

### Questão 27

c) Observam-se dois empregos indevidos de acentos graves indicativos de crase. No primeiro caso, empregou-se um acento grave antes de artigo indefinido, o que é vedado. No segundo caso, o pronome relativo "a qual" desempenha papel sintático de sujeito da forma verbal "teria" e, como sabemos, sujeitos não podem ser preposicionados, o que indica que o vocábulo "a" é, apenas, vocábulo que integra o pronome relativo "a qual".

### Questão 28

b) É legítimo o emprego do acento grave indicativo de crase em "opção à crise do petróleo". Temos, na passagem, contração da preposição "a" – exigida pelo substantivo "opção" – com o artigo definido "a", antecessor do substantivo "crise". Não há possibilidade de emprego do acento grave em "A produção foi retomada" e "com a explosão", por razões distintas: no primeiro caso, a expressão "A produção" exerce função sintática de sujeito da locução verbal passiva "foi retomada", inexistindo, consequentemente, preposição. Na segunda passagem, temos a presença da preposição "com" antes do vocábulo "a". Como é de nosso conhecimento, não pode haver emprego de acento grave indicativo de crase após preposições – excetua-se a preposição "até". A palavra "a" que se emprega após uma preposição será apenas artigo definido.

**Questão 29**

e) Em "combate à cura da angústia", observamos o emprego da preposição "a" – pela mesma razão exposta antecedentemente –, que, por anteceder o artigo definido "a", antecessor do substantivo feminino "cura", com ele se contrairá, do que resultará a crase a ser sinalizada com o acento grave.

**Questão 30**

Vamos verificar todas as lacunas da questão:

| | |
|---|---|
| 1ª lacuna: "a" | Trata-se artigo definido que integra o objeto direto do verbo "sacramentar", representado por "a regulamentação". |
| 2ª lacuna: "a" | Temos preposição exigida pelo adjetivo "sujeito"; a expressão "alíquota zero" está empregada genericamente, tal como se estivéssemos falando "sujeitos a desconto zero". |
| 3ª lacuna: "a" | Ocorre preposição exigida pelo substantivo "liberalização", presente na expressão "liberalização do trânsito de produtos"; não pode haver emprego de artigo antes de pronomes indefinidos, antes de nomes masculinos e em situações nas quais o vocábulo "a" surge em singular antecedendo palavra no plural; nesta lacuna, as três interdições quanto ao emprego do artigo surgiram concomitantemente. |
| 4ª lacuna: "à" | Temos contração da preposição "a", exigida pelo substantivo "resistência", com o artigo definido "a", antecessor do substantivo "liberalização". |
| 5ª lacuna: "às" | Ocorre contração da preposição "a", exigida pelo substantivo "relação", com o artigo definido "as", que é claramente indicado pela desinência plural. Seria também viável a utilização unicamente da preposição "a", o que nenhuma das alternativas sugeriu. |
| 6ª lacuna: "à" | Aconteceu contração da preposição "a", exigida pelas regências dos substantivos "resistências" e "obstáculos" – postos em paralelo estrutural –, com o artigo definido "a", antecessor do substantivo "integração". |

A sequência que resulta do correto preenchimento das lacunas é "a – a – a – à – às – à".
Confirmamos o item "e" como resposta da questão.

### Questão 31

c) Não pode haver emprego de acento grave no vocábulo assinalado, que, por estar sem flexão de plural diante do substantivo "informações", não pode ser considerado artigo definido. Trata-se, então e apenas, da preposição exigida pela regência transitiva indireta da forma verbal "Refere-se". Esta é a resposta da questão.

### Questão 32

a) Como vimos, antes de pronomes possessivos femininos que, por sua vez, antecedem substantivos claramente utilizados, a presença do artigo definido é facultativa. Como, nesse caso, a regência do adjetivo "tolerância" impõe o uso da preposição "a", o acento grave tem facultatividade de emprego.

### Questão 33

Dessa vez, a partir de texto oferecido na enunciação da questão, solicita-se que o candidato aponte a alternativa em que foram indicadas passagens nas quais acento grave deve ser empregado.

Vejamos, então, cada uma das passagens do texto:

| | | |
|---|---|---|
| 1. | "previamente *à* tomada de decisão pelo Poder Público" | Emprego obrigatório de acento grave para que se indique a contração da preposição "a", exigida pelo advérbio "previamente", com o artigo definido "a", antecessor do substantivo "tomada". |
| 2. | "*à* luz dos objetivos de sustentabilidade" | Emprego obrigatório de acento grave em locução prepositiva – "a luz de" – formada por palavra feminina. |
| 3. | "melhor juízo sobre *a* defesa ambiental" | Não há emprego de acento grave. Temos, na passagem, a presença única do artigo definido "a", antecessor do substantivo "defesa". Relembremos que não pode haver emprego de acento grave após preposições. Como sabemos, "sobre" é preposição. |
| 4. | "com vistas *à* adoção de um processo de natureza" | Emprego obrigatório de acento grave em locução prepositiva – "com vistas a" – formada por palavra feminina. |
| 5. | "que não deve estar restrita *às* agências ambientais". | Emprego obrigatório de acento grave para que se indique a contração da preposição "a", solicitada pela regência de "restritas", com o artigo definido "as", antecessor do substantivo "agências". |

| | | |
|---|---|---|
| 6. | “para o diálogo de forma *a* se antecipar aos potenciais conflitos” | Não há emprego de acento grave. Temos, no fragmento, a presença de preposição “a”, apenas. Como sabemos, não pode haver emprego de acento grave indicativo de crase diante de verbos. No caso que ora estudamos, o vocábulo “a” está grafado antes da forma verbal em infinitivo “antecipar”, a qual, por sua vez, facultou a próclise do pronome oblíquo “se”. |
| 7. | “potenciais conflitos socioambientais associados às propostas de desenvolvimento” | Emprego obrigatório de acento grave para que se indique a contração da preposição “a”, demanda de “associados”, com o artigo definido “as”, antecessor do substantivo “propostas”. |
| 8. | “associados [...] e à redução de ações de intervenção” | Emprego obrigatório de acento grave para que se indique a contração da preposição “a”, ainda em atenção à demanda de “associados” – observemos o paralelismo existente no texto –, com o artigo definido “a”, antecessor do substantivo “redução”. |
| 9. | “que remetam *as* decisões” | Não há emprego de acento grave. Temos, em “as decisões”, o objeto direto da forma verbal de regência transitiva direta e indireta “remetam”. O vocábulo “as” nele presente é, apenas, artigo definido. |
| 10. | “à esfera do Judiciário” | Emprego obrigatório de acento grave para que se indique a contração da preposição “a”, que rege o objeto indireto da forma verbal transitiva direta e indireta “remetam”, indicado por “à esfera do Judiciário”. |

Como vimos, recebem acento grave os vocábulos que surgiram nas lacunas de números 1, 2, 4, 5, 7, 8 e 10 e, consequentemente, a resposta está na alternativa “d”.

### Questão 34

Estamos com questão que explora conhecimento relacionado ao emprego do acento grave indicativo de crase.

Passemos à análise dos fragmentos textuais em que surgiram vocábulos que serão merecedores de nossa atenção quanto à necessidade de surgirem com tal acento. Adotaremos, novamente, o método de eliminação de alternativas, a partir das respostas já conhecidas. Temos, com isso, o objetivo de apontar método em que questões com esse modelo podem ser solucionadas mais rapidamente.

(1) (às)

Temos em (1) obrigatório emprego de acento grave, para que se sinalize a contração existente entre a preposição "a", que surge por demanda da regência transitiva direta e indireta da forma verbal "deixaremos", com o artigo definido "as", antecessor do substantivo "gerações". Por oportuno, apontamos que os complementos – objeto direto e indireto – do referido verbo são o pronome relativo "que" e a expressão "às gerações futuras", respectivamente. Observemos, então, que as alternativas "d" e "e", por não mencionarem o número 1, já estão descartadas quanto à possibilidade de virem a ser resposta para a questão. Estamos, portanto, e por enquanto, com as possibilidades de resposta em "a", "b" e "c".

(2) (à)

Observa-se, igualmente, em (2) a necessidade de uso do acento grave, para que se indique a crase resultante da contração da preposição "a", exigida pela regência do adjetivo "ligada", com o artigo definido "a", antecessor do substantivo "sobrevivência". O entendimento dessa obrigatoriedade fez-nos eliminar a alternativa "c", que não apresenta o número 2. Assim, a resposta da questão estará, compulsoriamente, em "a" ou "b".

(3) (a)

Temos, agora, passagem em que o vocábulo "a", no singular, antecede o substantivo feminino plural "alterações". Tal fato já é revelador de que o vocábulo com o qual estamos lidando não pode ser artigo, já que, se o fosse, estaria, por concordância, também empregado em plural. Isso nos leva a entender ser o mesmo apenas a preposição "a", que surgiu no presente texto em atenção à regência de "relacionados". Não é possível, então, empregarmos acento grave, dada a inexistência de crase. A constatação dessa impossibilidade já nos permite afirmar que a resposta da questão, obrigatoriamente, é a alternativa "b", uma vez que a alternativa "a" trouxe a indicação de que haveria emprego de acento grave em 3. A partir desse momento, então, o candidato já poderia dedicar-se à resolução de outra questão, o que lhe traria benefícios dado o maior tempo que poderia atribuir à resolução de outras questões da presente prova, ou, ainda, a questões de outra disciplina que fizesse parte do caderno de prova em que estava a de língua portuguesa. Como não estamos fazendo, ainda, nossa prova, continuaremos estudando as demais alternativas.

(4) (as)

Temos na presente passagem emprego único do artigo definido "as", que acompanha o núcleo do objeto direto – "as nossas necessidades atuais" – da forma verbal "levando". Não há crase e, portanto, não há emprego de acento grave.

(5) (as)

Repetimos a argumentação anteriormente proposta para o item (4). Observemos que os implícitos verbais contidos na passagem "levando em consideração não só as nossas necessidades atuais, mas também [*levando em consideração*] as [*necessidades*] das gerações futuras". Mais uma vez, assim, temos simples presença de artigo, o que impede o emprego do acento grave.

Como vimos, a sequência correta é a que se verifica no item "b", ou seja: "1 e 2".

## Questão 35

e) Assim ficaria o texto com a supressão do artigo definido masculino "o" que foi empregado antes de "aquecimento": "Quanto a aquecimento da Terra e à elevação do nível do mar". Nele, além de um incoerente paralelismo, não se observa emprego de acento grave na preposição "a", desacompanhada do artigo definido que foi suprimido. Insistimos na rememoração de que o acento grave é sinalizador da existência de crase, ou seja, da contração de duas vogais iguais.

## Questão 36

Esta questão aborda circunstância de emprego do acento grave indicativo de crase muito pouco comum em concursos públicos.

Diz respeito ao substantivo "distância", que, como vimos nas informações teóricas, tem regime especial de emprego de artigo definido, que consiste em só ser usado nos casos em que essa palavra aparece definida, determinada.

Escrevemos, então, "Fique a distância", considerando-se que o vocábulo aparece sem determinação, e "Fique à distância de 5 metros", já que se determinou a distância.

É passagem, inclusive, que já mereceu contestação de grande estudioso dos fatos gramaticais de nossa língua e que foi reportada, também, nas nossas informações teóricas. A enunciação desta questão atesta estar a eminente banca examinadora que a elaborou alinhada à visão mais frequentemente encontrada, que é a por nós apontada.

Do que lemos, indicamos a resposta da questão na alternativa "c", em que se verifica a afirmativa "Trata-se de emprego do substantivo 'distância' sem determinação do artigo definido".

## Questão 37

O preenchimento das lacunas do texto revelará os vocábulos abaixo:

1. "O progresso chegou inesperadamente <u>àquele</u> subúrbio."
   Houve a contração da preposição "a", incumbida de reger o adjunto adverbial (introdutor de matiz semântico de lugar) relacionado com a forma verbal "chegar", com o "a" inicial do pronome demonstrativo "aquele".
2. Daqui <u>a</u> poucos anos..."
   A expressão "Daqui a poucos anos" faz menção a tempo vindouro, tempo por vir. Nesse caso, como já vimos em questões anteriores, emprega-se a preposição "a".
3. "...que, <u>há</u> tão pouco tempo..."
   Em "há tão pouco tempo" temos expressão que alude a tempo passado, tempo já transcorrido. Empregamos, nessa circunstância, o verbo "haver", como também já vimos em questões precedentes.

A sequência de palavras que corretamente preenchem as lacunas é "àquele – a – há". A resposta da questão está na alternativa "d".

**Questão 38**

e) Ao dividirmos o período presente nesta alternativa em suas orações constitutivas, teremos: ["A mãe do aluno [à qual encontramos ontem] nos entregou os documentos"]. Analisando-se a segunda oração, que se classifica em subordinada adjetiva restritiva, vemos que o sujeito ("nós") da forma verbal "encontramos" está implícito e denunciado pela flexão de 1ª pessoa do plural do verbo. Sendo assim, a oração inteira é seu predicado. O verbo "encontrar" está empregado com regência transitiva direta, em construção análoga à que se encontraria em "encontramos alguém ontem". Identificamos, então, no pronome relativo o objeto direto de "encontramos" e em "hoje" um adjunto adverbial. Sendo objeto direto, não há possibilidade de o pronome relativo surgir regido por preposição. O texto retificado fará restar: "A mãe do aluno a qual encontramos ontem nos entregou os documentos".

**Questão 39**

Passemos ao preenchimento das cinco lacunas existentes no texto que se apresentou no enunciado da questão.

1. "Solicito à secretária do departamento..."
   Houve contração da preposição "a" exigida para reger-se o objeto indireto da forma de regência transitiva direta e indireta "Solicito", cujo objeto direto está indicado pela expressão "o envio do relatório final", com o artigo definido "a", antecessor do substantivo "secretária". O emprego do acento grave deve-se à necessidade de sinalizar-se essa crase. O conhecimento da palavra que preencheu esta alternativa promoveu a eliminação das alternativas "c", "d" e "e".
2. "...a quem antecipadamente agradeço..."
   Como vimos nas informações teóricas, não pode haver emprego de acento grave diante dos pronomes relativos "quem" e "cuja", uma vez que não há emprego de artigos definidos antes de cada um deles. A palavra empregada diante desse pronome foi a preposição "a". Nesse ponto, o candidato que estivesse fazendo a prova na qual estava esta questão já poderia passar para uma outra, porque a resposta é, obrigatoriamente, a alternativa "a". Essa afirmativa decorreu do fato de as duas únicas opções ainda passíveis de serem a resposta da questão apresentarem-se com indicações diferentes em sua segunda sugestão de preenchimento da lacuna. Como ainda não estamos fazendo prova, mas sim preparando-nos para fazê-la (e sermos aprovados), estudaremos as demais alternativas.
3. "...o envio do relatório final à pessoa assinalada..."

O substantivo "envio" rege a preposição "a": "envio de alguma coisa a alguém". Assim, temos emprego da preposição citada, que se contrairá com o artigo definido "a", antecessor do substantivo "pessoa". O acento grave tem emprego obrigatório.

4. "...daqui a poucos meses..."
   A expressão "daqui a poucos meses" é alusiva a tempo futuro, o que implica emprego da preposição "a", apenas, como já vimos em diversas questões anteriores.
5. "...como vem sendo feito há muito tempo..."
   Temos, em "há muito tempo", referência a tempo passado. É situação em que empregamos o verbo "haver", o que já foi visto, também, em diversas questões antecedentes a esta.
   A sequência de palavras que corretamente preenchem as lacunas apresentadas nesta questão é "à – a – à – a – há".
   Sua resposta, como já apontáramos no item "b", é a alternativa "a".

## Questão 40

Estamos com outra questão em que se devem preencher as lacunas existentes em texto fornecido no seu enunciado. É modelo muito recorrente nas questões que exploram o emprego do acento grave indicativo de crase.

Passemos à análise de suas lacunas, preenchendo-as. Agora elas são quatro.

1. "...que envolvem a implementação do SPD."
   Empregamos nesta lacuna o artigo definido "a", que funciona como adjunto adnominal do objeto direto da forma verbal "envolvem", de regência transitiva direta. Não é possível o emprego de acento grave, portanto. Já eliminamos as alternativas "a" e "c".
2. "O esforço empreendido é muito inferior às vantagens..."
   Agora, assinalamos com obrigatório acento grave a crase da preposição "a", demanda do adjetivo "inferior", com o artigo definido "as", antecessor do substantivo "vantagens". Caso estivéssemos resolvendo esta questão na prova em que foi aplicada, evitaríamos analisar esta segunda lacuna, uma vez que as três alternativas que ainda podem ser resposta para a questão ("b", "d" e "e") traziam a mesma sugestão para seu preenchimento. Em prova, buscamos ganhar todo o tempo possível, desde que estejamos seguros do que fazemos.
3. "...no que diz respeito à evolução do sistema financeiro..."
   Houve a contração (ou crase, como queiram) da preposição "a", exigida pelo substantivo "respeito", contido na expressão "diz respeito" (de "dizer respeito a"), com o artigo definido "a", antecessor do substantivo "evolução". O emprego do acento grave é obrigatório. Com essa alternativa devidamente resolvida, já chegamos à resposta da questão, uma vez que apenas o item "d" traz a palavra correta. Os itens "b" e "e" forneceram-nos a palavra equivocada "a". Poderíamos, então, passar com segurança para a questão seguinte, caso estivéssemos convictos de termos preenchido com correção as três lacunas já estudadas.

4. "...no que diz respeito à evolução do sistema [...] e às oportunidades de integração..." Apresentamos o fragmento de texto acima, que já contém o correto preenchimento da terceira lacuna, para que se visualize com mais facilidade o paralelismo formado a partir da expressão "no que diz respeito", que rege duas vezes a preposição "a", sendo a segunda delas em "às oportunidades de integração", passagem na qual contraiu-se com o artigo definido "as", antecessor do substantivo "oportunidades".
Os vocábulos que preenchem corretamente as lacunas são "a – às – à – às".
A resposta, como já tínhamos salientado na análise da terceira lacuna, é a alternativa "d".

## Questão 41

c) Deve-se ter cuidado com a locução adverbial "às vezes", que traz para o texto matiz semântico indicativo de tempo, assemelhado a "de vez em quando". É o que ocorre, por exemplo, em "Ela às vezes estudava, às vezes não" ou "O professor às vezes aplicava provas mais simples". Devemos ter muita atenção para não confundir essa expressão com passagens em que os dois vocábulos que as formam, ou seja, o artigo definido "as" e o substantivo "vezes", plural do também substantivo "vez", o qual significa "designação da ocorrência de um evento ou de cada ocorrência de eventos sucessivos idênticos ou análogos" (cf. *Dicionário eletrônico Houaiss*) surgem lado a lado, graficamente, portanto, de modo quase idêntico ao que configura a locução adverbial. Dizemos *quase idêntico* porque, assim empregados, não há razão para o emprego do acento grave. Vejamos os exemplos: "O sino tocou uma vez", "Os sinos tocaram várias vezes", "As vezes que os sinos tocaram foram diversas", "Os sinos cansaram-nos os ouvidos, porque foram muitas as vezes que tocaram". No primeiro exemplo, empregamos o substantivo "vez" precedido de artigo definido; na segunda, o substantivo "vezes" precedido de pronome indefinido; na terceira e na quarta, o substantivo "vezes" antecedido de artigo definido. Evidentemente, o vocábulo "vezes", nos três exemplos em que surgiu empregado, é a flexão de plural do substantivo "vez". O importante é não confundirmos seu emprego desse modo com a locução adverbial "às vezes". No texto desta alternativa "Não têm conta as vezes que viajou", que já apresentamos corrigido, a expressão "as vezes" funciona como sujeito da forma verbal "têm", empregada na 3ª pessoa do plural, como o atesta o acento circunflexo posto em "têm". Não se está a dizer que "Não têm conta de vez em quando que viajou", mas sim "Não têm conta as oportunidades que viajou". O acento grave está posto de modo equivocado, portanto. Já havíamos feito alusão a esse fato na observação 2, do item 1.5, do estudo dos casos de emprego obrigatório de acento grave. Esta é a resposta da questão.

## Questão 42

Devemos verificar a correção do emprego de acento grave indicativo de crase nas três sentenças fornecidas no enunciado da questão.

Vamos ver cada uma delas:

I. Emprego correto.

Ocorreu na oração deste item contração entre a preposição "a" e a vogal "inicial" do pronome demonstrativo "aquele". O emprego da preposição decorreu da necessidade de se reger o adjunto adverbial de lugar associado à forma verbal "chegou". Estudamos em regência verbal que os adjuntos adverbiais de lugar que se ligam ao verbo "chegar" o fazem por meio das preposições "a" ou "de".

II. Empregos corretos.

Os dois acentos graves encontrados na primeira oração do período composto que se lê neste item são justificados pela necessidade de se introduzirem os adjuntos adverbiais de lugar relacionados com a forma verbal "voltaram". São eles "À noite", que introduz informação de tempo, e "à fábrica", introdutor de noção de lugar.

III. Emprego incorreto.

Empregou-se, no texto deste item, acento grave antes de uma forma pronominal de tratamento, o que é indevido. A correção da oração fará surgir "Transmita esta informação a Sua Excelência".

Estão corretas os empregos observados nos itens I e II.

A resposta da questão é a alternativa "c".

### Questão 43

b) Emprego incorreto.

O substantivo "água" está empregado com sentido indeterminado, no texto deste item. Na sua continuidade, inclusive, a observação de que também o substantivo "alimento" está com sentido indeterminado, o que pode ser feito pela constatação de que não está precedido por artigo definido, reforça o entendimento de que não há artigo definido antes de "água". Após a necessária retificação, o texto assumirá a forma "O bicho não tinha direito a água nem a alimento".

### Questão 44

Mais uma questão que apresenta texto com diversas lacunas a serem preenchidas. É oportunidade, então, de pormos em prática o processo que já sabemos para acelerarmos a sua resolução.

Vejamos todas as lacunas a serem preenchidas:

Lacuna 1 "...instituirá um sistema de incentivo à redução dos acidentes..."

O substantivo "incentivo" rege a preposição "a", que introduz o complemento nominal "à redução dos acidentes". Além disso, o substantivo "redução" faz-se anteceder pelo artigo definido "a". Ocorre, então, uma crase, ou seja, uma contração dos dois vocábulos, do que resulta o emprego obrigatório do acento grave. Com isso, já eliminamos as alternativas "a", "c" e "e".

Lacuna 2 "...submete seus trabalhadores a risco."

A regência transitiva direta e indireta do verbo "submeter", empregado neste fragmento em construção semelhante à que haveria em "submeter alguém a alguma coisa", provoca obrigatório emprego da preposição "a", regendo o objeto indireto "a risco". Como o núcleo desse objeto indireto está representado pelo substantivo masculino "risco", fica evidente a ausência do artigo definido feminino "a". Temos, então, simples emprego de preposição e o acento grave tem emprego proibido. As duas alternativas que ainda podem ser resposta para esta questão ("b" e "d") sugeriram o emprego da mesma palavra, ou seja, da preposição "a" e continuam com possibilidade de poderem ser a resposta da questão.

Lacuna 3 "A intenção é reduzir pela metade..."

O sujeito do verbo "ser", empregado na forma "é", está indicado pelo sintagma "A expressão". Esse fato faz-nos entender, de imediato, que o vocábulo "A", contido no sujeito e funcionando como adjunto adnominal, é apenas artigo definido. Não pode haver emprego de acento grave. Os dois itens com que trabalhamos como possíveis resposta da questão continuam válidos.

Lacuna 4 "...ou dobrar as alíquotas de contribuição..."

O verbo "dobrar", de regência transitiva direta, tem como objeto direto a expressão "as alíquotas de contribuição". Isso impede que se empregue preposição nessa passagem, em que o vocábulo "as" é apenas o artigo definido feminino plural "as". O acento grave é novamente proibido. Agora, chegamos à conclusão de que a resposta da questão é o item "d", uma vez que na alternativa "b" encontramos a sugestão de emprego de "à". Evidentemente, caso estivéssemos fazendo prova em que surgisse esta questão, nós não analisaríamos as lacunas 2 e 3, que se apresentaram com as mesmas sugestões.

Lacuna 5 "...pode vir a pagar menos."

Empregamos apenas a preposição "a" antes da forma verbal "pagar". Já vimos situação idêntica a essa em diversas questões antecedentes.

Lacuna 6 "O contrário acontecerá à empresa que tiver registrado..."

Ocorreu contração da preposição "a", exigida pela forma verbal "acontecerá", que tem regência transitiva indireta, com o artigo definido "a", antecessor do substantivo "empresa". O emprego do acento grave é obrigatório.

Lacuna 7 "Ela poderá ter a alíquota duplicada."

A expressão "a alíquota duplicada" desempenha papel sintático de objeto direto da forma verbal transitiva direta "ter". Esse fato inviabiliza o emprego de preposição. Usamos, então, apenas o artigo definido "a".

A sequência que preenche corretamente as lacunas do texto é "à – a – A – as – a – à – a".

A resposta da questão é a alternativa "d".

**Questão 45**

d) Na passagem "Nos dias que se passaram à nossa pescaria...", ocorre uma das circunstâncias que provocam emprego facultativo de acento grave, como vimos no item 2.2 das informações iniciais.

**Questão 46**

b) Como sabemos, não pode haver emprego de acento grave indicativo de crase diante de pronomes indefinidos. O vocábulo "toda" exemplifica essa categoria gramatical. A frase se retificará em "Especialmente em relação a toda indústria náutica".

**Questão 47**

e) Temos locução prepositiva formada pela preposição "a" seguida do substantivo feminino plural "expensas" e, ainda, a preposição "de". O fato de o primeiro vocábulo "a" ter sido empregado no singular, ainda que o substantivo que o segue esteja em plural, é clara indicação da inexistência de artigo definido. Não podemos empregar acento grave em palavra "a", empregada no singular, que anteceda substantivo feminino flexionado em plural. Registre-se, por oportuno, que o substantivo "expensas" é sempre empregado em plural. Pode, entretanto, estar antecedido apenas pela preposição, como no texto que ora analisamos, ou, ainda, pela contração da preposição com o artigo definido "as", o que faria surgir o texto "Vivia às expensas da família", também correto.

**Questão 48**

Ao analisarmos cada um dos vocábulos numerados de 1 a 5, encontramos:

a) (1) a Emprego do artigo definido "a", que integra o objeto direto da forma verbal "compensar", com núcleo no substantivo "queda".
b) (2) à Contração da preposição "a", exigida pela forma verbal de particípio "comparada", em construção análoga à de "comparada a aumento de produção", com o artigo definido "a", antecessor do substantivo "produção".
c) (3) há Emprego do verbo "haver" para reportar acontecimento passado.
d) (4) a Emprego do artigo definido "a", integrante do sujeito da forma verbal "chegue", indicado pela expressão "a queda".
e) (5) à Emprego incorreto de contração vocabular em passagem na qual se observa apenas a presença da preposição "a", antecedendo a forma verbal "registar". Como sabemos, não pode haver ocorrência de crase diante de formas verbais.

**Questão 49**

e) O verbo "descuidar", empregado com sentido de "não tomar os cuidados necessários", tem regência transitiva direta. Não há, em consequência, emprego de preposição no texto deste item, mas apenas do artigo definido "a", que antecederá o substantivo feminino singular "atenção". Retificado o texto, teremos "O guarda-noturno não descuidava à atenção em sua longa jornada pela noite".

**Questão 50**

d) Em "Saiu à francesa", o acento grave indicativo de crase aponta a existência de locução adverbial formada por palavra feminina. Como sabemos, os acentos graves são obrigatoriamente empregados em tais locuções, ainda que não haja contração vocabular, como é o caso presente.

# CAPÍTULO 6

# SINTAXE: Concordância Nominal e Concordância Verbal

PRIMEIRA PARTE

## Aspectos Teóricos

Denomina-se concordância o processo pelo qual as palavras buscam harmonizar-se em uma estrutura oracional. Existem duas modalidades de concordância:

1. a que envolve o relacionamento entre os substantivos, adjetivos, artigos, numerais e pronomes;
2. a que envolve o relacionamento entre o verbo da oração e o seu sujeito.

No presente estudo, serão abordados, de início, os mecanismos que promovem a concordância entre substantivos, adjetivos, artigos, numerais e pronomes. Em seguida, estudaremos a concordância que se estabelece entre verbo e sujeito.

## 1. Concordância Nominal

### Regra geral

O artigo, o adjetivo, o numeral e o pronome concordam em gênero e número com o substantivo a que se referem.
*As minhas duas alunas estudiosas chegaram cedo.*
*O STJ considerou ilegítimos os pedidos do advogado.*

Como podemos observar, o substantivo é vocábulo central de um grupo nominal, vale dizer, de uma reunião de vocábulos passíveis de serem flexionados em gênero e número. Todos os demais vocábulos devem concordar com ele. Assim, na primeira sentença, os vocábulos "As", "minhas", "duas" e "estudiosas", respectivamente artigo definido, pronome possessivo, numeral e adjetivo, foram empregados em feminino plural para harmonizarem-se com o substantivo "alunas", empregado nessas duas flexões.
Na segunda sentença, o adjetivo "ilegítimos" surgiu empregado em masculino plural pela necessidade de promover-se sua concordância com o substantivo "pedidos", que exemplifica essas flexões.

**O substantivo é a palavra da qual emanam as "ordens" de concordância. Todos os vocábulos de um grupo nominal deverão surgir nas mesmas flexões de número e gênero em que ele esteja empregado.**

### Casos particulares

1. **Adjetivo ligado a dois ou mais substantivos de mesmo gênero e posposto a eles:**

*O pai e o aluno convocados não compareceram à reunião com o coordenador.*
*O pai e o aluno convocado não compareceram à reunião com o coordenador.*

Nos dois exemplos acima, observa-se o adjetivo "convocado" vinculando-se aos dois substantivos "aluno" e "pai" (poderia haver mais de dois, lógico) de mesmo gênero, ou seja, ambos masculinos.
Na primeira exemplificação ocorreu a concordância do adjetivo com os dois substantivos, o que depreendemos pelo seu uso em masculino plural, ou seja, no mesmo gênero dos substantivos apresentados e na flexão de plural.
Na segunda sentença houve concordância do adjetivo apenas com o substantivo que lhe está mais proximamente colocado, ou seja, "aluno", do que resultou o uso de "convocado".

Numa situação como *O pai e os alunos convocados não compareceram à reunião com o coordenador*, a única possibilidade de emprego do adjetivo é a que vemos, uma vez que tanto pela concordância lógica, quanto pela atrativa, o uso de plural seria obrigatório.

**Denominaremos a primeira das modalidades de concordância de "concordância gramatical" ou "concordância lógica". A segunda delas será chamada de "concordância por atração" ou "concordância atrativa".**

**2. Adjetivo ligado a dois ou mais substantivos de gêneros distintos e posposto a eles:**

*O aluno e a aluna estudiosos representarão seus colegas.*
*O aluno e a aluna estudiosa representarão seus colegas.*

Como vimos, poderá, igualmente, ocorrer concordância gramatical lógica ou concordância por atração. Agora, ao procedermos à concordância gramatical lógica, observaremos que em nossa língua o gênero preponderante é o masculino.

Assim, na primeira sentença, exemplificou-se a concordância lógica, ficando o adjetivo "estudiosos" em masculino plural em face de haver a preponderância já comentada.

Na segunda sentença, temos aplicação da concordância por atração, por meio da qual o adjetivo "estudiosa" assumiu as flexões em feminino e singular, concordando com o substantivo "aluna", mais próximo dele.

Vejamos outras situações possíveis:
*O professor e a aluna homenageados ficaram na sala da reitoria.*
Aplicou-se a concordância gramatical ou concordância lógica.
*O professor e a aluna homenageada ficaram na sala da reitoria.*
Observamos emprego de concordância por atração.
*Os professores e a aluna homenageados ficaram na sala da reitoria.*
Temos, agora, uso da concordância gramatical ou lógica.
*Os professores e as alunas homenageadas ficaram na sala da reitoria.*
Utilizou-se a concordância por atração.
*O professor e as alunas homenageados ficaram na sala da reitoria.*
Novamente, temos emprego de concordância gramatical ou lógica.
*O professor e as alunas homenageadas ficaram na sala da reitoria.*
Empregou-se a concordância por atração.
*A aluna e o professor homenageados ficaram na sala da reitoria.*

Nota-se uso da concordância gramatical ou lógica.
*A aluna e os professores homenageados ficaram na sala da reitoria.*
Usou-se, no texto, a única concordância possível, uma vez que, adotados os dois processos, obrigatoriamente o adjetivo será empregado no masculino plural. Observemos a inversão dos substantivos "aluna" e "professores", ficando o masculino plural em última posição na sequência.

**3. Adjetivo ligado a dois ou mais substantivos de mesmo gênero, ou de gêneros distintos, e anteposto a eles:**

*Avistamos, ao longe, altos prédios e casas.*
*Avistamos, ao longe, altas edificações e prédios.*
*Avistamos, ao longe, grandiosa armada e exércitos.*
*Avistamos, ao longe, grandiosos exércitos e canhão.*

Podemos notar que, agora, o adjetivo (*altos*, no caso) surgiu antecedendo a sequência de substantivos, e não antes deles, como nos dois casos anteriores.
Vimos que em todas as exemplificações empregou-se a concordância por atração. Podemos, assim, dizer que, nesse caso, por eufonia, recomenda-se a concordância atrativa.

No *Dicionário eletrônico Houaiss*, encontramos os seguintes significados para o verbete "eufonia", todos contidos na rubrica "Gramática":

1. qualidade acústica favorável da emissão e/ou da audição de um significante pela articulação de certos fonemas. [No domínio fônico, a eufonia procura evitar sons estranhos, contrastantes, discordantes, repetições desagradáveis; em fonética, explica certas mudanças, podendo ser fator de assimilação ou de dissimilação.];
2. obs.: cf. *cacofonia*;
3. som ou combinação de sons agradáveis ao ouvido;
4. a sensação auditiva resultante da combinação desses sons.

Do que lemos, a recomendação de emprego da concordância atrativa nesse caso resulta de critério razoavelmente subjetivo. Afinal, o que soa mal para uma pessoa, não necessariamente soará igualmente mal para outra. Esse critério "frouxo" vai provocar, como veremos, inúmeras passagens em discordância com a recomendação, mas admitidas por bancas examinadoras distintas.

Obs.: caso os substantivos exprimam nomes próprios ou de parentesco, o adjetivo ficará obrigatoriamente no plural:
*As delicadas irmã e tia do meu aluno compareceram à solenidade.*
*Os famosos Rui Barbosa e Euclides da Cunha são representantes ilustres da literatura brasileira.*

## 4. Concordância de adjetivos em função de predicativo

4.1. O predicativo é do sujeito:
*As contribuintes estavam irritadas.*
*Os soldados chegaram cansados do acampamento.*

O adjetivo em função de predicativo (nesse caso, *irritadas* e *cansados*) concordará logicamente com o substantivo a que se refere. Observemos os empregos de "irritadas" e "cansados", concordando com "contribuintes" e "soldados", respectivamente.

4.2. O predicativo é de um objeto que se apresenta com um só núcleo:
*Considerou ridículas as iniciativas.*
*O congresso julgou audacioso o projeto.*

O adjetivo concorda logicamente com o substantivo que é núcleo do objeto a que se refere. Na exemplificação fornecida, os núcleos dos objetos diretos são "iniciativas" e "projeto", daí o emprego dos adjetivos em feminino plural ("ridículas") e masculino singular ("audacioso"), respectivamente.

4.3. O predicativo é de um objeto que se apresenta com mais de um núcleo:
*A corte declarou culpados o deputado e o senador.*
*A corte declarou culpados o deputado e a vereadora.*

O adjetivo predicativo ficará no plural.
Caso os núcleos do objeto direto sejam do mesmo gênero, adotará, como se vê no primeiro exemplo ("culpados"), o gênero comum desses núcleos do objeto ("deputado" e "senador", no caso) a que se refere.
Sendo de gêneros diferentes os núcleos do objeto, o adjetivo em função de predicativo surgirá em masculino plural, como se viu no segundo exemplo, em que "culpados" é o adjetivo predicativo e "deputado" e "vereadora" são os núcleos do objeto direto.

**Importante será a lembrança de que adjetivos em função de predicativo de objeto direto formado por mais de um núcleo serão empregados em plural.**

### 5. Substantivo ligado a dois ou mais adjetivos:

*A literatura brasileira e portuguesa....*
*A literatura brasileira e a portuguesa...*
*As literaturas brasileira e portuguesa.*

As três construções acima são as viáveis. Observemos a existência de palavras implícitas nas exemplificações:
*A literatura brasileira e* [a literatura] *portuguesa....*
*A literatura brasileira e a* [literatura] *portuguesa...*

No terceiro exemplo, o emprego do artigo definido "As" e do substantivo "literaturas" sinaliza o fato de que estamos a falar de duas literaturas. Ocorre, contudo, que estamos a falar de duas literaturas, sendo uma delas brasileira e outra, portuguesa. Não há mais de uma literatura brasileira, nem, tampouco, mais de uma literatura portuguesa. Notemos, assim, que a interdição do emprego de plural em "brasileira" e "portuguesa" decorre da semântica textual. Não se trata, então, de proibição que resulta de elementos gramaticais.
Entretanto, é bom que se verifiquem outras passagem que possibilitam variações indutoras de outros empregos dos adjetivos, tais como:

*A criança brasileira e portuguesa...*
*A criança brasileira e a portuguesa...*
*As crianças brasileira e portuguesa...*
*As crianças brasileiras e portuguesas...*
*As crianças brasileiras e a portuguesa...*

Das leituras dos fragmentos acima, entendemos
*A criança brasileira e* [a criança] *portuguesa...*
*A criança brasileira e a* [criança] *portuguesa...*
*As crianças brasileiras e* [a criança] *portuguesa...*
*As crianças brasileiras e* [as crianças] *portuguesas...*
*As crianças brasileiras e a* [a criança] *portuguesa...*

## 6. Concordância com as expressões "um e outro", "nem um nem outro":

*Um e outro aluno inteligentes...*
*Nem uma nem outra menina levadas...*

**O substantivo que se liga a estas expressões ficará, obrigatoriamente, no singular e o adjetivo que venha ligar-se a tal substantivo terá flexão de número plural obrigatória.**

Tentemos perceber a lógica dessa passagem. De início, observemos o paralelismo formado pelos pronomes indefinidos que se somaram por coordenação aditiva "Um e outro". A essa soma, acresceu-se o substantivo "aluno". Ora, o emprego desse adjetivo tem de ser, efetivamente, feito com flexão singular. Afinal, lemos "um aluno e outro aluno". Caso grafássemos "Um e outro alunos", nosso leitor entenderia "um alunos e outro alunos", o que, obviamente, é um absurdo.

Aceito o emprego do substantivo no singular, vejamos a razão do emprego obrigatório do adjetivo em plural.

A palavra "inteligentes" é atributo a ser concedido a duas pessoa, ou seja, aos dois alunos. Estamos falando de "*um aluno* inteligente" e de "*outro aluno* inteligente". Notamos, previamente, que os dois termos destacados poderiam ser reunidos na forma "um e outro aluno". Agora, percebemos que o atributo de inteligente tem de ser estendido aos dois alunos, como se grafássemos "um e outro aluno [*ambos*] inteligentes".

Curiosamente, encontramos aproximação bastante razoável na construção que genericamente apontamos sob a forma "um e outro + substantivo" com a propriedade distributiva estudada na matemática. Recordemos-nos, embora talvez nos seja penoso, de que "(x + y)z = xz + yz".

Caso atribuamos a "x" o valor de "um", igualemos + à conjunção aditiva "e", a "y" o valor de "outro" e, finalmente, a "z" o valor de "aluno", teremos exatamente a percepção de que "(um e outro)aluno" é igual a "um aluno e outro aluno".

## 7. Concordância com a expressão "tal qual":

*O aluno era tal qual o mestre.*
*Os alunos eram tais qual o mestre.*
*O aluno era tal quais os mestres.*
*Os alunos eram tais quais os mestres.*

Cada vocábulo concordará com o seu referente. Na verdade, temos em cada um dos exemplos fornecidos um período composto. A divisão de cada um deles em suas orações constitutivas, apontará:
[*O aluno era tal*] [*qual o mestre* (era).]
[*Os alunos eram tais*] [*qual o mestre* (era).]
[*O aluno era tal*] [*quais os mestres* (eram).]
[*Os alunos eram tais*] [*quais os mestres* (eram).]

A divisão do período certamente terá facilitado a visão de que o vocábulo "tal" tem como referente ora o substantivo "aluno", ora o substantivo "alunos". Do mesmo modo, "qual" ora é remissivo a "mestre", ora a "mestres".

## 8. Concordância do vocábulo "meio"

*Não gosto de meias verdades.*
*É meio-dia e meia.*

Sendo adjetivo, como na primeira oração, ou numeral, como na segunda, sofrerá as flexões comuns a tais palavras. Como advérbio, deverá permanecer invariável, como se mostra na sentença a seguir:
*Ela chegou meio cansada.*

É importante estar-se atento à situação em que o vocábulo *meio* é empregado com valor adverbial, como nos relatam gramáticas fundamentais. Transcrevemos abaixo fragmento de prestigiada gramática do estudo contemporâneo de língua portuguesa:

---

*Gramática normativa da língua portuguesa*, Rocha Lima, José Olympio, Rio de Janeiro, 33ª edição, 1996, p. 303.

Adjetivo com valor adverbial.
No masculino e no singular [*o adjetivo*], aparece também com valor adverbial. Fica, frequentemente, invariável; mas às vezes deixa-se arrastar pelas flexões do substantivo a que se refere.
É um caso de *atração sintática*.

Exemplos (adjetivo usado adverbialmente e, pois, *invariável*):
"A águia ... voa mais *alto* que todas elas..." (*Heitor Pinto*)
"Os cães de fila custam *caro*: e comem! Comem!" (*Castilho*)
"Sobre a enxerga estavam dois rapazinhos *meio* nus." (*Camilo Castelo Branco*)

Exemplos de adjetivos usados adverbialmente, mas *variáveis*:
"... finalmente paguei *cara* a curiosidade." (*Camilo Castelo Branco*)
"Uns caem *meios* mortos... " (*Luis de Camões*)
"Estes homens rudes combatiam *meios* nus ..." (*Alexandre Herculano*)
"Estas letras que estão abaixo do barrete e punhais, *meias* gastadas do longo uso ..." (*Heitor Pinto*)

---

Do que acima se transcreveu, que, aliás, é também citado em outras gramáticas, percebe-se que a flexão do vocábulo "meio", bem como de alguns outros *adjetivos utilizados adverbialmente*, embora não eufônica aos ouvidos educados do usuário da língua portuguesa, é lícita.

## 9. Concordância do vocábulo "todo"

A concordância do vocábulo "todo" leva em conta o emprego que a ele se dá nas orações. Vejamos.

1. Quando significa <u>inteiro</u> (e flexões), circunstância em que é identificado como adjetivo, tem flexões naturais de gênero e número concordantes com o substantivo a que se refere, reproduzindo, assim, a regra geral da concordância dos nomes.
   *A rua toda estava molhada.*
   *Os logradouros todos estavam molhados.*

2. Quando significa <u>inteiramente</u> pode ter, igualmente, flexões naturais de gênero e número concordantes com o substantivo a que se refira.
   *A rua estava toda molhada.*
   *As praças estavam todas molhadas.*

   Também corretas estariam:
   *A rua estava todo molhada.*
   *As praças estavam todo molhadas.*
   (Exemplos colhido em Evanildo Bechara, *Moderna gramática portuguesa*, 37ª edição, 1999, Lucerna, Rio de Janeiro, p. 199, nota 1).

Obs. 1: a análise morfológica identifica o vocábulo "todo", nos dois primeiros exemplos, como pronome indefinido que, deslocado de sua posição natural, passa a designar "em todas as suas partes", "completamente", "muito" (Sousa da Silveira, *Lições de português*, 10ª edição, Coleção Linguagem 23, Presença/Pró-Leitura, Instituto Nacional do Livro, Rio de Janeiro, p. 177).

Obs. 2: observe-se, ainda, o uso:

*Ela era a todo-poderosa senhora do lugar.*

Neste caso, o vocábulo "todo", ao formar um adjetivo composto, em que funciona com advérbio intensificador do adjetivo "poderosa", obedecendo ao sistema de flexões dos adjetivos compostos, deverá ficar invariável.

## 10. Concordância com as expressões "o mais possível", "o menos possível", "quanto possível":

*Praias as mais belas possíveis estão no litoral nordestino.*
*Praias o mais belas possível estão no litoral nordestino.*
*Praias o quanto possível belas estão no litoral nordestino.*

Em geral, somos informados de que o vocábulo "possível" concorda com o artigo que faz parte das duas primeiras expressões. Como na terceira delas não há artigo, o vocábulo permanece invariável.

No entanto, há uma lógica na flexão ou não do vocábulo "possível", que está, inclusive, contida na sua categoria gramatical.

Inicialmente, estudemos a primeira exemplificação:

*Praias as mais belas possíveis estão no litoral nordestino.*

Como vemos, as palavras que formam o segmento antecedente à forma verbal "estão", e que provavelmente funcionará como seu sujeito, não surgiu com suas palavras constitutivas distribuídas em ordem direta. Ao analisarmos cada uma delas, encontraremos:

1. "Praias" – substantivo feminino plural;
2. "as" – artigo definido feminino plural, em clara concordância com o substantivo "praias";
3. "mais" – advérbio que confere intensificação ao vocábulo "belas";
4. "belas" – adjetivo, cuja flexão em feminino plural também indica seu relacionamento com o substantivo "praias";
5. "possíveis" – adjetivo flexionado em plural, o que também acentua sua ligação, na estrutura do sintagma que ora analisamos, com o substantivo "praias".

Assim, vemos que o substantivo, "praias" determinou as flexões do artigo definido "a" e dos adjetivos "belas" e "possíveis". Não houve concordância com artigo, o que seria despropositado, considerando-se que esse vocábulo (assim como os adjetivos, numerais e pronomes) concordam com os substantivos. Vimos, então, que ocorreu a aplicação da regra geral em estrutura dificultada em sua compreensão pela inversão dos vocábulos que compunham o sujeito.

A ordenação das palavras fará surgir "As mais belas praias possíveis estão no litoral nordestino".

Ao estudarmos o segundo exemplo, encontraremos:

*Praias o mais belas possível estão no litoral nordestino.*

Uma simples leitura do texto revelará que, além de as palavras que antecedem a forma verbal "estão" surgirem desordenadamente colocadas, não temos mais em "o" o artigo definido encontrado antecedentemente, assim como "possível" não é mais exemplo de adjetivo. E essa compreensão decorre de fato simples: caso tais palavras pertencessem às categorias gramaticais mencionadas, teriam de apresentar-se flexionadas em feminino plural, por conta da regra geral da concordância dos nomes. Desse modo, temos no fragmento o substantivo feminino plural "Praias" e o adjetivo que com ele concorda "belas".

Ao tentarmos ordenar as palavras do sintagma que funciona como sujeito, teremos de abri-lo com o substantivo, uma vez que não há mais artigo. Então escreveremos:

"Praias belas o mais possível estão no litoral nordestino", sentença na qual percebemos clara intensificação feita com respeito ao adjetivo "belas", agora não mais pelo advérbio "mais", como na oração anterior, mas por toda a expressão "o mais possível". Evidentemente, estamos com uma locução adverbial e, por isso mesmo, com vocábulos trabalhados sem flexões.

Melhor ordenamento ainda estabeleceria a sentença "Praias o mais possível belas estão no litoral nordestino".

Quando a intensificação é feita pela locução adverbial "quanto possível", repete-se a impossibilidade de flexão do adjetivo "possível":

*Praias quanto possível belas estão no litoral nordestino.*

## 11. Concordância com a palavra "bastante"

Temos outra palavra cujo emprego flexionado ou não dependerá do emprego que lhe estiver sendo dispensado, quanto à sua classe gramatical.

11.1. Quando relacionada com substantivos (sendo, portanto, adjetivos ou pronomes indefinidos) a palavra sofre as flexões naturais de número:

*Houve livros bastantes para todos.* (empregou-se um adjetivo)

*Bastantes candidatos chegaram atrasados.* (empregou-se um pronome adjetivo indefinido)

11.2. Quando relacionada com verbos, adjetivos ou advérbios (sendo advérbio, portanto) a palavra "bastante" permanece invariável:
*Estudamos bastante.*
O vocábulo foi empregado como advérbio, sugerindo noção de intensidade relativamente à forma verbal "estudamos".

*Eles estavam bastante cansados.*
Ao relacionar-se com o adjetivo "cansados", novamente sugerindo ideia de intensidade, o vocábulo foi empregado como advérbio, novamente.

*As alunas redigem bastante bem.*
Agora, o vocábulo "bastante" relacionou-se com o advérbio "bem", desempenhando, ainda, papel de advérbio.

**É necessário, então, estarmos atentos à classe gramatical em que se insere o vocábulo "bastante", para procedermos à sua correta concordância.**

## 12. Concordância de particípios verbais:

*Dadas as condições em que isto ocorreu...*
*Considerada a normalidade da situação...*
*Feitos os ajustes necessários...*
*Estabelecido o rumo do projeto...*

As palavras "Dadas", "Considerada", "Feitos" e "Estabelecido" são formas de particípio dos verbos "dar", "considerar", "fazer" e "estabelecer". Como vemos, os particípios verbais sofrem as flexões nominais, concordando em gênero e número com os substantivos a que se referem.

## 13. Concordância com os vocábulos "mesmo", "próprio", "só", "salvo", "incluso", "quite"

13.1. As portas do sucesso não se abrem por si mesmas
A palavra "mesmas" exemplifica pronome demonstrativo. Então, sua concordância com o substantivo "portas", a que se reporta, ocorreu em conformidade com a regra geral da concordância nominal.

Obs. 1: observe-se o emprego do vocábulo "mesmo" denotando ideia de inclusão na frase: "Mesmo as portas do sucesso não se abrem por si mesmas". Em tal situação, na qual o vocábulo assume o significado de "inclusive" e insere-se entre as palavras denotativas, não há flexão possível para ela.

13.2. Os próprios alunos discordaram do que dissera o representante do grêmio.
Mais um caso de aplicação da regra geral da concordância nominal. O vocábulo "próprios" classifica-se como pronome demonstrativo, daí sua concordância com o substantivo "alunos", com o qual se relaciona.

13.3. Os noivos, enfim, estavam sós.
Empregou-se o adjetivo "sós", flexão em número plural de "só", de modo a concordar com o substantivo "noivos".

Obs. 2: empregado na locução "a sós", o vocábulo "sós" é invariável:
*Os noivos, enfim, podiam ficar a sós.*
*O ancião gostava de ficar a sós com suas memórias.*

Obs. 3: observemos o emprego do vocábulo "só" denotando ideia de exclusão:
*Só nós ficamos sós.*
O primeiro vocábulo, que introduz a ideia de "apenas", não sofre flexões, uma vez que é classificado como palavra denotativa de exclusão. As palavras denotativas, como estudamos em morfologia, são invariáveis.

13.4. Salvos os náufragos, a lancha da guarda-costeira retornou à base.
Temos em "salvos" o particípio do verbo "salvar". Como vimos no item precedente, os particípios verbais concordam com os substantivos a que se reportam, o que, nesse exemplo, provocou, considerada a vinculação do particípio com o substantivo "náufragos", emprego em masculino plural.

Obs. 4: observemos o emprego da palavra "salvo" com denotador de exclusão e, portanto, invariável, em *Salvo os alunos a quem me referi, os demais foram reprovados.*

13.5. As faturas inclusas ao processo estavam pagas.
O adjetivo "inclusas" teve sua concordância normalmente efetuada com o substantivo "faturas", ao qual se reportou.

13.6. Os mutuários do sistema já estavam quites.
O vocábulo "quites", forma flexionada em plural do adjetivo "quite", teve sua concordância corretamente efetuada em número plural com o substantivo "mutuários".

## 14. Concordância com expressões como "proibido entrada"

Observemos a sequência de exemplos a seguir:
*Entrada é proibido.*
*É necessário cautela.*
*Foi preciso prudência.*

Nas três sentenças temos empregos de substantivos cuja indicação de gênero não está clara. Com efeito, sabemos que os substantivos "Entrada", "cautela" e "prudência" são do gênero feminino por vivência no uso de um idioma que nos é familiar.
Não há neles, entretanto, nenhuma indicação de que pertencem ao feminino. Referimo-nos às desinências de gênero, que, como sabemos, são "o" para o masculino e "a" para o feminino. Apesar de os três substantivos mencionados terminarem na vogal "a", não podemos classificar nenhuma delas como desinência de gênero, uma vez que não se nota a função opositiva observada, por exemplo, em "menina *x* menino", "aluna *x* aluno". Também não se verifica antes das três emprego de artigos que enquadrem os mesmos na categoria de gênero feminino.
Assim, na indefinição do gênero, nós as tratamos como se fossem do gênero preponderante em nossa língua, ou seja, masculinas, o que provocou os empregos dos adjetivos "proibido", "necessário" e "preciso" em masculino singular.

Claro está que, caso tais palavras estivessem precedidas do artigo definido que, de modo explícito, revelasse seu gênero, teríamos outras construções, tais como:
*A entrada é proibida.*
*Foi necessária a cautela.*
*Seria precisa a prudência.*

Obs. 1: segundo Said Ali, "empregando-se *é necessário, é preciso, é bom* com o sentido de *é necessário ter, é bom ter, é bom usar* etc. ficam invariáveis estas expressões, sendo o substantivo que se lhes juntar considerado como objeto direto do verbo *ter, usar* etc., que temos em mente:
*É necessário muita paciência com os meninos.*
*É necessário esforço e vigilância.* (Herculano)
*É bom toda a cautela.* (Castilho)
Diz-nos, ainda, o insigne mestre: "...os adjetivos *necessário, preciso* podem usar-se como predicação, e neste caso se fará a concordância

com o substantivo que lhes serve de sujeito. Repare-se, entretanto, na frase *É bom toda a cautela*, cujo sentido difere bastante de *É boa toda a cautela*".

**15. Concordância da palavra "alerta":**

*Os soldados estavam alerta.*

A palavra "alerta" é identificada morfologicamente como advérbio. É, então, palavra invariável.

**16. Concordância com nomes de cores:**

*Havia duas blusas amarelas e dois ternos pretos no armário.*

Nomes de cores são, em geral, adjetivos. Devem, portanto, obedecer à regra geral da concordância nominal. Por isso, escrevemos:
*blusa vermelha, lenço amarelo, paredes verdes, tetos brancos.*

Algumas cores, entretanto, são indicadas através de processo de conversão de substantivos em adjetivos. Nesse caso, permanecerão invariáveis:
*Havia duas blusas laranja e dois ternos cinza no armário.*

Observemos que "laranja" e "cinza" não são, em sua origem, adjetivos, mas sim substantivos que são associados a coisas que apresentam semelhança cromática com eles. Há, desse modo, um processo de comparação, do qual se omitem palavras. Afinal, quando escrevemos "blusas laranja", estamos afirmando "blusas [*cor de*] laranja". O mesmo se dá, obviamente, com "ternos [*cor de*] cinza". Esta é a justificativa para esses substantivos que informam cores serem preservados de flexões. Observemos, inclusive, que em "cor-de-rosa", a expressão inteira costuma surgir no texto: "Havia duas blusas cor-de-rosa".

**17. Concordância com as palavras "grão" e "leso":**

*O grão-mestre da ordem teosófica... / A grã-mestra da ordem teosófica...*
*Os grão-mestres da ordem teosófica... / As grã-mestras da ordem teosófica...*

*Cometeu crime de leso-patrimônio... / Cometeu crime de lesa-pátria...*
*Cometeu crime de lesos-patrimônios... / Cometeu crime de lesas-pátrias...*

Como se verificou, os vocábulos "grão" e "leso", ambos adjetivos, apresentam variações distintas: "grão" só apresenta flexão em gênero; "leso", em gênero e número.

**18. Concordância da palavra "anexo":**

*A documentação seguiu anexa ao processo.*
*Os documentos anexos estavam ilegíveis.*

A palavra "anexo", adjetivo, tem flexões naturais de gênero e número, concordantes com o substantivo a que se refere.

**CUIDADO!**

A expressão "em anexo" é invariável:
*A documentação seguiu em anexo ao processo.*
*Os documentos em anexo estavam ilegíveis.*

**19. Concordância dos pronomes indefinidos "nenhum", "qualquer":**

*Homem nenhum, causa nenhuma havia que o comovesse.*
*Homens nenhuns, causas nenhumas havia que o comovessem.*
*Quaisquer motivos serão julgados improcedentes.*

O pronome indefinido "nenhum" tem flexões naturais de gênero e número. O pronome indefinido "qualquer" sofre a flexão de número, apenas, que surge em seu interior.

**20. Concordância de substantivo que sofre determinação de dois ou mais numerais:**

*A primeira e segunda fileira.*
*A primeira e segunda fileiras.*

O substantivo poderá ser utilizado no singular ou no plural (concordância atrativa ou concordância gramatical lógica), indiferentemente.

**21. Concordância de numerais:**

*A passagem citada pelo mestre encontrava-se na página trinta e um.*
*Morei na casa quarenta e um desta vila.*

Numerais cardinais utilizados em lugar de ordinais não sofrem flexões. O cardinal concorda com o vocábulo "número", que está implícito.

A passagem citada pelo mestre encontrava-se à página [*número*] trinta e um.
Morei na casa [*número*] quarenta e um desta vila.

A utilização do numeral ordinal implica situação distinta:
*A passagem citada pelo mestre encontrava-se na trigésima primeira página.*

**ATENÇÃO!**

---

Evanildo Bechara destaca a linguagem jurídica:
*A folhas vinte e uma.*
*A folhas quarenta e duas.*
(Evanildo Bechara, *Moderna gramática portuguesa*, Lucerna, 37ª edição, Rio de Janeiro, 1999, p. 553)

---

## 22. Concordância da expressão "haja vista":

*Haja vista os recursos apresentados...*
*Haja vista a documentação solicitada...*
*Haja vista o que se estabeleceu...*
*Haja vista as notificações da Secretaria da Receita...*
A expressão "haja vista" é, segundo o uso clássico da língua, invariável.
No entanto, admitem-se três variações de seu emprego.

1. *Haja vista <u>aos</u> recursos apresentados...*
   Pode-se empregar a preposição "a", regendo a expressão a que "haja vista" se reporta, como vimos neste exemplo.

2. *Haja vista <u>dos</u> recursos apresentados...*
   Em lugar da preposição "a", admite-se, também, a preposição "de", como observamos agora.

3. *<u>Hajam</u> vista os recursos apresentados...*
   É possível, ainda, caso "haja vista" reporte-se a uma expressão flexionada em plural, flexionarmos a forma verbal em "hajam", tal como fizemos no exemplo.

**CUIDADO!**

---

O emprego das preposições citadas e do verbo em plural não poderão ocorrer simultaneamente, ou seja, uma sentença como "Hajam vista aos recursos apresentados..." está equivocadamente redigida. Temos, então, permissão para empregar uma ou outra das concessões, vale dizer, ou as preposições, ou o verbo em plural.

---

**23. Concordância da expressão "a olhos vistos":**

*A moça emagrecia a olhos vistos.*
*O rapaz alegrou-se a olhos vistos.*

A expressão "a olhos vistos", uma locução adverbial, deve ser utilizada, em consonância com o padrão culto formal da língua, de modo invariável.

Obs.: no entanto, raramente, mas também corretas, encontram-se passagens em que surgem flexões no vocábulo vistos.
"*As minhas forças medravam a olhos vistas de dia para dia.*" (*Castilho*)
"*O barão desmedrara a olhos visto.*" (*Camilo*)
As duas exemplificações foram colhidas em Evanildo Bechara, em obra já citada.

**24. Concordância da palavra "pseudo":**

*A pseudoargumentação do advogado não convenceu o júri.*
*As pseudo-humanidades do tirano já eram observadas por todos.*

Usada em compostos, a palavra "pseudo", que, na verdade, é um prefixo de origem grega, permanece invariável.

## 2. Concordância Verbal

**Regra geral**: o verbo concorda com o sujeito da oração em número e pessoa.
*O hábito faz o monge.*
*Os empréstimos levaram o país ao caos econômico.*

Como vimos, os sujeitos das duas orações, pela ordem, "O hábito" e "Os empréstimos", com núcleos nos substantivos flexionados em singular e plural "hábito" e "empréstimos", forçaram o emprego verbal em 3ª pessoa do singular e do plural.
A regra geral da concordância do verbo é aprendida quando iniciamos o processo de domínio da fala. Crianças que convivem em meio a pessoas escolarizadas chegam à escola, ainda em suas primeiras fases, com domínio do relacionamento do verbo com o sujeito. É aprendizado que resulta da frequência com que escutamos pessoas falando. Não é crível que um menino, ainda que em fase de pré-escola, diga "Meu carrinho quebraram", ou que uma menina cometa a frase "Minhas bonequinhas está em casa".

Assim, pode parecer ao estudante que a regra geral não seja requisitada em provas, o que será um grande equívoco. Em concursos considerados de grande dificuldade, citemos, por exemplo, o que seleciona candidatos ao cargo de Auditor Fiscal da Receita Federal, a regra geral da concordância verbal é, a toda hora, requerida.

Evidentemente, não com a forma dos exemplos já apresentados.

No entanto, há grande possibilidade de, dependendo da construção do período, movidos pela pressa que devem ter para resolverem as questões do caderno de provas, os candidatos não observarem deslizes de concordância verbal, enquadrados pela sua regra geral.

Para orientação dos que se preparam para concursos nos quais as estruturas oracionais são propícias a que não vejamos os erros de concordância verbal, apresentamos algumas delas que provocam, com muita frequência, tais deslizes:

1. O simples deslocamento do sujeito de sua posição natural, que é de antecedência em relação ao verbo, para o fim da oração.
   "Existe rios no deserto", por exemplo, é uma sentença que contém o mesmo erro de concordância verbal observado em "Rios existe no deserto". Afinal, apenas invertemos a posição do sujeito com respeito ao verbo. No entanto, a segunda oração possibilita a apreensão do erro com muito mais clareza do que a primeira delas.

2. A posição natural do sujeito em relação ao núcleo do predicado e a inserção de um fragmento textual relativamente longo indutor de flexão verbal diversa da que seria a correta entre os dois vocábulos.
   "O operariado dos países produtores de veículos automotivos, de insumos básicos e de produtos manufaturados declararam um sonoro 'não' à globalização".
   Como vemos, o sujeito está indicado pela longa expressão "O operariado dos países produtores de veículos automotivos, de insumos básicos e de produtos manufaturados", com núcleo no substantivo "operariado", indicativo de flexão em número singular. Observemos que a extensão considerável do sujeito, por si só, já promoveu sensível afastamento entre seu núcleo e o do predicado verbal, ou seja, "declararam". Mais ainda, há vários vocábulos flexionados em plural compondo o sujeito: "países", "produtores", "veículos", "automotivos", "insumos", "básicos", "produtos" e "manufaturados". A distância criada entre o núcleo do sujeito e o verbo, aliada à presença de tantos vocábulos sugestivos de plural provocam no candidato

que está resolvendo a questão a possibilidade de não observar o deslize que, em outro contexto, estaria muito claramente perceptível. Acrescentemos, ainda, a informação de que em provas longas, um fragmento textual como o que mostramos estaria inserido em uma alternativa da questão, fazendo parte de um período, e não sendo o único a ser analisado.

**ATENÇÃO!**

Apesar de a regra geral da concordância dos verbos ser bastante simples, é necessário estarmos atentos às estruturas oracionais existentes nas questões de textos longos, para não deixarmos passar eventuais erros cometidos em sua utilização.

## Casos particulares

1. Sujeito composto e anteposto:
*O céu e a terra passarão.*

Como vimos no texto, no qual o sujeito do verbo está indicado por "O céu e a terra", com núcleos em "céu" e "terra", vale dizer, composto e posto antes do verbo, haverá emprego de flexão plural.

2. Sujeito composto e posposto:
*Passarão o céu e a terra.*
*Passará o céu e a terra.*

Agora, o sujeito "o céu e a terra", ainda composto, surgiu após o verbo, daí dizermos que ele está posposto. Observemos, pelas exemplificações, as duas possibilidades de concordância corretas:

1. concordância gramatical (lógica): o verbo concordará com o conjunto dos núcleos (1º exemplo) sendo empregado em plural;
2. concordância por atração: o verbo concordará com o núcleo mais próximo (2º exemplo).

Obs. 1: em sentença como "Passarão os céus e a terra", evidentemente, só seria possível emprego do verbo flexionado em plural, seja por concordância gramatical, seja por concordância atrativa.

Obs. 2: convém registrarmos que a concordância verbal por atração só será permitida quando o sujeito composto estiver após o verbo. Não existe concordância atrativa com sujeito anteposto à forma verbal.

3. Sujeito composto, anteposto e representado por pessoas gramaticais distintas:
*Eu, tu e teu aluno estudaremos muito.*
*Tu e teu aluno estudareis muito.*

Diferentemente do item nº 1, no qual o sujeito composto e anteposto era formado por núcleos indicativos de uma mesma pessoa gramatical ("céu" e "terra" são sugestivos de 3ª pessoa), agora temos sujeito composto e anteposto, mas com núcleos que indicam pessoas gramaticalmente distintas, a saber, "eu", "tu" e "eles", respectivamente 1ª, 2ª e 3ª pessoas.
Pela exemplificação apresentada, vemos que o verbo é empregado obrigatoriamente no plural e na pessoa que tem predominância. Essa predominância resulta da observação de que os conjuntos formados por "eu + tu + ele" indicam "nós", enquanto "tu + ele" apontam para "vós". Dizemos, então, que são predominantes as primeiras pessoas em relação às demais.
Daí termos escrito *Eu, tu e teu aluno* [ou seja, *nós*] *estudaremos muito e Tu e teu aluno* [que equivale a vós] *estudareis muito.*
Nesse ponto, surge uma passagem interessante: considerando-se a rara utilização da segunda pessoa do plural ("vós") no português do Brasil contemporâneo, já se admite a fórmula: "tu + ele = vocês".
Isso leva à aceitação de estrutura como *Tu e teu aluno estudam muito,* que ainda não é identificada como exemplo da língua formal, mas que é admitida por todas as bancas examinadoras.

4. Sujeito composto, posposto e representado por pessoas gramaticais distintas:
*Estudaremos muito eu, tu e teu aluno.*
*Estudarei muito eu, tu e teu aluno.*

Já verificamos no estudo do item 2 que, sendo o sujeito posposto ao verbo, haverá duas possibilidades de concordância: a concordância gramatical lógica e a concordância atrativa.
Vemos, então, na primeira exemplificação, o emprego da concordância lógica e na segunda, da concordância atrativa.

Observada a ressalva feita a respeito da incomum utilização da segunda pessoa do plural entre nós, observem-se as formas abaixo, todas corretas:
*Estudareis muito tu e teu aluno.*
*Estudarás muito tu e teu aluno.*
*Estudarão muito tu e teu aluno.*

Verificamos no primeiro exemplo o emprego da concordância gramatical lógica. No segundo, fez-se uso da concordância verbal por atração. No terceiro, considerado o raríssimo emprego da segunda pessoa do plural no português falado entre nós, brasileiros, promoveu-se à equiparação de "tu e teu aluno" a "vocês", resultando o emprego verbal na 3ª pessoa do plural.

5. Sujeito composto, anteposto e finalizado em palavra resumitiva:
*O curral deserto, a porteira quebrada, a plantação arruinada, tudo denunciava abandono.*

Como vemos, o sujeito, indicado por "O curral deserto, a porteira quebrada, a plantação arruinada", é composto (seus núcleos são "curral", "porteira" e "plantação") e foi grafado antes do verbo. A informação que recebemos no item 1 era a de que, nessas circunstâncias, o verbo seria empregado sempre em plural. No entanto, há no texto que ora analisamos uma particularidade: no fim da sequência dos diversos núcleos surgiu o pronome indefinido "tudo", o qual promove o resumo de toda a informação antecedentemente disposta. É tão grande o efeito resumitivo provocado pelo pronome que o verbo passa a concordar não exatamente com a palavra "tudo", o que seria um caso de concordância atrativa, mas sim com a ideia expressa no texto, assumindo a forma de singular.
É importante observamos que em certos casos (improváveis em provas porque não promovem alteração na flexão que já se empregaria naturalmente para o verbo), a palavra resumitiva pode sugerir ideia plural:
*O professor, o diretor, o aluno e seu pai, todos chegaram cedo para a reunião.*

6. Sujeito composto, anteposto e representado por palavras sinônimas ou sugestivas de gradação:
*A mágoa, o rancor, o ressentimento fazem mal à saúde.*
*A mágoa, o rancor, o ressentimento faz mal à saúde.*

*Um olhar, um gesto, uma palavra bastavam.*
*Um olhar, um gesto, uma palavra bastava.*

Todas as sentenças estão corretas, o que nos permite a afirmativa de que, existindo essa situação, o verbo poderá ser empregado no singular ou no plural.
No entanto, convém refletirmos um pouco acerca do que facultou esse duplo emprego.

Comecemos a perceber, e esse fato já ocorreu nos itens em que se privilegiou a informação em detrimento da composição da estrutura do sujeito, as lógicas que orientam as concordâncias verbais, quais sejam a que diz respeito ao fato gramatical que ocorre na sentença e a que leva em conta a semântica, ou seja, a informação que desejamos externar.
Então, quando lemos *A mágoa, o rancor, o ressentimento fazem mal à saúde* ou *Um olhar, um gesto, uma palavra bastavam*, simplesmente atendemos a uma indicação gramatical: o sujeito composto e anteposto provocou emprego verbal em plural.
Por outro lado, ao lermos *A mágoa, o rancor, o ressentimento faz mal à saúde* ou *Um olhar, um gesto, uma palavra bastava*, somos levados a observar, pelo estranhamento que a flexão do verbo em singular provoca, que o sujeito, embora composto por diversos núcleos, informa-nos um fato, apenas.
Veremos esses dois pilares da concordância com tal frequência, que passaremos a apontar, quando conveniente, ter havido ora concordância meramente gramatical, ora concordância semântica.

7. <u>Sujeito representado por expressões fracionárias</u>:
*Um quarto da turma chegou tarde.*
*Dois quartos da turma chegaram tarde.*

Como vimos pelos exemplos, nos quais os sujeitos estão indicados pelos numerais fracionários "Um quarto" e "Dois quartos", o verbo concorda naturalmente com seu sujeito. Notemos que os sujeitos das duas orações não são compostos. O primeiro deles é claramente indicativo de singular, ao passo que o segundo traduz com bastante nitidez a informação de plural.
À guisa de facilitar-se o estudo dos candidatos (às vezes essas "facilidades" acabam por atrapalhá-los, na medida em que ocultam o fato real) costuma-se dizer que em tais passagens o verbo concorda com o numerador da fração, o que pode funcionar na prática, mas não indica a verdadeira razão da concordância verbal.

Com expressões que traduzem porcentagens (que são, como sabemos, expressões fracionárias), o verbo concorda, igualmente, com o sujeito:
*1% determinou que haveria nova eleição.*
*25% votaram em branco.*

O sujeito da primeira oração é a expressão "1%" e o da segunda, "25%", claramente indicativos de singular e de plural.

Com expressões de porcentagens seguidas de determinantes a "tendência é fazer concordar o verbo com o termo preposicionado que especifica a referência numérica" (Evanildo Bechara, *Moderna gramática portuguesa*, Lucerna, 37ª edição, 1999, Rio de Janeiro, p. 566):
"*Trinta por cento do Brasil assistiu à transmissão dos jogos da Copa.*"
"*Trinta por cento dos brasileiros assistiram aos jogos da Copa.*" (exemplos colhidos na gramática citada)

Vejamos outros exemplos de passagens que trazem essa elaboração, frequentemente requisitada em questões:

*1% do eleitorado esquece o nome de seus candidatos, passada a eleição.*
Nesse caso, o emprego do verbo em singular é obrigatório, uma vez que tanto a expressão numérica ("1%"), quanto o determinante que surge para ela ("do eleitorado") são indicativos dessa flexão.

*1% dos eleitores esquece o nome de seus candidatos, passada a eleição.*
*1% dos eleitores esquecem o nome de seus candidatos, passada a eleição.*

Agora, vimos o emprego de verbo em singular na primeira exemplificação, justificada pela concordância que se efetuou com a expressão numérica indicativa dessa flexão, ou no plural, o que decorreu da concordância feita com o determinante "dos eleitores", que traduz ideia plural.

*2% do eleitorado esquecem o nome de seus candidatos, passada a eleição.*
*2% do eleitorado esquece o nome de seus candidatos, passada a eleição.*

Temos na primeira exemplificação o emprego do verbo em plural devido à concordância com a expressão numérica "2%", que é indicativa de plural. Na segunda, deve-se o emprego do verbo em singular à concordância estabelecida com o determinante "do eleitorado", claro indicador de singular.

*2% dos eleitores esquecem o nome de seus candidatos, passada a eleição.*

É obrigatório o emprego do verbo em plural, uma vez que a expressão numérica "2%" e o determinante "dos eleitores" são, ambos, indicadores de plural.

Observemos que os núcleos dos sujeitos de cada uma das orações apresentadas estão indicados pelas expressões de porcentagem. Assim, ao procedermos à concordância verbal com essas expressões, estamos realizando a concordância gramatical. Diferentemente, quando fazemos a concordância com os determinantes, fazemos a concordância semântica.

A experiência de observações feitas em provas das mais diversas bancas recomenda que o candidato aceite o emprego do verbo, na situação anterior descrita, em singular ou plural. Observe bem o aluno que mestre Bechara faz menção a uma "tendência" e não a uma obrigatoriedade.

8. Sujeito representado pelas expressões "mais de", "menos de", "perto de", "cerca de", "obra de" seguidas de numeral:
*Mais de um candidato reclamou da organização do concurso.*
*Cerca de dez candidatos reclamaram da organização do concurso.*

Estudando as duas sentenças que exemplificam os empregos verbais, identificamos os sujeitos de cada uma delas em "Mais de um candidato" e "Cerca de dez candidatos". Sabemos que sujeito é função substantiva, vale dizer, seu núcleo é substantivo ou palavra que funcione como um substantivo. Assim, chegamos à conclusão de que os núcleos de cada um dos sujeitos são "candidato" e "candidatos". Temos, então, nessa passagem, aplicação da regra geral da concordância verbal, disfarçada em situações específicas que, de certa forma, ocultam os núcleos do sujeito. Evidentemente, o núcleo do sujeito em tais situações sempre estará harmonizado com o numeral que o antecede. Seria rigorosamente desmedida uma construção como "um candidatos" ou "dez candidato". Costuma-se dizer, então, novamente com o intuito tão somente de induzir o candidato a decorar uma regra, que em tais situações o verbo concorda com o numeral que faz parte da expressão, o que pode ser prático, mas não dá conta do que, realmente, ocorreu na passagem.

**Observação**

**Havendo ideia de reciprocidade com a expressão "mais de", haverá plural obrigatório:**
***Mais de um deputado agrediram-se durante a sessão plenária.***

Observemos aqui um típico processo de concordância verbal fundamentado na semântica textual. O emprego do pronome oblíquo átono "se" conferiu à frase informação de reciprocidade na ação expressa por "agredir", deixando clara a informação de que houve pelo menos dois deputados a praticá-la. A depreensão desse fato implicou o obrigatório emprego verbal em plural, em detrimento da concordância fundamentada na gramática, que, como já vimos, considerando-se o núcleo do sujeito posto em "deputado", deveria ter surgido em singular, o que, insistimos, é vedado nessa passagem.

9. Sujeito representado por expressões que indicam quantidade estimada ou partitiva, como "parte de", "grande parte de", "um grande número de", "a maior parte", "a maioria de", seguidas de nome no plural:
***A maioria dos alunos faz o trabalho de maneira correta.***
***A maioria dos alunos fazem o trabalho de maneira correta.***

Continuemos tentando observar a lógica existente nas concordâncias de cada sentença. O sujeito das duas orações é "A maioria dos alunos". Seu núcleo, evidentemente, é o substantivo "maioria". Não é possível admitirmos essa função para o substantivo "alunos", que está regido por preposição. Na verdade, esse substantivo está contido na expressão que determina o que se expressa com o substantivo "maioria".
Assim, a lógica gramatical implica uso do verbo em singular, o que faz resultar a sentença *A maioria dos alunos faz o trabalho de maneira correta.*
Ocorre, entretanto, em tais construções, clara supremacia semântica do substantivo em plural contido no determinante, não só porque o plural tem mais expressividade do que o singular, mas principalmente porque, do ponto de vista da informação, como já salientamos, o substantivo em plural esclarece-nos acerca de que, realmente, estamos a falar. É natural, então, que, movidos por essa ascendência, os redatores promovam a concordância com o substantivo plural, fazendo surgir o texto também correto *A maioria dos alunos fazem o trabalho de maneira correta.*
Temos, então, a possibilidade de emprego do verbo em singular, o que atende aos preceitos gramaticais (o verbo concordou com o núcleo do sujeito), ou de emprego em plural, o que caracteriza mais uma concordância com base na semântica textual.

10. Sujeito representado pela expressão "um e outro":

***Um e outro fugirá da prisão.***

***Um e outro fugirão da prisão.***

Já vimos no estudo de concordância nominal que substantivos associados à expressão "um e outro" devem surgir obrigatoriamente no singular. Estudamos, inclusive, a razão desse emprego obrigatório. É fato que há um substantivo implícito em cada uma das sentenças ora apresentadas. Mais ainda: esse substantivo será o núcleo da função sujeito.

Assim, imaginemos o substantivo "preso", como o termo implícito e o tornemos explícito. Teremos "Um e outro preso fugirá da prisão" com emprego do verbo em singular, tendo apoio na regra geral da concordância verbal, ou seja, em concordância puramente gramatical.

Entretanto, mesmo em situações nas quais um substantivo segue-se à expressão "um e outro", o emprego em singular ou plural é admitido e referendado por admiráveis estudiosos e escritores, o notável Said Ali já nos mostrou. Vejamos seu ensinamento:

---

"Quando a locução *um e outro* com substantivo no singular, claro ou subentendido, serve de sujeito, o respectivo verbo, enunciado em seguida, usa-se ora no singular, ora no plural. É preferível o plural quando os seres a que se refere *um e outro* se nos representam no espírito como indivíduos ou entidades bem distintas:

Um e outro fizeram seus protestos e requerimentos (D. do Couto).

Uma e outra cousa lhe desagrada (Bernardes).

De repente, um e outro desapareceram, como se a terra os houvera engolido (Herculano).

Uma e outra coisa duraram apenas rápido instante (Herculano).

Uma e outra doutrina é de Salomão (Bernardes).

Uma e outra Majestade aceitaram e receberam o novo e sobrenatural parentesco (Vieira)."

***Gramática secundária da língua portuguesa*, Companhia Melhoramentos, 2ª edição, 1927, São Paulo, p. 212.**

---

Sendo, como já vimos, o emprego em singular aquele explicado pela lógica gramatical, a passagem "É preferível o plural quando os seres a que se refere 'um e outro' se nos representam no espírito como indivíduos ou entidades bem distintas", de grande subjetividade, justificará o emprego do verbo em flexão plural, o que, novamente, exemplifica concordância semântica.

Obs.: há situações em que o entorno textual permite o entendimento de que a ação verbal cujo sujeito está indicado pela expressão "um e outro" tem mais de um autor. É o caso no qual surge o pronome "se", tradutor de valor semântico revelador de matiz de reciprocidade. Nesses casos, o verbo será empregado obrigatoriamente no plural.
Veja-se o exemplo:
*Um e outro insultaram-se em plena sala de aula.*

11. Sujeito representado pelas expressões "um ou outro", "nem um nem outro":
*Um ou outro será eleito senador da República.*
*Nem um nem outro será eleito senador da República.*

A orientação mais costumeira para o emprego do verbo cujo sujeito se faça enunciar por essas expressões é a de usá-lo em singular, o que revela nítido predomínio semântico, considerando-se ser a conjunção alternativa "ou" tradutora, no mais das vezes, de exclusão e a expressão "nem um nem outro", por sua vez, da ausência de autor de ação verbal.
Assim, ao lermos "Um ou outro será eleito senador da República", somos informados de que apenas "um" – com exclusão de "outro" – poderá vir a ser senador. Também ao lermos que "Nem um nem outro será eleito senador da República" ficamos cientes de que "ninguém" será eleito. Do que vimos, a recomendação de emprego em singular, prioritária nessas passagens, decorre da apreciação do significado das mensagens, ou seja, é concordância de base semântica.

Podem acontecer, entretanto, variações de emprego, que resultam de percepção meramente gramatical. Afinal, temos de reconhecer, nas duas passagens, a omissão de dois substantivos, exatamente aqueles que determinam as flexões dos pronomes indefinidos "um" e "outro". Especulemos com as sentenças "Um [*aluno*] ou outro [*aluno*]..." e "Nem um [*aluno*] nem outro [*aluno*]...". Assim, considerando-se as estruturas que funcionarão como sujeito de um verbo, resta clara a indicação de verbo no plural.
Com efeito, há autores (Leia-se Celso Cunha/Lindley Cintra, *Nova gramática do português contemporâneo*, p. 514) que admitem o emprego do verbo no plural com sujeito representado por "nem um nem outro":

"Não é rara, porém, a construção com o verbo no plural quando as expressões se empregam como pronome substantivo:
Mas **nem um nem outro puderam compreender** logo toda a extensão e gravidade do mal. (A. Arinos, *OC*, 325)
**Nem um nem outro desejavam** questionar. (J. Paço D'Arcos, CVL, 1145)"

Do que lemos e, mais ainda, do que observaremos nas questões de concursos, cremos ser orientação mais adequada o emprego de verbo em singular ou em plural, nessas circunstâcias.

12. Sujeito composto, ligado por "nem":
*"Nem um movimento, nem uma palavra tinham interrompido a atenção geral."* (Herculano)
*"Nem Abrahão, nem Jacob os conheceram."* (Vieira)

A norma é o emprego do verbo no plural, dando-se, então, prioridade à questão gramatical. Afinal, temos orações com sujeitos compostos. Na primeira delas, os núcleos dos sujeitos estão indicados por "movimento" e "palavra". Na segunda, por "Abrahão" e "Jacob".

Observemos com atenção, entretanto, a recomendação que mais uma vez nos chega de Said Ali, na obra já citada, em sua página 210:

"Querendo-se, todavia, pôr em relevo que a mesma ação se repete para cada um dos sujeitos, sucessivamente ou em épocas diferentes, dá-se ao verbo a forma do singular, desde que no singular também estejam os diversos sujeitos":
*"Nem a lisonja, nem a razão, nem o exemplo, nem a esperança bastava a lhe moderar as ânsias nem as vozes..."* (Vieira)
*"Até aí nem o nome, nem a imagem de Leonor me tinha passado pelo espírito."* (Herculano)

Obs. 1: havendo sujeito composto, anteposto ao verbo e com núcleos ligados por "nem", se um dos núcleos for pronome pessoal, a concordância verbal estará atenta à questão da prioridade gramatical, já estudada nos casos de sujeito composto e ligado por pessoas gramaticais diferentes:
*Nem tu, nem teu aluno poderíeis argumentar em contrário.*
*Nem ele, nem eu, nem mesmo tu estaremos aptos a servir a dois senhores.*

Obs. 2: na mesma situação descrita supra, mas com sujeito posposto ao verbo, há expressa recomendação de concordância atrativa:
"*Não seriam eles, nem eu quem pusesse esse remate.*" (Alexandre Herculano)
"*Não poderás argumentar em contrário nem tu, nem teu aluno.*"
"*Não estaria apto a servir a dois senhores nem ele, nem eu, nem mesmo tu.*"

Obs. 3: terminando a sequência negativa em palavra que resuma a ideia veiculada pelo sujeito, visto nos casos de sujeito composto, anteposto e finalizado em palavra resumitiva, o verbo será empregado em singular:
"*Nem eu, nem tu, nem ela, nem qualquer outra pessoa desta história poderia responder mais.*" (Machado de Assis)

13. Sujeito composto e ligado por "ou":
*Pedro ou Paulo casará com a moça.*
*A linguística ou glotologia é a ciência que estuda a evolução da linguagem humana.*

Como percebemos, na primeira sentença há clara ideia de exclusão de um dos termos do sujeito. Na segunda delas, observam-se palavras sinônimas. O uso dos verbos em singular denota estrito acatamento à questão semântica, nessa passagem de concordância verbal.

*O calor forte ou o frio inclemente fazem mal às plantas.*
*O choro ou o riso são, às vezes, manifestações do inconsciente humano.*

Agora, observamos ideia de inclusão na primeira sentença, enquanto na segunda, evidenciou-se uma antonímia. Mais uma vez o emprego do verbo, desta vez em plural, ocorreu em obediência ao critério semântico.

14. Sujeito representado por "qual de nós", "qual de vós", "qual de vocês":
*Qual de nós chegará à escola que nos foi indicada?*
*Qual de vós é o vencedor do desafio?*
*Qual de vocês fora escolhido para representar-nos?*

O verbo fica sempre no singular, em concordância com o núcleo do sujeito, indicado pelo pronome indefinido "Qual". Nessa passagem, a verificação da semântica textual corrobora o emprego do singular, uma vez que tais expressões reduzem, sob a perspectiva da informação, o agente das formas verbais a uma só pessoa.

Obs.: caso haja emprego do vocábulo "quais", o verbo poderá concordar com a palavra que a ele se segue ou com o próprio vocábulo "quais":

*Quais de nós chegarão à escola que nos foi indicada? / Quais de nós chegaremos à escola que nos foi indicada?*
*Quais de vós são os vencedores do desafio? / Quais de vós sois os vencedores do desafio?*

No entanto, por razões óbvias, apenas
*Quais de vocês foram escolhidos para representar-nos?*

O emprego do verbo em 3ª pessoa do plural revela submissão da concordância verbal à sua regra geral, considerando-se que o núcleo do sujeito, o pronome indefinido "Quais" conduz a essa pessoa gramatical. Ao empregarmos os verbos na 1ª e na 2ª pessoa do plural, promovemos a sua concordância com os pronomes que integram as expressões determinantes "de nós" e "de vós".

15. Concordância com a expressão "um dos que":
*Ele é um dos que estudam aqui.*
*Um dos atletas que mais se esforçaram foi Antônio.*

O verbo é flexionado, geralmente, no plural. Justifica-se essa flexão em virtude de o verbo ter por sujeito o pronome relativo "que", representante semântico do pronome demonstrativo "os" (contraído com a preposição "de" ["*dos*"]).
Havendo antes do "que" um substantivo – "um dos rios que", "um dos rapazes que" –, a recomendação de plural se mantém.

Há, entretanto, situações em que se usa o verbo no singular, concordando por atração com "*um*". Isso ocorre quando se deseja destacar alguém ou algo de um grupo do qual faz parte:
*"Um dos escritores que mais me impressionou foi o Padre Antônio Vieira."*
*"Uma das peças que mais me comove é Édipo Rei."*

16. Concordância com o pronome relativo "que":
*Nós, que éramos ricos, empobrecemos depressa.*
*Vimos o rapaz que escreveu o manifesto.*

Caso o pronome relativo funcione como sujeito, o verbo concordará com ele, ou melhor, concordará com o que ele recupera semanticamente. Como podemos observar, os vocábulos antecedentes dos pronomes relativos "que" em cada um dos períodos apresentados são o pronome reto "Nós" e o substantivo "rapaz". Tais palavras funcionam em suas orações, respectivamente, como sujeito e objeto direto. Ao procedermos à substituição de cada pronome pelo que ele efetivamente representa, nas orações adjetivas presentes nos dois exemplos, teremos as seguintes construções: "nós éramos ricos" e "rapaz escreveu o manifesto". Assim, as concordâncias dos verbos atenderam à necessidade estabelecida pela regra geral, ou seja, a de concordar com o sujeito "que", ou, mais especificamente, com o que cada pronome representa.

Obs. 1: sendo o antecedente do pronome relativo "que" um pronome demonstrativo, teremos, geralmente, a concordância nas terceiras pessoas:
*Aquele que não quiser ficar pode retirar-se.*
*O que deseja estudar será bem recebido por todos nós.*
*As que desejarem permanecer na sala, poderão fazê-lo.*

Como podemos verificar, os dois pronomes relativos presentes nas exemplificações estão antecedidos pelos pronomes demonstrativos "Aquele", "O" e "As", respectivamente. Ao verificarmos quais os vocábulos que estão sendo representados semanticamente pelos pronomes relativos, descobriremos que são exatamente "Aquele", "O" e "As". Evidentemente, os verbos das orações introduzidas pelos pronomes relativos serão empregados em 3ª pessoa.

Obs. 2: pode haver, nesta situação, a concordância que revela a inclusão da pessoa que escreve ou da pessoa ou pessoas a quem se dirige a palavra:
*Os que fizemos o exercício sentimo-nos prejudicados.*
*Só nos resta fazer-vos uma advertência muito necessária para os que viveis nestes mares.* (Vieira)

Podemos notar que na primeira exemplificação, o autor da fala inclui-se entre aqueles que se sentiram prejudicados, como se dissesse "*Os* [inclusive eu] *que fizemos o exercício sentimo-nos prejudicados*". Na segunda exemplificação, revela-se o desejo do autor da sentença em fazer com que o receptor da mensagem sinta-se incluído na advertência a ser feita.

Obs. 3: caso o antecedente do pronome relativo "que" funcione como predicativo do sujeito, o verbo poderá concordar com o sujeito do verbo de ligação: "*Fui também o primeiro que mostrei o engano.*" (Castanheda)
"*Sou eu o primeiro que não sei classificar este livro.*" (Herculano) (Exemplos colhidos em Said Ali, em obra já citada)

As divisões dos dois períodos que serviram de exemplificação em suas orações constitutivas revelarão: ["*Fui também o primeiro*] [*que mostrei o engano*"] e ["*Sou eu o primeiro*] [*que não sei classificar este livro*"].

Observemos que a primeira oração do primeiro período tem como sujeito implícito a forma pronominal "eu", daí o emprego do verbo de ligação "ser" em 1ª pessoa do singular ("fui"). Nesta oração, a expressão "o primeiro", que antecede o pronome relativo "que" introdutor da segunda oração, funciona como predicativo do sujeito. É importante, então, notarmos que, a despeito de o pronome relativo mencionado ser representante semântico do vocábulo "primeiro", o que provocaria, logicamente, emprego do verbo "mostrar" em 3ª pessoa do singular, esse verbo foi empregado na 1ª pessoa do singular, em clara concordância com o sujeito implícito do verbo de ligação.

Na segunda exemplificação, temos o mesmo fato. Na primeira oração, o sujeito do verbo de ligação "ser", empregado na forma "Sou" é o pronome reto "eu", agora usado de maneira explícita. Ainda nessa oração, o substantivo "primeiro" funciona como predicativo do sujeito. Notemos o fato de o pronome relativo "que", introdutor da segunda oração, ser representante semântico do substantivo a que fizemos alusão. Mais uma vez, portanto, o verbo da segunda oração, agora uma locução verbal, deveria ter sido empregado, acatada a lógica da concordância verbal, na 3ª pessoa, concordando com "primeiro", o que não ocorreu, como podemos ver pelo emprego da forma verbal de 1ª pessoa do singular "sei", em visível concordância com o sujeito do verbo de ligação existente na primeira oração.

**ATENÇÃO!**

Notemos o emprego de "...o verbo poderá concordar com o sujeito do verbo de ligação" no enunciado desta observação. Essa menção aponta, por óbvio, para uma construção admitida, sem que se proíba a concordância a ser feita naturalmente, que, nesses dois exemplos, seriam exemplificadas por "Fui também o primeiro que mostrou o engano" e "Sou eu o primeiro que não sabe classificar este livro".

Obs. 4: registre-se, ainda, a existência, muito frequente, da locução formada pelo verbo "ser" associado ao vocábulo "que", de grande valor expressivo e denominada por alguns, talvez impropriamente, de partícula expletiva. No estudo de análise sintática, já nos deparamos com ela. Essa expressão é invariável:

*Eu é que sei o que me constrange.*
*Nós é que sofremos as dificuldades da falta de recursos.*
*Vivíamos alegres, de ânimo elevado, certos de que era conosco, apesar de todas as nossas imperfeições, que Deus se preocupava.*

Obs. 5: entretanto, pondo-se o sujeito da frase entre o verbo "ser" e o vocábulo "que", o verbo concordará com este sujeito:

*"As rosas é que são belas,*
*Os espinhos é que ficam;*
*Mas são as rosas que caem,*
*São os espinhos que ficam."*

(Exemplos colhidos em *Rocha Lima*, obra citada anteriormente.)

17. Concordância com o pronome "quem":

*És tu quem dás rumor à noite quieta. / És tu quem dá rumor à noite quieta.*
*Somos nós quem escrevemos bem. / Somos nós quem escreve bem.*
*Fui eu quem resolvi a questão. / Fui eu quem resolveu a questão.*

O verbo pode ser flexionado concordando com o sujeito da oração anterior ou em terceira pessoa do singular.
Quando o verbo surge flexionado em terceira pessoa do singular, deve-se considerar o vocábulo "quem" como um pronome indefinido.
A suposta flexão do verbo da oração do pronome "quem" com o sujeito da oração anterior faz que se pense ser o mesmo um pronome relativo. Rocha Lima, (*Gramática normativa da língua portuguesa*, José Olympio, 33ª edição, 1996, p. 403) assim dispõe.
Por outro lado, há que se considerar, também, ainda na passagem que motivou a afirmativa "concordando com o sujeito da oração anterior", a possibilidade de estar havendo processo semelhante ao que ocorre com a expressão "é que" apontada no nosso item anterior. Esta é a percepção de Adriano da Gama Kury/Ubaldo Luiz de Oliveira, registrada em *Gramática objetiva*, vol. 2, Atlas, 8ª edição, 1985, p. 97.

18. Concordância com os verbos "dar", "bater" e "soar" em expressões indicativas de horas:
*Deram dez horas no relógio digital da esquina.*
*Soaram seis horas nos sinos da catedral*
*Bateu lentamente, para nosso desespero, uma hora da madrugada.*

O verbo concorda com a expressão numérica, na verdade seu sujeito.

Obs.: é importante que se verifiquem outros exemplos, nos quais os vocábulos *relógio, despertador, carrilhões* (e outros) surgem como sujeito desses verbos:
*Deu dez horas o relógio digital eletrônico da esquina.*
*Soou seis horas, estridentemente, o despertador implacável.*
*Bateram uma hora da madrugada, embora nos parecesse ser mais cedo, os carrilhões dos relógios de meu avô.*

19. Sujeito representado por "coletivos":
*A multidão correu apavorada.*
*Os cardumes foram cercados pelas redes de malhas muito finas.*

A norma é a flexão do verbo concordando com o sujeito, indicado pelo nome coletivo.

20. Sujeito representado por nomes próprios, só usados na forma de plural:
*Os Estados Unidos têm sido, ultimamente, um grande exemplo de nação democrata.*
*Os Lusíadas representam a grandiosidade da poesia épica de língua portuguesa.*
*O Amazonas parece um mar.*

Costuma-se dizer que, nesse caso, a concordância é feita com o artigo que antecede tais nomes. Evidentemente essa é uma afirmativa que não corresponde ao fato gramatical que de fato explica a passagem, embora funcione bem, na prática.
Na verdade, o fato de o artigo surgir em plural indica a existência de um sujeito com núcleo na mesma flexão. É o que ocorre "Os Estados Unidos têm sido, ultimamente, um grande exemplo de nação democrata", em que o nome composto "Estados Unidos" exerce papel de núcleo do sujeito. Por outro lado, o uso do artigo definido em singular implica o reconhecimento da existência de núcleo de sujeito em singular e implícito, como vemos em "O [*rio*] Amazonas parece um mar".

Obs.: com o verbo "ser" e predicativo no singular pode ocorrer o singular, a despeito de o artigo estar no plural.
"*As Cartas Persas é um livro genial.*" (Mário Barreto)

21. Concordância do verbo ser em expressões indicativas de "horas" ou "datas":
*Hoje são 11 de outubro.*
*Hoje é primeiro de outubro.*
*São dezesseis horas.*
*É uma hora e quarenta minutos.*

Nestas orações, de sujeito inexistente, o verbo "ser" concorda sempre com o predicativo, ou seja, com a expressão que se refere às horas ou datas. É passagem que não encontra justificativa quando nos propomos verificar a estrutura da oração. O simples fato de o sujeito ser inexistente deveria promover emprego do verbo sempre em 3ª pessoa do singular. Essa é uma passagem não muito bem resolvida em nossa língua.

Obs. 1: surgindo explicitamente disposto o vocábulo "dia", o verbo ficará no singular:
*Hoje é dia 11 de outubro.*

Obs. 2: quando surge, em orações nas quais o verbo "ser" é empregado em expressões indicativas de horas ou datas, a expressão "perto de" precedendo o predicativo, é possível o emprego do verbo no singular:
*Era perto de duas horas. / Eram perto de duas horas.*

22. Concordância do verbo "ser" em orações em que há sujeito representado por pronome indefinido ou por um pronome demonstrativo invariável ("isto", "isso", "aquilo"), bem como predicativo no plural:
*Aquilo eram apenas ilusões juvenis.*
*Tudo são flores, no início.*

Nesses casos, o verbo pode concordar com o predicativo, o que é mais comum.

Obs. 1: também estará correta, embora seja incomum, a concordância do verbo com o sujeito indicado pelos pronomes demonstrativos mencionados:
*Aquilo era apenas ilusões juvenis.*
*Tudo é flores, no início.*

Obs. 2: modernamente, nota-se semelhante emprego de concordância verbal quando o pronome demonstrativo é "o":

*O que nos resta fazer são os trabalhos rotineiros. / O que nos resta fazer é os trabalhos rotineiros.*

23. Concordância do verbo "ser" em orações interrogativas:

*Quem seriam os ganhadores do sorteio?*
*Que são deslizes e imperfeições?*
*O que serão tais gestos?*

Nas interrogações diretas ou indiretas que se iniciam pelos interrogativos "quem", "que" e "o que" o verbo "ser" concordará sempre com o vocábulo que lhe vem após.

24. Concordância do verbo "ser" em orações em que o sujeito e o predicativo são substantivos:

Haverá precedência:

24.1. da pessoa sobre a coisa:
*O homem é cinzas.*

24.2. do substantivo próprio sobre o comum:
*Luíza era as delícias da família.*

24.3. do substantivo concreto sobre o abstrato:
*Sua paixão são os livros.*

24.4. do plural sobre o singular:
*Os vícios humanos são o passo decisivo para sua falência.*

24.5. do pronome pessoal sobre o substantivo:
*Era eu as razões de orgulho de meu pai.*

Obs. 1: haverá concordância com o termo que se deseja evidenciar quando o sujeito e o predicativo são, ambos, substantivos comuns:

"*Justiça é tudo, justiça é as virtudes todas.*" (Garret)
"*As insígnias de seu estado real é uma enxada.*" (João de Barros)

Obs. 2: haverá predominância de predicativo singular sobre substantivo sujeito de sentido vago:

*Reclamações era coisa que não queria escutar.*

*Não seria lamentações sinal de que estava desesperado.*

Obs. 3: haverá emprego de singular nas expressões em que se indique quantidade (medida, peso, preço, distância) desde que não varie o predicativo:

*Duzentos quilos é muito para nós carregarmos.*

*Quinhentos reais era suficiente por este carro.*

*Três quilômetros foi demais para a tropa.*

Entretanto:

***Quinhentos reais são suficientes por este carro.***

25. Concordância do verbo "fazer" em expressões indicativas de tempo:

*Faz dez dias que não a vejo.*

*Ontem fez cinco anos que nos casamos.*

O verbo é impessoal, em oração sem sujeito, daí sua compulsória utilização em singular.

26. Concordância do verbo "haver" significando "existir":

*Sempre haverá descontentes.*

*Houve tumultos durante a venda das estatais.*

*Havia muitas pessoas na fila.*

Semelhantemente ao verbo estudado no item anterior, o verbo "haver", quando empregado com sentido de "existir", é impessoal, de uso obrigatório no singular, consequentemente.

Obs.: observemos que o verbo "existir" não é impessoal. Assim, fiquemos atentos às análises de sentenças formadas por esses verbos, como mostramos.

| | Regência | Sujeito |
|---|---|---|
| Verbo "Haver" | Transitiva direta | É verbo impessoal, não tem sujeito, portanto. |
| Verbo "Existir" | Intransitiva | Não é verbo impessoal, o que implica dizer que tem sujeito. |

O conhecimento dessas particularidades nos fará redigir "Houve diversos problemas no verão" e "Existiram diversos problemas no verão". Saberemos, mais ainda, que a expressão "diversos problemas", quando empregada na oração do verbo "haver", funciona como objeto direto, ao passo que será o sujeito da forma verbal "Existiram", na segunda oração.

27. Concordância de "locuções verbais":
*Devem acontecer festivais de verão.*
*Poderão surgir bons candidatos para esta vaga.*
*Têm ocorrido incidentes lamentáveis durante as reuniões sindicais.*
*Hão de existir outros mundos habitados.*
*Devem estar acontecendo distúrbios.*
*Há de haver outros mundos habitados.*
*Deve ter havido distúrbios.*
*Hoje deve fazer, no máximo, cinco dias.*
*Devem ser oito horas.*
*Devem estar soando três horas nos sinos da Matriz.*

Note-se que, em uma locução verbal, o verbo passível de sofrer as flexões de número e pessoa é o auxiliar da locução. Tais flexões estarão condicionadas a dois fatores:
1. sujeito da oração;
2. regime de flexão do verbo principal.

Notamos, então, pelos exemplos acima, nos quais os sujeitos (quando existentes) são sempre de plural, que as flexões dos diversos verbos auxiliares foram "autorizadas" pelo regime ora pessoal, ora impessoal do verbo principal da locução.
Duas circunstâncias, então, podem ocorrer:

*27.1.* A locução verbal sofre flexões, o que ocorre quando há sujeito na oração.

Vimos esse fato nos exemplos que passamos a explicar:

*Devem acontecer festivais de verão.*
O verbo principal da locução ("acontecer") não é impessoal, o que significa dizer que a oração tem sujeito. Ele está indicado por "festivais de

verão", o que implicou emprego do verbo auxiliar da locução verbal em 3ª pessoa do plural.

*Poderão surgir bons candidatos para esta vaga.*
Na locução verbal "poderão surgir", o verbo principal é "surgir", que não é verbo impessoal. Assim, a oração tem sujeito, indicado por "bons candidatos". Esse fato acarretou o obrigatório emprego do verbo auxiliar da locução ("poder") em 3ª pessoa do plural.

*Têm ocorrido incidentes lamentáveis durante as reuniões sindicais.*
Temos agora a forma verbal composta "Têm ocorrido", em que se observam os verbos auxiliar "ter" e principal "ocorrer". O verbo principal não é impessoal, daí a identificação de "incidentes lamentáveis" como sujeito da oração. O verbo auxiliar teve de ser empregado em concordância com esse sujeito, ou seja, na 3ª pessoa do plural, o que se indicou pelo emprego do acento circunflexo.

*Hão de existir outros mundos habitados.*
Estamos com oração na qual a locução verbal é "Hão de existir". É fato recorrente o uso da preposição "de" para ligar os dois verbos que constituem uma locução. Nesse caso, notamos que o verbo principal da locução, ou seja, "existir", não é impessoal. Sendo assim, a expressão "outros mundos habitados" funciona como sujeito da locução, o que provocou o emprego flexionado em 3ª pessoa do plural do verbo "haver", mero verbo auxiliar da locução verbal.

*Devem estar acontecendo distúrbios.*
Agora temos uma locução verbal constituída por três verbos. Dizemos que há um verbo principal, ou seja, aquele cujo sentido predomina na mensagem, nesse caso o verbo "acontecer" (que não é verbo impessoal) e uma locução verbal auxiliar, que é "Devem estar". Ocorre que essa locução verbal auxiliar reproduz o modelo das locuções verbais, vale dizer, é formada por um verbo principal e um verbo auxiliar. O verbo principal da locução verbal auxiliar é "estar". Assim, o verbo auxiliar da locução verbal auxiliar é "Dever". Sobre esse verbo devem incidir as eventuais flexões a que a locução estiver submetida. Como o sujeito da oração está indicado pelo substantivo "distúrbios", é imperioso empregarmos o verbo auxiliar da locução verbal auxiliar em 3ª pessoa do plural, do que resultou a sentença "Devem estar acontecendo distúrbios".

27.2. A locução verbal não sofre flexões, o que ocorre quando o verbo principal da locução verbal é impessoal.

Vimos esse caso nos exemplos que se seguem, aos quais acrescemos nossas explicações:

*Deve ter havido distúrbios.*

Em “deve ter havido” temos, novamente, locução verbal formada por três verbos. O verbo principal, sem dúvida, é “haver”, empregado na forma de particípio “havido”. Vemos que esse verbo foi usado com sentido de “existir”, o que revela sua impessoalidade. Assim sendo, não há sujeito na oração, ou seja, não há termo sintático que provoque o uso flexionado da locução, que surgirá, então, sem flexão, como exemplificado.

*Hoje deve fazer, no máximo, cinco dias.*

Usou-se como verbo principal da locução verbal o verbo “fazer” em expressão indicativa de tempo, o que representa mais um caso de impessoalidade verbal. Não há sujeito na oração e, por consequência, não poderá haver emprego de flexões.

Finalmente, apresentamos dois exemplos que atestam a obrigatoriedade de, em locuções verbais, o regime do verbo principal ser decisivo para que se flexione ou não a locução. Vejamos os dois últimos exemplos:

*Devem ser oito horas.*

A locução verbal existente na oração é “Devem ser”. Nela, o verbo principal é “ser”. Observemos a menção feita às horas, por meio da oração. Como já sabemos, o verbo “ser”, ao fazer parte de expressão indicativa de horas ou datas, tem sua concordância feita com a expressão numérica, sem muita lógica analisada como predicativo. Na medida em que estamos falando de “oito horas”, é necessário flexionar-se, como foi feito, o verbo auxiliar “Dever” em 3ª pessoa do plural. Vemos, então, que o regime a que se submete o verbo principal é estendido ao verbo auxiliar da locução verbal.

*Devem estar soando três horas nos sinos da Matriz.*

Vimos precedentemente que os verbos “dar”, “bater” e “soar” usados em expressões indicativas de horas têm como sujeito exatamente as horas dadas, batidas ou soadas. Nesse caso, a locução formada por três verbos tem como seu verbo principal o que surgiu em gerúndio: “soando”.

Considerando-se que o sujeito "três horas" é indicativo de flexão plural, empregamos nesse número o verbo auxiliar da locução verbal auxiliar, o que fez resultar "Devem estar soando...".

28. Concordância com sujeitos oracionais

Apresentamos a exemplificação de períodos compostos, já com suas orações constitutivas apontadas.

[*Convém*] [*que você estude mais.*]

Observamos que o sujeito da segunda oração está claramente indicado pela forma de tratamento "você". No entanto, a primeira oração está constituída apenas pelo verbo, que não é impessoal, o que significa dizer que temos de localizar um sujeito para essa forma verbal. Ora, nesse caso é forçoso aceitarmos que o sujeito de "Convém" é a oração que se segue a esse verbo. Não há outra possibilidade. Entendemos, assim, que o período tem construção análoga à que se veria em "Convém seu estudo", período no qual apenas promovemos a substituição de "que você estude mais" por "seu estudo", ou, para melhor entendimento, "Seu estudo convém", oração em que, além da substituição já comentada, inverteríamos a posição dos vocábulos para que surgissem em ordem direta. É relevante, então, observarmos que o verbo cujo sujeito é uma oração foi empregado em 3ª pessoa do singular, como atesta o acento agudo na forma "Convém".

[*É bom*] [*que ele regresse logo.*]

Temos outro período composto por duas orações. O sujeito da segunda delas é o pronome reto "ele". Observando a estrutura da primeira oração, vemos que nela existe o verbo de ligação "ser", empregado na forma "é" e o adjetivo "bom", que funciona sintaticamente como predicativo do sujeito. Assim, temos de localizar o sujeito da forma verbal "é", o que nos leva, novamente, a entender que a segunda oração exerce essa função. É uma informação análoga à que redigiríamos com "É bom o regresso dele", ou, para que fique mais claro, "O regresso dele é bom". Procedemos às mesmas alterações já comentadas na primeira exemplificação, que repetimos para que sejam fixadas:

1. substituímos a oração "que ele regresse logo" por "o regresso dele";
2. invertemos a ordem dos termos da oração "É bom o regresso dele" de modo a que surgisse a oração posta em ordem direta "O regresso dele é bom".

Mais uma vez comprovamos o papel de sujeito indicado pela segunda oração do período e, em consequência, o emprego do verbo cujo sujeito é oracional na 3ª pessoa do singular.

[*Não eram muitas as razões*] [ *que* [*me competia*] *discutir.*]

Temos agora uma elaboração de período mais sofisticada. Nele, a identificação da primeira oração ("Não eram muitas as razões") não deve ter sido difícil. Seu sujeito, que surgiu posposto ao verbo, está indicado por "as razões".

No entanto, é importante observarmos o que ocorreu a partir do pronome relativo "que", introdutor da segunda oração. Inicialmente, vamos entender que esse pronome relativo é representante semântico do substantivo "razões", seu antecedente. É importante, também, estarmos cientes das regências transitiva direta e transitiva indireta desenvolvidas pelas formas verbais "discutir" e "competir", respectivamente. O mais importante é não nos enganarmos ao pensar que o pronome relativo tem vinculação estrutural com a forma verbal "competia", o que a proximidade entre as duas palavras permite. Na verdade, esse pronome relativo exerce função sintática de objeto direto para a forma verbal "discutir", em relação à qual surge antecipado e isolado pela oração intercalada "me competia". Está-se registrando, por meio de "que me competia discutir", o mesmo que seria redigido com "discutir razões me competia", período ao qual chegamos por meio de alguns artifícios:

1. substituímos o pronome relativo "que" pelo substantivo que é por ele representado, o que nos fez ficar com o período "razões me competia discutir";
2. deslocamos o verbo "discutir" para o início do período, de modo que ele ocupasse sua posição natural antecedente ao objeto direto, indicado, como já vimos, por "razões".

Agora, para facilitar a nossa explicação, vamos trabalhar com esse último período: "discutir razões me competia", já sabendo, contudo, que a oração "discutir razões" foi originalmente redigida sob a forma "que [...] discutir". Com um pouco de imaginação, vemos que uma construção análoga à que ora está sendo estudada seria "discussão de razões me competia". Ora, nesse período simples, o sujeito de "competia" está claramente indicado por "discussão de razões". Evidentemente, no texto original, a oração "que [...] discutir" desempenhará o mesmo papel de sujeito de "competia". Temos, novamente, uma oração funcionando como sujeito do verbo de uma outra, o que implicou o emprego da forma verbal "competia" em 3ª pessoa do singular.

Questão que ultrapassa os interesses do que ora estudamos, mas que por certo deverá ter levantado questionamento do estudante será a identificação do sujeito da forma verbal "discutir", já que localizamos "as razões" como sujeito de "eram" e "que [...] discutir" como sujeito de "competia". Esse é, sem dúvida, um fato interessante, mas que vai além, como já dissemos, dos interesses do estudo que fazemos. De qualquer modo, para não deixarmos qualquer dúvida no concursando e, mais ainda, considerando que essa é uma situação realmente digna de registro, tentemos entender qual será o sujeito do verbo "discutir".

Essa compreensão resulta do entendimento do que lemos no texto. Nele, afirma-se que "discutir razões me competia", o que poderia ser perfeitamente grafado de outra forma, na qual promoveríamos a substituição do pronome oblíquo átono "me" pelo oblíquo tônico "mim", fazendo surgir "discutir razões competia a mim". Raciocinemos, então: se competia a mim discutir razões, qual será o agente (o sujeito, por outra palavra) da ação de "discutir"? A resposta óbvia é "Eu". Afinal, não é admissível afirmarmos, por exemplo, que competia a mim que ele discutisse razões. De qualquer modo, reiteramos que esse entendimento é irrelevante para o que, no momento, queremos.

**Conclusão**

Chegamos, assim, à conclusão de que verbos que têm por sujeito uma oração devem ser empregados em 3ª pessoa do singular.

Obs. 1: Rocha Lima, em trabalho já citado, aponta interessante caso de flexão plural de verbo que tem como sujeito orações vinculadoras de mensagens contrastantes:

["*Usar de razão*] [ *e amar*] [ *são duas coisas que não se ajuntam.*"] (Vieira)

Observemos as mensagens nitidamente reveladoras de fatos opostos indicadas pelas orações "Usar de razão" e "amar".

Obs. 2: não existindo mensagens opositivas nas orações subjetivas, indica-se emprego do verbo em singular.

[*Abandonar os estudos*], [*rejeitar a educação*], [*execrar os livros*] significa abrir mão do futuro.

As orações "Abandonar os estudos", "rejeitar a educação" e "execrar os livros" são equiparadas semanticamente. Não se vê nelas informações contrastantes.

29. Concordância de locução verbal formada por "parecer" + verbo no infinitivo":

*As estrelas parecem brilhar.*

***As estrelas parece brilharem.***

Diz-se, num procedimento meramente didático, que em tais situações a flexão de número poderá incidir sobre um dos dois verbos, nunca sobre os dois.

Na verdade, percebe-se na primeira frase uma verdadeira locução verbal, cujo verbo auxiliar "parecer" sofreu flexão em face de ser plural o sujeito da oração, ou seja, "as estrelas".

No segundo caso, ocorre um período composto de duas orações, sendo uma delas sujeito da outra, como se pode perceber:

[As estrelas [parece] brilharem].

A compreensão da divisão ora apresentada ficará facilitada caso desloquemos o verbo "parecer" para o início do período, o que fará surgir:

[Parece] [brilharem as estrelas].

Para ainda mais facilitarmos o entendimento dessa passagem, procedamos ao desdobramento da oração reduzida de infinitivo "brilharem as estrelas" em sua forma convencional "que as estrelas brilham", o que apontará:

[Parece] [que as estrelas brilham].

Agora, podemos observar com facilidade que o sujeito da forma verbal "brilham", justificadora de sua flexão em 3ª pessoa do plural, é "as estrelas". Por outro lado, também notamos que a primeira oração, indicada por "Parece", tem seu sujeito expresso pela oração "que as estrelas brilham". Não nos esqueçamos de que essa oração que tem função de sujeito (oração subordinada substantiva subjetiva) foi originalmente grafada "As estrelas [...] brilharem". Temos, então, caso de sujeito oracional semelhante aos que vimos no item anterior. O emprego do verbo "parecer", desse modo, tem de ocorrer na 3ª pessoa do singular.

Assim, podemos afirmar acerca de grupamentos verbais assim formados o que se segue:

1. Caso apenas o primeiro verbo esteja no plural, estamos com locução verbal e o verbo flexionou-se para concordar com o sujeito da oração única (absoluta) do período;
2. Quando o verbo empregado em infinitivo surge em plural, temos período composto, no qual uma oração será sujeito dessa forma verbal.

Vejamos outros exemplos:
*As árvores parecem morrer.*
Temos período simples, com oração absoluta, estruturada em torno da locução verbal "parecem morrer". O sujeito "As árvores" provocou o emprego do verbo auxiliar da locução "parecem" na 3ª pessoa do plural. O verbo "morrer", principal da locução verbal, não sofreu flexão, o que repete a sistemática de concordância das locuções verbais.

*As árvores parece morrerem.*
Agora temos um período composto por duas orações que assim se dividem: ["As árvores [parece] morrerem"].
Esse período, reordenado, faria surgir ["Parece] [morrerem as árvores"].
O desdobramento da oração reduzida de infinitivo "morrerem as árvores" na oração que lhe é correspondente, mas com forma verbal finita, faria surgir ["Parece] [que as árvores morrem"]. Compreendemos, então, que o sujeito da forma verbal "morrem" é "as árvores", ao passo que o sujeito da forma verbal "Parece" está indicado pela oração "que as árvores morrem", originalmente grafada "As árvores [...] morrerem".

30. Concordância de verbos em orações de voz passiva pronominal:
*Vende-se uma cobertura suntuosa em lpanema.*
*Vendem-se apartamentos na cidade do Rio de Janeiro.*
*Expusera-se o assunto com fidelidade.*
*Expuseram-se os assuntos com fidelidade.*

As orações de voz passiva pronominal representam formas sintetizadas de orações de voz passiva analítica. Daí serem denominadas, também, orações de voz passiva sintética. Com efeito, cada uma das orações acima citadas poderia ser desdobrada em formas analíticas em que se evidenciam seus sujeitos:
Uma cobertura suntuosa em lpanema é vendida.
Apartamentos são vendidos na cidade do Rio de Janeiro.
O assunto fora exposto com fidelidade.
Os assuntos foram expostos com fidelidade.
Como se pode perceber, os verbos que surgem em orações de voz passiva pronominal seguem a regra geral da concordância do verbo: concordam em número e pessoa com o sujeito de suas orações.

A dificuldade maior que o estudante sofre no estudo dessa passagem está em se perceber a existência da voz passiva pronominal, considerando-se que orações de estrutura muito semelhante às que foram citadas podem não estar nesta voz verbal, mas sim em voz ativa, com sujeitos indeterminados:

*Precisa-se de bons livros.*

*Vive-se bem neste país.*

Para imediata identificação da voz passiva pronominal pode-se recorrer a dois processos:

1. Apenas verbos transitivos diretos ou transitivos diretos e indiretos permitem elaboração de orações em voz passiva. Essa observação justificaria a não aceitação dos dois últimos exemplos de orações dados – cujos verbos são transitivo indireto e intransitivo, respectivamente – como de voz passiva pronominal.
2. Toda oração de voz passiva pronominal representa, como já se estabeleceu anteriormente, uma forma sintetizada de voz passiva analítica. Sendo assim, será possível desenvolvê-la em sua correspondente forma desdobrada, como nos exemplos iniciais. Esse desenvolvimento é absolutamente inviável nas duas últimas orações citadas.

Convém salientar-se, por oportuno, que as nomenclaturas do pronome "se" das orações de voz passiva pronominal e de voz ativa com sujeito indeterminado são distintas: pronome apassivador, na primeira; "índice", "símbolo", ou, ainda, partícula de indeterminação do sujeito na segunda.

31. Concordância com pronomes de tratamento.

*Vossa Excelência tem sido merecedor de nossos elogios.*

*Vossas Senhorias têm comparecido às nossas reuniões.*

*Vossa Excelência e seus auxiliares têm-nos ajudado sobremodo.*

Como podemos ver, os pronomes de tratamento conduzem as concordâncias nominal e verbal para as terceiras pessoas (singular ou plural), conforme estejam em singular ou em plural.

32. Concordância de sujeitos compostos e ligados por "com".

*"O rei com seu fiel escudeiro entraram em terra inimiga."*

*"O rapaz com a torcida fanática esperaram o juiz para desacatá-lo."*

Em geral, utilizamos o verbo no plural;

Há passagens, não muito fáceis de serem identificadas, em que a expressão iniciada pela preposição "com" não indica participante da ação verbal, ou seja, não se insere no sujeito e é considerada como um adjunto adverbial de companhia. Nesses casos, o verbo ficará no singular:

"*O retirante, com a mulher e os filhos, esperava a ajuda do feitor.*"

33. O emprego do infinitivo

O emprego do infinitivo em suas formas pessoal e impessoal representa assunto delicado nos estudos das flexões verbais da língua portuguesa. Não há regulamentação clara e definitiva acerca de tais usos, que ficam, na imensa maioria das vezes, dependentes das impressões semânticas que o redator deseja privilegiar.

Podemos, *grosso modo*, buscar simplificar a questão da seguinte maneira:

1. Usaremos infinitivo impessoal (não flexionado).

*1.1.* Sempre que um verbo indicar a ação em geral, como se estivesse substantivado:
*Estudar é sempre conveniente.*

*1.2.* Quando usado com valor imperativo:
*Soldados, olhar à direita.*

*1.3.* Quando, com verbos causativos, tem como sujeito um pronome pessoal oblíquo átono:
*Não nos deixeis cair em tentação.*

Obs. 1: como sabemos, os verbos causativos mais empregados são "mandar", "deixar" e "fazer".

Obs. 2: com verbos sensitivos, não se observa o mesmo rigor:
*Vi os alunos escrever o texto.*
*Vi os alunos escreverem o texto.*

*1.4.* Quando estiver precedido de preposição e servindo de complemento a adjetivos como "fácil", "possível", "bom", "raro" e assemelhados. Nesse caso, o infinitivo surgirá regido pela preposição "de":
*Há decisões fáceis de manter, lembranças difíceis de afastar.*

1.5. Quando é o verbo principal da locução verbal:
*Teremos de estudar muito.*
*Têm os alunos deste colégio de estudar muito.*

Obs.: se o verbo auxiliar de uma segunda locução verbal estiver implícito, para que não haja risco de o sentido da frase ficar dificultado, pode-se flexionar o infinitivo:
*"Queres ser mau filho, deixares uma nódoa d'infância na tua linhagem."* (Herculano, *Fragmentos*, Ed. A. Leite, p. 173)

Vejamos a divisão do período usado como exemplo em suas orações constitutivas, já salientando o verbo implícito, que funciona como auxiliar de locução:
["Queres ser mau filho,] [(*queres*) deixares uma nódoa d'infância na tua linhagem."]
Apontamos o verbo implícito apenas para melhor compreensão da passagem. Não há qualquer possibilidade de o empregarmos no texto.

2. Usaremos infinitivo pessoal (flexionado):
   2.1. sempre que houver para este infinitivo um sujeito próprio, indicativo de plural e escrito na mesma oração do infinitivo:
   *Sentado ao piano, deixava os dedos correrem à ventura.*

A divisão do período apontaria as seguintes orações:
[Sentado ao piano,] [deixava] [os dedos correrem à ventura.]
Como podemos observar, o sujeito da forma verbal "correrem" está indicado pela expressão "os dedos".
Para entendimento da divisão do período em suas orações, convém voltar-se aos estudos dos verbos causativos (dos quais "deixar" é um exemplo) e sensitivos.

**ATENÇÃO!**

O uso não explicitado do sujeito do infinitivo em sua oração, bastante recorrente no dia a dia e, principalmente, em provas, em geral conduz ao emprego do infinito impessoal:
*Os alunos dedicados estudam para vencer na vida.*

**No entanto, admite-se também nesses casos o emprego do infinitivo flexionado:**
*Os alunos dedicados estudam para vencerem na vida.*

2.2. Quando indica a indeterminação do sujeito flexiona-se em terceira pessoa do plural:
*Tenho ouvido falarem mal deste colégio.*

Observe-se a indeterminação do sujeito da forma verbal "falarem", resultante do seu emprego em 3ª pessoa do plural.

34. As concordâncias ideológicas: silepses

Há contextos em que as concordâncias nominal e verbal deixam de ser efetuadas segundo as normas gramaticais, surgindo desvios de concordância que têm por intenção privilegiar algum aspecto semântico textual. São casos de concordância anormal – nem por isto erradas – a que denominamos silepses.

Poderemos encontrar três tipos de silepses:

1. Silepse de gênero: um certo vocábulo do texto não estará concordando gramaticalmente em gênero com o substantivo. A concordância é feita com elementos subjacentes. Vejamos alguns exemplos;
*A criança tinha péssimos hábitos de comportamento. Ninguém podia com ele.*

*A poderosa São Paulo não para de crescer.*

Como podemos observar na primeira das exemplificações, o pronome "ele" empregado no fim da segunda oração está em concordância com informações não contidas na superfície do texto. Uma concordância nominal gramaticalmente efetuada faria com que fosse empregado o pronome "ela", dada a indicação que resulta do substantivo "criança", palavra indicativa de gênero feminino, o que pode ser comprovado com o emprego do artigo definido "a", em "a criança". No entanto, como o redator do texto sabia que se estava a falar de um menino (e não de menina), procedeu à concordância com essa informação, do que resultou, então, uma concordância que não atende às normas gramaticais, mas que é justificada pela semântica textual. Houve, então, uma concordância anormal de gênero ou, levando-se em conta que concordância anormal é sinônimo de silepse, uma silepse de gênero.

No segundo exemplo, temos uma silepse de gênero em "A poderosa São Paulo", decorrente da concordância de artigo definido e adjetivo com o substantivo "cidade", não explicitamente disposto pelo redator do texto, mas responsável pelo desvio que a provocou.

2. Silepse de pessoa: o verbo deixa de concordar normalmente em pessoa com o seu sujeito. Quando se provoca esse tipo de concordância, inclui-se o redator entre um determinado grupo de elementos.
*Os cariocas temos grande amor à praia.*
*Os nordestinos fazemos grande parte da população do sudeste.*

Os sujeitos de cada uma das orações, a saber "Os cariocas" e "Os nordestinos", fazem com que os verbos sejam, naturalmente, empregados em 3ª pessoa do plural: "Os cariocas têm grande amor à praia" e "Os nordestinos fazem grande parte da população do sudeste". Contudo, não se empregou a flexão de pessoa mencionada, mas sim a de 1ª pessoa do plural. É bastante clara a nuança de informação distinta trazida por tal emprego. As formas de 3ª pessoa do plural não são capazes de informar ao leitor que o redator das sentenças inclui-se, ele próprio, nos grupos de cariocas e de nordestinos. A intenção em emitir essa informação fez, assim, com que o texto tivesse um desvio na escolha de pessoa do verbo: empregou-se a 1ª em lugar da 3ª pessoa. Ocorreram, então, silepses de pessoa.

3. Silepse de número: o verbo deixa de concordar normalmente em número com o seu sujeito. Em geral, quando se provoca esse tipo de concordância, tem-se por meta reavivar-se o número excessivo de elementos responsáveis pela prática da ação verbal.
***Já toda gente estava indignada. Queriam ouvir.*** (M. Torga)

***Deu-me notícia da gente do Aguiar; estão bons.*** (Machado de Assis)

Nos dois exemplos temos emprego anormal do verbo, no tocante à sua flexão de número. Podemos notar que as formas verbais "Queriam ouvir" e "estão", do ponto de vista gramatical, são indicativos de 3ª pessoa do singular. Igualmente está empregado de modo não prescrito pelas normas gramaticais o adjetivo "bons", que não comentaremos por fugir aos objetivos do presente item. Ao produzirmos orações nas quais haja sujeitos indicados por "toda gente" e "a gente do Aguiar", escreveríamos, por exemplo: "Toda gente homenageia Januária na janela" – aliás, assim o fez Chico Buarque de Holanda – e "A gente do Aguiar estava boa". Ocorre que esse emprego, rigorosamente normal do ponto de vista das implicações de concordância, não seria capaz de produzir no leitor o sentimento de ação praticada por muitos agentes que nos chega com o emprego das formas verbais em plural. Estamos diante, novamente, de uma concordância anormal, agora feita na flexão de número do verbo, uma vez que deveríamos ter empregado o singular e optamos pelo plural. Foram construídos, então, dois casos de silepse de número.

# Questões de Provas

1. **CESGRANRIO – Coloque C ou I nos parênteses, conforme esteja correta ou incorreta a concordância nominal.**

   **( ) É necessário a devida cautela com certas previsões.**

   **( ) As informações vêm acompanhadas do endosso e confirmação exigidos.**

   **( ) Conseguimos na internet bastante dados sobre o autor.**

   **Assinale a sequência correta.**

   Ⓐ I — C — C.
   Ⓑ I — C — I.
   Ⓒ I — I — C.
   Ⓓ C — I — I.
   Ⓔ C — C — I.

2. **FGV – "Estima-se que possam ser expulsos da Europa 8 milhões de estrangeiros..."**

   **Assinale a alternativa em que se tenha mantido a concordância adequada à norma culta ao se reescrever o trecho acima.**

   Ⓐ Estima-se que possa ser expulso da Europa dez por cento dos estrangeiros...
   Ⓑ Estima-se que possam ser expulsos da Europa 1 milhão do grupo...
   Ⓒ Estima-se que possam ser expulsos da Europa milhares de pessoas...
   Ⓓ Estima-se que possa ser expulso da Europa três quartos dos estrangeiros...
   Ⓔ Estima-se que possam ser expulsos da Europa 1,98% do grupo...

3. **FCC – O termo grifado que poderia ser corretamente empregado na forma de feminino plural, sem alteração do sentido original, é:**

   Ⓐ A recente confirmação da descoberta, <u>anunciada</u> inicialmente em 2006...
   Ⓑ ...é uma notícia <u>auspiciosa</u> para todos os brasileiros.
   Ⓒ A possibilidade <u>técnica</u> de extrair petróleo a mais de 6 mil metros de profundidade ...
   Ⓓ sendo cerca de um terço delas <u>destinado</u> ao Brasil.
   Ⓔ de dispor de etanol de biomassa <u>produzido</u> de forma competitiva...

4. **FGV – "...há espaços isolados denominados 'centros de retenção'..."**

**Assinale a alternativa em que a transformação da estrutura não se manteve de acordo com a norma culta.**

- Ⓐ ...existem espaços isolados denominados "centros de retenção".
- Ⓑ ...deve haver espaços isolados denominados "centros de retenção".
- Ⓒ ...podem existir espaços isolados denominados "centros de retenção".
- Ⓓ ...houve espaços isolados denominados "centros de retenção".
- Ⓔ ...há de existir espaços isolados denominados "centros de retenção".

5. **CESGRANRIO – A concordância verbal está errada em:**

- Ⓐ Nos últimos 50 anos, ocorreram fatos que aumentaram o nosso índice de felicidade.
- Ⓑ Há 50 anos que os índices de felicidade vêm aumentando gradativamente.
- Ⓒ Aconteceu vários fatores que proporcionaram o aumento da felicidade.
- Ⓓ Nos últimos 50 anos, acentuaram-se as possibilidades de maior felicidade.
- Ⓔ Daqui a mais 50 anos, é possível que a maioria das pessoas encontre a felicidade.

6. **VUNESP – Assinale a alternativa que reescreve, com correção gramatical, as frases: "Faz quase dois séculos que foram fundadas escolas de direito e medicina no Brasil". // "É embaraçoso verificar que ainda não foram resolvidos os enguiços entre diplomas e carreiras."**

- Ⓐ Faz quase dois séculos que se fundou escolas de direito e medicina no Brasil. // É embaraçoso verificar que ainda não se resolveu os enguiços entre diplomas e carreiras.
- Ⓑ Faz quase dois séculos que se fundava escolas de direito e medicina no Brasil. // É embaraçoso verificar que ainda não se resolveram os enguiços entre diplomas e carreiras.
- Ⓒ Faz quase dois séculos que se fundaria escolas de direito e medicina no Brasil. // É embaraçoso verificar que ainda não se resolveu os enguiços entre diplomas e carreiras.
- Ⓓ Faz quase dois séculos que se fundara escolas de direito e medicina no Brasil. // É embaraçoso verificar que ainda não se resolvera os enguiços entre diplomas e carreiras.
- Ⓔ Faz quase dois séculos que se fundaram escolas de direito e medicina no Brasil. // É embaraçoso verificar que ainda não se resolveram os enguiços entre diplomas e carreiras.

7. **FCC – <u>Ambos</u> os verbos indicados entre parênteses deverão flexionar-se numa forma do <u>plural</u> para preencherem corretamente as lacunas da frase:**

- Ⓐ _____ (ser) de se lamentar que aos jovens de hoje _____ (restar) viver o tempo como uma espécie de presente contínuo, sem qualquer conexão com o passado.
- Ⓑ Ao historiador _____ (dever) sensibilizar as omissões de toda e qualquer experiência que _____ (sofrer) nossos antepassados.
- Ⓒ _____ (aprazer) aos governantes fazer esquecer o que não lhes _____ (interessar) lembrar, para melhor se valerem da falta de memória histórica.
- Ⓓ _____ (avultar), aos olhos dos próprios historiadores contemporâneos, a figura de Eric Hobsbawm como um dos intérpretes que melhor _____ (compreender) o século XIX.
- Ⓔ Não _____ (competir) aos historiadores exercer a mera função de arquivistas públicos; mais que isso, _____-se (esperar) deles uma compreensão participativa da história.

8. **FCC – O verbo indicado entre parênteses deverá flexionar-se numa forma do <u>singular</u> para preencher corretamente a lacuna da frase:**

- Ⓐ Nunca _____ (haver) de prosperar as sociedades cujos princípios sejam frágeis.
- Ⓑ ____ (caber) aos animais viver segundo os impulsos de seus instintos primários.
- Ⓒ _____-se (estipular) na lei mosaica, como se sabe, princípios de interdição.
- Ⓓ Pela lei mosaica, _____ (cuidar) os homens de observar rígidos ditames.
- Ⓔ A nenhum de nós _____ (deixar) de afetar os rigores das sanções previstas.

9. **CESPE-UnB – Assinale a opção que apresenta <u>erro</u> de concordância.**

- Ⓐ Nem um nem outro passante viu o homem que falecia.
- Ⓑ Deve haver coisas erradas na sociedade atual.
- Ⓒ Mais de um comerciante pediu ajuda à radiopatrulha.
- Ⓓ Necessitam-se de pessoas com mais respeito ao próximo.

10. **FGV – "Em 1998, a elite econômica ganhava 7,3 vezes mais do que os mais pobres." Assinale a alternativa em que a alteração do período <u>não</u> tenha sido feita observando-se a norma culta.**

- Ⓐ Em 1998, as elites econômica e política ganhavam 0,8 vezes mais do que os mais pobres.
- Ⓑ Em 1998, as elites econômica e política eram 2,5% maiores do que a cultural.
- Ⓒ Em 1998, as elites ganhavam 1,5 vez mais do que os mais pobres.
- Ⓓ Em 1998, as elites política e econômica eram 2,8 vezes a cultural.
- Ⓔ Em 1998, três quartos da elite ganhavam 4,3 vezes mais do que os mais pobres.

**11. FGV – Assinale a alternativa cuja concordância não está de acordo com os padrões cultos:**

Ⓐ Ela está meio cansada.
Ⓑ Eles estão meio cansados.
Ⓒ Eles estão meios cansados.
Ⓓ Ele está meio cansado.

**12. FJG – Há má construção gramatical quanto à concordância em:**

Ⓐ Os médicos consideravam inevitável nos pacientes pequenas alterações psicológicas.
Ⓑ As internações por si sós já causam certos distúrbios psicológicos aos pacientes.
Ⓒ Uma e outra alteração psicológica podem afetar os pacientes hospitalizados.
Ⓓ Distúrbios e alterações psicológicos são normais em pacientes hospitalares.

**13. FDRH-RS – De acordo com as normas da linguagem culta, o verbo "haver" é empregado no plural na frase:**

Ⓐ Entre as recomendações apresentadas pelo consultor, _____ algumas que os empresários simplesmente desconsideraram.
Ⓑ Apesar da excelente formação, _____ sete meses o analista de sistemas está desempregado.
Ⓒ Com uma formação mais humana e criativa, por certo esses _____ de se tornar pessoas melhores e ótimos profissionais.
Ⓓ Dias _____ em que dezenas de candidatos são entrevistados nestas agências.
Ⓔ Apresentado o resultado da seleção, não _____ candidatos suficientes para preencher o número de vagas.

**14. FEC – Na frase "Os Estados Unidos deram um importante exemplo de lisura e moralidade no trato com a coisa pública", a concordância verbal:**

Ⓐ Está correta, porque o verbo concorda no plural com o sujeito composto.
Ⓑ Está incorreta, porque o sujeito simples no plural deve ser entendido como uma unidade, portanto, no singular.
Ⓒ É facultativa, podendo o verbo concordar no plural ou no singular.
Ⓓ Justifica-se pela mesma norma que justifica a concordância na frase "Os Pirineus separam a Espanha da França.".
Ⓔ Justifica-se pela mesma norma que justifica a concordância na frase "Sete Lagoas ficam em Minas Gerais.".

**15. ESAG – A concordância, nominal ou verbal, é assunto que, em geral, extrapola os limites da sala de aula. As próprias crianças, ao construírem sua fala, revelam a observação de uma gramática implícita na qual se fazem presentes os padrões linguísticos aos quais estão expostas. (...) Com base nisso, aponte, entre os**

**enunciados dados a seguir, aquele(s) em que a concordância foi estabelecida corretamente.**

A) As ações que se fazem com a linguagem têm como pressuposto a constatação de que, ao falarem, os homens realizam mais que simplesmente enunciar alguma coisa.

B) Será considerado apenas os cupons recortados da edição nº 37 e os originais das cartas enviadas pelos participantes da promoção, não sendo aceito cópias xerox ou feitas em qualquer outra forma de reprodução.

C) Não conseguimos encontrar o que procurávamos. O que soubemos é que já fazem três anos que a família mudou daquela casa.

D) A velha senhora não cansava de repetir que houveram tempos em que se podia andar tranquilamente nas ruas, sem a preocupação com assaltantes e outros tipos de marginais.

16. **FGV – "A crise energética e a climática revelam os limites do ecossistema planetário."**

**Assinale a alternativa em que, alterando-se o trecho acima, sem provocar mudança de sentido, manteve-se adequação à norma culta.**

A) A crise energética e climática revelam os limites do ecossistema planetário.

B) As crises energética e climática revelam os limites do ecossistema planetário.

C) A crise energética e climática revela os limites do ecossistema planetário.

D) As crises energética e a climática revelam os limites do ecossistema planetário.

E) As crises energética e climática revela os limites do ecossistema planetário.

17. **ESAF – No Estatuto Social de uma determinada cooperativa, figura o seguinte artigo:**

**"Artigo XX. O mandato da Diretoria será de 4 (quatro) anos, contados da data da Assembleia que os elegeu."**

**Analise o segmento e marque com V para assertiva verdadeira e com F para falsa. Assinale, a seguir, a sequência correta.**

( ) **As normas gramaticais de concordância do padrão culto da língua portuguesa permitem que se empregue o pronome pessoal no feminino singular.**

( ) **A concordância do pronome pessoal, no caso, é dita ideológica, isto é, faz-se com a ideia de "diretoria" e não com a forma da palavra, que está no singular.**

( ) **Ficam mantidas as mesmas relações de referência do texto original se o pronome pessoal for flexionado no masculino singular.**

A) V – F – V.

B) V – V – F.

C) F – F – V.

D) F – V – F.

E) V – V – V.

**18. CESGRANRIO – "Segundo Darwin, existiriam seis emoções..." Substituindo-se a forma verbal destacada por outra ou por uma locução verbal, a concordância verbal estará correta, segundo a norma culta, caso se use:**

- (A) haveria;
- (B) haveriam;
- (C) deveria existir;
- (D) poderiam haver;
- (E) haveria de existir.

**19. CESGRANRIO – Que sentença apresenta erro de concordância, de acordo com a norma padrão?**

- (A) Mais de uma função é atribuída à memória.
- (B) Uma pequena parte dos antigos se dedicava à retórica.
- (C) Quantos de nós conhecemos as regras fundamentais da oratória?
- (D) Haviam relatos de pacientes que auxiliam o (diagnóstico do) médico.
- (E) Decorar um discurso e dominar a oratória eram condições importantes para o bom orador.

**20. VUNESP – Assinale a alternativa em que se admite a concordância verbal tanto no singular como no plural como em: "A maioria dos advogados ocupam postos de destaque na política e no mundo dos negócios".**

- (A) Como o direito, a medicina é uma carreira estritamente profissional.
- (B) Os Estados Unidos e a Alemanha não oferecem cursos de administração em nível de bacharelado.
- (C) Metade dos cursos superiores carecem de boa qualificação.
- (D) As melhores universidades do país abastecem o mercado de trabalho com bons profissionais.
- (E) A abertura de novos cursos tem de ser controlada por órgãos oficiais.

**21. FCC – O verbo indicado entre parênteses deverá ser obrigatoriamente flexionado numa forma do plural para preencher de modo correto a lacuna da frase:**

- (A) Qualquer súbita alteração nos hábitos familiares _____ (poder) afrouxar os vínculos entre as pessoas de uma casa.
- (B) Não _____ (costumar) afetar a quem não gosta de futebol as vibrações dos torcedores durante uma Copa do Mundo.
- (C) As emoções que _____ (demonstrar) a mulher da casa costumam ser menos intensas que as do homem.
- (D) Diante das televisões, em todas as casas, _____-se (aglomerar) uma imensa torcida nacional.
- (E) Sempre _____ (faltar), aos torcedores mais fanáticos, a convicção de que os jogadores deram o melhor de si.

**22. ESAF – Assinale a opção em que o texto foi transcrito com erro de concordância.**

- Ⓐ Seja qual for a forma adotada para controle global sobre as forças globais, não pode ser uma cópia ampliada das instituições democráticas desenvolvidas nos primeiros séculos da história contemporânea.
- Ⓑ Tais instituições se fizeram na medida do Estado nacional – que era então a totalidade social maior – e são particularmente pouco aptas para ampliação em uma escala global.
- Ⓒ O Estado nacional também não era uma hipérbole dos mecanismos comunitários, mas, pelo contrário, era o produto final de formas radicalmente novas de convivência humana, assim como a solidariedade social.
- Ⓓ O Estado nacional, que finalmente proporcionou a tão procurada resposta aos desafios da "primeira secessão", surgiram apesar dos obstinados defensores das tradições comunitárias e mediante progressiva erosão das já débeis e diminutas soberanias locais.
- Ⓔ Toda resposta eficaz à globalização não pode ser nada além de global. E o destino de semelhante resposta global depende de que surja e tome corpo um âmbito político global, entendido como algo distinto de "internacional".

**23. ESAF – Assinale a opção que apresenta erro de concordância verbal.**

- Ⓐ O valor da tecnologia da informação e da Internet residem em sua capacidade de armazenar, analisar e transmitir informações instantaneamente, seja para onde for, a um custo ínfimo.
- Ⓑ Ela tem muito em comum com o telégrafo, inventado na década de 1830, que acarretou também uma redução brutal nos custos de comunicação e aumentou o fluxo de informações na economia.
- Ⓒ Mas em hipótese alguma a Internet virou totalmente de cabeça para baixo os pressupostos econômicos tradicionais.
- Ⓓ A Internet não é um acontecimento sem paralelo na História da humanidade.
- Ⓔ A tecnologia da informação e a Internet amplificam o poder da mente da mesma forma que as tecnologias da Revolução Industrial amplificaram o poder dos músculos.

**24. ESAF – Assinale a opção incorreta a respeito das relações de concordância no texto abaixo.**

**Quando se pensa em classe A, vem logo à cabeça a lembrança de gente milionária, que passa todos os fins de semana em Paris e compra as melhores marcas do mundo. No entanto, nossa classe A representa apenas 5% da população e possui rendimentos bem menores do que muita gente imagina. O que acontece frequentemente é uma confusão entre o brasileiro classe A e o consumidor de luxo, este sim cliente de marcas sofisticadas que movimenta um mercado de R$ 6 bilhões anuais.**

Ⓐ Preserva-se a coerência entre os argumentos e a correção gramatical do texto ao substituir "gente milionária" (ℓ.1-2) por milionários, desde que se flexionasse também "passa (ℓ.2) e "compra"(ℓ.2) no plural, passam e compram.

Ⓑ A forma verbal "possui"(ℓ.4) estabelece concordância com "da população"(ℓ.3-4); no entanto, também estaria correta a concordância com "5%"(ℓ.3), com o uso da flexão de plural, sem prejudicar a coerência do texto.

Ⓒ Preserva-se a coerência na argumentação, bem como a correção nas relações gramaticais do texto, ao retirar o termo "nossa classe A"(ℓ.3) do texto, deixando-o apenas subentendido na flexão de "representa"(ℓ.3).

Ⓓ Seria preservada a coerência na argumentação com a substituição de "uma confusão"(ℓ.5) por confusões, desde que o verbo ser fosse usado também no plural: **são confusões**.

Ⓔ A opção pelo uso da flexão de plural em "movimenta" (ℓ.6), movimentam, preservaria a correção gramatical do texto, mas alteraria as relações significativas entre os argumentos.

**25. FGV – "...mostram que um terço dos pagamentos realizados por intermédio de instituições financeiras foi tributado apenas por aquela contribuição..."**

**Assinale a alternativa em que, ao se alterar o termo "um terço", não se tenha mantido a concordância em conformidade com a norma culta. Desconsidere a possibilidade de concordância atrativa.**

Ⓐ "...mostram que 0,27% dos pagamentos realizados por intermédio de instituições financeiras foi tributado apenas por aquela contribuição..."

Ⓑ "...mostram que menos de 2% dos pagamentos realizados por intermédio de instituições financeiras foram tributados apenas por aquela contribuição..."

Ⓒ "...mostram que grande parte dos pagamentos realizados por intermédio de instituições financeiras foi tributado apenas por aquela contribuição..."

Ⓓ "...mostram que três quartos dos pagamentos realizados por intermédio de instituições financeiras foram tributado apenas por aquela contribuição..."

Ⓔ "...mostram que 1,6 milhão dos pagamentos realizados por intermédio de instituições financeiras foi tributado apenas por aquela contribuição..."

**26. CESGRANRIO – Na passagem "A angústia nossa de cada dia cresce como grama...", a concordância do verbo está sendo feita com o sujeito. Assinale a opção em que o verbo destacado está concordando com o predicativo.**

Ⓐ Quem eram os pessimistas?

Ⓑ Finalmente, chegaram os resultados do concurso.

Ⓒ Discutiam-se as propostas para a solução do problema.

Ⓓ As preocupações do pai era ela.

Ⓔ Que disseram aquelas pessoas?

**27. VUNESP – Assinale a alternativa que completa, correta e respectivamente, de acordo com a norma culta, as frases: O monopólio só é bom para aqueles que _____. / Nos dias de hoje, nem 20% advogam, e apenas 1 % _____. / Em sua maioria, os advogados sempre _____.**

- **A** ...o reteem / obtem sucesso / se apropriaram os postos de destaque na política e no mundo dos negócios.
- **B** ...o retém / obtém sucesso / se apropriaram aos postos de destaque na política e no mundo dos negócios.
- **C** ...o retém / obteem sucesso / se apropriaram os postos de destaque na política e no mundo dos negócios.
- **D** ...o retêm / obtém sucesso / se apropriaram de postos de destaque na política e no mundo dos negócios.
- **E** ...o retem / obteem sucesso / se apropriaram de postos de destaque na política e no mundo dos negócios.

**28. FCC – Na proposta de uma nova redação para uma frase do texto, cometeu-se um deslize quanto à concordância verbal em:**

- **A** Não teriam sido suficientes quatro ou cinco séculos para que se extinguissem de vez as manifestações de violência principiadas no século XVI?
- **B** Fez-se necessária não só a criação, mas também a multiplicação de sujeitos descartáveis para que se caracterizassem as condições de um capitalismo globalizado.
- **C** Vendam-se os mesmos sabonetes ou filmes para todos, o principal requisito dos procedimentos neoliberais vai além disso, e atende a exigências que são de alta sofisticação.
- **D** Devem-se notar, comparando-se as massas do século XVI e os migrantes da globalização, um quadro de semelhanças que não exclui uma importante diferença.
- **E** Ao nos agraciar com sonhos de perfectibilidade, a máquina liberal inclui entre seus segredos estratégicos o sentimento da insatisfação radical.

**29. FCC – A concordância está <u>em desacordo</u> com a norma culta na frase:**

- **A** Os bate-papos devem ser reconhecidos como uma das mais requintadas instituições nacionais.
- **B** Existe pessoas que desenvolvem verdadeira habilidade na arte de sustentarem bons papos.
- **C** Os brasileiros mostram-se astuciosos na arte da conversa, para a qual têm verdadeira vocação.
- **D** Discussões gratuitas podem não levar a nada, a não ser a situações de impasse entre os debatedores.
- **E** São vários os caminhos que levam ao cultivo da arte da conversa, tal como ocorre em qualquer atividade artística.

**30. ESAF – Assinale a opção que corresponde a palavra ou expressão destacada no texto abaixo que foi empregada de acordo com as regras de concordância.**

**"Como nunca antes, a ordem e a cultura do capital mostram inequivocamente o seu rosto inumano, revelam a lógica perversa que as(1) dominam(2) internamente e que, antes, podiam ser escamoteadas(3) a pretexto do confronto com o socialismo: criam, por um lado, grande riqueza e concentração de poder à custa da devastação da natureza, da exaustão da força de trabalho e de uma estarrecedora pobreza. A utilização crescente da informatização e da robotização criam(4), ao dispensar o trabalho humano, os desempregados estruturais, hoje, totalmente descartáveis. E soma-se(5) aos milhões só nos países do Primeiro Mundo."**

A (1);
B (2);
C (3);
D (4);
E (5).

**31. FCC – Considere a seguinte frase:**

*A busca de distinção entre o que é "do bem" e o que é "do mal" traz consigo um dilema* **(...).**

**O verbo trazer deverá flexionar-se numa forma do plural caso se substitua o elemento sublinhado por:**

A O fato de quase todas as pessoas oscilarem entre o bem e o mal (...).
B A dificuldade de eles distinguirem entre as boas e as más ações (...).
C Muitas pessoas sabem que tal alternativa, nas diferentes situações, (...).
D Essa divisão entre o bem e o mal, à medida que se acentua nos indivíduos, (...).
E As oscilações que todo indivíduo experimenta entre o bem e o mal (...).

**32. FGV – Na construção de uma das opções abaixo foi empregada uma forma verbal que segue o mesmo tipo de uso do verbo "haver" em "Há dessas reminiscências que não descansam...".**

**Assinale-a:**

A Todos eles hão de sentir o mesmo gosto pela política.
B Naquela época choveram cartas de apoio à sua candidatura.
C Faz muitos anos que tudo isso aconteceu.
D Todos os alunos haviam estudado muito para aquela prova.
E Os homens fizeram um abaixo-assinado para resolver o problema.

**33. CESGRANRIO – A sentença que está escrita de acordo com o registro culto e formal da língua é:**

A Deve haver vários escritores para quem o advento das novas tecnologias foi bom.
B Cerca de 10% das pessoas com computador em casa usa com facilidade as novas tecnologias.

- **C** Cada um dos novos profissionais devem ter habilidades computacionais.
- **D** Não vejo mais máquinas de escrever a venda fazem cinco anos.
- **E** Tanto o homem jovem quanto os velhos deve se adaptar às novas tecnologias.

**34. FGV – "Desse valor, R$ 265 milhões são oriundos do Orçamento da União..."**

**Assinale a alternativa em que se tenha mantido correção gramatical ao se alterar o trecho acima.**

- **A** Desse valor, R$ 1,9 milhões são oriundos do Orçamento da União...
- **B** Desse valor, R$ 0,25 milhões são oriundos do Orçamento da União...
- **C** Desse valor, R$ 1,3 milhões é oriundo do Orçamento da União...
- **D** Desse valor, R$ 0,98 milhão são oriundos do Orçamento da União...
- **E** Desse valor, R$ 1,25 milhão é oriundo do Orçamento da União...

**35. CESGRANRIO – Considere as afirmativas abaixo.**

**I. "quem quase <u>passou</u> ainda estuda..." – o verbo destacado concorda com o sujeito "quem".**

**II. "...e <u>falta</u> coragem até pra ser feliz." – o verbo destacado concorda com o sujeito "coragem".**

**III. "Pros erros <u>há</u> perdão;" – o verbo destacado concorda com o sujeito "perdão".**

**Está(ão) correta(s) <u>apenas</u> a(s) afirmativa(s):**

- **A** I;
- **B** II;
- **C** I e II;
- **D** I e III;
- **E** II e III.

**36. VUNESP – Atente para as afirmações:**

**I. Na frase – Reclamaram do barulho do 1003 os vizinhos e o morador do 903. – repete-se a mesma regra de concordância verbal da frase: "...juros em alta e câmbio 'derretendo' tendem a inviabilizar as metas definidas pelo governo".**

**II. Está correta a concordância verbal em: "Juros altos, taxas abusivas, investimentos baixos, tudo isso impede o desenvolvimento do país".**

**III. Está correta a concordância em: "Reduz-se no mercado interno as exportações e as vendas por causa do dólar fraco".**

**IV. Na frase – "De acordo com as projeções, não deverá passar dos 19% os índices de investimentos." – a concordância do verbo com o sujeito está correta.**

**Está correto apenas o que se afirma em:**

Ⓐ I, II e III;
Ⓑ II, III e IV;
Ⓒ II e IV;
Ⓓ I e II;
Ⓔ II e III.

**37. FCC – As normas de concordância verbal estão plenamente respeitadas na frase**

Ⓐ Compreenda-se as lições de O *Príncipe* não como exercícios de cinismo, mas como exemplos de análises a que não se devem furtar toda gente interessada na lógica do poder, seja para exercê-lo, seja para criticá-lo.
Ⓑ A problemática divisão da Itália em principados, que tanto preocupavam Maquiavel, fizeram com que ele se dedicasse à ciência política, em cujos fundamentos espelha-se, até hoje, aqueles que se preocupam com o poder.
Ⓒ Integrava as qualidades morais a da virtude, tomada num sentido essencialmente religioso, até que Maquiavel, recusando esse plano de valores em que a inseriam, deslocou seu sentido para o campo da política.
Ⓓ Todas as acepções de virtude, até o momento em que surgiu Maquiavel, compunha-se no campo da moral e da religião, e estendia-se à esfera da política, como se tudo fosse essencialmente um mesmo fenômeno.
Ⓔ Nunca faltaram aos "príncipes" de ontem, de hoje e de sempre a ambição desmedida pelo poder e pela glória pessoal, mas couberam a poucos discernir as sutilezas da política, em que Maquiavel foi um mestre.

**38. FCC – Para que se respeite a concordância verbal, será preciso corrigir a frase:**

Ⓐ Têm havido dúvidas sobre a capacidade do sistema de saúde cubano.
Ⓑ Têm sido levantadas dúvidas sobre a capacidade do sistema de saúde cubano.
Ⓒ Será que o sistema de saúde cubano tem suscitado dúvidas sobre sua eficácia?
Ⓓ Que dúvidas têm propalado os adversários de Cuba sobre seu sistema de saúde?
Ⓔ A quantas dúvidas tem dado margem o sistema de saúde de Cuba?

**39. FCC – O verbo indicado entre parênteses deverá flexionar-se numa forma do <u>singular</u> para preencher corretamente a lacuna da frase:**

Ⓐ Há muito não se _____ (tolerar) atitudes arrogantes como a do editorial da revista britânica.
Ⓑ É natural que _____ (ferir) o orgulho do povo cubano as exortações publicadas na revista britânica.
Ⓒ Os pesquisadores não _____ (haver) de se ofender, caso os termos do editorial da revista fossem menos prepotentes.

**D** Foi precisa a argumentação de que se _____ (valer) os pesquisadores latino-americanos em sua réplica ao editorial.

**E** Aos países ricos não _____ (competir) tomar decisões que afetem a soberania dos países em desenvolvimento.

**40. ESAF – Assinale a opção em que o trecho do texto foi transcrito com erro de concordância.**

**A** A Superintendência da Receita Federal em Minas Gerais montou equipe de auditores para fiscalizar os integrantes da "máfia" de adulteração de combustíveis. Foram concluídas nos dois últimos meses as primeiras sete ações fiscais, com lançamentos de crédito tributário no valor aproximado de 2 milhões de reais. Outras duas ações fiscais estarão sendo encerradas em breve e vão gerar créditos tributários da ordem de 6 milhões de reais.

**B** As fiscalizações já concluídas se referem a empresas, abrangendo também os seus respectivos sócios, sobre os quais pesa a acusação da prática de adulteração de combustíveis, fato este que envolveu até mesmo o assassinato do Promotor que investigava o caso.

**C** No decorrer dos trabalhos já encerrados, foram constatados fortes indícios da prática de crime contra a ordem tributária, e, ainda, fraude, sonegação e conluio, tendo em vista a utilização de "laranjas" na constituição das empresas, além da prática do uso de "notas calçadas" e de "livros paralelos".

**D** De acordo com as investigações realizadas, a sistemática utilizada para a distribuição irregular dos solventes adquiridos pelas empresas, assim como de combustíveis já adulterados, envolvem a emissão de notas fiscais calçadas e paralelas, além da utilização de empresas "fantasmas" ou inabilitadas, como destinatárias fictícias das mercadorias nas notas fiscais.

**E** O trabalho continua e se estende por todo o Estado. Já estão em andamento dezoito outras ações fiscais em pessoas físicas e jurídicas, podendo, após o término do trabalho de pesquisa da equipe, outras ações serem incluídas. Estes programas fazem parte de um esforço coordenado da Receita Federal com outros órgãos, no combate às atividades ilícitas.

**41. CESGRANRIO – "_____ muitas confusões por causa da semelhança de nomes."**

**Qual a forma verbal que completa o trecho acima, mantendo a concordância conforme a norma culta e formal da língua?**

**A** Ocorreu.

**B** Houve.

**C** Apareceu.

**D** Verifica-se.

**E** Existe.

**42. ESAF – Leia o seguinte texto para responder à questão que se segue.**

**As normas jurídicas embasadas nos valores éticos e que traduzem os procedimentos e as vivências mais fortes e consolidados da coletividade tendem a ter a adesão espontânea da maioria das pessoas que nelas se sentem representadas. É o sentimento de identidade nacional, de pátria, sem o qual a coesão social se esgarça e abre as portas para o caminho do individualismo, do salve-se quem puder, da corrupção, da violência. A consolidação desse sentimento pressupõe, além das leis, uma ação constante, coordenada pelo Estado, com a participação da sociedade, dos organismos intermediários e das famílias, num processo de educação cívica, nacional, patriótica.**

**Julgue as seguintes afirmações a respeito das relações de concordância entre os termos do texto:**

**I. A flexão de plural em "traduzem"(ℓ. 1) justifica-se pelo plural em "valores éticos"(ℓ. 1).**

**II. Porque no termo "os procedimentos e as vivências" (ℓ. 1-2), há a inclusão de nome masculino, o termo "consolidados"(ℓ. 2) precisa ser flexionado no masculino.**

**III. O emprego do feminino plural em "nelas"(ℓ. 2) justifica-se pelo feminino plural de "pessoas"(ℓ. 3).**

**IV. O pronome indicativo de indeterminação de sujeito em "salve-se"(ℓ. 6) exige que o verbo seja flexionado no singular.**

**A quantidade de itens corretos é:**

(A) 0;
(B) 1;
(C) 2;
(D) 3;
(E) 4.

**43. ESAF – Os trechos abaixo constituem um texto adaptado de *O Globo*. Assinale a opção que apresenta <u>erro</u> de concordância.**

(A) Para sustentar um crescimento duradouro nos moldes do registrado no ano passado, a economia brasileira precisa se preparar, multiplicando seus investimentos, que, aliás, parecem deslanchar. Mas leva algum tempo até que atinjam a fase de maturação.

(B) Nesse período, seria preferível que a economia crescesse em ritmo moderado, na faixa de 4% a 5% ao ano, para evitar pressões indesejáveis sobre os preços ou uma demanda explosiva por importações, o que poderia comprometer em futuro próximo as contas externas do país.

(C) O Brasil felizmente tem uma economia de mercado, na qual controles artificiais não funcionam ou causam enormes distorções. As iniciativas de política econômica para se buscar um equilíbrio conjuntural deve, então, se basear nos conhecidos mecanismos de mercado.

**D** No caso do Banco Central, o instrumento que tem mais impacto sobre as expectativas de curto prazo, sem dúvida, é a taxa básica de juros, que estabelece um piso para a remuneração dos títulos públicos e, em consequência, para as demais aplicações financeiras e operações de crédito não subsidiado.

**E** Se a taxa de juros precisa agir sozinha na busca desse equilíbrio conjuntural, o aperto monetário pode levar os agentes econômicos a reverem seus planos de investimento, e com isso o ajuste se torna mais moroso, sacrificando emprego e renda.

**44. FCC – A concordância verbal estabelece-se plena e adequadamente em:**

**A** Para que o cumprimento de todos os princípios fundamentais seja garantido, devem especificar-se as sanções.

**B** No caso de que se infrinja as normas e os princípios, hão de se lançar mão das sanções correspondentes.

**C** Constituem um dos exemplos de delitos vantajosos o caso em que o detentor de um poder abuse de sua autoridade.

**D** Não houvesse sido criadas quaisquer regras de convívio, estaríamos todos vivendo sob o comando de nossos instintos mais primitivos.

**E** O que nos mandamentos de Moisés se impõem como um dos princípios fundamentais é a necessidade de reconhecimento dos nossos limites.

**45. FCC – O verbo indicado entre parênteses deverá flexionar-se numa forma do singular para preencher de modo correto a lacuna da frase:**

**A** Quanto às normas de contratação da consultoria, ______ (dispor-se) de acordo com um termo de cooperação técnica já firmado.

**B** ______ (Impor-se), para o ingresso da empresa no mercado de capitais, reformulações de ordem técnica e administrativa.

**C** ______ (Convergir) para o ingresso da Infraero no mercado de capitais as recentes providências para a contratação de um serviço de consultoria.

**D** ______ (Caber) aos licitantes vencedores valer-se dos nove meses que têm de prazo para concluir os estudos.

**E** A orientação é a de que se ______ (submeter) ao BNDES, na condição de órgão coordenador, os trabalhos dos consultores contratados.

**46. FCC – A concordância verbo-nominal está inteiramente correta na frase:**

**A** Urge que seja definido as metas de oferta de energia em quantidade suficiente e preço adequado, para impulsionar o desenvolvimento do país.

**B** É imprescindível que se cumpram os acordos firmados em relação à oferta de energia e aos preços adequados, e que se atenda ao aumento da demanda.

**C** Uma política fiscal aplicada sobre as ofertas de energia devem controlar o cumprimento dos contratos que se estabeleceu nesse setor.

**D** Os países importadores de derivados de petróleo paga o preço estabelecido na Europa, o que gera efeitos negativos na economia.

**E** Existe metas brasileiras que foram estabelecidas em relação à autossuficiência em petróleo e o momento oferece a oportunidade de cumpri-las satisfatoriamente.

**47. ESAF – Aponte o período no qual a concordância verbal e/ou nominal <u>não</u> segue o padrão culto do idioma escrito.**

**A** Para o europeu, o Renascimento é um período de transição e compromisso. Resultado de lenta evolução, ele rompe os valores, ideais e instituições que deram origem à civilização ocidental e cristã do tipo medieval, sem interrupção e quebra de continuidade histórica.

**B** Caracterizam esse período histórico como de compromisso entre o medieval e o moderno um predomínio de interesses que até então havia desempenhado papel secundário na vida da Europa Ocidental: interesse pelo indivíduo e sua vida terrena.

**C** Embora os fundamentos econômicos da civilização medieval continuasse sendo a posse e o cultivo da terra, a economia rural passa a oferecer um excedente de produção capaz de fomentar um início de troca comercial que vai se intensificar e tornar-se internacional e marítimo.

**D** Desde o fim da Idade Média é perceptível as transformações que atingem as relações humanas básicas nos centros de atividades comerciais que começam a aparecer nas cidades.

**E** Desenvolvem-se, entre a classe dos senhores e servos, uma nova camada social – a burguesia, que agrupa comerciantes, artesãos livres e funcionários públicos para os quais não haviam funções reconhecidas na sociedade dual da Idade Média.

**48. FCC – O verbo indicado entre parênteses deverá flexionar-se numa forma do singular para preencher corretamente a lacuna da frase:**

**A** Quando se _____ (deixar) encantar pela tecnologia em si mesma, os homens tornam-se alienados.

**B** Aos homens libertários jamais _____ (dever) incomodar o pluralismo dos valores sociais.

**C** Não se _____ (compreender) as razões pelas quais os homens se encantam com o mundo da mercadoria.

**D** _____ (decorrer) do mau emprego da tecnologia as situações em que o homem perde sua dignidade.

**E** Caso se _____ (vincular) à tecnologia os imperativos éticos, ela trabalhará a favor do homem.

**49. FCC – Estão plenamente respeitadas as normas de concordância verbal em:**

(A) Abandonaram-se as utopias, e com isso prevalece em nossas vidas o imediatismo das mais rasas expectativas.

(B) Não se oferece ao homem moderno imagens de um futuro grandioso, e cada um de nós só nos preocupamos com a agenda do dia.

(C) A significação de todos os nossos atos presentes, insiste o autor, deveriam determinar-se em função dos nossos projetos.

(D) Não podem limitar-se às experiências do futuro imediato a expectativa que temos em relação aos nossos projetos.

(E) Atribui-se ao encolhimento do futuro as razões pelas quais nossa vida vem-se tornando cada vez mais mesquinha.

**50. ESAF – Assinale a opção correta a respeito das relações de concordância no texto.**

**Os economistas G. Ranis, F. Stewart e A. Ramirez analisaram 76 países durante um período de 32 anos. Dividiram-nos de acordo com dois critérios: desenvolvimento econômico e desenvolvimento humano (nesse caso, medido através de uma combinação de indicadores de educação e saúde). Usando-se essas duas dimensões, pode-se ter duas situações de equilíbrio (quando o lado humano e o econômico são igualmente altos ou baixos) e duas de desequilíbrio (quando o humano é alto e o econômico é baixo, vice-versa). Surgem algumas conclusões interessantes desse estudo. A primeira é que as situações de desequilíbrio duram pouco. Se um país tem muito crescimento econômico e pouco capital humano (CH), ele tende a parar de crescer ou a aumentar seu lado humano. A segunda: é muito difícil sair de uma situação de equilíbrio negativo. Mais da metade dos países que tinham baixo crescimento e baixo CH em 1960 permanecia na mesma posição na década de 90. A terceira é que o crescimento econômico, quando desacompanhado de evolução do lado humano, dura pouco: de todos os países que tinham algum crescimento econômico e baixo CH no início do período, nenhum conseguiu chegar ao equilíbrio em alto nível. Todos, sem exceção, terminaram o período com baixo crescimento e baixo CH. A quarta, e mais importante, é que a estratégia de privilegiar o lado humano dá frutos muito melhores do que aquela que enfatiza só o lado econômico.**

(A) O plural no pronome em “Dividiram-nos”(ℓ.2) deve-se à concordância com o sujeito subentendido da oração: “Os economistas G. Ranis, F. Stewart e A. Ramirez”.(ℓ.1)

(B) A flexão de singular no verbo em “pode-se”(ℓ.5) faz a concordância com o sujeito indeterminado; mas é igualmente correto flexionar o verbo no plural, fazendo a concordância com “duas situações”(ℓ.5): **podem-se ter.**

(C) A flexão de plural em “Surgem”(ℓ.7) tanto permite a interpretação como indicação de sujeito indeterminado como admite a inferência de “duas dimensões”(ℓ.5) como sujeito subentendido da oração.

**D** A flexão de singular em "dá"(ℓ.19) é determinada por "lado humano" (ℓ.18); mas, se fosse usada a expressão **aspectos humanos**, a coerência do texto não seria prejudicada, desde que o verbo fosse flexionado no plural.

**E** O termo "mais da metade dos países"(ℓ.12) estabelece duas relações diferentes de concordância: "países"(ℓ.12) determina a flexão de plural em "tinham"(ℓ.12), enquanto "permanecia"(ℓ.13) faz a concordância com "metade"(ℓ.12).

## GABARITO DAS QUESTÕES DE PROVAS

| | | | | |
|---|---|---|---|---|
| **1. B** | **11. C** | **21. B** | **31. E** | **41. B** |
| **2. C** | **12. A** | **22. D** | **32. C** | **42. B** |
| **3. D** | **13. C** | **23. A** | **33. A** | **43. C** |
| **4. E** | **14. D** | **24. B** | **34. E** | **44. A** |
| **5. C** | **15. A** | **25. C** | **35. C** | **45. D** |
| **6. E** | **16. B** | **26. A** | **36. D** | **46. B** |
| **7. B** | **17. B** | **27. D** | **37. C** | **47. Anulada** |
| **8. B** | **18. A** | **28. D** | **38. A** | **48. B** |
| **9. D** | **19. D** | **29. B** | **39. E** | **49. A** |
| **10. A** | **20. C** | **30. A** | **40. D** | **50. E** |

**Questão 1**

Estamos com a tarefa de julgar, sob a ótica da concordância nominal, sentenças fornecidas.

Vejamos, então, cada uma delas.

I. Concordância incorreta.

O adjetivo "necessário" deveria ter surgido em flexão de gênero feminina, dada a presença do artigo definido "a" caracterizando em tal gênero o substantivo "cautela". Caso não houvesse sido empregado o aludido artigo, estaria correta a sentença, já que não haveria, para o mencionado substantivo "cautela", indicação de gênero, o que nos faria adotar o gênero preponderante em nossa língua, ou seja, o masculino. A frase retificada, então, apontará: "É necessária a devida cautela com certas previsões".

II. Concordância correta.

Em "endosso e confirmação exigidos" aplicou-se a concordância gramatical lógica. Como os substantivos "endosso" e "confirmação" têm gêneros distintos – o primeiro é masculino; o segundo, feminino – ao empregar-se o adjetivo "exigido" em plural, respeitou-se o fato de o gênero masculino preponderar gramaticalmente. A sentença está, desse modo, correta.

III. Concordância incorreta.

O vocábulo "bastante" classifica-se, morfologicamente, no presente texto, como pronome indefinido. Observemos que sua relação se dá com o substantivo "dados", para o qual faz chegar tom semântico de indefinição no que diz respeito a quantos dados foram conseguidos. Tem emprego análogo ao que teria, por exemplo, o também pronome indefinido "muitos", que o substituiria com exatidão. Por ser pronome indefinido, deverá concordar em número com o substantivo a que se refere. Assim, a sentença corretamente grafada redundará em "Conseguimos na *internet* bastantes dados sobre o autor".

A sequência resultante será, então, I – C – I.

A resposta da questão é a alternativa "b".

**Questão 2**

c) Os particípios verbais sofrem flexões análogas às dos adjetivos, concordando com os substantivos que são núcleos de seus sujeitos. Assim, o emprego de "expulsos" está perfeito, uma vez que concordando com o nome masculino "milhares". A flexão em plural da locução verbal auxiliar "possam ser" atende à exigência de se promover a concordância com o sujeito da oração, agora identificado como "milhares de pessoas".

**Questão 3**

d) Neste item temos o vocábulo "destinado" relacionando-se com expressão fracionária que se faz seguir de um determinante. A expressão fracionária é "um terço" e o determinante, ou seja, a expressão que determina acerca de que se trata a fração, à qual se liga por preposição, é "delas". Nesses casos, a concordância poderá ser feita com a expressão fracionária ou com o determinante. Notamos que a forma "destinado" privilegiou a concordância com a expressão fracionária "um terço". Igualmente correta estaria a grafia "destinadas", em concordância com o determinante "delas".

**Questão 4**

e) Na locução verbal presente no item ora estudado, o verbo principal é "existir". Isso implica o reconhecimento de que há sujeito na oração, o qual se caracteriza por "espaços isolados". Assim, torna-se obrigatória a flexão do verbo auxiliar, na forma "hão". A frase ficará retificada ao ser assim redigida: "hão de existir espaços isolados denominados 'centros de retenção'".

**Questão 5**

c) O sujeito da forma verbal relativa ao verbo "acontecer" está indicado por "vários fatores", com núcleo no substantivo "fatores". Esse fato provoca obrigatória flexão do verbo em 3ª pessoa do plural. O emprego de "proporcionaram" está correto e justificado pela necessidade de promover-se a concordância do verbo com seu sujeito sintático representado pelo pronome relativo "que", representante semântico do substantivo "fatores". A frase corretamente redigida apontará "Aconteceram vários fatores que proporcionaram o aumento da felicidade".

**Questão 6**

e) Temos a perfeita utilização de "fundaram" e "resolveram", concordando, respectivamente, com "escolas de direito e medicina no Brasil" e "os enguiços entre diplomas e carreiras". As duas reescritas estão perfeitas.

**Questão 7**

b) devem – sofreram.
As duas formas verbais desta alternativa surgiram em flexão de número plural obrigatória. No primeiro caso, "devem" é verbo auxiliar da locução "devem sensibilizar". Como sabemos, em locuções verbais, havendo flexão de número, ela

recairá sobre o verbo auxiliar. Ora, o sujeito de "devem sensibilizar" está sendo indicado pela expressão "as omissões de toda e qualquer experiência", cujo núcleo "omissões" impõe a concordância verbal em 3ª pessoa do plural. Na segunda passagem, a forma verbal "sofreram" flexionou-se em 3ª pessoa do plural, para concordar com seu sujeito, que está representado por "nossos antepassados", com núcleo ("antepassados") traduzindo estes número e pessoa.

**Questão 8**

---

b) Cabe.
O emprego do verbo "caber" em singular decorre da exigência de proceder-se à sua concordância com o sujeito oracional "viver segundo os impulsos de seus instintos primários". A expressão "aos animais" desempenha papel sintático de objeto indireto de "caber".

**Questão 9**

---

d) O verbo "necessitar", por ser transitivo indireto, ao se acompanhar do pronome "se", forma oração de sujeito indeterminado, o que implica a impossibilidade de sua flexão. A frase corretamente redigida será: "Necessita-se de pessoas com mais respeito ao próximo". Relembremos que o pronome "se", em tais situações, denomina-se índice de indeterminação do sujeito.

**Questão 10**

---

a) Alternativa incorreta.
Não está correto o emprego do substantivo "vezes", em flexão de plural, na passagem "ganhavam 0,8 vezes mais". Sua referência está indicada pelo numeral, que é, neste caso, "0,8", o que faz com que seja empregado no singular. O texto retificado apontará "Em 1998, as elites econômica e política ganhavam 0,8 vez mais do que os mais pobres". Esta é a resposta da questão.

**Questão 11**

---

c) Concordância incorreta.
O vocábulo "meios" não pode surgir flexionado, já que se trata de um advérbio relacionado com o adjetivo "cansados". A frase correta será, então: "Eles estão meio cansados". Esta é a resposta da questão.

**Questão 12**

---

a) Houve erro de concordância nominal.
O adjetivo "inevitável" é alusivo ao substantivo "alterações" e, por isso, deverá ficar, obrigatoriamente, no plural, deste modo: "Os médicos consideravam inevitáveis nos pacientes pequenas alterações psicológicas".

## Questão 13

Nesta frase, o verbo "haver" é auxiliar da locução "hão de tornar", cujo verbo principal – "tornar" – não é impessoal. Desse modo, o verbo concordou com o sujeito "esses", ficando, portanto, no plural. Esta é a resposta da questão.

## Questão 14

d) Em "Os Pirineus separam a Espanha da França", temos estrutura indicada por um nome no plural, indicando uma unidade, mas precedido de artigo definido em plural.

## Questão 15

a) Observemos, neste item, a concordância corretamente efetuada do verbo "fazer" com o seu sujeito, o pronome relativo "que", representante semântico do substantivo "ações". Por outro lado, o verbo "ter" também concordou de maneira correta com o sujeito "As ações". O emprego do infinitivo "falarem" em plural, concordando com o sujeito "homens", está perfeita. Poderia ser efetuada também no singular, uma vez que esse sujeito não se encontra na mesma oração do infinitivo. Igualmente correta está a concordância da forma verbal "realizam", atendendo à concordância com seu sujeito "os homens". Por fim, o infinitivo "enunciar" tem como sujeito "os homens", o qual não se encontra na mesma oração da forma verbal, o que faculta seu emprego em singular ou plural. Esta é a resposta da questão.

## Questão 16

b) Temos no fragmento constante desta alternativa, como sujeito da forma verbal "revelam", a expressão "As crises energética e climática", com núcleo no substantivo "crises", o que implica obrigatória flexão verbal em terceira pessoa do plural, como ocorreu. A concordância nominal estabelecida em "As crises energética e climática" é legítima e parte da premissa da existência de estrutura paralela.

## Questão 17

Atendida a afirmativa inicial, ter-se-ia o texto: "Artigo XX. O mandato da Diretoria será de 4 (quatro) anos, contados da data da Assembleia que a elegeu". Nele, o pronome pessoal seria remissivo a "Diretoria". A afirmativa é verdadeira.

A segunda afirmativa também é verdadeira. Trata-se de um típico caso de concordância anormal (mas não errada), em que o redator deixou-se levar por elementos contidos em sua mente, desconsiderando as relações estruturais do texto. A concordância mental com "membros da diretoria", por exemplo, justificaria o emprego do pronome pessoal no masculino plural.

Atendida a terceira afirmativa, ter-se-ia o texto "Artigo XX. O mandato da Diretoria será de 4 (quatro) anos, contados da data da Assembleia que o elegeu.", em que

nada pode justificar o emprego de masculino singular, devido à falta de referentes que estejam neste gênero e número. A afirmativa é falsa, portanto.
A resposta está no item "b", em que se lê "V – V – F".

### Questão 18

a) A substituição de "existiriam" por "haveria", na sentença que seria grafada sob a forma "Segundo Darwin, haveria seis emoções...", é perfeita e justificada pelo fato expresso em nossas considerações iniciais. Assim, em "Segundo Darwin, existiriam seis emoções...", o verbo "existir" surgiu flexionado em atenção à necessidade de se promover sua concordância com o sujeito indicado por "seis emoções". No entanto, ao se efetuar a substituição apontada, considerado o aspecto de o verbo "haver" ter emprego impessoal, a oração deixou de ter sujeito. Nela, o sintagma "seis emoções" funciona como objeto direto de "haveria".

### Questão 19

d) Cometeu-se erro muito explorado em provas de concursos públicos, não unicamente pela eminente banca da Fundação Cesgranrio, mas por todas as que, eventualmente, organizam certames. Como sabemos, o verbo "haver", ao ser empregado com sentido de "existir", é impessoal, ou seja, não tem sujeito e, por isso, só pode ser empregado no singular. A frase retificada apontará: "Havia relatos de pacientes que auxiliam o (diagnóstico do) médico".

### Questão 20

c) A expressão sujeito indicada por "Metade dos cursos superiores", com núcleo indicado pelo substantivo "Metade", ao qual se segue determinante no plural, faculta o emprego do verbo em singular, concordando com o núcleo mencionado, ou no plural, em concordância com o substantivo "cursos", presente na expressão determinante. Assim, redigiremos com a mesma correção "Metade dos cursos superiores carecem de boa qualificação" ou "Metade dos cursos superiores carece de boa qualificação".

### Questão 21

b) A locução verbal "costumam afetar" teve seu verbo auxiliar ("costumam") flexionado na 3ª pessoa do plural para que se procedesse à sua concordância com o sujeito indicado por "as vibrações dos torcedores".

### Questão 22

Observem-se, no fragmento que ora se transcreve, extraído da alternativa "d", o verbo assinalado e a divisão do período em suas orações constituintes: ["O Estado nacional, [que finalmente proporcionou a tão procurada resposta aos desafios da 'primeira secessão'], surgiram apesar dos obstinados defensores das tradições comunitárias e mediante progressiva erosão das já débeis e diminutas soberanias locais.]

A primeira oração é, então, "O Estado nacional surgiram apesar dos obstinados defensores das tradições comunitárias e mediante progressiva erosão das já débeis e diminutas soberanias locais" que contém evidente erro de concordância verbal, a ser corrigido pela troca de "surgiram" por "surgiu".

A resposta da questão é a alternativa "d".

**Questão 23**

Constatamos erro de concordância verbal na alternativa "a".

Nesse item, a expressão "O valor da tecnologia da informação e da Internet", que tem por núcleo o substantivo "valor", funciona como sujeito do verbo "residir" e, consequentemente, força o emprego desse verbo na forma "reside", ou seja, na terceira pessoa do singular.

A frase corretamente redigida assumirá a forma "O valor da tecnologia da informação e da Internet reside em sua capacidade de armazenar, analisar e transmitir informações instantaneamente, seja para onde for, a um custo ínfimo".

**Questão 24**

b) Em "No entanto, nossa classe A representa apenas 5% da população e possui rendimentos bem menores do que muita gente imagina", o sujeito da forma verbal está indicado por "nossa classe A", com núcleo no substantivo "classe", daí o emprego do verbo em 3ª pessoa do singular. A expressão "apenas 5% da população" funciona sintaticamente como objeto direto da forma verbal "representa". Na verdade, nesta alternativa faz-se menção a uma passagem de concordância verbal muito empregada: quando o sujeito de um verbo está representado por expressões de porcentagens seguidas de determinantes (o que aconteceria, se "apenas 5% da população" fosse o sujeito) o verbo pode concordar com o numeral da porcentagem ou com o determinante.

**Questão 25**

c) Abordou-se no presente item importante fato de concordância verbal. Referimo-nos à passagem em que o sujeito é formado por expressões de natureza partitiva, nas quais surgem as expressões "Parte de", "Grande parte de", "A maior parte de", "Grande número de", "Um bom número de", "A maioria de" e assemelhadas, que se fazem seguir, por sua vez, de substantivo no plural. No presente item, temos essa circunstância exemplificada na passagem "grande parte dos pagamentos". Sabemos que, em nesses passos, a concordância verbal pode estabelecer-se com tais expressões – nas quais surgem os núcleos dos sujeitos, indicados por "parte", "número" e "maioria", nas citações feitas – ou com o substantivo que a elas se segue no plural, na verdade integrante de seus determinantes. Assim, em "grande parte dos pagamentos [...] foi tributado" observa-se correta concordância da locução verbal, no que diz respeito à sua flexão de número – realizada pelo verbo auxiliar "foi" –, com o núcleo do sujeito "parte". No entanto, não foi observada a necessidade de se promover a devida concordância da forma verbal de particípio – que, como sabemos, sofre flexões idênticas às dos adjetivos – em gênero feminino, para que houvesse sua harmonização com o mesmo substantivo "parte", o que faria surgir a frase correta "grande parte dos pagamentos [...] foi tributada". Também estaria totalmente correta a estrutura "grande parte dos pagamentos realizados [...] foram tributados", caso em que a concordância teria sido efetuada com o determinante "pagamentos". Por oportuno, salientamos que as referidas concordâncias estão fundamentadas em dois critérios que, no mais das vezes, justificam-nas: a simples observação do fato gramatical (primeira concordância) e a semântica (segunda concordância).

## Questão 26

Esta questão exige que o candidato conheça a particularidade que, no que diz respeito ao verbo "ser", permite que esse verbo, contrariando o dispositivo da regra geral da concordância dos verbos, que estabelece a subordinação deles ao sujeito da oração, passe a concordar com o predicativo. Assim, é conveniente, neste ponto, relembrarmos em que situações tal fato ocorre:

1. quando o verbo "ser" integra orações interrogativas que se iniciam pelos pronomes interrogativos "que" e "quem": "Que são tais perigos?" "Quem são os perdedores?";
2. quando o verbo "ser" tem como sujeito um pronome indefinido – "tudo", "nada", por exemplo – ou um pronome demonstrativo invariável – "isto", "isso" e "aquilo" – e está seguido de predicativo no plural: "Tudo são flores", "Aquilo eram fatos da juventude";
3. quando o verbo ser tem como sujeito expressões que indicam valores coletivos, como "o mais", "tudo o mais", " resto" e outras: "Tudo o mais eram gentilezas interesseiras", "O resto são debates estéreis".

Passemos, então, à análise do item resposta da questão.

a) O verbo está concordando, em virtude de a oração ser de natureza interrogativa e introduzida pelo pronome substantivo interrogativo "Quem", com o predicativo. Esta é a resposta da questão.

## Questão 27

Devemos preencher as lacunas que surgem em três períodos.

As duas primeiras lacunas, para serem corretamente preenchidas, requisitam conhecimentos de concordância verbal, na medida em que se ofereceu como vocábulos possíveis para tal intento os verbos "reter" e "obter". É verdade que na primeira lacuna surgiu, também, o pronome oblíquo "o". No entanto, como em todas as cinco alternativas tal pronome surgiu em próclise ao verbo, o que está correto, dada a presença do pronome demonstrativo "aqueles", o fato a ser observado é, sem dúvida, o emprego do verbo "reter". A propósito, convém lembrarmo-nos de que os pronomes demonstrativos facultam, e não impõem a ocorrência de próclise pronominal, o que, por óbvio, deixaria correta qualquer lacuna que, eventualmente, estivesse redigida com pronome em ênclise ao verbo. Na segunda lacuna, claramente o emprego do verbo, e somente dele, está em discussão.

Na terceira lacuna, a existência nas cinco alternativas de "se apropriaram" indica-nos que nem a concordância verbal, nem a colocação pronominal estão em julgamento. Temos, isto sim, passagens de regência verbal a serem consideradas. Com efeito, as estruturas oracionais em que surge a forma "se apropriaram" estão diferentemente elaboradas. É importante, neste ponto, recordarmos que o verbo "apropriar-se", com emprego eventualmente pronominal, tem regência transitiva direta e indireta, regendo a preposição "de" na introdução de seu objeto direto. O objeto direto será indicado pelo pronome oblíquo.

Os fragmentos que contêm as lacunas a serem preenchidas são:

"O monopólio só é bom para aqueles que o retém".

A justificativa para emprego da forma "retém" se inicia com a apresentação do período ora estudado, com suas orações constitutivas já apontadas: ["O monopólio só é bom para aqueles] [que o retêm"]. Como podemos observar, o pronome relativo "que", introdutor da oração subordinada adjetiva restritiva "que o retêm", recupera o semanticamente o pronome demonstrativo "aqueles", contido na oração anterior, e exerce papel sintático de sujeito da forma verbal relativa ao verbo "reter". Assim sendo, é imprescindível que empreguemos o verbo mencionado em 3ª pessoa do plural, o que será feito com a forma "retêm", com acento circunflexo posto sobre a vogal tônica de vocábulo oxítono terminado em "em". À guisa de recordação, apontamos a 3ª pessoa do singular em "retém".

"Nos dias de hoje, nem 20% advogam, e apenas 1% obtém sucesso".

Novamente, para melhor entendermos o emprego da forma "obtém", apresentamos o período com suas orações devidamente divididas: ["Nos dias de hoje, nem 20% advogam] [e apenas 1% obtém sucesso."]. Essa passagem explora o conhecimento da concordância feita entre verbos e expressões que indicam porcentagens. Em tais situações, o verbo concordará com a expressão numérica. Por isso mesmo, na primeira oração usou-se a 3ª pessoa do plural em "advogam", de modo que se fizesse sua concordância com "20%". Na lacuna ora estudada, no entanto, o sujeito é indicado por "1%", o que implica uso verbal em 3ª pessoa do singular, na forma "obtém", com acento posto pela mesma justificativa do que se comentou em "retém", no período anterior. Relembremos que, se as expressões indicativas de percentagens estiverem seguidas de determinantes, a concordância verbal se fará com o numeral ou com o determinante, como verificamos, por exemplo, em "Apenas 1% do alunado obtém sucesso" e "Apenas 1% dos alunos obtêm sucesso".

"Em sua maioria, os advogados sempre se apropriaram de postos de destaque na política e no mundo dos negócios".
Como já comentamos nos comentários iniciais, o emprego da preposição "de", regendo o complemento indireto da forma verbal pertinente ao verbo "apropriar-se", é obrigatória.

d) Alternativa correta.
Como podemos observar nas informações contidas nos comentários precedentes, não há qualquer equívoco nas sugestões apresentadas neste item.

**Questão 28**

d) O sujeito da locução "Deve-se notar" – agora corretamente empregada em 3ª pessoa do singular – está sendo indicado pela expressão "um quadro de semelhanças", cujo núcleo é o substantivo "quadro". Note-se que houve a intercalação de uma longa oração reduzida de gerúndio entre a locução verbal e seu sujeito. A forma verbal "exclui" está corretamente empregada em 3ª pessoa do singular, concordando com o seu sujeito, indicado por "um quadro de semelhanças", com núcleo no substantivo "quadro". Em virtude do deslize na concordância da primeira forma verbal comentada, esta é a resposta da questão.

**Questão 29**

Ocorre flagrante equívoco de concordância verbal no item "b". O sujeito do verbo "existir" está indicado pelo substantivo "pessoas", daí o emprego obrigatório do verbo flexionado em 3ª pessoa do plural, restando assim a frase correta: "Existem pessoas que desenvolvem verdadeira habilidade na arte de sustentarem bons papos".
Apesar de bastante simples, o erro desta alternativa frequentemente é explorado pelas bancas examinadoras, uma vez que ocorre, também com frequência, a confusão feita pelos candidatos com os regimes dos verbos "haver" (significando "existir") e "existir". Enquanto o primeiro verbo citado é impessoal, permanecendo obrigatoriamente no singular, o seu sinônimo mencionado em segundo lugar não tem essa característica, flexionando-se naturalmente em concordância com seu sujeito. Caso houvesse sido empregado, no texto da alternativa resposta desta questão o verbo "haver", o texto ficaria corretamente assim redigido: "Há pessoas que desenvolvem verdadeira habilidade na arte de sustentarem bons papos".

**Questão 30**

a) O pronome oblíquo "as" é o referente, no texto que fundamenta a questão, da expressão "a ordem e a cultura do capital", tendo sua concordância, então, realizada com os substantivos "ordem" e "cultura", daí seu emprego em feminino e plural.

## Questão 31

e) Emprego do verbo em 3ª pessoa do plural, para que se estabeleça a devida concordância com seu sujeito que, dessa vez, indica plural e é representado por "As oscilações", com núcleo no substantivo "oscilações".

## Questão 32

c) Em "Faz muitos anos que tudo isso aconteceu", empregou-se o verbo "fazer" em expressão indicativa de tempo transcorrido. Esse é um dos casos mais conhecidos de oração sem sujeito, ou de verbo com emprego impessoal. Esta é a resposta da questão.

## Questão 33

a) Em "Deve haver" temos locução verbal em que o verbo principal é "haver", empregado com sentido de "existir". Como já sabemos, esse fato determina que não há sujeito na oração "Deve haver vários escritores", ficando a locução impossibilitada de sofrer flexão, como notamos. Na sequência, vemos a correta concordância da forma verbal "foi" com seu sujeito, indicado por "o advento das novas tecnologias". Não há qualquer equívoco de concordância no texto deste item que é, por isso, a resposta da questão.

## Questão 34

e) Não há qualquer deslize neste item, que apresenta as devidas concordâncias de "milhão", "é" e "oriundo", em conformidade com o numeral indicativo da unidade do milhão.

## Questão 35

Vejamos cada uma das afirmativas presentes nos itens numerados de I a III:

I. Afirmativa correta.
Em "quem quase passou ainda estuda,", observamos período composto por duas orações, ora apontadas:[quem quase passou] [ainda estuda,]. Como podemos observar, o sujeito da forma verbal relativa ao verbo "passar" está sendo indicado pelo pronome indefinido "quem". À guisa de revisão, apontamos o fato de a primeira oração ser sujeito oracional para "ainda estuda".

II. Afirmativa correta.
No fragmento "...e falta coragem até pra ser feliz.", podemos observar inversão de termos que, em ordem direta, assim seriam dispostos: "...e coragem falta até pra ser feliz.". Agora, podemos dividir o período, o que apontará as orações: ["... e coragem falta] [até pra ser feliz."]. Observamos, com facilidade, que o substantivo "coragem" funciona sintaticamente como sujeito da forma verbal "falta", o que provocou sua flexão em 3ª pessoa do singular.

III. Afirmativa incorreta.

No fragmento "Pros erros há perdão;", empregou-se o verbo "haver" em passagem na qual se apresenta com sentido de "existir". É fato gramatical bastante conhecido o regime de impessoalidade de que se reveste esse verbo ao ser empregado com tal sentido. As orações que estrutura, ao ser empregado assim, são de sujeito inexistente.

Estão corretas as afirmativas contidas nos itens I e II, e a resposta da questão é a alternativa "c".

## Questão 36

Vejamos todas as afirmativas feitas nos itens numerados de I a IV.

I. Afirmativa correta.

Podemos observar que em "Reclamaram do barulho do 1003 os vizinhos e o morador do 903", o verbo "reclamar" concordou com o sujeito composto "os vizinhos e o morador do 903", que apareceu posposto à forma verbal mencionada. Na verdade, quando a posição do sujeito é de posposição com respeito ao verbo, abrem-se duas possibilidades de concordância. Pela primeira, procede-se à denominada concordância gramatical lógica, ou seja, o verbo concorda com todos os núcleos do sujeito. Pela segunda, faz-se a concordância por atração e, nesse caso, o verbo concorda unicamente com o núcleo mais proximamente posicionado em relação à forma verbal. No exemplo com que trabalhamos, considerando-se que o núcleo mais próximo é o substantivo "vizinhos", que impõe flexão verbal em 3ª pessoa do plural, não há como se dizer se foi estabelecida a concordância lógica ou a atrativa. Por outro lado, em "juros em alta e câmbio "derretendo" tendem a inviabilizar as metas definidas pelo governo", notamos que a locução verbal "tendem a inviabilizar" concorda com o sujeito composto "juros em alta e câmbio "derretendo". Trata-se, então, de uma mesma regra, com a diferença, apenas, residindo na posição em que surgiram os sujeitos.

II. Afirmativa correta.

A passagem "Juros altos, taxas abusivas, investimentos baixos, tudo isso impede o desenvolvimento do país" exemplifica circunstância verbal que assim se enuncia: "em casos nos quais tem-se sujeito composto e finalizado em palavra resumitiva, o verbo concordará com essa palavra". Como podemos verificar, ao sujeito composto "Juros altos, taxas abusivas, investimentos baixos", seguiu-se a locução pronominal indefinida "tudo isso", com a qual o verbo, acertadamente, realizou sua concordância.

III. Afirmativa incorreta.

Há equívoco de concordância no texto contido neste item, por não se ter atentado para a construção de voz passiva pronominal cujo verbo estruturador é "reduzir". Observemos que, em voz passiva analítica, a oração com que trabalhamos assumiria a forma "as exportações e as vendas por causa do dólar fraco são reduzidas no mercado interno", em que se nota o sujeito passivo indicado por "as exportações e as vendas por causa do dólar fraco". Assim, ao redigir-se a mesma oração na voz passiva pronominal, devemos estar atentos à existência desse sujeito composto. A sentença retificada fará surgir "Reduzem-se no mercado interno as exportações e as vendas por causa do dólar fraco".

IV. Afirmativa incorreta.
O sujeito para a locução verbal "deverá passar" está sendo indicado por "os índices de investimentos". Tal fato implica obrigatório emprego da locução verbal em 3ª pessoa do plural, o que apontará o texto corretamente grafado deste modo: "De acordo com as projeções, não deverão passar de 19% os índices de investimentos".
Estão corretas, então, as afirmativas contidas nos itens I e II.
A resposta da questão é a alternativa "d".

### Questão 37

c) A forma verbal "Integrava" está concordando com seu sujeito representado pela expressão "a *[qualidade]* da virtude", cujo núcleo "qualidade" está implícito, como indicamos. Igualmente correto está o emprego da forma nominal (de particípio) "tornada", flexionada em gênero feminino para concordar com o substantivo implícito "qualidade". O gerúndio "recusando", obviamente, está correto, assim como "inseriam", empregado em 3ª pessoa do plural para que se indetermine seu sujeito, e "deslocou", que surgiu concordando com o sujeito "Maquiavel". Não há qualquer modificação a ser feita, portanto.

### Questão 38

a) A forma verbal composta empregada – pretérito perfeito composto do indicativo – está formada pelo verbo auxiliar "ter" e pelo verbo principal "haver", empregado com sentido de "existir", que, como sabemos, é verbo impessoal, ou seja, não pode ser flexionado, uma vez que não tem sujeito. Sendo impessoal o verbo principal da forma verbal composta, o verbo auxiliar não pode ser, também, flexionado. Na verdade, não há sujeito para que se promova a flexão. Ora, o acento circunflexo posto sobre a forma verbal auxiliar "Têm" indica flexão em terceira pessoa do plural o que, como vimos, é indevido. A frase ficará corretamente grafada deste modo: "Tem havido dúvidas sobre a capacidade do sistema de saúde cubano". Esta é, então, a resposta da questão.

### Questão 39

e) O sujeito da forma verbal concernente ao verbo "competir" está sendo indicado pela oração "tomar decisões". Para mais fácil apreensão do que afirmamos, reescrevemos o período com suas orações já divididas e com seus termos postos em ordem direta: ["Não compete aos países ricos] [tomar decisões] [que afetem a soberania dos países em desenvolvimento."] Assim, entendemos que "tomar decisões [*que afetem a soberania dos países em desenvolvimento*] não compete aos países ricos". Como já sabemos, os sujeitos representados por orações provocam a flexão dos verbos de que são sujeitos na 3ª pessoa do singular.

## Questão 40

d) Houve erro de concordância verbal no emprego de "envolvem". Observemos que seu sujeito está sendo indicado por "a sistemática utilizada para a distribuição irregular dos solventes adquiridos pelas empresas", cujo núcleo, representado pelo substantivo "sistemática", por ser representativo de terceira pessoa do singular, implica obrigatório emprego do referido verbo na forma "envolve". Neste ponto, alertamos o candidato para a forma com que o erro foi apresentado, no texto que analisamos. Temos um sujeito de longa extensão, com núcleo indicado por vocábulo sugestivo de singular, mas que contém, em seu término, alguns vocábulos em plural: "dos solventes adquiridos pelas empresas". Mais ainda: separando o sujeito do seu verbo, intercalou-se expressão também com termos postos em plural: "assim como de combustíveis já adulterados". A frequência com que surgiram vocábulos em plural, associada à distância existente entre o verbo e o núcleo do sujeito, favorece a aceitação do emprego do verbo em plural. Esta é a resposta da questão.

## Questão 41

b) A eminente banca examinadora explorou o conhecimento de que o verbo "haver", ao ser empregado com sentido de "existir", "ocorrer", "acontecer", é impessoal, ou seja, não tem sujeito. Assim, a sentença "Houve muitas confusões por causa da semelhança de nomes" está perfeitamente ajustada ao rigor formal. Nela, a expressão "muitas confusões" desempenha papel sintático de objeto direto.

## Questão 42

Vejamos cada uma das afirmativas da questão.

I. Afirmativa incorreta. O sujeito da forma verbal "traduzem" está indicado pelo pronome relativo "que" – seu imediato antecessor –, o qual, por sua vez, é representante semântico de "As normas jurídicas". Apesar de haver, antecedentemente ao pronome relativo "que", ora estudado, presença da expressão "valores éticos", vemos a remissão do pronome citado a "As normas jurídicas".

II. Afirmativa incorreta. Em "os procedimentos e as vivências mais fortes e consolidados", o adjetivo "consolidados" está em masculino/plural uma vez que concorda com os dois substantivos de gêneros distintos "procedimentos" e "vivências". A flexão de gênero em masculino, na presente passagem, entretanto, não é obrigatória. Caso procedêssemos à concordância nominal atrativa, o adjetivo estaria corretamente empregado na forma feminina/plural: "consolidadas", já que o substantivo mais próximo – "vivências" – é deste gênero/número. Não há, então, necessidade da flexão em masculino, como disposto na afirmativa da questão.

III. Afirmativa incorreta. O pronome "elas", que surge contraído com a preposição "em", na forma "nelas", tem como referente a expressão "As normas jurídicas".

O que o texto pretende mostrar-nos é que as pessoas sentem-se representadas nas normas jurídicas.

IV. Afirmativa incorreta. O estudo da gramática da língua portuguesa, em sua visão tradicional, ensina que em casos de verbos de regência transitiva direta ou transitiva direta e indireta que estejam acompanhados do pronome "se" cria-se estrutura oracional que exemplifica voz passiva pronominal, neste caso conversão da passiva analítica "seja salvo quem puder". Desse modo, analisaremos o pronome "se", presente no fragmento da questão, como pronome apassivador. Acatados os preceitos gramaticais, a flexão verbal, sem dúvida, será de singular para que haja a devida concordância com seu sujeito oracional "quem puder". Não nos é desconhecida corrente de notáveis gramáticos e filólogos – com destaque para M. Said Ali –, que aborda o fato ora estudado com visão distinta da que, tradicionalmente, é ensinada em sala de aula, nos cursos fundamental e médio, com reflexos evidentes nas salas de cursos preparatórios para concursos públicos. É visão de extremo peso e que apresenta argumentação bastante convincente, também. Seria, inclusive, a mais adequada para o entorno semântico com que trabalhamos. No entanto, ao analisarmos o presente item, levamos em conta abordagem que é, repetimos, de senso comum, e preponderantemente adotada nas salas de aula. Entendemos ser muito perigosa a fuga a essa rotina.

Como vimos, não há, salvo melhor juízo, afirmativa correta. O gabarito deveria ter indicado a alternativa "a", o que, infelizmente, não ocorreu, nem após os recursos. Como sempre fazemos, apontamos o gabarito oficial, ou seja, o item "b", com o qual não concordamos.

### Questão 43

c) De início, vejamos a correção no emprego das formas verbais "tem", concordando com seu sujeito indicado por "O Brasil", e "funcionam" e "causam", ambos concordando com o sujeito representado por "controles artificiais", com núcleo no substantivo "controles". Na continuidade, no entanto, não se manteve o rigor gramatical quanto à concordância verbal. Com efeito, o sujeito da locução verbal "deve basear" – observemos que os dois verbos foram separados por meio da inserção de um pronome átono e de uma palavra denotativa de situação – está sendo indicado pela expressão "As iniciativas de política econômica", com núcleo no substantivo "iniciativas", o que implica obrigatória flexão da mencionada forma verbal composta em terceira pessoa do plural, fazendo surgir a forma "devem basear". Está correta a utilização do infinitivo impessoal "buscar".

### Questão 44

a) A forma verbal composta de pretérito perfeito do subjuntivo composto "seja garantido" está corretamente empregada na 3ª pessoa do singular, concordando com o sujeito indicado pela expressão "o cumprimento de todos os princípios fundamentais", com núcleo no substantivo "cumprimento". Na sequência, temos uma oração de voz passiva pronominal, em que o verbo "dever", auxiliar da locução verbal passiva "devem especificar", está acertadamente empregado na 3ª pessoa do plural, caracterizando a correta concordância da locução mencionada com seu sujeito, indicado por "as sanções".

**Questão 45**

Vamos transcrever todos os textos existentes nas alternativas de "a" a "e", já com as lacunas preenchidas, em busca daquele no qual a forma verbal indicada surgirá no singular.

d) "Cabe aos licitantes vencedores valer-se dos nove meses que têm de prazo para concluir os estudos."
Emprego de verbo em singular, considerando-se que seu sujeito está indicado pela oração "valer-se dos nove meses". Como sabemos, verbos cujos sujeitos são oracionais obrigam-se a permanecer no singular. Esta é a resposta da questão.

**Questão 46**

b) As formas verbais existentes no período que forma este item estão corretamente empregadas e, igualmente, não se notam deslizes em concordâncias nominais. A análise do período aponta as seguintes orações: "[É imprescindível] [que se cumpram os acordos firmados em relação à oferta de energia e aos preços adequados], [e que se atenda ao aumento da demanda]". Assim, os sujeitos dos verbos que estruturam as três orações apontadas são indicados deste modo: o sujeito da forma verbal "É" é a oração subordinada substantiva subjetiva "que se cumpram os acordos firmados em relação à oferta de energia e aos preços adequados", o que justifica o uso verbal em terceira pessoa do singular; para a forma verbal "cumpram", que organiza oração de voz passiva pronominal, aponta-se como núcleo do sujeito o substantivo "acordos", daí o acerto na utilização verbal em terceira pessoa do plural; finalmente, o verbo "atender", de regência transitiva indireta e acompanhado do pronome "se", tem sujeito indeterminado. À guisa de lembrança, comentamos que o pronome "se" presente nesta última oração é um índice de indeterminação do sujeito.

**Questão 47**

a) Texto correto.
Não se notam equívocos de qualquer natureza no texto desta alternativa. Podemos aproveitá-lo e apontar o correto emprego do acento grave indicativo de crase em "deram origem à civilização ocidental", resultado da contração de preposição "a", exigida pela regência do substantivo "origem", com o artigo definido "a", antecessor do substantivo "civilização". Por outro lado, a forma verbal "deram", presente no fragmento que transcrevemos, deve seu emprego em terceira pessoa do plural

para que se proceda corretamente à concordância com seu sujeito, indicado pelo pronome relativo "que", na verdade o representante semântico dos substantivos "valores", "ideais" e "instituições".

b) Texto incorreto.
A forma verbal "Caracterizam", que abre o texto presente neste item, não teve sua concordância corretamente efetuada com seu sujeito, que está indicado por "um predomínio de interesses", que lhe aparece posposto. Como o núcleo do sujeito ora apontado está em "predomínio", o emprego da forma verbal citada deveria ter-se efetuado em terceira pessoa do singular: "Caracteriza". Ocorreu, ainda, deslize de concordância verbal no emprego da forma composta "havia desempenhado", na qual o verbo "haver" funciona como auxiliar. O sujeito sintático de tal forma verbal composta é o pronome relativo "que", seu imediato antecessor, o qual recupera semanticamente o substantivo "interesses", daí decorrendo o obrigatório emprego do verbo auxiliar em terceira pessoa do plural: "haviam desempenhado".

c) Texto incorreto.
A forma verbal "continuasse" tem como sujeito o sintagma "os fundamentos econômicos da civilização ocidental", com núcleo em "fundamentos", o que implica obrigatório emprego em "continuassem"

d) Texto incorreto.
Como podemos observar, em "é perceptível as transformações", o sujeito da forma verbal relativa ao verbo "ser" está sendo indicado por "as transformações", o que provoca seu obrigatório emprego na terceira pessoa do plural: "são". Igualmente em plural deve ser empregado o adjetivo "perceptíveis", que exerce papel sintático de predicativo do sujeito já citado.

e) Texto incorreto.
Em "Desenvolvem-se, entre a classe dos senhores e servos, uma nova camada social", podemos perceber que o sujeito de "Desenvolvem-se" faz-se indicar por "uma nova camada social", o que provoca o emprego do verbo citado em terceira pessoa do singular: "Desenvolve-se, entre a classe dos senhores e servos, uma nova camada social". Percebemos, ainda, emprego incorreto, porque flexionado, da forma verbal "haviam", pertencente ao verbo "haver", empregado com sentido de "existir".
Estamos com questão em que ocorreram quatro alternativa incorretas e uma correta. Como em sua enunciação ela solicitou que o candidato apontasse o item em que se verificou deslize gramatical, não houve outra solução para a eminente banca examinadora que anulá-la. É caso típico em que a enunciação falhou, no sentido de exigir exatamente o oposto do que se pensara fazer.

**Questão 48**

b) "deve".
O sujeito da locução verbal "deve incomodar" está indicado pela expressão "o pluralismo dos valores sociais", cujo núcleo "pluralismo" acarreta obrigatório emprego do verbo em singular. Esta é a resposta da questão.

**Questão 49**

a) Item correto.
O período está composto por duas orações, que se estruturam em torno das formas verbais "Abandonaram" e "prevalece". Na primeira delas, percebe-se uma oração de voz passiva pronominal, em que o sujeito "as utopias" força o emprego verbal em terceira pessoa do plural, o que foi feito. Na segunda, o sujeito de "prevalece", indicado por "o imediatismo das mais rasas expectativas", com núcleo em "imediatismo", impõe o emprego da forma verbal citada em terceira pessoa do singular.

**Questão 50**

e) Estamos com passagem interessante no estudo de concordância verbal. No período "Mais da metade dos países que tinham baixo crescimento e baixo CH em 1960 permanecia na mesma posição na década de 90", encontram-se duas orações, a saber: 1. "Mais da metade dos países permanecia na mesma posição na década de 90" – oração principal; 2. "que tinham baixo crescimento e baixo CH em 1960" – oração subordinada adjetiva restritiva. O sujeito da primeira oração está indicado pelo sintagma "Mais da metade dos países", com núcleo no vocábulo "metade". Na segunda oração, o sujeito está sendo indicado pelo pronome relativo "que". Como sabemos, os pronomes relativos são vocábulos que recuperam substantivos precedentes. Em algumas passagens, dada a elaboração do texto, os pronomes relativos são ambíguos quanto a que vocábulo, anteriormente usado, se referem. Foi o que ocorreu no presente caso. Podemos verificar que na primeira oração apontada, a forma verbal "permanecia", ao ser empregada em 3ª pessoa do singular, concordou com o vocábulo "metade", que, como já vimos, é o núcleo de seu sujeito. No entanto, o pronome relativo "que", e isto está indicado pelo emprego da forma verbal "tinham", em 3ª pessoa do plural, retomou o substantivo "países", o que é válido e implica o reconhecimento de que o autor do texto entendeu ser o pronome relativo "que" remissivo a esse substantivo. Evidentemente, também estaria correta a redação "Mais da metade dos países que tinha baixo crescimento e baixo CH em 1960 permanecia na mesma posição na década de 90", em que o pronome relativo citado estaria recuperando "metade".

# Capítulo 7

# SINTAXE DE COLOCAÇÃO PRONOMINAL

Primeira Parte

## Aspectos Teóricos

Inicialmente, convém recordarmos quais são os pronomes pessoais oblíquos átonos. Para tanto, apresentamos o quadro geral de pronomes pessoais em nossa língua.

Como já sabemos, os pronomes pessoais dividem-se em retos e oblíquos. Os oblíquos, por sua vez, dividem-se em átonos e tônicos.

São pronomes pessoais do caso reto: eu, tu, ele (ela), nós, vós, eles (elas).

São pronomes pessoais oblíquos átonos: me, te, o, a, lhe, se, nos, vos, os, as, lhes, se.

São pronomes pessoais oblíquos tônicos: mim, comigo, ti, contigo, si, consigo, ele (ela), nós, conosco, vós, convosco, si, consigo, eles (elas).

Podemos reuni-los, para mais facilidade de estudo, no quadro adiante:

| Pronomes pessoais | | |
|---|---|---|
| Retos | Oblíquos átonos | Oblíquos tônicos |
| eu | me | mim, comigo |
| tu | te | ti, contigo |
| ele (ela) | o, a, lhe, se | si, consigo, ele, ela |
| nós | nos | nós, conosco |
| vós | vos | vós, convosco |
| eles (elas) | os, as, lhes, se | si, consigo, eles, elas |

É conveniente esse momento para lembrarmos o que distingue esses pronomes quanto ao emprego nas estruturas oracionais.

## 1. Emprego de Pronomes

### 1.1. Diferenças quanto ao emprego dos pronomes pessoais

a) Pronomes retos: são usados, normalmente, como sujeito de verbo:

*Nós faremos o trabalho.*

*Já lhe avisei que eles teriam nova oportunidade.*

Como podemos verificar, os pronomes "Nós" e "eles" exercem função sintática de sujeitos para as formas verbais "faremos" e "teriam", respectivamente. São, assim, classificados como pronomes retos.

b) Pronomes oblíquos: não são usados, normalmente, como sujeito de verbo. Em geral utilizam-se como complementos verbais (objetos direto e indireto, embora possam assumir, como se verá adiante, outros valores sintáticos):

*Disse-nos tudo que queria.*

*Nunca poderia esperar resposta favorável a mim.*

Nas duas exemplificações apresentadas, os pronomes "nos" e "mim", ambos oblíquos, exercem respectivamente as funções sintáticas de objeto indireto da forma verbal "Disse" e complemento nominal em relação ao adjetivo "favorável".

### 1.2. Diferenças entre os pronomes pessoais oblíquos átonos e oblíquos tônicos

a) Os pronomes pessoais oblíquos átonos não são antecedidos por preposições:

*Ele te enviará, em breve, o documento.*
*Entregue-lhe o documento.*
Observamos que os pronomes oblíquos sublinhados não estão regidos por preposições, nas duas orações em que surgiram. Nós os classificaremos como pronomes oblíquos átonos.

b) Pronomes pessoais oblíquos tônicos: são sempre antecedidos por preposições:

*Nunca fez alusão a ti com menosprezo.*
*Falei tudo para elas.*
Agora, verificamos que os pronomes "ti" e "elas" surgiram regidos pelas preposições "a" e "elas", respectivamente. São pronomes oblíquos tônicos, portanto.

**ATENÇÃO!**

Pronomes pessoais geralmente exemplificadores do caso reto (como "elas", por exemplo, na oração anterior), quando preposicionados, transformam-se em pronomes pessoais oblíquos tônicos.
*Referiu-se a ele com menosprezo.*
*Afirmou, perante nós, que nenhuma responsabilidade tivera naquele episódio.*
Os pronomes "ele" e "nós", em face de estarem regidos por preposições nos exemplos apresentados ("a" e "perante"), são classificados como pronomes pessoais oblíquos tônicos.

## 1.3. Emprego dos pronomes pessoais oblíquos de primeira e segunda pessoas do singular

Como os pronomes pessoais do caso reto "eu" e "tu" não foram citados entre os pronomes pessoais oblíquos tônicos (reveja o quadro de pronomes pessoais), e levando-se em conta que esses últimos pronomes são obrigatoriamente regidos por preposições, deduzimos que em nenhuma circunstância poderá haver emprego de preposições introduzindo "eu" e "tu". Frases como "Nada aconteceu entre eu e ela" e "Perante tu e a turma, o mestre ponderou que o assunto já fora ventilado", portanto, apresentam incorreto emprego dos pronomes "eu" e "tu", que devem ser obrigatoriamente substituídos por "mim" e "ti".
As orações corretamente elaboradas assumem, então, as formas:
*Nada aconteceu entre mim e ela.*
*Perante ti e a turma, o mestre ponderou que o assunto já fora ventilado.*

**1.4. Por outro lado, observe-se o acerto da utilização do pronome pessoal oblíquo tônico mim e ti nas frases**

*Isto é para mim.*
*De ti não espero muita coisa.*

Em tais orações, os pronomes mencionados não estão em função sintática de sujeito de verbo.

No entanto, veja-se como os referidos pronomes teriam utilização indevida em:
*Comprou um livro para mim ler.*
*Fez tudo para ti ficares satisfeito.*

Nas exemplificações acima, os pronomes assinalados seriam os sujeitos das formas verbais que se seguem a eles. Como pronomes que funcionam como sujeitos de oração são sempre os pronomes retos, a correção das duas orações apontaria:
*Comprou um livro para eu ler.*
*Fez tudo para tu ficares satisfeito.*

Redigimos, contudo, orações que podem fazer com que se pense haver equívoco de emprego pronominal na medida em que se observa uso de preposições ("a" e "de", no caso) antes dos pronomes retos "eu" e "ler". Ocorre, entretanto, que a simples antecedência da preposição relativamente aos pronomes não implica a compreensão de que está ocorrendo regência desta em relação aos pronomes. Na verdade, temos, agora, períodos compostos por duas orações, estando aquelas que se introduzem pelas preposições em forma reduzida. O desdobramento de cada uma delas em suas correspondentes apontaria:
*Comprou um livro para que eu lesse.*
*Fez tudo para que tu ficasses satisfeito.*
Podemos notar, então, que a preposição "para" regeu nos dois exemplos iniciais as orações *para eu ler* e *para tu ficares satisfeito*, trazendo para cada uma delas informação relacionada à área semântica de finalidade. Não houve, consequentemente, regência de pronomes, mas sim de orações.

**1.5. Os pronomes "si" e "consigo", no português do Brasil, diferentemente do uso que dão a eles os lusitanos, sempre indicam ideia reflexiva. Dessa forma, frase como** *Quero falar consigo* **é considerada indevida na sintaxe brasileira. Retificada, encontraríamos** *Quero falar com você.*

**1.6. Junção de formas pronominais oblíquas átonas postas após os verbos**

1.6.1. Verbos terminados em "r", "s", "z" + pronomes "o", "a", "os", "as":

amar + *o* = *amá-lo*; *vendes* + *a* = *vende-la*; fez + as = *fê-las*.

Ocorrem modificações gráficas nos verbos e nos pronomes. Como verificamos, ao procedermos a ligação dos pronomes mencionados a formas verbais que terminam nas consoantes indicadas, suprimimos a consoante contida no verbo e transformamos os pronomes em "-lo", "-la", "-los", "-las". Após procedermos à ligação do pronome, verificamos se há razão para que acentuemos graficamente a forma verbal resultante.

**CUIDADO!**

Ao suprimirmos a consoante final do verbo, não deslocamos a posição da sílaba tônica nele contida. Observemos, então, as diferentes formas finais obtidas das junções pronominais que se seguem, em passagens nas quais a sílaba tônica da forma verbal está destacada:

vender + a = vendê-la

vendes + a = vende-la

No primeiro exemplo, tínhamos uma forma verbal oxítona, ou seja, com acentuação tônica incidindo na última sílaba. Assim, ao cortarmos a consoante final, deparamo-nos com a forma também oxítona "vendê", acentuada obrigatoriamente por ser uma oxítona terminada em "e". Como o timbre dessa vogal é fechado, usamos o acento circunflexo.

No segundo exemplo, a forma verbal preexistente à junção era paroxítona. Desse modo, quando suprimimos a consoante que a encerrava, ficamos ainda com uma palavra ("vende", no caso) paroxítona e terminada em "e". Vocábulos paroxítonos terminados em "e" não sofrem acentuação gráfica, o que justificou a grafia "vende-la".

1.6.2. Verbos terminados em nasalidade (representada por "m" ou til) + pronomes "o", "a", "os", "as":
*amam + a = amam-na; põe + os = põe-nos.*

Não há modificação gráfica nas formas verbais. Os pronomes transformam-se nas formas "no", "na", "nos", "nas".

1.6.3. Verbos que finalizam em qualquer terminação + qualquer pronome distinto de "o", "a", "os", "as":
*amar + te = amar-te*; vendes + *nos = vendes-nos*; *fez + lhe = fez-lhe*; *amam + me* = amam-me; *põe + vos = põe-vos.*

Não há qualquer modificação gráfica. Apenas recorremos ao hífen para promovermos a devida junção.

1.6.4. Verbos em primeira pessoa do plural + pronome nos (de primeira pessoa do plural):
*assustamos + nos = assustamo-nos; ferimos + nos = ferimo-nos.*

Ocorre modificação gráfica apenas na forma verbal, que perde a consoante "s" final.

1.6.5. Verbos conjugados em futuro do presente ou futuro do pretérito + pronomes átonos:
*atirarei + me = atirar-me-ei*; dividiríamos + *o = dividi-lo-íamos*; trarei + *as = trá-las-ei*; *porei + te = por-te-ei.*

A posição natural para o pronome átono relativamente a forma verbal que esteja em um dos futuros do indicativo (futuro do presente ou futuro do pretérito) é no interior do verbo.
Ao procedermos a essa junção, separaremos o verbo após a consoante "r" contida na desinência modo-temporal da forma verbal e inseriremos o pronome acatando as recomendações vistas anteriormente.

## 2. Colocação Pronominal

O pronome oblíquo poderá, com respeito ao verbo com que se relaciona, surgir:

**2.1. Antes dele: *Não te encontrei.***

**2.2. No interior dele: *Encontrar-te-ei.***

**2.3. Depois dele: *Encontrei-te.***

Temos, assim, as posições pronominais denominadas, respectivamente, como próclise, mesóclise e ênclise.

A posição pronominal considerada natural em nossa língua é a ênclise, ou seja, considera-se que, naturalmente, recorremos ao emprego do pronome após o verbo. Essa afirmativa, que não retrata com fidelidade o que ocorre de fato no uso diário, cria algumas dificuldades e equívocos frequentes no emprego dos pronomes, ao menos no nível culto formal da linguagem. Por outro lado, orienta-nos a estudar os casos em que, por exceção, não se deve empregar a ênclise. São situações de emprego obrigatório ou facultativo de próclise e de mesóclise.
Passemos a eles.

## 3. Casos de Próclise Obrigatória

a) Com advérbios, desde que não haja pausa.
*Aqui se estuda com afinco e interesse.*

A presença do advérbio "Aqui", imediatamente situado antes da forma verbal com que se relaciona o pronome "se" e dele não isolado por pausa alguma, provocou emprego proclítico obrigatório do pronome.

### AMPLIE SEU CONHECIMENTO

Quando ocorre pausa entre o advérbio e o restante do texto, a ênclise retoma sua obrigatoriedade.
*Aqui, apesar do que se diz, estuda-se com afinco e interesse.*
Essa pausa pode ocorrer apenas na enunciação da oração, sendo marcada obrigatoriamente por uma vírgula:
*Aqui, estuda-se com afinco e interesse.*

Nem sempre, contudo, o afastamento da palavra atrativa, e não estamos falando de advérbios, invalida a posição pronominal proclítica.
Passemos, então, a palavra a M. Said Ali, *Dificuldades da língua portuguesa*, Francisco Alves , 3ª edição, 1930, p. 84:
*"Não concluiremos este capítulo sem explicar alguns fatos que parecem contradizer a regra da pronúncia ligada. Interromper um grupo expiratório, para dar passagem a termos ou frases de certa extensão, não equivale a destruir o grupo. A pausa impõe-se,*

*antes e depois da intercalação, porque não haveria fôlego bastante para dizer tanta cousa sem parar. Mas persiste, apesar da violência o sentimento da continuidade. Por isso a colocação pronominal de que se vê, se me ajudar há de prevalecer ainda nas amplificações: "que aqui, como na Europa, na Ásia, na Austrália, quase todos os anos se vê"; "se neste negócio complicadíssimo algum dia a fortuna, segundo espero, me ajudar".*

b) Com pronomes indefinidos:
*Ninguém nos ajudou.*
*Algo o perturba.*
*Nada nos deterá.*

Os pronomes indefinidos "Ninguém", "Algo" e "Nada" são os responsáveis pela posição proclítica obrigatória, que verificamos nas sentenças ora estudadas.

c) Com pronomes relativos:
*O livro a que te referes é bom.*
*A professora à qual me dirigi tem desenvolvido excelente trabalho.*

Observemos as próclises exemplificadas pelos pronomes oblíquos átonos "te" e "me", resultantes da presença dos pronomes relativos "que" e "a qual" (em que se nota a presença de uma contração vocabular).

d) Com conjunções subordinativas:
*Não foi à aula porque se distraiu com os brinquedos.*
*Caso o chamem, comparecerá.*

Temos em "porque" uma conjunção subordinativa causal e em "Caso" uma conjunção subordinativa condicional. As próclises pronominais decorrem exatamente da presença dessas duas conjunções subordinativas.

e) Com advérbio ou pronomes interrogativos, em frases interrogativas (de interrogação direta ou indireta):
*Aonde te diriges?*
*Como se comportou?*
*Gostaria de saber quando nos chamarão.*

Estão exemplificados os advérbios interrogativos "onde" (que surgiu combinado com a preposição "A"), "Como" e "quando". Observemos, ainda, a interrogação indireta ("quando nos chamarão") existente no último exemplo deste item.

f) Em frases optativas (também denominadas desiderativas ou volitivas):

*Deus o acompanhe!*
*Que a terra lhe seja leve!*
*Raios te partam!*

Frases optativas são aquelas por meio das quais exprimimos nossos desejos, intenções. As denominações "desiderativas" e "volitivas", incomuns, designam a mesma situação. Em tais frases, as próclises são obrigatórias.

g) Com gerúndio regido da preposição "em":

*Em se tratando de assunto de tanta importância, convém estarmos unânimes.*

Pudemos constatar a presença de forma verbal em gerúndio ("tratando") regida pela preposição "em". Temos, então, um caso de próclise obrigatória.

## 4. Casos de Próclise Facultativa

a) Com substantivos em função de sujeito de oração absoluta, principal ou coordenada:

*A criança feriu-se.* ou *A criança se feriu.*
*A criança feriu-se quando pulou o muro.* ou *A criança se feriu quando pulou o muro.*
*A criança se feriu, mas não chorou.* ou *A criança feriu-se, mas não chorou.*

Temos, pela ordem, próclises pronominais em oração absoluta, principal e coordenada. Em tais circunstâncias, a próclise é facultativa, como podemos observar das possibilidades mostradas.

b) Com pronomes retos (em ocorrências iguais à acima destacada para sujeitos representados por substantivos):

*Ela disse-nos tudo.* ou *Ela nos disse tudo.*
*Ela disse-nos tudo que queríamos saber.* ou *Ela nos disse tudo que queríamos saber.*
*O professor disse-lhe tudo, mas não a convenceu.* ou *O professor lhe disse tudo, mas não a convenceu.*

Em "Ela disse-nos tudo" exemplificou-se oração absoluta. O período composto por subordinação "Ela disse-nos tudo que queríamos saber" tem em "Ela disse-nos tudo" sua oração principal. Finalmente, encontramos uma oração coordenada assindética em "O professor disse-lhe tudo". Nos três casos, como indicamos, as próclises são facultativas.

c) Com pronomes demonstrativos:
*Isto resolve-se com cuidado.* ou *Isto se resolve com cuidado.*
*Isto resolve-se facilmente, não fique aflito.* ou *Isto se resolve facilmente, não fique aflito.*

Deve-se a dupla possibilidade de colocação pronominal em cada um dos períodos ora estudados à presença do pronome demonstrativo "Isto".

d) Com conjunções coordenativas:
*Procurei tê-la perto sempre, mas a perdi de vista.* ou *Procurei tê-la perto sempre, mas perdi-a de vista.*

A conjunção coordenativa adversativa "mas" facultou, nos exemplos vistos, a próclise.

e) Com infinitivo preposicionado:
*Por tratar-se de você, reverei a decisão.* ou *Por se tratar de você, reverei a decisão.*

A presença do infinitivo regido por preposição facultou a próclise acima mostrada.

**Nota**

É importante sabermos que, em conformidade com ensinamento colhido em M. Said Ali, formas verbais em infinitivo que não estejam em locuções verbais facultam a próclise, ainda que estejam antecedidas de palavra que, com outras formas verbais, provocam próclise obrigatória:
*Seria uma desfeita não aceitar-te o presente.* ou *Seria uma indelicadeza não te aceitar o presente.*

## 5. Emprego da mesóclise

Para ocorrer mesóclise pronominal é imprescindível que a forma verbal com a qual o pronome se relaciona esteja em um dos futuros do indicativo: futuro do presente ou futuro do pretérito.

No entanto, essa não é uma condição suficiente. As mesmas circunstâncias já estudadas e que provocam próclises obrigatórias ou facultativas continuam a existir com verbos em futuro. Então, vejamos as situações que se seguem.

**Mesóclise obrigatória**

Com verbos no futuro do presente ou no futuro do pretérito, desde que não haja obrigatoriedade ou mesmo possibilidade de próclise:

*Avistá-lo-ei de manhã, ao sair de casa.*

*Receber-te-emos carinhosamente.*

Como verificamos, não há possibilidade de retirarmos os pronomes átonos das posições mesoclíticas em que surgiram, dada a inexistência de qualquer situação já estudada de próclise obrigatória ou mesmo facultativa.

Como jamais poderá haver ênclise a verbo em um dos futuros do indicativo, os pronomes restaram imobilizados.

No entanto:

*Não o avistarei de manhã, ao sair de casa.*

Vemos que, apesar de o verbo "avistar" ter surgido em futuro do presente do indicativo, a mesóclise é, nesse texto, absolutamente inviável, uma vez que a presença do advérbio "Não" implica a obrigatória próclise pronominal.

Vejamos, ainda, as sentenças:

*Nós receber-te-emos carinhosamente.* ou *Nós te receberemos carinhosamente.*

A presença do pronome reto "Nós" fez surgir no texto uma situação de próclise facultativa, o que foi feito na segunda oração. Sendo a próclise, agora, facultativa, a opção que temos para não fazê-la é situar o pronome em mesóclise ao verbo.

Como vimos, o emprego do verbo no futuro do presente ou no futuro do pretérito não representa condição suficiente para que ocorra a mesóclise. Havendo vocábulo que imponha a próclise, esta terá de ser feita. Por outro lado, existindo vocábulo que faculte a próclise, teremos essa posição pronominal ou a mesóclise. Relembremos que não poderá haver, jamais, ênclise a formas verbais no futuro do presente ou no futuro do pretérito.

## 6. Ênclise

É a posição natural do pronome oblíquo átono relativamente a formas verbais e ocorrerá nas situações não previstas anteriormente.

**Colocação pronominal com locuções verbais ou em formas verbais compostas**

a) Locuções formadas por verbo auxiliar + verbo principal no infinitivo ou no gerúndio.

Estando o verbo principal da locução empregado no infinitivo, ou no gerúndio, poderão ocorrer as seguintes colocações pronominais:

1. Ênclise ao verbo principal:
*Devo dizer-te que sairei já.*
*Estamos vendo-te diariamente.*

Como vemos, o pronome oblíquo átono "te" surgiu em ênclise aos dois verbos principais das locuções verbais, ou seja, "dizer" e "vendo".
Essa posição pronominal, enclítica ao verbo principal de uma locução verbal cujo verbo principal esteja no infinitivo ou no gerúndio, será correta, independentemente de como se apresente o texto.

2. Ênclise ao verbo auxiliar:
*Devo-te dizer que sairei já.*
*Estamos-te vendo diariamente.*

Em "Devo-te" e "Estamos-te" temos a posição pronominal caracterizada como ênclise ao verbo auxiliar das locuções verbais.
É importante que percebamos a inexistência no texto, e antecedendo a locução verbal, de palavra que provoque atração pronominal.

3. Próclise ao verbo auxiliar:
*Não te devo dizer que sairei já.*
*Não te estamos vendo diariamente.*

Como é natural, a próclise do pronome "te" que aconteceu nos exemplos ora apontados, é decorrente da presença da palavra atrativa (no caso, o advérbio "Não"). Já sabemos que circunstâncias de próclise exigem, sempre, para poderem ser expressas, condições textuais que as autorizem.

**ATENÇÃO!**

A próclise ao verbo auxiliar ora indicada, neste caso em que se nota palavra de atração antecedendo a locução verbal, não exclui a posição anteriormente vista de ênclise ao verbo principal.

Assim, também estariam corretos os textos *Não devo dizer-te que sairei já e Não estamos vendo-te diariamente.*

A lógica do raciocínio é a de que a atração exercida pelo vocábulo "Não" (ou outro qualquer) exerce-se no limite da forma verbal que está mais proximamente colocada em relação a ele. Desse modo, ao redigirmos os pronomes átonos em ênclise ao verbo principal, estamos escrevendo-o fora da "zona de atração" exercida, neste caso, pelo advérbio.

Por conta de tal entendimento, então, já ficamos cientes de que, havendo palavra que provoque obrigatoriedade de próclise antecedendo a locução verbal, não poderemos, em nenhuma hipótese, redigir o pronome átono em ênclise ao verbo auxiliar da locução verbal, o que se mostraria nas frases incorretas *Não devo-te dizer que sairei já* e *Não estamos-te vendo diariamente*, uma vez que a obrigatoriedade da próclise não estaria sendo contemplada.

Por isso mesmo, fica óbvio, agora, que a posição enclítica às formas verbais em infinitivo e gerúndio, principais das locuções verbais, é sempre correta, como apontamos no item 1 destas considerações.

---

Insistindo na explicação acima, que consideramos de extrema relevância, observaremos que em situações nas quais surgem palavras de atração antecedendo as locuções verbais, respeitaremos suas ocorrências. Por exemplo:

*Aquilo nos queria dizer algo importante.*

*Aquilo nos estava afetando muito.*

As próclises feitas às locuções verbais devem-se à existência do pronome demonstrativo "aquilo". Como vimos antes, os pronomes demonstrativos facultam o emprego da próclise. Desse modo, as demais posições abaixo mostradas continuarão válidas:

*Aquilo queria dizer-nos algo importante.* e *Aquilo queria-nos dizer algo importante.*

*Aquilo estava afetando-nos muito. / Aquilo estava-nos afetando muito.*

No entanto, em "*Não te desejo falar a verdade*" e "*Não te estamos vendo diariamente*", as próclises feitas à locução verbal *desejo falar* decorreram da presença do advérbio "não", antecedendo-as. Como sabemos, os advérbios, desde que usados sem pausa na pronúncia, provocam próclises obrigatórias. Em locuções verbais, como já vimos, a ênclise ao verbo principal – afastado do vocábulo de atração – é perfeita, o que validaria as sentenças: "*Não desejo falar-te a verdade*" e "*Não estamos vendo-te diariamente*".

No entanto, não seria admitida, nas sentenças ora estudadas, a posição pronominal enclítica ao verbo auxiliar ("*Não desejo-te falar a verdade*" e "*Não estamos-te vendo diariamente*"), vedada pela proximidade da palavra atrativa "não".

4. Próclise ao verbo principal da locução verbal:
*Devo te dizer que sairei já.*
*Aquilo queria nos apontar algo.*
*Aquilo estava me afetando muito.*

Os exemplos acima deixam-nos perceber que os pronomes átonos estão colocados antes dos verbos principais de cada locução verbal ("*dizer*", "*apontar*" e "*afetando*"), já que não há indicação, que é feita graficamente pelo hífen, de sua ênclise aos verbos auxiliares "*Devo*", "*queria*" e "*estava*". Rigorosamente, ocorreu, então, próclise aos verbos principais de cada uma das locuções verbais.

Essa posição pronominal é admitida como exemplo da sintaxe de colocação pronominal caracterizadora do falar brasileiro. Vem sendo aceita pelas bancas examinadoras naturalmente, mas é necessário que estejamos atentos a cada ocorrência dela, uma vez que ainda não é considerada como emprego culto formal.

Como a relação do pronome átono com a locução verbal, nessa situação específica, é com o verbo auxiliar, verbo esse que não está na área de atração de eventual palavra atrativa, sua utilização é sempre correta.

5. Locuções verbais em que o verbo auxiliar esteja empregado em futuro do presente ou em futuro do pretérito.

Devemos apenas lembrar que não há ênclise a verbos em futuros do presente e do pretérito do indicativo. No mais, seguem-se as orientações já comentadas.

Vejamos as exemplificações:

*Aquilo deveria irritar-nos muito.*
Temos ênclise ao verbo principal da locução verbal (que sempre estará correta).

*Aquilo nos deveria irritar muito.*
Ocorreu próclise ao verbo auxiliar da locução verbal (motivada pela presença do pronome demonstrativo "Aquilo", que provoca próclise facultativa).

*Aquilo dever-nos-ia irritar muito.*
Houve mesóclise ao verbo auxiliar da locução verbal (que se encontra no futuro do pretérito e antecedido por palavra que implica próclise facultativa).

*Aquilo deveria nos irritar muito.*
Usou-se o pronome átono em próclise ao verbo principal da locução verbal, em sintaxe de colocação pronominal tipicamente brasileira.

E mais:

O fato não estaria afetando-nos.
Exemplificou-se uma ênclise ao verbo principal da locução verbal (que sempre estará correta).

O fato não nos estaria afetando.
Aconteceu próclise ao verbo auxiliar da locução verbal (motivada pela presença de advérbio, o que provoca próclise obrigatória).

O fato não estaria nos afetando.
Mais uma vez, temos o pronome átono em próclise ao verbo principal da locução verbal, em posição caracterizadora da sintaxe de colocação pronominal brasileira.

O fato não estar-nos-ia afetando.
Houve inadmissível mesóclise ao verbo auxiliar da locução verbal, considerando-se que a presença do advérbio "não" implica próclise obrigatória.

b) Formas verbais compostas formadas por verbo auxiliar + verbo principal no particípio.

Em nenhuma hipótese poderá haver ênclise a formas verbais em particípio. Assim, as possibilidades são:

1. Ênclise ao verbo auxiliar:
*Tinha-lhe dito tudo o que lembrei.*

2. Próclise ao verbo auxiliar:
*Eu lhe tinha dito tudo o que lembrei.*

É importante que nos lembremos de que as circunstâncias de próclises pronominais poderão ocorrer também em grupamentos verbais nos quais o verbo principal está em particípio.

3. Próclise ao verbo principal:
*Eu tinha lhe dito tudo o que lembrei.*

Não nos esqueçamos de que a próclise ao verbo principal de uma forma verbal composta, ainda que venha sendo admitida, não é representativa do nível culto formal da língua.

**ATENÇÃO!**

Do que vimos, há três formas verbais que, em nenhuma hipótese, admitem pronomes a elas enclíticos. São elas o futuro do presente do indicativo, o futuro do pretérito do indicativo e o particípio.

SEGUNDA PARTE

# Questões de Provas

1. **FGV – Em "Mas porque na verdade não me queres mais", ocorreu caso de próclise em função da presença de palavra de valor negativo.**

   **Assinale a alternativa que apresente caso de colocação pronominal em <u>desacordo</u> com a norma culta.**

   A Isso o deixa abatido.
   B Sem dúvida, desejar-se-iam dias melhores.
   C Nós nos colocáramos à disposição do grupo.
   D O importante é que o evento se deu de forma regular.
   E Haviam confirmado-me o horário da consulta.

2. **FEC – Considere os seguintes enunciados:**

   **1. "Essa sucessão se aproxima fortemente da linguagem dos sonhos..."**
   **2. "A televisão, vista assim mais de longe, nos mostra apenas sexo e violência..."**
   **3. "Por princípio, a TV comercial escancara aquilo que nos envergonha."**

   **Em todos eles ocorre a próclise do pronome átono ao verbo. Segundo as normas gramaticais, seria, contudo, igualmente correta a ênclise:**

   A nas frases 1 e 2;
   B nas frases 2 e 3;
   C nas frases 1 e 3;
   D apenas na frase 1;
   E em todas as frases.

3. **FCC – Maquiavel escreveu um tratado político, <u>e a potência de análise desse tratado político</u> permite <u>considerar esse tratado político</u> como um texto que efetivamente revela os mecanismos do poder, embora sempre haja quem <u>julgue indevassáveis esses mecanismos do poder</u>, pois todos os políticos buscam <u>dissimular esses mecanismos do poder</u>.**

   **Evitam-se as viciosas repetições do período acima substituindo-se os segmentos sublinhados, respectivamente, por:**

(A) cuja potência de análise / considerá-lo / os julgue indevassáveis / dissimulá-los;
(B) em cuja potência de análise / o considerar / lhes julgue indevassáveis / os dissimular;
(C) cuja a potência de análise / considerá-lo / julgue-os indevassáveis / dissimular-lhes;
(D) que a potência de análise / considerar-lhe / os julgue indevassáveis / dissimulá-los;
(E) de cuja potência de análise / lhe considerar / os julgue indevassáveis / lhes dissimular.

4. **NCE-UFRJ – Assinale entre as alternativas apresentadas a seguir o único deslocamento do pronome átono que seria considerado incorreto segundo os gramáticos normativos tradicionais.**

(A) "...ou o que se determine pelo uso outorgado." / ...ou o que determine-se pelo uso outorgado.
(B) "...não podendo usá-la senão de acordo com o contrato,..." / ...não a podendo usar senão de acordo com o contrato,...
(C) "...,ainda que se possa atribuir a caso fortuito,..." / ...,ainda que possa atribuir-se a caso fortuito,...
(D) "Se o menor, estando ausente essa pessoa, se viu obrigado a contrair..." / Se o menor, estando ausente essa pessoa, viu-se obrigado a contrair...
(E) "Mas, em tal caso, a execução do credor não lhes poderá ultrapassar..." / Mas, em tal caso, a execução do credor não poderá ultrapassar-lhes...

5. **FCC – Ao utilizar pela primeira vez um aeroporto, o novato percorre o aeroporto como se estivesse num labirinto, buscando tornar o aeroporto familiar aos seus olhos, aplicando seus olhos na identificação das rampas, escadas e corredores em que se sente perdido.**

**Evitam-se as viciosas repetições do texto acima substituindo-se os elementos sublinhados, na ordem dada, por:**

(A) percorre-lhe – tornar-lhe – os aplicando;
(B) o percorre – o tornar – aplicando-lhes;
(C) percorre-o – tornar-lhe – aplicando-os;
(D) o percorre – torná-lo – aplicando-lhes;
(E) percorre-o – torná-lo – aplicando-os.

6. **FEC – Das alterações feitas abaixo na posição do pronome pessoal átono é incorreta, de acordo com a norma culta da língua, a que foi feita na opção:**

(A) "...e o jogo dos rapazes elegantes transformara-se, então, em um grande fenômeno de massas." / ...e o jogo dos rapazes elegantes se transformara, então em um grande fenômeno de massas.

**B** "...que desde os primeiros anos do século vinha se difundindo rapidamente pela cidade..." / ...que desde os primeiros anos do século vinha difundindo-se rapidamente pela cidade...

**C** "... onde se realizavam os jogos em honra a Apolo..." / ...onde realizavam-se os jogos em honra a Apolo ...

**D** "...nos quais pudessem reunir-se e praticar o esporte." / ...nos quais se pudessem reunir e praticar o esporte.

**E** "Paulo Barreto mostrava a grandiosa impressão que a popularização do futebol lhe causava." / Paulo Barreto mostrava a grandiosa impressão que a popularização do futebol causava-lhe.

**7.** **CESGRANRIO – Observe os pronomes oblíquos destacados no texto abaixo.**

**Como já se sabia, o ser humano adapta-se rapidamente a novas condições de vida. O que a pesquisa da felicidade nos ensinou foi o fato de a nossa capacidade de adaptação ser ainda maior do que se imaginava. Acostumamo-nos a quase tudo e há coisas das quais nunca nos enfadamos.**

**Segundo a norma culta, é possível inverter a colocação do pronome apenas em:**

**A** sabia-se;

**B** se adapta;

**C** imaginava-se;

**D** Nos acostumamos;

**E** enfadamo-nos.

**8.** **NCE-UFRJ – Alguns termos desfrutam de certa flexibilidade posicional no interior das construções de que participam. Levando em conta as estruturas presentes nos textos abaixo, de Machado de Assis, assinale entre as alternativas a seguir aquela em que o deslocamento não é recomendado pelos gramáticos normativos tradicionais.**

**A** "Pelo que me dizeis em vossa bela e afetuosa carta, foram os meus escritos que vos deram a simpatia que manifestais a meu respeito." / que deram-vos.

**B** "Não tendo o gosto de conhecer-vos, mais tocante me foi vossa lembrança." / gosto de vos conhecer.

**C** "Recebi e agradeço-vos muito de coração a carta com que me felicitais pelo meu aniversário natalício." / recebi e vos agradeço.

**D** "Tenho a honra de comunicar a V. Ex.ª que a quantia de 100$000, a mim entregue por V. Ex.ª para as despesas da Academia Brasileira de Letras, foi por mim transmitida ao Sr. Dr. Inglês de Sousa, tesoureiro da Academia, em sessão da Diretoria desta." / entregue a mim.

**E** "A diretoria incumbiu-me de agradecer a valiosa oferta." / me incumbiu.

9. **FCC – De acordo com a formalidade da Língua, assinale a alternativa em que está correta a colocação do pronome átono:**

- Ⓐ Meu amigo, preciso o prevenir contra as maledicências usuais dessa gente.
- Ⓑ Os satélites têm dado-nos a exata medida da destruição causada pelas queimadas.
- Ⓒ Esqueçamo-nos do mal que nos fizeram, mas não esqueçamo-nos de retribuir o bem que recebemos.
- Ⓓ O político, constrangido, foi desvencilhando-se aos poucos daquela situação vexatória.
- Ⓔ Eu calarei-me somente se me convencerem de que estou errado.

10. **CESGRANRIO – Nas sentenças abaixo, a expressão destacada que <u>não</u> pode ser substituída pelo pronome após forma verbal, especificado entre parênteses, é:**

- Ⓐ A deusa dava <u>aos poetas</u> o poder de voltar ao passado. (dava-lhes)
- Ⓑ Ela tinha o poder de conferir imortalidade <u>aos mortais</u>. (conferir-lhes)
- Ⓒ Os historiadores registram <u>em suas obras</u> a fisionomia de um humano. (registram-nas)
- Ⓓ Os antigos queriam colocar <u>suas obras</u> sob a proteção das Musas. (colocá-las)
- Ⓔ Eles aprendiam de cor <u>as regras da eloquência</u>. (aprendiam-nas)

11. **ESAF – Marque a alternativa em que há <u>erro</u> quanto à colocação de pronome oblíquo átono.**

- Ⓐ Para Josefa, que encorajou-me a repetir estas histórias, ofereço este livro.
- Ⓑ Pedro arriou o feixe de lenha, voltou-se para os filhos e sorriu.
- Ⓒ Infelizmente, não lhe foi possível dominar as divagações.
- Ⓓ As linhas irregulares da costura tumultuaram-se no avesso da roupa.
- Ⓔ O esgotamento, confundiu-se com a fome, ia envolvendo o velho lenhador.

12. **CESGRANRIO – Entre as sentenças abaixo, aquela em que a forma alternativa de colocação do pronome oblíquo (apresentada após os textos originais e sublinhada) está de acordo com o registro culto e formal da língua é:**

- Ⓐ Antes do Kindle, qualquer um podia pegar um livro e lê-lo. – <u>e o ler</u>.
- Ⓑ Hoje se consegue com a leitura muito mais do que conhecimento. – <u>Hoje consegue-se</u>.
- Ⓒ Acredito que não se precisa de nada para ler, apenas um par de óculos. – <u>não precisa-se</u>.
- Ⓓ Se eu ganhasse um livro eletrônico, nunca iria folheá-lo. – <u>nunca iria o folhear</u>.
- Ⓔ Muito se tem falado sobre os livros eletrônicos. – <u>Muito tem falado-se</u>.

**13. VUNESP – A colocação dos pronomes obedece às prescrições da língua culta escrita na alternativa:**

Ⓐ Quem não lembra-se do que o grupo RPM significava na década de 80? Muitos embalaram-se ao som de suas melodias.

Ⓑ Me desculpem a franqueza, mas ninguém comportou-se bem durante o espetáculo.

Ⓒ Ainda fala-se em elevar o salário mínimo a mais de 200 reais, mesmo tendo mostrado-se impossível qualquer acordo nesse sentido.

Ⓓ Caso se preparassem para suas novas tarefas, todos sairiam-se bem, realizando-as com perfeição.

Ⓔ Dar-se-á ao pedido a solução que se mostrar mais justa, podem estar certos disso.

**14. NCE-UFRJ – A opção em que é facultativa a colocação proclítica ou enclítica do pronome grifado é:**

Ⓐ "A perpetuação ou aquisição da cultura é um processo social e não biológico, razão pela qual se usa, às vezes, o termo *herança social* em lugar de *cultura*."

Ⓑ "A existência da cultura liga-se a necessidades especificamente humanas."

Ⓒ "Como se faz esse pudim?"

Ⓓ "A única mensagem positiva é que até 1995 o banco dava prejuízo, o que confirma o que já se sabia!"

Ⓔ "É quase unânime a opinião de que se praticou uma injustiça na concessão de uma remuneração, por toda vida, de R$ 11.000,00/mês, em função de sete meses de trabalho."

**15. VUNESP – Assinale a alternativa correta, no que se refere ao uso da colocação pronominal.**

Ⓐ Os gerentes não preocupam-se com o uso exacerbado do gerundismo.

Ⓑ Se sabe que há várias comunidades do Orkut contra o uso do gerundismo.

Ⓒ Em se tratando de gerundismo, deve-se evitar o seu uso.

Ⓓ Quando ensina-se o uso da Língua, o gerundismo deve fazer parte do conteúdo.

Ⓔ Ninguém lembrou-se de explicar acerca do uso do gerundismo.

**16. CESPE-UNB – "De fato, o poder deste cargo é tamanho que será difícil encontrar um brasileiro adulto que não se tenha posto no seu lugar e vestido a camisa para imaginar como seria a sua seleção..."**

**Em "que não se tenha posto no seu lugar", há a próclise devido à existência de pronome átono**

Ⓐ iniciando período.

Ⓑ em oração subordinada com verbo flexionado.

Ⓒ em oração iniciada por palavra exclamativa.

**D** em expressões cristalizadas de cunho popular.
**E** em oração com verbo modificado, sem pausa, por advérbio.

**17. FESP-RJ – "...temo que ela possa servir mais como bandeira política..."**

**Transformando-se a expressão verbal da passagem acima e acrescentando-se o pronome oblíquo "lhe", a construção inaceitável segundo a norma culta brasileira é:**

**A** ...que ela devesse-lhe poder servir...
**B** ...que ela devesse poder-lhe servir...
**C** ...que ela devesse poder servir-lhe...
**D** ...que ela lhe devesse poder servir...
**E** ...que ela devesse poder lhe servir...

**18. FCC – O editorial foi considerado um desrespeito à soberania de Cuba, <u>trataram a soberania de Cuba</u> como uma questão menor, pretenderam <u>reduzir a soberania de Cuba</u> a dimensões risíveis, como se os habitantes do país não <u>tivessem construído a soberania de Cuba</u> com sangue, suor e lágrimas.**

**Evitam-se as viciosas repetições acima substituindo-se os segmentos sublinhados, respectivamente, por:**

**A** trataram a ela – reduzir-lhe – a tivessem construído;
**B** trataram-na – reduzi-la – a tivessem construído;
**C** a trataram – a reduziram – tivessem-na construído;
**D** trataram-lhe – reduziram-lhe – lhe tivessem construído;
**E** trataram-na – reduziram-lhe – lhe tivessem construído.

**19. FCC – A ciência é indispensável: <u>deve-se à ciência</u> o conhecimento de um sem-número de fenômenos que <u>coube a ciência</u> explicar, razão pela qual deve-se <u>conferir à ciência</u> a importância do que nos humaniza.**

**Evitam-se as viciosas repetições da frase acima substituindo-se os elementos sublinhados, respectivamente, por:**

**A** deve-se à ela – coube-lhe – conferir-lhe;
**B** deve-se-lhe – lhe coube – conferir-lhe;
**C** deve-se à mesma – a coube – conferi-la;
**D** deve-se-lhe – coube-lhe – conferi-la;
**E** deve-se a esta – lhes coube – lhe conferir.

**20. FESP-RJ – Nas passagens do texto, fez-se ao lado outra colocação dos pronomes pessoais, sublinhando-os. A passagem em que o deslocamento <u>não</u> se acha previsto pela norma culta é:**

**A** "A miséria se politizaria, passando a ..."/ A miséria politizar-<u>se</u>-ia, passando a...

**B** "...numa forma de mantê-la e preservá-la."/ numa forma de <u>a</u> manter e <u>a</u> preservar.

**C** "...passa a servi-la, convertendo-se, ele próprio..."/ passa a servi-la, <u>se</u> convertendo, ele próprio...

**D** "Não há interesse em erradicá-las"/ Não há interesse em <u>as</u> erradicar.

**E** "...uma vez que estes pró-homens da miséria do povo não querem resolvê-la."/ uma vez que estes pró-homens da miséria do povo não <u>a</u> querem resolver.

**21. NCE-UFRJ – A alternativa que apresenta <u>erro</u> de colocação pronominal é:**

**A** O diretor não queria calar-se.

**B** Não lhe prestarei qualquer ajuda.

**C** O guia não o seguiu.

**D** Fi-lo porque qui-lo!

**E** Ninguém quer segui-lo.

**22. NCE-UFRJ – "Há tantas famílias querendo adotar bebês." Se substituirmos o substantivo "bebês" por um pronome pessoal oblíquo, a forma adequada dessa frase será:**

**A** Há tantas famílias querendo adotar-lhes.

**B** Há tantas famílias lhes querendo adotar.

**C** Há tantas famílias querendo adotá-los.

**D** Há tantas famílias querendo os adotar.

**E** Há tantas famílias querendo adotar-los.

**23. FJPF – A alternativa em que a ênclise sugerida para o pronome átono está em desacordo com as normas de colocação prescritas na gramática é:**

**A** "- Vamos ver para que dá o senhor, me disse o meu avô no dia da minha chegada." / – Vamos ver para que dá o senhor, disse-me o meu avô no dia da minha chegada.

**B** "A tradição dessa vida me enchia do orgulho de ter saído de tal gente." / A tradição dessa vida enchia-me do orgulho de ter saído de tal gente.

**C** "para me fixar ali onde fora o meu paraíso de antigamente" / para fixar-me ali onde fora o meu paraíso de antigamente.

**D** "De fora, eu me voltava com o pensamento para o Santa-Rosa." / De fora, eu voltava-me com o pensamento para o Santa-Rosa.

**E** "Tudo obra da literatura que se fazia naquele tempo." / Tudo obra da literatura que fazia-se naquele tempo.

**24. FJPF – O trecho "A reação de aproximação ou de afastamento pode verificar-se em qualquer segmento do sistema nervoso" foi reescrito em cada alternativa abaixo. A norma escrita contemporânea rejeita a nova redação presente em:**

Ⓐ A reação de aproximação ou de afastamento pode se verificar em qualquer segmento do sistema nervoso.

Ⓑ A reação de aproximação ou de afastamento pode-se verificar em qualquer segmento do sistema nervoso.

Ⓒ A reação de aproximação ou de afastamento não se pode verificar em qualquer segmento do sistema nervoso.

Ⓓ A reação de aproximação ou de afastamento não pode verificar-se em qualquer segmento do sistema nervoso.

Ⓔ A reação de aproximação ou de afastamento não pode-se verificar em qualquer segmento do sistema nervoso.

**25. FGV – Embora o uso do pronome oblíquo átono em posição inicial no período seja condenado pela gramática tradicional portuguesa, é de uso consagrado oralmente no Brasil. Entretanto, ainda há casos que permanecem inadequados segundo a norma culta.**

**Assinale a alternativa em que a colocação do pronome oblíquo átono seja <u>inadequada</u> segundo a norma culta, mesmo com a flexibilização do uso no Brasil.**

Ⓐ Tenho-me permitido estas regalias.

Ⓑ Tenho me permitido estas regalias.

Ⓒ Tenho permitido-me certas regalias.

Ⓓ Estas regalias me têm sido permitidas.

Ⓔ Estas regalias têm-me sido permitidas.

**26. FUMARC – De acordo com a norma culta, <u>não</u> se admite outra colocação para o pronome destacado em:**

Ⓐ "...nem quando lhe sapecou um beijo na boca."

Ⓑ "...tantas que alguém lhe precisaria dizer: 'Calma, rapaz!'"

Ⓒ "Já Bono, do U2, se entrega à militância em favor de todas as boas causas."

Ⓓ "Desceria aos infernos com seu ídolo, o seguiria nas batalhas mais espinhosas pela justiça no mundo..."

**27. NC-UFPR – Assinale a alternativa abaixo em que o uso dos pronomes <u>não</u> está adequado às situações mais formais de utilização da língua escrita.**

Ⓐ O presidente não gostou da explicação que o comando do exército lhe deu.

Ⓑ O delegado gostou da forma como lhe devolveram as armas.

Ⓒ Se sujeitar dessa forma aos traficantes é muito humilhante para o exército.

Ⓓ Devolveram-nas ao exército, mas sob condições difíceis.

Ⓔ O comandante parece que não queria mais resgatá-las.

**28. CESGRANRIO – Assinale a opção em que o pronome pessoal está mal empregado, de acordo com a norma culta da Língua.**

Ⓐ O erro foi mandá-los à passeata estudantil.
Ⓑ Tudo que lhe servia de inspiração, desapareceu.
Ⓒ Faltou-te uma nova oportunidade para entendê-lo.
Ⓓ Nada agrada-lhe quando está de mau humor.
Ⓔ A custo, apoiando-se na defesa de seu ponto de vista, conseguiu o emprego.

**29. NCE-UFRJ – Consoante as normas da Língua culta vigente, o pronome átono está colocado com <u>erro</u> em:**

Ⓐ As reuniões tornavam-se eventos de grande repercussão.
Ⓑ As reuniões se tornavam eventos de grande repercussão.
Ⓒ As reuniões se tornariam eventos de grande repercussão.
Ⓓ As reuniões tornariam-se eventos de grande repercussão.
Ⓔ As reuniões tornar-se-ão eventos de grande repercussão.

**30. NCE-UFRJ – A frase em que, segundo o uso culto escrito, são lícitas tanto a próclise quanto a ênclise do pronome oblíquo átono é:**

Ⓐ "Já que o espírito arde de sede daquela Água Viva do poço de Jacó (*João 4*), afoga-se o corpo em álcool e gorduras."
Ⓑ "A gula de Deus busca, em vão, saciar-se no ato de se empanturrar à mesa."
Ⓒ "Mudemos nós e o Natal."
Ⓓ "Instalemos o presépio no próprio coração e deixemos germinar Aquele que se fez pão e vinho para que todos tenham vida com fartura e alegria."
Ⓔ "Deixemo-nos, como Maria, engravidar pelo Espírito de Deus."

## GABARITO DAS QUESTÕES DE PROVAS

| | | | | | |
|---|---|---|---|---|---|
| 1. E | 6. C | 11. A | 16. E | 21. D | 26. A |
| 2. A | 7. B | 12. A | 17. E | 22. C | 27. C |
| 3. A | 8. A | 13. E | 18. B | 23. E | 28. C |
| 4. A | 9. D | 14. B | 19. B | 24. E | 29. D |
| 5. A | 10. C | 15. C | 20. C | 25. C | 30. B |

### Questão 1

e) Não há possibilidade de fazerem-se ênclises a formas verbais em particípio. Com essa informação, totalizamos três formas verbais com as quais as ênclises em nenhuma situação são aceitas: os futuros do presente e do pretérito e o particípio. O texto ficará retificado nas formas "Haviam-me confirmado o horário da consulta", com ênclise ao verbo auxiliar da forma verbal composta ou "Haviam me confirmado o horário da consulta", com próclise ao verbo principal da forma verbal composta. Recordemos que as próclises feitas a verbos principais de locuções verbais ou de formas verbais compostas representam sintaxe de colocação pronominal tipicamente brasileira, sendo sua grafia considerada ainda uma concessão gramatical.

### Questão 2

Vejamos cada um dos enunciados propostos, em busca daquele (ou daqueles) em que a ênclise pronominal estaria, também, correta. Na verdade, estamos trabalhando com casos de próclises facultativas.

1. Próclise facultativa.
   Podemos justificar a próclise pronominal por não observarmos a presença na oração "Essa sucessão se aproxima fortemente da linguagem dos sonhos...", provavelmente principal (a pontuação sugere continuidade do texto), coordenada ou, ainda, absoluta – de qualquer dos vocábulos que provocam as ênclises pronominais. Também justificaremos a próclise observando o sujeito representado pelo substantivo "sucessão", imediatamente antecedente da forma verbal com a qual o pronome átono se relaciona. A próclise encontrada é, então, de natureza facultativa, sendo a ênclise também correta. Assim, o texto estaria gramaticalmente válido se fosse assim escrito: "Essa sucessão aproxima-se fortemente da linguagem dos sonhos...".
2. Próclise facultativa.
   Em "A televisão, vista assim mais de longe, nos mostra apenas sexo e violência...", a próclise pronominal está justificada pelo sujeito representado pelo substantivo "televisão". O afastamento entre o sujeito e o verbo com o qual o pronome átono se relaciona, ou seja, a quebra da continuidade estrutural da oração, como aprendemos com Said Ali, não impede que a colocação proclítica aconteça. É caso de próclise facultativa e o texto "A televisão, vista assim mais de longe, mostra-nos apenas sexo e violência...".

3. Próclise obrigatória.

   Em "Por princípio, a TV comercial escancara aquilo que nos envergonha", a próclise do pronome átono "nos" é exigida pelo pronome relativo "que", conectivo da oração subordinada adjetiva em que a forma verbal "envergonha" apareceu. Trata-se de próclise obrigatória, o que impede outra possibilidade de colocação pronominal.

   Do que vimos, a próclise ou a ênclise foram empregadas de forma gramaticalmente correta nos textos 1 e 2. No texto 3, a próclise é obrigatória.

   A resposta da questão é a alternativa "a", em que se lê: "Nas frases 1 e 2".

## Questão 3

Sugere a banca examinadora que evitemos as repetições viciosas encontradas no texto. Procedamos, então, às medidas necessárias para que isto ocorra:

1. Inicialmente, percebemos que o "tratado político" referido em "a potência de análise desse tratado político" já fora citado antes. Temos, então, de empregar um pronome adjetivo relativo, de modo que criemos um vínculo entre duas orações, sendo a segunda delas, obviamente, adjetiva. Ficaremos, assim, com "Maquiavel escreveu um tratado político, cuja potência de análise...". Convém que nos lembremos de que não se pode empregar artigos definidos após os pronomes relativos "cujo" e flexões.
2. A segunda expressão "tratado político" funciona sintaticamente como objeto direto da forma verbal "considera". Sendo objeto direto e, quanto a gênero e número, indicativo de masculino singular – considerado o seu núcleo "tratado" –, o pronome oblíquo átono ajustado à substituição será "o". Como não há palavra de atração antecedendo a forma verbal a que nos referimos, será obrigatória a ênclise pronominal e teremos: "considerá-lo".
3. Agora temos sublinhados, além do verbo (na forma de presente do subjuntivo "julgue"), o objeto direto "esses mecanismos do poder" e o predicativo do objeto direto "indevassáveis". Está passível de ser substituído por pronome o objeto direto, cujo núcleo é "mecanismos". Deveremos, então, empregar o pronome oblíquo átono "os". Dessa feita, há um pronome indefinido precedendo a forma verbal "julgue" já citada. Como sabemos, os pronomes indefinidos implicam próclises obrigatórias. Teremos, então, "os julgue indevassáveis".
4. Finalmente, temos de pronominalizar o objeto direto do verbo "dissimular", representado novamente pela expressão "esses mecanismos do poder". Logicamente empregaremos, de novo, o pronome "os". Dessa vez cabem diversas posições pronominais para o relacionamento do pronome com a locução verbal "buscam dissimular". De início, vejamos as referendadas pela gramática tradicional:

   4.1. "os políticos os buscam dissimular" – próclise à locução verbal, justificada pela existência do sujeito de núcleo substantivo ("políticos") imediatamente antecedente da locução verbal, tornando, assim, facultativa essa próclise;

   4.2. "os políticos buscam-nos dissimular" – ênclise ao verbo auxiliar da locução verbal, possível pela atração apenas facultativa do sujeito de núcleo substantivo, sendo o pronome "os" alterado graficamente para "nos", em virtude de o verbo terminar em nasalidade indicada pela letra "m";

4.3. "os políticos buscam dissimulá-los" – ênclise ao verbo principal da locução verbal, que surgiu em infinitivo, havendo a supressão da consoante final do verbo e a alteração gráfica do pronome "os" para "-los". Como sabemos, havendo locução verbal cujo verbo principal esteja no infinitivo ou no gerúndio, a ênclise a este verbo principal será sempre correta.

São três, assim, as posições pronominais possíveis para esta situação, em conformidade com o emprego formal da linguagem.

No entanto, em posição caracterizadora da sintaxe de colocação pronominal brasileira, ainda encontraremos a possibilidade de deixarmos o pronome "solto" entre os verbos da locução verbal, o que caracterizaremos como próclise ao verbo principal da locução verbal, surgindo a derradeira forma possível para este caso: "os políticos buscam os dissimular".

Temos, então as formas: "cuja potência de análise" – "considerá-lo" – "os julgue indevassáveis" – "os buscam dissimular" (ou "buscam-nos dissimular" ou "buscam dissimulá-los" ou, ainda, "buscam os dissimular").

A alternativa resposta é "a".

**Questão 4**

a) Como sabemos, pronomes relativos provocam obrigatória próclise pronominal. O segundo texto desta alternativa está, consequentemente, errado, por não se ter respeitado a obrigatoriedade da próclise provocada pelo pronome relativo "que", na frase "...ou o que determine-se pelo uso outorgado", em que se verifica pronome átono em posição enclítica. A única possibilidade de colocação pronominal para este fragmento de texto é a que se verifica na primeira frase da mesma alternativa, vale dizer, a próclise pronominal. Esta é a resposta da questão.

**Questão 5**

Observemos o texto fornecido, com os fragmentos que devem sofrer pronominalização já apontados:

"Ao utilizar pela primeira vez um aeroporto, o novato percorre-o (1) como se estivesse num labirinto, buscando torná-lo (2) familiar aos seus olhos, aplicando-os (3) na identificação das rampas, escadas e corredores em que se sente perdido."

Vejamos, agora, as justificativas para as escolhas efetuadas:

I. O verbo "percorrer" tem regência transitiva direta. No texto original, surge complementado pelo sintagma "o aeroporto", seu objeto direto, com núcleo no substantivo "aeroporto", indicativo de gênero masculino e número singular. A aplicação do pronome oblíquo átono *o* é, então, obrigatória. No tocante à sintaxe de colocação, lembremo-nos de que substantivos em papel de sujeito e imediatamente antecedentes aos verbos facultam a próclise. O sujeito de "percorrer" está indicado por "o novato", cujo núcleo "novato" é um substantivo. Isso implica dupla possibilidade de emprego do pronome citado, quanto à colocação: em próclise ao verbo, o que resultaria em "o percorre", ou em ênclise à forma verbal, do que resultaria "percorre-o".

II. Na locução "buscando tornar", o verbo principal "tornar" tem emprego transitivo direto, o que se mostra com a presença do objeto direto "o aeroporto". Pela mesma razão já citada no comentário do item I, é imperiosa a presença do pronome oblíquo átono "o". Agora, entretanto, nada justificaria uma próclise, sendo a ênclise a opção única. Ao ligarmos encliticamente o pronome referido à forma verbal "tornar", finalizada em verbo, procederemos ao descarte da sua consoante final, o que fará surgir a forma "torná", com obrigatório emprego de acento agudo na vogal tônica *a* de uma palavra oxítona. Por sua vez, o pronome será alterado graficamente em "-lo". Teremos, então, a única possibilidade de pronominalização dessa passagem em "torná-lo".

III. Agora temos o verbo "aplicar", de regência ainda transitiva direta e empregado em forma de gerúndio: "tornando". Seu objeto direto está indicado pela expressão "seus olhos", cujo núcleo "olhos" indica flexões de gênero masculino e de número plural. O pronome a ser empregado é, então, "os". Considerado o fragmento em que surge, não há possibilidade de emprego proclítico para o pronome mencionado, o que nos impõe, então, a ênclise obrigatória na forma "tornando-os".

A alternativa que nos apresenta a combinação adequada para as possibilidades colocadas está em "e".

### Questão 6

c) O pronome oblíquo átono "se" estava em próclise obrigatória e imposta pelo vocábulo "onde" – advérbio ou pronome relativo, já que o fragmento de texto da alternativa da questão não permite elucidação a este respeito. A reescrita, com o pronome em ênclise à forma verbal "realizavam", desrespeita essa obrigatoriedade.

### Questão 7

b) A existência do sujeito de núcleo substantivo "o ser humano", imediatamente antecedente à forma verbal "adapta", possibilita o emprego alternativo da próclise na presente passagem, que seria, então, redigida sob a forma: "o ser humano se adapta".

### Questão 8

a) Descolocamento incorreto.

A próclise que se encontra em "que vos deram", considerando-se a classe gramatical do vocábulo "que" – pronome relativo –, é obrigatória. O deslocamento feito provocou erro na sintaxe de colocação pronominal.

## Questão 9

d) Está perfeita a ênclise ao verbo principal da locução verbal "foi desvencilhando". Lembremo-nos, por oportuno, de que a sintaxe de colocação tipicamente brasileira propõe a próclise ao verbo principal: "O político, constrangido, foi se desvencilhando aos poucos daquela situação vexatória". Essa posição pronominal, como dissemos, caracterizadamente brasileira, vem sendo aceita em provas sem restrições.

## Questão 10

c) A substituição de um adjunto adverbial – "em suas obras" – pelo pronome oblíquo átono "as", que surgiu grafado na forma "-nas" por ligar-se encliticamente a forma verbal terminada em "m", é incorreta, uma vez que, como já é de nosso conhecimento, os pronomes "o", "a", "os" e "as" são destinados à complementação de verbos de regência transitiva direta, o que os faz serem, quando complementos verbais, objetos diretos. Caso levássemos em conta apenas a forma como o pronome foi colocado em ênclise ao verbo, a utilização do pronome estaria correta. Esta é a resposta da questão.

## Questão 11

Há incorreção quanto ao emprego do pronome átono na opção "a". O vocábulo "que", pronome relativo, provoca obrigatória próclise do pronome. O texto se retifica com a grafia seguinte: "Para Josefa, que me encorajou a repetir estas histórias, ofereço este livro".

## Questão 12

a) Colocação correta.
No fragmento em que surgiu originalmente, o pronome oblíquo átono ocupou posição enclítica em relação à forma verbal de infinitivo "ler", do que resultou "lê-lo". Como sabemos, os infinitivos verbais facultam as próclises, o que justifica, então, a posição que encontramos em "e o ler". Também poderíamos recorrer à presença de conjunção coordenativa – "e", no caso – para justificar a próclise feita, uma vez que tais conjunções facultam próclises, diferentemente das conjunções subordinativas, que as impõem. Esta é a resposta da questão.

## Questão 13

e) Nesta alternativa não se encontram erros, sendo assim justificadas as colocações dos dois pronomes átonos: "Dar-se-á ao pedido a solução que se mostrar mais justa, podem estar certos disso". A mesóclise encontrada no verbo que abre o período é obrigatória em face de esse verbo encontrar-se no futuro do presente e de não haver, evidentemente, qualquer palavra que exija a próclise pronominal antecedendo-o. Na oração adjetiva, o pronome relativo provocou a próclise do pronome, também obrigatória.

## Questão 14

Os casos em que se nota facultatividade no emprego das próclises ou ênclises pronominais foram vistos nas informações teóricas.

Podemos citá-los novamente, para que se fixem em nossa lembrança. São eles:

1. Sujeitos representados por substantivos em orações absolutas, principais ou coordenadas.
2. Pronomes retos.
3. Pronomes demonstrativos.
4. Conjunções coordenativas.
5. Infinitivos preposicionados.

Podemos perceber que a alternativa "b", que é a resposta da questão, traz situação prevista no item 1 acima.

No texto "A existência da cultura liga-se a necessidades especificamente humanas", observa-se a existência de sujeito representado pelo sintagma "A existência da cultura", cujo núcleo é o substantivo "existência". A próclise é facultativa, o que nos autoriza a reescrever o texto sob a forma também correta de: "A existência da cultura se liga a necessidades especificamente humanas".

## Questão 15

c) Alternativa correta.

Uma das situações de emprego obrigatório dos pronomes oblíquos átonos é a que se apresenta no texto do item que ora analisamos. Trata-se de circunstância em que se emprega verbo em gerúndio, antecedido de pronome oblíquo átono. Esta é a resposta da questão.

## Questão 16

e) Na oração "que não se tenha posto no seu lugar", o pronome oblíquo átono "se" está em próclise à forma verbal composta "tenha posto", em virtude da presença do advérbio "não", escrito sem pausa antes da referida forma verbal.

## Questão 17

e) Está ocorrendo próclise ao verbo principal da locução verbal. Essa posição pronominal, embora não seja considerada errada na sintaxe de colocação pronominal brasileira, ainda não é representativa da norma culta da língua.

## Questão 18

O candidato deve saber reconhecer as regências verbais e os pronomes oblíquos átonos incumbidos de substituírem expressões que, em geral, surgem como complementos verbais dispostos de modo redundante.

Passemos à observação desta questão.

Podemos observar que a expressão "a soberania de Cuba" surgiu como complemento verbal de "trataram", "reduzir" e "tivessem construído". As três formas verbais para as quais serviu como complemento têm a mesma regência transitiva direta. Sendo, então, a expressão "a soberania de Cuba" – com núcleo no substantivo "soberania" – indicativo de 3ª pessoa e do gênero feminino, o pronome pessoal oblíquo átono devido para sua substituição é "a". Assim, deveremos proceder à vinculação deste pronome com as formas verbais já citadas, deste modo:

1. "...,trataram a soberania de Cuba..."
   Ao providenciarmos a ênclise pronominal, única posição possível neste fragmento já que não há palavra de atração para o pronome, deveremos observar a obrigatoriedade existente, pelo fato de o verbo terminar em nasalidade, de transformarmos graficamente o pronome "a" em "na". Teremos, então: "..., trataram-na..."
2. "...pretenderam reduzir a soberania de Cuba..."
   Ao providenciarmos a ênclise pronominal, única posição possível neste fragmento, uma vez que não há palavra de atração para o pronome, observaremos a obrigatoriedade da transformação gráfica do pronome "a" em "-la", quando o juntamos de modo enclítico a formas verbais terminadas em "r", "s" e "z". Teremos, "...pretenderam reduzi-la...".
3. "...não tivessem construído a soberania de Cuba..."
   Ao providenciarmos a próclise do pronome relativamente ao tempo composto "tivessem construído" – pretérito mais-que-perfeito composto do subjuntivo –, única posição correta (levando-se em conta apenas as indicações cultas formais da sintaxe de colocação de pronomes átonos) neste fragmento, em face de não ser possível realizar-se ênclise a formas verbais em particípio e existir vocábulo de atração (o advérbio "não"), imediatamente antes do tempo citado, teremos "...não a tivessem construído...".

Temos, então, a sequência: "trataram-na", "reduzi-la" e "a tivessem construído". A resposta da questão é a alternativa "b".

## Questão 19

O texto em questão, com as passagens em que estão os complementos verbais a serem substituídos por formas pronominais, é o que se segue:

"A ciência é indispensável: <u>deve-se à ciência</u> o conhecimento de um sem-número de fenômenos que <u>coube a ciência</u> explicar, razão pela qual deve-se <u>conferir à ciência</u> a importância do que nos humaniza".

Antes de procedermos aos comentários relativos aos procedimentos necessários para cumprimento da solicitação contida no enunciado da questão, apontamos deslize no tocante ao emprego do acento grave indicativo de crase na passagem "coube a ciência", em que se deveria ter usado esse acento no vocábulo "a" antecessor do substantivo "ciência", para que se indicasse a contração da preposição "a", exigida pela regência transitiva indireta do verbo "caber", aqui empregado com sentido de "competir", com o artigo definido "a" que define semanticamente o substantivo "ciência". O fragmento a que nos referimos, então, deveria ter sido grafado "coube à ciência".

Agora, vejamos a resposta da questão.

b) Alternativa correta.

Optou-se pela substituição do objeto indireto do verbo "dever", de regência transitiva indireta nesta passagem, pelo pronome oblíquo átono "lhe", o que é tão satisfatório quanto seria com a forma pronominal oblíqua tônica correspondente "a ela". Por conta dessa opção obteve-se "deve-se-lhe", com o pronome "lhe" em ênclise à forma verbal "deve", que, por sua vez, já estava acrescida do pronome apassivador "se". A segunda pronominalização, em "lhe coube", justifica-se pela presença do pronome relativo em "que lhe coube". No tocante à última pronominalização, procedeu-se com correção em substituir-se o objeto indireto da forma verbal de regência transitiva direta e indireta "conferir" pelo pronome "lhe", corretamente colocado em ênclise à forma verbal de infinitivo mencionada

## Questão 20

c) Inicialmente, o texto apresentou ênclise pronominal a uma forma verbal em gerúndio. Não há palavra de atração antecedendo essa forma de gerúndio. O deslocamento do pronome para posição proclítica à forma nominal não encontra apoio nas orientações da gramática normativa.

## Questão 21

d) Em "Fi-lo porque qui-lo", temos período composto por duas orações, que assim se mostram: "[Fi-lo][porque qui-lo"]. As orações do período classificam-se em principal ("Fi-lo") e subordinada adverbial causal ("porque qui-lo"). Cada uma das orações apontadas apresenta-se com forma pronominal enclítica. Na primeira delas, a ênclise, considerando-se que não há qualquer motivo para a próclise, é obrigatória. No entanto, a conjunção subordinativa causal "porque" implica obrigatória próclise na segunda oração. Retificado o texto, teremos "Fi-lo porque o quis".

## Questão 22

c) Houve correto emprego de ênclise pronominal em "Há tantas famílias querendo adotá-los", sentença na qual o pronome "-los", forma gráfica modificada de "os", surgiu empregado após o verbo principal da locução "querendo adotar". Nesta questão, mais particularmente em seu item "d", vemos que a banca examinadora não aceitou o emprego tipicamente brasileiro do pronome em próclise ao verbo principal.

**Questão 23**

e) Em "Tudo obra da literatura que fazia-se naquele tempo", não se respeitou o fato de pronomes relativos (no caso, "que") provocarem próclises obrigatórias.

**Questão 24**

e) A ênclise feita ao verbo auxiliar da locução verbal "pode verificar", em "A reação de aproximação ou de afastamento não pode-se verificar em qualquer segmento do sistema nervoso", está incorreta, uma vez que o advérbio "não" grafado imediatamente antes da locução mencionada a impede. A alternativa para a ênclise feita ao verbo principal que observamos no enunciado da questão seria uma próclise ao verbo auxiliar da locução verbal, o que faria o texto assumir a forma "A reação de aproximação ou de afastamento não se pode verificar em qualquer segmento do sistema nervoso". Nesta questão, a banca examinadora considerou aceitável a colocação pronominal proclítica ao verbo principal da locução verbal, diferentemente do que ocorreu na questão 22. A matéria, por ser assim controversa, merece cuidado na hora de se resolver uma questão que a envolva.

**Questão 25**

c) Em nenhuma circunstância será admitida a ênclise a formas verbais em particípio. Assim, a sentença "Tenho permitido-me certas regalias" traz equívoco a ser retificado em "Tenho-me permitido certas regalias". Esta questão também traz uma alternativa em que se verifica a posição pronominal proclítica ao verbo principal da forma verbal composta (alternativa "b"), que foi, novamente, admitido como correto pela banca examinadora.

**Questão 26**

a) A próclise pronominal observada em "...nem quando lhe sapecou um beijo na boca" é rigorosamente obrigatória, uma vez que o texto apresenta-se com vocábulo que implica essa posição. Falamos da conjunção subordinativa temporal "quando". Assim, seu deslocamento para a ênclise à forma verbal "sapecou" estaria incorreta.

**Questão 27**

c) Já sabemos que as ocorrências de próclises dependem de circunstâncias textuais que as fazem ser ora obrigatórias, ora facultativas. Estudamos quais palavras ou em quais condições justificam a próclise. No texto deste item, "Se sujeitar dessa forma aos traficantes é muito humilhante para o exército", observamos próclise à forma verbal "sujeitar" que abre o período. Não podemos abrir um período com pronome pessoal oblíquo átono.

### Questão 28

d) Os pronomes indefinidos causam próclise do pronome oblíquo átono. Esse fato não foi respeitado nesta alternativa, na qual o pronome "lhe" está incorretamente empregado em ênclise à forma verbal "agrada", considerando-se a presença do pronome indefinido "Nada". A frase com a devida correção, será: "Nada lhe agrada quando está de mau humor".

### Questão 29

d) Verbos empregados em futuro do presente ou em futuro do pretérito não admitem ênclises pronominais. A frase desta alternativa será retificada em: "As reuniões tornar-se-iam eventos de grande repercussão" ou "As reuniões se tornariam eventos de grande repercussão".

### Questão 30

b) O segundo pronome oblíquo átono "se", que destacamos no texto "A gula de Deus busca, em vão, saciar-se no ato de se empanturrar à mesa", pode ser deslocado para posição enclítica à forma verbal "empanturrar", uma vez que esse verbo é de infinitivo e está precedido por preposição.

Capítulo 8

# ANÁLISE SINTÁTICA

Primeira Parte

## Aspectos Teóricos

### 1. Os Termos da Oração

Chamamos orações – ou *frases verbais* – os conjuntos de palavras com sentido e com verbo.

O verbo é, então, vocábulo que caracteriza a existência de uma oração. Não há oração sem verbo, embora eventualmente possamos encontrar conjuntos vocabulares com sentido, mas sem verbo. Chamamos esses grupamentos vocabulares de *frases nominais*.

Assim, poderemos exemplificar como orações ou frases verbais:

"Amanhece."

"O aluno faltoso desculpou-se com seus professores."

"Havia diversos objetos na mochila do jovem."

"São três horas."

"Faz dias bonitos, no verão do Rio de Janeiro."

Por outro lado, grupamentos como os que se seguem chamam-se frases nominais:

"Parabéns para você, nesta data querida. Muitas felicidades, muitos anos de vida."
"Fogo!"
"Silêncio!"

A análise sintática não se preocupa com frases nominais. É seu objeto de estudo a função que as palavras desempenham em uma estrutura oracional. Só as orações, então – ou só as frases verbais –, serão alvo de nossa atenção.
Em uma oração, as palavras que a integram assumem valores sintáticos dispostos pela Nomenclatura Gramatical Brasileira (NGB), documento vigente desde 1959 – e que seguiremos de perto –, do seguinte modo:

1. Termos essenciais { Sujeito / Predicado }

Por sua vez, o sujeito pode ser:
simples;
composto;
indeterminado;
oração sem sujeito.

Quanto ao predicado, podemos encontrá-lo sob as formas:
nominal;
verbal;
verbo-nominal.

Em um predicado nominal ou verbo-nominal, será forçoso encontrarmos o predicativo, que poderá ser:
do sujeito;
do objeto.

2. Termos integrantes: { Complemento nominal / Complementos verbais (objeto direto e objeto indireto) / Agente da passiva }

3. Termos acessórios: { Adjunto adnominal; Adjunto adverbial; Aposto }

4. Vocativo

Iniciaremos nossos estudos, desta forma, pelo sujeito.

### 1.1. Sujeito

Encontramos várias definições válidas para sujeito: "ser de quem se diz alguma coisa"; "ser ou coisa de que se declara algo"; "ser sobre o qual se faz uma declaração". Assim, em: "O pessimismo é uma enfermidade repugnante." e "O calor subia.", determinamos como sujeitos das orações os termos que, semanticamente, indicam aquilo sobre que se fizeram declarações, a saber: "O pessimismo" e "O calor".

Nesses dois exemplos, o sujeito está representado por dois vocábulos: artigo definido e substantivo. Podemos, no entanto, perceber que o substantivo é o vocábulo primordial de cada um dos sujeitos, a palavra que encerra o sentido fundamental da função sujeito. Denominamos tais palavras de núcleos do sujeito.

Como veremos na continuidade de nossos estudos, encontraremos núcleos em qualquer função sintática.

Em seu modelo frasal característico, a língua portuguesa faz surgir o sujeito abrindo a oração, colocado, então, à esquerda do verbo. Tal estrutura, entretanto, não é obrigatória. Vejamos o exemplo que se segue: "Banhava-lhe o corpo a sombra da oiticica".

O sujeito da oração – "a coisa de que se faz uma declaração" – aparece colocado depois da forma verbal "Banhava", indicado por "a sombra da oiticica", com seu núcleo representado pelo substantivo "sombra".

O sujeito poderá, então, quanto à localização na oração, surgir antes do verbo – sua posição natural – ou após o verbo. No primeiro caso, dizemos que está anteposto; no segundo, posposto. A frequência com que o sujeito surge anteposto acaba por tornar-se um perigo à identificação do sujeito posposto, em geral confundido com complemento verbal (objeto direto). Devemos estar atentos para não cometermos esse erro. Vejamos o exemplo abaixo:

"Apareceu, então, o préstito dos exilados."

Ao leitor desatento, a expressão "o préstito dos exilados" aparentará ser complemento da forma verbal "Apareceu". Engano, no entanto. Trata-se do sujeito dessa forma verbal, posposto a ela e com o núcleo no substantivo "préstito".

Dos exemplos até agora mostrados, vimos que substantivos podem funcionar como núcleo de sujeito. Além do substantivo, poderão ser núcleo do sujeito os pronomes pessoais retos, pronomes substantivos e qualquer palavra de valor substantivo. Vejamos alguns exemplos:

"Silencioso e abafado, o campo estendia-se deserto." (substantivo)

"Só tu, Senhor, me dás viver." (pronome reto)

"Tudo estouraria de riso." (pronome substantivo indefinido)

"Esta incerteza que quer / Qualquer impossível calma!" (pronome substantivo relativo)

"Em tão breve trajeto cada um há de acabar a sua tarefa." (locução pronominal indefinida)

"O sofrer tornou-o doce como cana caiana." (palavra substantivada)

O sujeito pode, ainda, ser representado por oração, como em "Não deixa de ser verdade *que a destruição das matas e a dessecação das várzeas tenham modificado a temperatura*". No estudo do período mostraremos este fato.

**Tipos de sujeito**

Podemos encontrar três tipos de sujeito:

1. Simples: aquele que se apresenta com um único núcleo.
   "A larga brancura *celeste era gloriosa."*

2 Composto: aquele que se apresenta com mais de um núcleo.
   "O grego e o latim *são necessários elementos desta educação nobre."*

3. Indeterminado: aquele que, apesar de termos a consciência de sua existência, não podemos – ou não queremos – indicar precisamente.
   A indeterminação do sujeito pode surgir em duas situações:
   a) 1ª situação: em orações nas quais empregam-se verbos de regência transitiva indireta ou intransitiva acompanhados do pronome "se" – que se denominará "índice de indeterminação do sujeito". Vejamos alguns exemplos:
   *Fala-se mal desse colégio.*
   *Vive-se muito bem, neste país.*

Devemos ter cuidado e observar a existência de orações estruturadas em voz passiva pronominal, que, do ponto de vista formal, têm forte aproximação com tais orações. É o caso que observamos, por exemplo, em *Viu-se o acidente*, e *Entregava-se o prêmio a pessoas indevidas*. Em tais orações, que equivalem às de voz passiva analítica, "O acidente foi visto" e "O prêmio era entregue a pessoas indevidas", os sujeitos estão indicados por "o acidente" e "o prêmio", respectivamente. São orações de voz passiva pronominal e o pronome "se" que delas faz parte denomina-se pronome apassivador. Observemos que os verbos empregados nas duas orações, ou seja, "ver" e "entregar", não têm regência transitiva indireta ou intransitiva, mas transitiva direta e transitiva direta e indireta.

b) 2ª situação: em orações nas quais empregaram-se verbos em terceira pessoa do plural e não há, proximamente ao verbo, indicação relativa ao autor da ação verbal. Vejamos, também, alguns exemplos:

*Falam mal desse colégio.*
*Vivem muito bem, neste país.*

Não devemos confundir a segunda situação acima descrita com outra em que o sujeito, embora não explicitamente grafado na oração, é indicado pelas desinências número-pessoais dos verbos utilizados. São circunstâncias que a tradição didática denomina de sujeito oculto – terminologia amplamente empregada em provas, embora represente nomenclatura não referendada pela NGB. Melhor seria designá-los sujeitos simples e implícitos. Vejamos exemplos:

*"Passei este período inicial, tão remoto e tão presente, em um engenho de Pernambuco, minha província natal!"*
*"Desenganemo-nos, meu amor, da vida e dos seus modos."*
*"Infante, escutai-me."*

Nas exemplificações acima, os sujeitos das ações verbais indicadas por "Passei", "Desenganemo" e "escutai", ainda que não estejam grafados claramente no texto, são indicados pelas desinências verbais. São eles os sujeitos simples e implícitos "eu", "nós" e "vós".

Nas orações em que os verbos surgem na terceira pessoa do plural, esse procedimento – apontar o sujeito pela desinência verbal – não pode ser levado a efeito, porque não necessariamente a forma de terceira pessoa do plural está atrelada a sujeitos condizentes com ela.

Assim é que, por exemplo, quando presenciamos um assalto, embora seja de nosso conhecimento que um único assaltante agiu sozinho, ao reportarmos o fato, por não conhecermos o autor da ação verbal, dizemos: "Assaltaram a loja".

O emprego de verbo em terceira pessoa do plural, assim, não vincula a ação verbal à obrigatoriedade de ter sido praticada por mais de um agente, daí as orações em que os verbos surgem em tal pessoa e número terem seus sujeitos denominados como indeterminados.

A indeterminação do sujeito depende, fundamentalmente, da intenção do falante ou do escritor. Há casos em que o emprego do verbo em terceira pessoa do singular indetermina o sujeito:

*"Diz que houve grandes tumultos na saída do estádio."*

4. Podemos, ainda, encontrar orações sem sujeito. Em geral, tal fato ocorre em situações que, previamente, são de nosso conhecimento: são as orações formadas com verbos impessoais, ou seja, verbos empregados sem sujeito. Citamos os mais comuns:

a) Os que, empregados denotativamente, indicam fenômenos naturais: "chover", "trovejar", "nevar", "gear", "alvorecer", "anoitecer" e outros. Alguns exemplos de orações sem sujeito:

*Choveu muito no verão passado.*
*Naquela região, anoitece rapidamente no inverno.*

Nas frases em que tais verbos são empregados com valor conotativo, os sujeitos aparecem normalmente:

*Choveram tomates sobre o orador.*
*O capitão trovejou sua ira sobre o soldado faltoso.*

b) O verbo "fazer" empregado para indicar fenômenos ligados a fatos atmosféricos ou a expressões nas quais se transmite ideia de tempo transcorrido. Alguns exemplos de orações sem sujeito com este verbo:

*"Aqui faz verões terríveis."*
*"Faz hoje precisamente sete anos;...."*

c) O verbo "ser", empregado nas designações de tempo e lugar:

*"Era ao anoitecer de um dia de novembro..."*
*"Era em Paris..."*

d) O verbo "estar", empregado em expressões indicativas de tempo:

*"Estava tarde."*

e) O verbo "haver", empregado com sentido de "existir":
*"Não há, no universo, duas coisas iguais."*
*"Pouco antes dessa hora, houve um grande movimento do lado do mar."*

## 1.2. Predicado

Damos o nome de predicado ao fragmento da oração que resulta após a supressão do sujeito.
Podemos defini-lo como "aquilo que se afirma do sujeito", "a declaração feita acerca do sujeito", contanto que nos lembremos de que nas orações de sujeitos inexistentes tais definições nos deixariam à frente de fato que não ocorre: predicado inexistente.
É que, ao afirmarmos que o predicado é "tudo aquilo que se declara do sujeito" e levarmos esta afirmativa às últimas consequências, teríamos de acatar, em orações sem sujeito, também a inexistência do predicado: como poderíamos afirmar alguma coisa em relação a algo que não existe?
E, rigorosamente, o predicado acontece em todas as orações. Dos dois termos essenciais – sujeito e predicado – é o predicado aquele em que se nota, realmente, essencialidade física, uma vez que, como vimos, os sujeitos podem faltar às orações, em circunstâncias particulares.
A localização do predicado, então, parte do pressuposto de que sabemos localizar o sujeito. Localizada essa função e suprimida da oração, teremos, então, o predicado. Nos exemplos de sujeitos já apontados, mostramos, agora, os predicados:
*"O pessimismo é* uma enfermidade repugnante."
*"O calor* subia." (Coelho Neto)

Nos dois exemplos acima, os sujeitos são, como já vimos, "O pessimismo" e "O calor". Retirados cada um destes sujeitos, teremos os predicados de cada oração, conforme apontamos:
"é uma enfermidade repugnante."
"subia."

Importante será, no estudo do predicado, não apenas sua localização, mas também a sua classificação.

**Tipos de predicado**

a) Predicado nominal – é formado por verbo de ligação.
Como sabemos, os verbos de ligação, também denominados verbos não nocionais, são esvaziados quanto aos seus conteúdos semânticos. Chega-se a

dizer que são verbos de conteúdo semântico Ø (vazio). Podemos observar que no predicado que se destaca em "O pessimismo é uma enfermidade repugnante." o seu núcleo é o substantivo "enfermidade". Esse vocábulo é, sem dúvida, o mais importante, do ponto de vista semântico, existente no predicado. O substantivo "enfermidade" é núcleo do predicado e, também, núcleo da expressão – "uma enfermidade repugnante" – que refere atributo que se faz ao sujeito. Tal expressão denomina-se, sintaticamente, predicativo do sujeito. Como podemos observar, o verbo de ligação promoveu o vínculo entre o predicativo e o sujeito. Podemos afirmar, então, que, nesse predicado, o núcleo é um substantivo, vale dizer, um nome. Classificamos, então, o predicado como nominal. Predicado nominal será, por conseguinte, o predicado do nome, ou seja, o predicado em que o núcleo é um predicativo do sujeito. Guardaremos a lembrança de que predicativos são sempre núcleos de predicado.
Antes de passarmos ao segundo predicado, vejamos algo mais sobre predicativos:
São formados, geralmente, por adjetivos ou por locuções adjetivas:
*"O poeta é* um fingidor.*"*
*"As alegrias dos perversos são* de curta duração.*"*

Podem ser representados, também, por substantivos, por pronomes e por numerais:
*"O pessimismo é* uma enfermidade repugnante.*"*
*"A mim, restou-me ser* eu.*"*
*"Eu sou* trezentos, *sou* trezentos e cincoenta,...*"*
O predicativo pode ser representado, também, por oração, como se nota em "*O bom seria* que houvesse mais livros para todos.". No estudo do período veremos esse fato.

b) Predicado verbal – é formado por verbo nocional, ou seja, verbo que expressa uma ideia, uma ação, no que difere do verbo de ligação, que, como já vimos, também pode denominar-se verbo não nocional.

No predicado verbal, o verbo, que tem significado, indica ação praticada ou sofrida pelo sujeito. É verbo nocional. Verifiquemos o predicado encontrado no exemplo: "Banhava-*lhe o corpo a sombra da oiticica.*" Dessa vez, podemos observar que o núcleo do predicado, seu vocábulo crucial quanto ao significado, está indicado pela forma verbal "Banhava". Na verdade, a expressão "o corpo" apenas aponta o objeto da ação expressa por "Banhava". Temos, então, um predicado cujo núcleo é um verbo. Enquanto no caso antecedente o predicado era do nome – e por isso "nominal" –, agora o predicado é do verbo. Muito lógica será, então, a denominação predicado verbal. Guardemos uma segunda informação: verbos nocionais são, sempre, núcleos de predicado, também.

c) Predicado verbo-nominal – é formado, explicitamente, por verbo nocional, mas se apresenta com predicativo.

Há predicados constituídos por verbos nocionais que apresentam, no entanto, predicativos. Como vimos precedentemente, os predicativos ligam-se a sujeitos por verbos de ligação. Está na hora, então, de tomarmos conhecimento de fato até então não descrito: os verbos de ligação – de valor semântico esvaziado – muitas vezes estão apenas subentendidos nas estruturas dos predicados.

Vejamos o exemplo, de Coelho Neto:

*"Correram taciturnos os últimos meses de inverno e de saudade."*

Como podemos comprovar, o verbo que estrutura esse predicado é nocional. Com efeito, "correr" é verbo que indica ação, nesse caso, praticada pelo sujeito "os últimos meses de inverno e de saudade". Sendo forma verbal pertencente a verbo nocional, "Correram" é, então, núcleo de predicado. Podemos afirmar que esse predicado, por conta desse verbo, com certeza não é nominal. Podemos afirmar, por conseguinte, que esse predicado é verbal. Pode ser que venha a ter outros elementos que a ele se acrescentem e que o façam receber denominação de acréscimo, mas "verbal" certamente esse predicado é. Ao continuar sua análise, encontramos em seu interior o adjetivo "taciturnos" que, evidentemente, não se relaciona com o verbo: não há comprometimento estrutural de adjetivos com verbos. Como sabemos, adjetivos se relacionam com substantivos. Na verdade, a concordância nominal nos ajuda a entender que "taciturnos" é adjetivo relacionado com o substantivo "meses", núcleo do sujeito da oração ("os últimos meses de inverno e de saudade"). Traz para esse núcleo de sujeito um atributo, que se configura como estado. É então, predicativo do sujeito. No entanto, já é de nosso conhecimento que os predicativos ligam-se a sujeitos – e a outra função, como veremos adiante – por meio dos verbos de ligação. Estamos, então, em situação desconfortável: como explicar a ligação do predicativo "taciturnos" com o sujeito "os últimos meses de inverno e de saudade"?

A resposta para essa pergunta não é difícil. Na verdade, a oração com que agora trabalhamos resulta da soma de duas outras. Imaginemos duas orações, que, de início, se apresentam nas formas:

1ª oração: Taciturnos foram os últimos meses de inverno e de saudade.
2ª oração: Correram os últimos meses de inverno e de saudade.

Antes de tentar somar as duas orações, vejamos seus predicados:

1ª oração – "Taciturnos foram" – predicado nominal, com o núcleo no predicativo do sujeito "Taciturnos".
2ª oração – "Correram" – predicado verbal, com o núcleo na forma "Correram" – pertencente ao verbo nocional "Correr".

Tentemos, agora, somar as duas informações.
Evidentemente, poderemos usar um conectivo que promova a adição – a conjunção coordenativa aditiva "e". Então, teríamos:
*Taciturnos foram os últimos meses de inverno e de saudade e correram os últimos meses de inverno e de saudade.*

Pronto. A soma está feita. Mas convenhamos que o resultado não ficou muito agradável. Na verdade, nós desejamos somar de maneira mais hábil, somar de maneira que resulte um texto muito mais conciso do que o obtido na primeira tentativa acima.
Para tanto, podemos observar alguns detalhes importantes: a expressão "os últimos meses de inverno e de saudade" está funcionando como sujeito das duas formas verbais empregadas: "foram" e "correram". Sendo assim, bastaria empregá-la uma vez, ligando pela conjunção coordenativa aditiva "e" as duas formas verbais reveladoras de orações. Teríamos:
*Taciturnos foram e correram os últimos meses de inverno e de saudade.*

Já melhorou bastante. Mas ainda não é o que queremos. Observando novamente o texto, vemos que a forma verbal "foram" – pertencente ao verbo de ligação "ser" – é dispensável. No predicado que ela forma – "Taciturnos foram" –, o núcleo, como já vimos, é o adjetivo em função de predicativo "Taciturnos". Assim, ao somarmos de modo muito mais conciso as duas orações inicialmente fornecidas, desconsideraremos a forma verbal "foram", que ficará, então, subjacente. Ao suprimirmos a forma verbal "foram" a conjunção coordenativa aditiva não tem mais razão para ficar no texto. Afinal, ela estava ali para promover a soma de duas orações. Agora, só nos restará uma:
*"Taciturnos correram os últimos meses de inverno e de saudade."*

Do que vimos, essa oração apresenta-se, então, com predicado – "Taciturnos correram" – que tem dois núcleos: o verbo de ação é núcleo de predicado – já o era na oração "Correram os últimos meses de inverno e de saudade", uma das parcelas da soma que propusemos –, e o predicativo também é núcleo de predicado – também já o era na oração "Taciturnos foram os últimos meses de inverno e de saudade".

Os dois núcleos do predicado – sendo um o verbo, e o outro, um predicativo – fazem-nos classificar esse predicado como verbo-nominal. Ele é a soma de um predicado verbal com um predicado nominal.

**NÃO ESQUEÇA!**

Como qualquer outra função sintática, o predicado tem núcleo. Assim, no predicado nominal, o núcleo é o predicativo do sujeito; no predicado verbal, o verbo nocional; no predicado verbo-nominal, o predicativo e o verbo nocional. Assim, predicativos e verbos nocionais serão sempre núcleos de predicados.

### 1.3. Objeto direto

Denominamos objeto direto o complemento de verbo que a ele se liga diretamente, vale dizer, sem intermédio da preposição, que é vocábulo que estabelece vínculos entre outras palavras.

Assim sendo, encontraremos objetos diretos em predicados cujos verbos – quanto à regência verbal – sejam de natureza transitiva direta ou direta e indireta.

"*Ninguém ignora* a <u>inquietação do clima paulistano</u>."

"*Os romanos costumavam dar às mulheres* <u>nomes diminutivos</u>: *Messalina, Agripina (de Messala e Agripa).*"

Semanticamente, os objetos diretos indicam o ser ou a coisa sobre os quais recai a ação verbal que emana do sujeito. Daí serem convertidos em sujeitos de orações passivas:

*O sinal chamou* <u>os alunos</u> *para a aula.* – Objeto direto de oração em voz ativa.

<u>*Os alunos*</u> foram chamados para a aula pelo sinal. – Sujeito em oração de voz passiva.

Os objetos diretos são representados em seu núcleo por:

a) Substantivo

"*Tua calma agrava o* <u>silêncio</u> *dos mangues.*" (Mário de Andrade)

b) Pronome pessoal oblíquo átono – quando de 3ª pessoa, jamais por "lhe" ou "lhes"):

*"Não deixe mamãe te esquecer."*
*"E como a presilha a sufocava [...] desprezava-os."*
*"Um sono bruto o prostrou."*

c) Pronome substantivo demonstrativo – *Dê-me* isto.

d) Pronome substantivo indefinido – *Disse* algo *que o incomodara.*

e) Locução substantiva – *Custara-lhe escutar* aquele não.

Os objetos diretos podem ser indicados por orações, como em "*Quero* que você estude mais". Veremos com detalhes esse fato no estudo do período.

Obs.: particularidades do objeto direto.

Obs.$_1$: objeto direto preposicionado:.

Há ocasiões em que, ora por exigências semânticas, ora por imposição da estrutura da língua portuguesa, os objetos diretos surgem preposicionados, o que contraria sua principal característica, qual seja a de não serem termos regidos por preposições.
Vejamos as principais circunstâncias que provocam o aparecimento de objetos diretos preposicionados:

A) Quando é expresso por qualquer uma das formas pronominais oblíquas tônicas:

*"Nem ele entende a nós, nem nós a ele."*
Os objetos diretos preposicionados "a nós" e "a ele" são representados por pronomes pessoais oblíquos tônicos. Tais pronomes caracterizam-se por serem sempre regidos por preposições. Todas as vezes, então, que o objeto direto de um verbo for representado por pronomes dessa natureza, teremos objeto direto preposicionado.

B) Quando representado pelo pronome "quem":

*A aluna a quem vi na sala era muito estudiosa.*
O objeto direto da forma verbal "vi" é o pronome "quem". Não podemos empregar esse pronome como objeto direto sem preposicioná-lo: não é

lícita a construção "A aluna quem vi na sala era muito estudiosa". Todas as vezes em que o objeto direto de um verbo for representado pelo pronome "quem", teremos objeto direto preposicionado.

C) Quando se deseja introduzir valor semântico de parte de algo:
"*Ouvirás* dos contos."
"Desta água *não beberei,* deste pão *não comerei.*"
O emprego da preposição "de", nos dois exemplos acima, provocou sensível alteração no significado da mensagem que existiria sem a presença da preposição citada. Quando escrevemos "Ouvirás os contos." ou "Esta água não beberei, este pão não comerei.", afirmamos que todos os contos serão ouvidos e que toda a água e todo o pão serão consumidos. O emprego da preposição introduziu valor semântico partitivo. Neste caso, entendamos, o objeto direto preposicionado não é uma exigência da estrutura da língua portuguesa, como nos dois primeiros. Devemos a existência destes objetos diretos preposicionados à necessidade de se estabelecer o valor semântico indicado.

D) Quando se pretende desfazer ambiguidade:
*Matou Caim* a Abel.
Podemos notar que, sem a preposição – Matou Caim Abel –, não saberíamos distinguir, exceto pelo conhecimento óbvio da passagem bíblica, qual teria sido o autor da ação verbal. Explica-se: é que tanto o sujeito quanto o objeto direto são, em geral, indicados por substantivos. Como os dois termos deslocaram-se para posição posterior ao verbo, perdeu-se a possibilidade de estabelecer-se a distinção entre um e outro termo sintáticos. Como sabemos que os sujeitos não serão preposicionados jamais, a presença da preposição promove a identificação do fragmento por ela regida como objeto direto preposicionado. Trata-se de emprego de objeto direto preposicionado justificado, mais uma vez, por questão de natureza semântica.

E) Quando se deseja enfatizar a ação verbal (em geral com verbos como "arrancar", "sacar", "puxar", "tirar", "cumprir", "fazer", "olhar"...):
"*Arrancam* das espadas de aço fino."
*Ela olhava* pela criança.
*Fazer* com que ele venha.
A presença da preposição regendo esses objetos diretos dá-lhes mais ênfase, realça-se a ação verbal. É, também, emprego de natureza semântica.

F) Quando se deseja enobrecer a pessoa que sofre a ação verbal, distinguindo-a, então, do sujeito:

*Amar* a Deus *sobre todas as coisas.*

*Ama* a teu próximo *como a ti mesmo.*

*Os romanos adoravam* a Júpiter.

Esse objeto direto preposicionado ocorre, em geral, com verbos que exprimem sentimento.

Na sequência, estudaremos também a ocorrência dos objetos diretos pleonásticos, fenômeno que pode surgir também com outras funções sintáticas.

Obs.: predicativo do objeto direto.

Em predicados verbos-nominais nos quais ocorrem objetos diretos, podem-se notar, para esses termos, expressões que lhes trazem atributos: os predicativos do objeto direto, que são indicados, em seus núcleos, pelos mesmos vocábulos que formam os predicativos do sujeito já estudados.

Vejamos o exemplo:

*"Os vencidos, testemunhas do regozijo público, julgaram mais decoroso o silêncio."*

Nessa oração, retirado o sujeito e seu aposto – "Os vencidos, testemunhas do regozijo público" – ficaremos com o predicado "julgaram mais decoroso o silêncio". Esse predicado, como vemos, está constituído pela forma verbal "julgaram", pertencente ao verbo nocional "julgar". É verbo de regência transitiva direta e notamos seu objeto direto na expressão "o silêncio", cujo núcleo é o substantivo "silêncio". Já vimos, precedentemente, que verbos nocionais são, sempre, núcleos de predicados. Temos, então, um núcleo neste predicado – "julgaram" – que o faz ser verbal. No entanto, estamos percebendo a existência da expressão "mais decoroso", com núcleo no adjetivo "decoroso". Tal expressão alude a qualidade que se atribui ao objeto direto. É predicativo do objeto direto, então. Como os predicativos – já o vimos – são sempre núcleos de predicado, vemos que, nesse caso, o predicado apresenta-se com dois núcleos: o verbo é um deles; o predicativo do objeto direto, o outro. Trata-se, então, de predicado verbo-nominal.

### 1.4. Objeto indireto

Assim denominamos o termo complementar da regência transitiva indireta. Chamamos-lhe objeto indireto porque é complemento que se liga ao verbo indiretamente, ou seja, com auxílio de palavra que intermedeia essa ligação, ou seja, a preposição.
A característica do objeto indireto, então, é a de ser termo regido por preposição:
"Ao aluno *foi entregue o prêmio.*"
"*Esqueceram-se* dos livros de Matemática."

O objeto indireto será representado em seu núcleo pelos mesmos vocábulos que surgem no núcleo do objeto direto.
Tanto quanto o objeto direto, o objeto indireto poderá ser indicado por oração, como em "Nunca necessitei de que me fizessem favores escusos". No estudo do período mostraremos, com detalhamento, esse fato.
Semanticamente, o objeto indireto, de modo semelhante ao objeto direto, indica o ser ou a coisa que sofre a ação proveniente do sujeito.
A preposição se ausenta do objeto indireto quando esse vem indicado por pronome pessoal oblíquo. Como é de nosso conhecimento, os pronomes oblíquos átonos caracterizam-se por não serem regidos por preposição:
*Nunca* lhe *entregaram tanto dinheiro.*

Obs.: particularidade do objeto indireto.

Obs.: predicativo do objeto indireto.

Surgirão, nos predicados verbos-nominais em que se notam objetos indiretos, os predicativos do objeto indireto, expressões que fazem menção a atributo dado a objeto indireto. Já vimos o predicativo do objeto direto. Vejamos, agora, o predicativo do objeto indireto.
Observemos o exemplo:
"*Gosto de você* alegre."
Como podemos observar, o sujeito ("eu") da forma verbal "Gosto" está implícito e indicado pela desinência número-pessoal nela contida. Estando implícito o sujeito, o predicado será a oração inteira: "Gosto de você alegre". O verbo "gostar", nocional, tem regência transitiva indireta. Localizamos, com facilidade, seu complemento indireto – objeto indireto – na expressão "de você". Já sabemos que os verbos nocionais – vale dizer, verbos que indicam ação praticada ou sofrida pelo sujeito – são,

sempre, núcleo de predicado. Nesse caso, então, a forma verbal "Gosto" já caracteriza o predicado como verbal. No entanto, existe ainda a ser analisado o adjetivo "alegre". Percebemos que esse adjetivo faz menção a estado que se atribui ao objeto indireto. É predicativo do objeto indireto, então. Já vimos precedentemente, também, que os predicativos são sempre núcleos de predicado. O predicado que analisamos, desse modo, tem dois núcleos: o verbo nocional e o predicativo do objeto indireto. Trata-se de predicado verbo-nominal.

## 1.5. Complemento nominal

Determinados substantivos, adjetivos e advérbios necessitam de informação complementar, que venha efetivamente esgotar seus significados. São substantivos, adjetivos e advérbios que poderíamos chamar de transitivos:

"*Porque o ódio* ao mal *é amor* do bem."

"*Abrasada* de amor, *palpita ao vê-las.*"

"*Os parlamentares votaram contrariamente* aos interesses do povo."

Como vimos por meio da exemplificação acima, os complementos nominais são, também, termos sintáticos que se caracterizam por surgirem regidos por preposições.

Os substantivos que se acompanham de complementos nominais, em geral, são cognatos de formas verbais:

"*A invenção* do avião *é motivo de discussão entre brasileiros e norte-americanos.*"

Acrescem-se de complementos nominais os adjetivos e os advérbios de base nominal, ou seja, advérbios que se formam por processo de derivação sufixal, a partir, em geral, de adjetivos. Tais advérbios conservam a anterior transitividade do adjetivo do qual se derivam.

"*Tem posição contrária* aos interesses nacionais."

"*Agiu contrariamente* aos ditames de sua consciência."

Os complementos nominais, em seus núcleos, são representados pelos mesmos vocábulos que constituem os núcleos dos complementos verbais. Quando representados por pronomes oblíquos átonos, os complementos nominais, obviamente, não surgem preposicionados:

"*Os votos dos parlamentares foram-*lhes *contrários.*"

Eventualmente, os complementos nominais poderão ser também representados por orações, como notamos em "A ânsia de que o reconhecessem atrapalhava seu progresso escolar". Quando estudarmos o período, veremos tais orações.

Excetuando-se os predicados e os adjuntos adnominais, os núcleos de todas as funções sintáticas restantes podem sofrer acréscimo de complementos nominais.

É bastante conhecida a grande semelhança que os complementos nominais têm com os adjuntos adnominais. No término da apresentação das funções sintáticas que estamos empreendendo, mostraremos as semelhanças e diferenças existentes entre essas duas funções.

## 1.6. Agente da passiva

O agente da passiva tem em si mesmo sua definição: é o termo sintático responsável pela indicação do autor de uma ação verbal expressa em voz passiva analítica.

"Tudo fora planejado pela sagaz perfídia do guarani."

"O livro tinha sido lido por todos."

Notamos pela exemplificação acima que o agente da passiva é, também, termo sintático preposicionado. Em geral, surge regido pelas preposições "por" e "pelo". Eventualmente poderá ser regido por outras preposições:

"*O bom rei é amado* de todos."

"*O desfile militar foi aberto* com a passagem da banda dos fuzileiros navais."

O agente da passiva não ocorre em oração de voz passiva pronominal. Sua presença é restrita às orações de voz passiva analítica, nas quais, ressalvemos, não tem presença obrigatória. Orações de voz passiva analítica que correspondem a orações de voz ativa com sujeito indeterminado não apresentarão, logicamente, o agente da passiva. Observemos:

"*Assaltaram a loja.*" = "*A loja foi assaltada.*"

Em seu núcleo, o agente da passiva será indicado, ainda, pelos mesmos vocábulos que constituem os núcleos dos complementos verbais e complemento nominal.

Observaremos, sempre, a correspondência entre os sujeito e objeto direto da voz ativa com os termos agente da passiva e sujeito da voz passiva analítica, respectivamente. Vejamos:

"O rapaz lera o livro", é oração de voz ativa em que o sujeito está representado por "O rapaz" e o objeto direto por "o livro".

Ao convertermos a oração para a voz passiva analítica teremos:

"O livro fora lido pelo rapaz".

Observamos que o termo "O livro" – na voz ativa, objeto direto – passou a desempenhar papel sintático de sujeito da voz passiva, e "pelo rapaz" – na voz ativa indicado pelo sujeito "o rapaz" – funciona como agente da passiva.

## 1.7. Adjunto adverbial

Os adjuntos adverbiais são expressões que trazem para o texto informações subsidiárias, acessórias e portadoras de diversos matizes semânticos.

Em geral são indicados por advérbios ou por locuções adverbiais:

*"Sairemos* agora.*"*

*"O rapaz acabou por morrer* de tristeza.*"*

Muito frequentemente, os adjuntos adverbiais são indicados por orações, que estudaremos no estudo do período.

Não é possível citarmos todo o elenco de valores semânticos acessórios que se podem acrescentar a um texto. Apresentamos, a seguir, os mais frequentes:

de acréscimo: "Além de inglês, *fala corretamente francês e alemão.*"
de afirmação: "Certamente *haverá novas provas.*"
de causa: "*Foi aprovado*, graças a seu próprio esforço."
de companhia: "*Viajarei* com meus filhos."
de concessão: "Mesmo com chuva, *caminharemos.*"
de condição: "Sem esforço, *não progredirás.*"
de dúvida: "Talvez *ele seja aprovado.*"
de finalidade: "*Ele fazia tudo* pela nossa felicidade."
de instrumento: "*Redigiu a tese* à máquina."
de intensidade: "*O professor andava* muito *feliz.*"
de lugar: "*Morava* na região sudeste."
de matéria: "*A estátua fora feita* de mármore."
de meio: "*Saíram em viagem* de navio."
de modo: "*Aquela criança dormia* facilmente."
de negação: "Não *te escondas dos deveres.*"
de tempo: "Nas férias, *leremos este livro.*"

**Não esqueça!**

Advérbios e locuções adverbiais são termos que trazem ao texto informações acessórias e, portanto, prescindíveis, o que os impede de funcionar como complementos verbais (objeto direto e objeto indireto).

### 1.8. Adjunto adnominal

É termo acessório, que acompanha os núcleos das diversas funções.

Vejamos alguns exemplos:

"*O pessimismo é uma enfermidade repugnante*."

"*Correram taciturnos os últimos meses de inverno e de saudade*."

Na primeira oração, o sujeito é "O pessimismo". Seu núcleo está indicado pelo substantivo "pessimismo". No predicado nominal "é uma enfermidade repugnante" encontramos o predicativo do sujeito "uma enfermidade repugnante". O núcleo desse predicativo do sujeito é o substantivo "enfermidade". Podemos afirmar, então, que os adjuntos adnominais existentes na oração que analisamos são o artigo definido "O", o artigo indefinido "uma" e o adjetivo "repugnante", que, como vimos, surgem em torno dos dois núcleos de função apontados.

Na segunda oração, o sujeito é "os últimos meses de inverno e de saudade". Seu núcleo está indicado pelo substantivo "meses". O predicado verbo-nominal é "Correram taciturnos". Cada vocábulo existente nesse predicado verbo-nominal desempenha papel de núcleo. Desse modo, temos nessa oração os adjuntos adnominais indicados pelo artigo definido "os", pelo adjetivo "últimos" e pelas locuções adjetivas "de inverno", "de saudade". O vocábulo "e" – conjunção coordenativa aditiva – não tem função sintática. Preposições e conjunções – palavras relacionais, ou seja, incumbidas de promoverem vínculos entre outros vocábulos – não têm função sintática.

O adjunto adnominal é indicado por adjetivo, locução adjetiva, artigo definido, artigo indefinido, pronome adjetivo ou numeral. Vejamos um exemplo de adjunto adnominal representado por cada uma das palavras citadas:

a) adjetivo: "*O rico fazendeiro faleceu.*"

Podemos observar, no exemplo acima, o sujeito: "O rico fazendeiro". Seu núcleo é o substantivo "fazendeiro". O adjetivo "rico" cumpre o papel de adjunto adnominal.

b) locução adjetiva: "*O anel de brilhantes fora perdido.*"

O sujeito está indicado por "O anel de brilhantes". Seu núcleo é o substantivo "anel". A locução adjetiva "de brilhantes" funciona como adjunto adnominal.

c) artigo definido: "O *rico fazendeiro faleceu.*"
Como vimos na primeira exemplificação, o sujeito dessa oração está indicado por "O rico fazendeiro", cujo núcleo é o substantivo "fazendeiro". O artigo definido "O" é, então, adjunto adnominal.

d) artigo indefinido: "Uma *banda de música abrilhantou a festa.*"
O sujeito da oração acima é indicado por "Uma banda de música". Seu núcleo é o substantivo "banda". O artigo indefinido "Uma" desempenha papel sintático de adjunto adnominal.

e) pronome adjetivo: "Meu *carro foi pintado.*" "Aquele *relógio é dourado.*" "*A aluna* cuja *mãe conheço é estudiosa.*"
No primeiro exemplo, temos o sujeito "Meu carro". Seu núcleo é o substantivo "carro". O pronome adjetivo possessivo "Meu" funciona como adjunto adnominal.
No segundo exemplo, temos o sujeito "Aquele relógio", no qual o núcleo é o substantivo "relógio". O pronome adjetivo demonstrativo "aquele" é adjunto adnominal.
No terceiro exemplo, temos, na segunda oração, o objeto direto da forma verbal "conheço" indicado por "cuja mãe". Nesse objeto direto, o núcleo é o substantivo "mãe". O pronome adjetivo relativo "cuja" funciona, então, como adjunto adnominal. O pronome relativo "cujo" (e flexões) funcionará, sempre, como adjunto adnominal.

## Não vá para a prova sem saber

Há circunstâncias em que pronomes oblíquos átonos são identificados, embora não consensualmente, como adjuntos adnominais. Trata-se de passagens em que tais pronomes têm valor semântico de pronomes possessivos – não deixam de ser pronomes oblíquos átonos por isso. Embora alguns o considerem objeto indireto, nesses casos, vem ficando mais frequente sua análise como adjunto adnominal. Vejamos o exemplo *"Roubaram-nos as carteiras"*.
Nesse período, o pronome oblíquo átono destacado desempenha valor semântico de posse. A ideia que o texto transmite é a de que roubaram as nossas carteiras. Caso o texto fosse escrito sob a forma: "Roubaram as nossas carteiras.", a expressão "as nossas carteiras" seria o objeto direto da forma verbal "Roubaram". Nesse objeto direto, o núcleo seria "carteiras". O artigo definido "as" e o pronome possessivo "nossas" funcionariam como adjuntos adnominais contidos no objeto direto. Evidentemente, no texto "Roubaram-nos as carteiras." a transitividade direta da forma verbal "Roubaram" continua exigindo um objeto direto. Agora, contudo, o objeto direto está representado por "-nos as carteiras". O núcleo desse

objeto direto é "carteiras", o que nos leva a apontar o pronome oblíquo "nos" (forma alterada graficamente do pronome "os") e o artigo definido "as" como adjuntos adnominais.
Vejamos outro exemplo: *"Subestimaram-me a inteligência."*
Nesse texto temos caso semelhante. Ao lermos *"Subestimaram-me a inteligência."*, entendemos que "subestimaram a minha inteligência".
Analisemos, então, essa oração. O verbo "subestimar" é de regência transitiva direta, nesse texto. Seu objeto direto é, então, "a minha inteligência". O núcleo do objeto direto está indicado pelo substantivo "inteligência". Os vocábulos "a" – artigo definido – e "minha" – pronome possessivo – são adjuntos adnominais. Do mesmo modo, então, o pronome "-me", substituído pelo possessivo "minha", funciona como adjunto adnominal.
Como afirmamos no início do estudo, não há consenso quanto à identificação de pronomes pessoais oblíquos átonos assim dispostos como adjuntos adnominais. Devemos, então, estar preparados para questões em que surjam identificados como objetos indiretos, circunstância em que os verbos serão considerados de regência transitiva direta e indireta, segundo o modelo que assim disporia cada uma das estruturas oracionais estudadas: "roubaram alguma coisa a alguém" e "subestimaram alguma coisa a alguém".

---

O adjunto adnominal pode, ainda, ser representado por oração, como veremos quando estudarmos o período.
Os adjuntos adnominais introduzidos por preposição "de" são, às vezes, extremamente parecidos com os complementos nominais, como já afirmamos no estudo desta função. Mais adiante, em "Situação importante no estudo dos termos das orações", voltaremos a este assunto.

## 1.9. Aposto

O aposto é termo de natureza acessória que explica, enumera, resume, ou dá continuidade a alguma passagem textual.
Vejamos alguns exemplos:
"*Os gregos*, <u>notáveis artistas</u>, *foram vencidos militarmente pelos romanos*, <u>hábeis guerreiros</u>."
"*Estavam sobre a mesa alguns objetos escolares*: <u>lápis, caderno, borracha, apontador e diversos livros</u>."
"*Naquele rio havia muitos peixes, bastava pescá-los,* <u>o</u> *que não queríamos fazer por preguiça.*"

Embora a NGB não cite casos particulares de aposto, podemos vê-lo surgir introduzindo valores semânticos distintos, junto ao termo a que se refere. Nos exemplos anteriores, vemos valores semânticos de explicação, de enumeração e de resumo. Com frequência, vemos questões de provas elaboradas pelas mais diversas bancas examinadoras fazerem alusão a esses matizes significativos, tais como em:

aposto explicativo: "*Pelé,* gênio do futebol, *ainda teria vez hoje em dia.*"
aposto enumerativo: "*Na festa havia diversas atrações:* balões, fogueira, quadrilha, quentão..."
aposto resumitivo: "*A porteira quebrada, a plantação arruinada, as cercas destruídas,* tudo *denunciava abandono.*"

Alguns estudiosos de renome veem, ainda, aposto em expressões como as que se seguem destacadas: "*A cidade* do Rio de Janeiro *vem sendo castigada por intensas chuvas e péssimos administradores.*", "*O rio* Amazonas *deve merecer mais cuidado do que até então vem-lhe sendo dispensado.*", atribuindo-lhes a denominação de aposto especificativo. Preferimos, acompanhando a maioria, identificar em tais expressões valor sintático de adjunto adnominal. É importante, no entanto, estarmos atentos à possibilidade de surgirem em questões com essa atribuição.

O aposto é função caracterizada por sinais de pontuação: surge isolado por vírgulas ou após dois pontos.

É função de natureza substantiva. Seus núcleos são representados por substantivos. Há necessidade de não confundirmos, em certas passagens, aposto – que é função, como já dissemos, substantiva – com predicativo – função de natureza adjetiva. Vejamos o exemplo que se segue:

"Elegante e simpático, *o ex-jogador sorteou os países que comporão as chaves do torneio futebolístico.*"

A expressão "Elegante e simpático", isolada por vírgulas do sujeito da oração, indicado por "o ex-jogador", é predicativo do sujeito e não aposto. Seus núcleos estão indicados por dois adjetivos: "Elegante", "simpático".

Do ponto de vista formal, o aposto inscreve-se no termo sintático a que faz menção e pode surgir relacionado com todas as funções sintáticas, inclusive com o próprio aposto.

Observemos o exemplo abaixo, de Camões:

"*Sete anos de pastor Jacó servia Labão,* pai de Raquel, serrana bela."

Vemos inicialmente um aposto para o objeto direto "Labão", indicado por "pai de Raquel". Em seguida, notamos um aposto para esse aposto já citado: "serrana bela".

## 1.10. Vocativo

O vocativo põe-se à parte de todos os demais termos sintáticos: não está contido nos essenciais, nos integrantes, nem nos acessórios.

Na verdade, o vocativo é, apenas, um chamamento. É expressão que empregamos para fazermos invocação, apelo.

Vejamos alguns exemplos:

"*Meu canto de morte,* Guerreiros, *ouvi:...*"

"Niterói! Niterói! *Como és formosa.*"

*Deixe-me,* senhora!

"Homens do mar! Ó rudes marinheiros, *tostados pelo sol dos quatro mundos!*"

"Ó Bruno! *Não se esqueça do varal da lanterna do portão*"

O vocativo apresenta como características centrais o fato de ser introduzido pela interjeição "Ó" – empregada explícita ou implicitamente – e vir isolado da oração por sinais gráficos de pontuação, em geral, por vírgula.

## Situações importantes no estudo dos termos da oração

A) As funções sintáticas pleonásticas

Denomina-se *pleonasmo* a figura de sintaxe que se caracteriza pela redundância. Visando-se colocar em ênfase determinadas expressões em um contexto, o redator promove sua valoração por meio de uso repetido.

Esta redundância pode ser de natureza vocabular – repete-se vocábulo que tenha o mesmo valor, quanto ao significado –, ou meramente semântica – acrescenta-se a determinado vocábulo informação que, do ponto de vista de seu significado próprio, é desnecessária.

Observemos os pleonasmos abaixo:

"Arquiteto do mosteiro de Santa Maria, *já o não sou.*"

"*Cheirou os móveis* com um nariz experiente."

Podemos ver, nos dois exemplos, pleonasmos, vale dizer, redundância de natureza estilística.

Na primeira exemplificação, o pronome demonstrativo "o", semanticamente, tem o mesmo valor da expressão "Arquiteto do mosteiro de Santa Maria".

Na segunda, a expressão "com um nariz experiente", reportada à forma verbal "Cheirou", desnecessária.

Notemos que, nos dois casos, as redundâncias não caracterizaram erro. Pelo contrário, acresceram aos textos em que surgiram matizes significativos de repetição que fortaleceram as respectivas mensagens.

Quando ocorre o pleonasmo caracterizado pela repetição de vocábulo com mesmo significado – 1ª exemplificação –, temos funções sintáticas que surgem repetidas, ou seja, funções sintáticas pleonásticas.

São as seguintes as funções que podem surgir pleonasticamente:

1. Predicativo do sujeito pleonástico

   "Arquiteto do mosteiro de Santa Maria, *já* o *não sou*."

   Como vimos, os termos "Arquiteto do mosteiro de Santa Maria" e "o" têm o mesmo valor semântico. Terão, do mesmo modo, o mesmo valor sintático: ambos funcionam como predicativos do sujeito.

   A tradição gramatical indica como pleonástico o que surge em segunda instância. É questão menor, entretanto. Importante será entendermos que ocorre, realmente, um predicativo do sujeito pleonástico. O termo pleonástico que se antecipa, em geral, surge isolado do texto por vírgula.

2. Objeto direto pleonástico

   "Aquelas cartas, *nós já* as *tínhamos lido*."

   Podemos notar que o complemento da transitividade direta do verbo principal da forma composta "tínhamos lido" está indicado por "Aquelas cartas". Tal expressão desempenha papel sintático de objeto direto. Na continuidade da leitura do texto encontramos um pronome oblíquo átono "as", semanticamente equiparado a "Aquelas cartas". O pronome oblíquo átono desempenha, também, papel sintático de objeto direto. Temos, consequentemente, objeto direto pleonástico nesse texto.

3. Objeto indireto pleonástico

   "Aos pobres, *nada* lhes *devo*."

   Agora, empregamos um verbo transitivo direto e indireto. A forma verbal "devo" tem como objeto direto o pronome indefinido "nada". Seus objetos indiretos – redundantes – são representados pela expressão "Aos pobres" e pelo pronome demonstrativo "lhes". Ocorre objeto indireto pleonástico, neste texto.

4. Complemento nominal pleonástico

"Ao réu, *a decisão do juiz foi*-lhe *favorável*."

Podemos observar que a expressão "Ao réu", regida pela preposição "a", é complementar ao substantivo "favorável". A colocação dos vocábulos em ordem direta evidencia esta ligação: "A decisão do juiz foi favorável ao réu". Temos, então, em "Ao réu" uma expressão ligada por preposição a adjetivo. Trata-se de complemento nominal, portanto. A leitura do texto faz-nos perceber que o pronome oblíquo átono "lhe", por sua vez, é semanticamente igualado à expressão analisada. Evidentemente, este pronome oblíquo átono desempenhará a mesma função exercida pela expressão da qual é repetição semântica. Ocorre, então, no texto, um complemento nominal pleonástico.

B) <u>As semelhanças e diferenças entre complementos nominais e adjuntos adnominais</u>

Já vimos o que são complementos nominais e o que são, também, adjuntos adnominais. Vimos que o complemento nominal é termo integrante, que se liga – ou pode ligar-se – a substantivos, adjetivos e advérbios por meio de preposição.

Vimos, também, que os adjuntos adnominais, que são termos acessórios, podem ligar-se, igualmente, a núcleos de funções por conta de preposições. Além disso, sabemos que o substantivo é o vocábulo por excelência voltado para o cumprimento do papel de núcleo de função sintática: rigorosamente, o substantivo só não poderá ser núcleo de predicado verbal. Em todas as demais funções, o substantivo poderá surgir como núcleo.

Nessa situação – expressão ligada por preposição a substantivo –, as duas funções podem ser muito semelhantes.

Vejamos, inicialmente, como tais expressões são assemelhadas, graficamente. Empregaremos duas orações que, embora redigidas de mesmo modo, são portadoras de mensagens distintas:

1ª oração: "O ciúme da mulher deixava-o transtornado."

2ª oração: "O ciúme da mulher deixava-o transtornado."

As duas orações são exatamente iguais, quanto à apresentação gráfica. Há, entretanto, duas mensagens sendo veiculadas por elas. Esclareçamos, antes de tudo, que, retiradas de um contexto, as duas orações têm seus significados indecifráveis. Não nos será possível estabelecer qual delas diz o quê.

No entanto, pelo contexto, poderemos perceber que – e acordemos isto – na primeira oração está-se falando do ciúme que um homem sente por uma mulher. Esse ciúme é tão intenso que o transtorna. Verificamos, então, que a expressão "da mulher" reveste-se de valor semântico paciente, na frase que – como combinamos – acabamos de ler. É valor paciente – ou passivo – porque tal expressão designa o objeto do ciúme, seu alvo. Afinal, quem sente ciúme é o homem.

Na segunda oração, o contexto também nos permitirá – combinemos isto – entender que se está a falar de um ciúme que certa mulher sente por um homem. Esse ciúme é, novamente, tão intenso, que a transtorna. Observaremos, nesse caso, que a expressão "da mulher" surge revestida de valor indicativo de agente. Isso porque é a mulher agora quem tem ciúme. A expressão "da mulher" indica o autor de ação indiretamente indicada pelo substantivo "ciúme".

Como os termos complementares são portadores semânticos de valor passivo, dizemos que na primeira oração – em que "da mulher" tem valor semântico passivo –, a expressão "da mulher" é complemento nominal. Na segunda oração – em que "da mulher" tem valor semântico ativo –, classificaremos a expressão como adjunto adnominal.

De maneira geral, para facilitar o trabalho do estudante, podemos afirmar que as expressões ligadas por preposição a adjetivos ou a advérbios não podem ser adjuntos adnominais. As expressões que se ligam a tais palavras por preposições são complementos nominais.

As expressões que se ligam a substantivos concretos por preposição funcionam como adjuntos adnominais. Os substantivos concretos não são suscetíveis de introduzirem, indiretamente, valor semântico vinculado a ações verbais.

O cuidado deve existir quando encontramos expressões ligadas por preposição a substantivos abstratos. Tais substantivos, em geral cognatos de verbos veiculadores de sentimentos e, por isso mesmo, sugestivos de ações verbais, podem estar acompanhados por complementos nominais – os termos de natureza semântica passiva – ou por adjuntos adnominais – termos de natureza semântica ativa.

Exemplificamos a seguir todas as situações reportadas:

1. "*Os parlamentares votaram contrariamente* <u>aos interesses nacionais</u>."

   A expressão destacada está ligada por preposição ao advérbio "contrariamente". É, portanto, complemento nominal.

2. *"As grandes metrópoles têm, cada vez mais, um ar poluído e nocivo* à saúde*."*
A expressão grifada ligou-se pela preposição "a" ao adjetivo "nocivo". Funciona, desse modo, como complemento nominal.

3. *"O livro* de matemática *custava muito caro."*
A expressão em destaque está ligada, na frase acima, ao substantivo concreto "livro". Trata-se de adjunto adnominal.

4. *"O cultivo* de soja *foi fértil."*
Dessa vez, a expressão destacada está ligada por preposição ao substantivo abstrato "cultivo", cognato do verbo "cultivar". Nesse caso, teremos de investigar qual a natureza semântica dessa expressão grifada. Verificamos que a expressão "de soja" tem, em relação ao ato do cultivo, valor semântico passivo. Afinal, ela foi o objeto do cultivo e não seu sujeito, ou seja, seu agente. A soja foi cultivada. Trata-se, então, de complemento nominal.

5. *"O cultivo* do lavrador *foi fértil."*
Como podemos constatar, temos como expressão em destaque um termo que se liga ao mesmo substantivo abstrato "cultivo", da oração do item 4. Ocorre que, agora, identificamos valor semântico ativo para a expressão. Não é difícil vermos que o lavrador é, nessa oração, o autor do cultivo. Se a expressão preposicionada tem valor ativo, estamos com um adjunto adnominal.
Finalmente, observemos que a preposição "de", ao promover a ligação do complemento nominal com o substantivo abstrato ao qual se junta, desempenha predominante valor relacional, vale dizer, praticamente desprovido de carga semântica, de significação.
Por outro lado, a mesma preposição "de", ao unir adjuntos adnominais a substantivos – concretos ou abstratos – introduz valores semânticos definidos, como, por exemplo, de posse, de especificação, entre outros.

C) Os pronomes oblíquos átonos como sujeitos de formas verbais em infinitivo
Os pronomes pessoais que funcionam como sujeito são pronomes retos. Veremos, a seguir, situação bastante particular, em que os pronomes oblíquos átonos – em geral empregados como complementos verbais – surgem empregados como sujeitos de formas verbais em infinitivo.
Vejamos o exemplo inicial:
*"Deixaram-*me *ficar na sala."*

Como podemos ver, temos um texto em que se notam dois verbos: "Deixaram" e "ficar". Como o verbo é o vocábulo caracterizador da existência das orações, afirmamos que temos um período composto por duas orações.

O sujeito da primeira forma verbal já foi objeto de nosso estudo. Sabemos que as formas verbais empregadas na terceira pessoa do plural, sem que haja, proximamente a elas, indicação do autor da ação verbal expressa, são reveladoras de sujeito indeterminado. É indeterminado, então, o sujeito da forma verbal "Deixaram". Vejamos, agora, o sujeito da forma verbal em infinitivo "ficar".

Nova leitura do período fornecido faz-nos perceber que o agente da ação de "ficar" está sendo indicado pelo pronome oblíquo átono "me". A divisão do período em suas orações constituintes indicaria, então:

["*Deixaram*] [-*me ficar na sala.*"]

Podemos atestar o acerto da análise proposta para o pronome oblíquo átono, promovendo o desdobramento da oração cuja forma verbal está em infinitivo, o que faria surgir o período:

"[*Deixaram*] [*que eu ficasse na sala.*]"

As duas sentenças dizem exatamente a mesma coisa. A diferença entre elas diz respeito ao fato de na primeira o verbo em infinitivo ter feito surgir o sujeito representado pelo pronome oblíquo átono "me". Ao reescrevermos o período com a segunda oração sofrendo o processo de desdobramento, o que implica emprego de verbo em forma finita, surgiu o sujeito "eu", pronome reto de primeira pessoa do singular, correspondente ao oblíquo átono "me".

Vejamos outro exemplo:

*"O professor mandou-o escrever o texto."*

Temos, novamente, um período composto por duas orações, uma vez que nele notamos as duas formas verbais "mandou" e "escrever", esta em infinitivo. O sujeito da forma verbal "mandou" é classificado como simples: "O professor". E o sujeito da forma verbal em infinitivo "escrever"? Esse sujeito está indicado pelo pronome oblíquo átono "o". Observe ser o autor da ação verbal indicado, realmente, pelo pronome pessoal oblíquo átono "o".

O desdobramento da oração reduzida apontaria "*O professor mandou que ele escrevesse o texto.*"

O período original, dividido em suas orações constituintes, apontaria:

["*O professor mandou*] [-*o escrever o texto.*"]

Mais um exemplo:
*"Os eleitores fizeram-lhe cumprir a promessa."*

Trata-se de outro período composto. Afinal, temos, novamente, dois verbos: "fizeram" e a forma verbal em infinitivo "cumprir". O sujeito da forma verbal "fizeram" é "Os eleitores". Já o verbo em infinitivo "cumprir" tem como sujeito o pronome oblíquo átono "lhe". Nesse caso, há um perigo bastante grande para quem não viu a função de sujeito exercida pelos pronomes ora estudados: como, no estudo de regência, os pronomes "lhe" e "lhes" são empregados para atender unicamente à regência transitiva indireta, a frase sugere erro de regência, uma vez que a forma verbal "fizeram", a que se liga por ênclise, é transitiva direta. Entretanto, não nos esqueçamos disto, o pronome "lhe", nesse período, não está empregado como complemento do verbo "fazer", flexionado em "fizeram", mas como sujeito da forma verbal "cumprir". A ligação enclítica do pronome com a forma verbal diz respeito, apenas, à necessidade de os pronomes oblíquos átonos apoiarem-se em algum outro vocábulo, aos quais se integram fonicamente como se formassem uma sílaba.
A divisão do período acima em orações aponta o pronome na segunda oração, como aliás, surgiu, nos outros exemplos:
["*Os eleitores fizeram*] [-lhe *cumprir a promessa.*"]

Em que circunstâncias, então, poderemos encontrar pronome oblíquo átono como sujeito de verbo em infinitivo?
Todas as vezes em que o verbo empregado no infinitivo surgir após outros *verbos* denominados *auxiliares causativos* ou *sensitivos*. A denominação "auxiliar" não traduz, com exatidão, a realidade estrutural que decorre destes verbos, que não são, na verdade, verbos auxiliares de locuções verbais, como pudemos observar pela divisão dos períodos das exemplificações antecedentes.
São auxiliares causativos os verbos "mandar", "deixar", "fazer" e outros que se inserem na mesma área semântica. Os auxiliares sensitivos são "ver", "ouvir", "olhar", "sentir" e outros que se coloquem no mesmo campo de significado.
Convém frisarmos que o emprego do pronome oblíquo átono "lhe", como anteriormente se mostrou, como sujeito de verbo em infinitivo, só poderá ocorrer quando esse verbo for de regência transitiva direta.
Desse modo, o período já fornecido "Os eleitores fizeram-lhe cumprir a promessa." é correto, porque o verbo em infinitivo "cumprir" tem

regência transitiva direta, como o atesta seu objeto direto representado por "a promessa".
Estará *incorreto*, consequentemente, o período grafado em "Os eleitores fizeram-lhe ficar na sala.", uma vez que a forma em infinitivo "ficar" não é transitiva direta. O período se corrigirá com a troca do pronome átono de terceira pessoa do singular "lhe" pelo também pronome oblíquo átono de terceira pessoa do singular "o", o que fará surgir o texto correto, evidentemente: "Os eleitores fizeram-no ficar na sala".

D) As funções sintáticas dos pronomes relativos
Vejamos as possibilidades de funções sintáticas para um pronome relativo "que". Os demais pronomes relativos podem ser analisados de mesmo modo, embora nem todos apresentem a abrangência sintática que encontramos para o "que".
Exemplos:

1ª função: sujeito
[Encontramos, na clareira aberta, o médico] [que cuidava dos indígenas.]

Temos, no texto acima, duas orações, que já foram sinalizadas em sua divisão. Na segunda delas há ocorrência de pronome relativo "que". Esse pronome, como podemos observar, é o representante semântico, na oração em que aparece, do substantivo "médico", constante da oração anterior. O pronome relativo é utilizado para isto: representar, semanticamente, vocábulo ou expressão antecedente. Visto que o pronome "que" representa o substantivo "médico", podemos efetuar a substituição: *médico cuidava dos indígenas*. Nessa oração, o substantivo "*médico*" funciona como sujeito da forma verbal "*cuidava*". De maneira lógica, o pronome relativo "que", seu substituto na oração, desempenhará a mesma função de sujeito.
Cumpre observarmos que a função sintática original do substantivo – ou vocábulo de valor substantivo – que está sendo representado semanticamente pelo pronome relativo "que" não necessariamente será a mesma desenvolvida pelo pronome. Neste exemplo, podemos verificar que o substantivo "médico", na oração em que surge, funciona como núcleo do objeto direto da forma verbal "Encontramos": "o médico". Ao ser representado pelo pronome relativo "que", na segunda oração, o valor sintático de "*médico*" é, como vimos, de sujeito da forma verbal "*cuidava*".

2ª função: objeto direto
[A bolsa [que ele carregava] estava pesada.]

O período apresenta, novamente, duas orações, que já foram sinalizadas. Notemos que, desta vez, as orações não surgiram em ordem direta: uma após a outra. Diferentemente, a primeira oração – "A bolsa estava pesada" – sofreu a intercalação da segunda – "que ele carregava". Na segunda oração temos, novamente, o pronome relativo "que". Agora, ele representa o substantivo "bolsa". Do mesmo modo que fizemos no item 1, podemos, então, efetuar a troca: *bolsa ele carregava*. Observamos que as palavras da oração que surgiu não estão em ordem direta, que seria: *ele carregava bolsa*. O substantivo "*bolsa*", nesta oração, é objeto direto da forma verbal "*carregava*". Também o é, evidentemente, em "*bolsa ele carregava*". Dessa forma, o pronome substantivo relativo "que", no período de número 2, tem função sintática, igualmente, de objeto direto.

3ª função: objeto indireto
[A aposentadoria [a que aspiro] ainda está muito distante.]

Outro período composto por duas orações, sendo a segunda intercalada na primeira, como mostramos. O pronome relativo "que" surgiu, mais uma vez, na segunda oração. Não deixemos de notar que existe uma preposição "a" antecedendo-o. É demanda da regência do verbo "aspirar", empregado com sentido de "almejar". Podemos verificar que, semanticamente, tal pronome é substituto de "aposentadoria". A substituição do pronome relativo pelo vocábulo que ele representa apontará, então: *a aposentadoria aspiro*. Os termos desta oração, de modo semelhante ao que ocorreu no item 2 acima, não estão em ordem direta. Colocando as palavras em ordem direta, encontraremos: *aspiro a aposentadoria*. Não nos esqueçamos de que o vocábulo "*a*", encontrado antes do substantivo "*aposentadoria*", é a preposição que, no texto original, surge antes do pronome relativo. Na oração ora criada *aspiro a aposentadoria*, o sujeito ("*eu*") está implícito e indicado pela desinência verbal. Como já salientamos, o verbo "aspirar", empregado com sentido de "almejar", tem regência transitiva indireta, ou seja, vai exigir um complemento que a ele se ligue por preposição, denominado objeto indireto. A expressão "*a aposentadoria*" é, então, objeto indireto. Não se deve estranhar falta de acento grave no vocábulo "a" que antecede o substantivo "aposentadoria". Trata-se apenas da preposição que rege o objeto indireto. Como no texto original o substantivo "aposentadoria" está representado pelo pronome relativo "que" – regido pela preposição "a" –, podemos afirmar ser "a que", originalmente, o objeto indireto da forma verbal "aspiro".

4ª função: predicativo do sujeito
[Tu não és mais o egoísta] [que foste um dia.]

Temos agora um período composto por duas orações que surgem em ordem direta, como indicado. O pronome relativo "que" é, desta vez, representante semântico de "egoísta". Fazendo-se a substituição do pronome relativo citado pelo vocábulo que ele vale semanticamente, teremos a oração: *egoísta foste um dia*. Mais uma vez notamos que na oração que criamos as palavras não estão "arrumadas". Podemos, então, dar-lhe o ordenamento direto: *foste egoísta um dia*. Nesta oração ora criada, o sujeito de *foste* é o pronome *tu*, implícito e indicado pela desinência verbal. *Foste*, como sabemos, é o pretérito perfeito do indicativo do verbo "ser" – verbo de ligação. O adjetivo *egoísta* é atributo dado ao sujeito e, sintaticamente, analisa-se, então, como predicativo do sujeito. Ocorre que, não nos esqueçamos disto, o adjetivo *egoísta* está sendo, no texto original, representado pelo pronome relativo "que". Obviamente, o pronome será, também, predicativo do sujeito.

5ª função: adjunto adverbial
[Não me agrada a arrogância] [com que tu tratas os subordinados.]

Temos um período composto por duas orações que surgem ordenadamente dispostas. Tal como ocorreu no item 3, o pronome relativo "que" surgiu antecedido por preposição, desta vez "com". A observação do valor semântico do pronome faz-nos perceber que representa o substantivo "arrogância". Ao procedermos à troca do pronome relativo "que" pelo substantivo que representa, encontraremos a oração: *com arrogância tu tratas os subordinados*. Podemos melhorar a ordem em que as palavras surgem nesta oração, redigindo: *tu tratas os subordinados com arrogância*. Nesta oração, o sujeito de *tratas* é o pronome reto *tu*. A regência do verbo "tratar" é transitiva direta, nessa oração, o que implica dizer que a frase tem de apresentar um complemento que se ligue ao verbo sem preposição. Identificamos em *os subordinados* o objeto direto, ou seja, o complemento que surge diretamente ligado ao verbo, vale dizer, sem preposição. Estamos, então, com a expressão *com arrogância* necessitando de análise. Não se trata de complemento verbal, uma vez que a regência verbal está atendida por *os subordinados*. Vamos ler novamente o texto, em busca da função da expressão que, agora, será sublinhada, para mais destaque: *tu tratas os subordinados com arrogância*. Não é difícil percebermos que a expressão sublinhada traduz circunstância de modo com que a ação indicada pela forma verbal *tratas* é praticada. Trata-se de adjunto adverbial. Lembremo-nos, então, de que *com arrogância* está originalmente redigido sob a forma "com que". Assim sendo, identificamos "com que" como adjunto adverbial.

6ª função: complemento nominal
["Os portentos, [de que esta força é capaz,] ninguém os calcula."] (Rui Barbosa)

Temos um período composto por duas orações que não surgem em ordem natural, direta. A primeira oração – "Os portentos ninguém os calcula." – sofre a intercalação de "de que esta força é capaz". Nessa segunda oração surge o pronome relativo "que", regido pela preposição "de". Podemos verificar que o pronome relativo é representante semântico do substantivo antecedente "portentos". Ao substituirmos o pronome relativo pelo substantivo que representa, encontramos *de portentos esta força é capaz*. O sujeito para a forma verbal *"é"* – do verbo "ser" – é *"esta força"*. Encontramos, ainda, na oração que ora estudamos, o adjetivo *capaz*, que alude a atributo concedido ao sujeito *esta força. Capaz* é predicativo do sujeito. Ocorre que esse adjetivo não se realiza semanticamente sem que lhe completemos o sentido. Na verdade, ao substituirmos o pronome relativo pelo substantivo *portentos*, encontramos uma oração que não apresenta seus termos em ordem direta. Podemos redigi-la deste modo, para melhor compreensão: *esta força é capaz de portentos*. O sintagma *de portentos*, ligado ao adjetivo *capaz* pela preposição *de*, é complemento nominal. No texto original, não esqueçamos, o pronome relativo "que" – precedido da preposição "de" – representa o substantivo "portentos". Temos, então, em "de que", um complemento nominal.
O exemplo acima foi colhido na página 84 de *Novas lições de análise sintática*, admirável trabalho de Adriano da Gama Kury, publicado pela Editora Ática, edição de 1985.

7ª função: agente da passiva
["A dona da casa [por que foi maltratado] sequer foi chamada à delegacia."]

Como vemos, trata-se de outro período composto por subordinação. A oração principal está sendo indicada por "A dona de casa sequer foi chamada à delegacia". Dentro dela surgiu a oração "por que foi maltratado", em que se nota a presença do pronome relativo "que", regido pela preposição "por". Semanticamente, o pronome recupera a expressão "a dona da casa". Assim, temos, após efetuada a substituição do pronome pelo que efetivamente representa, a oração "por dona de casa foi maltratada", que, ao ter seus termos colocados em ordem direta – "foi maltratado por dona de casa" –, revela com clareza a função de agente da passiva exercida pelo pronome relativo.

8ª função: adjunto adnominal
["A obra [cujo autor conheço] é notável, sem dúvida."]

No período ora estudado temos a oração principal "A obra é notável, sem dúvida" e a oração subordinada adjetiva restritiva "cujo autor", na qual a forma verbal de regência transitiva direta "conheço" tem como sujeito implícito o pronome "eu", como indicado pela flexão verbal. Seu objeto direto, então, é a expressão "cujo autor", em que o substantivo "autor" desempenha papel de núcleo, restando ao pronome relativo "cujo" a função de adjunto adnominal.
Essa função sintática é exercida unicamente pelo pronome relativo "cujo" (e flexões), o quais, por sua vez, não podem funcionar sintaticamente de modo distinto.

## AMPLIE SEU CONHECIMENTO

Comumente, as expressões sintáticas são denominadas *sintagmas*, nomenclatura que empregamos no estudo da 6ª função dos pronomes relativos. O termo designa dois elementos oracionais nos quais se nota vínculo subordinado de um em relação ao outro. Vemos isso com clareza na estrutura oracional em que se notam os termos *sujeito* e *predicado*, os sintagmas fundamentais da oração. Para os nossos propósitos, ainda que correndo o risco de simplificação, podemos, *grosso modo*, afirmar que sintagmas são elementos oracionais entre si vinculados e portadores de uma função na estrutura da oração. Assim, em *A moça aspirava o perfume da flor*, temos o sintagma sujeito (*A moça*) e o sintagma predicado (*aspirava o perfume da flor*). Diz-se que o sujeito é um sintagma nominal, já que não apresenta forma verbal em seu interior, vale dizer, seu núcleo será um *nome*. Por sua vez, o predicado é denominado sintagma verbal. Essa conceituação vai-se reduzindo, de modo que, no interior do sintagma verbal (ou predicado), encontramos o sintagma *o perfume da flor*, objeto direto. No interior do objeto direto, ainda identificamos os sintagmas *o* e *da flor*, denominados adjuntos adnominais.

E) <u>As análises sintáticas e morfológicas do pronome oblíquo "se"</u>

O pronome "se", oblíquo de 3ª pessoa do singular ou do plural, tem algumas análises possíveis em função do contexto em que surge.
Vejamos cada uma delas:

1. Objeto direto
"*A aluna penteava-*se *tranquila.*"

Podemos notar que a regência transitiva direta do verbo "pentear" está sendo atendida no exemplo fornecido pelo pronome "se", que recupera semanticamente o substantivo "aluna". É, desse modo, objeto direto.

2. Objeto indireto
"*A aluna dava-*se *ares de desentendida.*"

Agora, temos oração que se estruturou em torno da forma verbal "dava", pertencente ao verbo de regência transitiva direta e indireta, "dar". Ao buscarmos seus dois complementos, que, por óbvio, terão de estar no interior do predicado, encontraremos o objeto direto indicado pelo sintagma "ares de desentendida" e o objeto indireto, apontado pelo pronome oblíquo "se", que, tanto quanto no caso anterior, é representante semântico de "aluna".

3. Sujeito
"*A aluna deixou-*se *ficar sentada, calmamente.*"

Temos dessa vez um período composto, cujas orações, ao serem divididas, surgirão nas formas "A aluna deixou" e "se estar ficar sentada, calmamente".
Como já vimos antecedentemente, o verbo "deixar", que forma a primeira oração, é causativo e não forma locução verbal. Tem regência transitiva direta, com objeto direto representado por toda a segunda oração já apontada. No interior dessa oração, o pronome "se", mais uma vez sinalizador de "aluna", funciona como sujeito da forma verbal de infinitivo "ficar".

**Não esqueça!**

Qualquer pronome oblíquo – não apenas "se" –, ao funcionar como sujeito, será obrigatoriamente sujeito de forma verbal em infinitivo.

4. Pronome apassivador (partícula apassivadora)
"*Ouviram*-se *ao longe os primeiros tiros do combate.*"
"*Atribuíram*-se *àquele aluno os deslizes de toda a turma.*"

Surge em orações de voz passiva pronominal, com verbos que desenvolvem regência transitiva direta ou transitiva direta e indireta, ao serem empregados em voz ativa.
Em nossos exemplos, temos vozes passivas pronominais que correspondem às passivas analíticas "Os primeiros tiros do combate foram ouvidos" e "Os deslizes de toda a turma foram atribuídos àquele aluno". Por sua vez, essas duas orações de voz passiva analítica correspondem às de voz ativa "Ouviram os primeiros tiros do combate" e "Atribuíram os deslizes de toda a turma àquele aluno", em que se verificam as regências respectivamente transitiva direta e transitiva direta e indireta dos verbos nelas empregados.
Assim, quando temos um pronome apassivador, temos, também, uma oração que poderá ser reescrita na voz passiva analítica.

5. Índice de indeterminação do sujeito (símbolo de indeterminação do sujeito)
"*Precisa*-se *de mais empregos*".
"*Vive*-se *muito bem neste país.*"

Em orações nas quais o verbo, de regência transitiva indireta ou intransitiva, surge empregado na 3ª pessoa do singular.

6. Expletivo (palavra de realce)
"*Vá*-se *embora.*"
"*Vai*-se *a primeira pomba despertada.*"

Quando, ao ser suprimido do texto, não produz qualquer dano semântico ou estrutural. Nos dois exemplos, as sentenças resultantes da supressão do pronome "se" – "Vá embora" e "Vai a primeira pomba despertada" – são perfeitamente assimiladas, o que denota ser o pronome prescindível para as suas estruturas.

7. Parte integrante do verbo
"*Queixava*-se, *com frequência, de maus tratos.*"
"*O mestre indignava-se com o descaso dos alunos.*"

Quando surge associado a verbo essencialmente pronominal.

**Observe!**

Os pronomes "se" passíveis de desenvolverem funções sintáticas são sempre pronomes pessoais oblíquos átonos. Podem portar valor semântico indicador de reflexividade de ação verbal ("A aluna penteava-se tranquila.") ou de reciprocidade de ação (Os congressistas insultaram-se no plenário").

F) A partícula expletiva "é ... que"

Com razoável frequência, deparamo-nos com textos nos quais surge o verbo "ser" acompanhado do vocábulo "que", formando expressão que tem por fim realçar a afirmativa que se está a fazer. São meros termos empregados para ênfase e, suprimidos do texto, não provocam transtorno à sua estrutura sintática.

É o que vemos, por exemplo, em: *"Eu* é que *sei quanto aquilo me doeu."*, oração em que a supressão dos vocábulos "é que" faria resultar o texto "Eu sei o quanto aquilo me doeu", que, como vemos, está perfeito quanto à estrutura e, também, inatacável quanto à sua estruturação.

Importante será que tenhamos o olhar atento para essas expressões, uma vez que a sua não percepção implica, obviamente, má divisão do período, considerando-se que há nele, pelo menos graficamente, três formas verbais, o que levaria a se imaginar a existência, também, de três orações. No entanto, ao se observar o expletivo, procede-se corretamente à divisão das orações do período, que apontará ["Eu é que sei] [quanto aquilo me doeu"], ou seja, apenas duas orações, já que o verbo "ser" – integrante do expletivo não constitui oração. Morfologicamente, também não há como se analisar o vocábulo "que", a não ser fazendo-se menção ao fato de que faz parte de expressão expletiva.

Também é importante estarmos cientes de que, eventualmente, o verbo "ser" pode surgir flexionado, como em *"As rosas* é que *são belas, mas* são *os espinhos* que *picam"*, fragmento em que se notam dois exemplos de expletivos, como assinalado. No primeiro deles, temos "é...que" como já exemplificado. No segundo caso, já na segunda oração, encontramos o expletivo formado por "são...que", mostrando-nos que, além de o verbo "ser" poder surgir flexionado, os dois vocábulos que integram a expressão expletiva não necessariamente virão disposta lado a lado. O mesmo texto redigido sem os dois expletivos resultaria em "As rosas são belas, mas os espinhos picam".

Vejamos mais um exemplo em que o verbo "ser" aparece flexionado e razoavelmente afastado do vocábulo "que": "São *os homens, com tanta violência e gestos impensados,* que *tornam a vida difícil"*, período formado por uma única oração assim redigida, após a supressão do expletivo: "Os homens, com tanta violência e gestos impensados, tornam a vida difícil".

## 2. O Estudo do Período

Período é um conjunto de orações.

Vejamos alguns exemplos:

[Anoitecia.]

[O sol brilhava no firmamento.]

[O sol brilhava no firmamento,] [quase não havia nuvens.]

[As alunas diziam] [que ela era orgulhosa,] [mas descobri] [que não.]

Como vimos por meio da exemplificação acima, podemos encontrar períodos formados por uma só oração e períodos representados por mais de uma oração.

O período constituído por uma só oração denomina-se período simples. A única oração que o forma denomina-se oração absoluta. Nesse caso, o estudo do período resume-se a estas duas afirmativas: período simples, oração absoluta.

Os períodos compostos, por sua vez, podem-se apresentar diferentemente, no que diz respeito às relações que suas orações desenvolvem entre si. Tais relações podem-se dar de modo que as orações se apresentem independentes entre si, ou, por outro lado, de forma que uma oração, ao menos, se subordine a outra. Vejamos alguns exemplos de períodos compostos:

### 2.1. Período composto por coordenação

1. O sol brilha intensamente, as nuvens afastam-se no horizonte.

Como podemos observar, temos um período composto por duas orações. Não nos será difícil perceber que as duas orações que formam esse período são, entre si, independentes, ou seja, têm suas estruturas sintáticas concluídas nelas mesmas, como veremos:

Observemos o mesmo período, já com suas orações constituintes apontadas:

[O sol brilha intensamente,] [as nuvens afastam-se rapidamente.]

Podemos notar que as duas orações que compõem esse período são realmente independentes entre si, ou seja, têm suas estruturas sintáticas esgotadas nelas mesmas. Não há vínculo estrutural entre as duas orações.

Confirmemos essa afirmativa com a análise das suas orações:

1ª oração: O sol brilha intensamente;

sujeito: O sol;
predicado verbal: brilha intensamente (com verbo intransitivo);
adjunto adverbial (modo): intensamente.
Verificamos que, sem dúvida, a oração ora analisada está sintaticamente esgotada: o sujeito da forma verbal intransitiva é "o sol", o verbo, por ser intransitivo, não exige complementos e está recebendo informação acessória que revela circunstância de modo, indicada pelo adjunto adverbial "intensamente". Nada mais essa oração exige, para compor sua estrutura sintática, que está, em consequência, finalizada.

2ª oração: as nuvens afastam-se rapidamente
sujeito: as nuvens;
predicado verbal: afastam-se rapidamente (com verbo transitivo direto);
objeto direto: se;
adjunto adverbial (modo): rapidamente.
A segunda oração do período, que ora analisamos, também está integralizada, sintaticamente: o sujeito da forma verbal transitiva direta é "as nuvens"; o verbo, transitivo direto, exige complemento denominado objeto direto, que está representado pelo pronome oblíquo átono "se"; além disso, nota-se informação acessória, que revela circunstância de modo, indicada pelo adjunto adverbial "rapidamente". Tanto quanto ocorreu na primeira oração do período analisado, nada mais exige a estrutura sintática dessa oração: ela está rigorosamente fechada.
Sendo independentes entre si, as duas orações estão apenas grafadas lado a lado. Não há vínculos estruturais entre elas. Supondo que exista uma hierarquia permeando as orações, podemos dizer, que, nesse caso, encontramos orações em mesmo patamar hierárquico. São apenas, como já dissemos, orações que se escreveram lado a lado, ordenadas uma ao lado da outra. O elemento prefixal "co-", como sabemos, indica posição ao lado. Tais orações serão chamadas, então, de coordenadas, vale dizer, ordenadas lado a lado. Este é um período formado por coordenação.

### 2.2. Período composto por subordinação

Tomemos o período abaixo, já com suas orações apontadas, como exemplo:
[As ruas continuavam alagadas] [porque chovera intensamente.]
Observamos agora que há uma oração no período que representa a continuação da estrutura de outra, para a qual representa papel sintático de adjunto adverbial. Sendo uma oração peça da estrutura de outra, podemos afirmar que sua existência vincula-se a essa outra por uma

relação de dependência, ou seja, por subordinação. Ocorre nesse período, então, a existência de oração que é subordinada em relação àquela que representa sua base estrutural, ou seja, notamos oração subordinada e oração principal.

Vejamos a análise de cada uma das orações constituintes deste período para certificarmo-nos da afirmativa ora feita:

1ª oração: As ruas continuavam alagadas

sujeito: As ruas;

predicado nominal: continuavam alagadas;

predicativo do sujeito: alagadas.

A oração acima analisada, a primeira do período que agora estudamos, está, sintaticamente, resolvida. Caso houvesse a colocação de um ponto final após o advérbio "alagadas", teríamos um período simples, com oração absoluta rigorosamente válida.

2ª oração: porque chovera intensamente

Podemos notar que essa oração só tem existência porque se vincula à anterior, indicando, em relação ao predicativo do sujeito "alagadas", uma informação acessória, tradutora de circunstância de causa. Ela funciona, na verdade, como um adjunto adverbial para a primeira oração. Sua análise revelará:

sujeito: oração sem sujeito (o seu verbo indica fenômeno da natureza);

predicado verbal: chovera intensamente;

adjunto adverbial: intensamente (aponta matiz semântico revelador de intensidade).

Observamos que a estrutura sintática da segunda oração está, excluída a conjunção "porque", igualmente resolvida. Contudo, notamos, diferentemente do primeiro período, que essa segunda oração, como já afirmamos, só tem existência como elemento sintático que dá continuidade à oração que a antecede, à qual se liga pela conjunção subordinativa "porque". Agora podemos afirmar, então, que a primeira oração é a principal do período, sendo a segunda oração sua subordinada. Há vínculo subordinante entre as orações, que se exerce da segunda para a primeira.

Na verdade, a mensagem contida no segundo período poderia ser assim escrita, sem que houvesse qualquer perda de informação:

As ruas continuavam alagadas por causa da chuva intensa.

Como podemos ver, no período acima só se observa um verbo: "continuavam". Trata-se de período simples, com oração absoluta. No entanto, a carga semântica nele contida é exatamente igual à revelada pelo período que acabamos de estudar. Isso significa que o que antes se afirmara com "porque chovera intensamente" foi agora indicado com "por causa da chuva". São formas distintas de dizer-se a mesma coisa: na primeira delas emprega-se uma oração que revela circunstância causal. Na segunda, um adjunto adverbial que traz a mesma circunstância. Podemos, assim, observar que a segunda oração do período estudado desempenha, realmente, papel sintático de adjunto adverbial para a forma verbal "chovera", da primeira oração, o que nos permite a afirmativa de que integra a estrutura sintática da primeira, sendo-lhe, assim, subordinada.

## 2.3. Período composto por coordenação e subordinação

Vejamos, ainda, o período abaixo, que já surge com suas orações constitutivas indicadas:

["As placas da estrada, [que estavam danificadas,] confundiam os motoristas,] [mas os patrulheiros rodoviários auxiliavam-nos."]

Como mostramos pela divisão de orações do período acima proposto, temos, neste caso, período formado por três orações. Suas análises revelarão:

1ª oração: As placas da estrada confundiam os motoristas
sujeito: As placas da estrada;
predicado verbal: confundiam os motoristas;
objeto direto: os motoristas.

Percebemos que essa oração tem vida autônoma, ou seja, não se integra à estrutura sintática de nenhuma outra oração. Seu emprego isolado do período já constituiria mensagem de sentido absolutamente fechado. Tal afirmativa decorre da observação de que, estruturalmente, trata-se de oração que tem suas exigências sintáticas atendidas: a forma verbal transitiva direta "confundiam", que a representa, tem seu sujeito claramente indicado, bem como o objeto direto que exige está contido no contexto oracional.

Notamos, por outro lado, que a segunda oração não goza da mesma autonomia. Na verdade, essa segunda oração se integra na primeira, uma vez que o pronome relativo "que", seu introdutor, é claro representante semântico do substantivo "placas", existente na primeira oração. Trata-se, então, de oração dependente da primeira, vale dizer, subordinada a ela. Sua análise revelaria:

2ª oração: que estavam danificadas
sujeito: "que";
predicado nominal: estavam danificadas;
predicativo do sujeito: danificadas.

Podemos verificar, ainda, que a segunda oração tem natureza adjetiva, uma vez que se relaciona com o substantivo "placas", núcleo do sujeito da primeira oração. A segunda oração, assim, funciona sintaticamente como adjunto adnominal contido no sujeito da primeira oração. É, desse modo, subordinada à primeira oração, que, logicamente, será sua oração principal.

Continuando a leitura do período, encontramos sua terceira oração: "mas os patrulheiros rodoviários auxiliavam-nos".

É oração de estrutura sintática independente das duas orações que foram analisadas antecedentemente. Do ponto de vista semântico, liga-se à primeira oração, em relação à qual traz mensagem de valor semântico oposto. A informação "mas os patrulheiros rodoviários ajudavam-nos" representa, semanticamente, informação que se põe em ambiente semântico de oposição em relação a "As placas da estrada confundiam os motoristas". É o chamado valor adversativo, ou seja, tradutor de mensagem oposta à contida em outra oração, que se torna mais claro pela presença da conjunção coordenativa adversativa "mas".

Vejamos atentamente que as orações sobre as quais tecemos comentários agora estão entre si vinculadas. Tal vínculo, no entanto, não se faz no nível estrutural, mas apenas semântico. Não há oração principal entre a primeira e a terceira orações. São, apenas, orações que se grafam lado a lado, expressando valores em contrariedade semântica. São, então, orações coordenadas.

Façamos, como fizemos com as orações precedentes, a análise sintática da última oração do período:

3ª oração: mas os patrulheiros rodoviários auxiliavam-nos
sujeito: os patrulheiros rodoviários;
predicado verbal: auxiliavam-nos;
objeto direto: nos.

O vocábulo "mas", como vimos, é conjunção coordenativa adversativa. Como já sabemos, as conjunções não são analisadas sintaticamente. Nesse caso, o papel da conjunção é o de promover a vinculação entre a primeira oração e a última, realçando o valor semântico adversativo introduzido por esta.

Do que vimos, esse período apresenta-se com oração principal, oração subordinada e oração coordenada. Denomina-se, então, período composto por coordenação e subordinação. Alguns o denominam período misto.

## 2.4. Período composto por coordenação – suas orações

Como já vimos, no período composto por coordenação, as orações têm uma só natureza: são coordenadas.

No entanto, podem apresentar-se diferentemente. Vejamos:

[Chove,] [faz sol.]

[Ora chove,] [ora faz sol.]

Temos, acima, dois períodos compostos por coordenação. As orações que os formam são coordenadas.

Percebemos que, no primeiro período, as orações surgiram sem introdução promovida por conjunções. No segundo caso, contudo, as duas orações estão introduzidas por conjunções.

Dizemos, então, que a oração coordenada pode ser:

Coordenada assindética: introduzida sem conjunção, ou seja, sem palavra que a ligue a outra, que a conecte a outra, enfim, sem conectivo. As duas orações do primeiro período acima são coordenadas assindéticas, então.

Coordenada sindética: introduzida por conjunção (ou, como vimos, por conectivo). As duas orações do segundo período acima são coordenadas sindéticas, consequentemente.

Por sua vez, as orações coordenadas sindéticas classificam-se, em conformidade com o valor semântico que introduzem, em:

Coordenada sindética aditiva: indica a soma de uma informação a outra informação precedente. As conjunções coordenativas aditivas são "e" e "nem". Há um grupo de locuções conjuntivas que se revestem de igual valor: "tanto ... como", "tanto ... quanto", "não só ... mas também", "nem ... nem", "não somente ... mas ainda".

[Pedro estuda,] [*e Paulo trabalha*.]

[Não irei à aula,] [*nem à palestra*.]

[*Tanto trabalho*,] [*quanto estudo*.]

[*Não só o ajudei*,] [*mas também arranjei-lhe emprego*.]

Coordenada sindética adversativa: indica mensagem que está em oposição à mensagem de oração precedente. As principais conjunções coordenativas adversativas são "mas", "porém", "contudo", "todavia", "entretanto", "no entanto".

[Choveu muito,] [*mas a terra está seca*.]

[Trabalha muito,] [*porém não progride*.]

[Chegou cedo,] [*todavia a aula já começara*.]

[Presta pouca atenção à aula,] [*entretanto faz boas provas*.]

Coordenada sindética alternativa: indica mensagem que representa alternância em relação à mensagem precedente. Temos como suas principais conjunções o grupo ou, ou ... ou, já ... já, ora ... ora, quer ... quer:
[O rapaz ficava em casa,] [*ou ia à praia*.]
[*Ora fazia sol*,] [*ora chovia*.]
[*Quer trabalhe*,] [*quer não trabalhe*,] sempre será recriminado.
[Ou você chega muito cedo,] [ou chega muito após o término da aula.]

Coordenada sindética conclusiva: indica mensagem que traduz conclusão a que se chega a partir de fato expresso antecedentemente. As principais conjunções conclusivas são “logo”, “pois”, “portanto”, “por conseguinte”.
[Penso,] [*logo existo*.]
[O dia amanheceu muito bonito,] [*portanto as praias estarão cheias*.]
[É importante] [chegar cedo.] [Acerte, *pois*, *o seu despertador*.]
[A prova estava exageradamente fácil,] [*por conseguinte haverá muitos aprovados*.]

Coordenada sindética explicativa: indica mensagem que explica fato expresso anteriormente. As conjunções desse grupo são “porque”, “que”, “pois”, “porquanto”.
[Não procedas deste modo,] [*porque serás mal interpretado*.]
[Deve estar muito rico,] [*pois comprou uma ilha em Angra dos Reis*.]
[Não faça isso,] [*que o arrependimento virá muito cedo*.]
[Foi julgado um mau aluno,] [*porquanto suas atitudes a isso conduziam*.]

Período composto por subordinação – suas orações

O período composto por subordinação apresenta orações de duas naturezas: oração principal e oração subordinada.
As orações subordinadas podem ser adjetivas, substantivas e adverbiais. Vejamos cada grupo de orações subordinadas.

Oração subordinada adjetiva
Inicialmente, observemos o período que se segue:
[O aluno estudioso ganhou o prêmio.]
Nesse período, como notamos, só existe um verbo, que surge na forma “ganhou”. Trata-se de período simples, com oração absoluta. Do ponto de vista do estudo do período, tudo se esgota nesta afirmativa: período simples, oração absoluta.

Aproveitemos o período acima para procedermos às análises morfológica e sintática do vocábulo "estudioso".
Morfologicamente, temos um adjetivo: é fácil percebermos sua vinculação com o substantivo "aluno", para o qual traz uma qualificação.
Sintaticamente, esse vocábulo é adjunto adnominal. Está simplesmente ao lado do núcleo do sujeito da oração, que se indica por "O aluno estudioso".
Vejamos, agora, o período seguinte, que será posto em confronto com o que acabamos de ler.
[O aluno [que estuda muito] ganhou o prêmio.]
Agora, apresentou-se um período composto: há dois verbos nele ("estuda" e "ganhou").
Vemos que, semanticamente, não há modificação entre os dois períodos exemplificados. A informação que transmitem é a mesma. Dizem a mesma coisa, com estruturas diferentes.
Como podemos notar, aquilo que, no primeiro período, era um adjetivo ("estudioso") em função sintática de adjunto adnominal, agora, surgiu sob a forma da oração "que estuda muito". É óbvio que essa oração é, então, subordinada à primeira de seu período. Afinal, ela desempenha papel sintático de adjunto adnominal para o núcleo do sujeito da primeira oração. E tem natureza adjetiva, uma vez que está em lugar de um vocábulo que já analisamos morfologicamente como adjetivo. Trata-se, então, de oração subordinada adjetiva.
Na prática, tais orações são rapidamente identificadas porque surgem introduzidas por pronomes relativos ("que", "quem", "o qual" (e flexões), "quanto" (e flexões), "onde" e "cujo" (e flexões).
Seus conectivos são, assim, suscetíveis de serem analisados sintaticamente, já que indicados por pronomes.
As orações subordinadas adjetivas, por sua vez, dividem-se em:

Oração subordinada adjetiva restritiva – promove restrição semântica em relação ao substantivo a que se vincula, ou seja, diminui seu significado.
[O homem [*que trabalha*] progride.]

Oração subordinada adjetiva explicativa – traz apenas informação de natureza acessória, explicativa, para o substantivo a que se liga, o que implica não promover diminuição de significado para esse substantivo. Surge sempre isolada da oração principal por sinal gráfico de pontuação, em geral, vírgula.

[O homem, [*que é mortal*,] erra.]

Nos exemplos acima, os valores semânticos restritivo e explicativo das orações subordinadas adjetivas são bastante evidentes, porque reportam atributos não inerente e inerente, pela ordem, ao substantivo "homem" a que se referem.

Em outras circunstâncias, apenas a pontuação poderá estabelecer o valor restritivo ou explicativo da oração subordinada adjetiva. Vejamos os dois períodos abaixo, que, dependentemente da pontuação apresentada, apresentam informações bem distintas:

[Os filhos de seu José [*que foram criados pela avó*] formaram-se em Direito.]

[Os filhos de seu José, [*que foram criados pela avó*,] formaram-se em Direito.]

A ausência de vírgulas no primeiro período faz com que analisemos a oração iniciada pelo pronome relativo "que" – "que foram criados pela avó" – em subordinada adjetiva restritiva. Nesse caso, então, o texto informa-nos que apenas os filhos de José criados pela avó formaram-se em Direito. Deduz-se, desse modo, que José tem filhos advogados e filhos que não o são.

No segundo período, a presença das vírgulas isolando a oração "que foram criados pela avó" – subordinada adjetiva explicativa, então – não restringe, apenas traz explicação para o significado do substantivo "filhos". A mensagem é, agora, reveladora de que todos os filhos de José foram criados pela avó, ou seja, todos os filhos de José são advogados.

Oração subordinada substantiva – vejamos o período que se segue:

[Queremos ajuda.]

Trata-se, como se nota, de período em que só se observa um verbo. É período simples, com oração absoluta, portanto.

Façamos as análises morfológica e sintática do vocábulo "ajuda".

Trata-se de substantivo, funcionando como objeto direto da forma verbal "Queremos".

Vejamos, agora, o período abaixo:

["Queremos] [que nos ajudem."]

Temos agora um período composto por duas orações (ocorrem duas formas verbais: "Queremos" e "ajudem").

Os dois períodos apresentam-nos a mesma informação. Não há modificação no conteúdo semântico de "Queremos ajuda." e "Queremos que nos ajudem".

Isso implica dizer que, no segundo período, a oração "que nos ajudem" é subordinada. Ela é, na verdade, a continuação da estrutura sintática da primeira oração, para a qual vale como objeto direto. E tem natureza substantiva, já que substituiu um substantivo.

Na prática, a oração subordinada substantiva é identificada por ser introduzida pelas conjunções subordinativas integrantes "que" ou "se".

Na resolução das questões de provas, teremos contato bastante frequente com as conjunções subordinativas integrantes e poderemos verificar os processos por meio dos quais nós as identificaremos.

A oração subordinada substantiva pode ser:

Subjetiva – funciona como sujeito para o verbo da oração principal.

[É conveniente] [*que haja mais empenho*.]

No período fornecido, a primeira oração, que é a principal, estruturou-se pelo verbo de ligação "ser", empregado na forma "É". Esse verbo não é impessoal, ou seja, temos de localizar seu sujeito. No interior da oração, além do verbo, temos apenas a presença do adjetivo "conveniente", que, como já sabemos, não pode exercer papel sintático de sujeito. Assim, é forçoso aceitar a afirmativa de que a segunda oração desempenha esse papel sintático para o verbo de "É conveniente". É como se disséssemos, pondo as orações em ordem direta: "[Que haja mais empenho] [é conveniente]".

Objetiva direta – funciona como objeto direto do verbo da oração principal.

[O professor viu] [*que o aluno progredia*.]

Na primeira oração, apontamos como sujeito da forma verbal "viu" – que tem regência transitiva direta – o termo 'O professor". Como o verbo "ver" tem regência já apontada em transitiva direta, é imprescindível que localizemos seu objeto direto, sem o qual a estrutura da oração principal – "O professor viu" – não está integralizada. Obviamente, essa função está sendo exercida pela oração "que o aluno progredia".

Objetiva indireta – funciona como objeto indireto do verbo da oração principal.

[Nós necessitamos] [*de que os suprimentos cheguem logo*.]

Em "Nós necessitamos", que é a oração principal do período, o verbo "necessitar", de regência transitiva indireta, tem seu sujeito apontado no pronome reto "Nós". Repetindo o mesmo raciocínio empregado no estudo da oração anterior, temos de localizar, agora, o objeto indireto, necessário para que a primeira oração – "Nós necessitamos" – tenha sua estrutura resolvida. Mais uma vez, então, vemos que o complemento do verbo da oração principal está indicado pela oração que se segue, ou seja, "de que os suprimentos cheguem logo".

Completiva nominal – funciona como complemento de substantivo, adjetivo ou advérbio da oração principal.
[O medo [*de que houvesse mais assaltantes*] era muito grande.]
[Os alunos continuavam indiferentes] [*a que as provas fossem difíceis*.]
[Os políticos agem contrariamente] [*a que a população lhes faça bom juízo*.]
Nos três períodos apresentados, podemos observar a existência de orações vinculadas por preposição a substantivo abstrato, adjetivo e advérbio, pela ordem. Como já vimos no estudo dos termos da oração, a função que assim se caracteriza é o complemento nominal.

Predicativa – funciona como predicativo do sujeito da oração principal.
[O importante seria] [*que todos continuassem empregados*.]
A oração principal do período – "O importante seria" –, que se estruturou em torno da forma verbal "seria", futuro do pretérito do verbo "ser", apresenta-nos como sujeito a expressão "O importante". Já sabemos que os verbos de ligação, também denominados verbos não nocionais, têm a missão de ligar predicativo a algum outro termo sintático. Nesse caso, considerando-se que todos os termos da oração principal já foram apontados, temos de convir em que o predicativo está sendo indicado pela oração "que todos continuassem empregados".

Apositiva – funciona como aposto para alguma expressão da oração principal.
[Só tínhamos um desejo:] [*que tu fosses feliz*.]
Ao analisarmos a estrutura da oração principal, encontramos como sujeito da forma verbal "tínhamos" o pronome "nós", que está implícito e denunciado pela desinência verbal. A palavra "Só", denotativa de exclusão, não tem função sintática. A expressão "um desejo" é o complemento da transitividade direta do verbo "ter", ou seja, objeto direto de "tínhamos". Com essa análise, percebemos que a oração principal já tem sua estruturação sintática resolvida. Nada falta para que esteja integralizada. Assim, a oração "que tu fosses feliz" indica acréscimo de informação, ou seja, explicação acerca do que seria o "desejo". É oração que funciona como aposto, então.

Observação

Embora não sejam citadas pela Nomenclatura Gramatical Brasileira (NGB), convém observarmos que há orações – de natureza substantiva – que desempenham papel de agente da passiva.

Observemos o exemplo a seguir:
["O rádio foi consertado] [por quem o quebrou."]
A segunda oração do período – "por quem o quebrou" – é claramente indicativa do agente da ação verbal expressa na primeira oração. É oração subordinada substantiva agente da passiva. Sua cobrança em provas não poderá ser realizada porquanto não está no elenco de orações substantivas apontadas pela NGB, o que não nos impede de observar sua existência.

Oração subordinada adverbial

Vejamos o período seguinte:
["Sairemos de manhã."]

Como vemos, trata-se de período em que só se nota um verbo. É período simples, com oração absoluta, portanto.
Façamos as análises morfológica e sintática da expressão "de manhã". Morfologicamente, vemos que é expressão que se refere à forma verbal "Sairemos", para a qual traz informação acessória, circunstancial, que se encaixa na área semântica temporal. É locução adverbial. Sintaticamente desempenha, assim, papel de adjunto adverbial.
Vejamos, agora, o período que se segue:
["Sairemos] [quando amanhecer."]
Como indicado, temos, agora, um período composto. Não poderia ser diferente: há dois verbos em seu interior: "Sairemos" e "amanhecer".
Evidentemente, os sentidos expressos nos dois períodos não são exatamente iguais. O que pretendemos demonstrar é que a expressão "de manhã" e a oração "quando amanhecer" desempenham o mesmo papel em relação à forma verbal "Sairemos": ambas traduzem informação circunstancial de tempo.
No primeiro caso, tínhamos uma locução adverbial, funcionando como adjunto adverbial, expressando valor de tempo.
No segundo caso, temos uma oração subordinada, já que funciona como adjunto adverbial para o verbo da anterior, e adverbial, uma vez que referida, como antes o fora a locução adverbial, ao verbo. Temos, enfim, uma oração subordinada adverbial. Indo um pouco além e mencionando

seu valor semântico, diremos que é oração subordinada adverbial temporal.

O vocábulo que a introduz – "quando" – é conjunção subordinativa temporal, sem função sintática, pois.

A oração subordinada adverbial pode ser:

Causal – indica circunstância de causa para o fato expresso na oração principal. As principais conjunções e locuções conjuntivas subordinativas causais são "porque", "pois", "como", "uma vez que", "já que", "visto que", "por isso que".

[Não fui à aula] [*porque choveu muito*.]

[*Já que o professor não dará aula*,] [não irei ao colégio.]

[Saí cedo do auditório,] [*uma vez que a palestra não me interessava*.]

Consecutiva – indica a consequência do fato expresso na oração principal. As principais conjunções e locuções conjuntivas desse grupo são "que" – em geral antecedido dos vocábulo "tão", "tal", "tanto", "tamanho" – "de sorte que", "sem que".

[Choveu tanto] [*que não fui à aula*.]

[Não descuida da forma física,] [*de sorte que sua saúde está preservada*.]

[Não consigo escutá-lo] [*sem que me revolte*.]

Comparativa – indica o segundo elemento de comparação que se inicia na oração principal. Eis suas principais conjunções e locuções conjuntivas: "que", "como", "qual", "tal como", "tal qual".

[José estuda muito mais] [*(do) que descansa*.]

[Volto à casa paterna,] [*como o pássaro retorna ao ninho*.]

[Vem trabalhando] [*tal qual um mouro*.]

Obs.: é fato comum nesse grupo de orações, o verbo estar implícito, como no último exemplo ocorreu com "trabalha", forma verbal que justifica a existência da oração comparativa. Salientamos que na estrutura comparativa "mais...do que" o vocábulo "do" tem emprego facultativo, caracterizando, então, um expletivo. No primeiro exemplo, o emprego do vocábulo "do" entre vírgulas teve por intento assinalar seu caráter expletivo.

Conformativa – indica o modo como a ação verbal narrada na oração principal ocorre. As principais conjunções conformativas são "como", "conforme", "consoante", "segundo".

[O rapaz agiu] [*como combinamos*.]
[Colheu tudo] [*conforme semeou*.]
[Sempre agia] [*segundo seus princípios recomendavam*.]

Condicional – indica a condição para que ocorra o fato expresso na oração principal. Suas principais conjunções e locuções conjuntivas são "se", "caso", "salvo se", "contanto que", "desde que", "a menos que", "a não ser que".
[*Caso sejamos convidados*,] [iremos à festa.]
[Ele será aproveitado,] [*caso se ajuste às normas da empresa*.]
[As emendas não será feitas no texto,] [*a menos que você as autorize*.]

Concessiva – indica fato que seria impedimento à efetiva realização do que se afirma na oração principal. As principais conjunções e locuções conjuntivas desse grupo são "embora", "conquanto", "mesmo que", "ainda que", "por mais que", "posto que", "apesar de que", "se bem que".
[*Embora o maltratassem*,] [permanecia amigo.]
[*Ainda que faça sol*,] [não irei à praia.]
[*Se bem que tivesse se esforçado muito*,] [não conseguiu a aprovação sonhada.]

Final – indica o fim com que ocorre a mensagem expressa na oração principal. Eis suas principais conjunções e locuções conjuntivas: "para", "porque" (significando "para que" e em oração com verbo no subjuntivo), "para que", "a fim de que".
[O mestre trabalhou arduamente] [*para que entendêssemos o assunto*.]
[Torça muito,] [*porque seu time vença*.]
[Tudo fez] [*para que ficássemos felizes*.]

Proporcional – indica fato que ocorre concomitantemente a outro expresso na oração principal. As principais conjunções e locuções conjuntivas proporcionais são "enquanto", "à proporção que", "à medida que", "ao passo que", "quanto mais ... mais".
[Ficava cansado] [*à proporção que corria*.]
[*Enquanto ele descansava*,] [nós trabalhávamos arduamente.]
[*Quanto mais ele se agitava*,] [mais o médico perdia a paciência.]

Temporal – indica o momento, o tempo em que ocorre a ação expressa na oração principal. As principais conjunções e locuções conjuntivas temporais são "quando", "assim que", "logo que", "sempre que", "todas as vezes que".

[*Quando a chuva cair*,] [nós não poderemos mais sair de casa.]

[Sairemos] [*assim que ele chegar*.]

[Chego ao colégio] [sempre que a sirene toca.]

**Orações reduzidas**

A denominação "oração reduzida" pertence muito mais à área da morfologia do que à dos estudos sintáticos. Na verdade, tal nomenclatura resulta do fato de determinadas orações surgirem com suas estruturas comprimidas, reduzidas. É uma questão formal, portanto.

O processo de redução oracional passa por dois caminhos obrigatórios:

1. dispensa-se o conectivo oracional da oração de estrutura natural, "desdobrada";
2. emprega-se o verbo em uma das três formas nominais: infinitivo, gerúndio ou particípio.

Observemos alguns exemplos:

"Convém evitarmos ruas ermas."

O período acima contém duas orações que assim se dividem:

[Convém] [evitarmos ruas ermas.]

A primeira oração – a principal do período – apresenta-se com verbo em forma finita, ou seja, não nominal. No caso, temos um presente do indicativo. É forçoso, nesse caso, entendermos que o sujeito de "Convém" é a oração que se segue: afinal, não há qualquer outra palavra na primeira oração. A segunda oração – sujeito da primeira – apresentou-se com verbo em infinitivo: "evitarmos". Podemos observar que "evitarmos ruas ermas", oração subordinada substantiva subjetiva, não está introduzida pelo conectivo responsável pela introdução do grupo de orações subordinadas substantivas: a conjunção subordinativa integrante. É que está em forma reduzida, que, ao se desdobrar, fará surgir tal conectivo, além de empregar o verbo em forma de presente do subjuntivo. Observemos a transformação:

[Convém] [que evitemos ruas ermas.]

Observemos, agora, o período abaixo:

"Caso chegue cedo, você me encontrará."

Temos, novamente, um período composto por duas orações. Dessa vez, não há oração reduzida. A divisão do período em suas orações constitutivas apontará:

[Caso chegue cedo,] [você me encontrará.]

Podemos notar também neste período um vínculo de subordinação de oração para outra. Realmente, a principal informação do período é "você me encontrará", que é a segunda oração do período. A primeira oração – "Caso chegue cedo" – indica tão somente uma informação circunstancial de condição para que o fato expresso na segunda oração realmente ocorra. Trata-se, então, de informação de natureza adverbial. A oração "Caso chegue cedo" classifica-se como subordinada adverbial condicional. Não é oração reduzida, insistimos.

Nossa tarefa será a de reescrevermos o texto, agora submetendo a primeira oração – subordinada adverbial condicional – ao processo de redução oracional. Descartemos, então, a conjunção subordinativa condicional "caso" e, mais ainda, busquemos uma forma nominal para grafarmos o verbo "chegar", que surgira, como já dissemos, em presente do subjuntivo. Encontraremos, então:

[Chegando cedo,] [você me encontrará.]

A oração "Chegando cedo" reproduz o exato significado do que anteriormente fora veiculado por "Caso chegue cedo" e está em processo sintático de subordinação com respeito à oração principal "você me encontrará". Será classificada em oração subordinada adverbial condicional, reduzida de gerúndio.

Mais um exemplo, agora com reduzida de particípio. O período já se encontra dividido em suas orações constitutivas:

[Terminada a palestra,] [todos saíram do auditório.]

Temos mais um período composto por duas orações, em que se nota subordinação da primeira oração para a segunda. Com efeito, "todos saíram do auditório" é a principal oração do período. A primeira oração – "Terminada a palestra" – reporta circunstância temporal relativamente ao fato narrado na segunda oração. É, portanto, oração de natureza adverbial. Está em forma reduzida, o que se observa pela inexistência de conectivo oracional e pelo emprego da forma verbal "Terminada", em particípio. É uma reduzida de particípio. Vamos proceder ao seu desdobramento.

Como sabemos, teremos de fazer surgir um conectivo oracional – conjunção subordinativa temporal, nesse caso – bem como empregar o verbo em forma que não seja nominal. Encontraremos:

[Quando a palestra terminou,] [todos saíram do auditório.]

O período agora apresenta duas orações, mas não há mais oração reduzida. Temos uma subordinada adverbial temporal e oração principal, pela ordem.

As orações reduzidas, às vezes, pertencem ao grupo das coordenadas, ou seja, orações sem dependência sintática:
Vamos dar voz a Said Ali, em *Gramática secundária da língua portuguesa*, Companhia Melhoramentos, São Paulo, 2ª edição, 1927, p. 247:
"Inversamente, se o acontecimento ocorrido em primeiro lugar for enunciado por uma oração explícita [= irregular], o gerúndio, denotando fato imediato, equivalerá a uma oração coordenativa iniciada pela conjunção *e*:"
"Recebeu a joia, *entregando*-a [= e entregou-a] depois à esposa."
"Seguiu-se-lhe o infante D. Pedro, e a este seu irmão D. Henrique, *acabando* [= e acabou] a cerimônia com o conde de Barcellos."

## 2.5. Orações justapostas

Há orações subordinadas que se vinculam às suas principais sem o intermédio dos conectivos que, tradicionalmente, cumprem tal tarefa. Denominam-se justapostas.
Vejamos alguns exemplos:
"O modo como ele agiu foi reprovável."
Oração subordinada adjetiva restritiva, justaposta. Observemos a ausência de pronome relativo vinculando a oração em destaque ao substantivo "modo", núcleo do sujeito de sua oração principal.

"Até hoje desconheço para que serve este conhecimento."
A oração grifada, que exerce papel de objeto direto da forma verbal "desconheço" encontrada na oração principal do período, não contém conjunção subordinativa integrante, que é conectivo das orações subordinadas substantivas. Será classificada como subordinada substantiva objetiva direta, justaposta.

## 2.6. Orações interferentes

É possível encontrarmos orações que interrompem a sequência de outras, na medida em que surgem no interior delas, separando seus termos. A esse modelo de oração denominamos "interferente" ou, segundo alguns" "intercalada", que não nos parece nomenclatura bem ajustada.
Vejamos um exemplo:
"Não sei por quê – ainda hoje me lembro – eu não acompanhava Barnabé."

Como podemos observar, a oração sublinhada intercalou-se entre o verbo "saber", presente na oração principal do período e seu objeto direto, indicado pela oração "eu não acompanhava Barnabé". Trata-se, então, de oração interferente (ou intercalada).

## 2.7. Orações subordinadas adverbiais locativas

Não existem oficialmente citadas pela NGB. No entanto, em certas passagens, observamos que, efetivamente, surgem em textos. Vejamos o exemplo abaixo:
"Aquele deputado sempre atuara onde existiam eleitores sensíveis às suas ações demagógicas."
A oração grifada traduz semanticamente o lugar onde se desenvolvera a ação de "atuar", indicada pela forma verbal "atuar" pertencente à oração "Aquele deputado sempre atuara". É clara a alusão a lugar da oração ora estudada, que faz as vezes de adjunto adverbial de lugar para a ação expressa na oração principal.

Vemos, acompanhando Evanildo Bechara – *Moderna gramática portuguesa*, Lucerna, Rio de Janeiro, 37ª edição, p. 501 –, nesse caso, uma oração subordinada adverbial locativa.

# Questões de Provas

1. **FESP-RJ – Na oração: "Muitas alegrias e saudades já conheceu esta casa." o sujeito é:**

Ⓐ alegrias e saudades;
Ⓑ muitas alegrias;
Ⓒ indeterminado;
Ⓓ esta casa.

2. **FUMARC – O enunciado "Jamais imaginei que fosse assim!" é exemplo de período:**

Ⓐ simples;
Ⓑ composto por coordenação;
Ⓒ composto por subordinação;
Ⓓ composto por coordenação e subordinação.

3. **ACADEPOL-MG – Assinale a alternativa que contém uma oração substantiva:**

Ⓐ Ninguém quer que ele renuncie ao cargo.
Ⓑ Não faria tal coisa nem que me obrigassem.
Ⓒ Este mundo tem mistérios que a ciência inda não decifrou.
Ⓓ Enquanto se discute, passa às vezes a ocasião.
Ⓔ O engenheiro fez a planta como o proprietário desejou.

4. **VUNESP – Assinale a alternativa em que as palavras em destaque exercem, respectivamente, a mesma função sintática das expressões assinaladas em: Os graduados apenas ocasionalmente exercem a profissão.**

Ⓐ Se aprendem pouco, a culpa é da fragilidade do ensino básico.
Ⓑ A interferência das corporações não passa de uma prática monopolista.
Ⓒ Abrir e fechar cursos de "formação geral" é assunto do MEC.
Ⓓ O estudante de direito exercita preferencialmente uma lógica rigorosa.
Ⓔ Boas razões existirão sempre para o advogado buscar conhecimento.

5. **FUMARC – Todos os termos sublinhados exercem a mesma função sintática, <u>exceto</u>:**

(A) <u>Quem</u> avisa amigo é.
(B) Falta <u>um mês</u> para o casamento.
(C) Acabou-se <u>o encanto</u>.
(D) Ele é <u>tudo</u> o que sempre quis.

6. **FJG – A oração que possui sujeito é:**

(A) "João era moço. [...] <u>Não tivera uma só falta ou atraso</u>."
(B) "<u>Não havia necessidade de muita roupa</u>."
(C) "Vivia nos campos, entre as árvores refrescantes, cobria-se com farrapos de um lençol adquirido <u>há muito tempo</u>."
(D) "<u>Não haverá mais férias</u>."
(E) "<u>Nos lados, havia duas arestas</u>."

7. **CESPE-UnB – Todas as orações abaixo sublinhadas têm predicado nominal, <u>exceto</u>:**

(A) "<u>A violência torna-se um item obrigatório na visão de mundo</u> que nos é transmitida."
(B) "A violência torna-se um item obrigatório na visão de mundo <u>que nos é transmitida</u>."
(C) "Em primeiro lugar, é preciso <u>que a violência se torne corriqueira</u> para que a lei deixe de ser concebida como o instrumento de escolha na aplicação da justiça."
(D) "Nesse vácuo, indivíduos e grupos passam a arbitrar o <u>que é justo ou injusto</u>, segundo decisões privadas, dissociadas de princípios éticos válidos para todos."
(E) "Não se julgam fora da lei ou da moral, pois conduzem-se de acordo com o que estipulam <u>ser o preceito correto</u>."

8. **COMPERV – No verso de Drummond, "...Vai, Carlos, ser gauche na vida.", o sujeito está classificado corretamente na opção:**

(A) "Carlos" – sujeito simples.
(B) Tu – sujeito oculto.
(C) Ele – sujeito oculto.
(D) Sujeito indeterminado.
(E) Sujeito inexistente.

9. **NCE-UFRJ – "Mas, desculpe minha infinita ignorância, por que enviar à forca uma mulher que no julgamento perdoou ao frio assassino do filho?" ; o número de orações neste período do texto é:**

(A) uma;
(B) duas;

Ⓒ três;
Ⓓ quatro;
Ⓔ cinco.

**10. CETRO – Há predicado verbo-nominal em:**

Ⓐ "...ele e a mulher deveriam fazer declaração em separado."
Ⓑ "...ele estava francamente desconfiado."
Ⓒ "...ela faz tudo certinho."
Ⓓ "Em segundo lugar, ela tinha duas fontes de renda."
Ⓔ "...deixou-o estarrecido."

**11. CONATEC – Assinale a resposta correta que corresponde ao termo grifado: "Todos os candidatos estão preocupados com o resultado".**

Ⓐ complemento nominal;
Ⓑ objeto indireto;
Ⓒ adjunto adnominal;
Ⓓ adjunto adverbial.

**12. FUMARC – O período é composto por subordinação em:**

Ⓐ A globalização da mídia diminui a desconfiança entre etnias diferentes.
Ⓑ A herança do racismo é ainda muito forte nos Estados Unidos.
Ⓒ Com certeza, é possível vencer a batalha contra o preconceito racial.
Ⓓ Isso me parece positivo, mas preciso saber mais para dar minha opinião.

**13. FJG – Indique o comentário inadequado sobre o período:**

**"Primeiro livro da Bíblia, o 'Gênesis' é lido, às vezes, como uma sucessão de histórias da Carochinha".**

Ⓐ "Primeiro livro da Bíblia" é um aposto antecipado de "Gênesis".
Ⓑ O verbo do período está na voz passiva.
Ⓒ A ação expressa pelo verbo não possui agente expresso.
Ⓓ O período é simples pois só contém uma oração.
Ⓔ "de histórias" exerce a função sintática de complemento nominal.

**14. FAPEC – A função sintática do termo sublinhado está incorretamente indicada nos parênteses em:**

Ⓐ Cometeu-se uma injustiça naquela ocasião. (sujeito)
Ⓑ Provavelmente deveriam existir outros depoimentos. (objeto direto)
Ⓒ Para combater o mal, não se dispõe de um meio adequado. (objeto indireto)
Ⓓ A vitória deixará os torcedores animadíssimos. (predicativo do objeto)
Ⓔ A leitura do texto será importante para o seminário. (complemento nominal)

**15. MOURA MELO – "É provável <u>que conversassem sobre o namorado.</u>"**

**A oração sublinhada é:**

- Ⓐ subordinada substantiva objetiva direta;
- Ⓑ subordinada substantiva apositiva;
- Ⓒ subordinada substantiva subjetiva;
- Ⓓ subordinada substantiva predicativa.

**16. NCE-UFRJ**

**Texto 1:**

**"As fronteiras políticas das nações-estados são estreitas e limitadas demais para definir o escopo e o alcance da empresa moderna".**

**Texto 2:**

**"As estruturas políticas mundiais são inteiramente obsoletas. Não mudaram em pelo menos cem anos e estão lamentavelmente desafinadas com o progresso tecnológico".**

**A função sintática de "estreitas" e "limitadas" (Texto 1) é a mesma do termo:**

- Ⓐ das nações (Texto 1);
- Ⓑ moderna (Texto 1);
- Ⓒ mundiais (Texto 2);
- Ⓓ desafinadas (Texto 2);
- Ⓔ tecnológico (Texto 2).

**17. FESP-RJ – O pronome pessoal oblíquo <u>não</u> funciona como objeto indireto em:**

- Ⓐ O rapaz comprou-as por uma bagatela.
- Ⓑ Hoje devolveu-me aqueles livros raros.
- Ⓒ Diga-lhe que o resultado foi bom.
- Ⓓ Eu te agradeço pelo lindo bilhete.

**18. ESAF – A alternativa em que há <u>erro</u> quanto à função sintática é:**

- Ⓐ O fato foi anotado <u>pelo fiscal</u>. (agente da passiva)
- Ⓑ São vários <u>os atos legais</u> que regulamentam este assunto. (objeto direto)
- Ⓒ <u>Esta</u> multa é de natureza fiscal. (adjunto adnominal)
- Ⓓ Ele <u>gozou da isenção de tributos</u>. (predicado verbal)
- Ⓔ Este passageiro está <u>nervoso</u>. (predicativo)

**19. FUMARC – Assinale a alternativa em que esteja <u>incorreta</u> a classificação do período e da oração sublinhada.**

- Ⓐ Soube-se <u>que ela chega hoje</u>. (Período composto por subordinação; oração subordinada substantiva subjetiva.)

**B** Carlos saiu cedo e voltou de madrugada. (Período composto por coordenação; oração coordenada sindética aditiva.)

**C** Parece que vai chover novamente. (Período composto por subordinação; oração subordinada substantiva objetiva direta.)

**D** O certo é que a cidade cresceu muito. (Período composto por subordinação; oração subordinada substantiva predicativa.)

**20. ACEP – "Quem pede esmola está ou deve estar com fome."**

**Indique a função exercida pelo termo sublinhado, em relação à oração principal.**

**A** Agente da passiva.

**B** Aposto.

**C** Sujeito.

**D** Predicativo.

**E** Complemento nominal.

**21. CESPE-UnB – Todas as orações contêm predicados nominais, exceto:**

**A** "Seu nome era Serafim Costa."

**B** "Assim, Serafim Costa era apenas um nome."

**C** "A casa era um palacete de dois andares."

**D** "... e que parecia desabitada."

**E** "... talvez não o fizesse ser de pronto reconhecido no Paraíso."

**22. FGV – Em "Ora, o simples fato de o país ter percebido, estupefato, que houve 409.000 interceptações telefônicas autorizadas pela Justiça [...] está a demonstrar a existência de excessos ...", o termo estupefato exerce a função de:**

**A** predicativo do sujeito;

**B** adjunto adnominal;

**C** adjunto adverbial;

**D** predicativo do objeto;

**E** aposto.

**23. CESGRANRIO – Assinale a opção em que a oração subordinada destacada é substantiva.**

**A** "O critério é um sobrevivente anacrônico da época em que para cada novo graduado havia um emprego descrito por uma palavra com a mesma raiz."

**B** "Mas, se é assim também nos Estados Unidos e na Europa, é porque o número de diplomados do ensino superior tende a crescer bem mais rápido do que a economia."

**C** "Em contraste, com as mudanças tecnológicas, é célere a expansão das 'genéricas', em que é preciso cursar os quatro anos do ensino superior,..."

**D** E, afora o choque inicial de descobrir que o emprego terá outro nome, se é que tem nome, não há evidências de que gere menos satisfação profissional."

**E** "Por outro lado, e as outras ocupações que requerem diploma superior, mas não curso específico?"

**24.** **FGV – "Da mesma forma, diarreias epidêmicas, parasitoses intestinais e outras enfermidades transmissíveis por meio da água contaminada têm sua incidência aumentada, tanto por causa das dificuldades de saneamento nas secas, quanto por contaminação com esgotos, lixo e dejetos de animais durante as enchentes."**

**O período acima:**

**A** é composto por coordenação;

**B** é composto por subordinação;

**C** é composto por coordenação e subordinação;

**D** é simples;

**E** apresenta orações reduzidas.

**25.** **CESGRANRIO – Indique a opção cujo trecho de sentença apresenta uma oração sem sujeito.**

**A** "Haverá um dia..."

**B** "Tudo isso acontecerá um dia."

**C** "Sim, essas tecnologias já existem e muitas delas já estão à venda nas lojas. São alguns dos primeiros produtos..."

**D** "Sim, essas tecnologias já existem e muitas delas já estão à venda nas lojas. São alguns dos primeiros produtos de uma das mais promissoras das ciências: a nanotecnologia – ciência que lida com objetos em escala nanométrica (1 nanômetro equivale a um milionésimo de milímetro). É o trabalho de cientistas..."

**E** "...afirma um químico da USP."

**26.** **FGV – "Mas, afinal, qual a razão para se aumentar de forma tão extraordinária a dotação dos partidos?"**

**Assinale a alternativa que desempenhe, no texto, função sintática idêntica à do termo grifado no período acima.**

**A** "Muito simples: a necessidade de eles pagarem as dívidas de campanha."

**B** "[*Partidos*] Devem promover eventos, [...]. E não ser meros instrumentos de tomada do poder."

**C** "No caso dos partidos políticos brasileiros, existe um agravante."

**D** "Enfim, as máquinas partidárias muitas vezes se tornam aparelhos ou feudos..."

**E** "...oferecendo suas propostas e buscando recursos para a sua existência..."

**27. CN – "Ainda era escuro**
**na noite negreira**
**que alguns brancos amulatavam."**

**O pronome relativo presente no texto tem a mesma função do que se encontra em:**

Ⓐ Era grande a euforia que havia em todos.
Ⓑ Cultuavam-se os orixás que procediam da África.
Ⓒ O que é feio se esconde.
Ⓓ Isto é o que se conhece.
Ⓔ Tolo é o que ele não é.

**28. FGV – Assinale a alternativa em que o termo destacado exerça função sintática idêntica à da expressão sublinhada em "Acompanha a expulsão uma 'interdição de entrada' em todo o território coberto pela diretiva...".**

Ⓐ "De ardilosa redação, a norma, a um só tempo, refere os direitos humanos e institucionaliza sua violação sistemática."
Ⓑ "Razão a mais para acreditar que cabe ao Sul, e particularmente ao plural Brasil, a invenção de novos modelos, talvez menos opulentos,..."
Ⓒ "Um Estado pode prender e expulsar um menor desacompanhado só porque ele é estrangeiro..."
Ⓓ "...em vez de rumar para a integração política e consolidar seu protagonismo na cena mundial, a Europa faz da integração um utensílio da exclusão."
Ⓔ "As condições de detenção e expulsão são inaceitáveis: em princípio, há espaços isolados denominados 'centros de retenção'..."

**29. FGV – "Não se sabe, por exemplo, quem inventou a palavra 'excluídos' para designar pobres."**

**De acordo com a descrição sintática tradicional, a oração sublinhada deve ser analisada como:**

Ⓐ objeto direto indeterminado do verbo saber, que é impessoal;
Ⓑ sujeito oracional do verbo saber, que está na voz passiva sintética;
Ⓒ adjunto adverbial de finalidade em relação à ideia de designar algo;
Ⓓ sujeito indeterminado do verbo inventar, que não admite determinação do sujeito;
Ⓔ complemento nominal oracional da expressão "por exemplo".

**30. FGV – "Vê-se, pois, que o plano ético permeia todas as ações humanas."**

**Com relação à frase transcrita e a análise sintática tradicional, considere as afirmativas a seguir.**

**I. O vocábulo "que" é uma conjunção integrante e presta-se a articular a oração subjetiva ao núcleo verbal que a subordina.**

**II. A forma verbal "vê-se" está na voz ativa e seu sujeito recebe a classificação de sujeito indeterminado.**

**III. O período estrutura-se por coordenação, sendo a segunda oração coordenada sindética conclusiva introduzida pela conjunção "pois".**

**Assinale:**

- Ⓐ se somente a afirmativa I estiver correta;
- Ⓑ se somente a afirmativa II estiver correta;
- Ⓒ se somente a afirmativa III estiver correta;
- Ⓓ se somente as afirmativas I e III estiverem corretas;
- Ⓔ se todas as afirmativas estiverem corretas.

**31. CN – Atente para as passagens que se seguem: "...as distâncias sociais não gritavam <u>de</u> dor nem feriam..."; "Desejosos <u>de</u> enturmar com os heróis..."; "O mundo é composto <u>de</u> uma coisa...".**

**Nelas, a preposição grifada introduz, respectivamente, as funções sintáticas de:**

- Ⓐ objeto indireto – objeto indireto – complemento nominal;
- Ⓑ complemento nominal – predicativo – adjunto adverbial;
- Ⓒ predicativo – adjunto adnominal – objeto indireto;
- Ⓓ adjunto adverbial – complemento nominal – agente da passiva;
- Ⓔ adjunto adnominal – adjunto adnominal – complemento nominal.

**32. FGV – "Também é certo, por outro lado, que, ao aumentarem a transparência do processo de tomada de decisões, as empresas adquirem o respeito das pessoas e comunidades que são impactadas por suas atividades e são gratificadas com o reconhecimento e engajamento dos seus colaboradores e a preferência dos consumidores, em consonância com o conceito de responsabilidade social, o qual, é sempre bom lembrar, está se tornando cada vez mais fator de sucesso empresarial e abrindo novas perspectivas para a construção de um mundo economicamente mais próspero e socialmente mais justo."**

**O período acima é composto por:**

- Ⓐ seis orações;
- Ⓑ oito orações;
- Ⓒ nove orações;
- Ⓓ sete orações;
- Ⓔ dez orações.

**33. FGV – "É importante que os contribuintes percebam que a política tributária é justa, a administração fiscal é proba, sensível e confiável, e os recursos arrecadados são corretamente aplicados."**

**A respeito da estrutura sintática do período acima, é correto afirmar que há:**

A) cinco orações subordinadas e duas coordenadas entre si;
B) quatro orações subordinadas e três coordenadas entre si;
C) quatro orações subordinadas e duas coordenadas entre si;
D) cinco orações subordinadas e três coordenadas entre si;
E) três orações subordinadas e somente uma coordenada.

**34. FGV – A respeito da estrutura sintática do texto "Distribuição de renda é alçada a prioridade", analise as afirmativas a seguir:**

**I. O período está na voz passiva.**

**II. O predicado é verbo-nominal.**

**III. Há uma ocorrência de complemento nominal.**

**Assinale:**

A) se apenas as afirmativas II e III estiverem corretas;
B) se apenas as afirmativas I e III estiverem corretas;
C) se nenhuma afirmativa estiver correta;
D) se todas as afirmativas estiverem corretas;
E) se apenas as afirmativas I e II estiverem corretas.

**35. FGV – No trecho "...não necessariamente impondo ônus adicionais <u>às gerações futuras</u>...", o termo grifado exerce a função sintática de:**

A) adjunto adverbial;
B) adjunto adnominal;
C) complemento nominal;
D) sujeito;
E) objeto indireto.

**36. FGV – "...o Estado pode considerar <u>desnecessária</u> a tradução dos documentos..."**

**No trecho, o termo destacado exerce função sintática de:**

A) adjunto adnominal;
B) adjunto adverbial;
C) complemento nominal;
D) predicativo do objeto;
E) predicativo do sujeito.

**37. FGV – "Partidos são fundamentais para a consolidação <u>da democracia</u> e o permanente desenvolvimento <u>da cidadania</u> e devem existir – de verdade – em bases cotidianas."**

**Os termos sublinhados no período acima classificam-se, respectivamente, como:**

- **A** adjunto adnominal e adjunto adnominal;
- **B** complemento nominal e complemento nominal;
- **C** adjunto adnominal e complemento nominal;
- **D** complemento nominal e adjunto adnominal;
- **E** objeto indireto e objeto indireto.

**38. FGV – Observe atentamente o trecho a seguir:**

**"A reflexão jurídica sobre o assunto, contudo, não se tem mostrado tão farta quanto aquela encontrada na economia. Isso se deve, talvez, à associação feita ao tema dos efeitos na utilização de recursos entre gerações especificamente no campo ambiental – fortalecida, principalmente, após a década de 70, quando o movimento ambientalista passou a formular um discurso jurídico mais sólido, angariando adeptos das mais variadas formações, em diversas partes do planeta".**

**Analise sua estrutura sintática e avalie as afirmativas a seguir.**

**I. O primeiro período é composto por três orações.**

**II. No segundo período encontram-se orações reduzidas de particípio e de gerúndio.**

**III. No segundo período ocorrem dois casos de oração coordenada.**

**IV. A oração "quando o movimento ambientalista passou a formular um discurso jurídico mais sólido" classifica-se como subordinada adjetiva.**

**Assinale:**

- **A** se somente as afirmativas I e II estiverem corretas;
- **B** se somente as afirmativas III e IV estiverem corretas;
- **C** se somente as afirmativas II e III estiverem corretas;
- **D** se somente as afirmativas I, II e IV estiverem corretas;
- **E** se todas as afirmativas estiverem corretas.

**39. FGV – Assinale a alternativa em que o vocábulo destacado desempenhe, no texto, função sintática idêntica à de "possível" em: "Esse pacto [...] tornou possível, de forma pacífica, a passagem do regime autoritário para o Estado democrático de Direito".**

- **A** "...que aproximaram a Justiça da população e tornaram mais <u>ágeis</u> as decisões de interesse de maior parcela de brasileiros em questão relevante,..."
- **B** "As imperfeições derivam, [...], do afã de tudo regular, consequência talvez da crença na onipotência do Estado. Daí a inserção de matérias <u>inassimiláveis</u> em qualquer Constituição..."

Ⓒ "A ordem econômica consagrou princípios vitais: a função social da propriedade, as garantias de livre concorrência,..."

Ⓓ "...não é exagero afirmar que a Constituição de 1988, [...], ofereceu ao povo brasileiro a mais ampla Carta dos direitos individuais e coletivos..."

Ⓔ "Esse pacto, talvez o mais importante de nossa história republicana, ensejou a eleição..."

**40. CN – Observe o fragmento textual:**

**"Doce rever-te, velha mesa, depois de tanto, tanto tempo. Como a ti, andaram me polindo. Há também em mim nomes e símbolos quase indistinguíveis sob a lixa do tempo. Mas não és tu a mesa da infância e da juventude – aquela sobre que gotejaram, no pungente labor do verso e na angústia do amor sozinho, as primeiras lágrimas de um homem que nada sabia e nada sabe senão amar a mulher?"**

**Analisando os períodos e as orações que formam o fragmento textual lido, só não podemos afirmar que:**

Ⓐ a primeira oração do último período tem sujeito composto;

Ⓑ no primeiro período, a segunda oração tem sujeito simples;

Ⓒ no segundo período, temos sujeito indeterminado;

Ⓓ no terceiro período, a oração absoluta é sem sujeito;

Ⓔ no primeiro período, a primeira oração tem sujeito oracional.

**41. CN – Leia o texto que se segue.**

**"O mundo é composto de uma coisa dentro da outra, dentro da outra, dentro da outra. Somos uma pequena parte do elo, o miolo de envoltórios descomunais que desconhecemos, arrogantes embora, na suposição de que é conosco que Deus se preocupa."**

**A última oração do texto deve ser classificada como subordinada:**

Ⓐ adverbial concessiva;

Ⓑ substantiva completiva nominal;

Ⓒ adjetiva restritiva;

Ⓓ substantiva predicativa;

Ⓔ substantiva subjetiva.

**42. CESGRANRIO – "São os cidadãos mobilizados que fundam e refundam continuamente a sociedade e a fazem funcionar dentro de padrões éticos." O termo que apresenta função sintática idêntica à do exemplo em destaque é:**

Ⓐ "...face à chaga histórica que extenua os pobres."

Ⓑ "...inibe a audácia que os problemas sociais exigem."

- **C** "Ela equilibra a audácia."
- **D** "O excesso de audácia é a insensatez."
- **E** "Em condições normais significa a justa medida."

**43. FGV – Assinale a alternativa em que o termo destacado desempenhe função sintática idêntica à de "da Lei Complementar nº 101", expressão contida no texto "É certo que o advento da Lei Complementar nº 101, de maio de 2000, representou um avanço significativo nas relações entre o Estado fiscal e o cidadão".**

- **A** "Percebe-se que os dois temas [a correlação entre metas e riscos fiscais e o impacto dos déficits públicos sobre as futuras gerações] se vinculam..."
- **B** "Percebe-se que os dois temas [a correlação entre metas e riscos fiscais e o impacto dos déficits públicos sobre as futuras gerações] se vinculam..."
- **C** "Enquanto o primeiro, normalmente, se adstringe a situações futuras próximas, o segundo)..."
- **D** "Mas a alocação de recursos públicos através do equilíbrio orçamentário também se mostra indispensável..."
- **E** "Malthus não levou em consideração a evolução tecnológica como transformadora da capacidade de produção de alimentos."

**44. CESGRANRIO – Na passagem "Eugênio examinava-lhe as mudanças do rosto com comovida atenção", o pronome oblíquo lhe exerce função sintática idêntica ao termo destacado em:**

- **A** "Olívia se aproximou de Eugênio..."
- **B** "A enfermeira juntava os ferros."
- **C** "A respiração voltava lentamente..."
- **D** "Vencera! Salvara a vida de uma criança!"
- **E** "Sentia-se leve e aéreo".

**45. FGV – "A ordem econômica consagrou princípios vitais: a função social da propriedade, as garantias de livre concorrência, a defesa do consumidor e do meio ambiente e o tratamento fiscal simplificado para micro, pequenas e médias empresas."**

**Há, no trecho acima:**

- **A** três complementos nominais;
- **B** dois complementos nominais;
- **C** cinco complementos nominais;
- **D** quatro complementos nominais;
- **E** seis complementos nominais.

**46. FGV – "No Brasil, o debate sobre ética tributária só recentemente ganhou vulto em decorrência do aumento da carga tributária, da expansão da 'indústria de liminares', do visível aperfeiçoamento da administração fiscal, da estabilidade econômica e da crescente inserção do país na economia globalizada."**

**No trecho grifado do excerto acima, em relação às ocorrências de complemento nominal, é correto afirmar que há:**

- (A) quatro casos;
- (B) cinco casos;
- (C) oito casos;
- (D) seis casos;
- (E) dois casos.

**47. FUMARC – Todas as expressões destacadas exercem função sintática idêntica, exceto:**

- (A) "Ora, assim como a crescente intervenção da Justiça na vida pública parece ser um sinal da decadência da política, o grampeamento de telefones como meio usual de investigação de suspeitos mostra a decadência da moral privada."
- (B) "Sem um ambiente favorável à experiência da criatividade, estancamos o fluxo da cultura e do desenvolvimento pessoal."
- (C) "Ora, assim como a crescente intervenção da Justiça na vida pública parece ser um sinal da decadência da política, o grampeamento de telefones como meio usual de investigação de suspeitos mostra a decadência da moral privada."
- (D) "Afinal não custa perguntar: o que ganhamos, em matéria de justiça, trocando uma república de corruptos por uma de quintas-colunas?"

**48. NCE-UFRJ – O termo sublinhado que funciona como adjunto adnominal, entre os sublinhados abaixo, é:**

- (A) "...trazer o cigarro para mais perto do adolescente, mas..."
- (B) "Penso que o cigarro é atraente para o adolescente..."
- (C) "...como sugerem as propagandas de cigarro..."
- (D) "...e abre um canal de comunicação numa linguagem comum..."
- (E) "... é uma fase carregada de situações estressantes."

**49. FGV – Assinale a alternativa em que o termo indicado exerça, no texto, a mesma função sintática do vocábulo sublinhado em "A propósito, convém recordar que, promulgado o diploma constitucional, o Ministério da Justiça realizou levantamento...".**

- (A) "A ordem econômica consagrou princípios vitais:..."
- (B) "Cumpre, agora, completar a obra iniciada, que pressupõe a realização das reformas políticas."

**C** "...o Ministério da Justiça realizou <u>levantamento</u> de que resultou a publicação do livro "Leis a Elaborar."

**D** "...o Ministério da Justiça realizou levantamento de que resultou <u>a publicação do livro "Leis a Elaborar</u>."

**E** "...a Constituição de 1988, [...], ofereceu ao povo brasileiro <u>a mais ampla Carta dos direitos individuais e coletivos</u>."

**50. UEG – Considere o uso dos pronomes relativos nas seguintes orações.**

1. **"Embora vernaculares, há palavras que extrapolam o limite do conhecimento do homem médio."**
2. **"Remeta-se à Comissão de Ética da OAB para que tome as providências que o caso requer".**

**É correto dizer que, em ambas, eles apresentam:**

**A** mesma função sintática e ideia de explicação;

**B** funções sintáticas diferentes e ideia de explicação;

**C** mesma função sintática e ideia de restrição;

**D** funções sintáticas diferentes e ideia de restrição.

## GABARITO DAS QUESTÕES DE PROVAS

| | | | | |
|---|---|---|---|---|
| **1.** D | **11.** A | **21.** E | **31. D** | **41.** B |
| **2.** C | **12. C** | **22.** A | **32.** C | **42.** B |
| **3.** A | **13.** E | **23.** D | **33.** B | **43.** B |
| **4.** E | **14.** B | **24.** D | **34.** D | **44.** D |
| **5.** D | **15.** C | **25.** A | **35.** E | **45.** A |
| **6.** A | **16.** D | **26.** C | **36.** D | **46.** E |
| **7.** B | **17.** A | **27.** A | **37.** B | **47.** D |
| **8.** B | **18.** B | **28.** B | **38.** D | **48.** D |
| **9.** C | **19.** C | **29.** B | **39.** A | **49.** D |
| **10.** E | **20.** C | **30.** A | **40.** A | **50.** D |

# COMENTÁRIOS DAS QUESTÕES DE PROVAS

**Questão 1**

A simples colocação dos termos da oração absoluta em que forma o período simples desta questão ordem direta apontará, com facilidade, o sujeito da oração: "Esta casa já conheceu muitas alegrias e saudades.".
O sujeito é "Esta casa" e está apontado na alternativa "d".

**Questão 2**

Analisemos o período existente no enunciado da questão:
["Jamais imaginei] [que fosse assim!"]
Como constatamos, o período é composto por duas orações que assim se classificam:

1ª oração: "Jamais imaginei" – Oração principal, estruturada pelo verbo de regência transitiva direta "imaginar", empregado na primeira pessoa do singular do pretérito perfeito do indicativo. Sendo transitivo direto, teremos de encontrar um objeto direto para tal verbo. O vocábulo "Jamais", contido na oração ora analisada, é, morfologicamente, advérbio, o que o impede de funcionar como complemento verbal. Trata-se de um adjunto adverbial. Introduz valor semântico temporal. É forçoso aceitarmos que o objeto direto da forma verbal "imaginei" seja a oração seguinte.

2ª oração: "que fosse assim." – Oração subordinada substantiva objetiva direta, como deduzido na análise precedente.

Temos, então, um período composto por subordinação. A resposta está na alternativa "c".

**Questão 3**

Procedamos às análises de suas orações constituintes procurando localizar a alternativa em que se nota oração substantiva:

a) Período composto por subordinação. Oração principal: "Ninguém quer". Oração subordinada substantiva objetiva direta: "que ele renuncie ao cargo". Esta é a resposta da questão.
b) Período composto por subordinação. Oração principal: "Não faria tal coisa". Oração subordinada adverbial concessiva: "nem que me obrigassem".

c) Período composto por subordinação. Oração principal: "Este mundo tem mistérios". Oração subordinada adjetiva restritiva: "que a ciência inda não decifrou".
d) Período composto por subordinação. Oração principal: "passa às vezes a ocasião". Oração subordinada adverbial proporcional: "Enquanto se discute".
e) Período composto por subordinação. Oração principal: "O engenheiro fez a planta". Oração subordinada adverbial conformativa: "como o proprietário desejou".

## Questão 4

Para respondermos com segurança à solicitação feita no enunciado da presente questão, é imprescindível que procedamos à análise sintática dos termos que compõem a estrutura da oração fornecida.

Assim, vejamos sua análise.

"Os graduados": sujeito;

"graduados": núcleo do sujeito;

"Os": adjunto adnominal;

"apenas ocasionalmente exercem a profissão": predicado verbal;

"exercem": núcleo do predicado verbal;

"apenas": palavra denotativa de exclusão – sem função sintática;

"ocasionalmente": adjunto adverbial (introduz circunstância de tempo);

"a profissão": objeto direto;

"profissão": núcleo do objeto direto;

"a": adjunto adnominal.

Como vimos, as palavras postas em destaque desempenham papel sintático de núcleo de sujeito, adjunto adverbial e núcleo de objeto direto, respectivamente.

Assim, a respeito da questão é a alternativa e), em que se lê.

e) O vocábulo "razões" é o núcleo do sujeito "Boas razões"; "sempre" é adjunto adverbial que introduz matiz semântico associado à ideia de tempo e "conhecimento" é o objeto direto da forma verbal "buscar".

## Questão 5

Analisemos as funções sintáticas dos termos sublinhados nas alternativas da questão:

a) O pronome indefinido "Quem" funciona sintaticamente como sujeito simples da forma verbal "avisa". Mais interessante, neste item, é percebermos o valor sintático de sujeito desempenhado pela oração "Quem avisa" para o verbo "ser" – empregado na forma "é" –, da segunda oração. Esse fato – ocorrência de sujeito oracional – é muito frequente na estrutura de provérbios populares nos quais se observam frases verbais, como, por exemplo: "Quem espera sempre alcança.", "Quem planta vento colhe tempestade.", "Quem com ferro fere com ferro será ferido.".

b) A expressão "um mês" funciona, sintaticamente, como sujeito simples da forma verbal "Falta".
c) O fragmento "o encanto" funciona como sujeito simples da forma verbal "Acabou", em oração de voz passiva pronominal, cuja correspondência na voz passiva analítica é "O encanto foi acabado".
d) O pronome indefinido "tudo" funciona, nesta frase, como predicativo do sujeito "Ele". É função distinta das demais, portanto. Esta é a resposta da questão.

### Questão 6

A oração com sujeito está sublinhada na opção "a". Como podemos verificar, a oração "Não tivera uma só falta ou atraso." é a continuidade de um texto em que, antecedentemente, surgiu a oração "João era moço". O sujeito de "Não tivera uma só falta ou atraso", então, é "João". Trata-se de sujeito simples e implícito.
Nas demais orações, o verbo empregado – "haver" com sentido de "existir", "ocorrer", "acontecer" – inviabiliza a presença de sujeito, do que resta as orações sublinhadas nos itens "b", "d" e "e" não terem sujeito.
No item "c", a expressão "há muito tempo" representa informação acessória, indicativa de tempo transcorrido: é adjunto adverbial.

### Questão 7

Busquemos a oração sublinhada que não tenha predicado nominal.
a) O verbo "tornar-se" (pronominal) é de ligação. A expressão "um item obrigatório" é predicativo do sujeito. O predicado da oração sublinhada é nominal.
b) A oração sublinhada tem por sujeito o pronome relativo "que", substituto do substantivo "visão". Está estruturada pela locução verbal passiva "é transmitida". Trata-se, então, de predicado verbal, indicado por "nos é transmitida". O núcleo do predicado é a locução verbal passiva "é transmitida". Esta é a resposta da questão.
c) O verbo "tornar-se" (pronominal), como vimos na alternativa "a" desta questão, é de ligação. O predicado da oração sublinhada é, consequentemente, nominal.
d) O verbo "ser", presente na oração sublinhada sob a forma "é", é de ligação. O predicado desta oração é nominal.
e) Como sabemos, o verbo "ser" é de ligação. Esta oração, reduzida de infinitivo, tem predicado nominal.

### Questão 8

Transcrevemos a oração cujos termos serão analisados:
"...Vai, Carlos, ser gauche na vida."
Observamos que a forma verbal "Vai" surge em imperativo afirmativo e na segunda pessoa do singular. Seu sujeito ("tu"), então, está implícito e indicado pela desinência verbal.

O substantivo próprio "Carlos" funciona como vocativo.

A denominação "sujeito oculto", embora muito frequente para quem estuda análise sintática, não é da Nomenclatura Gramatical Brasileira, que alude a sujeito simples, composto, indeterminado e oração sem sujeito. Em se tratando de concurso público, melhor seria que a banca examinadora adotasse a menção sujeito implícito (ou elíptico, ou desinencial).

Considerando-se as diversas indicações contidas nas alternativas de "a" a "e", entretanto, temos de apontar como resposta o item "b": "sujeito oculto".

## Questão 9

Ao se proceder à divisão do período fornecido no enunciado da questão em suas orações constitutivas, encontraremos:

["Mas, [desculpe minha infinita ignorância,] por que enviar à forca uma mulher] [que no julgamento perdoou ao frio assassino do filho?"]

Três orações, então, constituem o período acima, a saber:

1ª oração: Mas, por que enviar à forca uma mulher – oração principal (em relação à 3ª oração).

2ª oração: desculpe minha infinita ignorância – oração interferente (ou intercalada; exprime desculpa).

3ª oração: que no julgamento perdoou ao frio assassino do filho? – oração subordinada adjetiva restritiva.

A resposta da questão está no item "c", em que se lê: "três".

## Questão 10

Predicado verbo-nominal caracteriza-se por ser formado por verbo nocional – verbo que indica ação – e por conter predicativo, que pode ser do sujeito ou dos objetos (direto ou indireto). Havendo, então, predicativo, o predicado verbo-nominal apresentará dois núcleos: o verbo nocional e o predicativo.

Vejamos o item que contém predicado verbo-nominal.

e) Neste caso, o predicado – " ... deixou-o estarrecido". – está formado pelo verbo nocional "deixar", de regência transitiva direta. Seu objeto direto está indicado pelo pronome oblíquo átono "o". Temos, ainda, o adjetivo "estarrecido" representando atributo (estado, no caso) que se faz ao objeto direto. É predicativo do objeto direto. Há, então, dois núcleos neste predicado: o verbo e o predicativo. Trata-se de predicado verbo-nominal.

## Questão 11

O texto fornecido pela banca examinadora é "Todos os candidatos estão preocupados com o resultado".

Neste texto, ocorre período simples, com oração absoluta.

O sujeito da forma verbal "estão" – verbo de ligação "estar" empregado em terceira pessoa do plural do presente do indicativo – é "Todos os candidatos". É sujeito simples, com o núcleo representado pelo substantivo "candidatos". O pronome indefinido "Todos" e o artigo definido "os" desempenham papel sintático de adjuntos adnominais.

Excluído o sujeito de uma oração, resta o predicado. Neste caso, o predicado, então, será "estão preocupados com o resultado.". Trata-se de predicado nominal, constituído por verbo de ligação e com o predicativo do sujeito "preocupados" funcionando como seu núcleo. A expressão "com o resultado", ligada ao adjetivo "preocupados" pela preposição "com", exerce papel sintático de complemento nominal. Já sabemos que as expressões ligadas por preposições a advérbios ou a adjetivos funcionam como complementos nominais. Nesse complemento nominal, temos o núcleo representado pelo substantivo "resultado". O artigo definido "o", antecessor do núcleo citado, é adjunto adnominal.

A resposta da questão é a alternativa "a".

## Questão 12

Vejamos cada alternativa da questão, já com suas orações apontadas e classificadas:

c) [Com certeza, é possível] [vencer a batalha contra o preconceito racial.]

Há duas formas verbais neste período: "é" – terceira pessoa do singular do presente do indicativo do verbo "ser" – e "vencer" – infinitivo impessoal do verbo "vencer". Sendo a primeira oração estruturada por verbo de ligação, encontramos nela um predicativo do sujeito, indicado pelo adjetivo "possível". A locução adverbial "Com certeza" traduz valor semântico de afirmação e está reportada ao adjetivo mencionado. O sujeito do verbo citado é, consequentemente, a segunda oração: "vencer a batalha contra o preconceito racial". Temos, então, as orações assim analisadas, pela ordem: oração principal e oração subordinada substantiva subjetiva, reduzida de infinitivo. Trata-se de período composto por subordinação. Esta é a resposta da questão.

## Questão 13

Transcrevemos o texto contido no enunciado da questão e procedemos à análise sintática de sua estrutura:

["Primeiro livro da Bíblia, o 'Gênesis' é lido, às vezes, como uma sucessão de histórias da Carochinha".]

Temos um período simples, com uma oração absoluta, que se estrutura a partir da locução verbal passiva "é lido", formada pela forma verbal auxiliar "é" – do verbo "ser" – e pelo particípio "lido" – do verbo "ler".

O sujeito da oração está indicado pela expressão "o 'Gênesis'". É sujeito simples, com núcleo no substantivo "Gênesis". O artigo definido que o acompanha exerce papel sintático de adjunto adnominal. Identificamos aposto para esse sujeito, que está representado por "Primeiro livro da Bíblia", com núcleo no substantivo "livro". O numeral ordinal "Primeiro" e a locução adjetiva "da Bíblia" exercem papel de adjuntos adnominais.

No predicado – "é lido, às vezes, como uma sucessão de histórias da Carochinha." –, encontramos os adjuntos adverbiais "às vezes" (exprime valor semântico de tempo) e "como uma sucessão de histórias da Carochinha" (exprime valor semântico de modo, conformidade). Não há indicação do agente da ação verbal expressa em voz passiva, ou seja, não há agente da passiva explicitamente colocado no predicado. No adjunto adverbial "como uma sucessão de histórias da Carochinha" encontramos o núcleo indicado pelo substantivo "sucessão". A expressão "de histórias da Carochinha", que é adjunto adnominal, por sua vez, tem também um núcleo: "histórias". A expressão "da Carochinha" é, então, adjunto adnominal contido em outro adjunto adnominal.

Vejamos, agora, a resposta correta para a questão:

e) Comentário incorreto. Como podemos constatar nas explicações, a expressão "de histórias" exerce papel sintático de adjunto adnominal.

**Questão 14**

b) O verbo "existir" é intransitivo. A expressão "outros depoimentos" é o sujeito da oração. Deve-se a flexão em plural do verbo auxiliar da locução "deveriam existir" a esse sujeito. Esta é a resposta da questão.

**Questão 15**

Temos assinalada em "É provável que conversassem sobre o namorado." uma oração subordinada substantiva subjetiva. A primeira oração é a principal do período.

Como sabemos, as orações subordinadas substantivas são introduzidas pelas conjunções subordinativas integrantes "que" ou "se". Há um recurso prático que põe tais conjunções em evidência: as orações que introduzem podem ser substituídas pelo pronome demonstrativo "isto", que toma, então, o lugar da oração.

Diremos, neste caso: "É provável isto."

Como o pronome demonstrativo "isto" assumiu o lugar da oração, o valor sintático que tiver será, obviamente, o valor da oração. Em "É provável isto", que, mais organizadamente, seria "Isto é provável", o pronome demonstrativo exerce papel sintático de sujeito da forma verbal "é" – verbo "ser" empregado em terceira pessoa do singular do presente do indicativo. Já que o pronome demonstrativo "isto" exerce, neste período, a função de sujeito, a oração que ele representa funciona igualmente como sujeito. Temos, então, a oração subordinada substantiva subjetiva.

Empregamos um recurso prático para a elucidação da classe gramatical do vocábulo "que" e a consequente classificação da oração que ele inicia. No entanto, muito mais conveniente é o aluno observar que em "É provável que conversassem sobre o namorado." a primeira oração – "É provável" – está formada por verbo de ligação.

O vocábulo "provável", adjetivo, não pode ser sujeito. Sabemos que os sujeitos são indicados por vocábulos substantivos ou de valor substantivo. Por outro lado, sabemos, também, que os verbos de ligação fazem surgir, nas suas orações, os predicativos do sujeito, palavras que mencionam atributos – estado, qualidade, condição, mudança de estado, mudança de condição – que se dão aos sujeitos. Os predicativos são representados morfologicamente por adjetivos. "Provável" é adjetivo em função de predicativo do sujeito, então. Não há mais nada a ser analisado na primeira oração. E ainda falta encontrarmos o seu sujeito. É lógico que esse sujeito tem de ser representado pela segunda oração, consequentemente. Não havia outra possibilidade de análise para ela.
A resposta da questão é a alternativa "c".

**Questão 16**

d) O segundo período do texto 2 é composto por duas orações, que transcrevemos a seguir, já divididas: ["Não mudaram em pelo menos cem anos] [e estão lamentavelmente desafinadas com o progresso tecnológico"]. A oração da forma verbal "estão" – coordenada sindética aditiva – tem como sujeito da forma verbal indicada a expressão apresentada no primeiro período: "As estruturas políticas mundiais". Essa expressão, por sinal, é também sujeito da forma verbal "mudaram", constante da primeira oração acima citada. Podemos transcrever o segundo período do texto 2, indicando os sujeitos que estão implícitos: [As estruturas políticas mundiais] Não mudaram em pelo menos cem anos e [As estruturas políticas mundiais] estão lamentavelmente desafinadas com o progresso tecnológico". Podemos, então, verificar que o adjetivo "desafinadas" é atributo concedido ao sujeito implícito "As estruturas políticas mundiais", ao qual se une pelo verbo de ligação "estar", flexionado em "estão". É predicativo do sujeito, portanto.

**Questão 17**

a) O sujeito da oração é "O rapaz". O predicado será, então: "comprou-as por uma bagatela". Esse predicado tem como núcleo a forma verbal transitiva direta "comprou". Trata-se, então, de predicado verbal. O complemento verbal – objeto direto – está representado pelo pronome oblíquo átono "as". Temos em "por uma bagatela" uma expressão que traz informação circunstancial – de custo – para a forma verbal "comprou". É adjunto adverbial. Não há objeto indireto nesta alternativa.

**Questão 18**

b) Não é possível identificar-se objeto direto em orações nas quais a forma verbal seja de ligação. Neste período, a primeira oração – "São vários os atos legais" – é formada por verbo de ligação. A expressão "os atos legais" é o sujeito da forma verbal "são".

## Questão 19

c) Temos, realmente, um período composto por subordinação. A primeira oração denomina-se principal. A segunda é oração subordinada substantiva, como se comprova pela constatação de que está sendo introduzida por conjunção subordinativa integrante: podemos substituir toda a oração a partir da conjunção "que" pelo pronome substantivo demonstrativo "isto". Ficaremos com "Parece isto". Disposta em ordem direta, a oração enunciará "Isto parece". Podemos perceber a função sintática de sujeito desempenhada pelo pronome substantivo demonstrativo "isto". A mesma função está sendo, então, desempenhada pela oração, que se denomina oração subordinada substantiva subjetiva. A análise proposta está incorreta, e esta é a resposta da questão.

## Questão 20

Procedamos à análise sintática do período existente no enunciado da questão:
["Quem pede esmola] [está] [ou deve estar com fome".]
Como podemos constatar, temos período composto por coordenação e subordinação, formado por três orações:
"Quem pede esmola": oração subordinada substantiva subjetiva, justaposta (em relação à 2ª e à 3ª orações).
"está": oração principal (em relação à 1ª oração).
"ou deve estar com fome": oração principal (em relação à 1ª oração).
As orações "está" e "ou deve estar com fome", vinculadas por coordenação, são principais em relação à primeira oração. A segunda delas – "ou deve estar com fome" –, iniciada pela conjunção coordenativa alternativa, nessa passagem, introduz valor semântico que não é exatamente de alternância. Podemos verificar que o vocábulo "ou", introdutor de "ou deve estar com fome", faz valer, semanticamente, ideia de retificação. Caso houvesse emprego de vírgulas isolando "deve estar", teríamos oração interferente (ou intercalada) de retificação. O período surgiria assim grafado: "Quem pede esmola está, ou deve estar, com fome".
De qualquer modo, a resposta da questão ficou facilitada pela solicitação do valor sintático de sua primeira oração, que é, como vimos, sujeito (observemos, inclusive, a semelhança dessa oração subjetiva com a que analisamos na questão 5: "Quem avisa amigo é"). Encontramos essa função sintática na alternativa "c", que é a resposta da questão.

## Questão 21

Como sabemos, predicados nominais são aqueles em que surgem os verbos de ligação. Neles, o predicativo do sujeito tem presença obrigatória. Vejamos os verbos que formam os predicados encontrados nas alternativas da questão:

a) O verbo do predicado é "ser", de ligação, portanto. O predicado, então, é nominal.

b) Novamente temos um verbo "ser". O predicado é, também, nominal.

c) "Era" é a forma de pretérito imperfeito do indicativo do verbo "ser". O predicado é nominal.

d) A forma verbal "parecia" é o pretérito imperfeito do indicativo do verbo de ligação "parecer". O predicado é nominal.

e) Neste período temos duas orações. A primeira delas – "talvez não o fizesse" – estrutura-se pelo verbo "fazer" – verbo causativo –, empregado na forma de pretérito imperfeito do subjuntivo. O predicado dessa oração é verbal. Na segunda oração, temos, novamente, o verbo "ser", empregado no infinitivo. Seu sujeito, lembremo-nos disto, é o pronome oblíquo átono "o". O predicado da segunda oração é nominal. Esta é a resposta da questão, levando-se em conta o predicado da primeira oração.

**Questão 22**

Observemos o fragmento em que surgiu o vocábulo "estupefato", motivo da presente questão, já com suas orações constitutivas apontadas:

["Ora, o simples fato [de o país ter percebido, estupefato,] [que houve 409.000 interceptações telefônicas autorizadas pela Justiça [...] está a demonstrar a existência de excessos ..."]

O fragmento acima permite verificar que a primeira oração é "Ora, o simples fato está a demonstrar a existência de excessos ...", na qual o sujeito está indicado pela expressão "o simples fato". Intercalada nesta oração inicial, surgem algumas outras, das quais interessa-nos sobremodo a segunda: "de o país ter percebido, estupefato", em que o sujeito se faz representar por "o país". No interior do predicado dessa segunda oração – "ter percebido, estupefato" – vislumbramos a forma verbal composta "ter percebido" e o adjetivo "estupefato". Como sabemos, os adjetivos são vocábulos que se relacionam, nas estruturas oracionais, com substantivos. Não há, assim, qualquer vinculação entre o adjetivo "estupefato" e a forma verbal composta "ter percebido". Entendemos, de fato, que o adjetivo mencionado relaciona-se com o substantivo "país", núcleo do sujeito, atribuindo-lhe um estado. Trata-se, consequentemente, de um predicativo do sujeito.

A resposta é a alternativa "a".

**Questão 23**

d) Em "E, afora o choque inicial de descobrir que o emprego terá outro nome, se é que tem nome, não há evidências de que gere menos satisfação profissional.", a oração sublinhada exerce papel sintático de complemento do verbo transitivo direto "descobrir". É oração subordinada substantiva objetiva direta. Temos, então, a resposta da questão.

## Questão 24

Notamos em todo o texto apresentado neste item, apesar de o mesmo ser relativamente longo, apenas uma forma verbal, o pretérito perfeito composto do indicativo "tem aumentada".

A presença de uma única forma verbal faz caracterizar o período estudado com simples, e a resposta está na alternativa "d".

À guisa de recordação, salientamos que a oração única que estrutura um período simples denomina-se absoluta.

## Questão 25

Podemos relembrar os casos de oração sem sujeito.

1. Nas orações em que se emprega o verbo impessoal "haver" – com sentido de "existir".
2. Em orações nas quais se utilizam os verbos "fazer", "ser" e "estar" em expressões indicativas de tempo.
3. Em orações formadas por verbos que indicam fenômenos naturais.

Vamos, agora, às alternativas da questão, em busca da que apresenta oração sem sujeito:

a) Não há sujeito em "Haverá um dia ...". Observamos emprego do verbo "haver" com sentido de "existir". Esta é a resposta da questão.

b) O sujeito da forma verbal "acontecerá" é a locução pronominal "Tudo isso".

c) Os sujeitos das formas verbais "existem", "estão" e "São" representaram-se, respectivamente, por "essas tecnologias", "muitas delas" e, implicitamente, "essas tecnologias" ou mesmo "muitas delas".

d) Os sujeitos das formas verbais "existem", "estão" e "São", como apontado na alternativa "c", são "essas tecnologias" e "muitas delas". O sujeito da forma verbal "lida" está indicado pelo pronome relativo "que", seu antecessor. O sujeito de "equivale" é "1 nanômetro".

e) O sujeito de "afirma" é "um químico da USP".

## Questão 26

c) Em "No caso dos partidos políticos brasileiros, existe um agravante", que se estruturou por meio do verbo de regência intransitiva "existir", a expressão "um agravante" funciona como sujeito.

## Questão 27

a) Em ["Era grande a euforia] [que havia em todos"], período que já apresentamos com suas orações constituintes divididas, o pronome relativo "que" é substituto do substantivo "euforia". Feita a devida substituição, teremos: "euforia havia em todos". Já sabemos que o verbo "haver", empregado com sentido de "existir" – como ocorreu neste período –, é impessoal, ou seja, não tem sujeito. A função sintática do pronome relativo é a de objeto direto, então.

### Questão 28

b) Em "Razão a mais para acreditar que cabe ao Sul, e particularmente ao plural Brasil, a invenção de novos modelos, talvez menos opulentos, mas seguramente mais solidários, de convívio respeitoso entre os homens", a função sintática exercida pela expressão em itálico é a de sujeito da forma verbal transitiva indireta "cabe", cujo objeto indireto, por oportuno, é "ao Sul". Observemos a ordem direta em que poderiam surgir os termos da oração em que se situa a expressão ora estudada: "Razão a mais para acreditar que a invenção de novos modelos talvez menos opulentos, mas seguramente mais solidários, de convívio respeitoso entre os homens, cabe ao Sul, e particularmente ao plural Brasil".

### Questão 29

Procedamos à análise do período posto em questão, para, em seguida, apontarmos a resposta conveniente:

[Não se sabe, por exemplo], [quem inventou a palavra "excluídos"] [para designar pobres.]

O período, composto por subordinação, está formado por três orações que assim se classificam:

Não se sabe, por exemplo – Oração principal;

quem inventou a palavra "excluídos" – Oração subordinada substantiva subjetiva, justaposta;

para designar pobres – Oração subordinada adverbial final, reduzida de infinitivo.

Para chegarmos à resposta conveniente para a presente questão, observemos, inicialmente, que a oração principal ("Não se sabe, por exemplo") está estruturada em voz passiva pronominal (ou sintética). Tal afirmativa se comprova por dois caminhos:

O verbo "saber", que a estrutura, é, quando empregado em oração de voz ativa, de regência transitiva direta. O fato de surgir acompanhado do pronome "se", identificado pela gramática normativa tradicional como "partícula apassivadora", faz surgir – ainda em conformidade com a tradição gramatical – oração de voz passiva pronominal.

É viável a reescrita da oração ora estudada em uma outra que, a despeito de preservar sua mensagem original, se mostra em voz passiva analítica, o que faria surgir "Não é sabido, por exemplo".

Entendida a informação de que temos em "Não se sabe, por exemplo" uma oração de voz passiva pronominal, não será difícil chegarmos à conclusão de que a oração que se segue ("quem inventou a palavra "excluídos") exerce papel sintático de sujeito da forma verbal "sabe".

A resposta procurada está, então, na alternativa "b".

## Questão 30

A questão a ser comentada está fundamentada na análise do período "Vê-se, pois, que o plano ético permeia todas as ações humanas", em relação ao qual teceram-se comentários que devem ser considerados corretos ou incorretos.

Desse modo, vejamos como o período se estruturou, a partir de sua apresentação já com as orações constitutivas apontadas:

["Vê-se, pois,] [que o plano ético permeia todas as ações humanas."]

Estamos com período composto por duas orações que assim se classificam:

1ª oração: Vê-se, pois – oração principal;

2ª oração: que o plano ético permeia todas as ações humanas. – oração subordinada substantiva subjetiva.

Vejamos, agora, cada uma das afirmativas numeradas de I a III:

I. Como sabemos, o conectivo introdutor das orações subordinadas substantivas é a conjunção subordinativa integrante.

II. Em "Vê-se, pois", temos ocorrência de voz passiva pronominal, sendo o pronome "se" classificado como pronome apassivador. O sujeito da forma verbal "Vê", como salientado nas considerações iniciais, está indicado pela 2ª oração do período.

III. O período está formado por subordinação, como mostramos no início dos nossos comentários.

Está correta apenas a afirmativa feita em I, e a resposta da questão é o item "a".

## Questão 31

Vejamos cada uma das funções sintáticas introduzidas pela preposição "de", nos textos que foram transcritos no enunciado da questão:

Em " ...as distâncias sociais não gritavam de dor nem feriam... ", a preposição introduz o termo "de dor", relacionado com a forma verbal "gritavam", para a qual reporta valor semântico circunstancial de causa. É adjunto adverbial.

No fragmento "Desejosos de enturmar com os heróis ... ", observamos emprego da preposição para ligar a oração "de enturmar com os heróis" ao adjetivo "Desejosos". Trata-se, então, de oração que exerce função sintática de complemento nominal.

Temos em "O mundo é composto de uma coisa" uma oração estruturada em voz passiva analítica. Nela, o sujeito, indicado por "O mundo" é paciente da ação de ser composto. Observemos a sua transposição para a voz ativa correspondente: "Uma coisa compõe o mundo". Assim, a função sintática desempenhada por "de uma coisa" é a de agente da passiva.

A resposta da questão está na alternativa "d", em que se lê: "adjunto adverbial – complemento nominal – agente da passiva".

## Questão 32

Vejamos a divisão do período apresentado em suas orações constitutivas. À guisa de recordação, procederemos, também, à análise de cada uma das orações encontradas:

"[Também é certo[1], por outro lado,] [que[2], [ao aumentarem a transparência[3] do processo de tomada de decisões,] as empresas[2] adquirem o respeito das pessoas e comunidades] [que são impactadas[4] por suas atividades] [e são gratificadas[5] com o reconhecimento e engajamento dos seus colaboradores e a preferência dos consumidores, em consonância com o conceito de responsabilidade social,] [o qual[6], [é sempre[7] bom] [8][lembrar,] está se tornando cada[6] vez mais fator de sucesso empresarial] [e abrindo novas perspectivas[9] para a construção de um mundo economicamente mais próspero e socialmente mais justo]".

Passemos, agora, às classificações das orações apresentadas:

1. "Também é certo, por outro lado" – oração principal (em relação à de número 2);
2. "que as empresas adquirem o respeito das pessoas e comunidades" – oração subordinada substantiva subjetiva (em relação à de número 1) e oração principal (em relação às de números 3, 4 e 5);
3. "ao aumentarem a transparência do processo de tomada de decisões" – oração subordinada adverbial temporal, reduzida de infinitivo (em relação à de número 2);
4. "que são impactadas por suas atividades" – oração subordinada adjetiva restritiva (em relação à de número 2);
5. "e são gratificadas com o reconhecimento e engajamento dos seus colaboradores e a preferência dos consumidores, em consonância com o conceito de responsabilidade pessoal" – oração coordenada sindética aditiva (em relação à de número 4), oração subordinada adjetiva restritiva (em relação à de número 2) e oração principal (em relação à de número 6);
6. "o qual está se tornando cada vez mais fator de sucesso empresarial" – oração subordinada adjetiva explicativa (em relação à de número 5);
7. "é sempre bom" – oração principal (em relação à de número 8);
8. "lembrar" – oração subordinada substantiva subjetiva, reduzida de infinitivo (em relação à de número 7);
9. "e abrindo novas perspectivas para a construção de um mundo economicamente mais próspero e socialmente mais justo" – oração subordinada coordenada sindética aditiva – em relação à de número 6) e subordinada adjetiva explicativa (em relação à de número 5).

Assim, como vimos, existem nove orações no período apresentado, e a resposta está na alternativa "c".

**Questão 33**

Dado o período "É importante que os contribuintes percebam que a política tributária é justa, a administração fiscal é proba, sensível e confiável, e os recursos arrecadados são corretamente aplicados", a banca examinadora inquiriu o candidato sobre a sua estrutura, no tocante à natureza de suas orações constitutivas.

Assim, vamos proceder à análise do período, apresentando, inicialmente, a sua divisão em orações:

[É importante[1]] [que os contribuintes[2] percebam] [que a política tributária[3] é justa,] [a administração fiscal é proba, sensível[4] e confiável,] [e os recursos arrecadados[5] são corretamente aplicados.]

Para procedermos à devida análise das orações apontadas, deveremos observar a existência de conectivos implícitos, que promovem o paralelismo desenvolvido a partir da transitividade direta da forma verbal "percebam", que surgiu triplamente complementado por orações subordinadas substantivas objetivas diretas, como mostramos a seguir:

"... que os contribuintes percebam →
- que a política tributária é justa
- [que] *a administração fiscal é proba, sensível e confiável*
- *e* [que] *os recursos arrecadados são corretamente aplicado*

Assim, estaremos capacitados a classificar todas as orações do período, como faremos a seguir:

Oração 1: "É importante" – oração principal da oração 2;

Oração 2: "que os contribuintes percebam" – oração subordinada substantiva objetiva direta, em relação à oração 1 e oração principal, em relação às orações 3, 4 e 5;

Oração 3: "que a política tributária é justa" – oração subordinada substantiva objetiva direta, em relação à oração 2 e oração coordenada assindética, em relação à oração 4;

Oração 4: "*que* a administração fiscal é proba, sensível e confiável" – oração subordinada substantiva objetiva direta, em relação à oração 2 e oração coordenada assindética, em relação às orações 2 e 3;

Oração 5: e [*que*] os recursos arrecadados são corretamente aplicados – oração subordinada substantiva objetiva direta, em relação à oração 2 e oração coordenada sindética aditiva, em relação à oração 4.

Contém afirmativa correta, consequentemente, o item "b", em que se lê que o período estudado apresenta-se com "quatro orações subordinadas e três coordenadas entre si".

## Questão 34

Fizeram-se afirmativas a respeito do texto "Distribuição de renda é alçada a prioridade" nos itens numerados de I a III.

Analisemos cada um deles.

I. O período simples, já que formado por uma única oração, está, sem dúvida, exemplificando a voz passiva analítica. Nele, podemos observar o valor semântico de paciente de ação verbal indicado pelo sujeito "Distribuição de renda", bem como a locução verbal passiva "é alçada".

II. Para exemplificar predicado verbo-nominal, o período deverá, necessariamente, conter dois núcleos: um deles é o verbo nocional; o outro, um predicativo. Nesse ponto, devemos estar inteirados de que o verbo "alçar", ao ser empregado com sentido de "elevar", "promover", desenvolve regência transitiva direta, com objeto direto sendo portador de predicativo, indicado exatamente pelo atributo a ele concedido. É o que se nota, por exemplo, em "Alçaram-na a prioridade", oração de voz ativa que corresponde à de voz passiva analítica com que estamos trabalhando. Evidentemente, na conversão desta oração para aquela, o objeto direto existente na voz ativa – "na", no caso – converteu-se no sujeito "Distribuição de renda". Mas persistiu o predicativo do sujeito "a prioridade". Desse modo, temos no texto que está sendo analisado neste item, uma oração estruturada com verbo nocional, ou seja, verbo que não é de ligação – e um predicativo, o que faz caracterizar o predicado como verbo-nominal.

III. Em "Distribuição de renda" observamos uma expressão preposicionada – "de renda" – ligada por preposição ao substantivo abstrato "Distribuição". Como podemos constatar, a expressão preposicionada exemplifica, semanticamente, valor passivo. Afinal, a renda é o objeto da distribuição. Recordamos, então, que expressões que se ligam por preposição a substantivos abstratos e que são revestidas de valor semântico passivo funcionam como complementos nominais. Apontamos essa função, assim, para "de renda".

As três afirmativas estão corretas, e a resposta está na alternativa "d".

## Questão 35

A questão consiste em identificar-se a função sintática da expressão sublinhada em "não necessariamente impondo ônus adicionais <u>às gerações futuras</u>" para, em seguida, apontar-se a alternativa em que tal função surge corretamente apontada em uma das alternativas.

Desse modo, vejamos, de início, a função sintática da expressão sublinhada.

Observamos que a referida expressão faz parte das complementações sintáticas oferecidas à forma verbal "impondo", de regência transitiva direta e indireta. Assim, percebemos que a expressão "ônus adicionais" é o objeto direto de "impondo", cabendo, desse modo, à expressão regida por preposição "às gerações futuras" o papel de objeto indireto.

Verificamos que a menção "objeto indireto" surgiu no item "e" da presente questão, que será sua resposta.

## Questão 36

A banca examinadora solicita que o candidato indique a alternativa em que se analisou de forma correta a função sintática da expressão sublinhada em "...o Estado pode considerar desnecessária a tradução dos documentos...".

Procedamos, então, à análise de todos os elementos da oração fornecida:

"o Estado" – sujeito;

"o" – adjunto adnominal;

"Estado" – núcleo do sujeito;

"pode considerar desnecessária a tradução dos documentos" – predicado verbo-nominal;

"pode considerar" e "desnecessária" – núcleos do predicado verbo-nominal;

"desnecessária"- predicativo do objeto direto;

"a tradução dos documentos" – objeto direto;

"a" – adjunto adnominal;

"tradução" – núcleo do objeto direto;

"dos documentos" – complemento nominal;

"os" – adjunto adnominal;

"documentos" – núcleo do complemento nominal.

Assim, como podemos observar, o adjetivo "desnecessária", que refere um atributo concedido ao núcleo do objeto direto, indicado por "tradução", além de sinalizar o segundo núcleo do predicado verbo-nominal, funciona sintaticamente como predicativo do objeto direto.

A resposta está na alternativa "d".

## Questão 37

Para podermos resolver esta questão, temos de analisar os termos "da democracia" e "da cidadania", encontrados no fragmento "Partidos são fundamentais para a consolidação da democracia e o permanente desenvolvimento da cidadania e devem existir – de verdade – em bases cotidianas".

São circunstâncias que nos levam imediatamente a pensar em adjunto adnominal e complemento nominal. Vimos nas informações teóricas e rememoramos em questões precedentes como essas funções assemelham-se, em certas circunstâncias. No texto que estamos a analisar, as duas expressões ("da democracia" e "da cidadania") ligam-se a substantivos cognatos de verbos ("consolidação"/"consolidar" e "desenvolvimento"/"desenvolver") e têm valor passivo. Indicam, nas duas passagens aquilo que será consolidado e desenvolvido. São, assim, complementos nominais e a resposta está na alternativa "b".

## Questão 38

Observemos o fragmento textual que deve ser analisado com respeito à sua estruturação sintática, para que se possa resolver a presente questão, já com suas orações constituintes apontadas:

["A reflexão jurídica sobre o assunto[1], contudo, não se tem mostrado tão farta] [quanto[2] aquela] [encontrada[3] na economia.] [Isso se deve, talvez, à associação[1] feita ao tema dos efeitos na utilização de recursos entre gerações especificamente no campo ambiental] – [fortalecida[2], principalmente, após a década de 70,] [quando[3] o movimento ambientalista passou a formular um discurso jurídico mais sólido,] [angariando adeptos das mais variadas[4] formações, em diversas partes do planeta."]

Podemos observar, como exposto, que o fragmento textual ora estudado contém dois períodos, sendo o primeiro deles constituído por três orações, como a seguir passamos a analisar:

1. "A reflexão jurídica sobre o assunto, contudo, não se tem mostrado tão farta" – oração principal;
2. "quanto aquela" – oração subordinada adverbial comparativa (o fato de o verbo estruturador desta oração subordinada comparativa ter surgido implícito – quanto aquela [se tem mostrado] – é caracterizador deste tipo de oração;
3. "encontrada na economia" – oração subordinada adjetiva restritiva, reduzida de particípio.

No segundo período, encontramos quatro orações, como passamos a mostrar:

1. "Isso se deve, talvez, à associação feita ao tema dos efeitos na utilização de recursos entre gerações especificamente no campo ambiental" – oração principal;
2. "fortalecida, principalmente, após a década de 70," – oração subordinada adjetiva explicativa, reduzida de particípio;
3. "quando o movimento ambientalista passou a formular um discurso jurídico mais sólido," – oração subordinada adverbial temporal;
4. "angariando adeptos das mais variadas formações, em diversas partes do planeta." – oração coordenada assindética, reduzida de gerúndio (semanticamente tradutora de adição).

Das análise acima efetuadas, resultaria a seguinte contemplação das afirmativas dispostas no corpo da questão com numeração de I a IV:

I. Item correto.

Basta que nos reportemos à análise já efetuada com respeito à estrutura do primeiro período do fragmento textual para comprovarmos a legitimidade da presente afirmativa. Grande número de candidatos deve ter-se equivocado na análise desta alternativa pela dificuldade de se observar a existência da oração "quanto aquela", estruturada por locução verbal elíptica, como já salientamos.

II. Item correto.

As orações reduzidas a que se refere o item ora estudado são, como já apontamos: "fortalecida, principalmente, após a década de 70," e "angariando adeptos das mais variadas formações, em diversas partes do planeta", com reduções, respectivamente, em particípio e gerúndio.

III. Item incorreto.

Como apontamos, ocorre apenas uma oração coordenada no segundo período, de natureza assindética e introdutora de matiz semântico aditivo: "angariando adeptos das mais variadas formações, em diversas partes do planeta".

IV. Item considerado correto.

Não concordamos com a classificação da oração "quando o movimento ambientalista passou a formular um discurso jurídico mais sólido" em subordinada adjetiva. A oração citada reproduzida tem visível valor adverbial. Reporta-se claramente ao adjunto adverbial "após a década de 70", encontrado na oração anterior e em relação ao qual se subordina por meio da conjunção subordinativa temporal "quando". As vírgulas que a ladeiam estão plenamente justificadas: a primeira delas, de emprego facultativo, marca o seu início, vale dizer, início de oração subordinada adverbial posta em ordem direta à sua principal, que, nesse caso, será "fortalecida, principalmente, após a década de 70,"; a segunda vírgula é de emprego obrigatório e separa a oração reduzida de gerúndio, coordenada assindética "angariando adeptos das mais variadas formações, em diversas partes do planeta".

A eminente banca examinadora apontou como gabarito oficial – que foi mantido após os recursos – a alternativa "d", sinalizando ter entendido a oração "quando o movimento ambientalista passou a formular um discurso jurídico mais sólido" como subordinada adjetiva.

Salvo melhor juízo, entretanto, após as análises efetuadas, temos como corretas apenas as afirmativas observadas em I e II.

Como sempre fazemos, apontamos o gabarito oficial, mantido após os recursos.

## Questão 39

Para resolver-se a questão, inicialmente deve-se identificar sintaticamente o vocábulo "possível", no fragmento "Esse pacto, [...] tornou possível, de forma pacífica, a passagem do regime autoritário para o Estado democrático de Direito". Como podemos observar, o adjetivo "possível" refere um atributo que se concede ao substantivo "passagem", contido na expressão "a passagem do regime autoritário para o Estado democrático de Direito". Para melhor compreensão do que afirmamos, melhor será que o texto se apresente com seus termos postos em ordem direta: "Esse pacto, [...] tornou a passagem do regime autoritário para o Estado democrático de Direito possível, de forma pacífica".

Na oração colocada em ordem direta, ressaltam as funções de sujeito, desempenhada por "Esse pacto", de objeto direto, representada por "a passagem do regime autoritário para o Estado democrático de Direito", de predicativo do objeto direto, indicada por "possível", além da de adjunto adverbial, representado por "de forma pacífica".

Temos, agora, de verificar em que alternativa surge outro predicativo do objeto direto.

Assim, passemos à análise de cada uma das alternativas da questão:

a) Temos, neste item, um predicativo do objeto direto, exemplificado pela expressão "mais ágeis". Repetiu-se, para mais facilidade do candidato, a mesma estrutura existente no texto do enunciado da questão, inclusive com o mesmo verbo "tornar": "tornaram mais ágeis as decisões de interesse de maior parcela de brasileiros em questão relevante, como a defesa de seus direitos". Esta é a resposta da questão.
b) O complemento nominal "de matérias inassimiláveis", que se liga ao substantivo abstrato "inserção", tem como núcleo o substantivo "matérias". O adjetivo "inassimiláveis" é, então, adjunto adnominal.
c) A expressão "princípios vitais", objeto direto da forma verbal "consagrou", tem como núcleo o substantivo "princípios". O adjetivo "vitais" é, portanto, adjunto adnominal.
d) Em "a Constituição de 1988, [...] ofereceu ao povo brasileiro a mais ampla Carta dos direitos individuais [...]", o sintagma "a mais ampla Carta dos direitos individuais", cujo núcleo é o substantivo "Carta", funciona como objeto direto da forma verbal "ofereceu". O adjetivo "ampla", desse modo, é adjunto adnominal.
e) No aposto "talvez o mais importante de nossa história republicana", cujo núcleo se faz representar pelo substantivo "pacto", que lhe está implícito, o adjetivo "importante" desempenha papel de adjunto adnominal.

## Questão 40

Procedamos ao estudo do texto que foi fornecido no enunciado da questão:

Inicialmente, recordemos que período é um conjunto de orações, com início em uma inicial maiúscula e término em ponto-final, ponto de exclamação, ponto de interrogação, reticências. Para sermos práticos, diremos que período é um conjunto de orações limitado em suas extremidades por iniciais maiúsculas.

No caso do texto lido, observam-se quatro períodos, que apresentamos já com suas orações apontadas:

"[Doce] [rever-te, velha mesa, depois de tanto, tanto tempo."]

["Como a ti,] [andaram me polindo."]

[Há também em mim nomes e símbolos quase indistinguíveis sob a lixa do tempo.]

[Mas não és tu a mesa da infância e da juventude – aquela] [sobre que gotejaram, no pungente labor do verso e na angústia do amor sozinho, as primeiras lágrimas de um homem] [que nada sabia] [e nada sabe] [senão amar a mulher?"]

Vejamos, agora a análise de cada um dos períodos, de acordo com suas orações constitutivas:

<u>1º período</u>: Composto por subordinação, apresenta as orações:

"Doce" – oração principal (observemos a elipse da forma verbal "É", em "[*É*] doce"; "rever-te, velha mesa, depois de tanto, tanto tempo." – oração subordinada substantiva subjetiva, reduzida de infinitivo.

2º período: Composto por subordinação, com as orações:
["Como a ti"] – oração subordinada adverbial comparativa (mais uma vez, temos verbo implícito: "como [*poliram*] a ti]";
"andaram me polindo" – oração principal.
3º período: Simples, com oração absoluta:
"Há também em mim nomes e símbolos quase indistinguíveis sob a lixa do tempo."
4º período: Composto por coordenação e subordinação, com as orações:
"Mas não és tu a mesa da infância e da juventude – aquela" – oração principal;
"sobre que gotejaram, no pungente labor do verso e na angústia do amor sozinho, as primeiras lágrimas de um homem" – oração subordinada adjetiva restritiva (em relação à anterior) e principal (em relação à que se segue);
"que nada sabia" – oração subordinada adjetiva restritiva (em relação à anterior);
"e nada sabe" – oração coordenada sindética aditiva (em relação à anterior) e subordinada adjetiva restritiva em relação à de número 2 (observe-se o pronome relativo implícito "e [*que*] nada sabe";
"senão amar a mulher?" – oração coordenada assindética.
Vejamos, agora, cada uma das alternativas da questão:

a) O sujeito da primeira oração do último período está indicado pelo pronome reto "tu". Esta é a resposta da questão.
b) A segunda oração do primeiro período é "rever-te, doce mesa, depois de tanto tempo". É oração reduzida de infinitivo, forma verbal cujo sujeito, segundo se depreende das informações do texto, é "eu", implícito.
c) O sujeito da oração "andaram me polindo", presente do segundo período, é indeterminado.
d) A oração absoluta que forma o 3º período está estruturada pelo verbo "haver", empregado com sentido de "existir", ou seja, por verbo impessoal.
e) Como vimos nas informações iniciais, o sujeito de "[*É*] doce" está indicado pela oração "rever-te, velha mesa, depois de tanto, tanto tempo".

## Questão 41

Temos de analisar o texto fornecido, em busca de sua última oração. Vamos ver, inicialmente, como ele se forma:
["O mundo é composto de uma coisa dentro da outra, dentro da outra, dentro da outra.] [Somos uma pequena parte do elo, o miolo de envoltórios descomunais] [que desconhecemos, [arrogantes embora,] na suposição] [de que é conosco que Deus se preocupa."]
Como vimos o texto está formado por dois períodos, sendo o primeiro deles, simples. Neste período simples, a única oração que o forma – "O mundo é composto de uma coisa dentro da outra, dentro da outra, dentro da outra." – denomina-se absoluta.
No segundo período, formado por 4 orações, encontramos:

1ª oração: "Somos uma pequena parte do elo, o miolo de envoltórios descomunais" – oração principal (em relação à segunda);

2ª oração: "que desconhecemos, na suposição" – oração subordinada adjetiva restritiva (em relação à primeira) e oração principal (em relação à terceira e à quarta orações);

3ª oração: "arrogantes embora" – oração subordinada adverbial concessiva (em relação à segunda; observemos o verbo implícito que mostramos na oração já posta em ordem direta: "embora sejamos arrogantes";

4ª oração: "de que é conosco que Deus se preocupa" – oração subordinada substantiva completiva nominal (em relação à 2ª oração; é complemento do substantivo abstrato "suposição"; observemos, em seu interior, a existência da expressão expletiva formada por "é ... que", que, suprimida, faria resultar "de que conosco Deus se preocupa", ou seja, "Deus se preocupa conosco".

A última oração é uma subordinada substantiva completiva nominal, e a resposta está na alternativa "b".

## Questão 42

Vejamos o período em que surge o fragmento "e a fazem funcionar dentro de padrões éticos", já com suas orações constitutivas indicadas e analisadas:
["São os cidadãos mobilizados que fundam] [e refundam continuamente a sociedade] [e a [fazem] funcionar dentro de padrões éticos."]

| | | | |
|---|---|---|---|
| 1ª oração: | São os cidadãos mobilizados que fundam | — | Oração principal. Observe-se a existência de expressão de realce, indicada por "*São ... que*". Na verdade, a estrutura da primeira oração é "Os cidadãos mobilizados fundam". |
| 2ª oração: | e refundam continuamente a sociedade | — | Oração coordenada sindética aditiva. |
| 3ª oração: | e fazem | — | Oração coordenada sindética aditiva. |
| 4ª oração: | a funcionar dentro de padrões éticos | — | Oração subordinada substantiva objetiva direta. |

Dois fatos interessantes surgiram nesse período. O primeiro deles diz respeito à existência de expressão de realce (ou expletivo) comum nas orações. No período que estamos a estudar, a supressão de "São ... que" nenhum transtorno implicaria, como podemos verificar no período disso resultante: ["Os cidadãos mobilizados fundam] [e refundam continuamente a sociedade] [e [a [fazem] funcionar dentro de padrões éticos".]

O segundo fato gramatical digno de registro, e fundamental para a resolução da questão é o que se estabelece pela estrutura em que se observam verbos causativos – "mandar", "deixar", "fazer", primordialmente – e verbos sensitivos – "ver", "ouvir", "sentir", geralmente – e o emprego de pronomes oblíquos átonos seguidos de formas verbais em infinitivo. Sabe-se que em composições dessa natureza, os pronomes exercem função sintática de sujeito da forma verbal empregada em infinitivo. É fato bem frequente e estudado em nossas gramáticas. Citamos, por exemplo, Celso Cunha e Lindley Cintra, em *Nova gramática do português contemporâneo,* Nova Fronteira, RJ, 3ª edição revista, 2001, p. 302:

**O pronome oblíquo átono sujeito de um infinitivo**

Se compararmos as duas frases:

Mandei **que ele saísse** ...

Mandei-**o sair** ...

Verificamos que o objeto direto, exigido pela forma verbal *mandei*, é expresso:

a) na primeira, pela oração *que ele saísse;*

b) na segunda, pelo pronome seguido do infinitivo: *o sair.* E verificamos, também, que o pronome *o* está para o infinitivo *sair* como o pronome *ele* para a forma finita *saísse*, da qual é sujeito. Logo, na frase acima o pronome *o* desempenha a função de sujeito do verbo *sair.*

Construções semelhantes admitem os pronomes *me, te, nos, vos* (e o reflexivo *se,* que estudaremos à parte). Exemplo:

Deixe-**me falar**.

Mandam-**te entrar**.

Fez-**nos sentar**.

O ensinamento dos eminentes mestres é válido para o exemplo que ora estudamos, no qual se vê que "e a fazem funcionar dentro de padrões éticos" é, apenas, estrutura em que se reduziu oração que, desdobrada, surgiria sob a forma "e fazem que ela funcione dentro de padrões éticos". Assim, o objeto direto requerido pela forma verbal "fazem" está sendo indicado pela oração "que ela funcione dentro de padrões éticos", na qual o pronome "Ela" exerce papel de sujeito de "funcione".

Observado o fato de o pronome oblíquo átono "a" ter surgido em próclise ao verbo "fazem" – o que foi viabilizado pela presença da conjunção coordenativa "e" –, haveremos de convir que as análises feitas para a oração "que ela funcione dentro de padrões éticos" e para o pronome reto "Ela" devem ser estendidas para a oração "a funcionar dentro de padrões éticos" e para o pronome oblíquo átono "a", ou seja, oração subordinada substantiva objetiva direta, reduzida de infinitivo e sujeito, respectivamente.

Assim, devemos buscar o item em que se pôs em destaque um sujeito. Vejamos todos os itens da questão:

a) Em "...face à chaga histórica que extenua os pobres", o pronome relativo posto em destaque é representante semântico de "chaga histórica". Sua substituição pelo que representa apontaria a sentença "chaga histórica extenua os pobres", em que "chaga histórica" exerce nítida função de sujeito, sendo, então, a mesma função atribuída ao pronome estudado. Este item atende ao que se solicitou no enunciado da questão.
b) O pronome relativo "que", destacado em "...inibe a audácia que os problemas sociais exigem" é alusivo ao substantivo "audácia". Assim, ao procedermos à substituição do referido pronome pelo substantivo que representa, encontraremos a oração "audácia os problemas sociais exigem", que, posta em ordem direta, resultará em "os problemas sociais exigem audácia", sentença em que se vê, com clareza, a função de objeto direto do representado pelo substantivo e, consequentemente, a mesma função para o relativo estudado.
c) Em "Ela equilibra a audácia", o pronome reto "Ela" exerce função sintática peculiar aos pronomes desse grupo: sujeito.
d) Na oração "O excesso de audácia é a insensatez", temos como sujeito da forma verbal "é", de ligação, o sintagma "O excesso de audácia". A expressão "a insensatez" exerce, então, função de predicativo do sujeito.
e) A expressão "Em condições normais" funciona como adjunto adverbial, introdutor de matiz semântico relacionado com a ideia de modo. Seu núcleo é o substantivo "condições", o que nos leva a classificar o adjetivo "normais" como adjunto adnominal.

Como vimos, a questão apresenta-se com duas respostas: a) e c). O gabarito oficial – mantido após os recursos – apontou como resposta o item b), o que nos leva a perceber que a banca examinadora analisou como objeto direto o pronome átono "a", na passagem "e a fazem funcionar dentro de padrões éticos", com o que, pelas razões expostas, não concordamos.

Como de hábito, apontamos o gabarito oficialmente divulgado para a questão.

**Questão 43**

Para resolvermos a presente questão, é imprescindível descobrirmos a função sintática desempenhada pelo sintagma sublinhado no fragmento textual "É certo que o advento da Lei Complementar nº 101, de maio de 2000, representou um avanço significativo nas relações entre o Estado fiscal e o cidadão".

Observamos, no fragmento textual transcrito e, em particular, na passagem sublinhada, uma expressão preposicionada que se liga ao substantivo "advento". Notamos que tal substantivo é abstrato: a ação de advir, representada pela forma substantiva "advento", tem existência dependente, vale dizer, não se realiza por si própria. Desse modo, teremos de investigar a natureza semântica da expressão sublinhada com respeito à prática (ou não) da ação que subjaz na forma substantiva já mencionada. Caso haja valor semântico de agente de ação, estaremos com um adjunto adnominal. Em caso de a expressão ter valor semântico passivo, teremos um complemento nominal.

A leitura atenta da passagem revelará que "da Lei Complementar nº 101" indica o autor da ação de advir, ou seja, a aludida lei adveio, ela própria. Trata-se, desse modo, de adjunto adnominal.

Vejamos, agora, em que outra alternativa pôs-se em destaque, também, um adjunto adnominal. Para isso, analisemos todas as expressões pinçadas do texto:

a) Na passagem em que surge – "Percebe-se que os dois temas [a correlação entre metas e riscos fiscais e o impacto dos déficits públicos sobre as futuras gerações] se vinculam à função prospectiva da noção de responsabilidade fiscal." –, observamos que a expressão "sobre as futuras gerações" liga-se por meio da preposição "sobre" ao substantivo abstrato "impacto", para o qual sugere ser o objeto do impacto, e não o seu autor. Trata-se de um complemento nominal.

b) Contemplando, ainda, o fragmento textual transcrito na alternativa precedente, vemos que "dos déficits públicos" é expressão ligada, igualmente, ao substantivo "impacto". Desta vez, por intermédio da preposição "de". A leitura atenta revelará que "dos déficits públicos" é o responsável pelo impacto, vale dizer, é o seu autor. Temos, então, nesta alternativa um adjunto adnominal. Esta é a resposta da questão.

c) A expressão "situações futuras próximas" surge na passagem "Enquanto o primeiro, normalmente, se adstringe a situações futuras próximas, o segundo vincula-se a situações futuras a longo prazo". Trata-se do complemento da regência transitiva indireta da forma verbal "adstringe", ou seja, um objeto indireto.

d) Vejamos o fragmento textual em que surgiu a expressão presente nessa alternativa: "Mas a alocação de recursos públicos através do equilíbrio orçamentário também se mostra indispensável...". Temos, agora, uma expressão preposicionada e ligada a um substantivo abstrato ("alocação"). Notamos, mais uma vez, valor semântico indicativo de passividade na referida expressão. Afinal, os recursos públicos são o objeto da alocação, e não seus autores. A expressão preposicionada funciona, assim, como complemento nominal, novamente.

e) A expressão "a evolução tecnológica" surgiu em "...Malthus não levou em consideração a evolução tecnológica como transformadora da capacidade de produção de alimentos,...". Observa-se que a regência transitiva direta da forma verbal "levar" empregada em "levar em consideração", locução em que se verifica o sentido de "fazer caso de", "fazer entrar como parcela de conta" (cf. *Dicionário de verbos e regimes*, Francisco Fernandes), está sendo atendida pela expressão que é objeto de estudo dessa alternativa, identificada, portanto, como objeto direto.

## Questão 44

É sabido que os pronomes pessoais oblíquos átonos podem, em certas passagens, apresentar-se com valor semântico de posse. Não se trata, atentemos bem, de pronomes possessivos, mas de pronomes pessoais que, circunstancialmente, apresentam valor semântico de posse.

Observemos as frases que se seguem, para constatação do fato:

Conseguiram esgotar-me a paciência.
Roubaram-nos a carteira.
Diminuíram-lhe a nota.

Nas três frases apontadas, ocorrem pronomes pessoais oblíquos átonos, a saber: me, nos e lhe, respectivamente.

Não nos será difícil perceber seus valores semânticos tradutores de posse, ao olharmos as frases a seguir, que reproduzem com exatidão as mensagens precedentes:

1.1. Conseguiram esgotar a minha paciência.
2.1. Roubaram a nossa carteira.
3.1. Diminuíram a sua nota.

Considerados os valores semânticos idênticos reportados pelas sentenças apresentadas, percebemos que, em verdade, as alterações vocabulares foram efetuadas unicamente por meio das substituições dos pronomes átonos existentes nas três primeiras delas pelos pronomes possessivos – "minha", "nossa" e "sua" – encontrados na segunda série.

Entendida essa equivalência, passemos à análise dos vocábulos que se destacaram. Nos três exemplos que surgiram em segunda instância – numerados como 1.1, 2.1 e 3.1, respectivamente –, estamos com verbos de regência transitiva direta. Assim, "esgotar", "roubar" e "diminuir" apresentam-se com seus complementos de forma direta, ou seja, sem auxílio de preposição. São eles: "a minha paciência", "a nossa carteira" e "a sua nota". São classificados, portanto, como objetos diretos, nos quais os núcleos se indicam por meio dos substantivos "paciência", "carteira" e "nota". Por consequência, os pronomes possessivos – bem como os artigos definidos – acompanhantes dos núcleos da função objeto direto apresentada funcionam como adjuntos adnominais. São, portanto, adjuntos adnominais as expressões formadas pelos artigos definidos e pronomes possessivos "a minha", "a nossa" e "a sua".

Tendo em vista que as orações das duas séries apresentadas são portadoras da mesma mensagem, a análise do primeiro grupo – numerado como 1., 2. e 3. – revelará as mesmas funções. Desse modo, teremos "me a paciência", "nos a carteira" e "lhe a nota" funcionando como objetos diretos. Evidentemente, os núcleos dos objetos diretos ora apontados estarão nos substantivos "paciência", "carteira" e "nota". Restará, então, aos artigos definidos e aos pronomes pessoais oblíquos átonos o papel de adjuntos adnominais, contidos em tais objetos diretos. Analisaremos, então, "me", "nos" e "lhe" como adjuntos adnominais.

Vejamos, agora, todos os itens da questão, em busca daquela na qual se apontou, igualmente, adjunto adnominal:

a) Em "Olívia se aproximou de Eugênio", a expressão "de Eugênio" desempenha papel de objeto indireto para a forma verbal transitiva direta e indireta "aproximou". O objeto direto de tal verbo está sendo indicado pelo pronome "se".
b) Em "A enfermeira juntava os ferros", temos na expressão "os ferros" a complementação para a forma verbal de regime transitiva direta "juntava". É, portanto, objeto direto.

c) O advérbio "lentamente" traduz circunstância de modo para a forma verbal "voltava". Trata-se, então, de adjunto adverbial.
d) Em "Salvara a vida de uma criança" temos emprego de verbo transitivo direto. A expressão "a vida de uma criança" é objeto direto do verbo "salvar", com núcleo no substantivo "vida". Assim, a expressão "de uma criança" desempenha papel sintático de adjunto adnominal. Esta é a resposta da questão.
e) "Leve e aéreo" é expressão que reflete atributo que se faz ao objeto direto da forma verbal "Sentia", de regência transitiva direta e com objeto direto indicado pelo pronome "se". Trata-se, então, de predicativo do objeto direto.

**Questão 45**

O candidato deverá examinar o fragmento que se segue, para responder corretamente à pergunta feita quanto ao número de complementos nominais que o compõem.

O texto é: "A ordem econômica consagrou princípios vitais: a função social da propriedade, as garantias de livre concorrência, a defesa do consumidor e do meio ambiente e o tratamento fiscal simplificado para micro, pequenas e médias empresas".

Já vimos em questões anteriores e repetimos nesta que os complementos nominais são expressões preposicionadas que se vinculam a adjetivos, advérbios ou, eventualmente, a substantivos abstratos. Com respeito às ligações intermediadas por preposições a adjetivos ou advérbios não teremos dificuldade em dar-lhes sempre a análise de complemento nominal. O mesmo faremos com expressões ligadas por preposição a substantivos concretos, identificados como adjuntos adnominais. Com respeito, entretanto, a expressões que se ligam por preposições a substantivos abstratos, deveremos buscar a natureza semântica que as envolve: se as mesmas tiverem valor de paciente da ação que implicitamente está sendo indicado pelo substantivo abstrato, teremos um complemento nominal; em caso contrário, sendo a expressão preposicionada portadora de valor passivo, ou, mesmo, indicando posse, teremos adjunto adnominal.

Assim, identifiquemos, inicialmente, o que pode ser complemento nominal, por surgir ligado por preposição a substantivo abstrato, no presente texto. São as expressões que se seguem, já analisadas:

"a propriedade"– expressão vinculada ao substantivo abstrato "função" por meio da preposição "de", exercendo, semanticamente, indicação de posse; trata-se de um adjunto adnominal;

"e livre concorrência"– expressão vinculada ao substantivo abstrato "garantias" por intermédio da preposição "de", em relação ao qual faz surgir claro valor semântico passivo: a livre concorrência é o objeto das garantias; temos, agora, um complemento nominal;

"do consumidor e do meio ambiente" – expressão vinculada ao substantivo abstrato "defesa" pela preposição "de"; observa-se, novamente, nítido valor semântico de paciente de ação: o consumidor e o meio ambiente são defendidos; encontramos, assim, mais um complemento nominal;

"para micro, pequenas e médias empresas" – expressão que se vincula ao substantivo abstrato "tratamento" por meio da preposição "para" e apresentando, mais uma vez, claro valor semântico passivo: as micro, pequenas e médias empresas sofrem o tratamento. É complemento nominal, portanto.

Encontramos, como vimos nas análises feitas, a ocorrência de três complementos nominais. A resposta está na alternativa "a".

## Questão 46

O fragmento textual a ser estudado é o que se segue:

"No Brasil, o debate sobre ética tributária só recentemente ganhou vulto em decorrência do aumento da carga tributária, da expansão da 'indústria de liminares', do visível aperfeiçoamento da administração fiscal, da estabilidade econômica e da crescente inserção do país na economia globalizada".

Nele, observam-se algumas expressões regidas por preposição. Essa observação inicial revela a preocupação em localizar expressões assim estruturadas, uma vez que os complementos nominais, quando não expressos por pronomes pessoais oblíquos átono, caracterizam-se por serem preposicionados. São, então, as seguintes as expressões que merecem atenção especial:

"da administração fiscal": termo vinculado pela preposição *de* ao substantivo abstrato "aperfeiçoamento", em relação ao qual estabelece valor semântico passivo: a administração fiscal sofre o aperfeiçoamento, e não o exerce. A expressão analisada então, é complemento nominal;

"da estabilidade econômica": a expressão ora analisada pertence a uma enumeração de elementos que se articulam por meio da preposição "de" presente na locução prepositiva "em decorrência de", que são: "em decorrência do aumento da carta tributária", "[*em decorrência da*] expansão da 'indústria de liminares'", "[*em decorrência do*] visível aperfeiçoamento da administração fiscal" [*em decorrência da*] estabilidade econômica" e "[*em decorrência da*] crescente inserção do país". Inserimos em itálico no texto, para melhor visualização do encadeamento de expressões enumeradas, a locução prepositiva "em decorrência de", cuja última palavra, a preposição "de", surge contraída com artigos definidos. Assim, deixamos de analisar a expressão "da estabilidade econômica", para procedermos coerentemente com respeito ao fato de também não termos efetuado a análise de "do visível aperfeiçoamento da administração fiscal" – ignorando sua preposição introdutora –, mas apenas a da expressão "da administração fiscal".

"da crescente inserção do país": a expressão ora analisada insere-se em uma enumeração, tanto quanto as precedentemente citadas "do aumento da carga tributária", "da expansão da indústria de liminares", "do visível aperfeiçoamento da administração fiscal" e "da estabilidade econômica", representando o quinto elemento enumerado e vinculado à locução prepositiva "em decorrência de".

A mesma razão adotada para não termos analisado "do visível aperfeiçoamento da administração fiscal" e "da estabilidade econômica" leva-nos a não efetuar análise em "da crescente inserção do país".

"do país": trata-se de expressão que se vincula por meio da preposição "de" – também contraída com artigo definido – a substantivo abstrato, no caso, "inserção". Semanticamente, notamos que reporta o paciente da ação que subjaz ao substantivo "inserção", designando aquilo que sofre a inserção e não o que a promove, fato que permite analisá-la devidamente como complemento nominal.

Como vimos, são duas incidências de complementos nominais, que se fizeram representar pelas expressões "da administração fiscal" e "do país". A resposta está na alternativa "e", portanto.

## Questão 47

Observemos os valores sintáticos das expressões sublinhadas nas diversas alternativas:

a) Temos um complemento nominal sublinhado em "investigação <u>de suspeitos</u>". A expressão "de suspeitos" prendeu-se ao substantivo abstrato "investigação", cognato do verbo "investigar", e tem claro valor semântico passivo. Os suspeitos são objetos da investigação, e não seus agentes.

b) A expressão <u>à experiência da criatividade</u> liga-se pela preposição "a" ao adjetivo favorável. É complemento nominal, portanto.

c) O termo <u>na vida pública</u> está ligado ao substantivo abstrato "intervenção", cognato do verbo "intervir", e tem valor passivo. Como podemos notar, a vida pública sofre a intervenção da Justiça. É outro complemento nominal.

d) A expressão <u>de corruptos</u> está ligada pela preposição "de" ao substantivo "república", que não é cognato de qualquer forma verbal. Por outro lado, a preposição "de" tem visível valor nocional especificativo. Trata-se de um adjunto adnominal. Esta é a resposta da questão.

## Questão 48

d) A expressão "de comunicação" está ligada ao substantivo "canal". Agora, a expressão preposicionada tem valor semântico ativo. A comunicação estabelece o canal. A comunicação se faz, se realiza, no canal. A expressão "de comunicação" é adjunto adnominal. Esta é a resposta da questão.

## Questão 49

O enunciado da questão solicita que o candidato aponte em qual das alternativas observa-se a mesma função sintática desempenhada por *recordar*.

Assim, vejamos, de início, que função sintática porta o vocábulo indicado. Para isso, transcrevemos o período em que o mesmo surge, já com suas orações constituintes apontadas:

[A propósito,[1] convém] [recordar[2]] [que[3], [promulgado o[4] diploma constitucional,][3] o Ministério da Justiça realizou levantamento] [de que resultou a[5] publicação do livro "Leis a Elaborar".]

Ao procedermos às classificações das cinco orações acima apontadas, encontraremos:

1: Oração principal em relação à oração 2;

2: Oração subordinada substantiva subjetiva em relação à oração 1 e oração principal em relação à oração 3;

3: Oração subordinada substantiva objetiva direta em relação à oração 2 e oração principal em relação à oração 4;

4: Oração subordinada adverbial temporal, reduzida de particípio, em relação à oração 3;

5: Oração subordinada adjetiva restritiva em relação à oração 3.

Verificamos, então, que a forma verbal "recordar" citada no enunciado da questão, é, na verdade, representativa de uma oração que exerce papel de sujeito.

Temos, consequentemente, de observar as alternativas da questão, em busca daquela em que se destacou, igualmente, um sujeito. As alternativas são:

a) Na passagem "A ordem econômica consagrou <u>princípios vitais</u>", a expressão sublinhada desempenha papel sintático de objeto direto da forma verbal "consagrou".

b) Em "Cumpre, agora, completar a obra iniciada, que pressupõe <u>a realização das reformas políticas</u>", temos na expressão sublinhada o objeto direto da forma verbal "pressupõe", cujo sujeito está sendo indicado pelo pronome relativo "que", representante semântico de "a obra iniciada".

c) Observemos a função complementar à forma verbal "realizou" levada a efeito pelo substantivo "levantamento", em "o Ministério da Justiça realizou <u>levantamento</u>". Trata-se de um objeto direto.

d) Vejamos a passagem em que surge a expressão apontada na presente alternativa: "o Ministério da Justiça realizou levantamento de que resultou <u>a publicação do livro 'Leis a Elaborar'</u>". Como podemos verificar, trata-se de fragmento textual cuja presença dos dois verbos ("realizou" e "resultou") sinaliza ser um período composto por duas orações. A primeira delas – "o Ministério da Justiça realizou levantamento" – é a principal da que se segue – "de que resultou <u>a publicação do livro *Leis a Elaborar*</u>" –, uma subordinada adjetiva restritiva. Nessa oração adjetiva, o sujeito é exatamente a expressão "<u>a publicação do livro *Leis a Elaborar*</u>". Observemos como a regência transitiva indireta de "resultou" está sendo complementada pelo objeto indireto "de que". Esta é a resposta da questão.

e) Em "a Constituição de 1988, batizada "Constituição Cidadã" pelo presidente Ulysses Guimarães, ofereceu ao povo brasileiro <u>a mais ampla Carta dos direitos individuais e coletivos</u>", a expressão sublinhada desempenha papel de objeto direto da forma verbal "ofereceu".

## Questão 50

Temos, inicialmente, de analisar os dois pronomes relativos encontrados em cada um dos períodos oferecidos na enunciação da questão.

No primeiro período, temos o pronome relativo "que", introdutor da oração adjetiva restritiva "que extrapolam o limite do conhecimento do homem médio". Verificamos que esse pronome recupera o substantivo "palavras", funcionando, então, como sujeito da forma verbal "extrapolam". Observemos a flexão do verbo "extrapolar" em 3ª pessoa do plural, de modo a concordar com seu sujeito, indicado exatamente pelo pronome relativo que acabamos de analisar.

No segundo período, o pronome relativo "que", presente na oração subordinada adjetiva restritiva "que o caso requer", retoma o substantivo "providências". Não é possível atribuirmos-lhe a função de sujeito da oração, uma vez que o verbo "requerer" surgiu empregado em singular. Assim, entendemos que o sujeito desse verbo está indicado pelo sintagma "o caso". O verbo "requerer" tem regência transitiva direta e, assim, seu complemento faz-se indicar pelo pronome relativo "que", último termo a ser analisado na oração adjetiva ora investigada.

A resposta da questão está, desse modo, na alternativa "d", em que se lê: "Funções sintáticas diferentes e ideia de restrição.

A ideia restritiva, evidentemente, é atingida pelas orações de que os pronomes relativos ora estudados fizeram parte.

# CAPÍTULO 9

# PONTUAÇÃO

PRIMEIRA PARTE

## Aspectos Teóricos

### 1. O EMPREGO DOS SINAIS DE PONTUAÇÃO

Os sinais de pontuação representam recursos gráficos que servem para que se demarquem relações sintáticas entre termos de textos, bem como para que se indiquem as diversas nuanças melódicas a que os fragmentos textuais estão submetidos.

Costumam ser separados em dois grupos distintos:

1. sinais que indicam pausas na enunciação:
   vírgula;
   ponto e vírgula;
   ponto.

2. sinais que indicam a melodia e a entoação da enunciação:
   dois-pontos;
   ponto de interrogação;
   ponto de exclamação;
   reticências;

aspas;
parênteses;
travessão.

Serão objetos de nossas atenções, neste trabalho, voltado para atender às exigências que se fazem mais frequentemente, a vírgula, o ponto e vírgula, os dois-pontos, as aspas, os parênteses e o travessão.
Desses, inegavelmente, a vírgula é o sinal prioritário. O número de questões que envolvem a correta utilização das vírgulas representa quase a totalidade das que se encontram em provas. Essa a justificativa para abordarmos com mais detalhamento as normas para o seu emprego.

## 1.1. Emprego de vírgulas

As vírgulas podem ser utilizadas no interior da oração, separando os diversos elementos constitutivos de sua estrutura, bem como no interior do período composto, separando as diversas orações que o formam.

### 1.1.1. A vírgula no interior da oração

1. Isola o aposto:
*Os gregos, eméritos artistas, foram derrotados pelos romanos, hábeis guerreiros.*

2. Isola o vocativo:
*Crianças, saiam da chuva!*
*O que você está pensando da vida, mocinha?*

3. Isola, em caráter facultativo, os termos sintáticos pleonásticos antecipados:
*Ao rapaz, nada lhe devemos.*
*Estudioso, já não o sou.*

4. Separa termos de mesma natureza sintática, postos em enumeração:
*Torcedores, jogadores, juízes, "cartolas" costumam envolver-se em confusões nas partidas finais do campeonato brasileiro.*
Obs.: embora incomum, não estará equivocada a presença de vírgula antecedendo o último elemento de enumeração – ainda que vinculado pela conjunção coordenativa aditiva "e":
*Na festa havia balões, fogos, milho assado, quadrilha, e nenhum matuto.*

*Avistamos jangadas, lanchas, pranchas.*

5. Marca supressão vocabular (elipses):
*Este, o argumento apresentado.*
*Os professores haviam comprado o livro, os alunos, apenas o resumo.*

Obs.: a supressão de verbos que já foram antecedentemente empregados, como no segundo exemplo acima, também pode ser identificada como "zeugma".

6. Separa vocábulos repetidos:
*Não, não me arrependi do que fiz.*
*Agradeço o convite, Celso. Obrigado, obrigado.*

Marca deslocamento de adjunto adverbial:
*Muitas vezes, ocorre-me perguntar o que teria acontecido com Vânia.*
*Agora, já nada mais resta a fazer.*
*Repentinamente, o carro aproximou-se do sinal.*

Obs.$_1$: em tais casos, a vírgula não tem emprego obrigatório. Sua utilização visa a realçar o valor semântico das expressões adverbiais no conteúdo da frase de que fazem parte.

Obs.$_2$: com verbos de movimento (ir, vir, chegar, dirigir-se...), que surgem acrescidos de informação circunstancial de lugar, não se isolam esses adjuntos adverbiais.
*Venho de Pernambuco.*
*Dirigi-me à casa de meus pais.*

7. Separa, nas datações, o nome do lugar:
*Rio de Janeiro, 15 de outubro de 1888.*

8. Isola palavras (advérbios ou palavras denotativas) que introduzem retificação, esclarecimento, ratificação, conclusão ao que se estabelecia:
*Em resumo, nada há como estudar Português.*
*Principiou, então, a refletir sobre o caso.*
*Enfim, não existe problema a ser contornado.*
*Ora, como podíamos continuar este namoro?*

9. Isola expressões que se interpõem na sequência direta dos termos da estrutura oracional:
*Queira verificar, por exemplo, que as funções sintáticas não são as mesmas.*
*Restava-nos, pelo menos, o consolo de sabê-lo feliz.*

Obs.: nesses casos, emprega-se um par de vírgulas. O emprego de vírgula única promoverá separação entre termos oracionais que não podem afastar-se um do outro.

10. Isola conjunções coordenativas adversativas (exceto "mas") e conclusivas, quando deslocadas de sua posição natural:
*Todos devem estudar, os concursandos, porém, devem estudar muito mais que todos.*
*A sua natureza era pacífica, natural fora, portanto, o seu gesto.*

Obs.: a conjunção coordenativa adversativa "mas" não pode ser deslocada do início da oração:
*O amor é sentimento nobre, mas às vezes transforma-se em ódio.*

11. Separa as estruturas bimembres de conhecidos ditos populares, formados por frases nominais:
*Casa de ferreiro, espeto de pau.*
*Farinha pouca, meu pirão primeiro.*

Obs.: cumpre observar-se que certos provérbios populares formados por frases verbais, apesar de apresentarem enunciação rítmica semelhante às dos acima citados – formados por frases nominais –, não podem receber vírgulas, que estariam, na realidade, separando sujeito de predicado:
*Quem tudo quer tudo perde.*
*Quem com ferro fere com ferro será ferido.*

12. Isola o vocativo das expressões *Sim, Senhor* e *Não, Senhor*.

13. Isola facultativamente o *etc.*, uma vez que já se perdeu a perspectiva histórica da questão:
*Comprarei livros, apostilas, resumos, etc.*

Obs.: o emprego da vírgula antes de *etc.* tem gerado alguma controvérsia, em face de existirem gramáticos que condenam tal utilização. Há, no entanto, fontes definitivas que atestam esse uso:

Celso Pedro Luft, em seu excepcional *Novo guia ortográfico*, Globo, 14ª edição, 1983, p. 92, ao citar o Acordo Ortográfico – Instruções para a Organização do Vocabulário Ortográfico da Língua Portuguesa –, contido no *Pequeno Vocabulário Ortográfico da Língua Portuguesa*, (PVOLP), exemplifica emprego de vírgula antes de *etc.* no fim de quase todos os parágrafos.

O *Vocabulário Ortográfico da Língua Portuguesa* (VOLP) – Academia Brasileira de Letras, 2009, 5ª edição –, ao apontar todos os itens do Acordo Ortográfico vigente a partir de 2009 em caráter de transição e em definitivo a partir de 2013, exemplifica emprego de vírgula antecedendo *etc.* em todas as passagens nas quais se emprega essa abreviatura. Citamos apenas uma dessas passagens, colhida em sua página XXVI:

"Obs.: certos compostos, em relação aos quais se perdeu, em certa medida a noção de composição, grafam-se aglutinadamente: *girassol*, *madressilva*, *mandachuva*, *pontapé*, *paraquedas*, *paraquedista*, etc.

### 1.1.2. A vírgula no interior do período

1. Separa orações coordenadas assindéticas:

   *"A gente discute, briga, trata de negócios naturalmente, mas arranjar palavras com tinta é outra coisa."*

   Separa orações coordenadas sindéticas introduzidas pelas conjunções coordenativas aditivas, adversativas, alternativas, conclusivas e explicativas:

   *O menino não estudava, nem gostava de brincar.*
   *Reclamou, mas não foi atendido.*
   *Ora chove, ora faz sol.*
   *"Penso, logo existo."*
   *Não saia, porque vai chover.*

Obs.$_1$: observa-se emprego da conjunção aditiva "nem" não precedida de vírgula: *Adriana não dissimula a alegria nem as lágrimas.*

Obs.$_2$: o emprego da vírgula antes da conjunção alternativa "ou" ocorre quando a oração por ela iniciada é proferida com pausa e, também, quando exprime retificação. Ao exprimir equivalência, dispensa-se o emprego de pontuação:

*O que vencer o concurso, ou o que não o fizer, não poderá interpor recurso.*
*A linguística ou glotologia é ciência relativamente nova.*

2. Separa orações coordenadas sindéticas introduzidas pela conjunção aditiva "e", *em geral* quando os sujeitos das orações são diferentes. Caso sejam iguais os sujeitos das orações, a vírgula, *geralmente*, não é utilizada:
*Amélia reclamava***,** *e o marido continuava fazendo as mesmas coisas.*
*Amélia reclamava e continuava fazendo as mesmas coisas.*

## NÃO FAÇA PROVA SEM LER ESTA OBSERVAÇÃO!

Obs.$_1$: tem havido alguma incompreensão no tocante a essa matéria, que resulta, é fato, de textos legítimos, mas que apontam para uma inicial apreensão da mesma, hoje, ao que parece, já revista.
Assim, em gramáticas de festejados autores (M. Said Ali, Celso Cunha e Evanildo Bechara – embora no tocante a este último notável mestre, apenas nas edições anteriores à que veio à luz por meio da Editora Lucerna, em 1999) podemos ler os seguintes textos:

M. SAID ALI – *Gramática secundária da língua portuguesa*, Melhoramentos, São Paulo, 2ª edição, 1927. p. 312:

"2º Para mostrar que é preciso descansar a voz, põe-se a vírgula antes da conjunção 'e'":

a) quando expressamente se repete a partícula em frases enumerativas:
*Ouvireis o ramram da guitarra, e o cantar ao desafio, e o bradar dos leilões dos cargos.* (Herculano)
*O seu culto é piedoso, e risonho, e brilhante, e atrativo, e insaciável.*

b) quando qualquer das orações coordenadas ou coordenante é um tanto longa:
*Ele fazia retirar todos, e ficava encerrado horas e horas com este homem.*
*O faquir não se moveu, e pôs-se a olhar também fito para ele.*
*Então reconhecereis a vaidade das vossas doutrinas, e morder-vos-ei, e danar-vos-eis.*
*A triste mãe volve para lá os olhos embaciados da idade e das lágrimas, e sente que não se acha inteiramente abandonada.*

c) quando a oração coordenada tem **sujeito diverso** do da coordenante (grifo nosso):
*As ofertas dos doentes escasseavam nos templos pagãos, e os sacerdotes do Esculápio começavam a morrer literalmente de fome.*
*A tempestade da sua alma asserena-se, e a dor mitiga-se.*

Obs.: não se emprega a vírgula antes de *e* quando, em uma série de termos coordenados, se enuncia esta partícula apenas antes do último vocábulo: A mesa, o banco e a cadeira – Homem, pobre, miserável e desprezado.

CELSO CUNHA / LINDLEY CINTRA – *Nova gramática do português contemporâneo*, Nova Fronteira, RJ, 3ª edição, 12ª reimpressão, 2001, p. 647;

**Observações**:

1ª) Separam-se geralmente por vírgula as orações coordenadas unidas pela conjunção *e*, quando têm **sujeito diferente** (grifo nosso):

*O sol já ia fraco, e a tarde era amena.*
(Graça Aranha, *oc*, 148)

*A mulher morreu, e cada um dos filhos procurou o seu destino.*
(F. Namora, *TJ*, 23)

Costuma-se também separar por vírgula as orações introduzidas por essa conjunção quando ela vem reiterada:

*Comigo, o mundo canta, e cisma, e chora, e reza,*
*E sonha o que eu sonhar.*
(Teixeira de Pascoaes, *oc*, III, 27)

E eles riem, e eles cantam, e eles dançam.
(Ó Ribas, *EMT*, 75)

EVANILDO BECHARA – *Moderna gramática portuguesa*, Companhia Editora Nacional, SP, 33ª edição, 1989, p. 337:
Vírgula. – Emprega-se a vírgula:
[...]

b) Para separar orações coordenadas, ainda que sejam iniciadas pela conjunção *e* (que tiveram **sujeitos diferentes**) (grifo nosso):

*"Gostava muito das nossas antigas dobras de ouro, e eu levava-lhe quantas podia obter"* (ID., ibid., 53).

*"No fim de meia hora, ninguém diria que ele não era o mais afortunado dos homens; conversava, chasqueava, e ria, e riam todos"* (ID., ibid., 163)

Dos fragmentos das gramáticas dos três notáveis estudiosos da Língua Portuguesa, salientamos a passagem merecedora de um pouco mais de atenção, qual seja a que dispõe da obrigatoriedade de emprego de vírgula antes da conjunção coordenativa "e" que inicia oração coordenada sindética aditiva estruturada com sujeito diferente do sujeito da oração antecedente. Fato é, sublinhemos, que em Celso Cunha/Lindley Cintra observamos a presença de um cauteloso advérbio "geralmente", na enunciação do preceito ora discutido.

O que destacamos, entretanto, é a inexistência de uma explicação de por que terá surgido a recomendação, vale dizer, qual a relação a existir entre o emprego da vírgula diante de uma coordenativa "e" e o fato de o sujeito da oração por ela enunciada ser distinto do da oração que a precede – chamada muito apropriadamente por M. Said Ali de oração coordenante.

Sendo a vírgula instrumento de pontuação que anuncia pausa na pronúncia, é de se supor que os três autores tenham visto a existência de quebra na enunciação, a existir diante da oração iniciada por "e" e que se faz presente com sujeito distinto do encontrado na oração que a antecede.

A partir desse ensinamento, tem-se dado como incorreto o emprego da vírgula antes de uma conjunção aditiva "e", articulando oração cujo sujeito seja o mesmo da oração coordenante, vale dizer, da oração que a precede. Diversas bancas examinadoras assim veem a matéria. Não é objetivo de nosso trabalho acatar ou rejeitar tal ensinamento, mas sim apontar outra percepção, que, diga-se de passagem, fundamenta resposta para inúmeras questões que encontraremos na parte prática de nosso trabalho.

O que desejamos mostrar é, na verdade, que não há fundamentação racional para que se considere incorreto o emprego de uma vírgula antecedendo oração coordenada sindética aditiva que se faça iniciar pela conjunção coordenativa aditiva "e", e com sujeito idêntico ao da oração anterior, assim como não há motivo para considerarmos obrigatório seu emprego nos casos em que as orações coordenadas entre si tenham sujeitos distintos.

Para tanto, citamos Evanildo Bechara, em sua *Moderna gramática portuguesa*, agora editada pela Lucerna, RJ, passagem colhida da 37ª edição, de 1999, p. 609, na qual o eminente mestre reformulou o texto anteriormente adotado na mesma gramática, mas publicada pela Companhia Editora Nacional. É de se imaginar que o autor tenha sido levado a mudar o texto original em face de novas reflexões acerca do assunto.

Assim, passamos a ler, na obra citada, com respeito ao que ora discutimos:

EVANILDO BECHARA – *Moderna gramática portuguesa*, Editora Lucerna, SP, 33ª edição, 1999, p. 609:

Vírgula. – Emprega-se a vírgula:

[...]

b) Para separar orações coordenadas ainda que sejam iniciadas pela conjunção e, **proferidas com pausa** (grifo nosso, ainda):

*"Gostava muito das nossas antigas dobras de ouro, e eu levava-lhe quantas podia obter"* (ID., ibid., 53).

*"No fim de meia hora, ninguém diria que ele não era o mais afortunado dos homens; conversava, chasqueava, e ria, e riam todos"* (ID., ibid., 163)

Como podemos verificar, o texto da gramática do prestigiado mestre Evanildo Bechara relativo ao assunto ora discutido tornou-se muito mais abrangente, o que resultou da ausência da referência à necessidade de os sujeitos das orações serem diferentes. Saliente-se que a menção anteriormente estabelecida, não só por Evanildo Bechara, mas também por Celso Cunha/Lindley Cintra e M. Said Ali, ainda está presente nas gramáticas dos dois últimos autores, cujos textos, por óbvio, não sofreram qualquer alteração nos últimos anos.

Parece-nos que Evanildo Bechara trouxe o assunto para a devida área de raciocínio: o interesse em pausar ou não a enunciação da mensagem. Assim, perde importância o fato de os sujeitos serem iguais ou diferentes: o que importa, sem dúvida, é o interesse em destacar-se a mensagem introduzida pela oração coordenada, pô-la em relevo estilístico, o que é promovido pela pausa, por sua vez sinalizada pela vírgula.

Note-se que o novo texto, não fazendo menção à questão de os sujeitos serem o mesmo ou não, traz implícita a informação de que, eventualmente, poderemos encontrar orações introduzidas pela conjunção aditiva "e" que, embora tenham sujeitos distinto do sujeito das orações antecessoras, surgirão sem emprego da vírgula antes da aludida conjunção. Inversamente, em casos nos quais o sujeito seja o mesmo, ainda assim, o ritmo da enunciação pausado entre as orações recomendará o emprego da vírgula.

Imaginemos, então, o período abaixo, no qual se deseja pôr em relevo estilístico a contraposição de informações verbais:

"João estuda muito, e diverte-se convenientemente".

Como vemos, apesar de o sujeito das duas orações ser o mesmo, a contraposição das mensagens verbais, ao ser sinalizado o ritmo pausado entre as duas orações, ganha clara ênfase.

Evidentemente, a matéria exige cautela. Em concursos públicos, recomendamos que os candidatos tenham como primeiro pensamento a adoção ou não de vírgulas segundo o que está enunciado em nosso item 3. Não há, entretanto, como deixarem de estar atentos ao que leram nessas orientações, o que lhes poderá ser de extrema relevância.

---

Obs.$_2$: nos casos em que se observa uso repetido da conjunção coordenativa aditiva "e", circunstância que caracteriza figura de linguagem denominada *polissíndeto*, independentemente de os sujeitos das orações serem idênticos ou não, haverá emprego obrigatório de vírgulas antes das conjunções:

*Ainda que o dia se mostre zangado, e as nuvens estiverem pesadas, e a chuva insista em ficar, e nada pareça fazer sentido, ainda assim eu te buscarei, sol radioso.*
*A criança nada parecia ouvir e continuava a correr, e a gritar, e a pular, e a demonstrar sua felicidade.*

Obs.$_3$: em casos nos quais a conjunção "e" introduz oração coordenada sindética de valor semântico adversativo, por óbvio haverá emprego de vírgula:
*Procurei-a em todos os lugares, por diversos dias, e não a encontrei.*

3. Isola a oração subordinada adjetiva explicativa:
*Deus, que é bom, sempre releva nossas faltas.*
*Os operários, que desejavam sair mais cedo, foram rápidos na execução da tarefa.*

Obs$_1$.: diferentemente, as orações subordinadas adjetivas restritivas não podem ser isoladas por vírgulas. É possível o emprego de uma única vírgula em seu término, particularmente nos casos em que se observam períodos longos, nos quais a uma oração principal de extensão razoável segue-se a restritiva, também de certa extensão.
*Aquela nuvem escura sobre o céu da cidadezinha pacata e adormecida que existia apenas na imaginação febril do nosso poeta, na verdade nenhum prenúncio funesto trazia.*

Obs$_2$.: é interessante observarmos que a admissão de emprego de uma única vírgula no fim da oração adjetiva restritiva costuma promover situação inaceitável no emprego desse sinal de pontuação: a separação de sujeito e seu verbo. É o que ocorre no exemplo visto na observação anterior, em que a oração principal (*Aquela nuvem escura, ameaçadora, sobre o céu da cidadezinha pacata e adormecida na verdade nenhum prenúncio funesto trazia*) se vê interrompida pela restrição trazida por *que existia apenas na imaginação febril do nosso poeta*. Com isso, separou-se a forma verbal "trazia" do seu sujeito, representado por *Aquela nuvem escura*.

Obs$_3$.: encontramos na página 610 da *Moderna gramática portuguesa*, de Evanildo Bechara, 37ª edição, exemplo que se afasta das exigências de extensão das orações principal e subordinada adjetiva restritiva. Transcrevemos a passagem muito importante apontada na festejada obra:

Obs.: esta pontuação pode ocorrer *ainda que separe por vírgula o sujeito expandido pela oração adjetiva* (grifo nosso):

> Os que falam em matérias que não entendem, parecem fazer gala da sua própria ignorância. [MM]

$Obs_4$.: note-se a sensível alteração semântica que seria introduzida no texto pela ausência das vírgulas, fato que tornaria a oração *que desejavam sair mais cedo* subordinada adjetiva restritiva: *Os operários que desejavam sair mais cedo foram rápidos na execução da tarefa.*

4. Separa a oração subordinada adverbial, desenvolvida ou reduzida, particularmente quando em ordem inversa à principal:
*Se eu fosse escrever como falo, ninguém me lia.*
*Terminada a festa, todos se retiraram.*

Obs.: também é válido, embora não ocorra com frequência, o emprego da vírgula isolando oração subordinada adverbial posta em ordem direta à sua principal.

> *"Dos extremos que faria em tal ciência o nosso Manuel Bernardes, podem-se ver os documentos em todas as suas obras, se na íntegra as quiserem ler;..."* (Castilho)

5. Assinala a presença de oração intercalada:
"O desejo do pároco, digamos a propósito, jamais foi atendido."

**Situações em que não se empregam vírgulas**

Tão importante quanto se saber quando se emprega a vírgula é, também, estar-se a par de circunstâncias em que a vírgula jamais poderá ser empregada. Esse conhecimento pode tornar muito mais rápida a resolução de questões de pontuação.

Assim, não será legítimo o emprego de vírgulas:
separando sujeito de predicado;
separando verbo de complemento;
separando termo regido por preposição do vocábulo ao qual se liga;
isolando oração subordinada adjetiva restritiva;
separando conectivo oracional da oração por ele introduzida.

### 1.1.3. Emprego do ponto e vírgula

Utiliza-se o ponto e vírgula:

1. Para organizar enumerações, principalmente quando já se utilizou a vírgula:
*"Assim, o mais velho chamou-se Prefácio da Veiga; o segundo, Prólogo; o terceiro, Índice..."*

2. Para separar orações de mesma natureza dentro de um período, quando se pretende uma pausa maior que a vírgula e já houve emprego de vírgula no da primeira delas:
*"O céu havia-se tornado negro, o Comandante o ignorara; a chuva caía em bátegas, o Comandante não a temia."*

3. Para provocar pausa entre orações coordenadas quando ambas, ou somente uma, têm extensão considerável e já houve emprego de vírgula na primeira delas.
*"O pecado nem sempre é mortal, malgrado todas as perturbações dele advindas; nosso pensamento o isenta, sempre, do Inferno."*

4. Para separar os diversos itens de um documento, de uma lei, de um regimento, etc.:
*Não será permitida, nesta assembleia, a permanência de:*
*1. pessoas que portem qualquer tipo de arma;*
*2. cabos eleitorais;*
*3. pessoas que estejam a serviço de qualquer político.*

Como vimos, o último item da enumeração deverá ser finalizado com ponto-final.

### 1.1.4. Emprego dos dois-pontos

Utilizam-se os dois-pontos:

1. Para iniciar-se enumeração:
*Sete são os pecados capitais: inveja, ira, gula,...*

2. Para marcar-se o discurso direto:
*Napoleão contempla seus soldados: "Soldados, do alto das pirâmides, quarenta séculos vos contemplam".*

3. Para iniciar-se, após uma afirmativa, uma enumeração explicativa:
*O prédio em que morara era, ainda, vivo em mim: suas pilastras – tantas! –, as duas portarias singelas, o cheiro de maresia que, no corredor, já se fazia sentir, as suas janelas voltadas para o mar, as noites mal-dormidas.*

### 1.1.5. Emprego das aspas

Utilizam-se as aspas:

1. Para marcar-se a presença de palavras estrangeiras, neologismos, gírias, coloquialismos:
*Nunca precisei tanto de "feedback"...*
*Como sou sujeito "penseiro", ia logo vendo as possibilidades...*
*O garotão, prancha sob o braço, cabelo descolorado: "Maneiro", irmão. Muito "maneiro".*

2. Para marcar o início e o fim das citações:
*Sempre é bom lembrarmo-nos de Chico Buarque: "Não se apresse, não, que nada é pra já.O amor não tem pressa, ele pode esperar".*

3. Para fazer sobressair no texto palavras para as quais se deseja chamar a atenção do leitor:
*Talvez por conta da paixão, aquele "não" soara-lhe como um "sim".*

4. Para indicar vocábulo empregado com significado distanciado do que costuma apresentar:
*Era, sem dúvida, uma situação "confortável" aquela em que se via à frente de perigo iminente.*

### 1.1.6. Emprego dos parênteses

Utilizam-se os parênteses:

1. Para marcarem-se as orações intercaladas:
*"Busquei a casa em que nascera, para matar a saudade, mas (com tristeza percebi) não a encontrei mais: havia um prédio em seu lugar."*

2. Eventualmente, para, tanto quanto ocorre com as vírgulas, isolarem o aposto.
*José (o marceneiro) jamais faltou a Maria.*

### 1.1.7. Emprego dos travessões

Utilizam-se os travessões:

1. Para ligar palavras ou grupos de palavras que formam encadeamentos vocabulares:
   *O percurso Rio–São Paulo.*
   *A linha aérea Brasil–Uruguai.*

2. Para substituir as vírgulas que indicam intercalação, caso em que se deseja salientar mais fortemente o que está intercalado:
   *Para bem entender o meu sistema – concluiu ele –, importa não esquecer nunca o princípio universal, repartido e resumido em cada homem.*

3. Para indicar, nos diálogos, mudança de interlocutor:
   *"Imagino Irene entrando no céu:*
   *–Licença, meu branco!"*

4. Para, substituindo as vírgulas, isolar o aposto:
   *Havia sobre a mesa – lugar secreto de trabalho – um dicionário fechado.*

### 1.1.8. O uso da vírgula após o travessão

Sendo recursos gráficos que estão voltados para cumprirem distintas finalidades em um texto, encontramos, com frequência, o emprego de vírgula após travessão.

Na verdade, há circunstâncias em que tal uso é considerado obrigatório, em algumas outras situações o emprego da vírgula é proibido. Há, também, passagens em que tal emprego é facultativo. Vejamos alguns exemplos, todos colhidos de *Memórias póstumas de Brás Cubas*, de Machado de Assis:

a) Situação em que a vírgula após o segundo travessão tem emprego obrigatório:
   — *Para bem entender o meu sistema – concluiu ele –, importa não esquecer nunca o princípio universal, repartido e resumido em cada homem.*

É necessário entender-se que os sinais gráficos de pontuação (no presente caso, o par de travessões e a primeira vírgula empregada no texto) têm razões distintas para serem empregados.

Assim, observamos que os travessões estão intercalando uma oração (*"concluiu ele"*) e colocando-a em relevo estilístico. A vírgula, por sua vez, está sinalizando a anteposição de uma oração subordinada adverbial final.

Vejamos o período com que estamos trabalhando, já com suas orações divididas e apontadas:

[– *Para bem entender o meu sistema* [– *concluiu ele* –],] [*importa*] [*não esquecer nunca o princípio universal, repartido e resumido em cada homem.*]

Para que o entendimento ficasse facilitado, indicamos o fim da primeira oração "– *Para bem entender o meu sistema*" depois da vírgula que surgiu após o segundo travessão. É que desejamos realçar que, caso não houvesse a oração intercalada "*concluiu ele*", seria obrigatório o emprego daquela vírgula, que está, na verdade, indicando o fim da oração subordinada adverbial final antecipada que abre o texto. A vírgula comentada tem, então, emprego obrigatório.

Podemos adotar uma técnica simples para verificarmos se o emprego de uma vírgula após o segundo travessão estará correta ou não: providenciaremos o descarte de todo o texto que entre eles tenha sido escrito. Se fizermos isso e, ainda assim, a vírgula permanecer, ela tem emprego obrigatório.

Procedendo desta forma, neste fragmento textual, teremos:

[ – *Para bem entender o meu sistema*], [*importa*] [*não esquecer nunca o princípio universal, repartido e resumido em cada homem.*]

Como vimos, abstraídos os travessões e o texto entre eles colocado, a vírgula permanece obrigatoriamente, com o intuito, repetimos, de sinalizar término da oração subordinada adverbial *Para bem entender o meu sistema*, que surgiu antecipada.

Temos, então, emprego obrigatório da vírgula após o segundo travessão, nesta passagem.

b) Situação em que a vírgula após o segundo travessão tem emprego proibido:
*"Não lhes disse ainda – mas digo-o agora – que, quando Virgília descia a escada e o oficial de marinha me tocava no ombro, tinha eu cinquenta anos."*

Esse período tem suas orações constitutivas assim apontadas:

[*"Não lhes disse ainda*] –[ *mas digo-o agora*] – [*que,* [*quando Virgília descia a escada e o oficial de marinha me tocava no ombro*], *tinha eu cinquenta anos."*]

Observemos primeiramente a razão do emprego dos travessões: estão empregados para que se dê ênfase à oração coordenada sindética adversativa que surgiu intercalada entre "*Não lhes disse ainda*" e "*que, quando Virgília descia a escada e o oficial de marinha me tocava no ombro, eu tinha cinquenta anos*".

Ao promover a intercalação, a oração que se sinalizou com o par de travessões surgiu no fim de uma oração que é a principal de "*que tinha eu cinquenta anos*", sendo esta oração agora citada o objeto direto da forma verbal "*disse*". A oração subordinada substantiva objetiva direta "*que tinha eu cinquenta anos*" está introduzida pela conjunção subordinativa integrante e, por sua vez, contém em seu interior duas outras orações intercaladas, desta vez a subordinada adverbial temporal "*quando Virgília descia a escada*" e a oração coordenada sindética aditiva "*e o oficial de marinha me tocava no ombro*".

Assim ficaria o período com suas orações constitutivas já divididas:

["*Não lhes disse ainda*] [– *mas digo-o agora* –] [*que,* [*quando Virgília descia a escada*] [*e o oficial de marinha me tocava no ombro,*] *tinha eu cinquenta anos.*"]

Observemos, então, que o emprego de uma vírgula após o segundo travessão provocaria erro severo de pontuação: estaríamos separando a forma verbal "*disse*" do seu complemento, representado pela oração "*que tinha eu cinquenta anos*".

Como fizemos no item antecedentemente visto, podemos abstrair a existência dos dois travessões e do texto que entre eles se colocou. Teremos, feito isso, a seguinte divisão do período em suas orações constitutivas:

["*Não lhes disse ainda*] [*que,* [*quando Virgília descia a escada*] [*e o oficial de marinha me tocava no ombro,*] *tinha eu cinquenta anos*".

Podemos observar, após a supressão efetuada, que não é possível empregar-se vírgula antes da conjunção subordinativa integrante "que", introdutora de oração subordinada substantiva objetiva direta. Caso o fizéssemos, separaríamos a forma verbal "*disse*" de seu complemento.

Assim sendo, estará equivocado o emprego da vírgula após o travessão.

À guisa de recordação para a questão do emprego de vírgula antes da conjunção coordenativa aditiva "e" que inicia oração coordenada sindética aditiva com sujeito diferente do que se observa na oração anterior, vemos que, no texto ora estudado, Machado de Assis optou por não empregá-la antes do "e" que inicia a oração "*e o oficial de marinha me tocava no ombro*", fugindo, então, à sistemática mais comum. É bastante clara a intenção em não se promover a pausa, para que se note a simultaneidade das ações exercidas pelos dois sujeitos *Virgília* e *o oficial de marinha*.

c) <u>Situação em que a vírgula após o segundo travessão tem emprego facultativo</u>:

Observemos, ainda, o último fragmento textual que se segue, já com suas orações constitutivas apontadas:

[*"Flores, doces – os bons doces de outros dias – e muito riso, muito afago, riso e afago*] [*que cresciam com o tempo,*] [*como*] [*se ela quisesse fixar a nossa aventura*], [*ou restituir-lhe a primeira flor."*]

Os travessões estão dando realce estilístico ao aposto *"os bons doces de outros dias"*. Observemos com cuidado o emprego da conjunção coordenativa aditiva "e", introduzindo mais um elemento de sequência enumerativa. Como sabemos, o emprego da vírgula antes de conjunção aditiva "e" ocorre sempre que desejamos pausar a enunciação do fragmento de texto por ela introduzida. É de escolha, então, do redator o emprego de tal vírgula.

Ao suprimirmos os travessões, bem como todo o texto que eles contêm, encontraremos os textos corretamente pontuados:

*"Flores, doces e muito riso, muito afago, riso e afago que cresciam com o tempo, como se ela quisesse fixar a nossa aventura, ou restituir-lhe a primeira flor."*

ou

*"Flores, doces, e muito riso, muito afago, riso e afago que cresciam com o tempo, como se ela quisesse fixar a nossa aventura, ou restituir-lhe a primeira flor."*.

É facultativo, então, nesse caso, o emprego da vírgula após o segundo travessão.

# Questões de Provas

1. **NCE-UFRJ – "O salário pode ser estipulado com base no tempo, na produção, na tarefa e no lucro."**

   **As vírgulas empregadas na frase acima se justificam pela necessidade de:**

   A) indicar a presença de um aposto explicativo;
   B) destacar termos importantes do enunciado;
   C) separar os termos de uma enumeração;
   D) mostrar que os termos citados não são sinônimos;
   E) desmanchar uma ambiguidade do texto.

2. **FESMIP – No trecho "...piadinhas e comentários maliciosos contra negros, mulheres, índios, portugueses.", as vírgulas justificam-se porque:**

   A) há a aposição de citação;
   B) é o estilo pessoal do autor;
   C) há ênfase de uma expressão;
   D) é explicação de termo da oração;
   E) são palavras com a mesma função sintática.

3. **NCE-UFRJ – "Policarpo Quaresma, cidadão brasileiro, funcionário público, certo de que a língua portuguesa é emprestada ao Brasil; certo também..."**

   **A justificativa para as vírgulas no trecho destacado é:**

   A) a intercalação de um adjunto adverbial;
   B) o destaque de um aposto;
   C) a divisão de termos da mesma função;
   D) a separação de orações;
   E) a presença de um vocativo.

4. **CESGRANRIO – "Só assim evitar-se-ia que as crises, nacional e mundial, se transformassem em drama coletivo de grandes proporções."**

   **As vírgulas, no segmento, ocorrem porque separam:**

   A) aposto;
   B) vocativo;

**C** oração coordenada;
**D** sujeitos;
**E** complementos.

5. **ESAG – Marque a alternativa cujo período apresenta correção no uso da vírgula.**

**A** Eu, sozinho e calado, lia as aventuras do herói.
**B** Depois do café mamãe, nos chamava para, as tarefas diárias.
**C** Gostaria de dizer que, não li e nem, quero ler suas histórias.
**D** Agora, mais do que nunca vou continuar minhas leituras.

6. **FEPESE – Assinale a alternativa <u>correta</u> quanto ao emprego da vírgula.**

**A** O padroeiro, de Tijucas é São Sebastião.
**B** Sebastião Caboto, navegador a serviço da Espanha, visitou Santa Catarina.
**C** Luís conheceu morou estudou e trabalhou em Tijucas.
**D** Na região do rio Tijucas havia, lama escura que para os índios, era "Tiyuco".
**E** Ontem Joana, conheceu nosso dinossauro tijucano.

7. **NCE-UFRJ – "Depois de suportar, na sequência, Figueiredo, Sarney, Collor e Itamar, o brasileiro passa a duvidar até da existência de Deus."**

**Em seguida, há uma série de regras para o uso de vírgulas. Assinale o item em que os números das regras justificam o emprego das vírgulas no texto lido:**

1. **para separar os termos de mesma função;**
2. **para isolar o vocativo ou o aposto;**
3. **para assinalar a inversão de adjuntos adverbiais;**
4. **para marcar a supressão do verbo;**
5. **para isolar palavras e expressões explicativas;**
6. **para isolar as orações reduzidas.**

**A** 1 / 3.
**B** 3 / 5.
**C** 5 / 6.
**D** 2 / 4.
**E** 1 / 6.

8. **FESAG – Todas as frases abaixo estão corretamente pontuadas, <u>exceto uma</u>. Assinale-a.**

**A** Vítor, venha até aqui correndo!
**B** Vítor veio até aqui correndo.
**C** Eles só querem, de verdade os direitos que lhes foram negados.
**D** Hoje, exatamente às dez horas, percebi, olhando para o lado direito, uma enorme sombra que cobria toda a minha vontade de amar.

**9. VUNESP – Assinale a alternativa em que as barras devem ser substituídas por vírgulas, como exige a regra do uso da vírgula, explicitada em: "Nossa vida, vizinho, está toda numerada".**

- **A** Use a tecnologia a seu favor/para relaxar/para divertir e fugir da rotina.
- **B** A cada dia de trabalho/faça uma pausa de trinta minutos/descanse e depois retome as atividades.
- **C** De hoje em diante/leitores/reajam contra a tirania da tecnologia.
- **D** Eu estava perdendo quase metade de meu dia navegando sem rumo/ dispersivamente/na Internet.
- **E** Seja mais frio diante dos avanços digitais/resista ao fascínio que eles exercem/ nunca perca o senso crítico.

**10. CONATEC – Assinale a alternativa na qual a pontuação está sendo feita corretamente:**

- **A** É esta creio eu, a fita que por motivos políticos, foi censurada.
- **B** É esta, creio eu, a fita que, por motivos políticos, foi censurada.
- **C** É esta creio eu, a fita, que, por motivos políticos, foi censurada.
- **D** É esta creio eu, a fita que, por motivos políticos foi censurada.

**11. FCC – A alternativa que apresenta pontuação <u>incorreta</u> é:**

- **A** Os passantes chegam, olham, perguntam e prosseguem.
- **B** Olha, José, não precisa mais voltar hoje.
- **C** A História, diz Cícero, é mestra da vida.
- **D** Jorge Amado, um dos autores brasileiros mais conhecido mundialmente publicou mais um livro.
- **E** Casa de ferreiro, espeto de pau.

**12. NCE-UFRJ – "...o chorume, líquido contaminado liberado pelo lixo em decomposição, atinge rios, lagos..."; as vírgulas, nesse segmento, são usadas respectivamente, para:**

- **A** separar aposto e marcar enumeração;
- **B** indicar inversão na frase e separar termo intercalado;
- **C** marcar enumeração e destacar um elemento;
- **D** indicar inversão e separar aposto;
- **E** marcar uma explicação e dar realce a termos.

**13. CETRO – Assinale a única alternativa correta quanto à pontuação:**

- **A** Ayrton Senna brilhante piloto de Fórmula 1, morreu tragicamente.
- **B** Ayrton Senna, brilhante piloto de Fórmula 1, morreu tragicamente.
- **C** Ayrton Senna brilhante piloto de Fórmula 1, morreu, tragicamente.
- **D** Ayrton Senna, brilhante piloto de Fórmula 1 morreu, tragicamente.
- **E** Ayrton Senna brilhante piloto, de Fórmula 1, morreu tragicamente.

**14. ESAF – Assinale a opção que substitui corretamente os números por vírgulas no texto:**

**"Para concluir (1) já que estamos falando em futuro (2) importa ressaltar que (3) o futuro não acontece espontaneamente (4) nem é mero fruto da tecnologia".**

Ⓐ 1 – 2 – 3 – 4.
Ⓑ 1 – 2 – 4.
Ⓒ 2 – 4.
Ⓓ 1 – 4.
Ⓔ 3 – 4.

**15. CESPE–UnB – Assinale a opção que apresenta <u>erro</u> de pontuação:**

Ⓐ O real é feito de coisas, sejam elas naturais ou humanas; isto é, de objetos físicos, psíquicos e culturais oferecidos à nossa percepção.
Ⓑ O simples fato de que essa "coisa" possua um nome – a que chamemos "montanha" – indica que ela é uma coisa para nós.
Ⓒ A montanha já não é uma coisa. É a morada dos deuses.
Ⓓ Assim, costumamos dizer; uma montanha é real porque é uma coisa.
Ⓔ Para nós, a montanha é forma, cor, volume, linhas, profundidade. Não é uma coisa, mas um campo de visibilidade.

**16. NCE-UFRJ – O emprego de vírgula antes da conjunção <u>e</u>, nos três trechos que se seguem, seria:**

**1. "De novo a rã esticou a pele com maior esforço <u>e</u> novamente indagou."**

**2. "...ela novamente encheu os pulmões de ar o máximo que pôde <u>e</u> seu corpo acabou arrebentando como uma bola de soprar que se enche em excesso."**

**3. "Joaquim suicidou-se <u>e</u> Lili casou com J. Pinto Fernandes, / que não tinha entrado na história."**

Ⓐ Correto, já que a vírgula é facultativa nos três casos.
Ⓑ Incorreto nos três casos.
Ⓒ Facultativo em 1 e incorreto em 2 e 3.
Ⓓ Incorreto em 1 e facultativo em 2 e 3.
Ⓔ Incorreto em 1 e 2 e facultativo em 3.

**17. VUNESP – A frase "O aparato legal ainda em vigor permite ao prefeito empurrar a conta para 2001" poderia também ser corretamente pontuada da seguinte forma:**

Ⓐ O aparato legal ainda em vigor permite, ao prefeito, empurrar a conta para 2001.
Ⓑ O aparato legal, ainda em vigor permite ao prefeito, empurrar a conta para 2001.

**C** O aparato legal, ainda em vigor, permite ao prefeito empurrar a conta para 2001.
**D** O aparato legal ainda, em vigor, permite ao prefeito, empurrar a conta, para 2001.
**E** O aparato legal ainda em vigor, permite, ao prefeito empurrar, a conta para 2001.

**18. ESAF – "João Ubaldo Ribeiro autor de *O sorriso do lagarto* declarou que embora goste de escrever sofre com a incerteza do final dos romances."**

**No período acima, a vírgula deve ser colocada, respectivamente, após as seguintes palavras:**

**A** Lagarto, declarou, escrever, sofre.
**B** Ribeiro, Lagarto, que, escrever.
**C** Lagarto, embora, escrever, incerteza.
**D** Ribeiro, Lagarto, declarou, final.
**E** Ribeiro, que, escrever, sofre.

**19. FCC – Considere as seguintes frases:**

**I. O editorial calou fundo nos pesquisadores latino-americanos, que a ele reagiram com firmeza.**

**II. O povo cubano deve decidir, por si mesmo, se precisa ou não de ajuda externa.**

**III. Ofertas de auxílio podem ser constrangedoras, quando não solicitadas.**

**A eliminação da(s) vírgula(s) altera o sentido somente do que está em:**

**A** I.
**B** II.
**C** III.
**D** I e II.
**E** II e III.

**20. CESGRANRIO – Assinale a opção em que a justificativa do emprego da(s) vírgula(s) difere da dos demais:**

**A** "Por trás dessa enorme energia, existem emoções que nos estimulam..."
**B** "...o medo, que tanto pode ter efeito paralisante, como nos impelir para a ação..."
**C** "No fundo, a origem de tudo é a emoção."
**D** "Nos dois casos, os supostos aplicadores estarão convencidos de que suas decisões estão amparadas em argumentos racionais."
**E** "Muitas vezes, elas nos fazem agir contra nós mesmos. As decisões nem sempre geram altos riscos."

**21. ESAF – "A exclusão da cidadania é mais uma exclusão que o brasileiro paga pela má qualidade da escola. Sem um ensino básico de excelência, perdem-se não só sucessivas batalhas,(1) mas a guerra. Os pais desempenham o papel que lhes cabe.(2) Mandam os filhos para a escola. As crianças assistem às aulas,(3) fazem as tarefas exigidas, mas não aprendem. Algumas chegam à 5ª série analfabetas. (4) Não leem nem escrevem. Outras,(5) analfabetas funcionais. Leem, mas são incapazes de entender o texto. Escrevem, mas não conseguem redigir um bilhete simples."**

**Em relação ao texto, assinale o comentário incorreto a respeito dos sinais de pontuação:**

- **A** a vírgula justifica-se para separar oração de natureza explicativa;
- **B** o ponto final pode ser substituído por sinal de dois-pontos, com mudança de maiúscula para minúscula em "Mandam";
- **C** a vírgula justifica-se para isolar elementos de mesma classe gramatical componentes de uma enumeração;
- **D** o ponto-final pode ser substituído por vírgula, com mudança de maiúscula para minúscula em "Não";
- **E** a vírgula justifica-se para marcar a elipse de expressão antecedente: "chegam à 5ª série".

**22. ESAF – Os trechos a seguir constituem sequencialmente um texto. Assinale o segmento que apresenta erro de pontuação.**

- **A** Aguardado com certa ansiedade por analistas do mercado financeiro, mas de leitura difícil para o cidadão comum, desta vez o Relatório de Inflação, divulgado a cada três meses pelo Banco Central (BC), tem um conteúdo que interessa a todos.
- **B** A avaliação positiva do desempenho da economia e as projeções otimistas sugeridas por ele justificam a expectativa de um cenário promissor para os próximos meses.
- **C** É um cenário no qual parece inevitável a queda dos juros a uma velocidade maior do que a decidida pelo Comitê de Política Monetária (Copom) em sua reunião de setembro, quando reduziu a taxa Selic em 0,25 ponto percentual.
- **D** Apesar de seu título sugerir um estudo limitado à inflação, o documento trata, também do desempenho da economia brasileira e dos impactos que fatores externos podem ter sobre a atividade doméstica. Em praticamente todos os itens analisados, as perspectivas são boas.
- **E** Se não ficar abaixo da meta de 5,1% fixada para este ano, a inflação deve ficar muito próximo dela, não há riscos de gargalos na produção que possam pressionar os preços internos, a cotação do dólar não preocupa, não existem ameaças reais ou riscos iminentes no cenário internacional.

23. **ESAF – Marque o item em que o emprego da vírgula está correto e mantém a coerência do enunciado:**

Ⓐ Nos estudos sobre violência, normalmente, são analisadas as relações de poder entre grupos ou classes e focalizadas, especialmente, as ações individuais ou coletivas, que buscam, na defesa de seus respectivos pleitos sociais, anular a força do adversário.

Ⓑ Numa direção diferente, penso em abordar a violência a partir da visão que o indivíduo de elite tem de seu destino socioindividual. A escolha desse ponto de vista deve-se a duas razões principais. A primeira concerne ao poder, que tem tal indivíduo de formar mentalidades.

Ⓒ As elites brasileiras monopolizam a maior parte das riquezas materiais do país e os instrumentos, que consagram normas de comportamentos e aspirações como recomendáveis e desejáveis. Seu valor estratégico, no que concerne a mudanças sociais, é, por esse motivo, de grande importância.

Ⓓ A segunda razão diz respeito à possibilidade de entender mais facilmente "como e em que pensam as elites", dado o hábito cultural que têm de tematizarem a si mesmas. Nas camadas populares, tomar a própria subjetividade como objeto de preocupação e discurso público é uma exceção; nas elites, esse hábito é a regra.

Ⓔ Nesse sentido, alguns pensadores mostraram que a contingência das imagens, que temos "do que é ser humano", pode levar-nos a desconhecer o outro como um semelhante. Ao contrário do ódio, da rivalidade explícita ou do temor diante do adversário, que ameaça privar-nos do que julgamos fundamental para nossas vidas, o alheamento consiste numa atitude de distanciamento, em que a hostilidade ou o vivido persecutório são substituídos pela desqualificação do sujeito como ser moral.

24. **FGV – "A ideia do direito ao trabalho, trabalho este construído ao longo da sedimentação das relações de trabalho capitalistas que se sustentam em longas jornadas de trabalho, ainda está presente em todas as reivindicações sindicais no mundo inteiro."**

**As vírgulas foram empregadas no trecho acima para:**

Ⓐ assinalar a presença do vocativo;

Ⓑ isolar um elemento repetido;

Ⓒ indicar uma frase intercalada;

Ⓓ marcar a expressão condicional;

Ⓔ separar oração coordenada assindética.

25. **CESGRANRIO – Assinale a opção em que a justificativa do emprego da(s) vírgula(s) difere da dos demais.**

Ⓐ "Em muitas dessas reflexões, acabo percorrendo caminhos mentais..."

Ⓑ "Mas, em geral, estamos sempre pensando em "nosso universo."

**C** "Em uma determinada tarde, ao final do dia, decidi sair para uma das minhas 'andanças'."

**D** "Julguei, em um primeiro instante, através de uma análise superficial, que caminhava para praticar uma atividade física..."

**E** "É evidente que não temos o controle total [...], mas diversas coisas que fazem positivamente a diferença como sorrir..."

**26.** **FCC – Está inteiramente correta a pontuação da seguinte frase:**

**A** Ao encontrar-se, o autor, pela última vez com sua sobrinha pôde constatar: que ela estava feliz.

**B** Caso as pessoas como costuma ocorrer, não calculassem tanto as vantagens "exteriores" do trabalho, poderiam fazer opções, segundo critérios mais justificáveis.

**C** Embora tenha optado por uma especialidade penosa, que é a oncologia infantil, a sobrinha não manifesta, de modo algum, qualquer desprazer no que faz.

**D** Com muita frequência a sobrinha tem que justificar, por que escolheu a Enfermagem quando poderia ter optado, pela Medicina.

**E** Para os pequenos pacientes, aquela jovem enfermeira, parece de fato, mais uma irmã mais velha, do que simplesmente uma profissional da área.

**27.** **UFF-COSEAC – As vírgulas empregadas no trecho "...e não por acaso o volume termina com um depoimento de Manoel da Conceição Santos, líder do Movimento de Libertação dos Sem Terra, uma dissidência radical do MST..." se justificam pela mesma norma de pontuação que justifica a(s) vírgula(s) em:**

**A** "Nas crônicas publicadas há 90 anos e agora reeditadas, Monteiro Lobato (1882-1948) retrata a decadência da cultura do café no Vale do Paraíba, em São Paulo."

**B** "Outro, ao negar um empréstimo, alega querer preservar a amizade, já que tem menos amigos do que patacas."

**C** "Enquanto a vila de Lobato remete para o estertor de uma época, a ilha igualmente fictícia de Thomas More (1477- 1535) sugere o limiar de uma era."

**D** "Esse é o tema de Newton Bignotto (UFMG), autor de *Origens do republicanismo moderno*."

**E** "Citando Alexis de Tocqueville, para quem o ideal democrático é a perfeita coincidência entre igualdade e liberdade, ele afirma que a luta pela terra é condição necessária, embora não suficiente, para a implementação de uma democracia efetiva no Brasil."

**28.** **ESAF – Com base no texto que se segue julgue se os itens a respeito do emprego dos sinais de pontuação no texto são falsos (F) ou verdadeiros (V) para, em seguida, assinalar a opção correta.**

"A revolução da informação, o fim da guerra fria – com a decorrente hegemonia de uma superpotência única – e a internacionalização da economia impuseram um novo equilíbrio de forças nas relações humanas e sociais que parece jogar por terra as antigas aspirações de solidariedade e justiça distributiva entre os homens, tão presentes nos sonhos, utopias e projetos políticos nos últimos dois séculos. Ao contrário: o novo modelo – cuja arrogância chegou ao extremo de considerar-se o ponto final, senão culminante, da história – promove uma brutal concentração de renda em âmbito mundial, multiplicando a desigualdade e banalizando de maneira assustadora a perversão social."

( ) As duas ocorrências de duplo travessão demarcam intercalações e desempenham função análoga à dos parênteses.

( ) As vírgulas que se seguem a "homens" (L. 5) e "sonhos" (L. 5) destacam uma explicativa restritiva e, por isso, seu emprego é opcional.

( ) O emprego de dois-pontos após "contrário" (L. 6) justifica-se por introduzir um esclarecimento sobre o que foi dito no período anterior.

( ) A função das vírgulas que isolam a expressão "senão culminante" (L. 7-8) é a de destacá-la sintaticamente e dar-lhe relevo estilístico.

A ordem correta dos itens é:

Ⓐ V – F – V – F;
Ⓑ F – F – V – F;
Ⓒ V – F – F – V;
Ⓓ V – F – V – V;
Ⓔ F – V – V – V.

29. FGV – "Uma vez que o ar mais quente retém mais água do que o frio, em algumas regiões haverá muita chuva; em outras, as secas se repetirão."

A respeito da pontuação do período acima, analise as afirmativas a seguir.

I. A última vírgula do período se justifica por se tratar de zeugma.

II. A primeira vírgula do período se justifica por separar orações sintaticamente equivalentes.

III. O ponto e vírgula pode ser substituído por ponto, colocando-se a palavra seguinte com a primeira letra em maiúscula.

Assinale:

Ⓐ se apenas as afirmativas I e III estiverem corretas;
Ⓑ se apenas as afirmativas I e II estiverem corretas;
Ⓒ se apenas as afirmativas II e III estiverem corretas;
Ⓓ se nenhuma afirmativa estiver correta;
Ⓔ se todas as afirmativas estiverem corretas.

**30. ESAF – Assinale a justificativa correta para o emprego de vírgula:**

**A economia real nos Estados Unidos e na Europa segue em compasso de espera. Isso significa que o produto e o emprego seguem em declínio, (1) mas a uma velocidade menor.**

**Seja como for, as injeções de liquidez, os programas de compra de ativos podres,(2) as garantias oferecidas pelas autoridades e a capitalização das instituições financeiras não fizeram pouco. Além de construir um piso para a deflação de ativos, as intervenções de provimento de liquidez suscitaram,(3) diriam os keynesianos,(3) um movimento global no interior da circulação financeira. O inchaço da circulação financeira teve efeitos mesquinhos sobre a circulação industrial,(4) ou seja, (4) sobre a movimentação do crédito e da moeda destinada a impulsionar a produção e o emprego.**

**Observa-se,(5) no entanto, (5) um rearranjo dentro do estoque de riqueza que responde aos preços esperados dos ativos "especulativos" por parte dos investidores que sobreviveram ao colapso da liquidez. Agarrados aos salva-vidas lançados com generosidade pelo gestor em última instância do dinheiro – esse bem público objeto da cobiça privada – os senhores da finança tratam de restaurar as práticas e operações de "normalização dos mercados", isto é, aquelas que levaram à crise.**

- (A) A vírgula separa oração coordenada assindética.
- (B) A vírgula separa elementos de mesma função sintática componentes de uma enumeração.
- (C) As vírgulas isolam uma expressão apositiva.
- (D) As vírgulas isolam conjunção coordenativa conclusiva.
- (E) As vírgulas isolam conjunção subordinativa concessiva intercalada na oração principal.

**31. ESAF – Assinale a opção em que o trecho foi transcrito com erro de pontuação:**

- (A) Ao longo dos últimos anos, na reforma do Judiciário, o Congresso municiou o Supremo com ferramentas novas para imprimir maior eficácia ao sistema. A corte, entretanto, as vem utilizando com certa timidez.
- (B) A mais poderosa dessas armas é o efeito vinculante. Trata-se de dispositivo que permite ao Supremo editar súmulas fixando jurisprudência que deve obrigatoriamente ser seguida pelas instâncias inferiores da Justiça e pela administração pública.
- (C) Criado em 2004 e regulamentado dois anos depois, o mecanismo só foi utilizado em três ocasiões, nenhuma delas envolvendo conteúdo muito controverso.

**D** Caminho semelhante segue o princípio da repercussão geral, que possibilita ao STF, recusar recursos extraordinários e agravos em ações com baixa relevância social, no entendimento da maioria dos ministros.

**E** Associadas, a edição de novas súmulas vinculantes e a exclusão das matérias sem repercussão geral teriam o condão de livrar o Judiciário de milhares de processos repetitivos, cujo desfecho já é conhecido de antemão.

**32. ESAF – Assinale a opção em que o segmento apresenta erro de emprego dos sinais de pontuação:**

**A** Um dos agravantes é a falta de experiências bem-sucedidas e replicáveis Brasil afora, além da ausência de um marco regulatório que estabeleça não apenas responsabilidades, como também padrões mínimos a serem observados na destinação do lixo pelas autoridades regionais e municipais.

**B** O que fazer com essa perigosa montanha de sujeira é um desafio que, assim como ocorre nos países mais desenvolvidos, a sociedade brasileira precisa enfrentar e resolver o quanto antes.

**C** Os brasileiros produzem 43 milhões de toneladas de lixo por ano. Isso quer dizer, que todos os dias são retiradas 150 mil toneladas de restos, embalagens e dejetos das casas, ruas e avenidas em todo o país.

**D** Depois de quase 20 anos de debates e embates entre interesses divergentes, o país caminha para superar essa deficiência e, em breve, poderá contar com uma legislação federal que estabeleça diretriz a ser seguida em todo o território nacional.

**E** Já é hora de cada um dos que se dizem adeptos da preservação ambiental deixar de atirar lixo pela janela do carro ou de despejar suas sobras no lote vago do vizinho. Afinal, mais do que um modismo, o compromisso com a ecologia precisa ir além do discurso; requer atitude de cada um e o envolvimento de todos.

**33. FCC – Observe a alteração dos sinais de pontuação nos segmentos transcritos abaixo:**

**I.** **"...que se traduziria, hoje, no predomínio das rodovias..."**

**que se traduziria hoje no predomínio das rodovias ...**

**II.** **"...mais ágeis, necessitando de uma infraestrutura muito menor que a das vias férreas -..."**

**mais ágeis, necessitando de uma infraestrutura muito menor que a das vias férreas...**

**III.** **"Representaram uma experiência indelével, frequentemente dramática, para os trabalhadores..."**

**"Representaram uma experiência indelével – frequentemente dramática – para os trabalhadores..."**

**Com as alterações, mantém-se o sentido original em:**

- (A) I, somente;
- (B) III, somente;
- (C) I e II, somente;
- (D) II e III, somente;
- (E) I, II e III.

**34. CESGRANRIO – Nas sentenças abaixo, aquela em que os dois-pontos estão usados corretamente e sem prejuízo ao texto é:**

- (A) Para isso, os mestres de retórica criaram métodos de memorização ou "memória artificial", que constituíram a "arte da memória": técnicas de ampliação do poder natural da memória.
- (B) A deusa Memória dava aos poetas e adivinhos: o poder de voltar ao passado e de relembrá-lo para a coletividade.
- (C) A memória é, pois, inseparável do sentimento do tempo ou da percepção/experiência do tempo: como algo que escoa ou passa.
- (D) Por meio de perguntas, fazia o paciente lembrar-se de todas as circunstâncias que antecederam o momento em que ficara doente: as circunstâncias em que adoecera.
- (E) Além de: imortalizar os mortais e de auxiliar a arte médica, para os antigos a memória também possuía outra função.

**35. FGV – "Os sócios e colaboradores dificilmente são consultados, e muitas vezes o apoio reflete mais as posições pessoais dos controladores do que os valores e princípios das empresas."**

**A respeito da vírgula no período acima, é correto afirmar que:**

- (A) está correta, pois se trata de vírgula antes da conjunção e com valor adversativo;
- (B) está correta, pois é caso de vírgula antes da conjunção e que inicia oração com sujeito diferente do da anterior;
- (C) está incorreta, uma vez que não é necessário usar vírgula já havendo a conjunção e, mesmo sem valor aditivo;
- (D) está incorreta, já que introduz oração aditiva, mesmo que os sujeitos sejam diversos;
- (E) é facultativa, pois as orações apenas se justapõem e não se coordenam.

**36. FGV – "Parodiando a lenda do moleiro – que não quis ceder suas terras a Frederico da Prússia, dizendo que as defenderia, porque 'ainda havia juízes em Berlim' –, posso afirmar: há juízes em Brasília, e dos bons!"**

**É correto afirmar que o trecho entre travessões:**

- **A** poderia vir isolado por ponto e vírgula;
- **B** constitui uma ressalva ao que é dito anteriormente;
- **C** bastaria vir isolado pelo primeiro travessão, já que após o segundo há uma vírgula;
- **D** deixou de vir simplesmente entre vírgulas a fim de receber destaque;
- **E** caracteriza uma intervenção para inserir a fala do autor do texto.

**37. FCC – Atente para as seguintes frases.**

**I. Caberia aos homens de hoje, que despacharam as utopias, buscar revigorá-las.**

**II. Os sonhos coletivos, que alimentaram tempos passados, deram lugar aos afazeres imediatos.**

**III. Preocupa-nos, hoje, muito mais a agenda do dia do que um projeto de longo prazo.**

**A supressão das vírgulas altera o sentido da frase somente em:**

- **A** I e II;
- **B** I e III;
- **C** I;
- **D** II;
- **E** III.

**38. CESPE-UnB – Assinale a opção em que o fragmento de texto apresenta pontuação incorreta:**

- **A** A consultora Stefi Maerker, muito famosa, foi contratada para ministrar o treinamento.
- **B** Antes do curso, a consultoria promoveu também, um encontro com os gestores.
- **C** A ideia não é dar receita de bolo; é repensar a carreira, e elas decidirão como vão obter o sucesso.
- **D** Conhecer melhor, conviver, dividir opiniões, trocar experiências, esses foram os pontos altos do curso.

**39. FGV – Assinale a alternativa em que a vírgula está corretamente empregada:**

- **A** O jeitinho, essa instituição tipicamente brasileira pode ser considerado, sem dúvida, um desvio de caráter.
- **B** Apareciam novos problemas, e o funcionário embora competente, nem sempre conseguia resolvê-los.

C) Ainda que os níveis de educação estivessem avançando, o sentimento geral, às vezes, era de frustração.

D) É claro, que se fôssemos levar a lei ao pé da letra, muitos sofreriam sanções diariamente.

E) O tempo não para as transformações sociais são urgentes mas há quem não perceba esse fato, que é evidente.

**40. ESAF**

**A Secretaria da Fazenda do Estado do Ceará ou simplesmente SEFAZ-Ceará, é uma das mais antigas instituições públicas da administração estadual. Foi criada pela Lei nº 58 de 26 de setembro de 1836 data em que José Martiniano de Alencar – pai do escritor cearense José de Alencar – era o Presidente da Província do Ceará. Desde então são decorridos 170 anos de uma história institucional que se confunde com a do próprio Estado de incontáveis serviços em defesa dos reais interesses dos cearenses, haja vista que muitos "cobradores de impostos e taxas", como são chamados os agentes do fisco, perderam a vida no cumprimento do dever.**

**Propostas de alteração da pontuação:**

**I. eliminar a vírgula que está depois da palavra "Ceará" (L. 1);**

**II. manter apenas a inicial maiúscula da sigla(L. 1). Assim: Sefaz-Ceará;**

**III. colocar uma vírgula antes e outra depois da expressão: de 26 de setembro de 1836 (L. 3);**

**IV. substituir o duplo travessão da linha 4 por parênteses;**

**V. colocar vírgula depois da palavra "Estado"(L. 6);**

**VI. excluir as aspas da linha 8.**

**Assinale a opção que contém apenas e tão somente as propostas que deverão ser implementadas para tornar o texto correto.**

A) I, III e V.

B) I, IV, V e VI.

C) II, III e V.

D) III, IV e VI.

E) II, IV e VI.

**41. ESAF – Assinale a justificativa para os sinais de pontuação que está <u>incorreta</u>.**

**"Uma conjuntura contraditória cria hoje desafios para a política econômica: de um lado, a crise bancária americana, que está-se transformando em recessão e terá efeitos negativos sobre a economia brasileira; de outro, o aquecimento da economia brasileira, que levou a um pequeno aumento da inflação. Diante dessas evidências, a ortodoxia e o mercado financeiro têm uma resposta única: aumentar a taxa de juros, acompanhando a curva dos juros no mercado futuro.**

**Mas estão paralisados porque sabem que a recessão americana implicará redução de investimentos e de atividade econômica no Brasil e porque o presidente Lula, uma vez que o risco de os empresários começarem a segurar seus investimentos é real, recomenda a seus auxiliares econômicos que monitorem com cuidado a economia brasileira para evitar surpresas."**

**O emprego de vírgula após:**

- Ⓐ "americana" (L. 2) justifica-se porque a oração subsequente é adjetiva explicativa;
- Ⓑ "juros" (L. 6) justifica-se porque a oração subsequente é reduzida de gerúndio;
- Ⓒ "evidências" (L. 5) justifica-se porque isola adjunto adverbial anteposto à oração principal;
- Ⓓ "brasileira" (L. 3) justifica-se por isolar a oração subsequente, que é adjetiva restritiva;
- Ⓔ "Lula" (L. 10) e após "real" (L. 11) justifica-se porque a oração isolada é subordinada adverbial causal intercalada.

**42. ESAF – Em relação à pontuação do texto, assinale a opção correta:**

**"A água pode ter diversas finalidades, como: abastecimento humano, dessedentação animal, irrigação, indústria, geração de energia elétrica, lazer, navegação etc. Muitas vezes, esses usos podem ser concorrentes, o que gera conflitos entre setores usuários ou mesmo impactos ambientais.**

**Nesse sentido, é necessário gerir e regular os recursos hídricos, acomodando as demandas econômicas, sociais e ambientais por água em níveis sustentáveis, para permitir a convivência dos usos atuais e futuros da água sem conflitos. Por isso, a outorga é fundamental, pois, ordenando e regularizando o uso da água, é possível assegurar ao usuário o efetivo acesso a ela, bem como realizar o controle quantitativo e qualitativo dos usos desse precioso recurso."**

- Ⓐ As vírgulas da linha 1-2 – após os dois-pontos – justificam-se porque isolam elementos de mesma função gramatical componentes de uma enumeração.
- Ⓑ O emprego do sinal de dois-pontos (L.1) justifica-se por anteceder oração subordinada adjetiva restritiva.
- Ⓒ A vírgula após "Muitas vezes" (L.3) justifica-se para isolar conjunção temporal.
- Ⓓ O emprego de vírgula após "hídricos" (L.5) justifica-se para isolar oração subordinada adverbial comparativa.
- Ⓔ O emprego de vírgula após "fundamental" (L.8) justifica-se por isolar oração subordinada adverbial condicional.

**43. VUNESP – Das manchetes jornalísticas foram retirados os sinais de pontuação. Assinale a alternativa com pontuação correta das frases:**

- Ⓐ Sobremesa a R$ 0,84? Doceiras badaladas dão a receita
  A nova febre em São Paulo: fumar narguilé

Só é preciso uma coisa: para viver bem saúde
Para você profissional de RH:

**B** Sobremesa a R$ 0,84? Doceiras badaladas dão a receita
A nova febre em São Paulo: fumar narguilé
Só é preciso uma coisa para viver bem: saúde
Para você, profissional de RH

**C** Sobremesa a R$ 0,84; Doceiras badaladas dão a receita
A nova febre: em São Paulo fumar; narguilé
Só é preciso uma coisa? para viver bem saúde
Para você, profissional de RH

**D** Sobremesa a R$ 0,84? Doceiras badaladas dão a receita;
A nova febre em São Paulo fumar: narguilé
Só é preciso uma coisa para viver bem, saúde
Para você; profissional de RH

**E** Sobremesa a R$ 0,84; Doceiras badaladas dão a receita
A nova febre; em São Paulo fumar narguilé
Só é preciso uma coisa para viver; bem saúde
Para você profissional de RH?

**44. FCC – Quanto à pontuação, está inteiramente correta a frase:**

**A** É possível que entre os leitores, haja os que não concordem com a tese esposada pelo autor; a de que as condições de atuação do neoliberalismo são subjetivas, uma vez que incorporam sonhos de realização impossível.

**B** O jornalista Elio Gaspari, citado pelo autor, acredita, a julgar pela expressão de sua própria lavra, que há sujeitos inteiramente excluídos do processo civilizatório, mercê do funcionamento da máquina neoliberal.

**C** A busca incessante de *status* empreendida pela maioria das pessoas, faz parte de uma estratégia, segundo a qual, há sempre uma miragem que deve ser perseguida; como se miragens pudessem de repente ganhar corpo.

**D** Continuação ou repetição das mesmas violências – não importa – o fato é que não temos conseguido incluir, a maioria dos cidadãos, num processo em que houvesse um mínimo de justiça, na distribuição das riquezas.

**E** Ao se referir ao seu *observatório psicanalítico* o autor expõe a perspectiva, segundo a qual, detectou razões de ordem subjetiva, para que a máquina liberal aja em conformidade com uma estratégia aliás muito bem planejada.

**45. FCC – Está inteiramente correta a pontuação da seguinte frase:**

**A** O mundo continua sendo, como talvez seja para sempre um elemento intrigante, para o homem, esse bicho curioso.

**B** O mundo continua, sendo como talvez seja, para sempre, um elemento intrigante para o homem, esse bicho, curioso.

**C** O mundo continua sendo – como talvez seja para sempre -, um elemento intrigante, para o homem, esse bicho curioso.

**D** O mundo continua sendo, como talvez seja para sempre: um elemento intrigante, para o homem, esse bicho curioso.

**E** O mundo continua sendo, como talvez seja para sempre, um elemento intrigante para o homem, esse bicho curioso.

**46. FCC – A frase que está pontuada de acordo com os preceitos da gramática é:**

**A** Mas é preciso ver nos textos, como o autor apresenta a relação de conciliação essencial entre a consciência cristã; e as práticas de eficácia temporal.

**B** Pois bem: se ele não os induziu a responderem, o que desejava que fosse respondido; o que é que ele fez?

**C** Basta então, que se conheçam as normas de organização social do período para que sejam compreendidas, em suas minúcias os atritos delas decorrentes.

**D** As histórias relatadas nos seus romances iniciais – que se distinguem, sensivelmente, dos relatos mais recentes – são, na sua maioria, fruto da influência da cultura irlandesa.

**E** A ação deles é, portanto, embora pouco divulgada, digna de reconhecimento, dos que os apoiaram nas mais diversas, circunstâncias.

**47. FGV – "É certo que a separação dos valores e princípios pessoais dos controladores dos valores e princípios das empresas e, mais ainda, a transformação dessa dissociação em um novo critério para a tomada de decisões sobre aspectos tão sensíveis como o apoio a determinado partido ou candidato ainda é uma atitude difícil para grande parte dos empresários."**

**Assinale a alternativa que apresente pontuação igualmente correta para o período acima:**

**A** É certo que a separação dos valores e princípios pessoais dos controladores dos valores e princípios das empresas e, mais ainda, a transformação dessa dissociação em um novo critério para a tomada de decisões sobre aspectos tão sensíveis como o apoio a determinado partido ou candidato, ainda é uma atitude difícil para grande parte dos empresários.

**B** É certo que a separação dos valores e princípios pessoais dos controladores dos valores e princípios das empresas e – mais ainda – a transformação dessa dissociação em um novo critério para a tomada de decisões sobre aspectos tão sensíveis como o apoio a determinado partido ou candidato ainda é uma atitude difícil para grande parte dos empresários.

**C** É certo que a separação dos valores e princípios pessoais dos controladores dos valores e princípios das empresas e – mais ainda –, a transformação dessa dissociação em um novo critério para a tomada de decisões sobre aspectos tão sensíveis como o apoio a determinado partido ou candidato ainda é uma atitude difícil para grande parte dos empresários.

- **D** É certo que a separação dos valores e princípios pessoais dos controladores dos valores e princípios das empresas, e, mais ainda, a transformação dessa dissociação em um novo critério para a tomada de decisões sobre aspectos tão sensíveis como o apoio a determinado partido ou candidato ainda é uma atitude difícil para grande parte dos empresários.
- **E** É certo que a separação dos valores e princípios pessoais dos controladores dos valores e princípios das empresas, e, mais ainda, a transformação dessa dissociação em um novo critério para a tomada de decisões, sobre aspectos tão sensíveis, como o apoio a determinado partido ou candidato ainda é uma atitude difícil para grande parte dos empresários.

**48. ESAF – Os trechos abaixo constituem um texto adaptado de Luiz Carlos Bresser Pereira. Assinale a opção em que o fragmento apresenta emprego correto dos sinais de pontuação:**

- **A** A emigração dos povos pobres para os países ricos é hoje, fenômeno social global que mostra o caráter inescapável do nacionalismo. O mundo seria mais belo se fosse uma grande comunidade e não existissem nações, mas isso só acontecerá quando as desigualdades diminuírem a ponto de se estabelecer um Estado mundial.
- **B** Enquanto isso não ocorrer, o nacionalismo estará entre nós e tanto poderá significar a legitimação do poder, dos povos mais poderosos sobre os demais (imperialismo) quanto a ideologia necessária para que os povos mais fracos se defendam. Tanto poderá ser um nacionalismo étnico, e agressivo quanto um patriotismo defensivo.
- **C** O nacionalismo é a ideologia de formação do Estado-Nação. Alguém é nacionalista se preenche duas condições: primeiro, se entende que é obrigação do governo de seu país defender os interesses dos seus habitantes e, segundo, se considera que, ao tomar decisões, esse governo deve pensar por conta própria em vez de se submeter aos conselhos e pressões dos países mais ricos.
- **D** Assim definido, o nacionalismo é econômico e pode ser apenas defensivo. Já o nacionalismo econômico agressivo, caracteriza os países ricos que exploram os mais fracos, mas seus cidadãos acreditam que os estão ajudando ou bem orientando.
- **E** Quanto ao nacionalismo étnico, é o nacionalismo perverso das pessoas e povos, que discriminam de acordo com o critério da raça, da religião ou da origem nacional. É o nacionalismo que afirma que cada conjunto étnico homogêneo deve ter seu próprio Estado-Nação; é o nacionalismo que, ao rejeitar a imigração, se confunde com o nacionalismo econômico.

49. **ESAF – Assinale a opção em que o comentário sobre o emprego dos sinais de pontuação do texto abaixo está incorreto:**

**"Têm sido notáveis os *avanços* no Poder Judiciário, desde a aprovação da emenda constitucional da sua reforma, em dezembro de 2004, após longa tramitação. Com a criação de instrumentos como a súmula vinculante – decisões tomadas no Supremo que valem para processos de temas comuns nas instâncias inferiores –, com o princípio da "repercursão [*sic*] geral", com base no qual o STF define sua própria agenda, e com a criação de filtros contra recursos repetitivos, começou a ocorrer o inimaginável: o esvaziamento das prateleiras no STF e no Superior Tribunal de Justiça (STJ). O volume de recursos nas Cortes altas, no segundo semestre de 2008, já foi 38% menor que no mesmo período de 2007.**

**Em todo esse processo de modernização, destaca-se o Conselho Nacional de Justiça (CNJ), criado também pela reforma, e inicialmente considerado o "controle externo" da magistratura. O termo criou resistências corporativistas na Justiça, mas, com o tempo, o Conselho ocupou espaços e hoje é um organismo muito atuante. Mesmo com uma composição eclética – há representantes de vários ministérios e da sociedade civil –, o Conselho é conduzido pelo presidente do STF, e isto o ajuda a se manter sintonizado com a real agenda de problemas da Justiça. No início, pensava-se que já seria grande avanço se o CNJ funcionasse como uma espécie de supercorregedor da Justiça. O Conselho, de fato, tem sido importante na aplicação de regras chave nos tribunais. Por exemplo, no combate ao nepotismo, praga que também se abate sobre a Justiça."**

A) Mantém-se a correção gramatical do período ao se substituir os travessões das linhas 4 e 5 por parênteses.

B) O sinal de dois-pontos à linha 7 indica que a informação subsequente é uma explicação do sentido do termo "inimaginável".

C) A expressão "criado também pela reforma" (L.12) está isolada por vírgulas por se tratar de oração subordinada adjetiva explicativa reduzida de particípio.

D) A expressão "com o tempo" (L.14) está entre vírgulas por se tratar de aposto explicativo.

E) A expressão "de fato" (L.20) vem isolada por vírgulas pelo mesmo motivo que a expressão "Por exemplo" (L.21) vem seguida de vírgula.

50. **FGV – "A participação da renda pessoal na distribuição da renda nacional deve ser aumentada, e a participação da remuneração do trabalho na distribuição primária também deve ser elevada", diz o comunicado de ontem.**

**Em relação à vírgula antes da palavra e no período acima, é correto afirmar que está:**

A) incorreta, pois não pode haver vírgula se houver a palavra e;

**B** correta, uma vez que o e tem valor não aditivo;

**C** incorreta, pois só estaria correta se houvesse uma vírgula após a palavra "primária";

**D** correta, por se tratar de caso de polissíndeto;

**E** correta, pois o e inicia oração com sujeito diferente do da anterior.

**51.** **FGV – "Do mesmo modo que a ética ambientalista tem enfatizado que os recursos ambientais não são inesgotáveis, colocando-se a possibilidade de as gerações presentes virem a exauri-los, privando as futuras gerações da própria existência, não é menos razoável pensar que os recursos públicos, também exauríveis, podem vir a comprometer o desenvolvimento humano e a existência de grupos menos favorecidos, carentes da ação estatal que vise a minorar as desigualdades."**

**Assinale a alternativa que apresente pontuação igualmente correta para o trecho acima:**

**A** Do mesmo modo que a ética ambientalista tem enfatizado que os recursos ambientais não são inesgotáveis – colocando-se a possibilidade de as gerações presentes virem a exauri-los – privando as futuras gerações da própria existência – não é menos razoável pensar que os recursos públicos, também exauríveis, podem vir a comprometer o desenvolvimento humano, e a existência de grupos menos favorecidos – carentes da ação estatal que vise a minorar as desigualdades.

**B** Do mesmo modo que a ética ambientalista tem enfatizado, que os recursos ambientais não são inesgotáveis, colocando-se a possibilidade de as gerações presentes virem a exauri-los, privando as futuras gerações da própria existência, não é menos razoável pensar, que os recursos públicos, também exauríveis, podem vir a comprometer o desenvolvimento humano e a existência de grupos menos favorecidos, carentes da ação estatal, que vise a minorar as desigualdades.

**C** Do mesmo modo que a ética ambientalista, tem enfatizado que os recursos ambientais não são inesgotáveis – colocando-se a possibilidade de as gerações presentes virem a exauri-los – privando as futuras gerações da própria existência, não é menos razoável pensar, que os recursos públicos, também exauríveis, podem vir a comprometer o desenvolvimento humano e a existência de grupos menos favorecidos, carentes da ação estatal, que vise a minorar as desigualdades.

**D** Do mesmo modo que a ética ambientalista tem enfatizado que os recursos ambientais não são inesgotáveis, colocando-se a possibilidade de as gerações presentes virem a exauri-los – privando as futuras gerações da própria existência –, não é menos razoável pensar que os recursos públicos – também exauríveis – podem vir a comprometer o desenvolvimento humano e a existência de grupos menos favorecidos, carentes da ação estatal que vise a minorar as desigualdades.

**E** Do mesmo modo que a ética, ambientalista, tem enfatizado que os recursos ambientais não são inesgotáveis, colocando-se a possibilidade de as gerações presentes virem a exauri-los, privando as futuras gerações da própria existência, não é menos razoável, pensar que os recursos públicos – também exauríveis –, podem vir a comprometer o desenvolvimento humano e a existência de grupos menos favorecidos, carentes da ação estatal que vise a minorar as desigualdades.

**52. FGV – "Tributos muito vulneráveis à evasão, especialmente em países sem forte tradição tributária, são altamente perniciosos, porque sendo a sonegação uma conduta oportunista ela inevitavelmente ocorrerá e, em consequência, acarretará toda sorte de desequilíbrios no mercado e deficiências no erário."**

**Assinale a alternativa em que ocorra pontuação igualmente correta para o trecho acima:**

**A** Tributos muito vulneráveis à evasão – especialmente em países sem forte tradição tributária – são altamente perniciosos, porque, sendo a sonegação uma conduta oportunista, ela inevitavelmente ocorrerá e, em consequência, acarretará toda sorte de desequilíbrios no mercado e deficiências no erário.

**B** Tributos muito vulneráveis à evasão – especialmente em países sem forte tradição tributária – são altamente perniciosos, porque, sendo a sonegação uma conduta oportunista, ela inevitavelmente ocorrerá, e, em consequência, acarretará toda sorte de desequilíbrios no mercado e deficiências no erário.

**C** Tributos muito vulneráveis à evasão – especialmente em países sem forte tradição tributária –, são altamente perniciosos, porque sendo a sonegação uma conduta oportunista, ela inevitavelmente ocorrerá, e, em consequência, acarretará toda sorte de desequilíbrios no mercado e deficiências no erário.

**D** Tributos muito vulneráveis à evasão, especialmente em países sem forte tradição tributária, são altamente perniciosos, porque – sendo a sonegação uma conduta oportunista – ela inevitavelmente ocorrerá e em consequência, acarretará toda sorte de desequilíbrios no mercado e deficiências no erário.

**E** Tributos muito vulneráveis à evasão, especialmente em países sem forte tradição tributária, são altamente perniciosos, porque – sendo a sonegação uma conduta oportunista –, ela inevitavelmente ocorrerá, e em consequência acarretará toda sorte de desequilíbrios no mercado e deficiências no erário.

**53. FGV – "Entre outras razões explicativas da evasão, destacam-se: a ignorância frente à matéria tributária, muitas vezes reforçada por uma legislação complexa e ambígua; a impunidade que privilegia os que não pagam impostos; a falta de percepção quanto ao uso do dinheiro público ou sua malversação, em prejuízo do exercício pleno da cidadania fiscal; a utilização imprópria de recursos judiciais; a existência de uma relação desequilibrada nas relações entre o fisco e o contribuinte."**

**Com base no trecho acima, analise os itens a seguir.**

**I. Suprimindo-se os dois-pontos após "destacam-se", gera-se erro de pontuação.**

**II. Pode-se acrescentar a conjunção "e" após o último ponto e vírgula.**

**III. Excluindo-se do trecho "muitas vezes reforçada por uma legislação complexa e ambígua" e "em prejuízo do exercício pleno da cidadania fiscal", os casos de ponto e vírgula poderiam ser substituídos por vírgula, à exceção do último, que também poderia ser substituído pela conjunção "e".**

**Analise:**

Ⓐ se somente os itens I e II estiverem corretos;

Ⓑ se nenhum item estiver correto;

Ⓒ se somente os itens II e III estiverem corretos;

Ⓓ se somente os itens I e III estiverem corretos;

Ⓔ se todos os itens estiverem corretos.

**54. ESAF – Aponte o trecho com pontuação correta:**

Ⓐ Se o Estado estabeleceu o incentivo à prorrogação da licença-maternidade às trabalhadoras de empresas privadas, deve, bem antes, dar-lhes o exemplo e admitir, desde já, a obrigação para si. Aliás, porque públicos também são os fundos que financiam a política de incentivo, realizados mediante renúncia fiscal, é incongruente pensar que, de um lado, o poder público possa incentivar as empresas, com fundos públicos, e, de outro, não se submeta ao objeto incentivado, arcando-o com os mesmos fundos.

Ⓑ Se o Estado, estabeleceu o incentivo à prorrogação da licença-maternidade às trabalhadoras de empresas privadas, deve, bem antes, dar-lhes o exemplo e admitir, desde já, a obrigação para si, aliás porque públicos também são os fundos que financiam a política de incentivo, realizados mediante renúncia fiscal, é incongruente pensar que, de um lado, o poder público possa incentivar as empresas, com fundos públicos, e, de outro, não se submeta ao objeto incentivado, arcando-o com os mesmos fundos.

Ⓒ Se, o Estado estabeleceu o incentivo à prorrogação da licença-maternidade às trabalhadoras de empresas privadas deve, bem antes, dar-lhes o exemplo e admitir, desde já, a obrigação para si; aliás, porque públicos também são os fundos que financiam a política de incentivo realizados mediante renúncia fiscal, é incongruente pensar que, de um lado, o poder público possa incentivar as empresas, com fundos públicos, e, de outro, não se submeta ao objeto incentivado, arcando-o com os mesmos fundos.

Ⓓ Se o Estado estabeleceu o incentivo à prorrogação da licença-maternidade às trabalhadoras de empresas privadas, deve, bem antes, dar-lhes o exemplo e admitir desde já a obrigação para si. Aliás, porque públicos também são os fundos, que financiam a política de incentivo, realizados mediante renúncia fiscal, é incongruente pensar, que de um lado, o poder público possa incentivar as empresas, com fundos públicos, e, de outro, não se submeta ao objeto incentivado, arcando-o com os mesmos fundos.

**E** Se o Estado estabeleceu o incentivo à prorrogação da licença-maternidade às trabalhadoras de empresas privadas, deve, bem antes, dar-lhes o exemplo e admitir, desde já, a obrigação para si, aliás porque, públicos também são os fundos que financiam a política de incentivo, realizados mediante renúncia fiscal; é incongruente pensar, que de um lado o poder público possa incentivar as empresas com fundos públicos e, de outro, não se submeta ao objeto incentivado, arcando-o com os mesmos fundos.

**55. FGV – "O movimento altermundialista é histórico e prolonga e renova os três movimentos históricos precedentes: o da descolonização – o altermundialismo modificou em profundidade as representações norte-sul em proveito de um projeto mundial comum; o das lutas operárias – desse ponto de vista, está comprometido com a mudança rumo a um movimento social e pela cidadania mundial; e o das lutas pela democracia a partir dos anos 1960-1970 – é um movimento pela renovação do imperativo democrático após a implosão dos Estados soviéticos em 1989 e as regressões representadas pelas ideologias e doutrinas de segurança / militaristas / disciplinares / paranoicas."**

**Assinale a alternativa que apresente pontuação igualmente correta para o trecho lido:**

**A** O movimento altermundialista é histórico, e prolonga, e renova os três movimentos históricos precedentes: o da descolonização: o altermundialismo modificou em profundidade as representações norte-sul em proveito de um projeto mundial comum; o das lutas operárias: desse ponto de vista, está comprometido com a mudança rumo a um movimento social e pela cidadania mundial; e o das lutas pela democracia a partir dos anos 1960-1970: é um movimento pela renovação do imperativo democrático após a implosão dos Estados soviéticos em 1989 e as regressões representadas pelas ideologias e doutrinas de segurança / militaristas / disciplinares / paranoicas.

**B** O movimento altermundialista é histórico; e prolonga, e renova, os três movimentos históricos precedentes: o da descolonização – o altermundialismo modificou em profundidade as representações norte-sul em proveito de um projeto mundial comum, o das lutas operárias – desse ponto de vista, está comprometido com a mudança rumo a um movimento social e pela cidadania mundial, e o das lutas pela democracia a partir dos anos 1960-1970 – é um movimento pela renovação do imperativo democrático após a implosão dos Estados soviéticos em 1989 e as regressões representadas pelas ideologias e doutrinas de segurança / militaristas / disciplinares / paranoicas.

**C** O movimento altermundialista é histórico e prolonga e renova os três movimentos históricos precedentes – o da descolonização, o altermundialismo modificou em profundidade as representações norte-sul em proveito de um projeto mundial comum, o das lutas operárias, desse ponto de vista, está comprometido com a mudança rumo a um movimento social e pela cidadania mundial e o das lutas pela democracia a partir dos anos 1960-1970, é um movimento pela renovação do imperativo democrático após a implosão dos Estados soviéticos em 1989 e as regressões representadas pelas ideologias e doutrinas de segurança / militaristas / disciplinares / paranoicas.

Ⓓ O movimento altermundialista é histórico e prolonga e renova os três movimentos históricos precedentes: o da descolonização – o altermundialismo modificou em profundidade as representações norte-sul, em proveito de um projeto mundial comum; o das lutas operárias – desse ponto de vista está comprometido com a mudança rumo a um movimento social e pela cidadania mundial e o das lutas pela democracia a partir dos anos 1960-1970 – é um movimento pela renovação do imperativo democrático, após a implosão dos Estados soviéticos em 1989, e as regressões representadas pelas ideologias e doutrinas de segurança / militaristas / disciplinares / paranoicas.

Ⓔ O movimento altermundialista é histórico e prolonga e renova os três movimentos históricos precedentes: o da descolonização – o altermundialismo modificou em profundidade as representações norte-sul em proveito de um projeto mundial comum –; o das lutas operárias – desse ponto de vista, está comprometido com a mudança rumo a um movimento social e pela cidadania mundial –; e o das lutas pela democracia a partir dos anos 1960-1970 – é um movimento pela renovação do imperativo democrático após a implosão dos Estados soviéticos em 1989 e as regressões representadas pelas ideologias e doutrinas de segurança / militaristas / disciplinares / paranoicas.

**56. "Aos descalabros de prestigiosos bancos norte-americanos, como o Bear Stearns, o Merril Lynch e o gigante Citigroup, somou-se o recente desastre do Lehman Brothers, quarto maior banco de negócios, que anunciou, em 9 de junho, um prejuízo trimestral de 2,8 bilhões de dólares."**

**Assinale a alternativa que apresente pontuação igualmente correta para o trecho lido.**

Ⓐ Aos descalabros de prestigiosos bancos norte-americanos, como o Bear Stearns, o Merril Lynch e o gigante Citigroup somou-se o recente desastre do Lehman Brothers, quarto maior banco de negócios, que anunciou – em 9 de junho –, um prejuízo trimestral de 2,8 bilhões de dólares.

Ⓑ Aos descalabros de prestigiosos bancos norte-americanos – como o Bear Stearns, o Merril Lynch e o gigante Citigroup –, somou-se o recente desastre do Lehman Brothers – quarto maior banco de negócios – que anunciou em 9 de junho um prejuízo trimestral de 2,8 bilhões de dólares.

**C** Aos descalabros de prestigiosos bancos norte-americanos, como o Bear Stearns, o Merril Lynch e o gigante Citigroup, somou-se o recente desastre do Lehman Brothers, quarto maior banco de negócios que anunciou em 9 de junho, um prejuízo trimestral de 2,8 bilhões de dólares.

**D** Aos descalabros de prestigiosos bancos norte-americanos, como o Bear Stearns, o Merril Lynch e o gigante Citigroup, somou-se o recente desastre do Lehman Brothers – quarto maior banco de negócios –, que anunciou, em 9 de junho, um prejuízo trimestral de 2,8 bilhões de dólares.

**E** Aos descalabros de prestigiosos bancos norte-americanos, como o Bear Stearns, o Merril Lynch e o gigante Citigroup, somou-se o recente desastre do Lehman Brothers – quarto maior banco de negócios que anunciou em 9 de junho um prejuízo trimestral de 2,8 bilhões de dólares.

**57. FGV – "Mas a correlação de forças não lhes permite ir mais longe, e essa paralisia favorece o retorno dos acordos bilaterais ou regionais."**

**No trecho acima, utilizou-se corretamente a vírgula antes do e. Assinale a alternativa em que isso não tenha ocorrido:**

**A** A sentença foi prolatada, e as partes foram intimadas.

**B** Os manifestantes desejavam falar com o juiz; chegaram à porta do tribunal e não entraram.

**C** Fiz, e faria novamente tudo igual para ser aprovado no concurso.

**D** Leio, e releio, e estudo, e me concentro: todos os esforços são poucos.

**E** O procurador assinou o documento, e o advogado ficou satisfeito.

**58. ESAF – Assinale o trecho do texto adaptado em que, na transcrição, foram plenamente atendidas as regras de pontuação:**

**A** Em uma fila no banco, na época em que, no Brasil, houve congelamento dos depósitos bancários, uma jovem, de traços orientais, permanecia calada e, aparentemente, atenta aos movimentos de todos, como se a qualquer momento, alguém pudesse passar à sua frente.

**B** Pensei, ainda, em lembrá-la de que, por outro lado, a experiência dos japoneses no Brasil estava longe de representar um desastre. No entanto, bastou olhar para a neta do sol nascente e, logo, perceber que ela se transportara para outras esferas, alheia à fila e a tudo o mais que a rodeava.

**C** Não era nada disso. A jovem decifrou o enigma, em tom suspiroso, explicando que, no começo dos anos de 1930, grande parte da família decidira emigrar para a Califórnia, mas seu avô meio aventureiro, optara infelizmente, pelo Brasil.

**D** Tentei esboçar um discurso sociológico, ponderando, que os imigrantes japoneses localizados na costa do Pacífico, tinham atravessado momentos adversos, especialmente, no curso da Segunda Guerra Mundial, quando muitos deles foram transferidos para campos de confinamento no meio-oeste americano.

**E** De repente, sua voz se ergueu enigmática: "A culpa de tudo isso é do meu avô." Nos segundos seguintes, a melhor hipótese que me passou pela cabeça, foi a de um avô conservador, aconselhando a neta a poupar, em vez de gastar, apoiado em uma versão japonesa da fábula da cigarra e da formiga.

**59. FGV – "Esta deve ser buscada não apenas com uma ou duas ações, mas, sim, com múltiplas iniciativas, que passam pela busca de uma gestão mais eficiente, com o aproveitamento racional dos recursos, a capacitação de magistrados e servidores e a racionalização de procedimentos, por avanços na informatização do processo, de acordo com os procedimentos previstos na Lei 11.419/06, pela reforma processual e por tantas outras medidas."**

**Assinale a alternativa que apresente pontuação igualmente correta para o trecho lido:**

**A** Esta deve ser buscada não apenas com uma ou duas ações, mas sim, com múltiplas iniciativas, que passam pela busca de uma gestão mais eficiente: com o aproveitamento racional dos recursos; a capacitação de magistrado e servidores e a racionalização de procedimentos; por avanços na informatização do processo, de acordo com os procedimentos previstos na Lei 11.419/06; pela reforma processual e por tantas outras medidas.

**B** Esta deve ser buscada não apenas com uma ou duas ações, mas sim com múltiplas iniciativas, que passam pela busca de uma gestão mais eficiente: com o aproveitamento racional dos recursos; a capacitação de magistrados e servidores e a racionalização de procedimentos; por avanços na informatização do processo, de acordo com os procedimentos previstos na Lei 11.419/06; pela reforma processual; e por tantas outras medidas.

**C** Esta deve ser buscada não apenas com uma ou duas ações, mas sim com múltiplas iniciativas, que passam pela busca de uma gestão mais eficiente – com o aproveitamento racional dos recursos, a capacitação de magistrados e servidores e a racionalização de procedimentos –; por avanços na informatização do processo, de acordo com os procedimentos previstos na Lei 11.419/06; pela reforma processual; e por tantas outras medidas.

**D** Esta deve ser buscada não apenas com uma ou duas ações, mas, sim com múltiplas iniciativas, que passam pela busca de uma gestão mais eficiente – com o aproveitamento racional dos recursos, a capacitação de magistrados e servidores e a racionalização de procedimentos; por avanços na informatização do processo, de acordo com os procedimentos previstos na Lei 11.419/06; pela reforma processual; e por tantas outras medidas.

(E) Esta deve ser buscada, não apenas com uma ou duas ações mas, sim, com múltiplas iniciativas, que passam pela busca de uma gestão mais eficiente; com o aproveitamento racional dos recursos; a capacitação de magistrado e servidores e a racionalização de procedimentos; por avanços na informatização do processo, de acordo com os procedimentos previstos na Lei 11.419/06; pela reforma processual e por tantas outras medidas.

60. **FGV – "Porém, havendo um número 'excepcionalmente elevado' de estrangeiros, estes podem ser mesclados aos presos comuns, e as famílias podem ser separadas."**

**No trecho acima, seguindo as regras da boa discursividade, utilizou-se apropriadamente a vírgula antes da conjunção e. Assinale a alternativa em que isso não tenha ocorrido:**

(A) Eles se esforçaram muito, e acabaram sendo reprovados.
(B) Eles chegaram à janela muito timidamente, espiaram com cuidado, e depois abriram um sorriso.
(C) A turba gritava, e vociferava, e brandia ameaçadoramente.
(D) Fiz, e faria tudo novamente.
(E) Ele esperava, naquela tarde, a chegada do malote, e, depois, ela esperaria após anoitecer.

## GABARITO DAS QUESTÕES DE PROVAS

| | | | | | |
|---|---|---|---|---|---|
| **1.** C | **11.** D | **21.** A | **31.** D | **41.** D | **51.** D |
| **2.** E | **12.** A | **22.** D | **32.** E | **42.** A | **52.** A |
| **3.** B | **13.** B | **23.** D | **33.** E | **43.** B | **53.** C |
| **4.** A | **14.** B | **24.** C | **34.** A | **44.** B | **54.** A |
| **5.** A | **15.** D | **25.** E | **35.** A | **45.** A | **55.** E |
| **6.** B | **16.** D | **26.** C | **36.** D | **46.** D | **56.** D |
| **7.** A | **17.** C | **27.** D | **37.** A | **47.** B | **57.** B |
| **8.** C | **18.** B | **28.** D | **38.** B | **48.** C | **58.** B |
| **9.** C | **19.** A | **29.** A | **39.** C | **49.** D | **59.** C |
| **10.** B | **20.** B | **30.** E | **40.** A | **50.** E | **60.** B |

# Comentários das Questões de Provas

### Questão 1

As vírgulas empregadas entre as expressões "no tempo", "na produção" e "na tarefa" separam termos da enumeração "com base no tempo, na produção, na tarefa e no lucro".

A resposta da questão está na alternativa "c": "separar os termos de uma enumeração".

### Questão 2

As vírgulas empregadas separam vocábulos de mesma função sintática, postos em enumeração. Na verdade, os vocábulos "negros, mulheres, índios, portugueses" são adjuntos adnominais para o núcleo "maliciosos", de um complemento nominal. É frequente encontrarmos justificativa para tal emprego de vírgulas citando apenas uma das condições: separam termos enumerados ou separam termos de mesma função sintática.

A resposta está na alternativa "e", em que se lê: "são palavras com mesma função sintática".

### Questão 3

A expressão "cidadão brasileiro" desempenha, assim como "funcionário público", papel sintático de aposto. Como sabemos, os apostos têm de ser separados do texto em que surgem.

A resposta da questão é a alternativa "b".

### Questão 4

Em "Só assim evitar-se-ia que as crises, nacional e mundial, se transformassem em drama coletivo de grandes proporções", a expressão "nacional e mundial" exerce efeito semântico explicativo para o sujeito "as crises". Como sabemos, tais expressões são obrigatoriamente isoladas graficamente.

O gabarito oficial da questão apontou o item "a" como resposta para a questão. Melhor, realmente, não há, entre as demais indicações. No entanto, é importante notarmos que a expressão "nacional e mundial" não desempenha papel de aposto. Já sabemos que aposto é função substantiva, representada morfologicamente por substantivos ou por palavras de valor substantivo. Ora, temos em "nacional e mundial" dois adjetivos unidos por conjunção coordenativa aditiva. Tais palavras, em face de suas classes gramaticais, não podem ser analisadas sintaticamente como aposto. Trata-se de predicativo do sujeito.

### Questão 5

O fragmento "Eu, sozinho e calado, lia as aventuras do herói." (item "a" da questão) está corretamente pontuado com vírgulas, isolando predicativo do sujeito. Esta é, então, a resposta da questão.

### Questão 6

A expressão "navegador a serviço da Espanha" funciona sintaticamente como aposto para o sujeito "Sebastião Caboto". Já sabemos que aposto é função sintática obrigatoriamente isolada do texto. Está perfeita a utilização do par de vírgulas, e esta é a resposta da questão.

### Questão 7

As duas primeiras vírgulas empregadas são responsáveis pela sinalização do adjunto adverbial "na sequência". A posição natural desse adjunto adverbial seria após a enumeração "Figueiredo, Sarney, Collor e Itamar". Temos, então, o número 3 ("para assinalar a inversão de adjuntos adverbiais") como primeira indicação.
As vírgulas encontradas entre "Figueiredo", "Sarney" e "Collor" separam termos de mesma função sintática postos em enumeração. O número 1 ("para separar os termos de mesma função") atende à segunda solicitação.
Pela ordem, teríamos, então, 3/1, alternativa que não foi concedida pela banca examinadora. Levando em conta que não há no enunciado da questão menção ao fato de as regras terem de surgir na mesma ordem em que foram empregadas, apontou-se como gabarito o item "a", que contém 1/3.

### Questão 8

Vejamos as diversas alternativas da questão:
De modo correto, isolou-se um vocativo e, pelo ponto de exclamação, marcou-se a natureza exclamativa da mensagem.
A oração representada pelo gerúndio "correndo" é subordinada adverbial – expressa ideia de modo – e, assim, não é necessariamente isolada por vírgula, embora pudesse vir por ela precedida.
Ao empregar-se apenas uma vírgula antes da expressão "de verdade", provocou-se a separação entre a forma verbal "querem" e seu objeto direto "os direitos". O texto se retifica com a inserção de uma outra vírgula após "verdade", o que provocará o isolamento da expressão "de verdade". Esta é a resposta da questão.

d) As pontuações empregadas estão corretas. A primeira vírgula destaca adjunto adverbial antecipado. As vírgulas postas antes de "olhando" e após "direito" promovem a intercalação da oração "olhando para o lado direito". A ausência de vírgula após "sombra" deve-se à natureza restritiva da oração subordinada adjetiva "que cobria toda a minha vontade de amar".

**Questão 9**

c) "De hoje em diante, leitores, reajam contra a tirania da tecnologia" é período em que se observa no vocábulo "leitores" a função sintática de vocativo. É a mesma situação apontada no enunciado.

**Questão 10**

O mesmo fragmento textual apareceu nas quatro alternativas da questão, pontuado, evidentemente, de formas diversas.

Vejamos qual a pontuação devida.

a) A oração intercalada "creio eu" deverá ficar obrigatoriamente isolada por um par de vírgulas. Por outro lado, a vírgula posta após o vocábulo "políticos" só poderá ser empregada caso se utilize, previamente, outra vírgula após o vocábulo "que", caso em que estaríamos isolando o adjunto adverbial "por motivos políticos".
b) A leitura do item acima comprovará o acerto da pontuação empregada nesta alternativa. Esta é a resposta da questão.
c) Não houve a sinalização da oração intercalada e empregou-se equivocadamente uma vírgula antes de um pronome relativo introdutor de oração subordinada adjetiva restritiva.
d) Repetiu-se o erro anterior quanto à não sinalização da oração intercalada e deixou-se de colocar a segunda vírgula sinalizadora de um adjunto adverbial.

**Questão 11**

Vejamos cada uma das alternativas da questão, com respeito à pontuação empregada:

a) As vírgulas estão separando, corretamente, orações coordenadas assindéticas.
b) As vírgulas estão isolando um vocativo, função que, como sabemos, tem de surgir isolada no texto.
c) As vírgulas, de emprego obrigatório neste caso, estão isolando oração intercalada.
d) A vírgula empregada após "Amado", já que desacompanhada de uma outra a ser obrigatoriamente utilizada após "mundialmente", promoveu a separação entre o sujeito "Jorge Amado" e a forma verbal "publicou". Esta é resposta da questão.
e) A vírgula está separando frases nominais que compõem provérbio popular. Tem emprego obrigatório.

## Questão 12

No fragmento textual contido na enunciação do presente teste, a expressão "líquido contaminado liberado pelo lixo em decomposição" funciona como aposto para o sujeito "o chorume", daí o emprego das vírgulas que o isolam.
A vírgula que é empregada após "rios" separa termos enumerados.
A resposta da questão está na alternativa "a".

## Questão 13

Na oração absoluta que se repete em todas as alternativas da presente questão, é imprescindível que o aposto "brilhante piloto de Fórmula 1" esteja isolado da oração por um par de vírgulas. Isso só está ocorrendo na alternativa "b", que é a resposta da questão.
Por bom senso, não se recomenda emprego de vírgula isolando o advérbio "tragicamente", uma vez que a pausa não estaria condizente com o ritmo da frase.

## Questão 14

Deveremos empregar as vírgulas indicadas nos espaços (1) e (2) para que se promova a intercalação da oração subordinada adverbial causal "já que estamos falando em futuro".
Igualmente empregaremos vírgula no espaço (4) para sinalizarmos início da oração coordenada sindética aditiva, introduzida por conjunção coordenativa aditiva, "nem é mero fruto da tecnologia".
No espaço indicado com (3) não poderemos empregar vírgula, para não separarmos a conjunção subordinativa integrante "que" da oração – "que o futuro não acontece espontaneamente" – que por ela está sendo introduzida.
A resposta da questão está na alternativa "b": "1 – 2 – 4".

## Questão 15

d) A vírgula está corretamente empregada: isola o advérbio "Assim". Em seguida, no entanto, deveríamos ter encontrado o emprego de dois-pontos após o vocábulo "dizer", de modo que se preparasse o leitor para a enunciação seguinte. Esta é a resposta da questão.

## Questão 16

A questão ora estudada aborda o emprego de vírgulas antes da conjunção coordenativa aditiva "e".
**Lembrete importante**
**Empregamos a vírgula antecedendo a conjunção coordenativa aditiva "e" que introduz oração coordenada sindética aditiva enunciada com pausa.**

**Em geral, a pausa é feita quando os sujeitos das orações coordenadas são diferentes, deixando de existir quando os sujeitos são iguais.**

**Vem-se constituindo uma "regra" adotada, então, inflexivelmente – o que não condiz com a leitura de nossos mestres, como destacamos nas informações teóricas deste trabalho –, o emprego de vírgula obrigatória no caso em que as orações têm sujeitos distintos e a sua proibição, nos casos em que o sujeito é igual.**

Esta questão espelha bem a má interpretação que vem sofrendo esse caso de pontuação. Vejamos os textos fornecidos pela banca examinadora:

1. "De novo a rã esticou a pele com maior esforço e novamente indagou."

   A conjunção coordenativa aditiva "e" introduz oração coordenada sindética aditiva cujo sujeito – "a rã" – é o mesmo da oração antecedente. Tratando-se de período relativamente curto, no qual as orações não são, logicamente, longas, não há necessidade de se promover pausa na enunciação. Ainda mais porque não se nota, na segunda oração, informação que, por qualquer motivo, deva ser posta em relevo, o que seria feito com uma vírgula, para que fosse proferida com pausa. Fiquemos, então, com a impropriedade do uso da vírgula, o que difere, atentemos bem, de sua proibição.

2. " ... ela novamente encheu os pulmões de ar o máximo que pôde e seu corpo acabou arrebentando como uma bola de soprar que se enche em excesso."

   Temos outra conjunção coordenativa aditiva "e" iniciando oração coordenada sindética aditiva. Dessa vez, os sujeitos das orações são distintos: "ela" – na primeira oração" – e "seu corpo" – na segunda. Não apenas porque os sujeitos são distintos, mas levando em conta a extensão das duas orações coordenadas sindéticas aditivas, a segunda delas expandida em uma oração subordinada adjetiva restritiva que, como sabemos, funciona como adjunto adnominal de um substantivo da oração precedente – nesse caso, para o grupo substantivo "bola de soprar" – e, principalmente, porque o conteúdo semântico da segunda oração propõe informação que deve ser destacada à guisa de conclusão do fato anteriormente enunciado é aconselhável que se utilize a vírgula na passagem ora comentada. Mais uma vez realcemos que recomendável não é igual a obrigatória.

3. "Joaquim suicidou-se e Lili casou com J. Pinto Fernandes, / que não tinha entrado na história."

   Agora, a conjunção coordenativa aditiva "e" introduziu a oração coordenada sindética aditiva "e Lili casou com J. P. Fernandes". Naturalmente, caso estivéssemos com um texto desprovido de intenções outras, mera informação colhida em notícia de jornal, por exemplo, normal seria pronunciarmos a segunda oração com a pausa que a mudança de sujeito provoca naturalmente e, assim, usaríamos a vírgula. Afinal, as orações têm sujeitos distintos, a saber: "Joaquim" e "Lili", respectivamente. Ocorre que o texto original de Carlos Drummond de Andrade apresenta-se sem a vírgula no espaço antes da conjunção sublinhada (Carlos Drummond de Andrade, Reunião, 10 livros de poesia, Introdução de Antônio Houaiss, Livraria José Olympio Editora, Rio de Janeiro, 1969, p. 19). Teria o poeta errado a pontuação de seu texto?

Evidentemente que não. Ao lermos o poema, observamos o ritmo que o autor quis a ele impor. Na verdade, o fragmento transcrito representa o desfecho do poema. É bastante clara a intenção que o poeta teve de, pela não utilização da referida vírgula, fazer com que as duas últimas informações se precipitassem sem pausa, fechando o poema. Nesse caso, então, a vírgula tem emprego estilístico e, portanto, impossível de ser apreciado sem a leitura do poema. Optando pela transcrição unicamente do final do poema, a banca examinadora claramente indica-nos que está seguindo a observação feita acerca do emprego da vírgula em casos nos quais as orações coordenadas tenham sujeitos distintos: a vírgula, em geral, ocorre. É recomendável, digamos.

Teremos, então, a seguinte sequência, na apreciação do emprego das vírgulas antes das conjunções indicadas na presente questão: 1. não recomendável; 2. recomendável; 3. recomendável

Tal sequência foi indicada pela banca examinadora como: 1. incorreto; 2. facultativo; 3. facultativo, como disposto no item "d", que é a resposta da questão.

## Questão 17

Façamos a análise sintática do período fornecido, de modo a podermos observar os espaços em que deve haver, obrigatória ou facultativamente, emprego de pontuação:

["O aparato legal ainda em vigor permite ao prefeito][ empurrar a conta para 2001"]

Temos período composto por subordinação, com as orações abaixo assinaladas:

1ª oração: "O aparato legal ainda em vigor permite ao prefeito" – oração principal;

2ª oração: "empurrar a conta para 2001" – oração subordinada substantiva objetiva direta, reduzida de infinitivo.

Já sabemos, então, que no espaço entre as orações, vale dizer, entre "prefeito" e "empurrar" não pode haver emprego de pontuação, para que não se separe o objeto direto oracional do verbo "permitir", empregado na forma "permite".

Analisando cada uma das orações, temos:

1ª oração: "O aparato legal ainda em vigor permite ao prefeito";

sujeito: "O aparato legal";

adjuntos adnominais contidos no sujeito: "O", "legal";

expressão denotativa de situação: "ainda em vigor";

objeto indireto: "ao prefeito";

adjuntos adnominais contidos no objeto indireto: "o" (após a supressão da preposição "a" com que surge combinada, a qual, como sabemos, não tem função sintática).

2ª oração: "empurrar a conta para 2001";

sujeito (implícito): "o prefeito";

objeto direto: "a conta";

adjunto adnominal contido no objeto direto: "a".

Agora, podemos afirmar que em certos espaços o presente texto não poderá ser pontuado:

1. Entre o sujeito "O aparato legal" e o verbo "permite", salvo se promova a sinalização da expressão intercalada "ainda em vigor", que será, então, obrigatoriamente ladeada por vírgulas.
2. Entre a forma verbal "permite" e o objeto indireto "ao prefeito".
3. Entre a forma verbal "empurrar" e o objeto direto "a conta".

Por outro lado, o texto poderá apresentar-se com vírgulas isolando a expressão "ainda em vigor" e separando o adjunto adverbial "para 2001".

Vejamos as diversas alternativas da questão, em busca da que contém pontuação corretamente efetuada:

a) Não pode haver separação entre verbo ("permite") e objeto indireto ("ao prefeito"). Não pode haver, também, separação entre as duas orações.
b) A vírgula posta unicamente após "legal" separa sujeito ("O aparato legal") de verbo ("permite").
c) Isolou-se a expressão "ainda em vigor", o que lhe deu realce, ênfase. Esta é a resposta da questão.
d) A expressão a ser isolada compreende, obrigatoriamente, o vocábulo "ainda". Também está incorreta a vírgula posta após "prefeito", que separa oração principal e oração subordinada substantiva objetiva direta.
e) A vírgula unicamente posta após "vigor" separou sujeito ("O aparato legal") de verbo ("permite"). Também está incorreta a vírgula empregada após "empurrar", que separou o verbo de seu objeto direto, indicado por "a conta".

**Questão 18**

No texto dado teremos de utilizar dois pares de vírgulas para promovermos o isolamento do aposto "autor de *O sorriso do lagarto*", e a intercalação da oração subordinada adverbial concessiva "embora goste de escrever". A pontuação estará correta desta maneira: "João Ubaldo Ribeiro, autor de *O sorriso do lagarto*, declarou que, embora goste de escrever, sofre com a incerteza do final dos romances".
A resposta da questão está na alternativa "b".

**Questão 19**

Observemos a razão de emprego das vírgulas encontradas nos textos numerados de I a III.

I. A vírgula que surgiu após o composto "latino-americanos" tem por fim indicar a natureza semântica explicativa da oração "que a ele reagiram com firmeza". Assim, entendemos que todos os pesquisadores latino-americanos, sem exceção, reagiram com firmeza ao editorial veiculado pela revista *The Lancer* e, por óbvio, o editorial calou fundo em todos eles, também. A supressão da vírgula que ora comentamos transformaria o sentido de tal modo que se passaria a dizer que apenas os pesquisadores latino-americanos nos quais o editorial da revista inglesa calou fundo teriam reagido com firmeza, o que indica não ter calado fundo em todos os pesquisadores. Ou seja, transformar-se-ia uma oração subordinada adjetiva explicativa em uma oração subordinada adjetiva restritiva, o que implicaria evidente alteração de sentido do texto original.

II. As vírgulas deste texto isolam expressão de natureza adverbial, colocando-a em relevo estilístico. Sua supressão provocaria, unicamente, a retirada da ênfase que se concedeu à expressão "por si mesmo", sem que o sentido geral do texto viesse a ser atingido.

III. Dessa vez, empregou-se uma vírgula para que se separasse de sua oração principal uma oração subordinada adverbial temporal, posta em ordem direta. É vírgula de emprego facultativo e que tem por intenção colocar a mensagem expressa pela oração subordinada em relevo estilístico. A retirada da vírgula que se mencionou apenas promoveria a supressão do destaque originalmente concedido à mensagem expressa pela oração subordinada adverbial temporal, sem que o sentido geral do texto sofresse qualquer alteração.

Como vimos, houve alteração de sentido apenas no item I, e a resposta da questão é a alternativa "a".

**Questão 20**

Devemos apontar o item em que o emprego da pontuação – no caso, vírgulas – deve-se a motivo diferente dos demais.

Vejamos, assim, todos os itens da questão:

a) Temos emprego de vírgula para isolar adjunto adverbial. Trata-se de emprego facultativo, que visa a destacar estilisticamente o adjunto.
b) Estamos, agora, com emprego de vírgulas obrigatórias, incumbidas de sinalizar oração subordinada adjetiva explicativa. Esta é a resposta da questão.
c) Semelhantemente ao que vimos no item "a", temos emprego de vírgulas facultativas em adjunto adverbial, para promover seu realce estilístico.
d) Mais um emprego de vírgula facultativa, novamente incumbida de pôr em destaque um adjunto adverbial.
e) Outro emprego de vírgula facultativa, com a intenção de valorizar expressivamente o adjunto adverbial.

**Questão 21**

a) A vírgula que se empregou em "perdem-se não só sucessivas batalhas, mas a guerra" separa oração coordenada sindética aditiva. Observemos que em "mas a guerra" estão subjacentes a forma verbal "perde-se" e o advérbio "também", o qual, juntamente com a conjunção "mas", estabeleceria a correlação aditiva "não só ... mas também". Assim, no fragmento que transcrevemos encontram-se duas orações, como mostramos: ["perdem-se não só sucessivas batalhas"] [mas (*também se perde*) a guerra".] Chamamos a atenção para o fato de as duas orações apontadas estarem estruturadas em voz passiva pronominal (ou *sintética*). Nelas, funcionam como sujeitos passivos as expressões "sucessivas batalhas" e "a guerra", respectivamente.

### Questão 22

d) A vírgula posta após a forma verbal "trata" está separando verbo de seu complemento ("do desempenho da economia brasileira e dos impactos"). Para retificar, poderemos, mantendo a vírgula comentada, inserir outra vírgula após o advérbio "também". Este par de vírgulas promoverá relevo estilístico para o advérbio citado. Caso não se deseje realçar o emprego do advérbio, deveremos retirar a vírgula que a ele se segue. Ficarão corretas, assim, as passagens: "o documento trata, também, do desempenho da economia brasileira e dos impactos" ou "o documento trata também do desempenho da economia brasileira e dos impactos". Esta é a resposta da questão.

### Questão 23

No item "d", que é a resposta da questão que ora comentamos, a oração "que têm de tematizarem a si mesmas", que apresenta tom semântico de restrição com respeito a "hábito cultural", sendo, por isso, classificada como subordinada adjetiva restritiva, surgiu corretamente pontuada, já que não isolada da sua principal.

### Questão 24

Para chegarmos à resposta que se pretende para a presente questão, vamos proceder à análise do período em que surgem as vírgulas ora discutidas com respeito ao seu emprego.

Assim, transcrevemos o período já com suas orações constitutivas indicadas:

["A ideia do direito ao trabalho[1], [trabalho este[2] construído ao longo da sedimentação das relações de trabalho capitalistas] [que se sustentam[3] em longas jornadas de trabalho,] ainda está [1]presente em todas as reivindicações sindicais no mundo inteiro."]

Podemos notar que a primeira oração "A ideia do direito ao trabalho ainda está presente em todas as reivindicações sindicais no mundo inteiro" sofre uma intercalação que se inicia pela oração reduzida de particípio "trabalho este construído ao longo da sedimentação das relações de trabalho capitalistas", de valor explicativo, a qual, por sua vez, vê-se expandida na oração subordinada adjetiva restritiva "que se sustentam em longas jornadas de trabalho". Desse modo, as vírgulas existentes no período têm por finalidade indicar a intercalação de orações que se intercalaram na principal.

A resposta da questão está no item "c": "indicar uma frase intercalada".

### Questão 25

O enunciado da questão solicitou que o candidato apontasse a alternativa em que o emprego de vírgulas deu-se por motivo distinto dos demais.

Assim, passemos a examinar os fragmentos textuais apontados, em busca das razões que fizeram com que os sinais de pontuação fossem empregados:

a) A vírgula empregada após o vocábulo "reflexões" indica antecipação de adjunto adverbial, dando-lhe relevo estilístico.

b) Temos na expressão "em geral", um adjunto adverbial, daí o emprego das vírgulas, que o colocam em relevo literário.

c) As duas vírgulas existentes no fragmento textual que embasa este item, de modo idêntico ao que se viu em "a", sinalizam término de adjuntos adverbiais, a saber: "Em uma determinada tarde" e "ao final do dia".

d) Mais uma vez temos vírgulas empregadas com o propósito de se destacar adjunto adverbial, que, no presente texto, está indicado por "em um primeiro instante".

e) Agora, devemos o emprego da vírgula à necessidade de se separar oração coordenada sindética adversativa, indicada por "mas diversas coisas são ações determinadas por nós". Observe-se que o substantivo "coisas", que funciona como núcleo do sujeito da forma verbal "são", está expandido em oração subordinada adjetiva, em cuja sequência verifica-se a existência de oração subordinada adverbial conformativa. Esta é a resposta da questão.

### Questão 26

c) A primeira vírgula marca o fim de oração subordinada adverbial antecipada. A oração subordinada adjetiva explicativa "que é a oncologia infantil" está corretamente isolada por um par de vírgulas. Optou-se, por questões enfáticas, por colocar-se o adjunto adverbial "de modo algum" entre vírgulas, que não têm emprego obrigatório.

### Questão 27

d) A vírgula empregada após "(UFMG)" isola o aposto que se concedeu para "Newton Bignotto", representado por autor de *Origens do republicanismo moderno*". Esta é a resposta da questão.

## Questão 28

Vejam-se, caso a caso, os diversos empregos de pontuação:

( V ) Em "A revolução da informatização, o fim da guerra fria – *com a decorrente hegemonia de uma superpotência única* – e a internacionalização da economia impuseram um novo equilíbrio de forças" e "Ao contrário: o novo modelo – *cuja arrogância chegou ao extremo de considerar-se o ponto final senão culminante, da história* – promove uma brutal concentração de renda em âmbito mundial", verifica-se que, realmente, as expressões destacadas em itálico interpuseram-se, respectivamente, entre a sequência de núcleos do sujeito da forma verbal "impuseram" e entre o sujeito e a forma verbal "promove".

( F ) Não há oração no fragmento marcado pelas vírgulas indicadas. Em verdade, a primeira vírgula é utilizada para que se inicie uma longa sequência explicativa em relação ao substantivo "aspirações" e a segunda delas separa elementos de uma enumeração.

( V ) Afirmativa verdadeira, como se comprova na transcrição do fragmento: "Ao contrário: o novo modelo – cuja arrogância chegou ao extremo de considerar-se o ponto final, senão culminante, da história – promove uma brutal concentração de renda em âmbito mundial, multiplicando a desigualdade e banalizando de maneira assustadora a perversão social". A expressão "ao contrário" nega afirmativa anteriormente estabelecida e é seguida de uma nova tese.

( V ) O par de vírgulas, ao destacar a expressão "senão culminante" faz com que se perceba seu valor sintático distinto – pelo papel cumprido pela conjunção "senão" – da passagem em que surge, bem como a valoriza expressivamente.

A sequência que atende às exigências da questão é V – F – V – V, e a resposta está na alternativa "d".

## Questão 29

Estamos com questão que explora o emprego da vírgula e do ponto e vírgula. Vejamos, então, cada uma das afirmativas contidas nos itens de I a III.

I. Chama-se "zeugma" a figura de sintaxe que consiste na supressão de vocábulo anteriormente empregado em um texto. Geralmente – não obrigatoriamente – ocorre com formas verbais. Em "Eu irei ao cinema e não, ao teatro" observamos a supressão, na segunda oração, da forma verbal "irei", já empregada na primeira delas. Como estudamos, o uso da vírgula no espaço textual em que surgiria o vocábulo omitido tem emprego facultativo. No caso que ora analisamos, podemos constatar a omissão do substantivo "regiões", como indicamos, lançando-se mão do vocábulo suprimido: "Uma vez que o ar mais quente retém mais água do que o frio, em algumas regiões haverá muita chuva; em outras [*regiões*] as secas se repetirão". Assim, a ausência da palavra destacada, que já fora empregada antecedentemente, ou seja, a ocorrência de zeugma justifica o emprego da vírgula discutida neste item.

II. No texto ora estudado – "Uma vez que o ar mais quente retém mais água do que o frio, em algumas regiões haverá muita chuva; em outras, as secas se repetirão" – a oração "Uma vez que o ar mais quente retém mais água" é subordinada adverbial causal. Deve-se a presença da vírgula que a isola no texto à necessidade de se indicar sua antecipação. Esse emprego é obrigatório.

III. O ponto e vírgula empregado é justificado pela intenção do autor em promover pausa mais forte do que seria indicada pela vírgula em período composto no qual já ocorreu emprego de vírgula no interior do primeiro bloco de informações, ou seja, "Uma vez que o ar mais quente retém mais água do que o frio, em algumas regiões haverá muita chuva". A sinalização desta pausa mais intensa poderia, então, ser marcada por um ponto-final, desde que, como salientado no texto deste item, houvesse a devida adaptação da inicial na preposição "em", que passaria a ser grafada com maiúscula.

Estão corretas as afirmativas contidas em I e III, e a resposta está na alternativa "a".

## Questão 30

b) Como podemos perceber, em "as injeções de liquidez, os programas de compra de ativos podres,(2) as garantias oferecidas pelas autoridades e a capitalização das instituições financeiras não fizeram pouco", as expressões "as injeções de liquidez", "os programas de compras de ativos podres", "as garantias oferecidas pelas autoridades" e "a capitalização das instituições financeiras" representam elementos que compõem a estrutura do sujeito da forma verbal "fizeram". São, assim, termos de mesma função sintática, postos em enumeração, o que implicou o emprego das vírgulas obrigatórias entre eles, com exceção do espaço entre o penúltimo e o último elementos, que foram ligados pela conjunção coordenativa aditiva "e".

## Questão 31

d) É válido o emprego da vírgula indicando a presença da oração subordinada adjetiva explicativa que se inicia com "que possibilita". No entanto, o verbo que estrutura essa oração tem regência transitiva direta e indireta, estando seus complementos indicados por "ao STF" – objeto indireto – e "recusar recursos extraordinários e agravos em ações com baixa relevância social, no entendimento da maioria dos ministros" – oração subordinada substantiva objetiva direta, reduzida de infinitivo. Assim, a vírgula que se observa após "STF" provocou separação entre verbo e complemento, o que não é legítimo. Na continuidade, temos correto emprego de vírgula isolando a expressão de natureza adverbial "no entendimento da maioria dos ministros".

## Questão 32

c) Não procede o emprego da vírgula que se observa antes da conjunção subordinativa integrante "que", assinalada em "Isso quer dizer <u>que</u> todos os dias são retiradas 150 mil toneladas de restos, embalagens e dejetos das casas, ruas e avenidas em todo o país". Considerando-se ser a oração introduzida por essa conjunção uma subordinada substantiva objetiva direta – com respeito à locução verbal "quer dizer" –, a vírgula empregada separou verbo de complemento, o que não é legítimo. Esta é a resposta da questão.

## Questão 33

Vejamos cada uma das alterações de pontuação impostas nas passagens selecionadas do texto, com respeito às possível mudanças dos seus sentidos originais:

I. Sentido original mantido.
A mudança provocada foi, apenas, a de se promover a supressão das vírgulas que originalmente isolavam o adjunto adverbial, e que o punham em relevo estilístico. A supressão das vírgulas em nada alterou a mensagem original da passagem.

II. Sentido original mantido.
Dessa vez, suprimiram-se os travessões que isolavam um aposto, que, por sua vez, expandiu-se por meio de duas orações – uma, reduzida de gerúndio, e outra, subordinada adverbial comparativa, com verbo implícito. No lugar dos travessões citados, foi empregado um par de parênteses, o que manteve o isolamento anteriormente promovido pelos travessões, sem nenhuma mudança no sentido do texto.

III. Sentido original mantido.
Inicialmente, o texto apresentou uma expressão intercalada por meio de vírgulas. Tais vírgulas foram, em seguida, substituídas por um par de travessões, o que não implicou qualquer alteração semântica para o fragmento original
Não houve, então, modificação nos sentidos textuais, e a resposta da questão é a alternativa "e".

## Questão 34

a) Os dois-pontos empregados sinalizaram a inserção no texto de esclarecimento acerca de que seriam os "métodos de memorização ou "memória artificial", os quais "constituíram a "arte da memória". Esta é a resposta da questão.

## Questão 35

Para respondermos com segurança ao que se pede nesta questão, é imprescindível procedermos à divisão do período de que faz parte a vírgula a ser estudada.
Assim, passemos à sua divisão:

"[Os sócios e colaboradores dificilmente são consultados,] [e muitas vezes o apoio reflete mais as posições pessoais dos controladores do que os valores e princípios das empresas"].

Como podemos observar, a vírgula empregada separou as orações "Os sócios e colaboradores dificilmente são consultados" e "e muitas vezes o apoio reflete mais as posições pessoais dos controladores do que os valores e princípios das empresas", respectivamente classificadas em coordenada assindética e coordenada sindética aditiva.

Nesse ponto, vale a recordação do emprego mais frequentemente adotado em circunstâncias nas quais se observam orações coordenadas sindéticas aditivas introduzidas pela conjunção coordenativa aditiva "e". De passagem, comentamos que os empregos que veremos a seguir representam as indicações mais comumente encontradas em nossas gramáticas de base, mas não pacificamente admitidas por elas. Evanildo Bechara, em sua *Moderna gramática portuguesa*, traz-nos outro entendimento para essa matéria. Veremos diversas outras questões neste trabalho em que a circunstância ora abordada é explorada. Em geral, usam-se os preceitos:

Em casos de orações coordenadas sindéticas aditivas introduzidas pela conjunção coordenativa aditiva "e" nas quais o sujeito da oração sindética é diferente do que se encontra na oração assindética, emprega-se a vírgula:

"Os romeiros encaminhavam-se para o templo, e o padre já se preparava para a celebração da missa."

Quando, na mesma circunstância expressa anteriormente, o sujeito das oração é comum, não se emprega a vírgula:

"Os romeiros encaminhavam-se para o templo e já se punham em atitude respeitosa."

Retomando o período ora estudado, vemos que os sujeitos das orações que se separaram por vírgula são distintos: a expressão "Os sócios e colaboradores" é sujeito da oração coordenada assindética, enquanto "o apoio" é sujeito da sindética aditiva.

Temos, então, como resposta a alternativa "b", em que se lê: "está correta, pois é caso de vírgula antes da conjunção e que inicia oração com sujeito diferente do da anterior", informação que vimos no presente comentário.

## Questão 36

Temos, no texto, posta entre travessões, de início, uma oração subordinada adjetiva explicativa, que se vê expandida por uma oração coordenada assindética reduzida de gerúndio, também expandida por uma oração subordinada substantiva objetiva direta, a qual ainda se faz seguir de uma oração coordenada sindética explicativa. Assim faremos a sinalização de todas as orações do período:

[Parodiando a lenda do moleiro] – [que não quis ceder suas terras a Frederico da Prússia,] [dizendo] [que as defenderia,] [porque "ainda havia juízes em Berlim"] –, [posso afirmar:] [há juízes em Brasília, e dos bons!]

Como podemos observar, o emprego do par de travessões poderia, preservado o acerto de pontuação do texto, ser substituído por uma vírgula após o vocábulo "moleiro", com a consequente supressão do segundo travessão que forma o par com o primeiro deles, uma vez que a vírgula sinalizadora do término da longa intercalação já está empregada. Diga-se de passagem que a presença da vírgula tem por objetivo promover a sinalização do deslocamento (antecipação, no caso) da oração reduzida de gerúndio "Parodiando a lenda do moleiro" e tem emprego obrigatório.

A opção pelo emprego do par de travessões teve por objetivo, tão somente, realçar estilisticamente o fragmento textual que entre eles surgiu. É comum esse recurso para que se enfatize alguma passagem do texto, simplesmente porque os travessões, por serem sinais gráficos de pontuação bem menos frequentes do que as vírgulas, ao serem empregados, fazem surgir, ainda que inconscientemente no leitor, mais interesse pelo que por eles foi intercalado.

A resposta está, assim, na alternativa "d", em que se lê: "deixou de vir simplesmente entre vírgulas a fim de receber destaque".

## Questão 37

Vejamos as justificativas para os sinais de pontuação empregados em cada um dos três textos e o que resultaria com a supressão dos mesmos:

I. As vírgulas empregadas salientam o caráter explicativo da oração subordinada adjetiva "que despacharam as utopias". Entendemos, a partir da leitura do texto com a pontuação com que se apresenta, ser caracterizador do homem de hoje o descarte das utopias – e isso sem exceção. A supressão das vírgulas que isolam a aludida oração promoveria sensível alteração semântica, que surgiria da presença, agora, de uma oração subordinada adjetiva restritiva. Assim, em "Caberia aos homens de hoje que despacharam as utopias buscar revigorá-las", passaríamos a entender que nem todos os homens despacharam as utopias e que, consequentemente, somente àqueles que as despacharam caberia a tarefa de buscar revigorá-las.

II. Observamos o mesmo emprego de pontuação, neste item, do empregado no item anterior. Com efeito, a oração "que alimentaram tempos passados", isolada por um par de vírgulas, é entendida como uma explicação para a expressão "Os sonhos coletivos". Assim, entendemos que todos os sonhos coletivos alimentaram tempos passados e, por isso, todos eles deram lugar aos afazeres imediatos. A supressão do par de vírgulas mencionado implicaria inserção de oração de valor restritivo, o que promoveria clara alteração semântica no período, fazendo com que o leitor entendesse que apenas os sonhos coletivos alimentados em tempos passados – já não seriam todos os sonhos coletivos, portanto – deram lugar aos afazeres imediatos.

III. As vírgulas empregadas neste período isolam adjunto adverbial. São facultativas em seu emprego e têm por finalidade realçar estilisticamente o aludido adjunto. Sua supressão em nada alteraria o sentido final da mensagem externada pelo período.

Como vimos, as modificações implicariam alteração das mensagens contidas nos itens I e II, e a resposta da questão está na alternativa "a".

## Questão 38

b) O emprego de uma única vírgula após o advérbio "também" provocou a separação entre a forma verbal "promoveu" e seu complemento, o objeto direto "um encontro com os gestores", o que não pode acontecer. Para retificar o período quanto à pontuação temos duas opções: na primeira, simplesmente suprimimos a vírgula mencionada; na segunda, mantemos a vírgula citada e inserimos uma outra vírgula após a forma verbal "promoveu", o que caracterizaria a intercalação – que traria relevo estilístico – do advérbio "também". Esta é a resposta da questão.

## Questão 39

c) Inicialmente, empregou-se uma vírgula após "avançando", para que se indicasse o término de oração subordinada adverbial concessiva antecipada. Em segundo lugar, já na segunda oração, isolou-se com um par de vírgulas, acertadamente, portanto, o adjunto adverbial "às vezes". Esta é a resposta da questão.

## Questão 40

A partir de fragmento textual que embasa a questão, foram feitas propostas de alteração de pontuação. Nossa tarefa é verificar cada uma das propostas para, no final, apontar a alternativa que reuniu aquelas que devem ser implantadas, para que o texto se torne correto.
Passemos, agora, às afirmativas que devem ser analisadas.
Como podemos observar, em "A Secretaria de Fazenda do Estado do Ceará ou simplesmente SEFAZ-Ceará, é uma das mais antigas instituições", está ocorrendo indevida separação de sujeito, indicado por "A Secretaria de Fazenda do Estado do Ceará ou simplesmente SEFAZ-Ceará" da forma verbal de que é sujeito, a saber, "é". A supressão da aludida vírgula promoverá a retificação do texto, no tocante a aspecto de pontuação. Como outra opção para também se promover a retificação da passagem, manteríamos a vírgula citada, desde que se inserisse uma outra após o primeiro vocábulo "Ceará", para que se promovesse a sinalização da intercalação da expressão "ou simplesmente SEFAZ-Ceará".
Apesar de estar correta a sugestão feita – grafa-se a sigla "SEFAZ-Ceará" ou "Sefaz-Ceará" indiferentemente –, lembremo-nos de que em sua enunciação a questão solicita que apontemos as propostas necessárias para que o texto se torne correto, o que não é caso presente, em que estaremos trocando algo correto por outra forma também correta, ou seja, trata-se de troca dispensável. Rigorosamente, este item não exigiu conhecimentos de pontuação para ser estudado.

A expressão "de 26 de dezembro de 1836" exerce, com respeito a "Lei 58", valor semântico explicativo, o que impõe a presença obrigatória de vírgulas isolando-as. Da forma como o texto surgiu redigido, passa-se a indicar efeito semântico restritivo da referida expressão com respeito a "Lei 58", entendimento inadmissível para a passagem.

Embora a substituição do par de travessões por um par de parênteses seja válida, na medida em que ambas as sinalizações configuram o isolamento do aposto "pai do escritor cearense José de Alencar", não há necessidade de a mesma ser feita, uma vez que o emprego dos travessões foi legítimo para isolá-lo.

Temos, na presente passagem, emprego de vírgula no término de oração subordinada adjetiva restritiva – "que se confunde com a do próprio Estado" –, o que é legítimo, ainda que promovendo separação de expressões que, naturalmente, não sofreriam isolamento. O que não se pode, em nenhuma hipótese, é isolar-se com um par de vírgulas oração subordinada adjetiva restritiva. Justifica-se a necessidade de emprego da vírgula mencionada para que se aponte a ligação existente entre os sintagmas "de uma história institucional" e "de incontáveis serviços", de modo que o texto ganhe clareza informativa.

Devemos o emprego das aspas na passagem ora estudada à intenção estilística de se apontar clichê linguístico, ou seja, expressão que, por ser tantas vezes repetida, acaba por perder sua expressividade. Como se trata de emprego estilístico de sinais de pontuação, sua supressão, embora preserve o texto gramaticalmente correto, não se faz imprescindível.

Como vimos, estão ajustadas ao enunciado da questão as propostas sugeridas em I, III e V e a resposta está na alternativa "a".

## Questão 41

d) O ponto e vírgula que se observa após o adjetivo "brasileira" não tem função de isolar oração subordinada adjetiva restritiva subsequente. Aliás, esse modelo de oração não é separado de sua principal. Foi empregado para que se promovesse pausa na elaboração de um longo período composto, no qual se observa a menção a dois fatores, indicados pelas expressões "de um lado" e "de outro", que surgem explicados por meio de orações subordinadas adjetivas explicativas, ou seja, em fragmentos nos quais se empregam vírgulas obrigatórias. Esta é a resposta da questão.

## Questão 42

Como podemos observar, os termos "abastecimento humano", "dessedentação", "irrigação" – e, na linha seguinte à indicada, "indústria", "geração de energia elétrica" e "navegação" – são elementos de aposto e estão dispostos em enumeração.

Aproveitamos a oportunidade para relembrar que o emprego de vírgula antes de "etc.", embora incomum, não constitui equívoco. No presente texto, não se fez tal utilização, na passagem "A água pode ter diversas finalidades, como: abastecimento humano, dessedentação animal, irrigação, indústria, geração de energia elétrica, lazer, navegação etc.".

### Questão 43

b) Todos os sinais de pontuação estão corretamente empregados. No primeiro exemplo, o ponto de interrogação sinaliza questionamento que é respondido com a oração "Doceiras badaladas dão a receita". Os dois-pontos após "São Paulo", no segundo exemplo, preparam o leitor para a explicação acerca de qual é a "nova febre em São Paulo". No terceiro exemplo, os dois-pontos antecedem a explicação necessária com respeito ao que se está falando com "Só é preciso uma coisa para viver bem". E, finalmente, a vírgula empregada em "Para você, profissional de RH", como já salientamos no comentário precedente, isola vocativo.

### Questão 44

b) Nada existe para se retificar neste item, em que se fez a intercalação com um par de vírgulas das orações "citado pelo autor" e "a julgar pela expressão de sua própria lavra". Promoveu-se, ainda, o emprego de vírgula que põe em relevo estilístico o adjunto adverbial "mercê do funcionamento da máquina neoliberal". Esta é a resposta da questão.

### Questão 45

e) O par de vírgulas isolando a oração "como talvez seja para sempre", que está intercalada em "O mundo continua sendo um elemento intrigante para o homem, esse bicho curioso" está perfeito e, por ser um par, não separou a forma de gerúndio "sendo" do predicativo do sujeito "um elemento intrigante". A vírgula empregada após o substantivo "homem", obrigatória, isola o aposto deste substantivo. Esta é a resposta da questão.

### Questão 46

d) O par de travessões empregado está correto e isolou oração subordinada adjetiva explicativa. Dentro desta oração, promoveu-se o realce semântico do adjunto adverbial "sensivelmente" com um par de vírgulas. O mesmo expediente de promoção de ênfase foi utilizado com o par de vírgulas que isolam a expressão "na sua maioria".

## Questão 47

Temos agora questão de pontuação com modelo muito frequente. Consiste em apresentar-se um excerto obtido no texto que embasou as questões da prova e, em seguida, sugerirem-se variações desse mesmo fragmento com respeito aos sinais de pontuação. Na que agora resolveremos, o candidato deverá apontar a alternativa que, igualmente, apresenta pontuação correta para o texto inicial.

Vejamos como se divide em orações o período com que trabalharemos:

[É certo] [que a separação dos valores e princípios pessoais dos controladores dos valores e princípios das empresas e, mais ainda, a transformação dessa dissociação em um novo critério para a tomada de decisões sobre aspectos tão sensíveis como o apoio a determinado partido ou candidato ainda é uma atitude difícil para grande parte dos empresários].

Temos, assim, as orações:

É certo – oração principal;

que a separação dos valores e princípios pessoais dos controladores dos valores e princípios das empresas e, mais ainda, a transformação dessa dissociação em um novo critério para a tomada de decisões sobre aspectos tão sensíveis como o apoio a determinado partido ou candidato ainda é uma atitude difícil para grande parte dos empresários – oração subordinada substantiva subjetiva.

Ainda que não seja objeto de estudo da presente questão, apontamos o equívoco cometido no tocante à sintaxe de concordância verbal na segunda oração ora apresentada. Seu sujeito, como podemos verificar, é composto, com núcleos em "separação" e "transformação". Tal fato implica obrigatório emprego da forma verbal relativa ao verbo "ser" em 3ª pessoa do plural, na forma "são", o que não foi feito. Por óbvio, o predicativo do sujeito "uma atitude difícil" também deveria ter sido apresentado em concordância com o sujeito mencionado, o que faria com que surgisse sob a forma "atitudes difíceis".

Retornando à questão, vejamos, agora, cada uma das alternativas propostas.

a) Está incorreta a utilização da vírgula posta após "candidato", uma vez que promove a separação entre a forma verbal "é" e seu sujeito, indicado pela longa expressão "a separação dos valores e princípios pessoais dos controladores dos valores e princípios da empresas, e, mais ainda, a transformação dessa dissociação em um novo critério para a tomada de decisões sobre aspectos tão sensíveis como o apoio a determinado partido ou candidato".

b) Optou-se, nesta questão, pela sinalização da expressão intercalada "mais ainda" com um par de travessões, o que é válido. Também estaria válida a utilização, nesse caso, de um par de parênteses. Esta é a resposta da questão.

c) Como vimos antecedentemente, o emprego do par de travessões é perfeito. No entanto, nesse texto, não procede o emprego da vírgula após o segundo travessão, uma vez que com ela estaríamos isolando a conjunção aditiva "e" do segundo bloco integrante do sujeito já indicado no comentário do item "a" desta questão. Aqui, é importante que entendamos estar o par de travessões incumbido de substituir as vírgulas duplas que isolavam, originariamente, a expressão "mais ainda". Caso empreguemos após o segundo travessão uma vírgula, promoveremos a separação entre os termos já comentados, o que não é legítimo. Em nossas aulas, recomendamos que os alunos, com o intuito de verificar se procede ou não o emprego de vírgula após o segundo travessão de um par, suprimam do texto todo o fragmento que estava entre os travessões, inclusive, claro, os dois sinais de pontuação. Nesse caso, ficaríamos com o seguinte texto: "É certo que a separação dos valores e princípios pessoais dos controladores dos valores e princípios das empresas e, a transformação dessa dissociação em um novo critério para a tomada de decisões sobre aspectos tão sensíveis como o apoio a determinado partido ou candidato ainda é uma atitude difícil para grande parte dos empresários", que revela emprego rigorosamente equivocado da vírgula empregada antes de "a transformação...". Existem circunstâncias em que o emprego de vírgula após o segundo travessão do par empregado é legítimo, como vimos nas informações teóricas.

d) Dessa vez, ocorreu equívoco no emprego da vírgula antes da conjunção aditiva "e", já que, de modo indevido, provoca o afastamento dos dois termos que compõem a estrutura do sujeito.

e) Ocorreram dois equívocos de pontuação: primeiramente, a vírgula empregada antes da conjunção aditiva "e", por razão já comentada no item antecedente; em segundo lugar, a vírgula que separa o substantivo "decisões" de seu complemento nominal "sobre aspectos tão sensíveis" também não pode ser empregada.

**Questão 48**

c) Não há qualquer deslize de pontuação na passagem. Chamamos a atenção para o acertado isolamento dos vocábulos "primeiro" e "segundo", sendo o primeiro deles promovido por dois-pontos e vírgula e o segundo por um par de vírgulas. Ainda apontamos a necessária sinalização do uso intercalado da oração "ao tomar decisões", o que se fez com um par de vírgulas. Relembramos que a ausência de vírgula diante da conjunção aditiva "e" deve-se ao fato de a mesma introduzir oração de sujeito idêntico ao da oração anterior. Finalmente, indicamos a possibilidade de emprego de vírgula – facultativa, portanto – isolando a oração "em vez de se submeter aos conselhos e pressões dos países mais ricos", que se inicia por adjunto adverbial tradutor de matiz semântico indicativo de substituição. Esta é a resposta da questão.

**Questão 49**

d) Deve-se o emprego das vírgulas que isolam a expressão "com o tempo" à intenção em se promover o realce estilístico de adjunto adverbial, e não de aposto. Aproveitamos a passagem para relembrar que tal emprego de pontuação, cujo intuito é o de se promover relevo de expressão textual, é facultativo. Assim, caso estivéssemos com a passagem mencionada escrita da forma "O termo criou resistências corporativistas na Justiça, mas com o tempo o Conselho ocupou espaços e hoje é um organismo muito atuante", no qual o adjunto adverbial "com o tempo" não surgisse entre vírgulas, teríamos também texto corretamente pontuado.

## Questão 50

Discute-se nesta questão o emprego da vírgula que antecede a conjunção coordenativa aditiva "e". Já vimos, em diversas outras questões deste trabalho, exigências no tocante ao conhecimento dessa circunstância.

Embora não haja consenso acerca dessa matéria, em geral adota-se o emprego da vírgula na circunstância descrita, por exemplo, em *Nova gramática do português contemporâneo*, de Celso Cunha e Lindley Cintra, Editora Nova Fronteira, RJ, 3ª edição, 12ª reimpressão, 2001, p. 647, cuja passagem que validará a resposta para esta questão transcrevemos a seguir:

[...]

***Observações:***

1ª) Separam-se geralmente por vírgula as orações coordenadas unidas pela conjunção "e", quando têm sujeito diferente:

O sol já ia fraco, e a tarde era amena.

(Graça Aranha, *OC*, 148.)

A mulher morreu, e cada um dos filhos procurou o seu destino.

(F. Namora, *TJ*, 23.)

Agora, vejamos o período em que surgiu o emprego da vírgula a ser discutido:

"A participação da renda pessoal na distribuição da renda nacional deve ser aumentada, e a participação da remuneração do trabalho na distribuição primária também deve ser elevada, diz o comunicado de ontem."

Observamos que o período apresentado está composto por três orações:

1. "A participação da renda pessoal na distribuição da renda nacional deve ser aumentada";
2. "e a participação da remuneração do trabalho na distribuição primária também deve ser elevada";
3. "diz o comunicado de ontem".

Em decorrência da apresentação das orações acima, percebemos que a oração iniciada pela conjunção aditiva "e" tem sujeito – "a participação da remuneração do trabalho na distribuição primária" – diferente do sujeito da oração anterior, que é "A participação da renda pessoal na distribuição da renda nacional".

Do que vimos, a resposta da questão está contida na alternativa "e", que estabelece estar a vírgula "correta, pois o e inicia oração com sujeito diferente do da anterior".

## Questão 51

Nesta questão deu-se um texto pontuado de forma correta, considerando-se o pressuposto estabelecido pelo advérbio "igualmente" empregado no enunciado da questão, e, em seguida, dispôs-se o mesmo texto em cinco alternativas nas quais a pontuação proposta difere da que surgiu na passagem original. Solicita-se, então, que o candidato aponte a alternativa que está correta, com a nova pontuação implementada.

É conveniente, de início, observarmos as justificativas de emprego dos sinais gráficos de pontuação no texto dado como correto e constante na enunciação do teste:

"Do mesmo modo que a ética ambientalista tem enfatizado que os recursos ambientais não são inesgotáveis, colocando-se a possibilidade de as gerações presentes virem a exauri-los, privando as futuras gerações da própria existência, não é menos razoável pensar que os recursos públicos, também exauríveis, podem vir a comprometer o desenvolvimento humano e a existência de grupos menos favorecidos, carentes da ação estatal que vise a minorar as desigualdades".

Foram empregadas, unicamente, vírgulas no texto original. Vejamos as razões de seus empregos:

"Do mesmo modo que a ética ambientalista tem enfatizado que os recursos ambientais não são inesgotáveis," – vírgula que isola oração subordinada adverbial conformativa antecipada (relativamente à oração "não é menos razoável") e, por isso, tem emprego obrigatório;

"colocando-se a possibilidade de as gerações presentes virem a exauri-los, privando as futuras gerações da própria existência," – a primeira vírgula separa duas orações reduzidas de gerúndio, coordenadas entre si, e têm, por isso, emprego obrigatório; a segunda delas marca término de oração reduzida que se antepôs à principal oração do período "não é menos razoável";

",também exauríveis," – vírgulas que isolam expressão de natureza explicativa, intercalada entre um sujeito ("os recursos públicos") e seu verbo, no caso, a locução "podem vir a comprometer" e, consequentemente, de emprego obrigatório;

",carentes da ação estatal que vise a minorar as desigualdades" – vírgula que separa a expressão de natureza explicativa *carentes da ação estatal*, com relação ao sintagma "grupos menos favorecidos"; tem emprego, ainda, obrigatório.

Observemos duas passagens importantes do texto em que não se pode empregar vírgula ou qualquer outro sinal gráfico de pontuação:

após o adjetivo "razoável", em "não é menos razoável pensar", uma vez que "pensar" é oração subordinada substantiva subjetiva, reduzida de infinitivo, com respeito à oração antecedente "não é menos razoável";

após o adjetivo "estatal", na última linha do texto original, para que se respeite o tom semântico restritivo da oração adjetiva "que vise a minorar as desigualdades".

Analisemos, agora, cada uma das alternativas:

a) A substituição das duas vírgulas iniciais pelos travessões é legítima. Os travessões têm a mesma capacidade de sinalizar a interrupção da sequência da oração "Do mesmo modo que a ética ambientalista tem enfatizado que os recursos ambientais não são inesgotáveis", bem como de promover a devida separação entre as orações coordenadas reduzidas de gerúndio. No entanto, o emprego dos dois travessões não isentaria a vírgula a ser empregada antes de "não é menos razoável" de seu uso. Atente-se que há fins distintos nos empregos dos travessões e da vírgula mencionada: enquanto os travessões sinalizariam a intercalação levada a efeito por duas orações, a vírgula estaria promovendo a separação entre as orações coordenadas entre si "Do mesmo modo que a ética ambientalista tem enfatizado que os recursos ambientais não são inesgotáveis e não é menos razoável". Também não está correto o emprego da vírgula após o adjetivo "humano", uma vez que separa termos ligados pela conjunção aditiva *e*.

b) Não procede o emprego da vírgula após "tem enfatizado", na medida em que separa a forma verbal citada de seu complemento direto, representado pela oração "que os recursos ambientais não são inesgotáveis". Igualmente equivocado está o emprego da vírgula após a forma verbal "pensar", uma vez que afasta esse verbo de seu objeto direto oracional "que os recursos públicos, também exauríveis, podem vir a comprometer o desenvolvimento humano e a existência de grupos menos favorecidos, carentes da ação estatal". Não há, ainda, procedência para o emprego da vírgula após "estatal", dada a natureza restritiva da oração adjetiva que surge iniciada pelo pronome relativo "que".

c) A primeira vírgula encontrada no texto ora analisado, posta após "ambientalista", promoveu a separação entre o sujeito "a ética ambientalista" e a locução verbal "tem enfatizado", da qual é sujeito. Igualmente incorreta está a vírgula após "pensar", como dispusemos no comentário anterior. Ainda está equivocado o emprego da vírgula posta no início de uma oração subordinada adjetiva restritiva, o que também foi comentado na alternativa precedente.

d) Agora optou-se, de forma legítima, por isolar-se a segunda das orações reduzidas de infinitivo por um par de travessões. A troca ficou perfeita já que não se esqueceu o emprego da vírgula isolando as orações "Do mesmo modo que a ética ambientalista tem enfatizado que os recursos ambientais não são inesgotáveis e não é menos razoável", o que ocorrera na alternativa "a". Observemos que a intercalação da primeira oração reduzida, que se sinalizou em seu início com uma vírgula, foi finalizada, também, pela vírgula posta após o segundo travessão, a qual, assim, acumulou funções. Na continuidade do texto, reproduziu-se o esquema de pontuação empregado no fragmento originalmente disposto no enunciado da questão e que comentamos na introdução dos presentes comentários. Esta é a resposta da questão.

e) É absurda a separação feita pela vírgula empregada após o substantivo "ética": está-se afastando o núcleo de um sujeito de seu adjunto adnominal. Igualmente equivocado é o emprego da vírgula após "ambientalista", que isola o sujeito "a ética ambientalista" da locução verbal "tem enfatizado". Ainda está incorreto o emprego da vírgula após "razoável", por motivos já expostos nas alternativas "a" e "c". Está incorreta a vírgula posta após o segundo travessão em – "também exauríveis" –, por promover separação entre o sujeito "os recursos públicos" e a locução verbal de que é sujeito "podem vir a comprometer".

## Questão 52

Temos questão que consiste em, dado um texto com pontuação definida como correta em sua enunciação, apontar-se alternativa em que não se observe acerto no emprego dos sinais gráficos de pontuação. É modelo já estudado neste trabalho. Passemos, de início, ao texto que motivou a presente questão, com considerações preliminares acerca de sua estratégia de pontuação:
"Tributos muito vulneráveis à evasão, especialmente em países sem forte tradição tributária, são altamente perniciosos, porque sendo a sonegação uma conduta oportunista ela inevitavelmente ocorrerá e, em consequência, acarretará toda sorte de desequilíbrios no mercado e deficiências no erário".
Analisamos os diversos sinais de pontuação.
As vírgulas postas após "evasão" e "tributária" isolam expressão de natureza explicativa intercalada entre a forma verbal "são" e o seu sujeito, indicado por "Tributos muito vulneráveis à evasão". Deve-se salientar que o uso de apenas uma delas acarreta equívoco caracterizado pela separação entre o sujeito e a forma verbal indicados. O mesmo fato ocorreria com a possibilidade alternativa de emprego de travessões para isolar a expressão citada: o emprego de um travessão acarretaria obrigatório emprego de outro para fechar o par, com a obrigatoriedade de inexistência de vírgula após o segundo travessão, para que não se configurasse afastamento entre a forma verbal "são" e seu sujeito, indicado por "Tributos muito vulneráveis à evasão".
A vírgula posta após "perniciosos", de emprego obrigatório, isola a oração coordenada sindética explicativa "porque [...] ela inevitavelmente ocorrerá"; comente-se que a inserção da oração subordinada adverbial causal, reduzida de gerúndio, "sendo a sonegação uma conduta oportunista" na oração explicativa já citada deveria obrigatoriamente ser sinalizada com vírgula. É lamentável que tal exigência não tenha sido atendida no texto que ensejou a questão em discussão, cujo enunciado indicava haver pontuação correta, o que pode ter predisposto candidatos a recusarem alternativas em que a oração reduzida surgisse isolada por vírgulas.
A inexistência de vírgula após a forma verbal "ocorrerá", dada a presença da oração coordenada sindética aditiva iniciada pela conjunção aditiva "e", com sujeito ("a sonegação") idêntico ao da oração anterior que a ela se segue, está justificada, embora a presença de uma vírgula nesse ponto não provocasse equívoco de pontuação.
As vírgulas que isolam o adjunto adverbial "em consequência" têm natureza de emprego facultativo, estando, portanto, corretas, embora sua ausência não implicasse equívoco de pontuação. Lembremo-nos, entretanto, de que o emprego

de uma única vírgula antes ou depois desse adjunto adverbial provocaria equívoco de pontuação, na medida em que se estaria separando a conjunção aditiva "e" da oração por ele introduzida, o que não é legítimo. Poderia, ainda, haver substituição do par de vírgulas por um par de travessões, devendo acontecer, nesse caso, de modo obrigatório, a eliminação da vírgula posta após o segundo travessão, para que não se promova a separação entre a conjunção aditiva e o corpo da oração por ela introduzida;

Estabelecidas as considerações iniciais, passemos à análise das alternativas da questão.

a) Optou-se pelo isolamento da expressão explicativa "especialmente em países sem forte tradição tributária" – originalmente feito por um par de vírgulas - agora, por travessões, o que é legítimo. Observemos o não emprego de vírgula após o segundo travessão, para que não se configurasse equívoco de pontuação em face de estar-se separando a forma verbal *são* de seu sujeito, indicado por "Tributos muito vulneráveis à evasão". Manteve-se a vírgula obrigatória sinalizadora da oração coordenada sindética explicativa "porque [...] ela inevitavelmente ocorrerá". Utilizou-se um par de vírgulas de emprego obrigatório, para isolar oração reduzida de gerúndio ("sendo a sonegação uma conduta oportunista") intercalada na coordenada sindética explicativa já citada, o que não fora feito no texto original, dado como correto pela eminente banca examinadora. Foi mantida a ausência da vírgula antes da conjunção coordenativa aditiva "e", o que é válido. Manteve-se, ainda, sinalizado por um par de vírgulas o adjunto adverbial "em consequência". Esta é a resposta da questão.

b) Na verdade, a única diferença entre esta alternativa e a anterior – que é a resposta da questão – consiste na presença da vírgula precedente à conjunção coordenativa aditiva "e". Ficou evidente, assim, que a posição adotada pela banca examinadora da Fundação Getulio Vargas para essa matéria é no sentido de dar-se como equivocado tal emprego.

c) Está incorreta a vírgula posta após o segundo travessão, como já foi explicado nas considerações iniciais desta questão. Repetiu-se, também, o emprego da vírgula antes da conjunção coordenativa aditiva "e" – o que, no presente caso e para a eminente banca representa equívoco de pontuação.

d) Há um único equívoco no presente texto: a presença da vírgula após o vocábulo "consequência". Para entendermos sua razão, retornemos ao item 4 das considerações iniciais da presente questão.

e) Está incorreta a vírgula empregada após o segundo travessão do par que isola a oração reduzida de gerúndio "sendo a sonegação uma conduta oportunista", uma vez que separa a conjunção coordenativa explicativa "porque" do corpo da oração por ela introduzida ("ela inevitavelmente ocorrerá"), o que é ilegítimo.

### Questão 53

Tendo como base um fragmento textual fornecido no enunciado da questão, foram feitas afirmativas relativas a conhecimentos de pontuação. O candidato deverá apontar que afirmativas contidas nos itens numerados de I a III estão corretas.

Vejamos, então, cada uma das afirmativas contidas nos itens indicados:

I. Os dois-pontos, empregados corretamente, preparam o leitor para a sequência de "outras razões explicativas da evasão". Não têm, no entanto, emprego obrigatório. O texto estaria igualmente correto quanto a aspectos de pontuação assim redigido: "Entre outras razões explicativas da evasão, destacam-se a ignorância frente à matéria tributária, muitas vezes reforçada por uma legislação complexa e ambígua; a impunidade que privilegia os que não pagam impostos; a falta de percepção quanto ao uso do dinheiro público ou sua malversação, em prejuízo do exercício pleno da cidadania fiscal; a utilização imprópria de recursos judiciais; a existência de uma relação desequilibrada nas relações entre o fisco e o contribuinte".

II. Embora seja mais frequente a ausência da conjunção coordenativa aditiva "e" precedendo o último termo de uma enumeração em que os diversos elementos são separados uns dos outros por vírgulas ou pontos e vírgulas, a utilização de tais sinais gráficos de pontuação antes da referida conjunção, na situação descrita, é legítima e tem como justificativa trazer para o último elemento da enumeração, por meio da pausa provocada pela vírgula, relevo estilístico.

III. Procedendo-se como disposto no texto do presente item, estaríamos isolando uns dos outros os termos enumerados – dos quais retiraram-se, relativamente ao primeiro e terceiro, expressões de natureza explicativa – por meio de vírgulas, o que é não só válido, como, também, mais comum. A menção ao emprego da conjunção aditiva unindo o último elemento da enumeração ao penúltimo está, igualmente, correta. Observe-se o emprego de "poderia ser substituído" pela conjunção "e", revelador de que ainda estaria correto o emprego da vírgula antes da referida conjunção, como salientamos no item II.

Estão corretas, então, as afirmativa II e III, o que indica como resposta a alternativa "c".

### Questão 54

Temos de apontar a alternativa em que os sinais de pontuação estão corretos, o que implica o reconhecimento de que em quatro alternativas o texto apresenta-se com problemas.

Sendo o mesmo texto que está em discussão nas cinco alternativas, é conveniente verificarmos, antes de analisarmos cada uma delas, qual a pontuação correta a nele ser empregado.

O texto é o que se segue, com os sinais gráficos de pontuação indicados por números e, em seguida, explicados:

"Se o Estado estabeleceu o incentivo à prorrogação da licença-maternidade às trabalhadoras de empresas privadas,(1) deve,(2) bem antes,(3) dar-lhes o exemplo e admitir,(4) desde já,(5) a obrigação para si.(6) Aliás,(7) porque públicos também são os fundos que financiam a política de incentivo,(8) realizados mediante renúncia fiscal,(9) é incongruente pensar que,(10) de um lado,(11) o poder público possa incentivar as empresas,(12) com fundos públicos,(13) e,(14) de outro,(15) não se submeta ao objeto incentivado,(16) arcando-o com os mesmos fundos.(17)"

Justificativas:

(1) Vírgula obrigatória.
Indica a antecipação de oração subordinada adverbial.

(2) Vírgula facultativa.
Devemos entender que o emprego desta vírgula está condicionado ao também emprego da que se indicou com o número (3). Ambas sinalizam a intercalação de expressão de natureza adverbial em um locução verbal, o que conferirá ênfase à expressão. As duas vírgulas mencionadas – (2) e (3) – poderiam ser dispensadas, mas o emprego de uma delas imporá uso obrigatório da segunda.

(3) Vírgula facultativa.
Razões apontadas no comentário antecedente.

(4) Vírgula facultativa.
Temos situação análoga à que vimos em (2) e (3), ou seja, estamos com vírgula que, juntamente com a de número (5), promove sinalização de inserção da expressão "desde já", também de natureza adverbial. É fato que as duas vírgulas – de números (4) e (5) – poderiam ser dispensadas. No entanto, o emprego de uma delas implicará obrigatoriedade de uso da outra, sob pena de se proceder à separação entre a forma verbal "admitir" e seu objeto direto "a obrigação para si."

(5) Vírgula facultativa.
Razões apontadas no comentário antecedente.

(6) Ponto-final obrigatório.
Com ele, indica-se a pausa suspensiva final do primeiro período do texto.

(7) Vírgula obrigatória.
Palavras ou expressões de natureza explicativa, retificadora, ratificadora, enfática, entre outros valores, são obrigatoriamente isoladas por vírgulas. Citamos algumas: "aliás", "além disso", "assim, "bem", "enfim", "isto é", "no mais", "ou seja", "vale dizer".

(8) Vírgula obrigatória.
Assinala antecipação de oração adverbial. No presente caso, a vírgula empregada tem duplo fim: serve, também, para isolar oração subordinada adjetiva explicativa, reduzida de particípio ("realizados mediante renúncia fiscal").

(9) Vírgula obrigatória.
Indica, juntamente com a de número (8), o isolamento da oração subordinada adjetiva explicativa mencionada na análise anterior.

(10) Vírgula facultativa.

Juntamente com a de número 11 possibilitam a ênfase desejada para a expressão de natureza adverbial "de um lado". Sua utilização poderia ser dispensada, contanto que também se dispensasse a que com ela forma um par. Nesse caso, há um fato que não pode ser desconsiderado: na sequência do texto, surge outra expressão ("de outro"), de mesma natureza, que estabelece um paralelo com "de um lado". Para que o texto se torne coerente, é fundamental que o mesmo regime de emprego ou não de vírgulas seja estendido às duas situações.

(11) Vírgula facultativa.

Razões apontadas no comentário antecedente.

(12) Vírgula facultativa.

A expressão "com fundos públicos" funciona sintaticamente como adjunto adverbial. Seu isolamento por vírgula é de natureza estilística e tem por finalidade dar-lhe mais expressividade.

(13) Vírgula facultativa.

Teve por intenção pôr em destaque o adjunto adverbial mencionado no comentário precedente. Seu emprego é facultativo e dependente do que se optou por fazer em (12).

(14) Vírgula facultativa.

Justificativa idêntica à que vimos no comentário do item (10).

(15) Vírgula facultativa.

Justificativa idêntica à que vimos no comentário do item (10).

(16) Vírgula obrigatória.

Promove a indicação do início de oração reduzida de gerúndio.

(17) Ponto-final obrigatório.

Indica efeito suspensivo final no segundo período do texto.

Agora que temos todas as pontuações justificadas, podemos passar às análises de cada opção:

a) Como podemos observar, todos os sinais gráficos de pontuação empregados no texto desta alternativa foram justificados no comentário inicial da questão ora estudada. Esta é a resposta da questão.

b) Há incorreção no emprego da vírgula após o vocábulo "Estado", por promover separação entre sujeito e seu verbo. Não se procedeu à sinalização do fim do primeiro período com o ponto-final após o vocábulo "si", que, equivocadamente, foi substituído por uma vírgula. Também não se procedeu ao isolamento da palavra denotativa de retificação "Aliás".

c) Separou-se indevidamente a conjunção "se" da oração que por ela é introduzida, o que não pode ser feito. Não se procedeu à indicação de término da oração subordinada adverbial que, antecipadamente, abriu o período. Considerando-se a existência de vírgulas no primeiro período do texto, é viável o emprego do ponto e vírgula a separá-lo do segundo período.

d) Não se justifica o emprego de vírgula isolando a oração subordinada adjetiva restritiva "que financiam a política de incentivo". Está incorreto o emprego da vírgula após o vocábulo "que", em "pensar que", uma vez que a oração iniciada pelo vocábulo mencionado funciona como objeto direto do verbo "pensar". A vírgula posta após "lado", como vimos nos comentários iniciais, só pode ser empregada caso haja utilização de uma outra, de modo que se promova o isolamento da expressão "de um lado". É legítima a opção pelo não emprego de vírgulas a isolar a expressão "desde já".

e) Repetiu-se o equívoco de não se sinalizar o término do primeiro período do texto com ponto-final. Como vimos no comentário do item "c", não se pode separar conjunção do corpo da oração que é por ela introduzida, o que caracteriza erro no emprego de vírgula após "porque", em "porque, públicos". O ponto e vírgula posto após "renúncia fiscal" tem de ser substituído por vírgula, que foi o sinal empregado para sinalizar a existência de oração subordinada adjetiva explicativa, reduzida de particípio. A vírgula posta após o verbo "pensar", como vimos no comentário da alternativa anterior, está incorreta. Embora, como tenhamos afirmado em nossos comentários iniciais, as vírgulas que isolam a expressão "de um lado" tenham emprego facultativo, recomenda-se que sejam, neste caso, empregadas, considerando-se que, na continuidade do texto, isolou-se a expressão "de outro". Também seria adequada, obviamente, a dispensa dos dois pares de vírgulas que isolam as referidas expressões.

## Questão 55

A partir de um texto original, indicado pela eminente banca examinadora como correto quanto à pontuação nele empregada, propõem-se variações na estratégia do uso dos sinais de pontuação.

Solicita-se, então, que o candidato aponte o item com sistemática incorreta.

Vejamos, então, de início, a razão de ser dos sinais gráficos de pontuação empregados no texto constante no enunciado da presente questão, que transcrevemos com suas orações constitutivas já indicadas:

["O movimento altermundialista é histórico] [e prolonga] [e renova os três movimentos históricos precedentes: o da descolonização [– o altermundialismo modificou em profundidade as representações norte-sul em proveito de um projeto mundial comum]; o das lutas operárias [– desse ponto de vista, está comprometido com a mudança rumo a um movimento social e pela cidadania mundial]; e o das lutas pela democracia a partir dos anos 1960-1970 [– é um movimento pela renovação do imperativo democrático após a implosão dos Estados soviéticos em 1989 e as regressões representadas pelas ideologias e doutrinas de segurança / militaristas / disciplinares / paranoicas."]

Como podemos observar, o texto é aberto com três orações coordenadas: [O movimento altermundialista é histórico] [e prolonga] [e renova os três movimentos históricos precedentes: o da descolonização; o das lutas operárias; e o das lutas pela democracia a partir dos anos 1960-1970].

Observemos que no interior da terceira oração coordenada acima citada, inseriram-se orações que funcionam como explicações para as referências feitas pelas expressões "descolonização", "lutas operárias" e "lutas pela democracia".

Assim, com respeito aos sinais de pontuação encontrados no texto ora estudado, tecemos os seguintes comentários:

1. É tradição da banca examinadora da Fundação Getulio Vargas a não utilização de sinais gráficos de pontuação a isolar orações coordenadas sindéticas aditivas que tenham sujeitos iguais aos das orações precedentes. Não se vê, portanto, qualquer sinal de pontuação entre as orações coordenadas citadas. A utilização de vírgula nessa circunstância não seria, no entanto, equivocada e sinalizaria o fato de o redator desejar que o leitor promovesse pausa entre as respectivas orações. Não se pode, inclusive, desconsiderar a existência de polissíndeto, o que ainda mais recomendaria a existência de vírgulas nessa passagem. Repetimos, contudo, que a eminente banca examinadora da Fundação Getulio Vargas – e tal fato ocorreu em diversas provas por ela produzidas – não admite como correto esse emprego, contrariando vozes de alto mérito e reconhecimento como, por exemplo, Evanildo Bechara, *Moderna gramática portuguesa*, 37ª edição, Editora Lucerna, Rio de Janeiro, p. 609.
2. Observa-se o correto emprego dos dois-pontos após o vocábulo "precedentes", que preparam o leitor para a enumeração explicativa concernente a "os três movimentos históricos precedentes".
3. Os elementos postos em enumeração estão, como podemos verificar, isolados uns dos outros por pontos e vírgulas. Essa separação poderia ser feita, com igual acerto, com vírgulas.
4. As orações que funcionam como adendos para os termos citados acima ("o altermundialismo modificou em profundidade as representações norte-sul em proveito de um projeto mundial comum", "desse ponto de vista, está comprometido com a mudança rumo a um movimento social e pela cidadania mundial" e "é um movimento pela renovação do imperativo democrático após a implosão dos Estados soviéticos em 1989 e as regressões representadas pelas ideologias e doutrinas de segurança / militaristas / disciplinares / paranoicas") surgiram isoladas daquelas a cujos termos se referem por travessões. Seria também correto o emprego de pares de parênteses. Observemos que a opção pelo afastamento por travessões provocou o emprego de apenas um deles no início da oração, o que não está adequado, uma vez que a iniciativa da sinalização com o travessão acarreta a obrigatoriedade de que se feche a oração com outro travessão. Esta necessidade só deixaria de ocorrer no caso da última oração, uma vez que ao seu término estaria sendo finalizado o período inteiro. Assim, a afirmativa de que o texto dado no enunciado está correto quanto à pontuação nele empregada não é válida.
5. É facultativo o emprego da vírgula isolando o adjunto adverbial "desse ponto de vista".

Feitas as considerações iniciais, passemos, agora, às análises de cada alternativa da questão:

a) Em conformidade com as prescrições adotadas pela banca examinadora em outros concursos, as vírgulas que isolam as orações coordenadas postas no início do período estão incorretamente aplicadas, conforme dispusemos no item 1 das nossas considerações iniciais. Está incorreto, também, o emprego dos dois-pontos após as expressões "descolonização", "lutas operárias" e "a partir dos anos 1960-1970", inviáveis para substituírem os travessões originalmente empregados.
b) Como já vimos nas considerações iniciais (item 1) e no comentário da alternativa "a" precedente, a separação entre si das orações coordenadas situadas no início do período não é correta. Errou-se também por não se ter sinalizado a enumeração promovida por "descolonização", "lutas operárias" e "lutas pela democracia".
c) Não se sinalizou devidamente a separação do último elemento da enumeração "descolonização", "lutas operárias" e "lutas pela democracia". Está correto o emprego do par de vírgulas isolando o adjunto adverbial "após a implosão dos Estados soviéticos em 1989". Seu emprego é facultativo.
d) Não se promoveu a indicação do terceiro termo da enumeração já citada, qual seja "o das lutas pela democracia".
e) Não há qualquer deslize no presente texto, estando todos os seus sinais justificados nas considerações iniciais, com o destaque para a existência do segundo travessão do par que promove o isolamento das orações – "o altermundialismo modificou em profundidade as representações norte-sul em proveito de um projeto mundial comum" – e – "desse ponto de vista, está comprometido com a mudança rumo a um movimento social e pela cidadania mundial" –, como também mencionamos no item 4 das considerações iniciais. Esta é a resposta da questão.

### Questão 56

Pede-se que o candidato aponte a alternativa que apresente pontuação igualmente correta para a reescrita textual.

Assim, procuremos, antes de mais nada, averiguar a natureza dos sinais gráficos de pontuação encontrados no texto que fundamentará todas as alternativas:

"Aos descalabros de prestigiosos bancos norte-americanos, como o Bear Stearns, o Merril Lynch e o gigante Citigroup, somou-se o recente desastre do Lehman Brothers, quarto maior banco de negócios, que anunciou, em 9 de junho, um prejuízo trimestral de 2,8 bilhões de dólares".

Os sinais gráficos de pontuação estão justificados na sequência abaixo:

1. as vírgulas empregadas após "norte-americanos" e "Citigroup", de emprego obrigatório, promovem a intercalação da expressão de natureza explicativa "como o Bear Stearns, o Merril Lynch e o gigante Citigroup". Essa intercalação poderia ser feita, também corretamente, com um par de parênteses ou de travessões.
2. a vírgula que se encontra no interior da expressão de natureza explicativa já citada – empregada após "Bear Sterns" – separa elementos postos em enumeração e tem emprego obrigatório;

3. as vírgulas que isolam o aposto "quarto maior banco de negócios" têm emprego obrigatório, embora pudessem ser substituídas por um par de travessões ou, mesmo, de parênteses. Note-se que a segunda vírgula da intercalação citada tem duplo emprego: ao mesmo tempo que forma o par da intercalação, sinaliza, também, início da oração subordinada adjetiva explicativa: "que anunciou, em 9 de junho, um prejuízo trimestral de 2,8 bilhões de dólares";
4. no interior da oração subordinada adjetiva explicativa transcrita em 3, optou-se pelo isolamento, para que se promova relevo estilístico, do adjunto adverbial "em 9 de junho". Sendo vírgulas utilizadas com intenção estilística, poderiam ser dispensadas. Mas atenção: a serem empregadas, terão de surgir em par. O emprego isolado de uma só delas promoveria afastamento entre a forma verbal "anunciou" e seu objeto direto "um prejuízo trimestral de 2,8 bilhões de dólares", o que é vedado.

Vejamos, agora, cada uma das alternativas da questão.

a) Não está correto o emprego da vírgula após o segundo travessão empregado em "– em 9 de junho –", apesar de ser correto o emprego do par desses sinais gráficos de pontuação. A opção por sinalizar-se o relevo literário do adjunto adverbial "em 9 de junho" com um par de travessões é perfeito. No entanto, observemos que, ao fazermos essa opção, as duas vírgulas anteriores deixarão de existir, substituídas que serão pelos travessões. Desse modo, a sinalização do adjunto adverbial já está realizada, o que implica dizer ser o emprego da vírgula após o segundo dos travessões indicadora de afastamento entre a forma verbal "anunciou" e seu objeto direto "um prejuízo trimestral de 2,8 bilhões de dólares", o que, como vimos nas observações iniciais do presente comentário, não é legítimo.
b) De início, apontemos a correção quanto ao emprego do par de travessões a isolar a expressão de natureza explicativa "como o Bear Stearns, o Merril Lynch e o gigante Citigroup", em lugar do uso das vírgulas originais. Também está correto o emprego da vírgula após o segundo travessão do par já comentado, que tem por fim indicar o deslocamento do objeto indireto antecipado "Aos descalabros de prestigiosos bancos norte-americanos". Ressalve-se que o emprego de tal vírgula, embora frequente, não é pacífico entre diversos autores: há estudiosos que argumentam serem os termos complementares – entre os quais se insere, obviamente, o objeto indireto – de tal modo integrados aos termos para os quais servem como complementos, que, ainda que deslocados, não devem sofrer, por isso, isolamento textual. Majoritária, a corrente que defende a topicalização apregoa a sinalização que foi levada a efeito, nesta passagem. Está correto, também, o emprego do par de travessões que isolam o aposto "quarto maior banco de negócios". No entanto, seguindo-se ao segundo travessão, deveria ter surgido, obrigatoriamente, uma vírgula, para que se anunciasse início da oração subordinada adjetiva "que anunciou em 9 de junho um prejuízo trimestral de 2,8 bilhões de dólares", o que não foi feito pelo par de travessões, responsável apenas pelo isolamento do aposto mencionado. Sua ausência implicou deslize de pontuação. No interior da oração subordinada

adjetiva explicativa transcrita optou-se pelo não isolamento do adjunto adverbial "9 de junho", o que, como já mostramos, é válido.

c) Está havendo falta de vírgula de emprego obrigatório após o vocábulo "negócios", para que se isole o aposto "quarto maior banco de negócios". Está igualmente equivocada a sinalização do adjunto adverbial "9 de junho", feita com apenas uma vírgula, por razão exposta no item 6 das considerações inicialmente apresentadas no comentário na presente questão. As demais passagens de pontuação estão corretas e já foram justificadas em alternativas anteriores e/ou nas considerações iniciais feitas no comentário da presente questão.

d) Todos os sinais de pontuação presentes neste item estão corretos e suas justificativas estão presentes nos comentários precedentemente feitos no desenvolvimento de nossa análise da questão ora analisada. Esta é a resposta da questão.

e) Há equívocos de pontuação caracterizados pela ausência da segunda vírgula que formaria o par responsável pelo isolamento do aposto "quarto maior banco de negócios", bem como pela inexistência da vírgula sinalizadora de início da oração subordinada adjetiva explicativa "que anunciou em 9 de junho um prejuízo trimestral de 2,8 bilhões de dólares".

**Questão 57**

A presente questão aborda o emprego de vírgula antes da conjunção coordenativa aditiva *e*, introdutora de oração coordenada sindética aditiva. É matéria já fartamente estudada neste livro.

Passemos à análise das diversas alternativas da presente questão, em busca daquela na qual o emprego da vírgula não se fez corretamente:

a) A pausa na enunciação está justificada pela intenção em se pôr sob destaque os sujeitos diferentes, encontrados em cada uma das orações componentes do período, a saber, "A sentença" e "as partes".

b) Há um detalhe que não deve passar despercebido aos que se propõem resolver a presente questão: a oração "e não entraram", apesar de introduzida pela conjunção "e", é, semanticamente, de natureza adversativa. Observemos que a mensagem expressa por "e não entraram" está em oposição ao que antes foi enunciado. Assim, nesta alternativa, o emprego de vírgula antes de conjunção "e" não se enquadra no caso das orações coordenadas sindéticas aditivas, mas na necessária separação a existir em orações coordenadas sindéticas adversativas. Esta é a resposta da questão.

c) Apesar de o sujeito de "faria" ser o mesmo do que se verifica para a forma verbal "Fiz", da oração anterior, percebe-se a intenção em proferir com pausa a segunda oração, para que se dê à repetição do ato verbal a devida ênfase.

d) Observamos, neste fragmento, a presença de um polissíndeto, ou seja, o uso deliberado de conjunção repetida, o que configura emprego obrigatório de vírgula, dadas as necessárias pausas presentes na enunciação das diversas orações iniciadas pela conjunção citada.

e) Temos, agora, a repetição do argumento disposto na análise da alternativa (A) da presente questão. Os sujeitos diferentes "O procurador" e "o advogado" conduziram à enunciação com pausa entre as duas orações.

**Questão 58**

Passemos à análise das diversas alternativas da questão.

a) Em "como se a qualquer momento, alguém pudesse passar à sua frente" observa-se inconveniente separação entre conectivo e oração por ele introduzida. Observemos que a oração condicional "se alguém pudesse passar à sua frente" apresenta, em seu interior, o adjunto adverbial intercalado "a qualquer momento". A correta indicação dessa intercalação demanda a existência de um par de vírgulas, isolando o adjunto adverbial, o que faria o texto ser assim pontuado: "como se, a qualquer momento, pudesse passar à sua frente". Convém relembrarmos que, nesse caso, a intercalação não é obrigatoriamente sinalizada, o que possibilitaria a redação também correta: "como se a qualquer momento pudesse passar à sua frente".

b) Não há qualquer deslize no texto do item que ora estudamos. Nele observamos corretas sinalizações feitas com pares de vírgulas para as expressões de natureza adverbial "ainda", "por outro lado" e "logo". Está correta a vírgula que enfatiza a conjunção coordenativa adversativa "No entanto". Também foi corretamente empregada a vírgula que põe em destaque o predicativo, expandido em oração subordinada adjetiva restritiva, "alheia à fila e a tudo o mais que a rodeava". Esta é a resposta da questão.

c) Notamos equívoco que consistiu em separar-se sujeito de predicado e verbo de complemento em "mas seu avô meio aventureiro, optara infelizmente, pelo Brasil". O texto estará corretamente pontuado caso se suprimam as vírgulas encontradas na passagem transcrita. Válida, também, será a opção em se apontar o tom semântico explicativo da expressão "meio aventureiro" e destacar-se o adjunto adverbial "infelizmente" empregando-se as duas passagens entre vírgulas: "mas seu avô, meio aventureiro, optara, infelizmente, pelo Brasil".

d) Há indevida separação entre verbo e oração objetiva direta, na passagem "ponderando, que os imigrantes japoneses localizados na costa do Pacífico, tinham atravessado momentos adversos". Vemos, também, na mesma passagem, inconveniente separação entre o sujeito "os imigrantes japoneses localizados na costa do Pacífico" e a locução verbal "tinham atravessado". O texto se retificará com a supressão obrigatória das vírgulas presentes no fragmento transcrito.

e) Observemos de início que, após os dois-pontos, surge a correta indicação, feita pelas aspas iniciais, da existência do discurso direto "A culpa disso é do meu avô". Ora, tanto quanto o fizemos agora, o emprego das segundas aspas deve assinalar o fim do discurso direto, e não o fim do período, que não foi aberto com aspas e não será finalizado, igualmente, com elas. Assim, está incorreta a sinalização de aspas após o fim do período, devendo o texto ser retificado para "De repente, sua voz se ergueu enigmática: "A culpa de tudo isso é do meu avô". Na continuidade, vemos emprego de vírgula ao término da oração subordinada adjetiva restritiva "que me passou pela cabeça", alusiva ao substantivo "hipótese". É emprego admissível, embora não necessário na passagem estudada, dada a pouca extensão da mencionada oração. Está correta a sinalização entre vírgulas da oração "em vez de gastar", tradutora de matiz semântico de substituição.

## Questão 59

Analisemos todas as variações propostas para a pontuação de um mesmo fragmento colhido no texto da prova. Devemos apontar a alternativa em que não se observa qualquer equívoco de pontuação no tocante às novas propostas.

a) A vírgula antes da conjunção coordenativa adversativa "mas" tem emprego obrigatório, estando, portanto, correta; o advérbio "sim" pode ser isolado com um par de vírgulas, caso se deseje conferir-lhe ênfase, ou pode surgir sem qualquer pontuação isolando-o do texto, mas não pode sofrer a pontuação sugerida – uma única vírgula, sob pena de separar a conjunção adversativa "mas" do corpo da oração por ela introduzida, o que não é legítimo; também não procede o emprego dos dois-pontos postos após "eficiente", considerando-se que naquele espaço tem fim uma oração subordinada adjetiva explicativa ("que passam pela busca de uma gestão mais eficiente"), que deve ter seu término indicado com uma vírgula que fará par com a que surgiu antes do pronome relativo "que", introdutor da aludida oração; é correto o emprego do ponto e vírgula após "recursos", isolando termos enumerados e de mesma função sintática – lembremo-nos de que o emprego de vírgula nessa passagem estaria igualmente correta e seria, inclusive, mais frequente; não está correto o emprego do ponto e vírgula após "procedimentos", uma vez que o segmento textual que se segue não diz respeito à enumeração que até então se desenvolvia, constituindo, na verdade, referências aos processos por meio dos quais poderia acontecer a "racionalização de procedimentos"; também não está correto o emprego do ponto e vírgula após "Lei nº 11.419/2006", uma vez que toda a expressão "de acordo com os procedimentos previstos na Lei nº 11.419/2006", intercalada entre os dois primeiros elementos das referências feitas acerca da racionalização de procedimentos, deveria ter seu término com uma vírgula que faria par com a que se pôs no início dessa intercalação, ou seja, após "processo".

b) Empregou-se a vírgula de utilização obrigatória antes da conjunção adversativa "mas"; optou-se pelo não isolamento do advérbio "sim" por vírgulas, o que é legítimo; não é válido o emprego dos dois-pontos empregados após o adjetivo "eficiente" pelo motivo já descrito na alternativa anterior; é válido o emprego do ponto e vírgula após "recursos", o que já também foi informado na alternativa anterior; não está correto o emprego do ponto e vírgula após "procedimentos", como também já foi informado no item anterior; repetiu-se o erro já apontado na alternativa antecedente quanto ao emprego do ponto e vírgula após "Lei nº 11.419/2006"; é legítimo o emprego do ponto de vírgula após o substantivo "processual", ainda que antecedendo uma conjunção aditiva, por razões de ênfase.

c) Foi devidamente empregada a vírgula antes da conjunção adversativa "mas"; optou-se pelo não isolamento do advérbio "sim"; isolou-se a oração subordinada adjetiva explicativa ("que passam pela busca de uma gestão mais eficiente") com a competente vírgula após "iniciativas"; puseram-se em destaque algumas das múltiplas iniciativas com um travessão, que foi devidamente fechado no fim da intercalação; optou-se por isolar com ponto e vírgula o segundo termo da enumeração iniciada com "com múltiplas iniciativas"; assinalou-se a ressalva feita acerca do dispositivo que normatiza os avanços na informatização do processo ("de acordo com os procedimentos previstos na Lei nº 11.419/2006"); isolou-se o terceiro termo da enumeração, ou seja, "pela reforma processual" por um ponto e vírgula; empregou-se um outro ponto e vírgula, legítimo, apesar da conjunção aditiva "e", marcando o início do quarto elemento da enumeração, vale dizer, após "processual". Para facilitar o entendimento, o estudante deverá perceber que o texto, sem as informações que impedem sua sequência discursiva direta, está assim estabelecido: "Esta deve ser buscada não apenas com uma ou duas ações, mas sim com múltiplas iniciativas, que passam pela busca de uma gestão mais eficiente; por avanços na informatização do processo; pela reforma processual; e por tantas outras medidas". Foram interpostos ao discurso acima, as expressões "com o aproveitamento racional dos recursos, a capacitação de magistrados e servidores e a racionalização de procedimentos" sinalizada com um par de travessões e "de acordo com os procedimentos previstos na Lei nº 11.419/2006" sinalizada apenas com uma vírgula em seu início. Caso se houvesse optado por indicar esta segunda intercalação com um travessão inicial, obrigatoriamente surgiria outro travessão antecedendo o penúltimo ponto e vírgula. Esta é a resposta da questão.

d) Está correto o emprego da vírgula antecedendo a conjunção adversativa "mas"; não está correto o isolamento dessa conjunção do corpo da oração por ela introduzido, o que resultou do emprego de uma única vírgula antecedendo o advérbio "sim"; está correto o emprego da vírgula que sinaliza o início da oração subordinada adjetiva explicativa; é legítimo o emprego do travessão que isolará o elenco de fatores que promovem uma gestão mais eficiente; está faltando um segundo travessão que fará par com o já descrito antecedentemente e que deveria surgir entre "procedimentos" e o ponto e vírgula; está correto o emprego da vírgula isolando o dispositivo que normatiza os "avanços na informatização do processo"; estão corretos os dois pontos e vírgulas que encerram os sinais de pontuação.

e) Estaria correto o emprego da primeira vírgula empregada após "buscada", caso se houvesse empregado uma outra após o substantivo "ações"; há equívoco pela ausência de vírgula antecedendo a conjunção coordenativa adversativa "mas"; o isolamento do advérbio "sim" é legítimo; está correta a vírgula que sinaliza o início de uma oração subordinada adjetiva explicativa; não está correto o emprego dos pontos e vírgulas antecedendo "com o aproveitamento" e "a capacitação", uma vez que não representam elementos de uma enumeração; o segmento textual "com o aproveitamento racional dos recursos, a capacitação de magistrado e servidores e a racionalização de procedimentos" deveria estar sinalizada de tal modo que se indicasse sua intercalação; está correta a vírgula posta após "processo"; está correto o último ponto e vírgula; é válida a opção pelo não emprego de ponto e vírgula após "processual".

## Questão 60

A partir de passagem textual em que se verifica emprego de vírgula corretamente antecedendo uma conjunção coordenativa aditiva "e", introdutora de oração coordenada sindética aditiva, a banca examinadora solicita que o candidato aponte a alternativa em que se note indevido emprego da vírgula posta, igualmente, antes de conjunção coordenativa aditiva "e".

Antes de passarmos às considerações pertinentes a cada uma das opções da presente questão, analisemos a pontuação do fragmento textual citado na sua enunciação: "Porém, havendo um número 'excepcionalmente elevado' de estrangeiros, estes podem ser mesclados aos presos comuns, e as famílias podem ser separadas".

O período está composto por três orações que assim se apontam e classificam:

1. "Porém, havendo um número 'excepcionalmente elevado' de estrangeiros" – oração coordenada sindética adversativa em relação à oração que estrutura o período antecedente;
2. "estes podem ser mesclados aos presos comuns" – oração coordenada assindética;
3. "e as famílias podem ser separadas" – oração coordenada sindética aditiva.

## NUNCA É DEMAIS RECORDAR

Já vimos em questões anteriores que exploraram o controverso emprego de vírgula antes da conjunção coordenativa aditiva "e" que alguns só a aceitam como acertada nas seguintes condições:

1. o sujeito da oração coordenada sindética aditiva introduzida pela conjunção "e" é diferente do sujeito da oração anterior;
2. há emprego de polissíndeto, ou seja, utilização repetida da conjunção aditiva "e";
3. a conjunção "e", embora introduza oração coordenada sindética aditiva com sujeito igual ao da oração anterior, articula oração que enfatiza a ação verbal expressa na oração anterior;
4. a conjunção "e" introduz oração coordenada sindética adversativa, vale dizer, oração com mensagem que se coloca em oposição à expressa pela oração anterior.

Podemos comprovar, então, o acerto do emprego da vírgula antes da conjunção "e" no texto do enunciado da questão com a comprovação de que o sujeito da oração por ela introduzida está indicado pela expressão "as famílias", ao passo que o sujeito da oração que a precede é "estes". Assim, como vimos no item 1 das orientações precedentes, a pontuação está correta.

Passemos, agora, à análise das diversas alternativas da questão:

a) A oração "e acabaram sendo reprovados" expressa informação que está em oposição ao que antecedentemente se informou com "Eles se esforçaram muito".
b) A oração "espiaram com cuidado" tem valor semântico aditivo e seu sujeito ("eles", implícito) é o mesmo da oração anterior. Esta é uma situação em que, em geral, não se aceita o emprego da vírgula. Esta é a resposta da questão.
c) Nota-se a existência do polissíndeto, caracterizado pelo reincidente emprego da conjunção "e".
d) Enfaticamente, a oração "e faria tudo novamente" reafirma a ação verbal antecedentemente expressa.
e) O sujeito da oração introduzida pela conjunção coordenativa aditiva "e" está sendo indicado pelo pronome reto "Ela", enquanto o sujeito da oração antecedente é o pronome reto "Ele".

# Bibliografia

ALI, M. Said. *Gramática secundária da língua portuguesa*. 2. ed. Rio de Janeiro: Francisco Alves, 1927.

____. *Dificuldades da língua portuguesa*. 3. ed. Rio de Janeiro: Francisco Alves, 1930.

BARRETO, Mário. *Novíssimos estudos da língua portuguesa*. 2. ed. Rio de Janeiro: Francisco Alves, 1924.

____. *De gramática e de linguagem*. 2.ed. Rio de Janeiro: Organização Simões, 1955.

____. *Novos estudos da língua portuguesa*. Coleção Linguagem. 3. ed. Rio de Janeiro: Presença, 1980. v. 13.

BECHARA, Evanildo. *Lições de português pela análise sintática*. 12. ed. revista. Rio de Janeiro: Padrão, 1983.

____. *Moderna gramática portuguesa*. 37. ed. Rio de Janeiro: Lucerna, 1999.

____. *O que muda com o Novo Acordo Ortográfico*. 4. impressão. Rio de Janeiro: Nova Fronteira, 2008.

CUNHA, Celso; CINTRA, Lindley. *Manual de português (admissão ao ginásio)*. 11. ed. Rio de Janeiro: São José, 1968.

____. *Nova gramática do português contemporâneo*. 3. ed. 12. reimpressão. Rio de Janeiro: Nova Fronteira, 2001.

ELIA, Hamilton. *Prática da análise sintática*. 1. ed. Rio de Janeiro: J. Ozon + Editor, 1960.

ELIA, Sílvio et alii. *Na ponta da língua*. 2. ed. Rio de Janeiro: Lucerna, 2000. v. I.

FERNANDES, Francisco. *Dicionário de verbos e regimes*. 35. ed. Rio de Janeiro: Globo, 1987.

HOLANDA, Aurélio Buarque de. *Novo dicionário Aurélio da língua portuguesa*. 2. ed. Rio de Janeiro: Nova Fronteira, 1986.

____. *Novo dicionário Aurélio da língua portuguesa*. Edição eletrônica. Rio de Janeiro: Nova Fronteira, versão 3.0

HOUAISS, Antônio. *Dicionário eletrônico da língua portuguesa*. versão 1.0. Rio de Janeiro: Objetiva, 2001.

____. *Dicionário Houaiss verbos – conjugação e uso de preposições*. Rio de Janeiro: Objetiva, 2003.

KURY, Adriano. *Novas Lições de Análise Sintática*. São Paulo: Ática, 1985.

____. *Ortografia, pontuação, crase*. 3. ed. Rio de Janeiro: Nova Fronteira, 1999.

____; OLIVEIRA, Ubaldo Luiz de. *Gramática objetiva*. 8. ed. São Paulo: Atlas, 1985. v. I.

____; ____. *Gramática objetiva*. 8. ed. São Paulo: Atlas, 1985. v. II.

____; ____. *Português básico*. 16. ed. Rio de Janeiro: Nova Fronteira, 1990.

LIMA, Carlos Henrique da Rocha. *Teoria de análise sintática*. 1. ed. Rio de Janeiro: Francisco Alves, 1944.

____. *Gramática normativa da língua portuguesa*. 33. ed. Rio de Janeiro: José Olympio, 1996.

LUFT, Celso Pedro. *Dicionário prático de regência verbal*. 7. ed. São Paulo: Ática, 1999.

MELO, Gladstone Chaves de. *Novo manual de análise sintática*. Rio de Janeiro: Organizações Simões, 1954.

MICHAELIS. *Moderno dicionário da língua portuguesa*. DTS Software Brasil Ltda.

NASCENTES, Antenor et alii. *Nomenclatura gramatical brasileira*. Campanha de Aperfeiçoamento e Difusão do Ensino Secundário – Cades, 1959.

NEVES, Maria Helena de Moura. *Gramática de usos do português*. 1. reimpressão, São Paulo: Unesp, 2000.

PONTES, Eunice. *Verbos auxiliares em português*. Petrópolis: Vozes, 1973.

SILVEIRA, Sousa da. *Lições de português*. 10. ed. Rio de Janeiro: Presença, 1988.

# ANOTAÇÕES

# ANOTAÇÕES

# ANOTAÇÕES

EDITORA IMPETUS

Rua Alexandre Moura, 51
24210-200 – Gragoatá – Niterói – RJ
Telefax: (21) 2621-7007
**www.impetus.com.br**

**Esta obra foi impressa em papel offset 75 gr/m².**